HEINRICH HANSJAKOB
1837-1916
Schriftsteller, Politiker, Seelsorger

Hansjakob

HEINRICH HANSJAKOB

1837 - 1916

Schriftsteller, Politiker, Seelsorger

Ausstellung
der Historischen Bibliothek
der Stadt Rastatt

4. Dezember 1992 - 17. Januar 1993

Ausstellungskatalog
zugleich ein

HANDBUCH
ZU
PERSON UND WERK
HEINRICH HANSJAKOBS

Stadtverwaltung Rastatt
1993

AUSSTELLUNG

Konzeption: Hans Heid

Beratung: Dr. Johannes Werner

Texte und fachliche Betreuung der einzelnen Abteilungen:
Prof. Dr. Remigius Bäumer (Kirchzarten), Dr. Rudolf Futterer (Philippsburg), Hans Heid (Rastatt), Manfred Hildenbrand (Hofstetten), Artur J. Hofmann (Kirrlach), Dr. Dieter Kauß (Offenburg), Alois Krafczyk (Haslach) und Dr. Johannes Werner (Elchesheim)

Redaktion: Hans Heid unter Mitarbeit von Beate Guoth

Organisation: Hans Heid in Zusammenarbeit mit Beate Guoth

Modellbau und technische Umsetzung der konzeptionellen Vorgabe:
Paul Schmidt unter Mitarbeit von Gottfried Hertweck und Karlheinz Huck

Gestaltung: Beate Guoth und Ute Jansen

Technische Ausführung: Ute Jansen unter Mitarbeit von Bettina Gericke

Zeichnungen: Jürgen Pfeifer

Texterfassung: Brigitte Weber unter Mitarbeit von Christiane Weber

KATALOG (HANDBUCH)

Herausgeber: Stadt Rastatt

Textredaktion: Hans Heid in Zusammenarbeit mit Dr. Johannes Werner

Bildredaktion: Hans Heid

Texterfassung: Brigitte Weber unter Mitarbeit von Christiane Weber

Satz und Druck: Firma Piduch, Rastatt 1993

Hergestellt auf chlor- und säurefreiem Papier

ISBN 3-923082-11-8

Das für die Gestaltung des vorderen Umschlags verwendete Hansjakob-Portrait wurde von Prof. Curt Liebich gezeichnet und ist Bestandteil eines Widmungsblattes des Winzervereins Hagnau für seinen Gründer Heinrich Hansjakob. Das Widmungsblatt befindet sich heute im Besitz des Augustinermuseums Freiburg.- Aufnahme: H.W.Schmidt.
Das Titelportrait wurde dem 1910 erschienenen ersten Band der vom Stuttgarter Bonz-Verlag edierten Volksausgabe der "Ausgewählten Schriften" Hansjakobs entnommen.

INHALTSVERZEICHNIS

Zum Geleit

Der Name Hansjakob ist vielen Rastattern geläufig. Dennoch ist oft unbekannt, wer eigentlich Heinrich Hansjakob war. Viele nehmen an, er sei ein Rastatter gewesen, da doch eine Schule und eine Straße nach ihm benannt sind. Nur wenige wissen, daß Heinrich Hansjakob nur zeitweise in Rastatt gewesen ist, in diesen Jahren eine innige Beziehung zur Stadt entwickelt hat und daß die dort erlebten - sowohl guten als schlechten - Zeiten ihn und sein späteres Leben und Werk geprägt haben.

Die erste Begegnung des kleinen Schwarzwaldbuben mit Rastatt war eher trauriger Natur: dem Elternhaus entrissen, in das ferne Lyzeum gesteckt, da seine praktischen Fähigkeiten, das Handwerk des Vaters zu erlernen, nicht ausgeprägt waren. Die Eltern, einfache Haslacher Gastwirts- und Bäckersleute, entschieden sich, den Jungen im entfernten Rastatt "studieren" zu lassen, denn oft in Bücher vertieft, schon als 12jähriger freiheitliche Gedanken fassend, war Hansjakob nicht für das Handwerk des Vaters bestimmt. Rastatt nun, fast großstädtisch anmutend für den jungen Kinzigtäler, war so ganz anders, als er seine bisherige ländliche Umgebung kannte. Nach bestandener Aufnahmeprüfung am 1. Oktober 1852 begann für den 15jährigen der schulische Ernst des Lebens am Lyzeum in Rastatt. Hansjakob erzählt in seinen Erinnerungen "Aus meiner Studienzeit" nicht ohne Wehmut von seinen Studienjahren in Rastatt, seinen verschiedenen Quartieren in diversen Rastatter Vierteln, von Menschen und Begebenheiten, die ihn prägten, und von sich, dem "Bauernbub", dem "ländlich Einfältigen".

Heinrich Hansjakob lernte die Schule, das Leben in Rastatt und die Liebe zu den Menschen mit ihren unterschiedlichen Charakteren kennen.

Und auch die frühe Liebe zu freiheitlichem Denken, demokratischen Grundsätzen sind in Rastatt wieder zu neuem Leben erweckt worden: war die Stadt doch einer der Hauptschauplätze der Revolution 1848/49 im Badischen, die auf den Kinzigtäler Knaben einen großen Eindruck gemacht und seine demokratische, der Regierung gegenüber oppositionelle Einstellung gefördert hat. Sieben Jahre am Rastatter Lyzeum als ebenso trinkfester wie wissenshungriger Pennäler, als leidenschaftlicher Spieler und Fechter, übte Hansjakob das "echte Studententum" und erwarb beste Voraussetzungen für sein späteres Leben als Politiker, Seelsorger und Schriftsteller. Mit Ernsthaftigkeit betrieb er seine Studien, liebte Literaturgeschichte und Philosophie, Latein und Geschichte. Nicht nur zur Vorbereitung auf sein Abitur, das er als drittbester seines Jahrgangs bestand, nein aus Wißbegier, Begeisterung für die Schriften, war er häufiger Gast und Entleiher der Schulbibliothek. Mit dem bestandenen Abitur verließ Hansjakob Rastatt im Jahre 1859, vorbereitet für seinen beruflichen Lebensweg, den er mit dem Theologiestudium begann. Hansjakob hatte in Rastatt wichtige Erfahrungen gesammelt, und der Grundstein für eine bleibende Verbundenheit mit dem Lyzeum war gelegt.

Das Wiedersehen mit Rastatt im Jahr 1870 war für Hansjakob unfreiwilliger Natur. Anläßlich einer Versammlung der katholischen Volkspartei in Engen griff er die badische Regierung in einer Rede an und wurde "wegen Störung der öffentlichen Ruhe und Ordnung" zu einer Gefängnisstrafe von vier Wochen in der Festung Rastatt verurteilt. Rastatt und die Gefängnismauern der Festung festigten erneut Hansjakobs Gesinnung, und nach der Haftentlassung wurde die Kritik an den Liberalen und der Regierung fortgesetzt und intensiviert.

Die letzten Besuche in Rastatt fanden in den Jahren ab 1899 statt und führten u.a. dahin, wo Hansjakobs Weg in Rastatt begonnen hatte: zum Lyzeum oder Gymnasium, wie es nun hieß. Im Jahre 1910 besuchte Hansjakob Rastatt ein allerletztes Mal, weil er alle Stätten aufsuchen wollte, "über denen [sein] Kinderhimmel gelacht" und an denen er die "glücklichste Zeit" seines Lebens verbracht hatte.

Heinrich Hansjakob hat Rastatt natürlich einen wesentlichen Teil seiner Bildung zu verdanken. Das ist aber längst nicht alles. Neben der schulischen Erfahrung war die bunte Völkerschar in Rastatt während der Festungszeit eine "Schule des Lebens". Theoretische Erkenntnisse gewann Hansjakob durch seine Studien anhand der Bestände der Bibliothek des heutigen Ludwig-Wilhelm-Gymnasiums. Diese enge Beziehung zur Rastatter Büchersammlung fand ihre Fortsetzung darin, daß viele Werke von Hansjakob dem Rastatter Gymnasium geschenkt wurden. Geben und Nehmen, so könnte man die Beziehung zwischen der Lyzeumsbibliothek und Hansjakob, ja auch zwischen der Stadt Rastatt und ihm bezeichnen. Er nahm Wissen, Menschenkenntnis und Sachverstand aus seinen Jahren am Rastatter Lyzeum, seinen Erfahrungen während der Studienzeit und in der Haft mit, und er gab Rastatt und seiner Schulbibliothek neue Erkenntnisse, neues Wissen und seine eigenen Erfahrungen durch und in seinen Büchern.

Person und Werk Hansjakobs sind ein Teil der Rastatter Geschichte. Daß diese Ausstellung und der vorliegende Katalog möglich wurden, ist auf das außerordentliche Engagement vor allem des Bibliotheksleiters Hans Heid und eines ganzen Stabs von Mitarbeitern zurückzuführen. Diese Ausstellung vermittelt ein Stück Rastatter Geschichte, und daher möchte ich meinen Dank über die gelungene Ausstellung, in der Heinrich Hansjakob wieder lebendig wird, Herrn Hans Heid und Frau Beate Guoth, besonders auch Herrn Manfred Hildenbrand und Dr. Johannes Werner für die fachliche Beratung und Mitwirkung, aber auch allen anderen Mitarbeitern aussprechen, die zum Gelingen dieser Ausstellung beitrugen. Allen ist es zu verdanken, daß diese Ausstellung und dieser Katalog realisiert werden konnten. Selbstverständlich möchte ich auch meinen Dank den Leihgebern ausdrücken, die zur Komplettierung dieser Ausstellung beigetragen haben.

Die Büchergaben Hansjakobs bilden den Grundstock zur jetzigen Präsentation einer Ausstellung über den ehemaligen Rastatter Lyzeumsschüler, der in den Herzen der Rastatter teilweise noch verankert ist und der es verdient, in das Bewußtsein möglichst vieler Mitbürger zurückzukehren. Beginn und Fortsetzung einer Beziehung werden hier dokumentiert, die in dieser Art nur wenige findet. Die historische Bibliothek im Ludwig-Wilhelm-Gymnasium, als eine der fünf bedeutendsten Büchersammlungen ihrer Art in Deutschland, kann also auf ein ganz besonderes Kleinod zurückgreifen: Werke eines in doppeltem Sinne großen, bedeutenden badischen Mannes. Hansjakob, in seiner Beziehung zu Rastatt, soll nicht nur derjenige sein, der einer Straße und einer Schule den Namen gab. Das Bewußtsein für diesen großen Mann soll geöffnet werden, auch und gerade in seiner Beziehung zu Rastatt.

Rastatt, im November 1992

Klaus-Eckhard Walker
Oberbürgermeister

Vorwort

"In meiner Knabenzeit sprach jung und alt von ihm, und er war thalauf thalab ein berühmter und gerühmter Mann. Heute wissen die Jungen nichts mehr von ihm, und die Alten müssen erst wieder an ihn erinnert werden" - so schreibt Hansjakob in einer seiner Erzählungen über den Grafen Magga, der einst im Kinzigtal lebte. Und fast mag es scheinen, als ob ein ähnliches Schicksal heute Hansjakob selbst ereilt hätte. Ein derartiger Eindruck drängt sich jedenfalls immer wieder bei den regelmäßig veranstalteten Führungen durch die Bestände der Historischen Bibliothek der Stadt Rastatt auf, wenn bei diesem Anlaß die Rede auf Hansjakob kommt und sich dann herausstellt, daß vornehmlich den jüngeren Besuchern der Büchersammlung der Name dieses Schriftstellers entweder überhaupt nicht bekannt ist oder daß sich für sie mit diesem Namen zumindest keine konkreten Vorstellungen mehr verbinden.

So verdichtete sich in zunehmendem Maße der Plan, eine Ausstellung durchzuführen, die in anschaulicher Weise eine umfassende Einführung in Leben und Werk Hansjakobs bieten und in der gleichzeitig seine Beziehung zu Rastatt und im speziellen zur einstigen Rastatter Lyzeumsbibliothek eine gebührende Berücksichtigung erfahren sollte. Damit wurde aber angeknüpft an bereits seit längerem vorgegebene Absichten. Denn schon bald nachdem die beiden hauptamtlichen Bibliothekare nach der grundlegenden Umstrukturierung der Rastatter Büchersammlung 1986/87 ihre Arbeit aufgenommen hatten, stießen sie bei der Inventarisierung der Bestände auf einen größeren Block von Büchern, bei denen es sich durchweg um Werke Hansjakobs handelte, die überwiegend als Geschenk des Autors in die Sammlung gelangt waren. Und so entwickelten sich bereits damals erste Überlegungen, eine Ausstellung über Hansjakob zu veranstalten, in deren Mittelpunkt eben die zuletzt genannten Bücher stehen sollten. Bei einer späteren Sichtung des umfangreichen Archivs des Rastatter Ludwig-Wilhelm-Gymnasiums wurde dann deutlich, daß auch dort noch manches bislang kaum oder überhaupt nicht bekannte Material enthalten war, das sich zur Person Hansjakobs in eine Beziehung setzen ließ. Und schließlich stellte sich heraus, daß - verstreut über verschiedene Archive, Museen und sonstige Einrichtungen im Lande - noch eine Fülle von für eine Hansjakob-Ausstellung geeigneten Gegenständen vorhanden war.

So gab es also Grund und Anlaß genug, eine Ausstellung über einen Mann zu organisieren, der mit Fug und Recht zu den bedeutenden und gewiß auch interessantesten Persönlichkeiten der badischen Geschichte gezählt werden darf. Und gerade Rastatt und seine Historische Bibliothek boten sich als Veranstaltungsort in besonderer Weise an, hatte Hansjakob doch von 1852 bis 1859 sieben Jahre lang das damalige Rastatter Lyzeum besucht, war einst ein eifriger Benutzer der Schulbibliothek (der heutigen Historischen Bibliothek) gewesen und hatte nach eigenem Bekunden in der früheren Festungsstadt die zweitglücklichste Zeit seines Lebens verbracht.

Während der vergangenen Jahre und Jahrzehnte sind zahlreiche Publikationen zu Leben und Werk Hansjakobs erschienen. So konnten die Verfasser der Texte für Ausstellung und Katalog auf manches zurückgreifen, was bereits bekannt und vorgegeben war. Und doch wird der aufmerksame Hansjakob-Kenner auch vieles entdecken, was neu ist: neue Materialien, neue Fragestellungen und Themen, neue Erkenntnisse, neue Perspektiven und Wertungen. So kann der vorliegende Katalog nach der Überzeugung seiner Herausgeber und Verfasser der Hansjakob-Forschung durchaus neue Impulse geben und ist somit letztlich mehr als nur ein Katalog.

Dies gilt auch in anderer Hinsicht. Person und Werk Hansjakobs werden in der jetzigen Ausstellung und im Katalog in einer Breite und Anschaulichkeit präsentiert, wie es bislang wohl kaum der Fall war. Alle wichtigen und wesentlichen Aspekte seiner Biographie finden eine Berücksichtigung. Aus verschiedenen Orten, Museen und Archiven wurden Exponate zusammengetragen, die sonst - wenn überhaupt - den Besuchern jeweils nur getrennt offen stehen oder die den Blicken der Öffentlichkeit gar völlig verschlossen bleiben. Alle diese Exponate werden im Text und die meisten von ihnen ebenso im Bild durch den vorliegenden Katalog erläutert und dokumentiert und bleiben so auch nach Ende der Ausstellung für ein breites Publikum zugänglich. Somit ist diese Neuerscheinung weitaus mehr als nur ein Katalog: sie ist zu einer Dokumentation, ja zu einem Handbuch über Leben und Werk Hansjakobs geworden, das auch nach Abschluß der Ausstellung und völlig unabhängig von ihr eine umfassende und hilfreiche Wegweisung darstellt. Und diese Aussage besitzt ihre Gültigkeit umso mehr, als die vorliegende Veröffentlichung nicht nur eine ausführliche Besprechung sämtlicher in der Ausstellung gezeigten Exponate enthält, sondern jedem Kapitel darüber hinaus eine allgemeine Einführung vorangestellt ist, wobei es sich in der Regel um Originalbeiträge handelt.

Eine Ausstellung und ein sie begleitendes Handbuch dieses Umfangs ließen sich nur verwirklichen, weil viele Personen zu einer Mitwirkung bereit waren. Sie werden im Impressum und im Verzeichnis der Leihgeber namentlich aufgeführt; sie alle im einzelnen nochmals hier zu nennen, würde den Rahmen eines Vorworts sprengen, und deshalb muß sich der verantwortliche Bibliotheksleiter an dieser Stelle auf ein pauschales Dankeswort beschränken: jeder bzw. jede der anderweitig erwähnten Mitarbeiter(innen) hat auf seine (ihre) Weise einen wesentlichen Anteil an der Realisierung von Ausstellung und Katalog.

Zumindest einer der ehrenamtlichen Mitarbeiter muß aber doch nochmals eigens hier hervorgehoben werden: Herr Dr. Johannes Werner (Elchesheim) hat über einen Zeitraum von mehr als einem Jahr hinweg die Bibliotheksleitung von den ersten konzeptionellen Überlegungen bis hin zu den letzten Schritten einer Realisierung des Ausstellungsprojekts in so vielfältiger Weise unterstützt, daß ohne seine Mitwirkung Ausstellung und Katalog nicht so präsentiert werden könnten, wie sie sich nunmehr darstellen. Ihm gebührt daher ein besonderes Wort des Dankes. Der gleiche Dank gilt jedoch des weiteren dem sachkundigen Leiter des Hansjakob-Archivs und -Museums in Haslach, Herrn Manfred Hildenbrand, der nicht nur zu den von ihm betreuten Abteilungen die erforderlichen Materialien und Textbeiträge beisteuerte, sondern darüber hinaus zu verschiedenen Exponaten anderer Abteilungen informative Erläuterungen lieferte und daneben der Bibliotheksverwaltung bei der Organisation der Ausstellung seine kompetente Unterstützung zuteil werden ließ. Der verantwortliche Bibliothekar dankt ferner für sachkundigen Rat und Informationen sowie für ihre hilfreiche Unterstützung den Herren Michael Feik, Andreas Jachnik, Erwin Senft und Rainer Wollenschneider vom Historischen Verein Rastatt, Herrn Udo Lander (Wehrgeschichtliches Museum Rastatt), Herrn Rudolf Alffermann (Schülerverbindung "Teutonia" Rastatt), Herrn Willy Ober und Volker Wagenbrenner, beide von der "Markomannia" Rastatt, Archivamtfrau Gabriele Wüst (Generallandesarchiv Karlsruhe) sowie Stadtarchivar Wolfgang Reiß (Rastatt). Einmal mehr gebührt auch Frau Brigitte Weber für ihren außergewöhnlichen Einsatz bei der Texterfassung ein besonderes Wort des Dankes, und ausdrücklich hervorgehoben werden sollte genauso das außerordentliche Engagement der Firma Piduch (Rastatt), die den ihr erteilten Druckauftrag in einem Umfang und einer Intensität erfüllte, die weit über das auf der Basis einer Geschäftsbeziehung gebotene Maß hinausgingen. Last not least sei schließlich Herrn Ministerialdirigent Werner Liebich (Taunusstein) gedankt, der die Erlaubnis zur Verwendung von Illustrationen seines Großvaters, Prof. Curt Liebich, erteilte. Der Betrachter des vorliegenden Katalogs kann sich selbst davon überzeugen, daß diese Illustrationen wesentlich zum bibliophilen Charakter der Publikation beitragen. Von besonderem Gewinn für die Ausstattung des Katalogs sind aber auch die ausdrucksvollen Fotografien, die Herr Kurt Klein (Hausach) zum Kapitel "Hansjakob als Bewahrer von heimischem Brauchtum" beisteuerte. Herrn Klein gilt deshalb gleichfalls unser herzlicher Dank.

So ist also durch die Mithilfe und Mitarbeit vieler nicht zuletzt ein Katalog entstanden, der den Charakter eines Handbuchs trägt und der auch noch nach Ende der Ausstellung als hilfreicher Leitfaden und Wegweiser zu Person und Werk Hansjakobs dienen kann. Mit vielem, was dieses Handbuch bietet, wird der Hansjakobfreund und -kenner einverstanden sein. Und doch wird der eine oder andere kundige Leser hie und da seine Kritik vorbringen. Dies kann, ja dies muß beinahe so sein bei einem Mann wie Hansjakob, der alles andere als eine in sich harmonische Persönlichkeit war, bei dem vielmehr viele seiner Äußerungen im Widerspruch zueinander stehen und bei dem das, was er sagte, und das, was er tat, sich nicht immer im Einklang miteinander befand. So bemerkte etwa bereits Heinrich Vierordt kritisch in seinen Erinnerungen "Buch meines Lebens", daß Hansjakob zwar einerseits stets über seine Armut klagte, andererseits jedoch seine Wohnung mit teuren Kunstwerken ausstattete oder bei seinen Bahnreisen immer nur erster Klasse fuhr. So gibt es also Widersprüche in Hansjakobs Person und Werk, die nicht einfach harmonisiert werden können oder dürfen.

Aber bei allen Gegensätzen, die wir in und an seiner Person finden, bei allen Fehlern, mit denen er wie jeder andere Mensch behaftet war, bei aller

Zeitgebundenheit seiner Aussagen und Verhaltensweisen war Hansjakob - wie die vorliegende Publikation zur Genüge beweist - eben doch ein Mann, der zu den bedeutenden Persönlichkeiten der badischen Geschichte gerechnet werden muß - nicht zuletzt weil er in manchem seiner Zeit weit voraus war und über sie hinaus dachte, und weil er auch dort, wo es für ihn unbequem wurde, zu seiner Überzeugung stand.
Deshalb kehren wir am Schlusse dieses Vorworts nochmals zu der eingangs zitierten Stelle aus einem unter dem Titel "Bauernblut" erschienenen Erzählband Hansjakobs zurück: "In meiner Knabenzeit sprach jung und alt von ihm, und er war thalauf thalab ein berühmter und gerühmter Mann. Heute wissen die Jungen nichts mehr von ihm, und die Alten müssen erst wieder an ihn erinnert werden." Mögen Ausstellung und Katalog dazu beitragen, daß Hansjakob selbst ein solches Schicksal erspart bleibt und mögen sie seiner Person und seinem Werk neue Freunde gewinnen.

Rastatt, im Dezember 1992

Hans Heid
Leiter der Historischen Bibliothek der Stadt Rastatt

I Heinrich Hansjakob - Leben und Werk
Eine biographische Skizze

Manfred Hildenbrand

Zu den am meisten gelesenen Schriftstellern in Baden gehört Heinrich Hansjakob, der große Sohn der Stadt Haslach im Kinzigtal, der am 19. August 1837 in dem Kinzigtalstädchen geboren wurde.[1]

Hansjakob paßt in keine Schablone - schon wegen seiner überquellenden Vielseitigkeit als Theologe, promovierter Historiker, Publizist und Politiker sowie wegen seiner bewußten Formlosigkeit als Schriftsteller. Man nennt ihn oft Volksschriftsteller oder Heimatschriftsteller, doch diese Bezeichnungen kommen einer recht billigen Vereinfachung gleich. Eher könnte man ihn als einflußreichen und vor allem kritischen Chronisten seiner Zeit, der zweiten Hälfte des 19. und des beginnenden 20. Jahrhunderts, bezeichnen, wobei aber wieder nicht seine ganze Wirkungsbreite erfaßt wäre.

Seine oft aggressive Kritik an den Zeitumständen ist, wie er selbst immer betont, Ausdruck seiner Haslacher Natur und entspringt letztlich dem Leiden an seiner Zeit. Es ist kein Zufall, daß viele Gestalten in seinen Erzählungen an der Zeitentwicklung zugrunde gehen.

Heinrich Hansjakobs Vater, Philipp Hansjakob (1802-1864), war Bäcker und Gastwirt. Er besaß die sogenannte "Stadtwirtschaft" im Zentrum von Haslach. Seine Mutter Zäzilie war die Tochter des Handelsmannes und Hausierers Franz Xaver Kaltenbach (1776-1834), des "Wälder-Xaveri", den Hansjakob in seinen Büchern verewigt hat.

Abb. 1a/b: *Die Eltern Heinrich Hansjakobs. Portraits von Hugo Engl (nach Carl Sandhaas) und Curt Liebich (nach Louis Blum).- Vgl. Kat. Nr. 6*

Als Zwölfjähriger erlebte Heinrich Hansjakob die Niederschlagung der badischen Revolution in seiner Vaterstadt Haslach durch preußische Soldaten, was zu einem sein Leben und Denken bestimmenden Urerlebnis wurde. Seine Erfahrungen während der badischen Revolution 1848/49 machten ihn nicht nur zum überzeugten Demokraten und Republikaner, sondern hatten in ihm auch "die Liebe zur Freiheit" entzündet.[2] Damals sei er, so betont er immer wieder, "Freiheitsmann mit Leib und Seele" geworden.[3] In Erinnerung an die badische Revolution trug Hansjakob sein Leben lang den breitkrempigen "Heckerhut" als Zeichen seiner revolutionären Gesinnung, seines ungebrochenen Demokratentums und seiner großen Freiheitsliebe. "Seit ich zu Ehren der zwei Freiheits- und Revolutionsmänner Blum und Hecker ihre Hutformen getragen", so schreibt er 1912, "bin ich Schwärmer für die schönste Göttin, für die Freiheit, und bin freischärlerisch und revolutionär gestimmt. Und mein Hut verrät dies heute noch; denn er ist ein vergrößerter Heckerhut."[4]

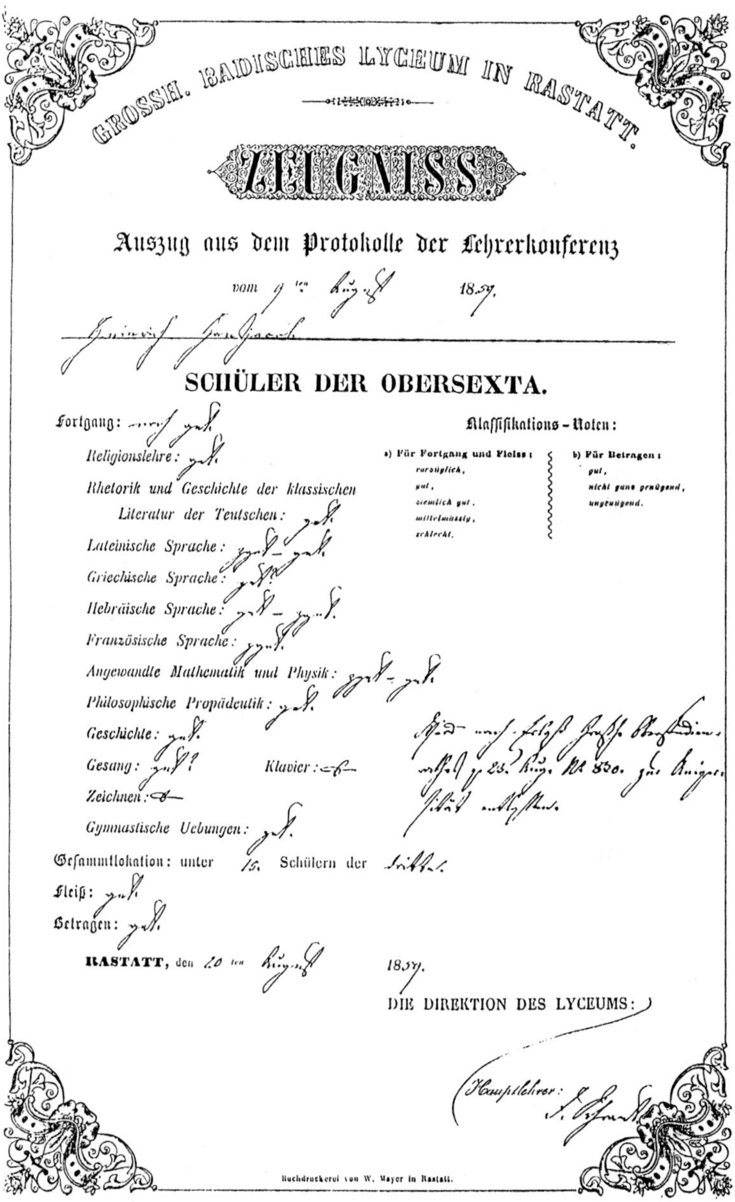

GROSSH. BADISCHES LYCEUM IN RASTATT.

ZEUGNISS.

Auszug aus dem Protokolle der Lehrerkonferenz

vom 9ten Augst 1857.

Heinrich Hansjacob

SCHÜLER DER OBERSEXTA.

Fortgang: recht gut

Religionslehre: gut.

Rhetorik und Geschichte der klassischen Literatur der Teutschen: gut.

Lateinische Sprache: gut–gut.

Griechische Sprache: gut.

Hebräische Sprache: gut–gut.

Französische Sprache: gut.

Angewandte Mathematik und Physik: gut–gut.

Philosophische Propädeutik: gut.

Geschichte: gut.

Gesang: gut? Klavier: –

Zeichnen: –

Gymnastische Uebungen: gut.

Gesammtlokation: unter 15. Schülern der dritte.

Fleiß: gut.

Betragen: gut.

Klassifikations-Noten:

a) Für Fortgang und Fleiss: vorzüglich, gut, ziemlich gut, mittelmässig, schlecht.

b) Für Betragen: gut, nicht ganz genügend, ungenügend.

RASTATT, den 20ten August 1857.

DIE DIREKTION DES LYCEUMS:

Hauptlehrer:

Buchdruckerei von W. Mayer in Rastatt.

Abb. 2: *Zeugnis Hansjakobs für die Obersexta (Sommerkurs).- Vgl. Kat. Nr. 8b.- GLA Karlsruhe: 76/3212*

Nachdem Heinrich Hansjakob Latein- und Französischunterricht von Kaplan Schele in Haslach erteilt worden war, trat er mit 15 Jahren am 1. Oktober 1852 in die Unterquarta des Lyzeums zu Rastatt, wie das Ludwig-Wilhelm-Gymnasium damals hieß, ein. Im August 1859 bestand er als drittbester von achtzehn Schülern das Abitur.

Im Oktober 1859 wurde er in das Erzbischöfliche Konvikt aufgenommen und absolvierte - zunächst ohne innere Neigung - an der Universität Freiburg das Theologiestudium in Verbindung mit dem Studium der Philologie und Geschichte. Nachdem er im November 1862 in das Priesterseminar St. Peter gekommen war, wurde er am 4. August 1863 zum Priester geweiht. Am 9. August fand seine Primiz in der Stadtkirche in Haslach statt.

Abb. 3: *Das Gebäude des Großherzoglichen Oberschulrats in Karlsruhe. Zeichnung von Curt Liebich.- Vgl. Kat. Nr.10*

Am 30. November 1863 legte Heinrich Hansjakob vor dem Oberschulrat in Karlsruhe das philologische Staatsexamen ab. 1864/65 war er Lehramtspraktikant am Gymnasium in Donaueschingen. Dort beschäftigte er sich im Fürstlich Fürstenbergischen Archiv auch mit historischen Studien. Am 15. April 1865 wurde er Vorstand der Höheren Bürgerschule in Waldshut. Gleichzeitig war er Kaplan in der Loretokapelle auf dem Kalvarienberg bei Waldshut.

Im März 1865 promovierte Hansjakob mit der Dissertation "Die Grafen von Freiburg i.B. im Kampfe mit ihrer Stadt" an der Universität Tübingen. Immer mehr engagierte er sich in dem damaligen badischen Kulturkampf, der großen Auseinandersetzung zwischen dem liberalen Staat und der katholischen Kirche. Bereits 1867 war Hansjakob durch seine Schrift "Die Salpeterer, eine politisch-religiöse Sekte auf dem südöstlichen Schwarzwald" dem liberalen badischen Innenminister Jolly unliebsam aufgefallen.

Abb. 4: *Heinrich Hansjakob. Aufnahme aus d. J. 1869.- Hansjakob-Archiv Haslach. Repro: M. Hildenbrand*

Als er auf einer Wahlversammlung der Katholischen Volkspartei am 25. Mai 1869 die badische Regierung heftig angriff, wurde er am 30. Juni 1869 aus dem Schuldienst entlassen. Außerdem wurde er zu vier Wochen Haft verurteilt, die er 1870 auf der Festung Rastatt verbüßte.[5]

Am 1. Dezember 1869 wurde Hansjakob die Pfarrstelle in Hagnau am Bodensee übertragen, wo er 1881 die erste badische Winzergenossenschaft gründete. Als er 1873 den badischen Staat und seine Beamten wieder scharf kritisierte, wurde er erneut zu einer einmonatigen Gefängnisstrafe verurteilt, die er in Radolfzell absaß.[6] Von 1871 bis 1881 war Hansjakob Abgeordneter der Katholischen Volkspartei für den Wahlkreis Offenburg-Land im badischen Landtag in Karlsruhe.[7]

Am 1. August 1884 wurde Hansjakob Stadtpfarrer an St. Martin in Freiburg. Dort hatte er vier Kapläne, Kooperatoren genannt, die ihn in der pastoralen Betreuung der Pfarrei unterstützten. Seit 1886 verbrachte er seinen alljährlichen Erholungsurlaub in seinem "Paradies" Hofstetten.[8] Als Stadtpfarrer von St. Martin lag Hansjakob in ständigen Auseinandersetzungen mit dem Erzbischöflichen Ordinariat in Freiburg und dem Oberstiftungsrat in Karlsruhe, die 1901 beinahe zu seinem Rücktritt als Pfarrer von St. Martin und dem Ausscheiden als Priester führten.

Depressionen, "Zwangsvorstellungen" und dauernde Schlafstörungen bewogen ihn, 1894 freiwillig für knapp drei Monate die Nervenheilanstalt Illenau bei Achern aufzusuchen.[9] Die dortige Behandlung brachte keine Linderung seiner nervösen Leiden. Bis zu seinem Lebensende litt Hansjakob unter Depressionen und Schlaflosigkeit.

Für seine Verdienste um die Gründung des Freiburger Trachtenvereins und die Erhaltung der alten bäuerlichen Volkstrachten[10] wurde Hansjakob das Ritterkreuz I. Klasse des Ordens vom Zähringer Löwen verliehen. Er schlug jedoch diesen hohen Orden aus, was zu einem politischen Eklat führte. Nur einen Orden hat Hansjakob in seinem langen Leben angenommen: den Hans-Kuony-Orden I. Klasse mit Brillanten der Stockacher Narrenzunft, der ihm 1907 verliehen wurde. Auf Vermittlung seines Freundes, des Freiburger Oberbürgermeisters Dr. Otto Winterer, konnte Hansjakob eine große Wohnung in der Karthause außerhalb von Freiburg beziehen. Dorthin zog er sich zurück, wann immer er nur konnte. In seinem "Dichterheim", der Karthause, sind die meisten seiner Bücher entstanden.[11]

Von 1901 bis 1903 ließ Hansjakob auf "der Brand" in Hofstetten seine Grabkapelle und Gruft bauen.[12] Am 4. August 1913 feierte er in der Loretokapelle in Haslach sein goldenes Priesterjubiläum. Am 1. Oktober 1913

Abb. 5: *Die Freiburger Karthause. Aquarell v. Carl(?) Schuster.- Vgl. Kat. Nr. 16.- Augustinermuseum Freiburg. Aufnahme: H. W. Schmidt*

ließ er sich in den Ruhestand versetzen und zog sich in seine Vaterstadt Haslach zurück.

In Haslach hatte er sich 1912/13 seinen Alterssitz, ein großes Landhaus, den "Freihof", bauen lassen. Am 20. Oktober 1913 zog er dort ein. Im "Freihof" verbrachte er seine letzten Lebensjahre. [13] Heute befinden sich dort das Hansjakob-Museum und das Hansjakob-Archiv. Am 10. Oktober 1913 wurde Hansjakob zum ersten Ehrenbürger seiner Vaterstadt Haslach ernannt. Am 23. Juni 1916 ist er fast 79jährig im "Freihof" gestorben und wurde am 25. Juni in seiner Gruft in Hofstetten beigesetzt.

Ausgedehnte Reisen führten Hansjakob nach Frankreich, Italien, Belgien, Holland, in die Schweiz, nach Österreich und nach Bayern. Die Erinnerungen darüber hat er in seinen Reisetagebüchern festgehalten. Scharfe Beobachtungsgabe und die Darlegung von geschichtlichen und kulturgeschichtlichen Zusammenhängen sind die Vorzüge dieser Reisetagebücher. Doch sind es nicht sie, die seinen Ruf als Schriftsteller begründeten, sondern jene Bücher, in denen er das Volk und das Leben seiner Schwarzwälder Heimat schildert. Zu den beliebtesten und bis heute am meisten gelesenen Werken Hansjakobs gehören seine Volksbücher "Wilde Kirschen", "Bauernblut", "Schneeballen" (3 Bände), "Waldleute", "Erzbauern", "Aus meiner Jugendzeit" und "Erinnerungen einer alten Schwarzwälderin". Von ganz besonderer Bedeutung sind diese Volksbücher unter kultur- und sozialgeschichtlichen Gesichtspunkten, denn in ihnen spiegeln sich die Vielfalt des Lebens und der Alltag des Volkes, der einfachen Leute im Schwarzwald, in der zweiten Hälfte des 19. Jahrhunderts wider - wie das Volk im Schwarzwald arbeitete, wie es feierte, wie es dachte, wie es lebte - eine wahre Fundgrube nicht nur für den Volkskundler und Brauchtumsforscher, sondern für jeden, der sich mit der Geschichte und dem Brauchtum des Schwarzwaldes beschäftigt.

Heinrich Hansjakob gehört zu den produktivsten Schriftstellern deutscher Sprache. Seit seinem 28. Lebensjahr schrieb er fast jedes Jahr ein Buch. Oft veröffentlichte er in einem Jahr sogar mehrere Bücher. Die Gesamtauflage seiner Bücher erreichte schon zu seinen Lebzeiten über 1 Million.

Seit 1960 gibt die Stadt Haslach i.K. seine Werke neu heraus. Inzwischen sind achtzehn Bände der Haslacher Ausgabe erschienen. Bis auf die letzten neun Bände sind alle bereits wieder vergriffen - ein deutliches Zeichen, daß Hansjakob auch heute noch seine Leser findet, daß er kein "verstaubter" Schriftsteller ist. Seit 1986 erscheinen im Waldkircher Verlag seine Tagebücher und Reiseerinnerungen. 1992 edierte der Acheron-

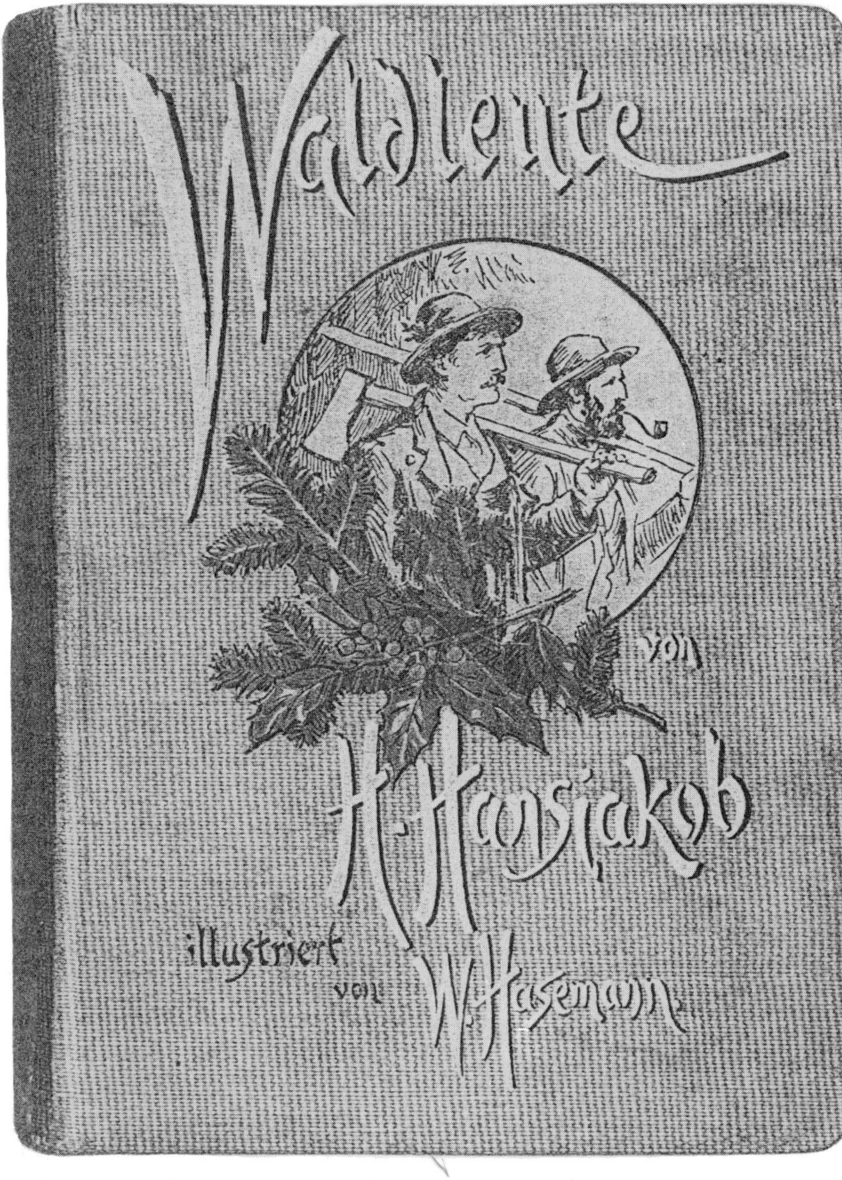

Abb. 6: *Heinrich Hansjakob, Waldleute. Einband der im Bonz-Verlag erschienenen Ausgabe.- Vgl. Kat. Nr. 108*

Verlag von Wolfgang Winter (Achern) die Neuauflage seines Illenauer Tagebuches "Aus kranken Tagen".

Heinrich Hansjakobs Werke

1865 Dissertationsschrift: Die Grafen von Freiburg i.B. im Kampfe mit ihrer Stadt (1867 in erweiterer Form gedruckt)
1867 Die Salpeterer, eine politisch-religiöse Sekte auf dem südöstlichen Schwarzwald
1868 Aus den Ferien. Erinnerungen an Land und Leute (Katholische Welt 3, 1868)
1868 Hermann von Vicari, Erzbischof von Freiburg (umgearbeitet 1873)
1868 Der Waldshuter Krieg vom Jahre 1468
1869 Das Kapuzinerkloster zu Haslach im Kinzigtale (Freiburger Diözesan-Archiv 4, 1869)
1869 Das Büchlein über das Impfen
1869 An den unbekannten Schirmherrn der Zunft. Ein offenes Sendschreiben (Freiburger Zeitung Nov. 1869, 1870 als Flugschrift gedruckt)
1870 Auf der Festung. Erinnerungen eines badischen Staatsgefangenen
1873 Im Gefängnis(se). Neue Erinnerungen eines badischen Staatsgefangenen
1873 Das Narrenschiff unserer Zeit (unter dem Pseudonym "Hans am See" veröffentlicht)
1873 Der Herr und sein Diener (unter dem Pseudonym "Hans am See" veröffentlicht)
1874 In Frankreich. Reiseerinnerungen
1875 Heriman der Lahme von der Reichenau. Sein Leben und seine Wissenschaft
1876 Eine Prozession übers Meer (unter dem Pseudonym "Hans am See" veröffentlicht in: Alte und Neue Welt 10, 1876, S. 454-455)
1877 Umwege. Reiseskizzen von "Hans am See" (Alte und Neue Welt 11, 1877, S. 104-108, 116-119, 132-138, 151-154, 167-171)
1877 In Italien. Reiseerinnerungen, 2 Bände
1878 In der Residenz. Erinnerungen eines badischen Landtagsabgeordneten (zweite stark erweiterte und umgearbeitete Auflage 1911)

Abb. 7: *Einband einer Ausgabe von Hansjakobs Reiseerinnerungen "In Frankreich".- Vgl. Kat. Nr. 54*

1878 Aus dem Leben eines Reichstagskandidaten (unter dem Pseudonym "Hans am See" veröffentlicht in: Alte und Neue Welt 12, 1878, S. 380-383, 398-400, 412-416)
1880 Aus meiner Jugendzeit. Erinnerungen
1881 In den Niederlanden. Reiseerinnerungen, 2 Teile
1882 Erinnerungen eines alten Hutes
1885 Aus meiner Studienzeit. Erinnerungen
1888 Rede über Einführung religiöser Orden in Baden (als Flugschrift veröffentlicht)
1888 Wilde Kirschen. Erzählungen aus dem Schwarzwald
1889 Dürre Blätter, 1. Reihe
1890 Dürre Blätter, 2. Reihe
1890 Die wahre Kirche Jesu Christi. Sechs Predigten
1890 Jesus von Nazareth. Gott in der Welt und im Sakramente. Sechs Predigten
1890 Die Toleranz und die Intoleranz der katholischen Kirche
1890 Der Sozialdemokrat kommt! Ein Warnruf an unser Landvolk von einem alten Dorfpfarrer (anonym veröffentlicht)
1890 St. Martin in Freiburg als Kloster und Pfarrei
1891 Meßopfer, Beicht und Kommunion. Sechs Predigten
1891 Der schwarze Berthold, der Erfinder des Schießpulvers und der Feuerwaffen. Eine kritische Untersuchung
1892 Die Wunden unserer Zeit und ihre Heilung. Sechs Predigten
1892 Unsere Volkstrachten. Ein Wort zu ihrer Erhaltung (erweiterte Auflage 1896)
1892 Die Sautier-Reibelt-Merian'sche Stiftung
1892 Schneeballen, 1. und 2. Reihe
1893 Schneeballen, 3. Reihe
1893 Sancta Maria. Sechs Vorträge
1895 Aus kranken Tagen. Erinnerungen
1895 Der Leutnant von Hasle. Eine Erzählung aus dem Dreißigjährigen Kriege
1896 Bauernblut. Erzählungen aus dem Schwarzwald
1897 Im Paradies. Tagebuchblätter
1897 Waldleute. Erzählungen
1897 Der steinerne Mann von Hasle. Eine Erzählung
1898 Erinnerungen einer alten Schwarzwälderin

Abb. 8: *Einband der Prachtausgabe von Hansjakobs tragischer Erzählung "Der Vogt auf Mühlstein". Die Erzählung wurde erstmals innerhalb der 2. Reihe von Hansjakobs "Schneeballen" (1892) ediert.- Vgl. Kat. Nr. 40c*

1898 Kanzelvorträge für Sonn- und Feiertage
1899 Erzbauern. Erzählungen
1900 Abendläuten. Tagebuchblätter
1900 In der Karthause. Tagebuchblätter
1900 Der Heilige Geist. Kanzelvorträge
1900 Aus dem Leben eines Unglücklichen
1901 Aus dem Leben eines mißliebigen Pfarrers. Ein Notschrei (Fragment). Als Manuskript veröffentlicht
1901 Aus dem Leben eines Glücklichen
1902 Verlassene Wege. Tagebuchblätter
1902 Letzte Fahrten. Erinnerungen
1902 Der Kapuziner kommt! Ein Schreckensruf im Lande Baden
1903 Aus dem Leben eines Vielgeprüften. Wahrheit und Dichtung
1903 Meine Madonna. Eine Familienchronik
1903 Stille Stunden. Tagebuchblätter
1903 Zeit und Kirche. Kanzelreden für alle Sonntage des Kirchenjahres
1904 Sommerfahrten. Tagebuchblätter
1904 Die Schöpfung. Sechs Kanzelvorträge
1905 Alpenrosen mit Dornen. Reiseerinnerungen
1905 Mein Grab. Gedanken und Erinnerungen
1906 Sonnige Tage. Tagebuchblätter
1909 Aus dem Leben eines Vielgeliebten. Nachtgespräche
1909 Aus dem Leben eines treuen Hausgenossen
1910 Die Gnade. Sechs Fastenvorträge
1912 Allerseelentage. Erinnerungen
1913 Allerlei Leute und allerlei Gedanken. Tagebuchblätter
1915 In Belgien (identisch mit dem ersten Teil von "In den Niederlanden")
1916 Zwiegespräche über den Weltkrieg, gehalten mit den Fischen auf dem Meeresgrund
1918 Feierabend. Tagebuchblätter (Nachlaßwerk, hrsg. von Anton Trunz)
1929 Verschollene Schriften (hrsg. von Anton Trunz). Enthalten die Schriften Hansjakobs aus der Kulturkampfzeit: Wie auch wir vergeben unseren Schuldigern oder Der Segen des Kulturkampfes; Der Lindentoni oder Der Bauer, wie er sein soll; Der Studentenbauer

ANMERKUNGEN

1 Zur Biographie Heinrich Hansjakobs: Helmut Bender, Hansjakobs Leben, Wirken und Werk, Waldkirch 1985; Oswald Floeck, Heinrich Hansjakob, Karlsruhe/Leipzig 1921; Heinrich Hansjakob. Festschrift zum 150. Geburtstag, hrsg. von Manfred Hildenbrand/Werner Scheurer, Haslach 1987; Kurt Klein, Heinrich Hansjakob - Ein Leben für das Volk, Kehl 1980; A.P.H. van Rijswijck, Heinrich Hansjakob, Dissertation Nijmwegen 1948.

2 Hansjakob, Aus meiner Jugendzeit, 16. Aufl., Haslach 1986, S. 267.- Vgl. dagegen aber W. Kampf, Politische Probleme im Werk Heinrich Hansjakobs. In: Artur J. Hofmann, Hansjakob und der badische Kulturkampf, Kehl 1981, S. III-VII; ders., Ein Diskussionsbeitrag. In: Hansjakob-Jahrbuch '82, S. 114-117.

3 Hansjakob, Aus meiner Jugendzeit, S. 263; vgl. auch Hansjakob, Im Paradies, 6. Aufl., Haslach 1981, S. 241; Hansjakob, Stille Stunden, 2. Aufl., Stuttgart 1904, S. 321.

4 Hansjakob, Allerseelentage, 2. Aufl., Stuttgart 1912, S. 230; vgl. auch Hansjakob, Aus dem Leben eines Vielgeliebten, Stuttgart 1909, S. 115.

5 Über die Gefängniszeit in Rastatt schrieb Hansjakob das Buch "Auf der Festung. Erinnerungen eines badischen Staatsgefangenen" (1870).

6 Auch über diese Haftzeit verfaßte Hansjakob ein Buch: "Im Gefängnis. Neue Erinnerungen eines badischen Staatsgefangenen" (1873).

7 Über seine Landtagserlebnisse veröffentlichte Hansjakob das Erinnerungsbuch "In der Residenz", zweite, stark erweiterte und umgearbeitete Auflage 1911.

8 Diesem idyllischen Dorf, 3 km von Haslach entfernt, widmete Hansjakob sein Buch "Im Paradies" (1897).

9 Hansjakobs Buch "Aus kranken Tagen" gibt Auskunft über die schwere Zeit in der Nervenheilanstalt Illenau. Es erschien 1895.

10 1892 veröffentlichte Hansjakob die Flugschrift "Unsere Volkstrachten. Ein Wort zu ihrer Erhaltung" (erweiterte Auflage 1886).

11 Seinem Dichterheim widmete Hansjakob das Buch "In der Karthause" (1900).

12 Vgl. Hansjakobs Buch "Mein Grab" (1905).

13 Über seinen letzten Lebensabschnitt im "Freihof" in Haslach berichtet Hansjakob in seinem Buch "Feierabend" (Nachlaßwerk, hrsg. von Anton Trunz 1918).

1 Heinrich Hansjakob. Fotografie von C. Ruf, Freiburg; ca. 120cm (H) x 80cm (B).

(Augustinermuseum Freiburg: 12632)

Aufnahme aus Hansjakobs Zeit als Pfarrer von St. Martin in Freiburg.

2 Hut Hansjakobs

(Augustinermuseum Freiburg: H 25/60)

Einer der breitkrempigen "Heckerhüte" Hansjakobs, das bekannte Symbol der Hansjakobschen Geisteshaltung. 1912 bekannte Hansjakob in seinem Buch "Allerseelentage": "Seitdem ich zu Ehren der zwei Freiheits-

Abb. 9: *Heinrich Hansjakob. Aufnahme des Freiburger Hoffotografen Ruf aus d. J. 1895.- Vgl. Kat. Nr. 15a.- Hansjakob-Archiv Haslach. Repro: M. Hildenbrand*

und Revolutionsmänner Blum und Hecker ihre Hutformen getragen - bin ich Schwärmer für die schönste Göttin, für die Freiheit, und bin freischärlerisch und revolutionär gestimmt. Und mein Hut verrät dies heute noch, denn er ist nur ein vergrößerter Heckerhut" (S. 230f.).

3 Stock Hansjakobs

(Augustinermuseum Freiburg: H 25/60)

Nach der Mode der damaligen Zeit führte Hansjakob stets einen Spazierstock mit sich. Auf zahlreichen Fotografien ist er mit Stock abgebildet.

4 Haslach. Kolorierte Lithografie; ca. 34cm x 51cm.

(Augustinermuseum Freiburg: H 25/31)

Diese schöne Ansicht der Heimatstadt Hansjakobs wurde um 1860 von E. Kaufmann (Lahr) gefertigt.

5 Hansjakobs Geburtshaus in Haslach

5 a (Reproduktion einer) Fotografie.

(Hansjakob-Archiv Haslach) vgl. auch d. Zierleiste S. 17

Hansjakobs Geburtshaus in Haslach, die ehemalige "Stadtwirtschaft" seines Vaters Philipp Hansjakob. Als Heinrich Hansjakobs Bruder die Gastwirtschaft übernahm, nannte er sie Gasthaus "Zur Sonne". Heute befindet sich in dem Haus die Geschäftsstelle des "Offenburger Tageblatts". Seit 1897 kündet eine am Haus angebrachte Mamortafel, daß hier Heinrich Hansjakob geboren wurde.

5 b Heinrich Hansjakob vor seinem Geburtshaus. (Reproduktion einer) Fotografie aus d. J. 1890.

(Hansjakob-Archiv Haslach)

Um Hansjakob herum steht eine große Kinderschar, die den damals schon bekannten Volksschriftsteller begrüßt.

6 Die Eltern

6 a Der Vater: der Bäcker und Gastwirt Philipp Hansjakob (1802-1864). Portrait von Hugo Engl nach Carl Sandhaas. Abbildung aus: Heinrich Hansjakob, Meine Madonna, 3. Aufl., Stuttgart: Bonz, 1903, S. 375. Abb. 1a

(Hist. Bibl. Rastatt: P 628,6)

6 b Die Mutter: Zäzilie Hansjakob, geb. Kaltenbach (1812-1867).

6 b 1 Portrait von Curt Liebich nach Aquarell von Ludwig Blum, aus: Heinrich Hansjakob, In der Karthause, 5. Aufl., Stuttgart: Bonz, 1903, S. 353. Abb. 1b

(Hist. Bibl. Rastatt: P 628,1)

6 b 2 Foto des Aquarells von Ludwig Blum; 22cm x 18cm.

(Augustinermuseum Freiburg: H 25/10)

7 **Portrait des 5jährigen Heinrich Hansjakob**. Fotografie des Aquarells von Ludwig Blum; 16cm x 13,5cm.
(Augustinermuseum Freiburg: 12596) vgl. auch Abb. 51

Die rund 100 erhaltenen Bilder des begabten, aber sehr früh verstorbenen Haslacher Malers Louis Blum (1822-1854) sind heute in der ständigen Louis-Blum-Ausstellung im Hansjakobhaus "Freihof" in Haslach ausgestellt.

Abb. 10: *Das Rastatter Lyzeum (heute Gymnasium). Buchillustration von Curt Liebich.- Vgl. Kat. Nr. 8a*

8 Als **Lyzeumsschüler in Rastatt**

8 a **Das Rastatter Lyzeum**. Zeichnung von Curt Liebich, in: Heinrich Hansjakob, Aus meiner Studienzeit, 6. Aufl., Stuttgart: Bonz, 1913, S. 90. Abb. 10

(Hist. Bibl. Rastatt: Inv. Nr. 89/77; 7. Aufl.: Archiv d. Schülerverbindung "Teutonia" Rastatt: 4/2/43)

Von 1852 bis 1859 besuchte Hansjakob das Lyzeum in Rastatt, wie das Ludwig-Wilhelm-Gymnasium damals genannt wurde. Am 1. Oktober 1852 unterzog er sich der Aufnahmeprüfung. Nur die Prüfung in Latein war damals maßgebend. Da er sie bestand, wurde er in die Unterquarta aufgenommen.

8 b **Zeugnis für die Obersexta**, ausgestellt am 20. August 1859.
(Generallandesarchiv Karlsruhe: 76/3212) Abb. 2

Das vom Lyzeumsdirektor und Klassenlehrer der Obersexta, Joseph Schrauth, unterschriebene Zeugnis nimmt Bezug auf das Protokoll der Lehrerkonferenz vom 9. August 1859. Ausgestellt aber wurde es erst am 20. August und damit einen Tag nach der öffentlich abgelegten Abitursprüfung. Das Abitur bestand Hansjakob als drittbester unter fünfzehn Abiturienten und wurde öffentlich gelobt. Bei der feierlichen Entlassung der Abiturienten hielt er die Abschiedsrede über Shakespeares "Hamlet". Auf dem Zeugnis der Obersexta wird handschriftlich bestätigt, daß Hansjakob nunmehr "nach Erlaß Großh. Oberstudienrathes v. 23. Aug. N°830 zur Universität entlassen" werde. Hansjakob bemerkt dazu in seinen Studienerinnerungen, er begreife nicht, "wozu man Schüler, welche das ganze Jahr hindurch die betreffende Klasse mitgemacht und die Zufriedenheit der Lehrer erworben haben, noch extra prüft, ob sie fähig seien, auf die Universität entlassen zu werden" (6. Aufl., S. 315).

9 **Studium der Theologie, Philologie und Geschichte** in Freiburg i.Br.

9 a **Das Freiburger Konvikt.** Zierleiste von C. Liebich, in: Heinrich Hansjakob, Aus meiner Studienzeit, 6. Aufl., Stuttgart: Bonz, 1913, S. 343. vgl. Abb. rechts
(Hist. Bibl. Rastatt: Inv. Nr. 92/86; 2. Ex.: Klaus-Rainer Ziegler, Rastatt)

Abb. 11: *Das Konvikt in Freiburg. Zierleiste von Curt Liebich.- Vgl. Kat. Nr. 9a*

An der Universität Freiburg i.Br. studierte Hansjakob von 1859 bis 1862 Theologie und Philologie. Während dieser Zeit war er im Erzbischöflichen Konvikt untergebracht, das damals unter der Leitung von Dr. Lothar Kübel, dem späteren Bistumsverweser und Bischof, stand. Hansjakob wurde der Liebling des Direktors, der auch als Bischof dem jungen Priester Heinrich Hansjakob wiederholt deutliche Beweise seines Wohlwollens gab.

9 b **Zeugnis der** "Großherzoglichen Badischen **Albert-Ludwigs-Hochschule zu Freiburg** im Breisgau" vom 1. August 1862.
(Generallandesarchiv Karlsruhe: 76/3212) Abb. 12

An der Universität Freiburg i.Br. legte Hansjakob 1862 das theologische Examen ab. Er wurde anschließend in das Priesterseminar St. Peter aufgenommen, am 4.8.1863 zum Priester geweiht, und am 9.8.1863 erfolgte seine Primiz in der Stadtkirche zu Haslach i.K.

10 **Philologisches Staatsexamen** in Karlsruhe: Zeugnis vom 30. November 1863.
(Generallandesarchiv Karlsruhe: 76/3212) Abb. 13

Im November 1863 legte Hansjakob vor dem Oberschulrat in Karlsruhe das philologische Staatsexamen ab. Unter den zwölf Prüflingen belegte er den vierten Platz. Abb. 3

11 **Lehramtspraktikant in Donaueschingen**

11 a **Programm des Großherzoglichen Gymnasiums in Donaueschingen vom Schuljahr 1863/1864.** Rastatt: W. Mayer, 1864. Abb. 14
(Hist. Bibl. Rastatt: Schulprogramme, Baden)

Am 20.1.1864 wurde Hansjakob vom Oberschulrat in Karlsruhe eine Stelle am Gymnasium in Donaueschingen zugewiesen. Während er dort ein Jahr lang Lehramtspraktikant war, machte er historische Studien am Fürstlich Fürstenbergischen Archiv in Donaueschingen.

Das hier gezeigte Schulprogramm von 1863/64 wurde nicht in Donaueschingen, sondern in Rastatt (bei W. Mayer) gedruckt. Aufgeschlagen ist die Seite 5, auf der das Lehrpersonal des Donaueschinger Gymnasiums aufgeführt wird. Unter der Rubrik "3. Lehrer" wird dort am Ende auch "Lehramtspract. Priester Hansjakob, Hauptlehrer von Prima" genannt. Hansjakob unterrichtete - wie wir dem Programm entnehmen können - in jenem Schuljahr am Gymnasium von Donaueschingen in sämtlichen Klassen Religion, außerdem auch noch in der Prima (der untersten Klasse) als deren Klassenlehrer Deutsch und Latein. M.H./H.H.

11 b **Hansjakob als Lehramtspraktikant**. (Reproduktion einer) Fotografie aus d. J. 1864.
(Hansjakob-Archiv Haslach)

11 c **Das frühere Gymnasiumsgebäude von Donaueschingen**. Fotografie.
(Hansjakob-Archiv Haslach)

Zu sehen ist das Gebäude, in dem im 19. Jahrhundert das Gymnasium von Donaueschingen untergebracht war. Hier war Hansjakob ein Jahr lang Lehramtspraktikant.

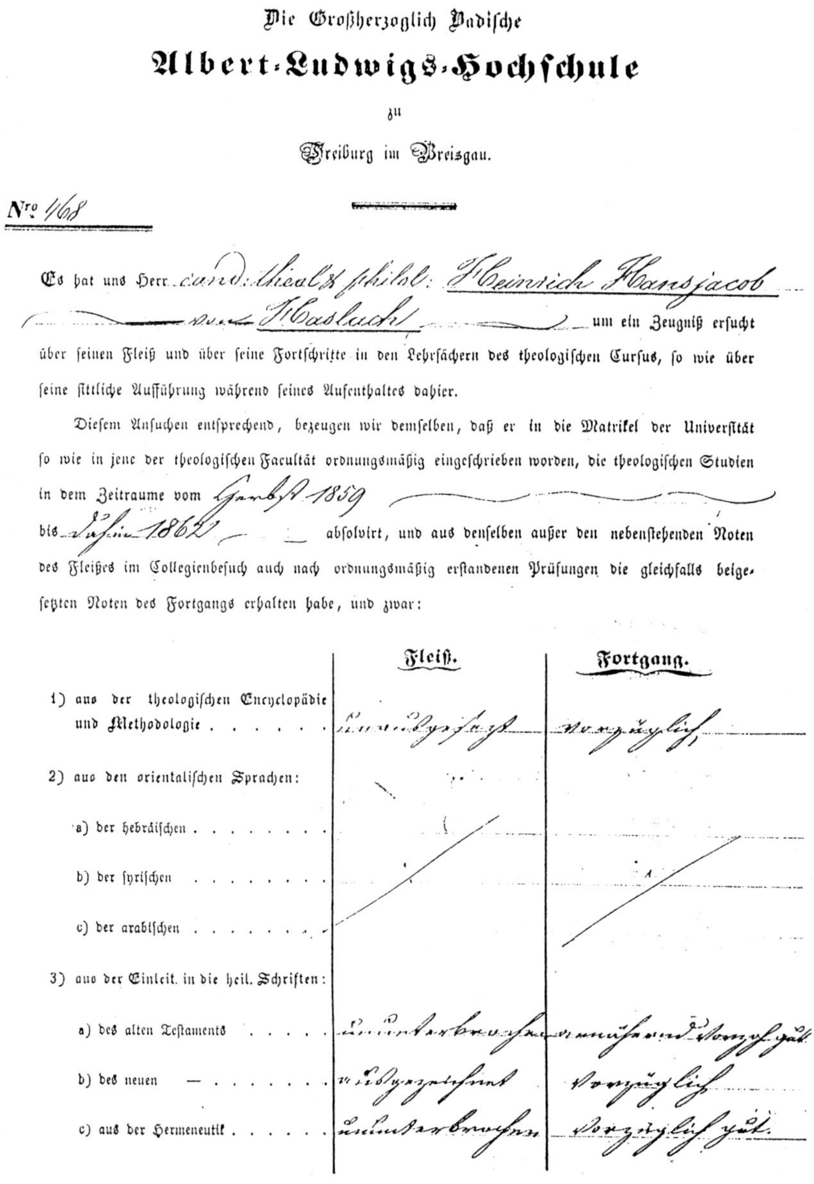

Die Großherzoglich Badische

Albert-Ludwigs-Hochschule

zu

Freiburg im Breisgau.

N^ro 468

Es hat uns Herr cand. theol. & philol. Heinrich Hansjacob aus Haslach um ein Zeugniß ersucht über seinen Fleiß und über seine Fortschritte in den Lehrfächern des theologischen Cursus, so wie über seine sittliche Aufführung während seines Aufenthaltes dahier.

Diesem Ansuchen entsprechend, bezeugen wir demselben, daß er in die Matrikel der Universität so wie in jene der theologischen Facultät ordnungsmäßig eingeschrieben worden, die theologischen Studien in dem Zeitraume vom Herbst 1859 bis Frühjahr 1862 absolvirt, und aus denselben außer den nebenstehenden Noten des Fleißes im Collegienbesuch auch nach ordnungsmäßig erstandenen Prüfungen die gleichfalls beigesetzten Noten des Fortgangs erhalten habe, und zwar:

	Fleiß.	Fortgang.
1) aus der theologischen Encyclopädie und Methodologie	unausgesetzt	vorzüglich
2) aus den orientalischen Sprachen:		
a) der hebräischen		
b) der syrischen		
c) der arabischen		
3) aus der Einleit. in die heil. Schriften:		
a) des alten Testaments	ununterbrochen	ausnehmend vorzüglich gut
b) des neuen	unausgesetzt	vorzüglich
c) aus der Hermeneutik	ununterbrochen	vorzüglich gut

Abb. 12: *Zeugnis der Freiburger Albert-Ludwigs-Hochschule für Heinrich Hansjakob.- Vgl. Kat. Nr. 9b.- GLA Karlsruhe: 76/3212*

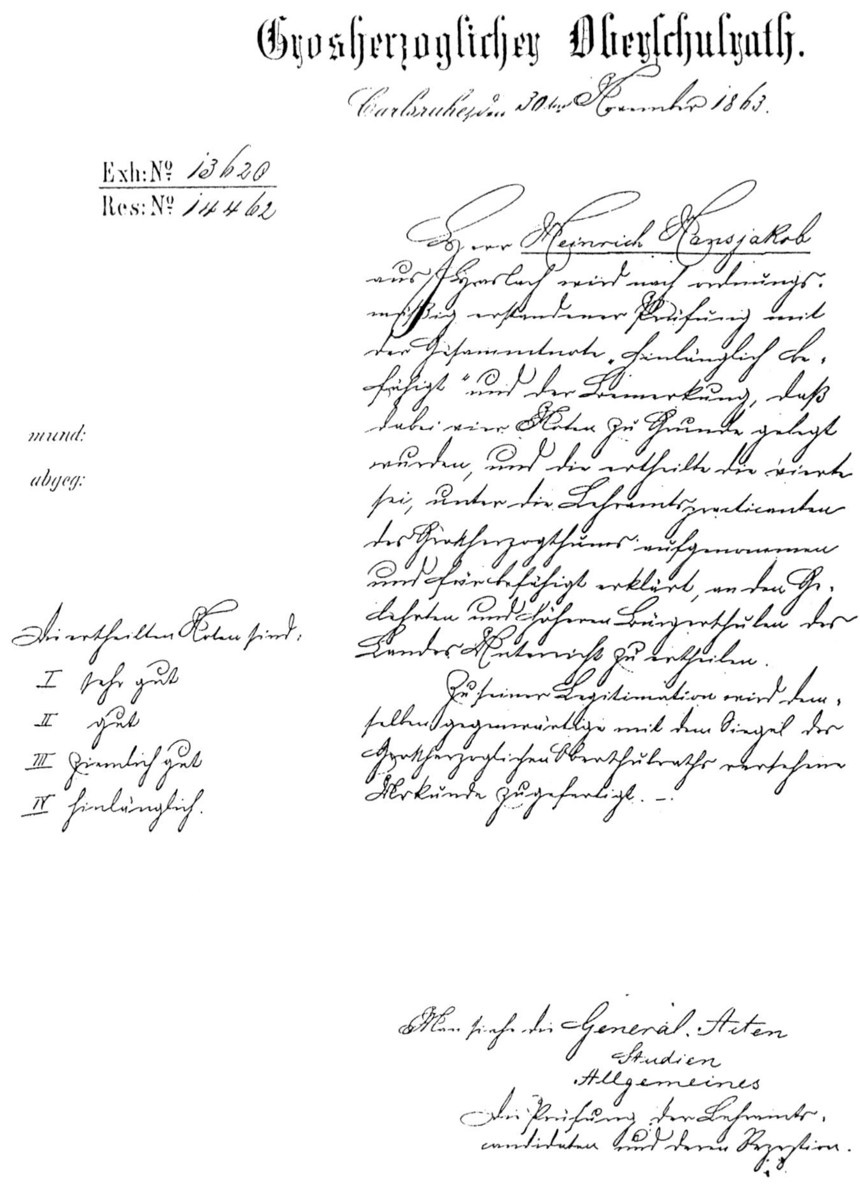

Großherzoglicher Oberschulrath.

Carlsruhe, den 30ten November 1863.

Exh: No 13620
Res: No 14462

Herr Heinrich Hansjakob aus Haslach wird nach ordnungsmäßig erstandener Prüfung mit der Gesammtnote „hinlänglich befähigt" und der Bemerkung, daß dabei eine Note zu Grunde gelegt wurde, und die erhaltene die vierte sei, unter die Lehramtspracticanten des Großherzogthums aufgenommen und für befähigt erklärt, an den Gelehrten und höheren Bürgerschulen des Landes Unterricht zu ertheilen.

Zu seiner Legitimation wird demselben gegenwärtige mit dem Siegel des Großherzoglichen Oberschulraths versehene Urkunde zugefertigt. –

mund:

abgeg:

Die ertheilten Noten sind:
I sehr gut
II gut
III ziemlich gut
IV hinlänglich.

Man sehe die General-Akten
Studien
Allgemeines
Die Prüfung der Lehramts-candidaten und deren Rezeption.

Abb. 13: *Examenszeugnis für Heinrich Hansjakob v. 30.11.1863.- Vgl. Kat. Nr. 10.- GLA Karlsruhe: 76/3212*

II. PERSONAL DES GYMNASIUMS.

1. Ephorus.

Grossh. Oberamtmann Haas.

2. Director.

Professor Duffner.

3. Lehrer.

Professor Duffner, Hauptlehrer von Quinta.
„ Rapp, „ „ Unterquarta.
„ Dr. Winnefeld, „ „ Oberquarta.
„ Stizenberger, Lehrer der Mathematik und der Naturwissenschaften.
„ Baer, Hauptlehrer von Tertia.
Lehramtspract. Brugier, Hauptlehrer von Secunda.
„ Priester Hansjakob, Hauptlehrer von Prima.

Hilfslehrer.

F. F. Hofprediger Müller, für den evangel. Religionsunterricht.
Maler W. Jaeckle, für den Zeichnungsunterricht.

4. Bibliothecar.

Professor Dr. Winnefeld.

5. Verwaltungsrath für den Gymnasiumsfond.

Präsident: Grossh. Oberamtmann Haas.
Mitglieder: „ Oberamtsrichter Achert.
Professor Duffner.
„ Dr. Winnefeld.
F. F. Revisor Hochweber.
Sekretär: „ „ Kanzlist Beving.

6. Verwalter des Gymnasiumsfonds.

Grossh. Obereinnehmer Waldner.

Abb. 14: *Seite aus dem Programm des Donaueschinger Gymnasiums für das Schuljahr 1863/64.- Vgl. Kat. Nr. 11a.- Hist. Bibl. Rastatt*

11 d **Doktordiplom für Heinrich Hansjakob**, ausgestellt von der Eberhard-Karl-Universität Tübingen am 15. März 1865.

(Generallandesarchiv Karlsruhe: 76/3212)

Heinrich Hansjakob promovierte 1865 mit der historischen Dissertation "Die Grafen von Freiburg i.B. im Kampfe mit ihrer Stadt" an der Universität Tübingen. Das Votum rühmt die von reicher Benutzung auch der neuesten Quellen zeugende, fleißige, historischen Sinn bekundende Arbeit. Trotzdem wurde Hansjakob nur mit der Note "rite" (genügend) promoviert.

12 Provisorischer **Vorstand der Höheren Bürgerschule von Waldshut**

12 a **Jahresbericht der Grossherzoglichen Höheren Bürgerschule zu Waldshut vom Schuljahr 1865-66**. Waldshut: Zimmermann, 1866.

(Hist. Bibl. Rastatt: Schulprogramme, Baden)

Von 1865 bis 1869 war Hansjakob provisorischer Vorstand der Höheren Bürgerschule in Waldshut. Gleichzeitig hatte er die Kaplanstelle in der Loretokapelle auf dem nahen Kalvarienberg inne. Nachdem er auf einer Versammlung der Katholischen Volkspartei in Engen eine scharfe Rede gegen die liberale badische Regierung gehalten hatte, wurde er aus dem badischen Schuldienst entlassen.

Auf der hier aufgeschlagenen Seite 3 des Waldshuter Jahresprogramms von 1865/66 wird innerhalb eines kurzen historischen Rückblicks auf das Schuljahr u.a. erwähnt, daß "in provisorischer Weise, durch hohen Erlass Grossh. Oberschulraths d. d. 4. April 1865, Nr. 5369, Lehramts-Praktikant Priester Dr. Heinrich Hansjakob vom Gymnasium in Donaueschingen" zum Vorstand der Höheren Bürgerschule Waldshut ernannt wurde. Daneben war Hansjakob im Schuljahr 1865/66 "Hauptlehrer der III. Klasse" und außerdem in seiner Funktion als provisorischer Vorstand Mitglied im Verwaltungsrat der Schule. Vor allem aber hatte Hansjakob Unterricht zu erteilen: in allen drei Klassen der Anstalt Religion, in der ersten Klasse Kommunionunterricht, in der zweiten und dritten Klasse dazu noch Geschichte sowie in seiner dritten Klasse zusätzlich auch Latein. M.H./H.H.

12 b **Heinrich Hansjakob**. Fotografie aus d. J. 1868; 16,5cm x 11cm.

(Hansjakob-Archiv Haslach) Abb. 15

Die Aufnahme zeigt Hansjakob als geistlichen Schulmeister und Vorstand der Höheren Bürgerschule in Waldshut.

12 c **Waldshut**. Kolorierte Ansicht aus d. J. 1861.

(Generallandesarchiv Karlsruhe: J-B-Waldshut 4)

Abb. 15: *Heinrich Hansjakob als provisorischer Vorstand der Höheren Bürgerschule von Waldshut. Aufnahme aus d. J. 1868.- Vgl. Kat. Nr. 12b.- Hansjakob-Archiv Haslach*

Nur vier Jahre nachdem die vorliegende Ansicht angefertigt worden war, nahm Hansjakob seine Tätigkeit als provisorischer Vorstand der Höheren Bürgerschule von Waldshut auf.

13 **Pfarrer in Hagnau** am Bodensee

Abb. 16: *Hagnau am Bodensee.- Vgl. Kat. Nr. 13a*

13 a **Hagnau.** Abbildung aus : Heinrich Hansjakob, Schneeballen, Dritte Reihe, 7. u. 8. Aufl., Stuttgart: Bonz, 1924, S. 331. (Hist. Bibl. Rastatt: Inv. Nr. 92/87) vgl. Abb. links

Rund 15 Jahre lang - von 1869 bis 1884 - lag die pastorale Betreuung der Pfarrgemeinde von Hagnau in den Händen von Heinrich Hansjakob.

13 b **Heinrich Hansjakob als Pfarrer von Hagnau.** (Reproduktion einer) Aufnahme aus d. J. 1869. Abb. 4
(Hansjakob-Archiv Haslach)

Im Jahre der Entstehung der Aufnahme - also 1869 - wurde Hansjakob wegen seiner Engener Rede zu vier Wochen Gefängnis verurteilt. Die Gefängnisstrafe saß er 1870 auf der Festung Rastatt ab.

14 **Landtagsabgeordneter in Karlsruhe**

Abb. 17: *Das Ständehaus in Karlsruhe. Zeichnung von Curt Liebich*

14 a **Das Karlsruher Ständehaus.** Stahlstich von Joh. Poppel; ca. 15,5cm x 21,5cm. Abb. 89
(Generallandesarchiv Karlsruhe: J-B-KA 182)

Im Ständehaus tagte die erste und zweite Kammer des badischen Landtags. Das Gebäude fiel im Zweiten Weltkrieg den Bomben zum Opfer (Vgl. Kat. Nr. 75).

14 b **Hansjakob als Redner im Landtag.** (Fotografische Wiedergabe einer) Zeichnung von Prof. Otto Laible.
(Hansjakob-Archiv Haslach) Abb. 91

Der Abgeordnete Hansjakob war im badischen Landtag ein gefürchteter Debattenredner.

15 **Pfarrer von St. Martin in Freiburg**

15 a **Brustbild** von 1895. (Reproduktion einer) Fotografie. Abb. 9
(Hansjakob-Archiv Haslach)

Von 1884 bis 1913 war Hansjakob Stadtpfarrer von St. Martin in Freiburg. Seine Amtszeit war gekennzeichnet durch ständige Auseinandersetzungen mit dem Erzbischöflichen Ordinariat in Freiburg und dem Oberstiftungsrat in Karlsruhe. Die Fotografie aus dem Jahre 1895 zeigt Hansjakob nach der Überwindung einer sehr schweren Lebenskrise. Drei Monate mußte sich Hansjakob 1894 zur Behandlung in die Nervenheilanstalt Illenau bei Achern begeben. Über diese schwere Zeit berichtet er in seinem Buch "Aus kranken Tagen" (1895).

15 b **Postkarte mit einer Darstellung von St. Martin und einem Portrait Hansjakobs** (um 1900).
(Hansjakob-Archiv Haslach) Abb. 18

Pfarrhaus und Kirche von St. Martin in Freiburg waren bis Ende des 18. Jahrhunderts ein Franziskanerkloster. Die Geschichte dieses Klosters und der Pfarrei hat Hansjakob eingehend untersucht in seinem Buch "St. Martin in Freiburg als Kloster und Pfarrei" (1890).

Hansjakob wußte, wie er für sich und seine Bücher Werbung machen konnte. So ließ er um das Jahr 1903 diese Postkarte drucken und in ganz Baden vertreiben.

15 c **Hansjakob und seine vier Kooperatoren.** Fotografie aus d. J. 1903; 25cm x 20cm. Abb. 19
(Hansjakob-Archiv Haslach)

Stadtpfarrer Heinrich Hansjakob 1903 im Pfarrgarten von St. Martin mit seinen vier Kooperatoren (Kaplänen) Josef Leible, Heinrich Franz Riffel, Anton Trunz und Alfons Kleiser (von links).

Ein Kooperator genoß das besondere Vertrauen Hansjakobs: Es war Anton Trunz, der von 1902 bis 1913 Kooperator in St. Martin war. Er war gleichzeitig Hansjakobs Privatsekretär und durfte dessen oft heikle Privatkorrespondenz verwalten. Ihn setzte Hansjakob schließlich auch zu seinem Nachlaßverwalter ein.

Abb. 18: *Von Hansjakob herausgegebene Postkarte.- Vgl. Kat. Nr. 15b.- Hansjakob-Archiv Haslach*

Abb. 19: *Hansjakob und seine vier Kooperatoren.- Vgl. Kat. Nr. 15c.- Hansjakob-Archiv Haslach*

15 d **Hansjakobs Schwester Philippine.** (Reproduktion einer) Fotografie (um 1900). vgl. Abb. unten
(Hansjakob-Archiv Haslach)

Hansjakobs Schwester Philippine (1840-1925) war seine Haushälterin bis zu seinem Lebensende.

Abb. 20: *Hansjakobs Schwester Philippine.- Vgl. Kat. Nr. 15d.- Hansjakob-Archiv Haslach. Repro: M. Hildenbrand*

16 **Die Karthause in Freiburg.** Aquarell von Carl(?) Schuster; ca. 30cm x40cm. Abb. 5
(Augustinermuseum Freiburg: H 25/50)

Als die Stadt Freiburg 1897 die “Karthause”, ein ehemaliges Karthäuserkloster, ankaufte, um darin ein Altenheim einzurichten, bat Hansjakob seinen Freund, den Freiburger Oberbürgermeister Dr. Otto Winterer, ihm drei Zimmer zu vermieten. Diese ließ er mit herrlichen altdeutschen Möbeln einrichten. Seitdem wohnte er hier mindestens einige, später bis zu sechs Monate im Jahr. Über seine Erlebnisse in der “Karthause” schrieb er das Erinnerungsbuch “In der Karthause” (1900).

17 Hansjakob und Hofstetten

17 a Ansicht von Hofstetten. Fotografie in: Heinrich Hansjakob, Im Paradies, 3. Aufl., Ohlau: Leichter, o. J. vgl. Abb. unten
(Hist. Bibl. Rastatt: P 628,21; 2. Aufl., Kassel 1902: Bad. Landesbibliothek Karlsruhe: O 51 A 252)

Abb. 21: *Hofstetten. Fotografie aus d. J. 1895*

Die Ansicht zeigt Hofstetten im Jahre 1895. Hansjakob nannte dieses idyllische Dörfchen, 3 km von Haslach entfernt, sein "Paradies". Seit 1886 verbrachte er jedes Jahr dort einen längeren Erholungsurlaub. Hofstetten widmete er eines seiner Bücher: "Im Paradies" (1897).

17 b Hansjakob vor dem Gasthaus "Drei Schneeballen" in Hofstetten.
(Reproduktion einer) Fotografie.
(Hansjakob-Archiv Haslach)

Im Gasthaus "Drei Schneeballen" mietete Hansjakob stets während seines Erholungsurlaubs zwei geräumige Zimmer im Obergeschoß.

18 Goldenes Priesterjubiläum 1913:
Zwei an Hansjakob adressierte Schreiben des Volkstrachtenvereins Freiburg und des Freiburger Münsterbauvereins, beide datiert auf den 4. August 1913.
(Augustinermuseum Freiburg: o. Nr.) vgl. Abb. 22

Münsterbauverein Freiburg i.Brg.

Freiburg, den 4 ten August 1913.
im Breisgau,

No 378

Hochgeehrter Herr Stadtpfarrer !

An
Seine Hochwürden
Herrn Stadtpfarrer Dr.H.Hansjakob
z. Zt.
H a ß l a c h i.K.

An dem heutigen hochfeierlichen Tag Jhres Lebens, an welchem Euer Hochwürden auf ein halbes Jahrhundert

Abb. 22: *Glückwunschschreiben des Freiburger Münsterbauvereins zu Hansjakobs Goldenem Priesterjubiläum.- Vgl. Kat. Nr. 18.- Augustinermuseum Freiburg*

Am 4. August 1913 durfte Heinrich Hansjakob in der Loretokapelle in Haslach sein goldenes Priesterjubiläum feiern. Aus diesem Anlaß erhielt der bekannte Schriftsteller und Pfarrer verschiedene Glückwunschschreiben, darunter auch die beiden hier gezeigten Schriftstücke des Volkstrachtenvereins Freiburg und des Freiburger Münsterbauvereins. Hansjakob war Vorstandsmitglied des Münsterbauvereins und an der Gründung des Volkstrachtenvereins hatte er maßgeblichen Anteil (vgl. auch Kat. Nr. 81).

H.H.

19 Altersruhesitz in Haslach

19 a Hansjakobs Alterssitz, der "Freihof", und sein Arbeitszimmer im "Freihof". (Reproduktion von) zwei Fotografien aus dem Jahre 1913.

(Hansjakob-Archiv Haslach)

1912/13 ließ sich Hansjakob in Haslach seinen Alterssitz, den "Freihof", bauen. Darin lebte er nach seiner Pensionierung als Pfarrer von St. Martin von 1913 bis zu seinem Tode 1916. Der "Freihof" ist anläßlich des Einzuges von Hansjakob mit Girlanden geschmückt. Im "Freihof" befinden sich heute das Hansjakob-Museum und das Hansjakob-Archiv.

Abb. 23: *Der "Freihof" in Haslach. Aquarell von Curt Liebich.- Hansjakob-Museum Haslach. Aufnahme: M. Hildenbrand*

19 b **Grußadresse des Gemeinderats der Stadt Haslach an Hansjakob** vom 4. April 1913 anläßlich der bevorstehenden Übersiedlung des Freiburger Martinspfarrers nach Haslach. Abb. 25
(Augustinermuseum Freiburg: o. Nr.)

Am 22.10.1913 zog Hansjakob in seinen Alterssitz, den "Freihof", ein und wurde vom Gemeinderat der Stadt Haslach sowie seinem alten Freund, dem Bürgermeister Xaver Hättich, herzlich begrüßt.

19 c **Benachrichtigung Hansjakobs durch den Haslacher Gemeinderat von seiner Ernennung zum Ehrenbürger der Stadt.** Datum des Schreibens: 10. Oktober 1913. Abb. 26
(Augustinermuseum Freiburg: o. Nr.)

Heinrich Hansjakob war der erste Ehrenbürger der Stadt Haslach.

20 **Hansjakob und sein Kutscher.** (Reproduktion einer) Fotografie v. Juli 1904. Abb. 24
(Hansjakob-Archiv Haslach)

Sowohl innerhalb als auch außerhalb der Grenzen von Deutschland war Hansjakob bis ins Alter hinein häufig unterwegs. Fast alle seiner zahlreichen Reisen unternahm er mit dem Zweispänner und seinem Kutscher Josef. In verschiedenen Publikationen fanden diese Reisen dann später ihren Niederschlag.

Abb. 24: *Hansjakob und sein Kutscher.- Vgl. Kat. Nr. 20.- Hansjakob-Archiv Haslach. Repro: M. Hildenbrand*

Der Gemeinderat

der Stadt Haslach i. K.

Den 4. April 1913.

Ratsprot. № 14

sämtliche Mitglieder.

E u e r H o c h w o h l g e b o r e n !

Durch Herrn Wilhelm Engelberg erfahren wir heute, dass Sie sich in Ihrer Vaterstadt niederlassen und daselbst Ihren Lebensabend zu verbringen gedenken. Der gesammte Gemeinderat ist durch diese Mitteilung aufs freudigste überrascht und dankt Ihnen hierdurch herzlich für das grosse Wohlwollen, das in Ihrem Entschlusse für die Stadt Haslach i.K. und deren Bewohner liegt.

In der Hoffnung, dass Ihr künftiger Aufenthalt sowohl Ihnen wie der Stadt Haslach zum Segen gereichen werde, begrüssen wir Sie mit der Versicherung Ihren Wünschen mit allen Kräften nachzukommen.

Mit vorzüglicher Hochachtung !

G e m e i n d e r a t.

Wilh. Engelberg. Heinr. Aug. Schaettgen. Ratschreiber. Wilhelm Wernet Ritter.

Hochwürden, Herrn

Stadtpfarrer H a n s j a k o b

in F r e i b u r g i.Br.

Abb. 25: *Grußadresse des Gemeinderats der Stadt Haslach an Hansjakob.- Vgl. Kat. Nr. 19b.- Augustinermuseum Freiburg*

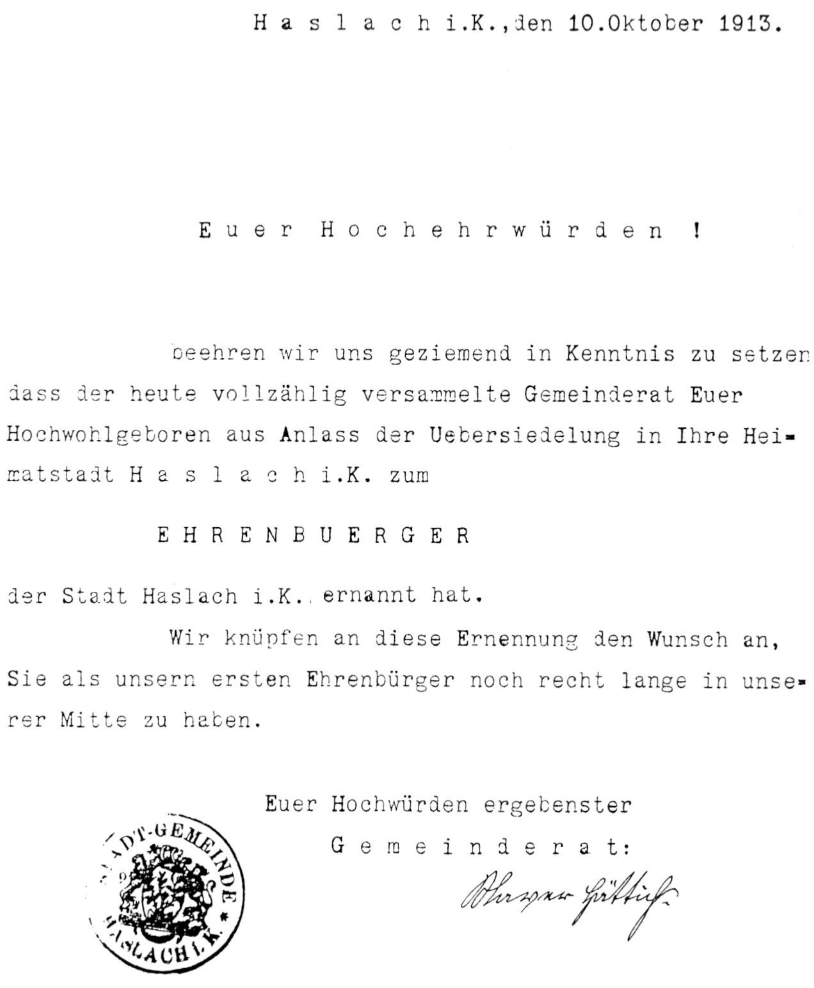

H a s l a c h i.K.,den 10.Oktober 1913.

E u e r H o c h e h r w ü r d e n !

beehren wir uns geziemend in Kenntnis zu setzen dass der heute vollzählig versammelte Gemeinderat Euer Hochwohlgeboren aus Anlass der Uebersiedelung in Ihre Heimatstadt H a s l a c h i.K. zum

E H R E N B U E R G E R

der Stadt Haslach i.K.. ernannt hat.

Wir knüpfen an diese Ernennung den Wunsch an, Sie als unsern ersten Ehrenbürger noch recht lange in unserer Mitte zu haben.

Euer Hochwürden ergebenster

G e m e i n d e r a t:

Abb. 26: *Ernennung Hansjakobs zum Ehrenbürger der Stadt Haslach: Schreiben des Haslacher Gemeinderats.- Vgl. Kat. Nr. 19c.- Augustinermuseum Freiburg*

21 **Hansjakobs Grabkapelle.** Modell von Erhard Decker (Hausach); Maße: 55cm (L) x 54cm (H) x 29,5cm (B).

(Hansjakob-Museum Haslach)

In seinem "Paradies" Hofstetten ließ Hansjakob "auf der Brand", einer Anhöhe, von der man einen schönen Blick auf Haslach hat, 1901 bis 1903 seine Grabkapelle und Gruft bauen. Dort wurde er 1916 begraben.

Die sterblichen Überreste Hansjakobs liegen in der Gruft hinter der Grabkapelle. vgl. d. Schlußvignette S. 58

22 **Tod und Begräbnis**

22 a Zwei Fotografien (beide 1916); Postkartenformat sowie 30cm x 37cm. Abb. 27 u. 28

(Hansjakob-Archiv Haslach)

22 b Totenbildchen, erschienen 1916 (Reproduktion).

(Hansjakob-Archiv Haslach)

Am 23. Juni 1916 ist Hansjakob in seinem Alterssitz "Freihof" in Haslach gestorben. Er wurde in seiner Hauskapelle aufgebahrt. Am 25. Juni 1916 wurde er hinter seiner Grabkapelle in der Gruft beigesetzt.

Tausende von Trauergästen gaben dem Toten am 25. Juni 1916 das Geleit. Aus allen Tälern des mittleren Schwarzwaldes strömten die Menschen herbei. Zahlreiche Vertreter aus Politik und Kultur waren erschienen. Selbst die großherzogliche Regierung hatte einen Vertreter geschickt. Nur vom Erzbischöflichen Ordinariat war niemand anwesend. Die Freiburger Kirchenbehörde ignorierte die Beerdigung des unbequemen ehemaligen Stadtpfarrers von St. Martin. Konstantin Fehrenbach, der spätere Reichskanzler und Freund Hansjakobs, hielt eine ergreifende Leichenrede. Der Leichenzug, der auf dem Foto gerade das Haslacher Rathaus passiert, war über 3 km lang. Als die letzten Trauergäste das Geburtshaus Hansjakobs im Zentrum Haslachs verließen, erreichten die ersten bereits die Grabkapelle in Hofstetten.

23 **Inflationsgeldschein der Stadt Haslach** aus dem Jahre 1923 mit einem Bildnis von Heinrich Hansjakob.

(Hansjakob-Archiv Haslach)

Auch nach seinem Tode blieb die Person von Heinrich Hansjakob in seiner Heimatgemeinde Haslach in mannigfacher Weise präsent. So gab die Stadt in der Inflationszeit den oben gezeigten Geldschein mit einem Portrait Hansjakobs heraus. H.H.

Abb. 27: *Hansjakob auf dem Totenbett.- Vgl. Kat. Nr. 22a.- Hansjakob-Archiv Haslach*

Abb. 28: *Hansjakobs Leichenzug.- Vgl. Kat. Nr. 22a.- Hansjakob-Archiv Haslach*

24 Hansjakobs Arbeitszimmer in der Karthause

24 a Modellbau mit Originalgegenständen aus dem Besitz des Augustinermuseums in Freiburg: Schreibtisch, Schreibzeug, Kreuz, Petroleumlampe, Öldruck (Christusdarstellung), Stuhl und Uhr (Inv. 12653; H 25/58; Inv. 12651; H 25/60; o. Nr.; Inv. 12656; H 25/19). Zeichnungen: Jürgen Pfeifer, Rastatt. Modellbau: Paul Schmidt, Rastatt.

24 b Blick in das Arbeitszimmer. Fotografie; 24cm x 17cm. (Augustinermuseum Freiburg: H 25/43)

Abb. 29: *Blick in Hansjakobs Arbeitszimmer in der Karthause. Buchillustration von Curt Liebich*

24 c Hansjakob an seinem Schreibtisch im Arbeitszimmer. (Reproduktion einer) Fotografie. Abb. 30

(Hansjakob-Archiv Haslach)

An seinem Schreibtisch im Arbeitszimmer der Karthause verfaßte Hansjakob die meisten seiner über 70 Bücher. Er lehnte das Schreiben mit der Stahlfeder ab und schrieb alle seine Briefe und Manuskripte bis zu seinem Tode mit der Gänsefeder.

Abb. 30: *Hansjakob an seinem Schreibtisch.- Vgl. Kat. Nr. 24c.- Hansjakob-Archiv Haslach. Repro: M. Hildenbrand*

25 Der Stuttgarter Verleger Alfred Bonz. (Reproduktion einer) Fotografie. Repro: M. Hildenbrand ▶

(Hansjakob-Archiv Haslach)

Im Verlag von Alfred Bonz erschienen ab 1897 - mit Ausnahme der theologischen Werke und Predigtsammlungen - alle Bücher Hansjakobs. Die theologischen Arbeiten gab der Herder-Verlag in Freiburg heraus. Frühere Werke und frühere Buchausgaben (vor 1897) edierten u.a. Kirchheim in Mainz und Weiß in Heidelberg.

Abb. 31: *Der Stuttgarter Verleger Alfred Bonz.- Vgl. Kat. Nr. 25.- Hansjakob-Archiv Haslach. Repro: M. Hildenbrand*

26 Die Illustratoren der Bücher Hansjakobs

26 a Selbstportrait des Malers **Professor Curt Liebich**. Fotografie d. Originals. vgl. Abb. rechts
(Hansjakob-Museum Haslach)
Professor Curt Liebich (1868-1937) aus Gutach/Schwarzwaldbahn hat mit Abstand die meisten Bücher Hansjakobs illustriert. Von 1895 bis 1918 wurden von ihm 20 Bücher Hansjakobs mit Textillustrationen oder Titelbild versehen, für weitere sieben Bände der Einband gestaltet und für die Volksausgaben der schlichte Buchschmuck, d.h. die Kopfleisten und Vignetten geschaffen.

Abb. 32: *Prof. Curt Liebich.- Vgl. Kat. Nr. 26a.- Hansjakob-Museum Haslach. Repro: M. Hildenbrand*

26 b **Professor Wilhelm Hasemann** in seinem Atelier in Gutach/Schwarzwaldbahn. (Reproduktion einer) Fotografie.
(Hansjakob-Archiv Haslach) Abb. s. unten

Abb. 33: *Prof. Wilhelm Hasemann in seinem Atelier.- Vgl. Kat. Nr. 26b.- Hansjakob-Archiv Haslach. Repro: M. Hildenbrand*

Professor Wilhelm Hasemann (1850-1913) ist neben Curt Liebich der wichtigste Illustrator der Bücher Hansjakobs. Mit der Illustrierung des "Vogt auf Mühlstein", einer Prachtaugabe dieser Hansjakobschen Erzählung des Freiburger Herder-Verlages, trat Hasemann 1895 als Buchillustrator der Werke Hansjakobs zum erstenmal in Erscheinung.

II DER SCHRIFTSTELLER

Historische Schriften

Johannes Werner

Heinrich Hansjakob ist zwar nicht als Historiker bekannt und berühmt geworden, hat aber einst einmal als solcher seine literarische Laufbahn begonnen. Seine diesbezüglichen Anfänge fallen in die Zeit, die er als junger Lehramtspraktikant von 1864 an in Donaueschingen verlebte; denn sie brachte ihn in enge Verbindung sowohl mit Karl August Barack, dem Fürstlich Fürstenbergischen Hofbibliothekar und späteren Direktor der Universitätsbibliothek in Straßburg, als auch vor allem mit Karl Heinrich Roth von Schreckenstein, dem Vorstand des Fürstlich Fürstenbergischen Archivs und späteren Direktor des Generallandesarchivs in Karlsruhe. “In dieser Atmosphäre bewegt sich nun der junge Professor, und sie packt und bezaubert ihn; ein neuer Gedankentaumel, ein wilder Arbeitsdrang zu historischem Schaffen erfaßt ihn; anders kann man seine damalige Stimmung kaum bezeichnen, die ihn auch gesundheitlich gefährlich erfaßt, ihn zeitweilig in tiefe Melancholie stürzt, wo er sich vor aller Welt abschließt, ihm gefährlichen Bluthusten zuzieht und die sorgenden Freunde zu stets sich wiederholenden Mahnungen zu Schonung und zu vernünftiger Lebensweise veranlaßt.”[1]

Unter Schreckensteins und Baracks Einfluß wagte sich Hansjakob an eine historische Arbeit, mit der er promovieren wollte, und wählte sich als Thema “Die Grafen von Freiburg i.B. im Kampfe mit ihrer Stadt bis zum Tode Eginos III.”. Dem jungen Theologen, der zwar auch ein philologisches

Die

Grafen von Freiburg i. B.

im Kampfe mit ihrer Stadt

oder

Wie kam die Stadt Freiburg i. B. an das Haus Oesterreich.

Eine historische Abhandlung

von

Dr. Heinrich Hansjakob,
geistlicher Vorstand der höheren Bürgerschule in Waldshut (Baden).

Zürich 1867.
Verlag
von
Leo Woerl, Buch- und Kunsthandlung.

Abb. 34: *Titelseite der im Druck erschienenen Fassung von Hansjakobs Dissertation.- Vgl. Kat. Nr. 28a*

Staatsexamen abgelegt, jedoch keine historischen Studien absolviert hatte, half Schreckenstein in mancher Weise aus - so z.B. in einem Brief vom 23. bis 26. August 1864: “So eben komme ich patschnaß aus dem Walde zurück. Nachdem ich mich umgekleidet, beantworte ich Ihren freundlichen Brief. Als Urkundenmensch beginne ich mit den Urkunden. Trahit sua quemque voluptas! Sie haben wohl daran gethan, nur die älteren Freiheitsbriefe in extenso abzuschreiben. Bei den späteren, die in der Regel nur Wiederholungen der früheren sind, genügt ein sorgfältig gefertigtes Regest. Quis, quid, ubi, quibus auxiliis, cur, quomodo, quando. Wenn es das enthält, so ist’s gut. Kurze Notiz ob Perg.-Urk., ob das Siegel vorhanden oder abgefallen. ... Wenn Sie meine kleine Abhandlung über die Urkundenedition vergleichen wollen, so finden Sie in derselben sicherlich wenigstens die Hauptregeln für Abschriftnahme. Ein Normaljahr, bis zu welchem man die Urkunden füglich in extenso abschreibt, giebt es nicht. Doch kann man für unsere Gegend die Zeit vor 1400 annehmen. Vergessen Sie aber im archivalischen Eifer ja die Gesundheit nicht.”[2]

Hansjakob war freilich nicht zu bremsen. Er brachte seine Arbeit rasch voran und reichte sie, als die zunächst ins Auge gefaßte Freiburger Universität sich seinem Drängen ein wenig widersetzte, in Tübingen ein und wurde dort schon am 15. März 1865 promoviert. Aber der renommierte Historiker Reinhold Pauli wies in seinem Gutachten auch auf die Schwächen der Dissertation hin: “Es mag teils in der Natur solcher Arbeiten, teils im Bildungsgange des klerikalen Verfassers liegen, daß er auf Lesbarkeit keinen Anspruch macht und überhaupt von Stil keinen Begriff zu haben scheint.”[3] Dies war ein durchaus berechtigter Tadel, und Hansjakob sollte ihn noch lange, eigentlich sein ganzes Leben lang, hören müssen.

Unbeirrt, ja durch den Erfolg erst recht bestärkt, blieb der frischgebackene Doktor der historischen Disziplin vorläufig treu. Er erweiterte seine Dissertation, indem er “den ganzen Kampf bis zum Verkauf und Uebergang der Herrschaft an das Haus Oesterreich”[4] behandelte, und ließ sie, nachdem er sie weder in Freiburg noch in Wien hatte anbringen können, 1867 in Zürich erscheinen.[5] Und noch im selben Jahr erschien seine Abhandlung über “Die Salpeterer, eine politisch-religiöse Secte auf dem südöstlichen Schwarzwald”. Und ihr folgte, aus gegebenem Anlaß, schon im folgenden Jahr “Der Waldshuter Krieg vom Jahre 1468”.

Diese Arbeiten stellen, ungeachtet aller ihrer Mängel, eine erstaunliche Leistung dar, zumal sie ja einem durch kirchliche und schulische Verpflichtungen weitgehend ausgefüllten Alltag abgetrotzt werden mußten. Ihre Anlässe lagen in der unmittelbaren Umwelt des Autors, waren aufs

Die Salpeterer,

eine politisch-religiöse Secte auf dem südöstlichen Schwarzwald.

Untersucht und dargestellt

von

Dr. **Heinrich Hansjakob,**

geistlicher Vorstand der höhern Bürgerschule in Waldshut.

Zweite vielfach erweiterte Auflage.

Mit urkundlichen Beilagen.

Motto:

Si scandalum sumitur in veritate, utilius permittitur scandalum, quam relinquatur veritas. S. Augustin.

Waldshut, 1867.

Druck und Verlag von H. Zimmermann.

Abb. 35: *Heinrich Hansjakob, Die Salpeterer: Titelseite.- Vgl. Kat. Nr. 29a*

engste verknüpft mit den Orten, an denen er selber gelebt hatte und lebte. Doch hinter diesen lokalen Motiven verbargen sich soziale, also wieder solche, die ihn sein ganzes Leben lang leiten sollten.

In seiner ersten Arbeit beschrieb Hansjakob nach eigener Einschätzung, wie "altadelige Herrschaft und demokratisches Selbstbewußtsein"[6] miteinander kämpften, und es war klar, welcher Partei seine ganze Sympathie gehörte. Mit der zweiten Arbeit wollte er "die vielverpönten Salpeterer in ihrer religiösen Auflehnung entschuldigen"[7], die ihnen sogar "zur Ehre angerechnet werden"[8] müsse. Und in der dritten Arbeit führte er den Waldshuter Krieg, dem sie galt, auf die "Gährung zwischen zwei entgegengesetzten Elementen, zwischen Demokratie und Aristokratie"[9] zurück: wieder konnten die "altadeligen Herren ... es nicht über sich gewinnen, daß in den Städten das demokratische Selbstbewußtsein ihnen ihre alte privilegirte Herrschaft streitig machte"[10].

Wirklich war es wohl diese Sympathie mit der jeweils protestierenden, rebellierenden Partei, die Hansjakob zu seinen sonst so verschiedenen Untersuchungen motivierte; und sie war es wohl auch, die das Mißfallen der höheren Behörden erregte (wobei ein Zeitschriftenaufsatz, in dem er für die Kinzigtäler Bergarbeiter und gegen deren Ausbeuter focht, das Faß zum Überlaufen brachte). Sie rügten zu Recht den Stil, meinten aber eher die Tendenz und wollten den Verfasser zum untersten Lehrer seiner Schule degradieren, so daß er den Schuldienst lieber quittierte: er wurde Pfarrer von Hagnau am Bodensee.

Der Historie blieb er jedoch noch treu, was sich in einer Reihe von Schriften niederschlug. Sie galten Hermann von Vicari, dem 1868 verstorbenen Erzbischof von Freiburg (1873); Hermann dem Lahmen von der Reichenau (1875); dem ehemaligen Kloster und der Pfarrei St. Martin in Freiburg, nachdem der Autor dort als Pfarrer aufgezogen war (1890); dem mit diesem Kloster verbundenen Berthold Schwarz, dem angeblichen Erfinder des Schießpulvers (1891); der Sautier-Reibelt-Merianschen Stiftung, als deren Direktor der Autor amtierte (1902). Daneben gab es noch einige kleinere Arbeiten, auch solche, die verloren sind oder unvollendet blieben.[11] Immer noch ging Hansjakob von lokalen Anlässen aus; aber daß diese zu einem regelrechten Werk auswuchsen, geschah immer seltener.

Dafür tat sich Hansjakobs Geschichtssinn nun in anderen Formen und auf anderen Feldern kund. Vor allem in seinen Reisebüchern stellte er alles, was er sah, vor einem historischen Hintergrund dar, vor dem es dann aber allzuoft verblaßte und verschwand; der eigentliche Bericht wurde von solchen Rückblicken dann nicht nur unterbrochen, sondern gleichsam überblendet. In zwei Erzählungen - "Der Leutnant von Hasle" und "Der steinerne Mann von Hasle"- ging er von historischen Gestalten und Geschehnissen aus, die er, frei fabulierend, zu einem breiten Zeitbild ausmalte, wobei ihm Scheffels doppelt nahes Beispiel vor Augen gestanden haben mag. [12] In die anderen Erzählungen, auch in die autobiographischen, ging Stück für Stück die gesamte bäuerliche und bürgerliche Kultur des Kinzigtals ein, die, nachdem sie so lange lebendig überliefert worden war, nun historisch zu werden begann.[13] Und in den späten Büchern, die im Grunde Tagebücher sind, verzeichnete er mit Vorliebe das, was er sich von anderen, meist einfachen Leuten aus ihrem Leben hatte erzählen lassen; indem er sie - Handwerker und Taglöhner, Kutscher und Kellner, Knechte und Mägde - systematisch aufsuchte, aushorchte und ausfragte, und indem er aufschrieb, was sie selber niemals aufgeschrieben hätten, trieb er schon etwas von dem, was erst neuerdings "Alltagsgeschichte", "Geschichte von unten" und "oral history" heißt.[14] Insofern kehrte Hansjakob, der einmal als Historiker im üblichen Sinn begonnen hatte, auf einem weiten Umweg gewissermaßen zu seiner alten Zunft zurück, um sich insgeheim an deren Spitze zu setzen.

Abb. 36: *Hansjakob im Gespräch mit einem Schäfer. Illustration von Curt Liebich*

ANMERKUNGEN

1 Heinrich Finke, Heinrich Hansjakob und seine Anfänge als Historiker. Ein Vortrag, Freiburg 1938, S. 13.

2 Zit.n.: Hans-Josef Wollasch, Hansjakobs "Lehrjahre". Eine Quellenveröffentlichung. In: Freiburger Diözesan-Archiv (= FDA) 107 (1987), S. 237-252; hier S. 244 f.

3 Zit.n.: Finke, a.a.O., S. 14.

4 Heinrich Hansjakob, Die Grafen von Freiburg i.B. im Kampfe mit ihrer Stadt oder: Wie kam die Stadt Freiburg i.B. an das Haus Oesterreich. Eine historische Abhandlung, Zürich 1867, S. III.

5 Inzwischen, d.h. schon im April 1865, war er zum Vorstand der Höheren Bürgerschule in Waldshut berufen worden und den Donaueschinger Freunden, die ihm ohnehin immer fremder wurden, auch dadurch entrückt - nicht unbedingt zum Vorteil seiner Arbeit.

6 Hansjakob, a.a.O., S. 40.

7 Heinrich Hansjakob, Die Salpeterer, eine politisch-religiöse Secte auf dem südöstlichen Schwarzwald. Untersucht und dargestellt von Heinrich Hansjakob, Waldshut 1867, S. 34.

8 Ebd.

9 Heinrich Hansjakob, Der Waldshuter Krieg vom Jahre 1468. Zur vierhundertjährigen Erinnerung untersucht und dargestellt von Heinrich Hansjakob, 2. Aufl., Waldshut 1901, S. 20.

10 Ebd. - Ähnlich unverhüllt und ähnlich unzeitgemäß äußerte Hansjakob seine Sympathien noch sehr viel später, etwa hinsichtlich des deutschen Bauernkriegs: "Wenn ich damals gelebt hätte und Pfarrer gewesen wäre, ich würde auch mit den geschundenen Bauern gegangen sein. Denn sie wollten im letzten Grunde nichts anders, als eine menschenwürdige Behandlung und Freiheit, welche die heutigen Bauern - dank der französischen Revolution - längst haben" (Heinrich Hansjakob, Allerseelentage. Erinnerungen, Stuttgart 1912, S. 299).

11 So etwa: Das Kapuziner-Kloster zu Haslach im Kinzigthale. In: FDA 4 (1869), S. 135-146.

12 Joseph Viktor von Scheffel, Der Trompeter von Säkkingen. Ein Sang vom Oberrhein (1854); Ekkehard. Eine Geschichte aus dem 10. Jahrhundert (1855).

13 Vgl. vor allem: Dieter Kauß, Heinrich Hansjakob und die bäuerliche Welt im Kinzig- und Wolftal des endenden 19. Jahrhunderts. In: Heinrich Hansjakob (1837-1916). Festschrift zum 150. Geburtstag, hrsg. von Manfred Hildenbrand/Werner Scheurer, Haslach 1987, S. 118-141.

14 Darüber mehr in der Rede zur Eröffnung der Ausstellung: Johannes Werner, Geschichte und Geschichten. Heinrich Hansjakob auf Spurensuche (erscheint als Nr. 6 der Vortragsreihe der Historischen Bibliothek der Stadt Rastatt).

Abb. 37: *Das Fürstlich Fürstenbergische Archiv in Donaueschingen.- Vgl. Kat. Nr. 27.- Hansjakob-Archiv Haslach. Aufnahme: M. Hildenbrand*

27 **Das Fürstlich Fürstenbergische Archiv in Donaueschingen**. Fotografie.
(Hansjakob-Archiv Haslach) vgl. Abb. oben

In diesem Archiv (und unter Anleitung von dessen Direktor, Karl Heinrich Roth von Schreckenstein) betrieb Hansjakob 1864-65 seine ersten historischen Studien.

28 a **Heinrich Hansjakob, Die Grafen von Freiburg i.B. im Kampfe mit ihrer Stadt** oder Wie kam die Stadt Freiburg i.B. an das Haus Oesterreich. Eine historische Abhandlung, Zürich: Woerl, 1867.
(Hist. Bibl. Rastatt: P 241; Geschenk d. Verf. 1867. 2. Ex.: Bad. Landesbibliothek Karlsruhe: O 51 A 651) Abb. 34

Die erweiterte Fassung von Hansjakobs Tübinger Dissertation; ihr Thema ist "der interessante Kampf einer mächtig emporblühenden Bürgerschaft mit ihren immer mehr herabkommenden Herren" (S. 1).

(Vgl. auch Kat. Nr. 146 b)

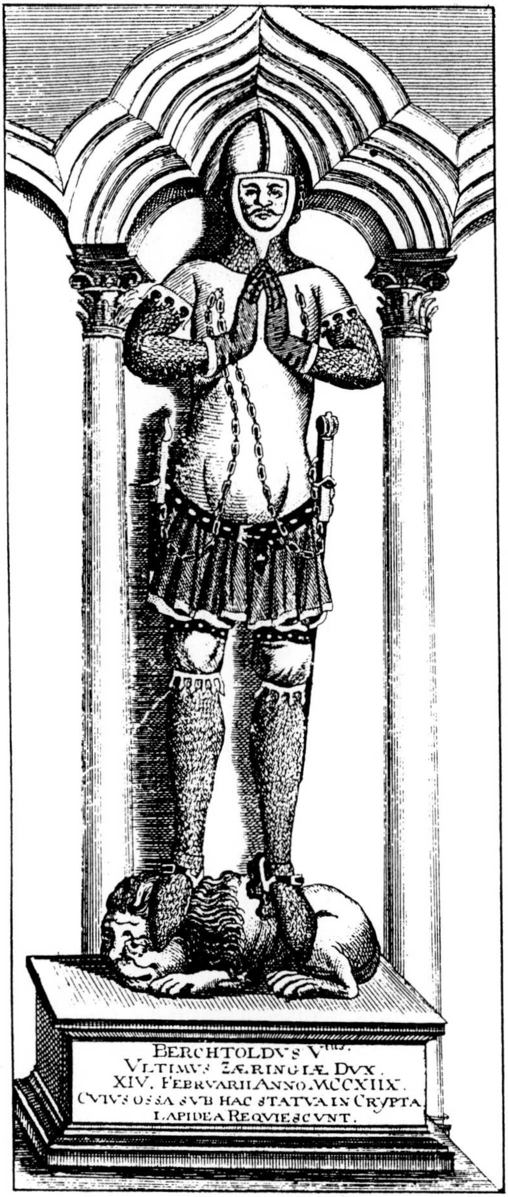

Abb. 38: *Grabfigur Bertholds V. v. Zähringen.- Vgl. Kat. Nr. 28b*

28 b **Grabfigur Bertholds V., des letzten Zähringers** (†1218), im südlichen Seitenschiff des Freiburger Münsters. Kupferstich in: Johann Daniel Schoepflin, Historia Zaringo-Badensis, Bd.1, Karlsruhe: Macklot, 1763, nach S. 160.
(Hist. Bibl. Rastatt: P*88/1) Abb. 38

Nach Berthold V. kam die Stadt an die Grafen von Urach, die sich dann "von Freiburg" nannten; vor allem von ihrer Herrschaft und deren Ende handelt Hansjakobs Dissertation.

28 c **Dankschreiben im Auftrag des Großherzogs Friedrich von Baden an Hansjakob**, die Übersendung von zwei Werken ("Der Waldshuter Krieg" und "Die Grafen von Freiburg") betreffend; Karlsruhe, 22.12.1871.
(Erzbischöfliches Archiv Freiburg: Nachlaß Hansjakob) Abb. 39

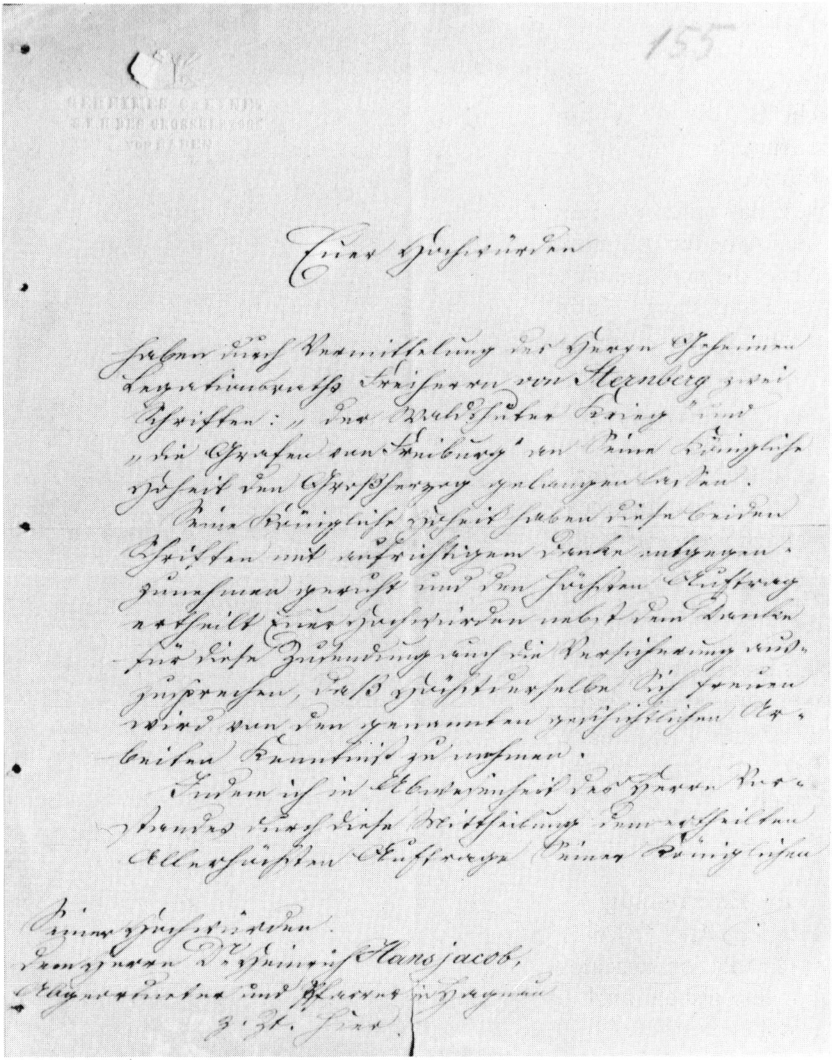

155

Euer Hochwürden

haben durch Vermittlung des Herrn Geheimen Legationsraths Freiherrn von Sternberg zwei Schriften: „Der Waldshuter Krieg" und „die Grafen von Freiburg" an Seine Königliche Hoheit den Großherzog gelangen lassen.

Seine Königliche Hoheit haben diese beiden Schriften mit aufrichtigem Danke entgegenzunehmen geruht und den höchsten Auftrag ertheilt Euer Hochwürden nebst dem Danke für diese Zuwendung auch die Versicherung auszusprechen, daß Höchstderselbe sich freuen wird von den genannten geschichtlichen Arbeiten Kenntniß zu nehmen.

Indem ich in Abwesenheit des Herrn Vorstandes durch diese Mittheilung den ertheilten Allerhöchsten Auftrag Seiner Königlichen

Seiner Hochwürden
Herrn Dr. Heinrich Hansjacob,
Pfarrverweser und Pfarrer in Hagnau
z. Zt. hier.

Abb. 39: *Dankschreiben im Auftrag des bad. Großherzogs an Hansjakob.- Vgl. Kat. Nr. 28c.- EA Freiburg: Nachlaß Hansjakob*

Wie aus dem Schreiben deutlich wird, hatte Hansjakob die Werke durch Vermittlung des Geheimen Legationsrats Freiherrn von Sternberg an den Großherzog gelangen lassen; dieser ließ ihm u.a. antworten: "Seine Königliche Hoheit haben diese beiden Schriften mit aufrichtigem Danke entgegenzunehmen geruht und den höchsten Auftrag ertheilt Euer Hochwürden nebst dem Danke für diese Zusendung auch die Versicherung auszusprechen, daß Höchstderselbe Sich freuen wird von den genannten geschichtlichen Arbeiten Kenntniß zu nehmen." - Daß Schriftsteller (und zumal solche, die eine staatliche oder kirchliche Stellung innehatten) ihre Werke dem Landesherrn einreichten, war damals durchaus üblich; der erklärte Erzdemokrat Hansjakob nimmt sich dabei freilich etwas seltsam aus.

29 a **Heinrich Hansjakob, Die Salpeterer**, eine politisch-religiöse Secte auf dem südöstlichen Schwarzwald, 2. Aufl., Waldshut: Zimmermann, 1867.
(Hist. Bibl. Rastatt: P 242; Geschenk d. Verf. 1867. 2. Ex.: Bad. Landesbibliothek Karlsruhe: O 51 A 220) Abb. 35

Vielfach verbesserte und erweiterte Fassung von Hansjakobs historischer Studie über die Salpeterer, die, "begeistert für die politische Freiheit ihres Vaterlandes, mit blutiger Waffe sie vertheidigt, aber auch mit derselben Begeisterung eingetreten sind für die Freiheit ihres Gewissens, ihres Glaubens und ihrer Kirche" (S. 86). Die historische Wirklichkeit war allerdings wohl etwas komplizierter als der Verfasser sie hier sieht.

Im zehnten Band des "Kirchenlexikons" von Wetzer und Welte (2. Aufl. 1897) hat Hansjakob noch einmal einen Artikel über die Salpeterer geschrieben (vgl. auch Kat. Nr. 146 c).

29 b **Dankschreiben von Heinrich Maas an Hansjakob**, die Übersendung der "Salpeterer"(2. Aufl.) betreffend; Freiburg, 25.(?)5.1867.
(EA Freiburg: Nachlaß Hansjakob) Abb. 40

Heinrich Maas (1826-1895) trat nach einem juristischen Studium, das er mit Promotion abschloß, vom Judentum zum katholischen Christentum über und alsbald auch in den Dienst der Erzdiözese Freiburg, in dem er volle 43 Jahre verblieb; in dieser Zeit, die ja auch die des Kulturkampfs war, hat er als Politiker, Publizist und Historiker in alle Angelegenheiten zwischen Kirche und Staat entscheidend eingegriffen. Das Büchlein über "die Salpeterer" war daher - sozusagen - Wasser auf seiner Mühle: "Herzl. Dank für diese muthige, verdienstvolle Arbeit - auch u. insbes. für den Abdruck der Documente. Man würde es später sonst nicht glauben, wie es ausgesehen u. weshalb der Kirchenconfl. (ex te perditio!) kommen mußte, u. – noch nicht beendet ist. ... Also - fortgefahren in dieser Richtung. Fac-

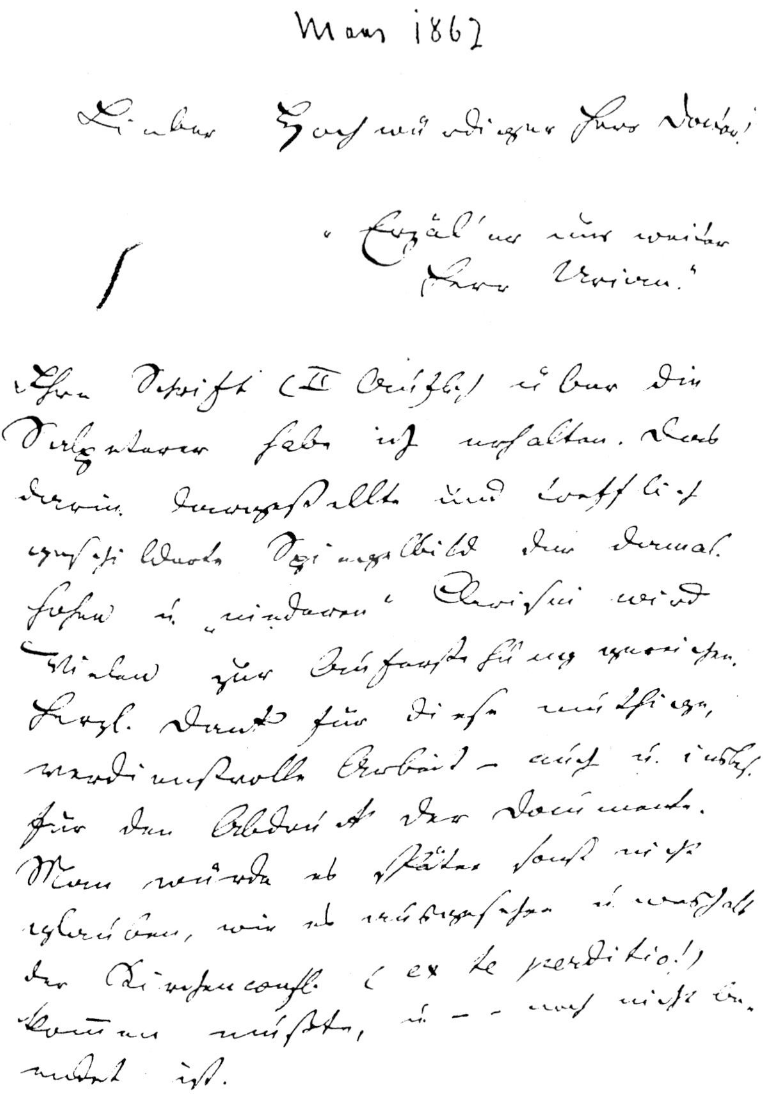

Abb. 40: *Dankschreiben von Heinrich Maas an Hansjakob.- Vgl. Kat. Nr. 29b.- EA Freiburg: Nachlaß Hansjakob*

ta loquuntur und der Richterstuhl der Geschichte muß wieder ehrlich aufgepflanzt werden" (zur Biographie v. Maas vgl. Bad. Biographien, V. Teil, 1891-1901, Heidelberg 1906 ff., S. 534-538).

30 **Das Haslacher Kapuzinerkloster**. Kupferstich von Joseph Näher; um 1840; ca. 10cm x 13cm .

(Manfred Hildenbrand, Haslach)

Das Kloster wurde 1630-32 erbaut und 1803 aufgehoben. Hansjakob hat die letzten überlebenden Mönche noch gekannt und ihrer in seinen Kindheitserinnerungen dankbar gedacht. Der Geschichte dieses Klosters gilt auch eine längere Abhandlung, die er 1869 im "Freiburger Diözesan-Archiv" veröffentlichte. Heute enthält das Gebäude, ganz im Sinne Hansjakobs, ein "Schwarzwälder Trachtenmuseum".

Hansjakob hätte es freilich noch lieber gesehen, wenn der in Baden verbotene Orden wieder zugelassen und das Haslacher Kloster neu besiedelt worden wäre; als Politiker und Publizist hat er zeitlebens dafür gekämpft.

31 **Heinrich Hansjakob, Herimann der Lahme von der Reichenau**. Sein Leben und seine Wissenschaft, Mainz: Kirchheim, 1875.

(Hist. Bibl. Rastatt: P 628 e)

Hansjakob beschreibt das Leben des Reichenauer Mönchs und würdigt seine Leistung als Historiker, Dichter und Komponist.

Abb. 41: *St. Martin in Freiburg vor dem Umbau.- Vgl. Kat. Nr. 32*

32 **Heinrich Hansjakob, St. Martin zu Freiburg als Kloster und Pfarrei**. Geschichtlich dargestellt, Freiburg: Herder, 1890.

(Hist. Bibl. Rastatt: P 628 k) vgl. Abb. 41

"In freien Stunden mit Schriftstellerei beschäftigt, glaubte ich diese Thätigkeit auch auf meine dermalige Pfarrei erstrecken zu müssen, um so mehr, als St. Martin eines der ältesten Heiligthümer unserer Stadt ist" (Vorw., o. S.); also schrieb Hansjakob diese - durch Gründlichkeit und Genauigkeit ausgezeichnete - Geschichte der Kirche, des Klosters und der Pfarrei. Das Titelbild zeigt, wie St. Martin einmal aussah: noch fehlt der Kirchturm, den erst Hansjakob bauen sollte, und sogar noch das Denkmal von Berthold Schwarz, dem berühmtesten Bewohner des einstigen Klosters.

33 **Heinrich Hansjakob, Der schwarze Berthold**, der Erfinder des Schießpulvers und der Feuerwaffen. Eine kritische Untersuchung, Freiburg: Herder, 1891.

(Hist. Bibl. Rastatt: P 628 d) vgl. Abb. 42

Wenn der Pfarrer von St. Martin aus dem Fenster schaute, sah er das Denkmal von Berthold Schwarz, dem Freiburger Franziskaner, dem die Sage die Erfindung des Schießpulvers zuschreibt. Hansjakob wollte nun den Nachweis führen, daß es sich hierbei nicht um eine bloße Sage, sondern um die reine Wahrheit handle, und zwar "durch eine so kritische und so wissenschaftliche Untersuchung, als sie unsereinem möglich ist" (S. VI).

34 **Heinrich Hansjakob, Der Leutnant von Hasle**. Eine Erzählung aus dem dreißigjährigen Kriege, 4. Aufl., Kassel: Weiß, 1903.

(Hist. Bibl. Rastatt: P 628,18; Geschenk d. Verf. 1908) Abb. 43 u. 44

Von dem "Leutnant von Hasle" kennt die Lokalgeschichte kaum mehr als den Namen; um so leichter konnte Hansjakob ihn "zum Gegenstand einer Erzählung machen und an ihn die geschichtlichen Ereignisse in der Heimath während der Zeit des dreißigjährigen Krieges anknüpfen" (S. III). So schuf der Autor einen einfachen Haslacher Gastwirtssohn - so wie er selber einer war - und ließ ihn erst Novize bei den Benediktinern, dann Leutnant bei den Schweden und dann Anführer seines Volkes gegen dessen Feinde werden; schließlich aber Kapuziner, als welcher er bei einem letzten, entscheidenden Einsatz den Heldentod stirbt. Eine unerfüllte Liebe zu einem adligen Fräulein kommt noch hinzu, und der "Stammvater der Hansjakoben" (S. 310) tritt ebenfalls auf.

Abb. 42: *Berthold Schwarz. Titelbild zu Hansjakobs historischer Untersuchung.- Vgl. Kat. Nr. 33*

Abb. 43: *Einband zur in Kassel erschienenen 4. Aufl. von Hansjakobs "Der Leutnant von Hasle".- Vgl. Kat. Nr. 34*

Festspiel in Haslach i. K.

unter dem Protektorat der Stadtgemeinde Haslach i. K.
vertreten durch den Ehrenvorsitzenden Herrn Bürgermeister
Selz u. die Herren Stadträte J. Haberstroh u. G. Hoppner.

„Der Leutnant von Hasle"

Historie aus dem 30jährigen Krieg
nach der Erzählung von Volksschriftsteller Dr. Heinrich Hansjakob.

Als Festspiel bearbeitet von:
Wilhelm Engelberg, Karl Friedrich Wolber, Emil Neumaier.

Aufführung auf 6 Schauplätzen
am Sonntag, 24. Juni 1928 von 12—4 Uhr
unter Mitwirkung von ca. 700 Personen in
historischen Kostümen. 100 Pferde, Wagen
und Geschütze.

Abb. 44: *Titelblatt zum Textheft des in Haslach aufgeführten Festspiels "Der Leutnant von Hasle".- Eckart-Lutz Weber, Rastatt*

Abb. 45: *Heinrich Hansjakob, Der steinerne Mann von Hasle: Von Curt Liebich gestalteter Einband der im Bonz-Verlag edierten Ausgabe*

35 a Das überlebensgroße **Grabdenkmal des Grafen Götz von Fürstenberg** (†1341) in der katholischen Pfarrkirche von Haslach. Fotografie in: Die Kunstdenkmäler des Kreises Offenburg, bearb. von M. Wingenroth, Tübingen: Mohr, 1908 (=Die Kunstdenkmäler des Grossherzogtums Baden, Bd. 7), dort Tafel XX nach S. 598.
(Hist. Bibl. Rastatt: C 163/7) Abb. s. rechts

Dieses Denkmal inspirierte Hansjakob zu seiner zweiten historischen Erzählung "Der steinerne Mann von Hasle".

Abb. 46: *Grabdenkmal des Grafen Götz von Fürstenberg.- Vgl. Kat. Nr. 35a*

35 b **Heinrich Hansjakob, Der steinerne Mann von Hasle**. Eine Erzählung, 10.-12. Ts., Stuttgart: Bonz, o. J. (=Ausgewählte Erzählungen, Volksausgabe, Bd. 3.).
(Hist. Bibl. Rastatt: Inv. Nr. 91/290)

Die Geschichte des Geschlechtes derer von Fürstenberg-Haslach dient dazu, einen bunten Bilderbogen vom mittelalterlichen Leben zu entfalten, jedenfalls so, wie man es sich im 19. Jahrhundert gerne vorstellte. Dabei ergeben sich auch allerhand Anspielungen auf Haslach und die Haslacher; diese sind angeblich schon im Jahre 1286 “zufrieden, wenn man sie ruhig räsonieren und ihren Wein trinken läßt und nicht viel Steuer von ihnen verlangt. Sie schimpfen gern über ihre Herren, aber es kommt immer aus gutem Herzen” (S. 9f.).

36 Hans am See (d.i. **Heinrich Hansjakob**), **Eine Prozession über's Meer**. In: Alte und Neue Welt, 10. Jg. (1876) S. 454f.
(Hist. Bibl. Rastatt: SB/E 133,7)

In diesem Aufsatz berichtet Hansjakob (hier unter dem Pseudonym “Hans am See”) von einer früher üblichen Prozession über den zugefrorenen Bodensee (das “deutsche Meer”), die 1830 zum letzten Mal stattfand und die, wie er befürchtet, u.a. wegen der gewandelten politischen Verhältnisse (“Kulturkampf”) künftig wohl nicht mehr stattfinden wird - selbst wenn der Bodensee wieder einmal zufrieren sollte.

DIE PROZESSION ÜBER DEN GEFRORENEN SEE

Erzählungen

Johannes Werner

Heinrich Hansjakob ist als Erzähler bekannt und berühmt geworden, obwohl er als Historiker begonnen hat.[1] Freilich ist, wie schon gezeigt, der Erzähler vom Historiker insofern nicht zu trennen, als die historischen Stoffe weiterhin im Mittelpunkt standen; und am besten erzählte Hansjakob da, wo er sich auf seine eigene Geschichte und die seiner Mitmenschen beschränkte. Sie selbst bot ihm die Stoffe, die er brauchte, und um so mehr, je weiter er sie zurückverfolgte; und nie mehr schien sie ihm so erfüllt, konnte er so aus dem vollen schöpfen wie in der Kindheit, die er in seinem wohl wichtigsten und schönsten Buch beschrieb: "Aus meiner Jugendzeit".[2]

In dem Milieu, in dem Hansjakob aufwuchs, wurde viel und gern erzählt. Schon seine beiden Großväter, der Händler und der Bäcker, waren dafür bekannt, daß sie ihre Kunden gut zu unterhalten wußten[3] - und der Vater, der außer Bäcker auch noch Wirt war, erst recht. Die väterliche Wirtsstube wurde für Hansjakob zur "Schule des Lebens",[4] besonders dann, wenn in ihr die Bürger des Städtchens beim alltäglichen oder allabendlichen Schoppen zusammenkamen, oder wenn, zumal an den Wochen- und Jahrmärkten, die Bauern der ganzen Umgegend einkehrten: denn alle erzählten ihre Geschichten. "Welche Fülle von Charakteren, von Individualitäten, von Witz, Humor, Treuherzigkeit, Freude und Seligkeit, und welche Menge von Urtheilen aus dem Volk über das Volk! Welche Erfahrungen über Leben und Treiben des gemeinen Mannes habe ich in jenen Tagen in mein passiv in sich aufnehmendes, mit Heißhunger lauschendes Knabenherz strömen lassen!"[5]

Abb. 47: *Hansjakobs Großvater, der "Eselsbeck", im Gespräch mit einkehrenden Soldaten.- Vgl. Kat. Nr. 40b*

Aber auch bei der Großmutter wurde erzählt, wenn sich bei ihr an langen Winterabenden die alten Frauen zum Spinnen trafen, oder wenn sich an langen Sommerabenden die Nachbarn auf der Bank vor ihrem Hause niederließen, "lauter betagte Leute. Da ward dann erzählt von der bösen und guten alten Zeit, von längst verstorbenen Freunden und Verwandten. Und an dem Schooß der Großmutter stehend, lauschte ich den greisen Erzählern und Erzählerinnen, und ich hätte die ganze Nacht 'zuhorchen' können, so schön und gescheidt kam mir das vor, was diese alten Menschen unter sich erzählten."[6] Auch die alte Lenebas wußte viele Geschichten, nicht anders als der städtische Gänsehirt, um den sich die Kinder scharten "wie die Türken um einen Erzähler im Kaffeehause".[7] Und es lohnte sich nicht minder, den Haslacher Handwerkern zuzuhören, die oft weit herumgekommen waren.

Abb. 48: *Abendliche Erzählrunde. Buchillustration von W. Hasemann*

"Der große Erzähler wird immer im Volk wurzeln, zuvörderst in den handwerklichen Schichten."[8] Dieser Satz von Walter Benjamin trifft auf Hansjakob, den er aber schwerlich kannte, sicher zu, und ebenso der folgende: "Erfahrung, die von Mund zu Mund geht, ist die Quelle, aus der alle Erzähler geschöpft haben. Und unter denen, die Geschichten niedergeschrieben haben, sind es die Großen, deren Niederschrift sich am wenigsten von der Rede der vielen namenlosen Erzähler abhebt."[9] Die Erfahrung, von der Benjamin spricht, ist aber allemal eine, aus der man klug werden soll; und dies "deutet auf die Bewandtnis, die es mit jeder wahren Erzählung hat. Sie führt, offen oder versteckt, ihren Nutzen mit sich."[10] Ob Lesskow oder Gotthelf oder Hebel oder eben Hansjakob: "in jedem Falle ist der Erzähler ein Mann, der dem Hörer Rat weiß".[11] Alle, die hier zu nennen wären, neigten dazu, ihre erzählenden Schriften teils mit belehrenden zu begleiten, teils selber mit Belehrungen zu durchsetzen.

Derart war Hansjakob ein Erzähler, wie er typischer kaum gedacht werden kann: mit seiner absichtsvollen Pädagogik; mit der Schlichtheit, Kunstlosigkeit und Umständlichkeit seines Stils, der mehr ein gesprochener als ein geschriebener ist; und durch seine Herkunft, die ihn - und diese Züge in ihm - prägte. Die Geschichten, die er schrieb, sind nicht viel anders als die, denen er als Kind so gerne lauschte; und er schrieb übrigens fast nur überschaubare, in sich abgeschlossene Geschichten, die er erst dann zu Büchern bündelte: "Wilde Kirschen", "Dürre Blätter", "Schneeballen", "Waldleute", "Erzbauern", "Bauernblut" und so weiter.

Wovon handeln sie denn überhaupt, diese Geschichten? - Von Menschen, deren Leben sie erzählend nachzeichnen; und zwar meist von solchen, denen Hansjakob zu seiner Zeit und an seinem Ort, ob in Haslach oder Hagnau oder sonstwo, noch selber begegnet war. Was er schrieb, war Biographie im striktesten Sinn - sogar dann, wenn es nicht von Menschen, sondern von Tieren oder Dingen handelte: dann hießen seine Bücher "Aus dem Leben eines Unglücklichen", "Aus dem Leben eines Glücklichen", "Aus dem Leben eines Vielgeliebten", "Aus dem Leben eines treuen Hausgenossen" und so weiter.

Inmitten einer allgemeinen Auflösung, die zu beklagen Hansjakob nie müde wurde, bot sich der Lebenslauf, egal von wem oder was, scheinbar als ein in sich geschlossenes und gerundetes Ganzes an. "Der Kern, den einst die erfundene Handlung bot, wird in einem Schicksal wiedererlangt, das beglaubigt ist. Es ist zugleich auch die Garantie der Komposition. Jede geschichtliche Gestalt hat bereits in sich selber Gestalt. Sie hebt zu einer bestimmten Zeit an, entwickelt sich im Widerstreit mit der Welt, gewinnt Umriß und Fülle, tritt ins Alter zurück und erlischt. Der Autor ist also nicht auf ein individuelles Schema angewiesen, er erhält eines, das ihn wie jeden verpflichtet, fertig ins Haus."[12] So hat Siegfried Kracauer, der von Hansjakob gewiß nichts wußte, den Rückzug aufs Biographische gedeutet; wobei die Biographien, die er meinte, von berühmten Menschen handelten, die Hansjakobs dagegen von ganz unbekannten.

Doch auch dies war ein Rückzug. Hansjakob reihte sich mit seinen Geschichten in die Tradition der sogenannten Dorfgeschichten ein, deren Autoren (z.B. Auerbach, Rosegger und Ganghofer) der heraufkommenden, städtisch bestimmten Kultur eben das Dorf als eine idyllische, intakte Gegenwelt entgegensetzten. Andere (z.B. Keller, Ebner-Eschenbach und Anzengruber) stellten eher dessen Zerstörung dar - anders als Hansjakob, der sie freilich auch kommen sah, sich aber lieber von ihr abwandte, um zurückzublicken.

Abb. 49: *Heinrich Hansjakob, Erzbauern: Einband von Hugo Engl.- Vgl. Kat. Nr. 45.- Aufnahme: H. Heid*

Die Perspektive, aus der er schrieb, war immer die des Rückblicks. Seine Erzählungen sind Erinnerungen und heißen manchmal sogar so (wie die "einer alten Schwarzwälderin" oder "eines alten Hutes"). Vollends wo er vom allgemein biographischen zum autobiographischen Genre überging, wo er statt Geschichten seine eigene Geschichte nacherzählte, beschrieb er sie aus einer wehmütigen Erinnerung, in der die Vergangenheit immer schöner war als die jeweilige Gegenwart: "Ich habe nie wieder im Leben mit solch' innerer Lust gegessen."[13] Das Vergangene wurde als Verlust verbucht; der Titel von Prousts gewaltigem Werk könnte auch über Hansjakobs unvergleichlich geringerem stehen: "A la recherche du temps perdu".

Wenn sich die literarischen Schriften dieses Autors nicht als Erzählungen und nicht als Erinnerungen ausgeben, dann doch als "Tagebuchblätter". Auch so schrieb er seine eigene Geschichte, aber indem er sie nicht nach-, sondern gleichsam schon mitschrieb, um sie zu bewahren. Ob aber alles bewahrenswert war, ist zu bezweifeln; zu oft erscheinen in den "Ichbüchern", wie Hansjakob solche Schriften selber nannte, die unleugbaren Schattenseiten seines Charakters, tritt er als egozentrischer, hypochondrischer, von Vorurteilen gegen Frauen, Preußen, Juden usw. schwer geplagter Mensch hervor. Oft tritt er aber auch zurück und läßt andere Menschen zu Wort kommen, läßt sie ihre Geschichte erzählen, die er derart vor dem Verlust und der Vergessenheit bewahrt. Der bleibende Wert seiner Erinnerungen und Aufzeichnungen liegt darin, daß sie sozialgeschichtliche Materialsammlungen sind, wie es sonst keine gibt.[14]

Er liegt also nicht in den nörgelnden Kommentaren, von denen sie durchwachsen und oft fast überwuchert sind. Er liegt aber auch nicht - da nun schon von den Negativposten die Rede ist - in der Form, die Hansjakob seinen Werken gab bzw. eigentlich nicht gab, aber hätte geben sollen. Zwar scheint seine Form- und Stillosigkeit, wie sie ja bereits an seinen historischen Abhandlungen auffiel, durch die mündliche Erzählweise geprägt, von der er herkam, und daher hat er sich gegen diejenigen gewehrt, die ihm vorwarfen, "daß ich schlecht komponire und allerlei untereinander erzähle. Haben denn diese Herren noch nie einen Mann vom Volk erzählen hören? Der nimmt, wenn ihm im Anschluß an das, was er erzählt, eine andere Person vor den Sinn kommt, auch diese vor und erzählt zwischen hinein auch von ihr. So erzählt der Bauer, so erzählten mein Großvater und mein Vater, und so erzähle auch ich."[15] An anderer Stelle schrieb er: "Wie ein alter, einsamer Bergfink, auf einem stillen Tannenast sitzend, sein Lied singt, wie es ihm aus der Kehle dringt, ohne sich zu kümmern, ob

Abb. 50: *Von Wilhelm Hasemann gezeichneter Einband zu Hansjakobs "Erinnerungen einer alten Schwarzwälderin".- Vgl. Kat. Nr. 43*

es der Harmonielehre oder dem Kontrapunkt entspricht, so erzähle ich meine 'Geschichten'."[16] Aber an Gustav Frenssen (der oft mit Hansjakob verglichen wurde) hat Arno Schmidt zu Recht gerügt, er habe "unter anderm auch das eine nie begriffen, daß das berüchtigte 'ich singe wie der Vogel singt', höchstens ein anderer Ausdruck für hausmacherne Unbeholfenheit ist - zumal, wenn man sich so gar nicht vorsätzlich dazu zwingen braucht, volkstümlich & schlicht zu sein".[17] Denn nicht einmal der Vogel singt einfach vor sich hin; und die anonymen Erzähler, auf die Hansjakob sich - scheinbar im Sinne Benjamins - berief, verstanden sich durchaus darauf, ihre Geschichten abzurunden oder zuzuspitzen, zu pointieren; sonst gäbe es auch die sogenannte "Wirtshausanekdote"[18] nicht. Schon deshalb trennt ihn ein breiter Graben etwa von Hebel (der ebenfalls oft mit ihm verglichen wurde); zwar war, was Hebel schrieb, auch volkstümlich und schlicht, doch dies nur mittels größter Kunst - und ist deshalb, nochmals nach Benjamin, ein "Monument deutscher Prosa".[19] Hansjakobs Werk ist sicher keins.

Was also bleibt, wenn man literarische Maßstäbe anlegt, von dem Erzähler Heinrich Hansjakob? Diese Frage ist hier um so eher angebracht, als schon Heinrich Auer, sein getreuer Paladin, der Meinung war, daß manches "besser ungeschrieben geblieben"[20] wäre; und Anton Trunz, sein nicht minder getreuer Kooperator und Sekretär, der es elf Jahre mit ihm aushielt, wollte gar nur das Werk bis zur "Jugendzeit" (1880) gelten lassen: "Später kam dann der Plauderer, der sich zum Modeschriftsteller verbildete."[21]

Was also bleibt, wenn man literarische Maßstäbe anlegt? Nicht die historischen Erzählungen; auch nicht die vom Hut, vom Besen oder von der Backmulde; vielleicht auch nicht die vom Vogtsbur und Hermesbur, von Gotthard auf dem Bühl und Wendel auf der Schanz, von Valentin dem Nagler und Theodor dem Seifensieder, und wie sie alle heißen; aber die, in denen Hansjakob von sich selber erzählt. Doch auch nicht die Reise- und Tagebücher, nicht die Erinnerungen an diesen oder jenen Abschnitt seines Lebens; aber die an die Kindheit und Jugend, als er ganz bei sich, ganz mit sich identisch war; als er, wie er immer wieder schrieb, im Paradies war.[22]

Dieses verlorene Paradies hat Hansjakob beschrieben, um es zu beschwören; und er hat es (ganz im Sinne des Satzes, mit dem Ernst Blochs Hauptwerk endet) beschworen als "etwas, das allen in die Kindheit scheint und worin noch keiner war: Heimat".[23]

Abb. 51: *Heinrich Hansjakob im Alter von fünf Jahren. Zeichnung von C. Liebich (nach L. Blum) in einer Ausgabe von Hansjakobs "Aus meiner Jugendzeit"*

ANMERKUNGEN

1 Der Polemiker, der sich mit dem "Narrenschiff unserer Zeit" und anderem alsbald dazwischen mischte, bleibt hier aus dem Spiel.

2 Zu diesem Buch vgl. vor allem: Johannes Werner, Die Entstehung der Erzählung aus der Erinnerung. Heinrich Hansjakob im Lichte seiner Kindheit. In: Badische Heimat 67 (1987), S. 33-40.

3 Vgl. Max Weber, Heinrich Hansjakob. Aus seinem Leben und seinen Werken. Schwenningen 1970, S. 5-8.

4 Heinrich Hansjakob, Aus meiner Jugendzeit, 2. Aufl., Heidelberg 1890, S. 18.

5 Ebd., S. 19. - Es ist durchaus kein Zufall, daß viele Autoren in Gasthäusern aufgewachsen sind: die Reihe reicht von Sebastian Brant, Hans Jacob Christoffel von Grimmelshausen und Abraham a Santa Clara über Gerhart Hauptmann und Max Herrmann-Neiße bis hin zu Hans Bender und Martin Walser und noch darüber hinaus (vgl. Johannes Werner, 'Du Müller, du Mahler, du Mörder, du Dieb!' Berufsbilder in der deutschen Literatur. München 1990, S. 121-137).

6 Hansjakob, Jugendzeit, S. 42.

7 Ebd., S. 68.

8 Walter Benjamin, Der Erzähler. Betrachtungen zum Werk Nikolai Lesskows. In: Walter Benjamin, Illuminationen. Ausgewählte Schriften, hrsg. von Siegfried Unseld, Frankfurt/M. 1961, S. 409-436; hier S. 428.

9 Ebd., S. 410.

10 Ebd., S. 412.

11 Ebd.

12 Siegfried Kracauer, Die Biographie als neubürgerliche Kunstform. In: Siegfried Kracauer, Das Ornament der Masse. Essays, Frankfurt/M. 1963, S. 75-80; hier S. 77. - Vgl. auch: Leo Lowenthal, Die biographische Mode. In: Leo Lowenthal, Notizen zur Literatursoziologie (= Kunst und Gesellschaft, Bd. 3), Stuttgart 1975, S. 48-72. - Bezeichnenderweise enthielt Hansjakobs Bibliothek "Memoiren in ganzen Reihen" (Anton Petrus Henricus van Rijswijk, Heinrich Hansjakob, Universiteit de Nijmegen: Heerlen 1948, S. 109).

13 Hansjakob, Jugendzeit, S. 57.

14 Darüber mehr in der Rede zur Eröffnung der Ausstellung: Johannes Werner, Geschichte und Geschichten. Heinrich Hansjakob auf Spurensuche (erscheint als Nr. 6 der Vortragsreihe der Historischen Bibliothek der Stadt Rastatt).

15 Heinrich Hansjakob, Bauernblut. Erzählungen aus dem Schwarzwald, 2. Aufl., Heidelberg 1896, S. V.

16 Heinrich Hansjakob, Der Leutnant von Hasle. Eine Erzählung aus dem dreißigjährigen Kriege, 11. Aufl., Stuttgart 1933, S. 6.

17 Arno Schmidt, Ein unerledigter Fall. Zum 100. Geburtstag von Gustav Frenssen. In: Arno Schmidt, Die Ritter vom Geist. Von vergessenen Kollegen, Frankfurt/M. 1985, S. 90-165; hier S. 144f. - Zu einer literaturkritischen Wertung und Gewichtung von Hansjakobs Schriften vgl. Rijswijk, a.a.O., S. 89-115; aber ebenso schon: Heinrich Bischoff, Heinrich Hansjakob, der Schwarzwälder Dorfdichter. Eine literarische Studie, Kassel 1904, S. 125-128, 134-138.

18 Vgl. Jacob und Wilhelm Grimm, Deutsches Wörterbuch, Bd. 30, Leipzig 1960, Sp. 701.

19 Walter Benjamin, Johann Peter Hebel. Zum 100. Todestag. In: Walter Benjamin, Angelus Novus. Ausgewählte Schriften, Bd. 2, Frankfurt/M. 1966, S. 380-383; hier S. 383.

20 Heinrich Auer, Heinrich Hansjakob. Ein Beitrag zu seinem Leben und Wirken. Mit einer Hansjakob-Bibliographie, Freiburg 1939, S. 16.

21 Zit.n.: Hans-Josef Wollasch, Hansjakobs "Lehrjahre". Eine Quellenveröffentlichung. In: Freiburger Diözesan-Archiv 107 (1987), S. 237-252; hier S. 239.

22 Eine andere literarische Wertung Hansjakobs dagegen bei W. Zentner: "Zum eigentlichen Erzähler ist Hansjakob verhältnismäßig spät mit den Erzählungen 'Wilde Kirschen'(1888), 'Schneeballen'(1892/93) und dem 'Erzbauern' (1898) gereift. Später überwiegen die für Hansjakob bezeichnenden 'Ich-Bücher', von denen die besten... viele Leser, nicht nur in der engeren Heimat, gefunden haben." In: Neue Deutsche Biographie, Bd. VII, Berlin 1966, S. 637.

23 Ernst Bloch, Das Prinzip Hoffnung, Bd. 3, Frankfurt/M. 1969, S. 1628.

37 **Heinrich Hansjakob, Aus meiner Jugendzeit.** Erinnerungen, 7. Aufl., Ohlau: Leichter, 1906.

(Hist. Bibl. Rastatt: P 628, 16; Geschenk d. Verf. 1908)

Haslach, Hansjakobs Heimatstädtchen, erscheint als das verlorene, aber unvergessene Paradies, in dem er Kind war und fast schrankenlos sein durfte. “Ich schwärme für meine Knabenjahre, und es vergeht kein Tag, ohne daß ich an dieselben zurückdenke” (S. 268). Doch reicht die Bedeutung dieser Erinnerungen weit über das bloß Persönliche hinaus, weil nämlich in ihnen eine ganze, in sich geschlossene, kleinstädtische Welt beschrieben und bewahrt ist, die es nun schon längst nicht mehr gibt.

(Vgl. Kat. Nr. 101 u. 105)

38 a **Heinrich Hansjakob, Wilde Kirschen.** Erzählungen aus dem Schwarzwald, 8. Aufl., Ohlau: Leichter, o.J.

(Hist. Bibl. Rastatt: P 628, 23; Geschenk d. Verf. 1908)

Hansjakob hat es hier “auf eine besondere Art von Originalen abgesehen, auf die Kleinbürger und Handwerksleute in den Landstädtchen” (S. VI); d.h. in seinem Heimatstädtchen Haslach. Die gut erinnerten, genau geschilderten Lebensläufe der Nagler, Maurer, Maler, “Sympathiedoktoren” usw. sind unentwirrbar mit denen der anderen Bürger verwoben, so daß dem Leser schließlich das ganze kleinstädtische Leben wie ein farbiger Teppich vor Augen liegt.

(Vgl. Kat. Nr. 106)

38 b Selbstportrait des “närrischen Malers” **Carl Sandhaas** (1801-1859). Fotografische Wiedergabe.

(Hansjakob-Archiv Haslach)

Das Portrait entstand 1844 in der Nervenheilanstalt Illenau. In seinem Buch “Wilde Kirschen” hat Hansjakob das Leben dieses Mannes, der gleich ihm ein gebürtiger Haslacher war, mit viel Mitgefühl beschrieben - und in seinem “Freihof” hängen heute rund 300 Bilder eben dieses Malers.

38 c **Luitgart Kaltenbach**, geb. Heim (1791-1872). Portrait von Carl Sandhaas; fotografische Wiedergabe.

(Augustinermuseum Freiburg) Abb. 52

Luitgart Kaltenbach war Hansjakobs Großmutter mütterlicherseits. Sie ist hier dargestellt in der Tracht der Haslacher Bürgerinnen. Der “närrische Maler” verfertigte dieses Portrait - ein anderes, noch schöneres schuf der Enkel in seinen Kindheitserinnerungen.

Abb. 52: *Hansjakobs Großmutter Luitgart Kaltenbach. Zeichnung von W. Hasemann (nach C. Sandhaas)*

39 **Heinrich Hansjakob, Dürre Blätter**, 1. und 2. Band, 5. bzw. 4. Aufl., Ohlau: Leichter, 1906 bzw. 1905.

(Hist. Bibl. Rastatt: P 628, 22 a u. b; Geschenk d. Verf. 1908)

Eine recht heterogene Sammlung von teils bereits veröffentlichten, teils unveröffentlichten Arbeiten, meist Tagebüchern und Reisetagebüchern. Die "Erinnerungen eines alten Hutes" (Bd. 2, S. 132-162) sind sozialgeschichtlich von einigem Interesse.

40 a **Heinrich Hansjakob, Schneeballen,** 1., 2. u. 3. Reihe, 6. bzw. 5. Aufl., Ohlau: Leichter, 1906.

(Hist. Bibl. Rastatt: P 628, 19 a-c; Geschenk d. Verf. 1908)

"In meinen 'Wilden Kirschen' habe ich vorzugsweise Original-Menschen aus dem Kleinbürgerthum, wie es in meinem heimathlichen Landstädtchen ehedem sich zeigte, dargestellt. - Ich habe mir nun seit dem Erscheinen des genannten Buches öfters vorgenommen, noch eine Stufe weiter ins Volk hinabzusteigen und einmal Charakterköpfe zu schildern aus dem Bauernstand, aus der Landbevölkerung, mit der ich als Knabe schon innig bekannt und vertraut wurde, und unter welcher ich fünfzehn Jahre als Pfarrer gelebt und gewirkt habe" (1. Reihe, S. III).

Wie Hansjakob selber weiß, ist sein Stil auch in diesem Buch "kein guter" (1. Reihe, S. 3); aber er ist auch keineswegs so volkstümlich und schlicht, wie wiederum Hansjakob zu seiner Rechtfertigung immer behauptet hat und wie es nach Benjamin dem großen Erzähler ansteht. Sätze wie "der groß' Kübele excellirte durch sein brillantes Debut" (3. Reihe, S. 101) sind keine Ausnahmen, sondern eher die Regel.

40 b Der Bäcker **Philipp Jakob Hansjakob** (1762-1837). Illustration von Curt Liebich, in: Heinrich Hansjakob, Schneeballen, 2. Reihe, 9. u. 10. Aufl., ill. v. Curt Liebich, Stuttgart: Bonz, 1924, S. 313.
(Hansjakob-Archiv Haslach) Abb. 47

Philipp Jakob Hansjakob war der Großvater von Heinrich Hansjakob. Ihm, dem sogenannten "Eselsbeck von Hasle", gilt das gleichnamige Kapitel im 2. Band der "Schneeballen". Das Bild zeigt ihn in der Gaststube mit einkehrenden Soldaten. Den Spitznamen "Eselsbeck" erhielt Philipp Jakob Hansjakob deswegen, weil vor seinem Haslacher Haus stets Esel angebunden standen.

40 c **Heinrich Hansjakob, Der Vogt auf Mühlstein.** Eine Erzählung aus dem Schwarzwald, Prachtausgabe mit acht Heliogravuren nach Orig.-Zeichnungen von Wilhelm Hasemann, Freiburg: Herder, 1895.
(Dr. Gerhard Stamm, Karlsruhe) vgl. Abb. 8

40 d **Der Vogt auf Mühlstein.** Nach der gleichnamigen Erzählung von Heinrich Hansjakob **für die Bühne bearbeitet von Wilhelm Engelberg**, Haslach i.K.: Selbstverlag von W. Engelberg, o.J.
(Heimatmuseum im Storchenturm, Zell a.H.) Abb. 53

40 e **Wirtschaft zum "Vogt auf Mühlstein"**. Historische Postkarte mit der Aufschrift "Bekannt aus Hansjakobs Schrift 'Der Vogt auf Mühlstein' ".
(Klaus-Rainer Ziegler, Rastatt)

Innerhalb des zweiten Bandes seiner "Schneeballen" (Erstausgabe 1892) hatte Hansjakob auch die Erzählung "Der Vogt auf Mühlstein" veröffentlicht, in deren Mittelpunkt eine unglückliche und tragische Liebesbeziehung steht. 1895 edierte der Herder-Verlag in Freiburg eine Prachtausgabe dieser Erzählung, die später noch weitere Neuauflagen erfuhr. Das hier gezeigte Exemplar der Erstausgabe trägt eine handschriftliche Widmung des Verfassers.

Der "Vogt auf Mühlstein" war so populär, daß er mehrfach für die Bühne bearbeitet wurde, so etwa 1937 von Wilhelm Engelberg. Auch heute noch wird das Stück aufgeführt.

Der

Vogt auf Mühlstein

Volksstück
mit Gesang in 7 Akten.

Nach der Erzählung
von Dr. Heinrich Hansjakob
für die Volksbühne bearbeitet
von Wilhelm Engelberg.

Verlag von Wilh. Engelberg, Haslach i. K.

Abb. 53: *Einband des Textheftes zu dem Volksstück "Der Vogt auf Mühlstein".- Vgl. Kat. Nr. 40d.- Heimatmuseum im Storchenturm, Zell a.H.*

Aufgrund der enormen Beliebtheit von Hansjakobs Erzählung bzw. von deren Bearbeitung konnten spätere Besitzer des Gasthauses "Zum Vogt auf Mühlstein" aus dem Umstand, daß dieses Wirtshaus in dem Stück und in seiner literarischen Vorlage eine Rolle spielt, Kapital ziehen und sich diesen Sachverhalt für ihre Werbung zunutze machen. H.H.

Abb. 54: *Die Heilanstalt Illenau. Abbildung in der in Kassel edierten 4. Aufl. von Hansjakobs "Aus kranken Tagen".- Vgl. Kat. Nr. 41*

41 a Heinrich Hansjakob, Aus kranken Tagen. Erinnerungen, 4. Aufl., Kassel: Weiß, 1904. vgl. Abb. 54

(Hist. Bibl. Rastatt: P 628, 15; Geschenk d. Verf. 1908)

Tagebuchartig protokolliert Hansjakob das erste Quartal des Jahres 1894, das er freiwillig in der Heilanstalt Illenau bei Achern verbrachte, um seine Nervenkrankheit zu lindern. Das Büchlein ist ein bemerkenswerter Beitrag zur Enttabuisierung der Psychiatrie: da es "keine Schande ist, Zahnweh zu haben, einen Fuß zu brechen, an der Lunge oder im Magen zu leiden und zum Zahnarzt oder zum Chirurgen und Pathologen in ihre Kliniken zu gehen, kann's nach den Gesetzen der Logik auch keine Schande sein, zum Psychiater zu gehen und in seine Klinik" (S. 26).

In demselben Buch macht Hansjakob auch gar keinen Hehl daraus, daß er schwer drogensüchtig war. Er blieb es bis ans Ende seines Lebens und nahm Opium, Morphium oder verwandte Präparate in so regelmäßigen und hohen Dosen, daß heutige Mediziner die Hände über dem Kopf zusammenschlagen. - Übrigens ist von diesem Buch 1992 im Verlag Wolfgang Winter in Achern eine Neuauflage erschienen, die den eigentlichen, reprographisch wiedergegebenen Text durch einen umfangreichen Anhang ergänzt. Dazu gehört u.a. eine Geschichte der Illenau sowie eine aus den Akten und den Werken rekonstruierte Krankengeschichte Hansjakobs und sogar seines Vaters, der 1854/55 ebenfalls Insasse der Illenau gewesen war; und schon der Großvater hatte an einer Gemütskrankheit gelitten.

Aus kranken Tagen

Erinnerungen

von

Heinrich Hansjakob

Es schmilzt mir dahin meine
Seele, und es halten mich des
Jammers Tage gebunden
Job 30, 16

Abb.54a: *Ausschnitt aus der Titelseite der 1925 im Stuttgarter Bonz-Verlag erschienenen 6. bzw. 7. Aufl. von Hansjakobs "Aus kranken Tagen"*

41 b Ärztliches Zeugnis für Heinrich Hansjakob, ausgestellt von dem Direktor der Großherzoglichen Heil- und Pflegeanstalt Illenau, Geheimrat Dr. Heinrich Schüle, am 14. Dezember 1910. Abb. 318

(Erzbischöfliches Archiv Freiburg: Fasz. Antimodernisteneid)

Der Arzt bescheinigt, daß Hansjakob "1894 einen mehrmonatlichen Depressionszustand mit Zwangsvorstellungen, Angstgefühlen und suiciden Bedrängnissen durchzumachen hatte. Auch nach der Erholung ist ein schwer neurasthenischer Zustand geblieben, mit Erhaltung der eben genannten klinischen Symptome, der sich selbst durch leichtere körperliche und namentlich geistige (gemüthliche) Anläße zu ernsten Verstimmungen, oft mit depreßiven Crisen und mit hartnäckiger Schlaflosigkeit steigert."

Des weiteren wird ausgeführt, daß Hansjakob wegen der damit verbundenen Gemütsbewegung nicht in der Lage sei, einen Eid zu leisten - also auch nicht den Antimodernisteneid, der in jenem Jahr von allen katholischen Geistlichen gefordert wurde. Hansjakob kam um ihn herum, vor allem dank diesem Attest, dem am 14. März 1876 das unten angeführte (vgl. Kat. Nr. 55 b) voranging, das ihm die Italienreise erwirkte. Beide zeigen im Vergleich, daß sich der Gesundheitszustand im Lauf der Jahre stetig verschlechterte. Als Hansjakob zu allem Überfluß noch Opfer einer Erpressung wurde (vgl. Kat. Nr. 152), dachte er einmal mehr an Selbstmord.

41 c **Heinrich Hansjakob, Feierabend.** Tagebuchblätter, Stuttgart: Bonz, 1918.
(Hist. Bibl. Rastatt: P 628, 29)

In diesen Tagebuchblättern, die der getreue Anton Trunz 1918 aus dem Nachlaß herausgegeben hat, breitet Hansjakob ungehemmter denn je seine Leiden aus: "Die Tage des Juni sind für nervenleidende Menschen meiner Sorte so schlecht wie die des Mai. Trüber Himmel und Regen wechseln ab und selten ist ein lichter Sonnentag. Mein seelischer Zustand verschlechterte sich so, daß ich meinen alten Nothelfer, den Geheimen Rat Schüle in Illenau, bitten mußte, zu mir zu kommen um mir einigen Trost zu bringen... Ich klagte Dr. Schüle mein altes Leid und bat ihn um ein andres Mittel gegen meine Zwangsvorstellungen. Er meinte, da ich, wie schon erzählt, die üblichen und neuern nicht ertrage, sollte ich es einmal mit Amylenhydrat probieren. Als ich hörte, es sei ein Alkoholpräparat, so zweifelte ich zwar nicht am Erfolg, aber daran, ob mein Magen es ertragen werde. Er verschmäht seit Jahren das von mir im Übermaß gebrauchte Paraldehyd, das auch ein Produkt von Alkohol ist, und ich fürchte, er wird auch das Amylen ablehnen, was auch eintraf.

Da längeres Reden und Lesen mir am meisten wehe tut, d.h. mich am ehesten erschöpft, so gebot der Geheime Rat von Illenau, diese beiden Funktionen möglichst einzuschränken" (S. 236-239).

Von einem wirklichen "Feierabend", einem Ausruhen in Frieden und Zufriedenheit, konnte also keineswegs die Rede sein. Im übrigen müssen auch die hier von Hansjakob genannten Präparate aus heutiger medizinischer Sicht als höchst bedenklich eingestuft werden.

42 **Heinrich Hansjakob, Bauernblut.** Erzählungen aus dem Schwarzwald, 5. Aufl., Ohlau: Leichter, o.J.
(Hist. Bibl. Rastatt: P 628, 20; Geschenk d. Verf. 1908)

Lebensläufe in auf- und absteigender Linie, aus der Nähe nachgezeichnet. Hansjakob will "darthun, was im Blute, in der Seele von Naturmenschen alles gelegen ist, welche Fähigkeiten, welche Eigenschaften, welche Tugenden und Laster, wozu ich dann noch meinen Senf gebe" (S. IV).
(Vgl. Kat. Nr. 107)

43 a **Heinrich Hansjakob, Erinnerungen einer alten Schwarzwälderin,** 7. Aufl., Stuttgart: Bonz, 1905.
(Hist. Bibl. Rastatt: P 628, 7; Geschenk d. Verf. 1908. 2. Ex.: Bad. Landesbibliothek Karlsruhe: O 69 A 71) Abb. 50

Die "alte Schwarzwälderin" ist nichts anderes als die Bücherkiste, die sich Hansjakob aus der Hausiererkiste seines Großvaters, des "Wälder-Xaveri", hat machen lassen. Sie erzählt hier ihre Geschichte sowie die ihres Besitzers und all derer, die mit ihm oder ihr in irgendeinem Zusammenhang standen, und der Autor mischt sich wie immer auch kräftig mit ein.

43 b Der Handelsmann und Hausierer **Franz Xaver Kaltenbach** (1776-1834). Illustration von Wilhelm Hasemann, in: Heinrich Hansjakob, Erinnerungen einer alten Schwarzwälderin, 7. Aufl., Stuttgart: Bonz, 1905, S. 104.
(Hist. Bibl. Rastatt: Inv. Nr. 92/61. 2. Ex.: P 628,7; Geschenk d. Verf. 1908)

Das Bild zeigt den "Wälder-Xaveri" mit seiner Hausiererkiste, die der Enkel, Heinrich Hansjakob, 1893 zu einem kunstvollen Möbelstück umbauen ließ, als welches sie heute im Haslacher Hansjakob-Museum steht. Franz Xaver Kaltenbach zog viele Jahre mit seiner Hausiererkiste auf dem Rücken durch den Schwarzwald und belieferte die Bauern mit allerlei Waren. 1812 heiratete er Luitgard Heim, kaufte ein Haus und eröffnete darin ein Geschäft.

Abb. 55: *Hansjakobs Großvater Franz X. Kaltenbach mit seiner Hausiererkiste. Darstellung v. W. Hasemann.- Vgl. Kat. Nr. 43b*

43 c **Hansjakobs Bücherkiste**. Fotografie. Abb. 56
(Hansjakob-Archiv Haslach)
Die "alte Schwarzwälderin" persönlich; in ihr bewahrte Hansjakob seine eigenen Werke auf.

Abb. 56:
Hansjakobs Bücherkiste. Illustration von W. Hasemann.- Vgl. Kat. Nr. 43a u. c ▶

43 d **Das Haus von Franz Xaver Kaltenbach in Haslach**. Illustration von Wilhelm Hasemann, in: Heinrich Hansjakob, Erinnerungen einer alten Schwarzwälderin, 7. Aufl., Stuttgart: Bonz, 1905.
(Hist. Bibl. Rastatt: Inv. Nr. 92/61. 2. Ex.: P 628,7; Geschenk d. Verf. 1908) Abb. s. unten
Der Türsturz zeigt noch heute die Initialen X. K. und die Jahreszahl 1832.

Abb. 57: *Das Haus von Hansjakobs Großvater Franz X. Kaltenbach in Haslach. Zeichnung von W. Hasemann.- Vgl. Kat. Nr. 43d*

44 a **Heinrich Hansjakob, Waldleute**. Erzählungen (=Ausgewählte Erzählungen. Volksausgabe, Bd. 1), Stuttgart: Bonz, o. J.

(Hist. Bibl. Rastatt: SL-SB/H 74 <Hansjakob>. 12.-14.Ts.: Inv. Nr. 91/288)

Das Buch enthält Lebensläufe aus dem Kinzigtal, verflochten mit kulturgeschichtlich wichtigen Schilderungen, z. B. aus der Flößerei.

(Vgl. Kat. Nr. 108)

44 b Der Fürstlich Fürstenbergische Beiförster **Josef Anton Fürst**, genannt der "Fürst von Teufelstein". Historische Fotografie (Wiedergabe).

(Hansjakob-Archiv Haslach) Abb. s. unten

Josef Anton Fürst ist einer von Hansjakobs "Waldleuten", die er in seinem Buch beschreibt. Wirkliche Fürsten schätzte der Autor allerdings nicht so sehr.

Abb. 58: *Josef Anton Fürst, genannt der "Fürst von Teufelstein".- Vgl. Kat. Nr. 44b.- Hansjakob-Archiv Haslach. Repro: M. Hildenbrand*

45 **Heinrich Hansjakob, Erzbauern**. Erzählungen, 4. Aufl., Stuttgart: Bonz, 1905.

(Hist. Bibl. Rastatt: P 628, 12; Geschenk d. Verf. 1908) Abb. 49

Der Autor meint mit diesem Titel sowohl die Bauern, die nebenher den Bergbau betrieben, als auch vor allem die legendären "Bauernfürsten" seiner Heimat; und er zeigt, wie diese an ihrer eigenen Maßlosigkeit zugrundegingen. "Man lebt eben in allweg sicherer, ruhiger und zufriedener in der Tiefe als auf der Höhe der Menschheit" (S. 498).

(Vgl. Kat. Nr. 110)

46 **Heinrich Hansjakob, Aus dem Leben eines Unglücklichen**, 4.-6. Ts., Stuttgart: Bonz, 1906.

(Hist. Bibl. Rastatt: SL-SB/L 219 <Hansjakob>; Geschenk d. Verf. 1908)

Hansjakob findet in der Nähe der Freiburger Karthause einen alten Besen, der ihm sein Leben erzählt: wie er als Kinzigtäler Birkenreis durch Herrschaftsküche und Pferdestall auf den Abfall und schließlich ins Feuer wanderte. Dazwischen erzählen Pferd, Hund, Katze, Maus und Frosch.

47 **Heinrich Hansjakob, Aus dem Leben eines Glücklichen**. Eine Erzählung, 4.-6. Ts., Stuttgart: Bonz, 1906.

(Hist. Bibl. Rastatt: SL-SB/L 220 <Hansjakob>; Geschenk d. Verf. 1908)

Ein bemooster Granitfelsen, den Hansjakob in der Nähe der Karthause regelmäßig aufsucht, erzählt aus seinem langen Leben und von dem Glück, weder Lust noch Leid zu spüren.

48 a **Heinrich Hansjakob, In der Karthause**. Tagebuchblätter, 5. Aufl., Stuttgart: Bonz, 1903.

(Hist. Bibl. Rastatt: P 628,1; Geschenk d. Verf. 1908. 2. Ex.: Bad. Landesbibliothek Karlsruhe: O 51 A 228) Abb. 59

48 b **Hansjakob vor dem Eingang zur Karthause.** Historische Fotografie (um 1900); 16,5cm (H) x 10,5cm (B).

(Klaus-Rainer Ziegler, Rastatt)

Das Buch beginnt mit einer kurzgefaßten Geschichte des Freiburger Kartäuserklosters bis hin zu seiner Aufhebung und Umwandlung in ein städtisches Altersheim, in dem Hansjakob nun einige Räume bezogen hat; anschließend berichtet der Autor in bunter Folge von seinen Begegnungen mit anderen Heimbewohnern und Besuchern, von deren Leben und seinem eigenen, von seiner Lektüre, seinen Gedanken und - wie wahr! - "Zwangsvorstellungen" (S. 409).

Abb. 59: *Von Prof. Curt Liebich gestalteter Einband zur im Bonz-Verlag erschienenen Ausgabe von Hansjakobs "In der Karthause".- Vgl. Kat. Nr. 48a*

49 **Heinrich Hansjakob, Aus dem Leben eines Vielgeprüften**. Wahrheit und Dichtung, 6. Aufl., Stuttgart: Bonz, 1907.
(Hist. Bibl. Rastatt: SL-SB/L 221 <Hansjakob>; Geschenk d. Verf. 1908)

Von einem Fenster seines Freiburger Pfarrhauses aus erblickt Hansjakob einen alten Gaul, der einen Milchwagen zieht, und läßt sich von ihm per Telepathie aus seinem Leben berichten; Kutsche, Droschke, Trambahn und Fuhrwerk sind seine immer schlimmeren Stationen.

50 a **Heinrich Hansjakob, Meine Madonna**. Eine Familienchronik (= Ausgewählte Erzählungen, Volksausgabe, 4. Bd.), Stuttgart: Bonz, o. J.
(Hist. Bibl. Rastatt: SL-SB/H 73 <Hansjakob>; Geschenk d. Verf. 1908)

Die zur Madonna umgeschaffene Backmulde seines Vorfahren dient dem Verfasser als Anregung für diese Geschichte nicht nur der "Hansjakobe", sondern des ganzen Ortes Haslach vom frühen 17. Jahrhundert an. Dabei findet er, ein eingefleischter Anhänger der Vererbungslehre, seine eigenen Eigenschaften schon in seinen Vorfahren vor: z.B. in dem erstgenannten, dem "wegen seines widerspenstigen Wesens und wegen seines bösen Maules" (S. 20) bekannten Mathias Hansjakob aus Gengenbach.

50 b Der Bäcker **Tobias Hansjakob** (1730-1808). Fotografische Wiedergabe eines Gemäldes.
(Augustinermuseum Freiburg)

Vor allem vom Bäcker Tobias Hansjakob, dem Urgroßvater Heinrich Hansjakobs, und von seiner Backmulde handelt "Meine Madonna".

50 c **Madonna von Josef Dettlinger**. Fotografische Wiedergabe.
(Hansjakob-Archiv Haslach)

Dies ist die Figur, die unter den Händen des Freiburger Bildhauers aus der besagten Backmulde entstand. Sie steht heute in der Hauskapelle des "Freihofs" in Haslach.

(Vgl. auch Kat. Nr. 59 d 5 II)

51 **Heinrich Hansjakob, Aus dem Leben eines Vielgeliebten**. Nachtgespräche, 1.-4. Ts., Stuttgart: Bonz, o. J.
(Hist. Bibl. Rastatt: P 628, 28; Geschenk d. Verf. 1910. 2. Ex.: Bad. Landesbibliothek Karlsruhe: O 51 A 251 R1) Abb. 295

Ein Stückchen Goldblech in Hansjakobs Mund, das einen inzwischen verlorenen Stiftzahn festhielt, erzählt seine Erlebnisse: wie es aus einem Körnchen Rheingold auf dem Umweg über eine Goldmünze zu dem wurde, was es ist. An dem dünnen Faden dieses "Lebens" werden allerlei Be-

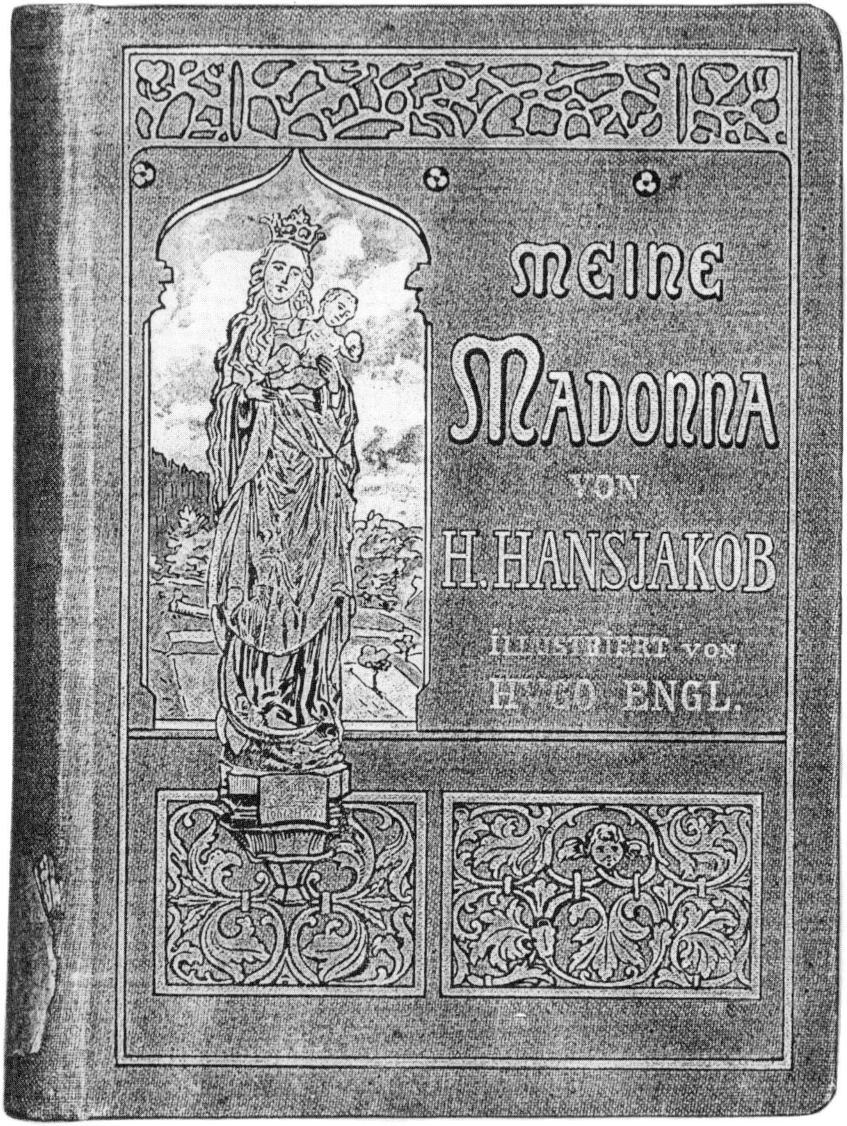

Abb. 60: *Heinrich Hansjakob, Meine Madonna. Der hier gezeigte Einband von Hugo Engl schmückt die im Bonz-Verlag edierte Ausgabe*

obachtungen und Betrachtungen aufgereiht, ob sie dazu nun passen oder nicht. Die Erzählung wurde erstmals 1909 in der vorliegenden Ausgabe veröffentlicht (vgl. Kat. Nr. 148 b).

52 **Heinrich Hansjakob, Aus dem Leben eines treuen Hausgenossen,** 1.-4. Ts., Stuttgart: Bonz, o. J. Abb. 309

(Hist. Bibl. Rastatt: P 628, 27; Geschenk d. Verf. 1910. Bad. Landesbibliothek Karlsruhe: O 51 A 257 R1)

Ausgestellt ist die im Jahre 1909 veröffentlichte Erstausgabe. Hansjakob will in diesem Werk die Geschichte seines alten Küchenherdes schildern, kommt aber öfter von diesem Thema ab und dafür auf andere Gegenstände zu sprechen, die ihm mehr am Herzen liegen; vor allem kämpft er wieder gegen die Frauenbewegung an, der es angeblich darum geht, "das Weib seiner natürlichen Pflicht mehr und mehr zu entziehen und zum Schaden von Gesellschaft und Volk in eine Bildungs- und Berufssphäre hineinzuzerren, zu der es nicht berufen ist" (S. 119).

(Vgl. Kat. Nr. 148 c)

53 a **Heinrich Hansjakob, Allerseelentage**. Erinnerungen, 3. Aufl., Stuttgart: Bonz, 1912.
(Hist. Bibl. Rastatt: Inv. Nr. 92/63. 1. Aufl.: Bad. Landesbibliothek Karlsruhe: O 42 A 555) Abb. 138 u. 280

Im Jahre 1910 verwirklichte Hansjakob seinen langgehegten Plan, "nochmals, ehe ich von dieser 'schönen Erde' scheiden muß, alle Stätten zu besuchen, über denen mein Kinderhimmel gelacht hat, und mich an Ort und Stelle wieder zu versenken in die glücklichste Zeit des Lebens" (S. 13); und so fuhr er zum einen nach Haslach, zum anderen nach Rastatt. Aber nichts war mehr so, wie es damals gewesen war.

(Vgl. Kat. Nr. 100 u. 137 a)

53 b **Heinrich Hansjakob, Allerlei Leute und allerlei Gedanken.** Tagebuchblätter, Stuttgart: Bonz, 1913.

(Hist. Bibl. Rastatt: Inv. Nr. 92/81)

Eines der letzten, von zunehmender Verdüsterung gezeichneten Werke, für das der Verfasser sich bei seinen Lesern damit entschuldigt, daß er ihm selbsttherapeutische Wirkung zuschreibt: "Was tun? Sich hinsetzen und schreiben und so die Not des Lebens vergessen" (S. 6).

Reiseberichte

Zu Heinrich Hansjakobs "Sommerfahrten"

Rudolf Futterer

In seinen Reisebüchern, die ein großes Kapitel Zeitgeschichte dokumentieren, zeigen sich in besonderem Maße Charakter und Eigenart Heinrich Hansjakobs als Mensch und Schriftsteller.

Seine kraftvolle Persönlichkeit wird in seine Schriften mit eingebracht: "Er macht seine Bücher nicht ... wie ein Schreiner seine Kästen und Kommoden, er will auch mit und dabei sein."[1] Wenn auf diese Weise literarische Kunst weniger präsent ist, so muß ihm doch der Kritiker gutes Unterhaltungsniveau bestätigen, was sich ja auch in hohen Auflagen seiner Reisebücher dokumentiert.

So treffen wir hier auf seinen unverwechselbaren Stil, auf seine außerordentliche historische Sachkenntnis, auf pädagogisch-didaktisches Bemühen, in gewissem Maße auf Vorurteile und Polemik, doch vor allem auf Heimatliebe und demokratisches Bewußtsein.

Treffend wurde Hansjakob schon zu Lebzeiten von Heinrich Bischoff charakterisiert als "eine Persönlichkeit von schärfster und reizvollster Eigenart, ... oft von weichen, elegischen Stimmungen überströmt, ... ein wahres Kinder- und Poetenherz, das überall aus seinen Werken hervorstrahlt".[2]

Aus seinem Gesamtwerk sind H. Hansjakobs Reisebücher nicht wegzudenken, denn sie haben den Erzähler, Historiker und Theologen als Literaten weit über seine Heimat hinaus bekannt gemacht. Mit konstantem Schema ergänzen sie aber insgesamt die Tagebücher, vieles darin wurde oft rasch und intuitiv zu Papier gebracht, und "sie sind vielfach schwerfällig, in ihrer Form oftmals arg salopp". [3]

Den heimatbewußten Pfarrer zieht es als fast Siebenunddreißigjähren zum erstenmal nach Frankreich ("In Frankreich", erschienen 1874), dann zwei Jahre später - 1876 - nach Italien ("In Italien", 1877), und 1881 kann er mit dem zweiteiligen Buch "In den Niederlanden" an die Öffentlichkeit treten, in dem er über eine im August und September d. J. 1879 unternommene Reise durch Belgien und Holland berichtet. Zur Jahrhundertwende -1900- meistert er in der privaten Reisekutsche das Schwabenland ("Verlassene Wege", erstmals erschienen 1902), seine "Letzten Fahrten" (Erstaufl. 1902) führen ihn im September 1900 mit der Bahn durch Oberösterreich, eine Kutschenfahrt 1903 durch Rheinebene, Kraichgau, Odenwald, Pfalz und Elsaß ("Sommerfahrten", Erstausg. 1904). Nach einer Schweizreise im Sommer 1904 ("Alpenrosen mit Dornen", Erstausg. 1905) schließt sich der Kreis mit einer im Juni und Juli 1905 unternommenen längeren Wagenfahrt entlang der Donau ins Alpenvorland und zum Bodensee ("Sonnige Tage", 1906). Die fünf letztgenannten Veröffentlichungen wurden 1908/09 in einer Volksausgabe als "Reiseerinnerungen" zusammengefaßt. Viele andere Reisen haben Eingang in sein Gesamtwerk gefunden, so etwa in "Umwege" (Skizzen einer Reise d. J. 1875, erschienen in: "Alte und Neue Welt" 11/1877), "Im Schwarzwald" (1885) usw.

Im Hinblick auf alle Reiseunternehmungen muß für den reisefreudigen Pfarrer aber auch heute noch gelten, was Helmut Bender einmal so formulierte: "... über allem Beschreiben und Erzählen hält er an der sich selbst ununterbrochen gestellten Aufgabe fest: mit seinen Büchern nicht nur zu unterhalten und zu belehren, sondern zu bilden, zu erziehen, und zwar im Sinne eines keineswegs intoleranten und schablonierten Christentums, das wir ohne weiteres einen für seine Zeit praktikabel-offenen Katholizismus nennen dürfen".[4]

Stellvertretend und exemplarisch für Hansjakobs zahlreiche Reiseberichte wollen wir uns nun seinen "Sommerfahrten" zuwenden, und hier wiederum wurde als Schwerpunkt die Begegnung mit Philippsburg ausgewählt.

Im Vorwort versucht der 65jährige Hansjakob seinen Lesern zu erläutern, warum er nochmals eine Reise unternimmt, trotz der Ankündigung in seinem Buche "Letzte Fahrten" (1902), "keine größere Eisenbahnreise mehr machen zu wollen" - es sei denn "eine Tour zu Wagen".[5]

In Italien.

Reise-Erinnerungen

von

Dr. Heinrich Hansjakob.

Will Völker schauen und ihre Glaubenssitten
Und alles, was der Klugen Neid erregt,
Wenn ich von so berühmten Orten
Erzählen kann und sagen: Ich war dorten.
Tasso.

Erster Band.

Mainz,
Verlag von Franz Kirchheim.
1877.

Abb. 61: *Titelseite des ersten Bandes von Hansjakobs Reiseerinnerungen "In Italien".- Vgl. Kat. Nr. 55a*

Abb. 62: *Heinrich Hansjakob, Verlassene Wege. Den Einband zur vorliegenden Ausgabe gestaltete Curt Liebich.- Vgl. Kat. Nr. 57*

Abb. 63: *Einband der im Stuttgarter Bonz-Verlag herausgegebenen 4. Aufl. von Hansjakobs Erinnerungen "Sonnige Tage".- Vgl. Kat. Nr. 61*

Abb. 64: *Heinrich Hansjakob, Sommerfahrten. Für die Einbandgestaltung der hier gezeigten Ausgabe zeichnete wieder Curt Liebich verantwortlich.- Vgl. Kat. Nr. 59a.- Aufnahme: H. Heid*

Ein winterlicher Katzenjammer, der ihn "wochen-, ja monatelang nicht in die Luft" lockte, war gewiß ein triftiger Grund, seiner gewohnten Umgebung für eine gewisse Zeit Valet zu sagen, und eine gut vorbereitete Kutschenfahrt sozusagen als Selbstmedikation müßte auch heute noch jeder Arzt gutheißen! Auf diese Art konnte der leidenden Seele zu erquicklichem Balsam verholfen werden.

Die Reiseroute nahm rasch Gestalt an (s.o.), und die ihm so wichtigen privaten Nachtstationen wurden ihm freundlichst zugesagt. Sein neues Buch sollte tagebuchartig "von Land und Leuten nur Momentphotographien bringen", die ihm - dem Kameralosen - bei seiner "Eilfahrt" in den Sinn kämen.

Die illustrativen Momentphotos lieferte dann im Nachhinein der Künstler Curt Liebich in Form von über 30 entzückenden Zeichnungen, und der Einband präsentiert sich nicht weniger gekonnt im "Jugendstil", wobei die dargestellten Kirschen, Ranken und Schwalben jahreszeitlich für Hansjakobs Reise stehen.

Pensionäre, Pfarrer, Schulmeister, die Hansjakob von seiner Ausbildungs- oder Residenzzeit her kennt, werden mit Stippvisiten bedacht, Reminiszensen an die Rastatter Zeit werden lebendig, die ihn eh zeitlebens verfolgen, ... ja, die Obstbäume von damals an der Landstraße nach Oos stehen noch, "da wir anno 58 ... dem großen Biertag von Sinzheim zusteuerten".[6]

Dann natürlich das "grand Malheur" beim Festessen der Lyzeisten in Rastatt: "Es brach mir ein Zahn ab, ein treuer Begleiter durchs lange Leben..." - So müssen sich selbstverständlich viele Dinge aneinanderreihen mit der für ihn eigenen Dimension.

Hansjakob vergißt es aber auch nicht, menschliche Schicksale und Begegnungen zu schildern, die uns heute noch betroffen machen, die uns ebenso interesssante kulturhistorische Einblicke gewähren wie auch in die Tiefen der menschlichen Seele leuchten. Dem Uhrmacher von Steinmauern Karl Späth, "Märtyrer seines Genies", Weber und Dichter, wird so auf beachtlichen 24 Seiten ein bleibendes Denkmal gesetzt. Die ausgedehnte Biographie hat hierbei ihre Berechtigung, und die von Hansjakob bewiesene Anteilnahme zeugt von Charakter. Für den Uhrmacher von Steinmauern muß man jenes Hansjakobsche Postulat gelten lassen, das er bei vielen anderen Gelegenheiten so hochgehalten hat: nämlich einen solchen Originalmenschen "nicht unbeschrieen aus der Welt gehen zu lassen".[7]

Die armen "Wibervölker" und "oft scharfe Leserinnen" von dem reisenden Schriftsteller bekommen es zwischendurch deftig ins Stammbuch geschrieben, und wehe, wenn so eine intelligente Bürgermeisterstochter "der schönen Landestracht abtrünnig und sogar Radfahrerin wird...", dann muß gewiß darunter auch die Schönheit leiden.[8]

Dennoch kommt es auf seiner Reise durch die badischen Lande vor, daß ihm unbekannte Leserinnen "in edelmütiger Weise" sogar Rosen in den Wagen legen getreu dem Wort des Herrn: "Liebet eure Feinde und tut Gutes denen, die euch hassen und verfolgen...".[9]

In Bruchsal, wo er im Hotel Keller kurz mit dem Israeliten Dr. Kusel, einem ehemaligen Rastatter, zusammentrifft, hält Hansjakob kräftig Abrechnung mit den einstigen Jagdgewohnheiten des Kardinal-Fürstbischofs Franz Christoph von Hutten im ausgehenden 18. Jahrhundert genauso wie mit den üblen Parforcejagden des Kurfürsten Carl Theodor (1741/42-1799), als er nach Neckargemünd kommt.[10]

Erwähnenswert mag da auch jene köstliche Begegnung mit einem Bauern aus Oberacker sein, der ihn - auf dem Wege nach dem abendlichen Reiseziel Menzingen - ungeniert fragt, ob er Geschäftsreisender sei, "weil annere Leit nimmer so uff de Stroße rumfahre".[11]

Den "öden, langweiligen" Kraichgau mit seinem "wenig schönen Menschenschlag"[12] verläßt Hansjakob, um durch das Elztal in den Odenwald hineinzufahren. Im malerischen Mosbach mit seinen beachtlichen Fachwerkbauten gefällt es sogar seinem Kutscher Joseph, weil er hier "das beste Bier auf der ganzen Reise gefunden", wo noch "Stoff drin" ist. Die helle Freude überkommt aber Hansjakob, als er bei der Weiterfahrt in dem Weiler Wagenschwand mit Stroh gedeckte Hütten erblickt; diesen "Schwarzwald - Charakter" hatte er auf der welligen Hochebene nicht erwartet.[13]

Über Eberbach und Neckargemünd geht die Route der Universitätsstadt Heidelberg zu, nicht ohne sich vorher an den "geistig bedeutendsten Oberamt-

Abb. 65: *Mosbach. Zeichnung von Curt Liebich*

mann" vom Breisgau, Schlosser, zu erinnern, den Schwager Goethes, "kein Katzenbuckler", der "in freundschaftlicher Korrespondenz mit dem berühmten Abte Gerbert von St. Blasien" gestanden hatte. Bei dieser kleinen Abschweifung zu einem Persönlichkeitsbild außerhalb der Thematik seiner "Sommerfahrten" zeigt sich übrigens seine typische Art des "Durcheinander-Erzählens", wie er es für sich in besonderer Weise in Anspruch nimmt und verteidigt.[14]

In Heidelberg selbst kann er gerade noch abwenden, daß ihm ein katholischer Kirchenchor ein Ständchen darbietet, freut sich aber beim Besuch des Akademikers Dr. Wille darüber, daß einem Professor seine "demokratischen Bauernbücher mundgerecht sind, sodaß er sie selbst für die Universitätsbibliothek angeschafft hat".[15]

Nachdem der "selbst gezogene Proletarier ... den größten Fabrikschlot Deutschlands ... diesen Dom des Industrieteufels" bei Plankstadt über einem Wald hervorschauen sah,[16] erreicht Hansjakob am 13. Juni 1903 das Städtchen Schwetzingen, das er so öde und langweilig findet wie das französische Versailles.

Unter den "kostbaren Spielereien eines frivolen Absolutismus" im berühmten Schloßgarten begegnen ihm heidnische Götterstatuen, Teiche, Glas- und Treibhäuser, doch am meisten empört sich Hansjakob über die "berühmte Hirschgruppe, ein Werk des großen flandrischen Bildhauers Verscheffelt".[17] Wehe, "wenn der Dichter Dante die Hirschhetzjagden der weltlichen und geistlichen Fürsten des 18. Jahrhunderts gekannt hätte, würde er sicher die Parforcejäger und Hirsch-, Fuchs- und Sauhetzer in die Hölle versetzt haben".[18]

Abb. 66: *Speyer. Illustration von Curt Liebich*

Ganz überwältigt war Hansjakob beim Besuch des Speyerer Domes mit den monumentalen Kaiserstandbildern und den Schraudolphschen Fresken.

Da ereignete sich noch in der kleinen Pfaffengasse zu Speyer die unvorhergesehene Episode mit dem so geheimnisvoll tuenden Domvikar Theobald, der dem Freiburger Pfarrer die von einer aufmerksamen Augsburger Leserin spendierte "Flasche feinsten Pfälzer Weines" kredenzte, so daß er gerührt gelobte, "die Wibervölker in Ehren zu halten".[19]

Es war natürlich Ehrensache für den Marienverehrer Hansjakob, dem alten, bruhrainischen Wallfahrtsort Waghäusel einen Besuch abzustatten. Die Kapuziner traf er 1903 jedoch nicht mehr an. Das seit 1876 für Baden bestehende Klostergesetz, gegen das er als Landtagsabgeordneter schon so energisch gekämpft hatte, wurde erst 1918 aufgehoben. Im Mai 1920 sind dann die ersten Kapuziner in Waghäusel wieder seßhaft geworden.

Obwohl der Waghäuseler Lehrer (Nagel) und der Sakristan dem interessierten Pfarrer Zugang zu Kirche und Kapuzinergruft ermöglichten, vermissen wir in den "Sommerfahrten" den Hinweis auf den berühmten Missionar und Volksschriftsteller Pater Martin von Cochem (1634-1712), der viele Jahre hier im Kloster gewirkt hatte und dessen sterbliche Überreste sich noch heute in der Gruft befinden.

Der "stille, lauschige Friedhof an der Ostseite der Kirche" hat ihm dagegen sehr imponiert, und unübersehbar war natürlich das eiserne Grabmal (nicht Grabstein!) des "preußischen Hauptmanns Liebermann von Sonnenberg, der anno 1849 in dem Gefecht bei Waghäusel... gefallen war".[20]

Für seinen Abstecher nach dem nordbadischen Städtchen Philippsburg muß gelten, was H. Hansjakob - alias Hans am See - bereits in seinen früheren Reiseskizzen "Umwege" andeutete: "Wer reist, um zu reisen, der wird, wenn er etwas lernen und sehen will, Umwege machen mit Absicht und Vorbedacht".[21]

Da er die linksrheinisch gelegene Dom- und alte Kaiserstadt Speyer bereits anvisiert hatte, wäre eine sofortige Weiterreise nach Landau der bequemere Weg gewesen. Doch gewichtige Gründe lassen den Reiseschriftsteller umkehren.

Seit 1898 hatte ein gewisser Augustin Nopp (1869-1915) die Stelle eines Hofkaplans und Sekretärs bei Erzbischof Dr. Nörber in Freiburg inne, der ihm auch bei seinem Bruder Eugen Nopp in Philippsburg "ein stilles Quartier versprochen [hatte] in seinem Vaterhaus".[22] Der als "schöner Hofkaplan" Titulierte war ein enger Vertrauter Hansjakobs, der sich nachweislich als Kontaktperson zum Erzbischof ausgleichend bemühte, wenn es not tat. So war es ihm zusammen mit Stiftungsrat Fischer i. J. 1901 gelungen, Hansjakob trotz seiner Querelen mit dem Ordinariat und Oberstiftungsrat davon abzuhalten, den Kirchendienst zu quittieren.[23]

Bei der Urenkelin von Hieronymus Nopp (= Vater des Hofkaplans), Frau Maria Fieser, werden heute noch u.a. drei Hansjakobbücher verwahrt, die die freundschaftlichen Bande eindeutig bekunden. In der persönlichen Widmung an Hofkaplan Augustin Nopp schrieb Hansjakob beispielsweise in einem Exemplar seiner "Letzten Fahrten": "Dem schönen Hofkaplan - der 'wüste' Pfarrer Hansjakob".

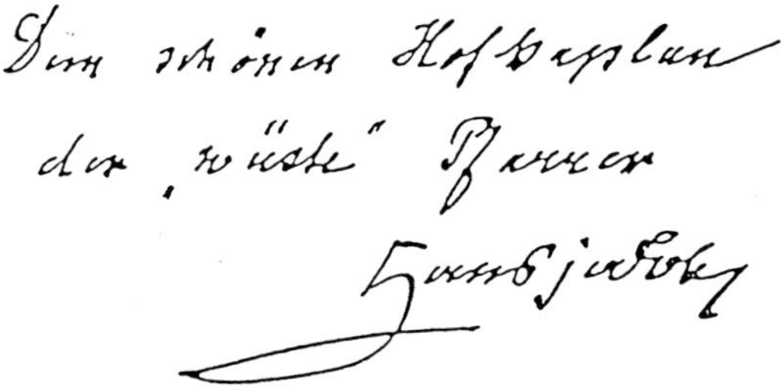

Abb. 67: *Persönliche Widmung Hansjakobs für Augustin Nopp in einem Exemplar der "Letzten Fahrten".- Maria Fieser, Philippsburg*

Augustin Nopp ist es zu verdanken, daß in den "Sommerfahrten" auch ein weiterer episodischer "Schlenkerer" zu finden ist. Hansjakob berichtet, daß Augustin, "aus dessen Adoniszügen oft der Schalk spricht",[24] seinen Bruder Eugen und dessen "mit Pfälzer Temperament begabte Gattin"[25] veranlaßte, dem hohen Gast "Champagner und Hahn"[26] zu servieren, nachdem - so überliefert - auf Wunsch Hansjakobs am Abend Spiegeleier gereicht worden waren.

Lassen wir Hansjakob resümieren: "So hat er [der Hofkaplan] mich in seiner Vaterstadt in den Verdacht eines Feinschmeckers gebracht, der ich in Wahrheit nicht bin. Hahn esse ich niemals, wenn ich allein speise, und Champagner genieße ich in der Regel nur an besonderen Trauertagen, wie z.B. an meinem Geburtstag oder am Neujahrstag."[27]

Den Vater des Hofkaplans, den Dichter und ehemaligen Philippsburger Bürgermeister Hieronymus Nopp (1832-1893) kannte H. Hansjakob ebenfalls gut von seiner Residenzzeit her als einen "stillen, feinsinnigen Mann",[28] und er war von ihm oft eingeladen worden, "einmal mit ihm in seine Heimat zu fahren".[29] Doch es war nie dazu gekommen.

Es galt also, “in treuer Erinnerung an ihn [H. Nopp] und an mein Versprechen”, dies nachzuholen.

Unvergessen (und verschiedentlich in seinen Büchern erwähnt) war Hansjakob auch die tüchtige, aus Philippsburg stammende Wirtin Fees im “Hotel Geist” in der Karlsruher Kronenstraße, wo 1879 zusammen mit anderen Philippsburger Politikern - etwa Dr. Fieser, “Kulturkämpfer Büchner”, Dr. Grimm - “bei köstlichem Essen und bei noch köstlicherem Weine” das bekannte “Philippsburger Diner” gefeiert wurde, wo “Freund und Feind sich versöhnten”.[30]

Der Schriftsteller Hansjakob war sehr angetan von Hieronymus Nopps spätromantischer Lyrik, die er in seinen “Sommerfahrten” bevorzugt würdigte. Die großen Gedichte “Die Unschuldigen” und “Die große Glocke von Philippsburg” wurden ohne Titelangabe vollständig abgedruckt, auch zwei typische Strophen des Gedichts “Mein Vaterhaus”. Hieronymus Nopp, der gelernte Kaufmann, Bürgermeister, Abgeordnete, hatte “wie der große Dichter Freyligrath das Zeug zu einem Dichter von Gottes Gnaden”, resümierte Hansjakob.

Abb. 68: *Hieronymus Nopp. Als Buchillustration verwendetes Brustbild von Curt Liebich.- Vgl. Kat. Nr. 59 d 4*

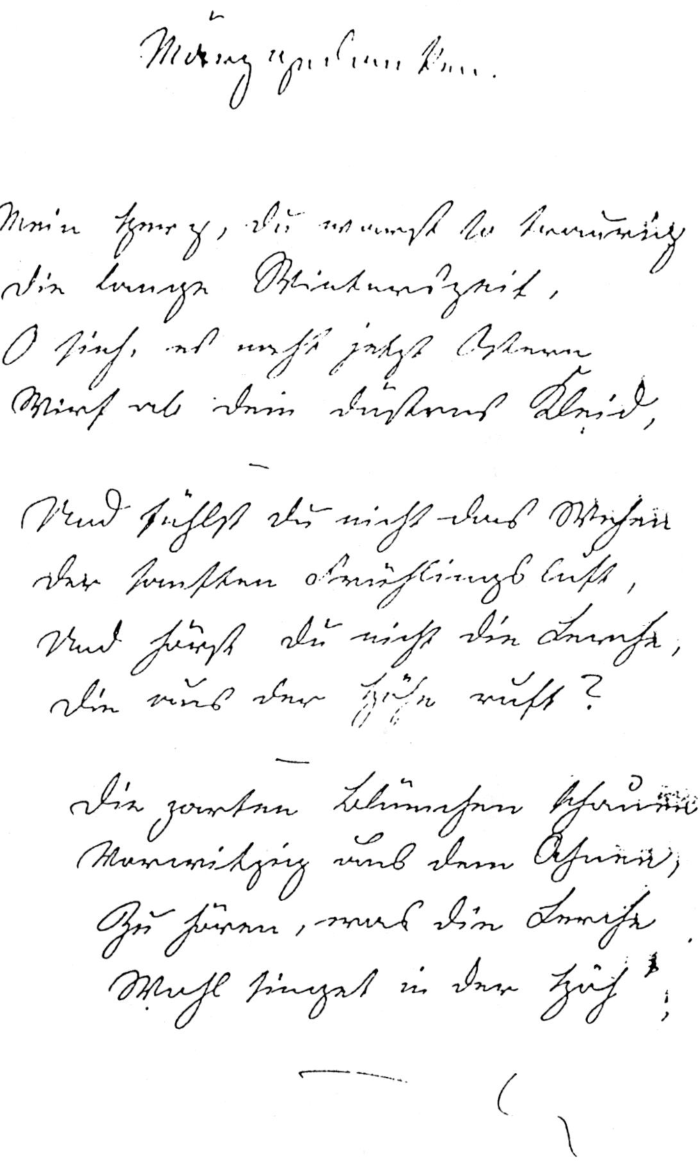
Märzgedanken.

Mein Herz, du warst so traurig
die lange Winterszeit,
O sieh, es wirft jetzt Alles
Rings ab das düstere Kleid,

Und fühlst du nicht das Wehen
der sanften Frühlingsluft,
Und hörst du nicht die Lerche,
die aus der Höhe ruft?

Die zarten Blümchen schauen
Neugierig aus dem Schnee,
Zu hören, wie die Lerche
Wohl singet in der Höh';

Abb. 69: *Seite aus dem Originalmanuskript der Gedichte von Hieronymus Nopp.- Vgl. Kat. Nr. 59 d 4 II.- Heimatmuseum Philippsburg*

Dem Schriftsteller Hansjakob waren die damals noch unveröffentlichten Gedichte H. Nopps[31] durch dessen Sohn Augustin zugänglich gemacht worden. Diese handgeschriebene Lyrik entstand in den Jahren 1850 bis 1860 zwischen H. Nopps 18. und 28. Lebensjahr, also in der Zeit der Spätromantik, was Hansjakob übersah. Was die Zitate aus Nopps Gedichten angeht, nahm es unser Schriftsteller Hansjakob allerdings nicht so genau, wie dies auch einmal der Dichter Heinrich Vierordt kritisch für andere Zitate in den Schriften des "unruhigen Geistes" anmerkte.[32]

Auf vielen Seiten erläutert der Historiker Hansjakob noch die blutige, drangsalvolle Geschichte von Udenheim-Philippsburg, der ehemaligen Festungsstadt und Residenz der Speyerer Fürstbischöfe, bis hin zu ihrer Zerstörung durch die französische Rheinarmee im Jahre 1799. Bei der Schilderung der Ereignisse anläßlich des polnischen Erbfolgekrieges 1734 glaubt Hansjakob sogar, dem greisen Prinzen Eugen von Savoyen mit seinem Entsatzheer eine Blamage unterschieben zu können, weil er die französische Belagerungsarmee vor der Festung Philippsburg nicht angriff. Dieser recht saloppen Beurteilung wird noch ein "Schlenkerer" aufgesetzt, indem er vermerkt: "Falls Eugen dieses Manöver in unserer Zeit ausgeführt hätte, würden sicher auch fürstliche 'Damen' zugeschaut haben, denn heutzutage reiten und fahren sie ja mit Vorliebe ins Manövergelände".[33]

Das detaillierte Wissen um Philippsburgs Historie bezog Hansjakob aus dem vortrefflichen Werk seines ehemaligen Landtagskollegen Hieronymus Nopp, der (so Hansjakob) " 'Die Geschichte der Stadt und ehemaligen Reichsfestung' gewiß mit seinem Herzblut geschrieben" hat; und: "Kein Universitätsprofessor und Lehrer der Geschichte hätte sie besser schreiben können".[34]

Dieses historische Standardwerk hat seinen Verfasser in der Tat noch mehr bekannt gemacht denn als Dichter, und es wurde 1981 - einhundert Jahre nach seinem ersten Erscheinen - mit einem Faksimiledruck neu aufgelegt.

Hansjakobs historische Ausführungen wären sicherlich noch langatmiger ausgefallen, wenn der Demokrat und "Revoluzzer" die Rolle Philippsburgs in den Jahren 1848/49 gekannt hätte.

Freilich vermißt man in diesem Zusammenhang vielleicht auch sein Gespräch mit dem einfachen Mann, dem Hansjakob ja stets so sehr zugetan war; gewiß wäre er hier noch in mancherlei Hinsicht fündig geworden: etwa am Stammtisch in der "Sonne" am Marktplatz, wo sein Kutscher Josef logierte, hätte man ihm die Anekdote von jenem Bäcker erzählen können, den der Philippsburger Amtmann in den Wirren des Jahres 1849 anschnauzte, ob er denn - der Größe seines Hutes wegen - einen "Heckerhut" trage, und der darauf schlagfertig antwortete, das sei ein "Bäckerhut"! - Da wäre gewiß wieder "Wasser auf die Mühlen" des Reiseschriftstellers geflossen, weil dem Knaben Heinerle Hansjakob das Tragen dieses Hutes durch die Preußen ja einstens verboten worden war.[35]

Die kontemplativen und mitfühlenden Schilderungen über den Besuch bei seinem ehemaligen Studienkollegen Stern, ganz besonders über den Besuch bei der blinden, alten Schwiegermutter des Dichters und Geschichtsschreibers H. Nopp in Philippsburg, zeigen auch den Schriftsteller Hansjakob wieder von seiner allerbesten, zutiefst menschlichen und abgeklärten Seite. Tief gerührt saß er vor dieser gottergebenen Dulderin, sich schämend über seine "Schwarzgalligkeit". Die blinde, hochbetagte Frau, heute bei den Noppschen Urenkeln als "Lederle-Oma" benannt,[36] stammte aus Hambach in der Pfalz, wo sie als junges Mädchen jenen berühmten Maitag des Jahres 1832 miterlebte, der als "Hambacher Fest" in die deutsche Geschichte eingegangen ist. Sie war 1903 wohl eine der wenigen Menschen, die als ehemalige Festteilnehmer noch lebten, stellte H. Hansjakob bei seinem späteren Besuch in Hambach fest.[37]

Heinrich Hansjakob hat ebenso allen Philippsburger Brauchtumspflegern einen guten Dienst erwiesen mit der Schilderung über das Läuten der sogenannten Lumpenglocke bzw. über ein weiteres Geläute um 3 Uhr nachts "in Erinnerung an die Zeit, da in Philippsburg, weil an der großen Straße von Basel nach Frankfurt gelegen, noch viele Frachtfuhren übernachtet hätten, denen man allnächtlich ein Zeichen gegeben habe, sich zur Weiterfahrt zu rüsten ... das gefällt mir". Das bedeutete natürlich auch "ein Zeichen der Erinnerung ... an die gute, alte, eisenbahnlose Zeit".[38]

Da mögen Hansjakob sicherlich noch viele Bräuche und Gepflogenheiten seiner Schwarzwälder Heimat eingefallen sein, zu deren Überlieferung er ja in besonderem Maße beigetragen hat!

Resümierend zum kurzen Besuch H. Hansjakobs in Philippsburg kann vielleicht gesagt werden, daß wegen der persönlichen Bekanntschaft mit dem Erzbischöflichen Hofkaplan und mit dessen Vater ein recht ordentliches "literarisches Brot" im Sinne des Reiseschriftstellers zu einem ausgedehnten Kapitel gebacken werden konnte. Besondere Ausbeute entstand aus H. Nopps historischem und lyrischem Werk. H. Nopps bekennendes, heimatliches Empfinden, wie es in seinem Gedicht "Mein Vaterhaus" zum

Abb. 70: *Hansjakob in Philippsburg. Federzeichnung von Sepp Feuerstein.- Vgl. Kat.Nr.59 d 3.- Dr. Rudolf Futterer, Philippsburg*

Ausdruck kommt, mußte auch Hansjakobs eingefleischtes Heimatbewußtsein stark berührt haben.

Im großen und stillosen "Palazzo Nopp" am Marktplatz[39], der 1983 einem Neubau weichen mußte, bei seinem Herbergsvater Eugenius Nopp, Kaufmann, Ratschreiber und Sparkassenverwalter, befand sich also das ruhige Quartier, das sich der reisende Pfarrer ersehnte. Aber war dieser liebenswürdige und schöne Eugenius wirklich ein "von seinen Nerven schwergeplagter Mann", wie ihn Hansjakob beschreibt?[40]

Die Noppsche Familienüberlieferung stellt den gewichtigen Eugenius, der nur halbwegs in einen Beichtstuhl paßte, jedenfalls als geselligen und humorvollen Zeitgenossen dar, welcher 80jährig im Jahre 1937 starb. Bedeutete die Nervosität damals nicht eher ein Quentchen Verlegenheit und Unsicherheit im Umgang mit einem so gescheiten Pfarrer, von dem Eugenius wußte, daß die Philippsburger Begegnung sehr wahrscheinlich in einem neuen Buche Eingang finden würde?

Dies alles soll jedoch nicht als Kritik am Werk Heinrich Hansjakobs verstanden werden; es ging nur darum - auch ganz im Sinne Louis Koesslers - "in sein Werk hineinzuleuchten".[41] Philippsburg kann sich durchaus eines verdienstvollen Beitrags des Volksschriftstellers H. Hansjakob in den "Sommerfahrten" rühmen, genauso wie er mit der Würdigung seines ehemaligen Landtagskollegen Hieronymus Nopp als Historiker und Lyriker einer bedeutenden Persönlichkeit Philippsburgs im 19. Jahrhundert in den "Sommerfahrten" ein beachtliches Denkmal gesetzt hat.

Insgesamt aber vermittelt uns so eine Betrachtung der "Sommerfahrten" Hansjakobs und im speziellen seiner Begegnung mit Philippsburg am Rhein einen guten Einblick in die "Werkstatt" des Reiseschriftstellers und läßt exemplarisch Stil und Charakter von Hansjakobs Reisebüchern deutlich werden.

ANMERKUNGEN

1 Heinrich Bischoff in seiner Einleitung zu H. Hansjakob, Der Theodor, Leipzig 1908, S. 8.

2 Ebd.

3 Clemens Bauer, Art. 'Hansjakob, Heinrich'. In: Deutsches Biographisches Jahrbuch, Überleitungsband I (1925), S. 224.

4 Helmut Bender im Nachwort zu Heinrich Hansjakob, Sommerfahrten, Waldkirch 1987, S. 565.

5 Heinrich Hansjakob, Sommerfahrten, Stuttgart 1904, Vorwort, S. VI.

6 Ebd., S. 72.

7 Heinrich Bischoff, s. Anm. 1, S. 6.

8 Heinrich Hansjakob, Sommerfahrten, S. 57.

9 Ebd., S. 121.

10 Ebd., S. 242.

11 Ebd., S. 136.

12 Ebd., S. 146.

13 Ebd., S. 174.

14 Ebd., S. 148.

15 Ebd., S. 253.

16 Ebd., S. 255.

17 Ebd., S. 257.

18 Ebd.

19 Ebd., S. 271.

20 Ebd., S. 276. In der Wallfahrtskirche zu Waghäusel wird "Die Mutter mit dem gütigen Herzen" verehrt.

21 Heinrich Hansjakob (alias Hans am See), Umwege. In: Alte und Neue Welt 12 (1878), S. 104.

22 Heinrich Hansjakob, Sommerfahrten, S. 272.

23 Manfred Hildenbrand, Der Freiheit und dem Frieden. In: Heinrich Hansjakob. Festschrift zum 150. Geburtstag, Haslach 1987, S. 92.

24 Heinrich Hansjakob, Sommerfahrten, S. 293.

25 Ebd., S. 295.

26 Ebd., S. 294.

27 Ebd.

28 Heinrich Hansjakob, Sommerfahrten, S. 271.

29 Hieronymus Nopp (1832-1893) war von 1871 bis zu seinem Tode 1893 Bürgermeister von Philippsburg; ab 1877 bis zu seinem Tode Landtagsabgeordneter der Katholischen Volkspartei (2. Kammer); aus dieser Zeit rührt seine Bekanntschaft mit H. Hansjakob.

30 Vgl. Heinrich Hansjakob, In der Residenz, 5. Aufl., Freiburg 1967, S. 412.

31 Hieronymus Nopp, sein Leben und seine Gedichte, hrsg. v. Rudolf Futterer, mit einem literaturkrit. Beitrag v. Gabriele Futterer, Philippsburg 1988.

32 Heinrich Vierordt, Aus dem Schattenspiel meines Lebens, Heidelberg 1935, zit. bei Helmut Bender, Zitate bei Heinrich Hansjakob. Referat anl. d. Philippsburger Hansjakobabends 1988.

33 Heinrich Hansjakob, Sommerfahrten, S. 288.

34 In einer späteren Auflage läßt H. Hansjakob die Bemerkung einfließen, daß während der Belagerung von Philippsburg 1734 der spätere Intimus Friedrichs d. Großen, der junge Franzose Marquis d'Argens, beim Sturz vom Pferde "zum Militärdienst bleibend untauglich" geworden war. - Darüber hatte H. Nopp nicht berichtet. Doch weder H. Nopp noch H. Hansjakob wußten davon, daß der berühmte Voltaire, ein viel bekannterer "Intimus" Friedrichs d. Gr., 1734 das französische Feldlager vor Philippsburg besucht hatte (Vgl.: A. Noyes, Voltaire, Dichter-Historiker-Philosoph, München 1976, S. 120ff.).

Hieronymus Nopps großes geschichtliches Werk "Die Geschichte der Stadt und ehemaligen Reichsfestung Philippsburg" erschien erstmals 1881 im Selbstverlag des Verfassers.

35 Josef Fieser, Das Sturmjahr 1849 in und um Philippsburg, veröffentl. im "Heimatbuch der Stadt Philippsburg" 1977, S. 156.

36 H. Nopps Schwiegermutter Katharina Klein, geborene Julier, starb am 7.4.1904 in Philippsburg im Alter von 91 Jahren. Sie war die Witwe des Gutsbesitzers Anton Lederle, den sie in zweiter Ehe geheiratet hatte (daher: "Lederle-Oma").

37 Heinrich Hansjakob, Sommerfahrten, S. 339.

38 Ebd., S. 281.

39 Ebd., S. 280.

40 Ebd., S. 295. Der Besuch Hansjakobs bei Familie Eugen Nopp hatte noch einen Gegenbesuch in der Karthause nach sich gezogen. Die Tochter Eugen Nopps, Paula, erzählte zu Lebzeiten oft über dieses originelle Treffen bei dem so freundlichen und leger sich zeigenden Pfarrer Hansjakob, der im Übermut seine Haushälterin (seine Schwester Philippine) als "heilige Jungfrau" titulierte.

41 Louis Koessler, Hansjakob von Frankreich aus gesehen. Festrede im Kaufhaus zu Freiburg i. Br. am 29.7.1962, veröffentl. im "Hansjakob-Jahrbuch 1969", Karlsruhe 1969, S. 18.

54 Heinrich Hansjakob, In Frankreich. Reiseerinnerungen, 2. Aufl., Stuttgart: Bonz, 1904.
(1. Exemplar: Hist. Bibl. Rastatt: SL-SB/L215 <Hansjakob>;
2. Ex.: Maria Fieser, Philippsburg) Abb. 7

Hansjakob berichtet über seine sechswöchige Reise im Februar und März 1874 durch Frankreich (Lothringen, Paris, Bordeaux, Lourdes, Avignon) und wieder zurück durch die Schweiz (Bern, Zürich). Das oben ausgestellte zweite Exemplar war ein Geschenk Hansjakobs an den Freiburger Hofkaplan Augustin Nopp aus Philippsburg (Widmung inseitig).

(Vgl. auch Kat. Nr. 83)

55 Hansjakobs Italienreise

55 a **Heinrich Hansjakob, In Italien.** Reiseerinnerungen, 1. Bd., Mainz: Kirchheim, 1877.
(Hist. Bibl. Rastatt: P 628 h/1; 2. Aufl., Stuttgart: Bonz, 1904: Hist. Bibl. Rastatt: SL - SB/L 214 <Hansjakob>) Abb. 61

Die Publikation enthält Hansjakobs Erinnerungen an seine 1876 durchgeführte, ausgedehnte Reise nach Italien, die als zweibändiges Werk erschienen. Hansjakob berichtet u.a. eingehend über seinen Besuch in dem bekannten Marienwallfahrtsort Loreto, behandelt seine Geschichte und die Kunstwerke der Kirche. Die Reise führte ihn dann noch weiter über Rom bis nach Sizilien.

55 b **Ärztliches Zeugnis für Hansjakob,** ausgestellt vom Oberamtsarzt Dr. Stiegele am 14. März 1876.
(Erzbischöfliches Archiv Freiburg: Nachlaß Hansjakob) Abb. 72

Der Amtsarzt bestätigt, daß Hansjakob wegen eines "Nervenleidens" seit längerem bei ihm in Behandlung sei. Zur Wiederherstellung der Gesundheit des Patienten sei es geboten, daß dieser "anstrengende geistige Thätigkeit" sowie jede "gemüthliche Anstrengung" vermeide; außerdem sei "ein Aufenthalt im Freien in einem milden Clima" erforderlich. Hansjakobs Arbeit im Karlsruher Landtag sei nicht geeignet, seinen Gesundheitszustand zu verbessern. Er (der Amtsarzt) habe deshalb schon im Winter "den Rath ertheilt, vom Landtage Urlaub zu nehmen u. *die ersten Frühlingsmonate in Italien zuzubringen* u. erachte es im Interesse der Gesundheit des Patienten für dringend geboten, diesen Rath zu befolgen". H.H.

55 c **Reisepaß Hansjakobs,** ausgestellt am 25. März 1876 vom Großh. bad. Bezirksamt in Karlsruhe.
(Hansjakob-Archiv Haslach) Abb. 71

Der Paß wurde speziell aus Anlaß von Hansjakobs Italienreise ausgefertigt und war gültig bis zum 1. Juli 1876. Das Schriftstück trägt u.a. einen Sichtvermerk des italienischen Konsulats in Mannheim von 28. März 1876. In den Jahren 1879 und 1887 wurde der Paß von den Bezirksämtern in Überlingen bzw. Freiburg jeweils um drei Jahre verlängert und "zum Reisen im In- und Ausland für giltig erklärt". H.H.

(16 Seiten enthaltend.)

DEUTSCHES REICH

CONTROL-STEMPEL 1 MARK

GROSSHERZOGTHUM BADEN.

No. 27. des Registers.

REISE-PASS

gültig bis zum 1ten Juli 1876.

für ... Hansjakob

aus ...

Abb. 71: *Reisepaß Hansjakobs.- Vgl. Kat. Nr. 55c.- Hansjakob-Archiv Haslach*

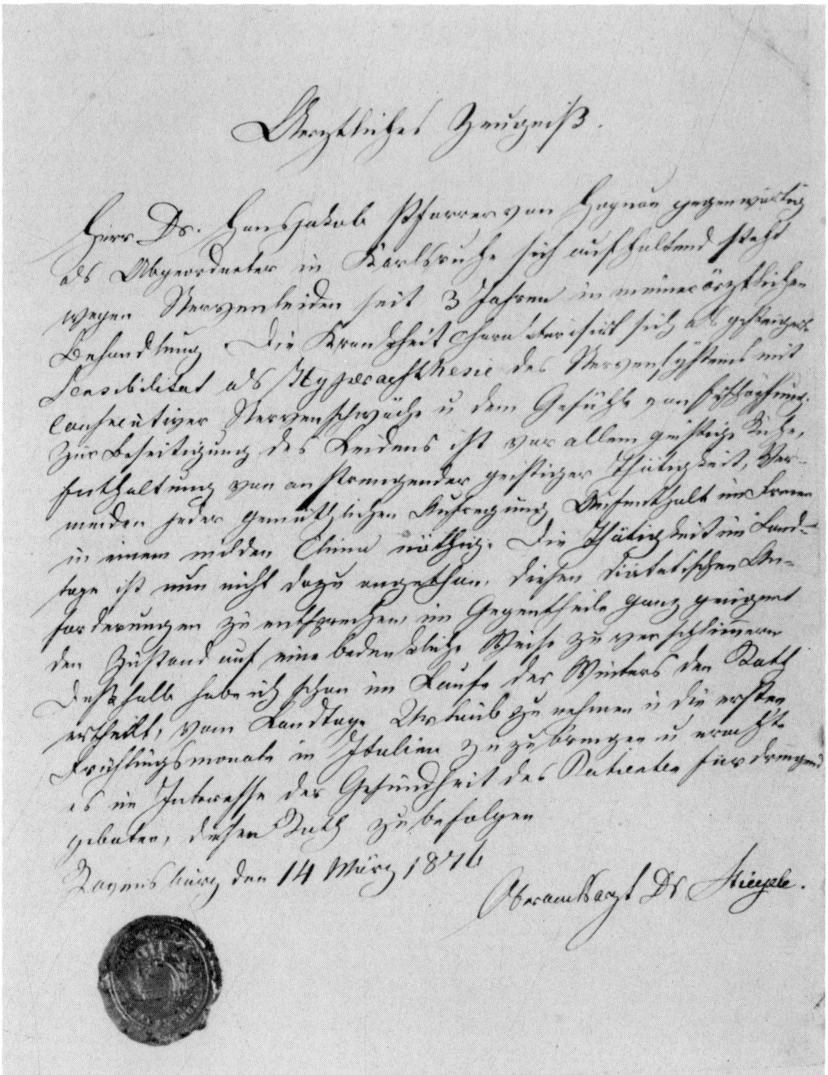

Ärztliches Zeugniß.

Abb. 72: *Ärztliches Zeugnis für Hansjakob.- Vgl. Kat. Nr. 55b.- EA Freiburg: Nachlaß Hansjakob. Aufnahme: Schreiber*

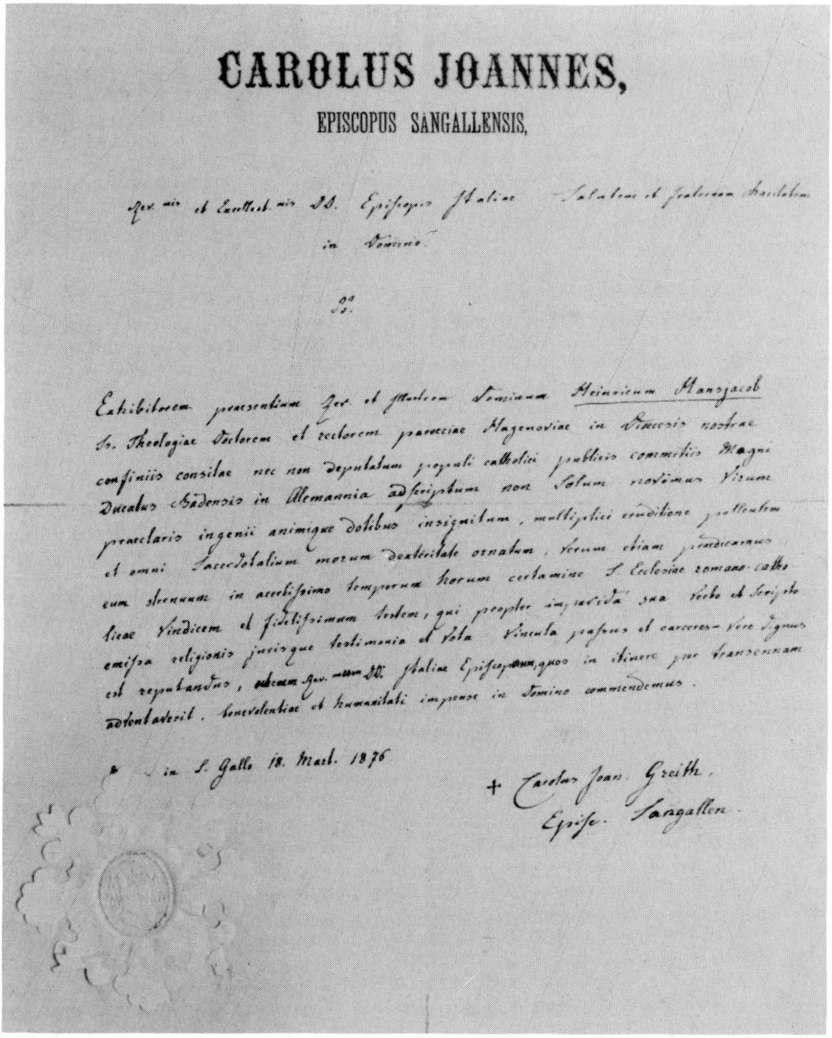

CAROLUS JOANNES,

EPISCOPUS SANGALLENSIS,

Rev.mis et Excell.mis DD. Episcopis Italiae Salutem et fraternam charitatem in Domino.

S.

Exhibitorem praesentium Rev. et Illustrem Dominum Heinricum Hansjacob Ss. Theologiae Doctorem et rectorem parocciae Hagenoviae in Dioecesis nostrae confiniis consitae nec non deputatum populi catholici publicis comitiis Magni Ducatus Badensis in Allemannia adscriptum non solum novimus virum praeclaris ingenii animique dotibus insignitum, multiplici eruditione pollentem et omni sacerdotalium morum dexteritate ornatum, verum etiam praedicamus eum strenuum in acerbissimo temporum horum certamine S. Ecclesiae romano-catholicae vindicem et fidelissimum testem, qui propter impavide sua verbo et scripto emissa religionis jurisque testimonia et vota vincula passus et carceres vere dignus est reputandus, quem Rev.mis DD. Italiae Episcopis, quos in itinere per transennam adventaverit, benevolentiae et humanitati impense in Domino commendemus.

in S. Gallo 18. Mart. 1876

+ Carolus Joan. Greith,
Episc. Sangallen.

Abb. 73: *Empfehlungsschreiben des Bischofs Karl Johann Greith von St. Gallen für Hansjakob.- Vgl. Kat. Nr. 55d.- EA Freiburg: Nachlaß Hansjakob. Aufnahme: Schreiber*

55 d Empfehlungsschreiben des Bischofs Karl Johann Greith von St. Gallen für Hansjakob, unterschrieben am 18. März 1876.

(Erzbischöfliches Archiv Freiburg: Nachlaß Hansjakob) Abb. 73

Bischof Karl Johann Greith von St. Gallen empfiehlt Hansjakob im Hinblick auf dessen Italienreise dem Wohlwollen der italienischen Bischöfe. U.a. verweist Bischof Karl Johann darauf, daß Hansjakob seinen unerschrockenen Einsatz für Recht und Religion in Wort und Schrift mit Gefängnisstrafe habe büßen müssen. H.H.

56 Heinrich Hansjakob, In den Niederlanden. Reiseerinnerungen, Erster Teil: Belgien, Heidelberg: Weiß, 1881.

(Hist. Bibl. Rastatt: P 628 n/1; Geschenk d. Verf. 1882/83) Abb. 293

Das zweiteilige Werk umfaßt Hansjakobs Bericht über eine Reise nach Holland und Belgien vom 16. August bis 23. September 1879. Sein Jugendfreund und Vetter Karl Franz aus Haslach begleitete ihn. Ein separater Druck des ersten Teils erschien unter dem Titel **"In Belgien"** im Kriegsjahr 1915 (Hist. Bibl. Rastatt: Inv. Nr. 92/62). Abb. 74

57 Heinrich Hansjakob, Verlassene Wege. Tagebuchblätter, ill. v. C. Liebich, 4. Aufl., Stuttgart: Bonz, 1905.

(Hist. Bibl. Rastatt: P 628,2; Geschenk d. Verf. 1908) Abb. 62

In tagebuchartiger Form berichtet Hansjakob über seine Reise mit der Kutsche durch Württemberg, Hohenzollern und durch den Schwarzwald vom 17. Juni bis 3. Juli 1900.

58 Heinrich Hansjakob, Letzte Fahrten. Erinnerungen, ill. v. C. Liebich, 4. Aufl., Stuttgart: Bonz, 1902.

(Hist. Bibl. Rastatt: P 628,3; Geschenk d. Verf. 1908. 2. Aufl.: Inv. Nr. 92/165) Abb. 296

Das Werk spiegelt Hansjakobs vielfältige Erinnerungen an die Reise nach Österreich mit der Eisenbahn vom 6. bis 24. September 1900 wider. Die Klosterbesuche in Kremsmünster, St. Florian und im Stift Hohenfurt stehen im Mittelpunkt der Ausführungen. Die Rückfahrt geht über München, wo Hansjakob beim gerade eröffneten Oktoberfest noch kurz vorbeischaut.

Bei einem im Besitz von Maria Fieser (Philippsburg) befindlichen Exemplar der zweiten Auflage der "Letzten Fahrten" handelt es sich wieder um ein Geschenk des Autors an den Freiburger Hofkaplan Augustin Nopp mit der Widmung "Dem schönen Hofkaplan der 'wüste' Pfarrer Hansjakob".

Abb. 74: *Heinrich Hansjakob, In Belgien. Einband der 1915 erschienenen Reiseerinnerungen.- Vgl. Kat. Nr. 56*

59 Hansjakobs “Sommerfahrten”

59 a **Heinrich Hansjakob, Sommerfahrten.** Tagebuchblätter, ill. v. C. Liebich, 3. Aufl., Stuttgart: Bonz, 1904.
(Hist. Bibl. Rastatt: P 628 q; Geschenk d. Verf. 1908) Abb. 64

In “Sommerfahrten” schildert Hansjakob seine Reise vom 1. bis 25. Juni 1903 mit dem Zweispänner von Freiburg aus durch die Rheinebene (über Rastatt, Karlsruhe), durch den Kraichgau (Bruchsal und Menzingen) ins Neckartal; durch den Odenwald (über Amorbach, Michelstadt und Eberbach) nach Heidelberg; dann über Schwetzingen, Speyer nach Waghäusel und über Philippsburg in die Pfalz (Edenkoben, Hambach, Neustadt, Kaiserslautern) zum Trifels.

Über Wörth geht dann die Reise nach Zabern im Elsaß und zum Odilienberg. Auch Schlettstadt, die Hochkönigsburg und die Burgen von Rappoltsweiler werden besucht. In Hunaweier lernt Hansjakob seinen linksrheinischen Namensvetter, den Weinhändler Heinrich Hansjakob, kennen. Über Reichenweier erreicht der Schriftsteller das Kapuzinerkloster Sigolsheim. In der alten Reichsstadt Colmar trifft er sich mit seinem jüngsten Kooperator von St. Martin, seinem Sekretär Anton Trunz. Über Breisach kehrt der weitgereiste Pfarrer nach Freiburg zurück.

59 b Hansjakob in Bruchsal

Bruchsal: Schloß von der Gartenseite. Kolorierte Postkarte; nach 1900.
(Dr. Rudolf Futterer, Philippsburg)

Das im 18. Jahrhundert von Fürstbischof Damian Hugo von Schönborn erbaute Schloß, das Hansjakob besuchte, fand unser Schriftsteller (wie so vieles andere auf seinen Fahrten) “verödet und vereinsamt. Seine herrlichen Räume sind verstaubt...verwahrlost...” (S. 134f.). Sein hartes Urteil müßte Hansjakob über die “Perle des Rokoko” heute gewiß revidieren.

59 c Hansjakob in Heidelberg

59 c 1 **Heidelberg von der Hirschgasse aus gesehen.** Kolorierte Postkarte; um 1900.
(Dr. Rudolf Futterer, Philippsburg) Abb. 75

Genauso sah Hansjakob das weltbekannte Panorama, als er von Stift Neuburg her in die alte Universitätsstadt hineinfuhr; er meinte, der Hauptschmuck der Stadt sei die alte Schloßruine.

Abb. 75: *Heidelberg von der Hirschgasse aus gesehen. Um 1900 herausgegebene Postkarte.- Vgl. Kat. Nr. 59 c 1.- Dr. Rudolf Futterer, Philippsburg*

59 c 2 Heidelberg mit Blick auf Schloßruine, Stadt und Neckar. Historische Postkarte; um 1900.
(Dr. Rudolf Futterer, Philippsburg)

"Die Studenten", so äußert sich Hansjakob, suchen "Heidelberg weniger der Wissenschaft wegen auf, als um der reizvollen Natur willen..." (S. 246).

59 d Hansjakob in Philippsburg

59 d 1 Das Noppsche Anwesen um 1903. Historische Fotografie (Postkarte).
(Ekkehard Zimmermann, Philippsburg)

Im "Palais Nopp" wohnte Hansjakob 1903 während seines in den "Sommerfahrten" geschilderten Philippsburger Aufenthaltes. Hansjakob charakterisiert den Wohnsitz der Familie Nopp wie folgt: "Ich mußte staunen über die Größe des Noppschen Stammhauses. Es ist stillos, wie alle Häuser in dem vereinsamten und immer wieder aus den Ruinen entstandenen Städtchen Philippsburg, hat aber den Umfang eines großen Patrizierhauses in einer alten Reichsstadt" (S. 280).

59 d 2 Die barocke Kirche von Philippsburg. Jugendstilpostkarte; um 1903.
(Dr. Rudolf Futterer, Philippsburg)

Von der gegenüber dem Noppschen Hause liegenden Kirche läuteten nachts die "Lumpenglocke" und eine andere Glocke zur "Erinnerung an die Zeit, da in Philippsburg...noch viele Frachtfuhren übernachtet hätten, denen man allnächtlich ein Zeichen gegeben habe, sich zur Weiterfahrt zu rüsten" (S. 281). Hansjakob gefiel das Geläute, und er fühlte sich dadurch in seiner Nachtruhe nicht gestört.

59 d 3 Hansjakob in Philippsburg. Federzeichnung zu Hansjakobs "Sommerfahrten" von Sepp Feuerstein. 42cm (H) x 29,5cm (B).
(Dr. Rudolf Futterer, Philippsburg) Abb. 70

Links im Bilde ist ein Teil des Noppschen Hauses zu sehen, in dem Hansjakob sein Quartier nahm, dahinter die katholische Stadtpfarrkirche "St. Maria", im Vordergrund Hansjakob, in der Kutsche sitzend, und Josef, sein Kutscher, auf dem Bock.

59 d 4 Hieronymus Nopp (1832-1893) Abb. 68

I Hieronymus Nopp. Fotografie um 1880; ca. 40cm x 28cm.
(Maria Fieser, Philippsburg)

II Hieronymus Nopp, Gedichte. Originalmanuskript, geschrieben 1850-60 (Spätromantik); ca. 21cm x 14cm; mit Ornamenten verzierter Ledereinband.
(Heimatmuseum Philippsburg) Abb. 69

III Hieronymus Nopp, Geschichte der Stadt und ehemaligen Reichsfestung Philippsburg von ihrem Entstehen aus der Burg und dem Dorfe Udenheim bis zum Anfalle derselben an Baden, erschienen im Selbstverlag des Verfassers, Druck: G. Schwaab, Speyer 1881.
(Hist. Bibl. Rastatt: P 409a) Abb. 76

Hieronymus Nopp (1832-1893) war Bürgermeister von Philippsburg, Landtagsabgeordneter in Karlsruhe, Chronist seiner Vaterstadt und zugleich ein begabter Lyriker.

Hansjakob schätzte seinen Kollegen im badischen Landtag sehr und widmete ihm in den "Sommerfahrten" mehrere Seiten. So nimmt er dort auch Bezug auf Nopps Gedichte und bemerkt, daß er dieselben erst durch dessen Sohn Augustin kennengelernt habe. Hansjakob gibt seinen Lesern verschiedene Proben von Nopps Dichtkunst und kommt insgesamt zu einem äußerst positiven Urteil: "Der Dichter im einsamen Philippsburg sang vor fünfzig Jahren von Lenz und Liebe und von allem, was eines echten Dichters Herz bewegt, sang so zart, so fromm und rein, daß ich nur staunen

Geschichte

der

Stadt und ehemaligen Reichsfestung

Philippsburg

von

ihrem Entstehen aus der Burg und dem Dorfe Udenheim
bis zum Anfalle derselben an Baden.

Zusammengestellt

von

H. Nopp,
Bürgermeister in Philippsburg.

Im Selbstverlage des Verfassers.

Druck der Vereinsdruckerei (Georg Schwaab) in Speyer.

1881.

Abb. 76: *Titelblatt der von Hieronymus Nopp verfaßten Geschichte von Philippsburg.- Vgl. Kat. Nr. 59 d 4 III.- Hist. Bibl. Rastatt*

mußte, als ich seine Lieder gelesen. Er hatte, gelernter Kaufmann, wie der große Dichter Freiligrath, das Zeug zu einem Dichter von Gottes Gnaden. Die Form macht in meinen Augen den Poeten nicht, sondern das dichterische Empfinden, und das letztere besaß der junge Kaufmann von Philippsburg in hohem Grade" (S. 276-278). Gewiß hätte also die 1988 erfolgte Herausgabe von Nopps Gedichten durch Rudolf Futterer Hansjakobs größten Beifall gefunden.

Aber auch dem von Hieronymus Nopp verfaßten historischen Werk über dessen Heimatstadt Philippsburg zollt Heinrich Hansjakob großes Lob: "Diese Geschichte war sein Lebenswerk, von dem er mir oft sprach vor dreißig Jahren. Sie erschien 1881, und ich kann, nachdem ich sie eben erst gelesen, sagen: Es gibt im ganzen deutschen Reich keine nach Inhalt und Form besser geschriebene Stadtgeschichte, als die 'Geschichte der Stadt und ehemaligen Reichsfestung Philippsburg...'. Kein Universitätsprofessor und Lehrer der Geschichte hätte sie besser schreiben können" (S. 288f.). Hier handelt es sich zweifelsohne um ein Urteil aus berufenem Munde: Hansjakob hatte selber mehrere historische Schriften publiziert (vgl. in diesem Katalog: Der Schriftsteller - Historische Schriften).

59 d 5 Augustin Nopp (1869-1915)

I Augustin Nopp. Fotografie; um 1910; ca. 17cm x 11cm. >
(Maria Fieser, Philippsburg)

Augustin Nopp war der Sohn des bereits erwähnten Hieronymus Nopp und Hofkaplan in Freiburg. Als Sekretär des Erzbischofs stand er in einem engen Vertrauensverhältnis zum Oberhirten der Diözese. Da Hansjakob zur gleichen Zeit die Freiburger Pfarrei St. Martin betreute, kannte er Augustin Nopp sehr gut.

Hansjakob erwähnt auch Augustin Nopp in den "Sommerfahrten" im Zusammenhang mit der Schilderung seines Besuchs in Philippsburg. So sei er bei der Fahrt von Waghäusel nach Philippsburg darü-

Abb. 77: *Augustin Nopp.- Vgl. Kat. Nr. 59 d 5 I.- Maria Fieser, Philippsburg*

ber sehr erstaunt gewesen, wie ausgerechnet "der schöne Hofkaplan" aus diesem "öden" Landstrich stammen könne (S.276). Des weiteren berichtet Hansjakob, Augustin Nopp habe seinem Bruder Eugen und dessen Frau, bei denen Hansjakob einkehren sollte, geschrieben, was sie ihm zum Mittagessen anbieten sollten. "Ganz besonders hatte er Champagner und Hahn empfohlen. So hat er mich in seiner Vaterstadt in den Verdacht eines Feinschmeckers gebracht, der ich in Wahrheit nicht bin. Hahn esse ich niemals, wenn ich allein speise, und Champagner genieße ich in der Regel nur an besonderen Trauertagen, wie z.B. an meinem Geburtstag oder am Neujahrstag" (S. 294). H.H.

59 d 5 Lilientragende Madonna, geschnitzt
II von J. Dettlinger; 1904; Größe: ca. 60cm; Holz. Abb. s. rechts

(Maria Fieser, Philippsburg)

Die Madonna ist eine Arbeit des Freiburger Holzschnitzers J. Dettlinger, die Hansjakob Augustin Nopp zum Geschenk machte. Sie ist aus dem gleichen Holz jener alten Backmulde geschnitzt, aus der sich auch Hansjakob zwei Madonnen hatte fertigen lassen. Offensichtlich hat Hansjakob also - wie den Vater Hieronymus - so auch dessen Sohn Augustin Nopp sehr geschätzt (vgl. auch Kat. Nr. 50).

59 d 6 Katharina Klein (1813-1904). Historische Aufnahme; um 1880; Größe: ca. 10,5cm x 6,5 cm.

(Maria Fieser, Philippsburg)

Katharina Klein, die Schwiegermutter von Hieronymus Nopp und Witwe des Gutsbesitzers Anton Lederle, den sie in zweiter Ehe geheiratet hatte, starb 1904 völlig erblindet im Alter von 91 Jahren. Hansjakob schreibt über sie in seinen "Sommerfahrten": "Ich saß tief gerührt vor dieser uralten Frau und schämte mich meiner Weltschmerzlichkeit und meiner Schwarzgalligkeit dieser stillen, gottergebenen Dulderin gegenüber" (S. 293).

Abb. 78: *Lilientragende Madonna, geschnitzt von J. Dettlinger.- Vgl. Kat. Nr. 59 d 5 II.- Maria Fieser, Philippsburg. Aufnahme: R. Futterer*

59 e Hansjakob in Neustadt:
Neustadt an der Haardt. Kolorierte Panoramakarte; um 1905.
(Dr. Rudolf Futterer, Philippsburg)
Von Hansjakob wird die Stadt als "politisches Paris der Pfalz" bezeichnet, die sich "gar schön präsentiert" (S. 340).

59 f Hansjakob auf Burg Trifels:
Annweilers Burg-Dreifaltigkeit: Trifels, Anebos und Scharfenberg. Historische Postkarte; um 1915.
(Dr. Rudolf Futterer, Philippsburg)
Burg Trifels, die ehemalige Reichsfeste, meisterten Hansjakob und sein Kutscher Josef im Zweispänner. Begeistert schreibt Hansjakob: "Wer die Welt vom Trifels herab nicht geschaut, hat eine der schönsten Landschaften im deutschen Vaterlande nicht gesehen" (S. 401).

Abb. 79: *Die Burg Trifels. Buchillustration von Curt Liebich.- Vgl. Kat. Nr. 59f*

60 Heinrich Hansjakob, Alpenrosen mit Dornen. Reiseerinnerungen, ill. v. C. Liebich, 3. Aufl., Stuttgart: Bonz, 1905.
(Hist. Bibl. Rastatt: P 628,13; Geschenk d. Verf. 1908. 5. Aufl.: Inv. Nr. 92/166) Abb. 80
Hansjakob schreibt über eine Kutschenfahrt durch die Schweiz vom 17. Juni bis 17. Juli 1904. Über Luzern geht die Reise zum Rhonegletscher bis zum Hinterrhein, die Rückfahrt führt ihn nach Zürich und in den Aargau.

Abb. 80: *Heinrich Hansjakob, Alpenrosen mit Dornen. Von Curt Liebich gestalteter Einband der im Bonz-Verlag edierten Ausgabe.- Vgl. Kat. Nr. 60*

61 **Heinrich Hansjakob, Sonnige Tage.** Erinnerungen, ill. v. C. Liebich, 4. Aufl., Stuttgart: Bonz, 1906.
(Hist. Bibl. Rastatt: P 628,14; Geschenk d. Verf. 1908. 2. Ex.: Inv. Nr. 92/167) Abb. 63

Die Veröffentlichung hat Hansjakobs letzte große Fahrt mit dem Zweispänner vom 14. Juni bis 24. Juli 1905 zu ihrem Inhalt. Passau, Altötting und verschiedene oberbayrische Orte werden als Ziele ausgewählt. Der Rückweg führt Hansjakob zum Bodensee.

62 Hans am See (d.i. **Heinrich Hansjakob**), **Umwege**. Reiseskizzen. In: Alte und Neue Welt, 11. Jg. (1877), S. 104-108, 132-138, 151-154, 167-171.
(Hist. Bibl. Rastatt: SB/E 133/8)

"Umwege" ist der Titel von Hansjakobs Skizze einer 1875 durchgeführten Reise in den Bregenzer Wald und in die Schweiz. U.a. besuchte Hansjakob dabei den katholischen Schriftsteller Alban Stolz in dessen Herbstquartier in Thüringerberg.

III Heinrich Hansjakob als Politiker

Artur J. Hofmann

Heinrich Hansjakob war gerade 31 Jahre alt geworden, als er im September 1868 einen Aufsatz unter dem Titel "Aus den Ferien" in der in Aachen herausgegebenen Wochenschrift "Die katholische Welt" veröffentlichte. In einem scharf gehaltenen Ton wirft er darin dem liberalen Unternehmertum Gleichgültigkeit gegenüber der sozialen Lage der Arbeiter vor. Die bei diesem politischen Debüt gezeigte Haltung blieb Leitthema seines nun beginnenden, etwas über ein Jahrzehnt andauernden politischen Engagements: die kämpferische Auseinandersetzung mit dem badischen Liberalismus als regierende Partei. Vielleicht wäre es bei diesem kleinen Ausflug in die Politik geblieben, wäre nicht durch die Veröffentlichung seines Artikels im Badischen, nämlich im Unterhaltungsblatt der in Säkkingen erschienenen Zeitung "Der Trompeter von Säckingen" im Januar 1869 Karlsruhe auf den kritischen Staatsdiener aufmerksam geworden.[1]

Innenminister Jolly, der spätere Staatsminister, reagierte schnell. Er gab dem Bezirksamt in Waldshut die Anweisung, den noch nicht fest angestellten Staatsdiener über den Aufsatz zu befragen. Da der Befragte voll und ganz zu seinen Äußerungen stand, wies Jolly bereits am 28. Januar den Großherzoglichen Oberschulrat an, den Lehramtspraktikanten Hansjakob von der provisorischen Vorstandsstelle der Höheren Bürgerschule zu entfernen.[2]

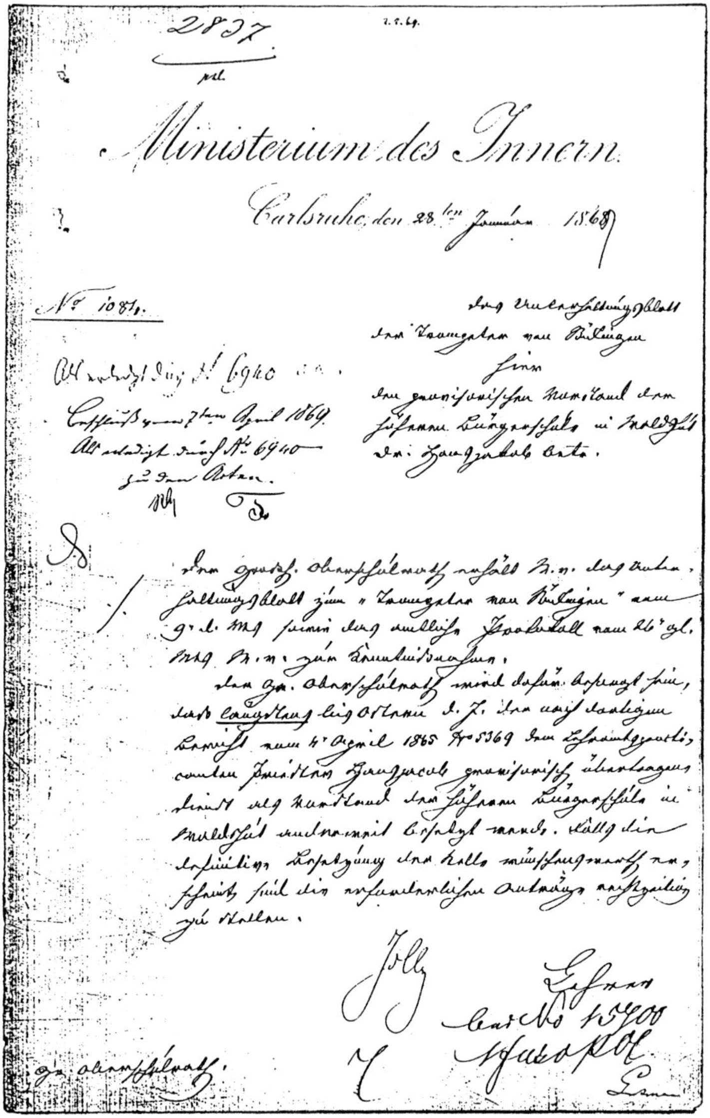
Ministerium des Innern.

Carlsruhe, den 28ten Januar 1869

No 1081.

Abb. 81: *Schreiben des bad. Ministeriums des Innern vom 28.1.1869 an den Großh. Oberschulrat in Karlsruhe, "den provisorischen Vorstand der höheren Bürgerschule in Waldshut Dr. Hansjakob betr.".- Vgl. Text S. 139.- GLA Karlsruhe: 76/9035*

Elegant löste der Großherzogliche Oberschulrat die gestellte Aufgabe: Er bestellte den Donaueschinger Lehrer Professor Carl Friedrich Brugier zum definitiven Vorstand der Schule, wodurch die provisorische Vorstandschaft des Geistlichen hinfällig wurde. Hansjakob selbst konnte nicht zum Vorstand der Schule ernannt werden, da er in einem Brief vom 8. April 1867 den Großherzoglichen Oberschulrat um Befreiung von der Dienstprüfung, die Voraussetzung für eine endgültige Anstellung war, gebeten hatte. Er begründete seine Bitte, die ihm gewährt wurde, mit dem Hinweis, daß er nicht im Staatsdienst verbleiben werde, sondern die Absicht habe, später in den Kirchendienst einzutreten.[3]

Der so gemaßregelte Lehramtspraktikant blieb nicht untätig: Hansjakob beschwerte sich beim Großherzoglichen Oberschulrat. Er bezeichnete die ihm widerfahrene Behandlung als unverdient und ehrverletzend. Unter solchen Umständen denke er nicht daran, weiterhin im Staatsdienst zu verbleiben. Sobald der neue Vorstand eintreffe, werde er seinen Dienst nicht mehr wahrnehmen. Eine Rehabilitation traf daraufhin natürlich vom Großherzoglichen Oberschulrat nicht ein, nur die Anweisung, daß er so lange seinen Dienst als Lehrer in Waldshut zu verrichten habe, bis über seine weitere Verwendung als Lehrer entschieden sei. Er sei nicht "befugt, den ihm obliegenden Unterricht einzustellen".[4]

Nachdem Hansjakob erfahren hatte, daß ihm von den Behörden eine in seinem Sinne gerechte Behandlung nicht zuteil wurde, wandte er sich an den in der Zweiten Badischen Kammer in der Sache der Katholiken eifrig tätigen Kaufmann Jakob Lindau. Er sollte seinen Fall im Landtag vorbringen. Lindau mußte jedoch die Bitte abschlagen. In einem Brief vom 23. April 1869[5] teilte er Hansjakob mit, daß er selbst zwar auch schon längst mit dem Gedanken umgehe, "die Maßregelungen Jollys in Erfahrung zu bringen, um sie in nächster Kammersession zu verwerthen". Er könne dies jedoch nicht tun, weil die Betroffenen

Abb. 82: *Jakob Lindau.- GLA Karlsruhe: 231/2937, Nr. 457*

meist finanziell sehr abhängige Leute seien, die durch solche Schritte gegen Jolly nur noch mehr gequält werden würden. Er bat deshalb auch Hansjakob, von sonstigen Schritten abzusehen.

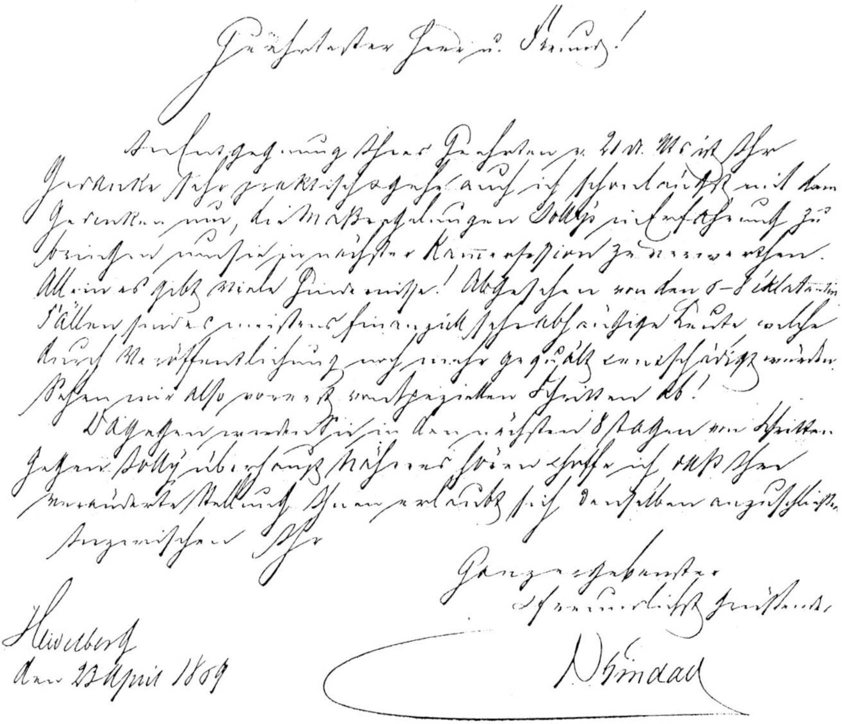

Abb. 83: *Auf den 23. April 1869 datiertes Schreiben Jakob Lindaus an Hansjakob.- Vgl. Text S. 141f.- EA Freiburg: Nachlaß Hansjakob*

Am 1. Mai 1869 konstituierte sich die Katholische Volkspartei mit dem festen Willen, im nächsten Landtag die Opposition zu stellen. Sie verstand sich als Organ der badischen Katholiken, das dafür Sorge tragen solle, daß die Benachteiligungen, die die Katholiken nach eigener Auffasung zu ertragen hatten, beseitigt würden. Dieser Partei nun schloß sich der Priester Hansjakob an. Jakob Lindau lud ihn ein, in einer für Säckingen geplanten Wahlveranstaltung der Katholischen Volkspartei zu sprechen.[6]

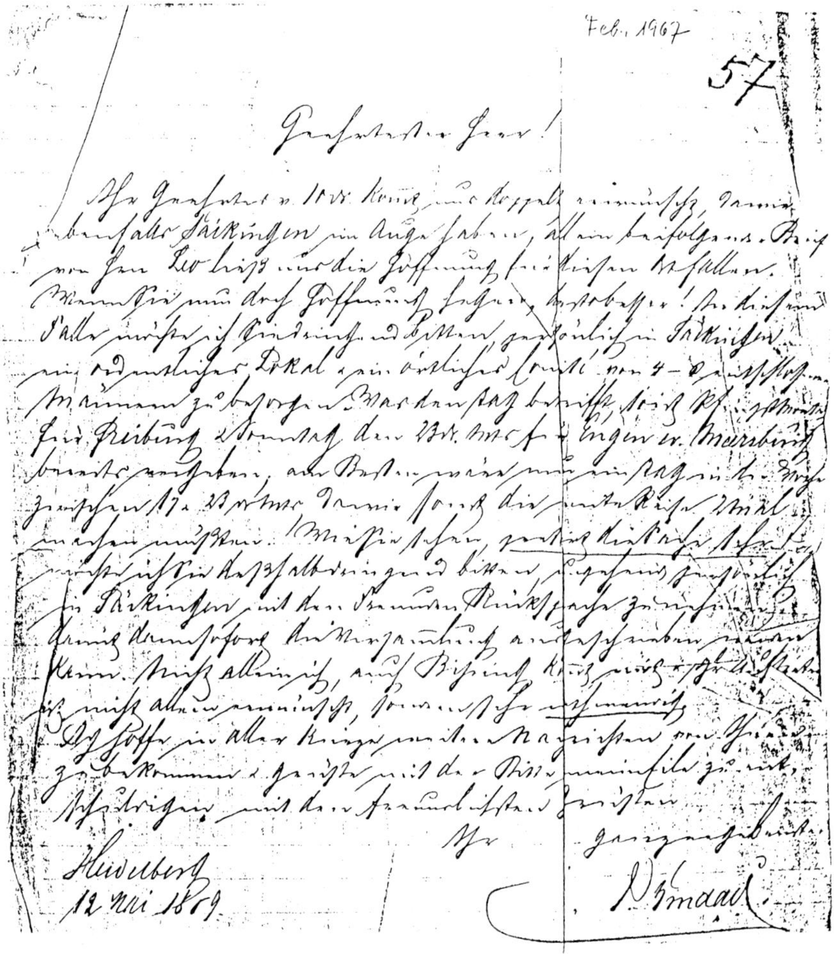

Abb. 84: *Schreiben Jakob Lindaus an Hansjakob vom 12. Mai 1869.- Vgl. dazu Text S. 142.- BLB Karlsruhe: HSS/ K 1924a*

Da diese Versammlung ausfallen mußte, wurde der degradierte Lehramtspraktikant zu der für den 23. Mai 1869 vorgesehenen Veranstaltung in Engen eingeladen. Neben Hansjakob erschienen u.a. noch drei prominente Führer der badischen Katholiken: Lindau, Bissing und Freiherr von Andlaw. Hansjakob beschrieb die näheren Umstände der Wahlveranstaltung so:

"Vis-à-vis von uns auf dem Engener Viehplatz hielten Liberale und 'Emanzipierte' ihre Versammlung unter der Ägide des Viehhändlers und Landtagsabgeordneten Roder. Hoch über Hoch erscholl ihren Rednern, welche über die Pfaffen loszogen und das Ministerium Jolly priesen. Jeder schrie für zehn, da es sonst nichts ausgegeben hätte. Diese Versammlung in Engen dürfte in ihrer Art ganz eigen dastehen. Nicht zwanzig Schritte voneinander zwei Konvente der entgegengesetzten Parteien; was der eine verwarf, pries der andere; was dieser lobte, tadelte jener; hier rief man 'hoch Lindau!'- dort 'Jolly hoch!'. Grimmigen Blickes zogen am Abend die Herren Liberalen durch die Straßen; begegneten sie gar einem 'Pfaffen', so glaubte man, die Pulse schlagen zu hören in ihrem 'tiefempörten' Herzen."[7]

Abb. 85: *Freiherr von Andlaw.- GLA Karlsruhe: J-Ac-A/2b*

Nach Jakob Lindau und Freiherr von Andlaw sprach Hansjakob. Er stellte sich seinen Zuhörern als "ein zu Ehren des Liberalismus und seiner 'Mastbürger' vom hochpreußlichen Ministerium Gemaßregelter" vor. Dann ging er dazu über, die badische Regierung zu charakterisieren. Er zeigte auf, daß sie unter dem direkten Einfluß des Heidelberger Professors Kaspar Bluntschli stehe, den er einen "Feind jeder christlichen Regungsart und

Großbettler um die Einverleibung Badens in Großpreußen" nannte. Auf seine eigene Person anspielend, fuhr er dann fort: "Haß gegen Christus und seine Kirche, zum wenigsten Gleichgültigkeit gegen sie, dies sind die Eigenschaften, die ein guter liberaler Bürger im Lande Baden haben muß - ohne sie ist man in diesem Land unfähig zu jeder Staatsstelle, ohne sie paßt man nicht in die Kammer, nicht zum Professor, nicht zum Beamten, nicht einmal zum Bezirksrat oder Bürgermeister!" Ohnehin sei die Regierung und die Volksvertretung - weil beide liberal - ein einziges Regierungskollegium. Diese Allmacht der Liberalen könne nur durch Einführung der direkten Wahlen abgeschafft werden. Durch die Machtfülle, die den Liberalen in Baden zukomme, sei es ihnen möglich, nach dem Grundsatz zu handeln: "Wer nicht mit uns hält, ist ein rechtloser Mensch!" Beschneidung der Vereinsfreiheit für die Katholiken in der Art, daß man keine katholischen Orden in Baden zulasse, Staatsexamen für Geistliche, die man unter ein Ausnahmestrafgesetz stelle, Einengung der Redefreiheit für die Katholiken, deren berechtigtes Auftreten man als revolutionäre Wühlereien bezeichne und die man als Störer des Landfriedens hinstelle: solche Benachteiligungen, so klagte der Redner, müßten sich die badischen Katholiken gefallen lassen. Hansjakob meinte, daß all dies auf das eine hinweise: Es sei notwendig und berechtigt, daß die badischen Katholiken als politische Macht aufträten, denn dann werde das Volk die Schlacht schlagen und das Volk werde siegen. Seine Rede wurde am 27. Mai im "Trompeter von Säckingen" und am 1. Juni 1869 im "Badischen Beobachter" veröffentlicht.[8]

In ihrer Gedankenführung reproduzierte die Rede einen Erkenntnisprozeß, den der Redner selbst durchgemacht hatte. Hansjakob hatte durch die nach seiner Meinung kirchenfeindliche Regierung wegen seiner politischen Meinungsäußerung, die mit der vorherrschenden liberalen Auffassung nicht konform ging, eine Degradierung erfahren. Eine Einflußnahme auf die Entscheidung, die ihn betraf, war über die ihm vorgesetzte Behörde gescheitert. Er hatte dann erkennen müssen, daß den badischen Katholiken überhaupt ein Organ zur politischen Einflußnahme fehlte. Deshalb schloß er sich der Katholischen Volkspartei an und warb nun für sie. Sie sollte der Garant dafür sein, daß die von ihm aufgezählten Benachteiligungen bekämpft würden. Tatsächlich konnte die Partei auf Anhieb im nächsten Landtag mit vier Männern die Opposition stellen: Kreisgerichtsrat Reinhold Baumstark, Dr. Ferdinand Bissing, Kaufmann Jakob Lindau und Dekan Dr. Franz Xaver Lender bildeten die katholische Fraktion. Hansjakob selbst hatte sich nicht um ein Mandat beworben. Er konnte aber ein nicht geringes Verdienst für diesen Anfangserfolg der Katholischen Volkspartei für sich verbuchen.

Abb. 86: *Reinhold Baumstark.-GLA Karlsruhe: 231/2937, Nr. 470*

Die Folgen seiner kurzen politischen Aktivität durch seine Veröffentlichung und seine Engener Rede machten ihn nämlich zu einer Art Märtyrer des Kulturkampfes und damit zu einem Wahlschlager der Partei. Die Reaktion des badischen Staates auf Hansjakobs Rede ließ nicht lange auf sich warten. Der Staatsanwalt in Waldshut erhob auf Weisung des Justizministeriums Anklage gegen den Redner und die verantwortlichen Redakteure Adam Halbig vom "Trompeter von Säckingen" und August Berberich vom "Badischen Beobachter" sowie den Buchdrucker Julius Fuchs wegen Gefährdung der öffentlichen Ruhe und Ordnung. Vor dem Kreis- und Hofgericht in Konstanz kam es zur Verhandlung. Hansjakob wurde wegen "Entstellung der Wahrheit und durch grobe Schmähung versuchten öffentlichen Aufreizung zum Hasse gegen die Staatsregierung, damit einer Gefährdung der öffentlichen Ruhe und Ordnung" zu einer Gefängnisstrafe von vier Wochen und einer Geldstrafe von 25 Gulden verurteilt.[9]

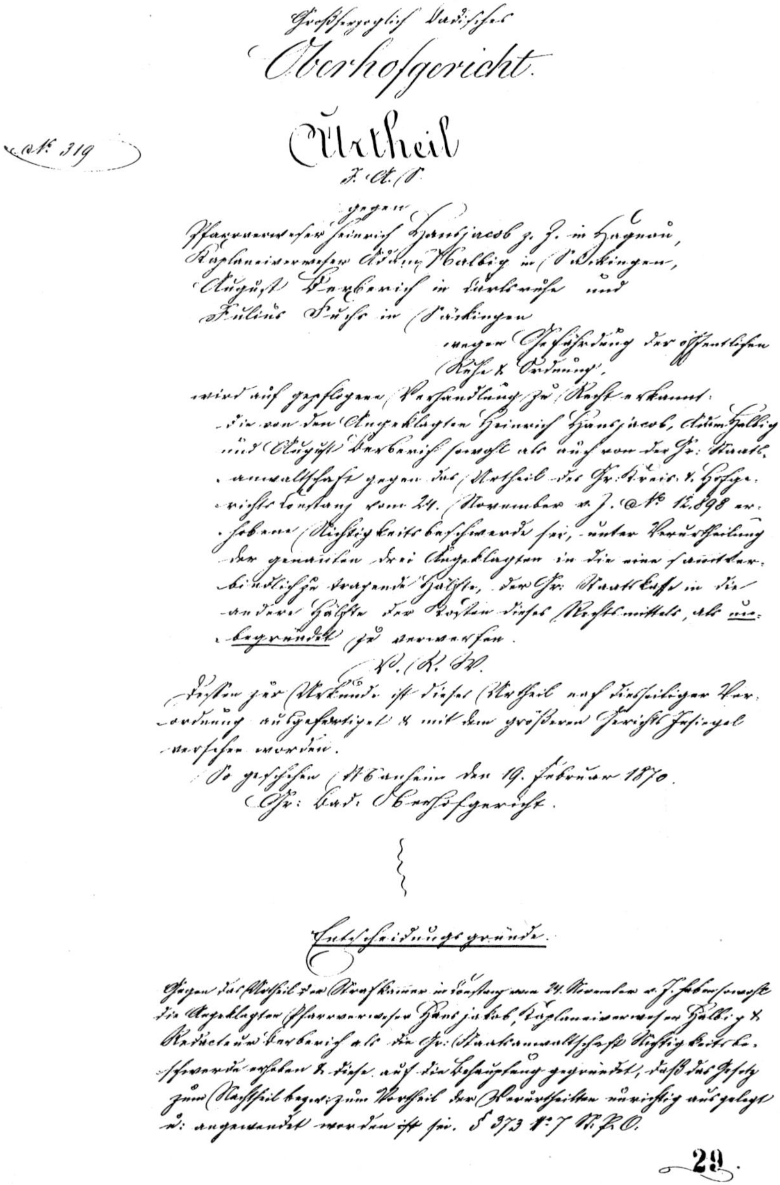
Großherzoglich Badisches
Oberhofgericht.
Urtheil
[illegible]
No 319

gegen
Pfarrverweser Heinrich Hansjacob z. Z. in Hagnau,
Kaplaneiverweser Adam Halbig in Säckingen,
August Karbenich in Karlsruhe und
Julius Fuchs in Säckingen
wegen Gefährdung der öffentlichen Ruhe u. Ordnung,
wird auf gepflogene Verhandlung zu Recht erkannt:
die von den Angeklagten Heinrich Hansjacob, Adam Halbig und August Karbenich sowohl als auch von der Gr. Staatsanwaltschaft gegen das Urtheil des Gr. Kreis- u. Hofgerichts Konstanz vom 24. November v. J. No 12.898 erhobene Nichtigkeitsbeschwerde sei, unter Verurtheilung der genannten drei Angeklagten in die eine sammtverbindlich zu tragende Hälfte, der Gr. Staatskasse in die andere Hälfte der Kosten dieses Rechtsmittels, als unbegründet zu verwerfen.
V. R. W.
Dessen zur Urkunde ist dieses Urtheil nach diesseitiger Verordnung ausgefertigt u. mit dem größeren Gerichts Insiegel versehen worden.
So geschehen Mannheim den 19. Februar 1870.
Gr. bad. Oberhofgericht.

Entscheidungsgründe.
Gegen das Urtheil der Strafkammer in Konstanz vom 24. November v. J. haben sowohl die Angeklagten Pfarrverweser Hansjakob, Kaplaneiverweser Halbig & Redacteur Karbenich als die Gr. Staatsanwaltschaft Nichtigkeitsbeschwerde erhoben u. diese auf die Behauptung gegründet, daß das Gesetz zum Nachtheil bezw. zum Vortheil der Verurtheilten unrichtig ausgelegt u. angewendet worden ist sei. § 373 No 7 St. P. O.
29

Abb. 87: *Urteil des Großh. bad. Oberhofgerichts vom 19.2.1870 u. a. gegen Hansjakob "wegen Gefährdung der öffentlichen Ruhe u. Ordnung".- Vgl. Text S. 146.- GLA Karlsruhe: 76/9035*

Schon vor dieser Verurteilung wurde Hansjakob wegen seiner Engener Rede vom Innenministerium als Lehrer entlassen.[10]

Hansjakob traf die Entlassung nicht hart. Bistumsverweser Lothar von Kübel nahm sich des Entlassenen an. Hansjakob wurde Pfarrverweser in Hagnau, wo er bis 1884 verblieb. Am 30. April bzw. 1. Mai 1870 betrat Hansjakob die Festung in Rastatt als badischer Staatsgefangener, um seine vierwöchige Haft abzusitzen. Er ließ die Zeit seiner Haft nicht ungenützt verstreichen. Er hielt seine Eindrücke und Gedanken in einem Tagebuch fest, das noch 1870 als "Erinnerungen eines badischen Staatsgefangenen" unter dem Titel "Auf der Festung" von Leo Woerl in Würzburg verlegt wurde.[11]

Am 28.12.1870 teilte der Kreisgerichtsrat Reinhold Baumstark Hansjakob mit, daß er sein Landtagsmandat, das ihm die Ämter Säckingen und Laufenburg übertragen hatten, vorzeitig aufgeben werde. Er erwarte von ihm, daß er für ihn eintreten werde, "wie es einem braven Soldaten zusteht". Auf alle Fälle werde er ihn "vor jedem andern ... vorschlagen".[12]

Der Dekan Franz Xaver Lender, Landtagsabgeordneter und Führer der Katholischen Volkspartei im Landtag, stimmte dem Vorschlag Baumstarks zu, so daß dieser dem Geistlichen eine feste Zusage geben konnte. Damit war Hansjakob als Landtagskandidat der Katholischen Volkspartei für die Ämter Säckingen und Laufenburg vorgesehen. Aus bisher noch ungeklärten Gründen disponierte die Partei jedoch um. Hansjakob wurde nicht als Ersatzmann für Baumstark in dessen Wahlbezirk aufgestellt. Vielmehr präsentierte die Katholische Volkspartei ihn den Wahlmännern des 25. Wahlbezirks Offenburg-Land. Bei den Wahlen im Herbst 1871 konnte die Katholische Volkspartei einen beachtlichen Erfolg erringen. Marbe, Förderer, Hansjakob, Lender, Neumann, Reichert, Schulz, Hoffmann, Junghanns: Mit neun Männern konnte nun die Partei in die Zweite Badische Kammer einziehen.[13]

Ausgangspunkt des badischen Kulturkampfes, den Hansjakob mit seiner Wahl in den Landtag nun an vorderster Front miterlebte und auf den er gestaltend Einfluß nahm, war die Konvention zwischen Rom und dem badischen Staat aus dem Jahre 1859. Mit dieser Konvention war eine jahrelang währende Konkordatspolitik in der Weise zu einem Ende gebracht worden, daß der katholischen Kirche eine weitgehende Autonomie eingeräumt wurde.[14] Diese Konvention wurde sowohl von der protestantischen Konferenz am 28.11.1859 in Durlach als auch von beiden Kammern abgelehnt, weil vor allen Dingen die Autonomie der katholischen Kirche mit

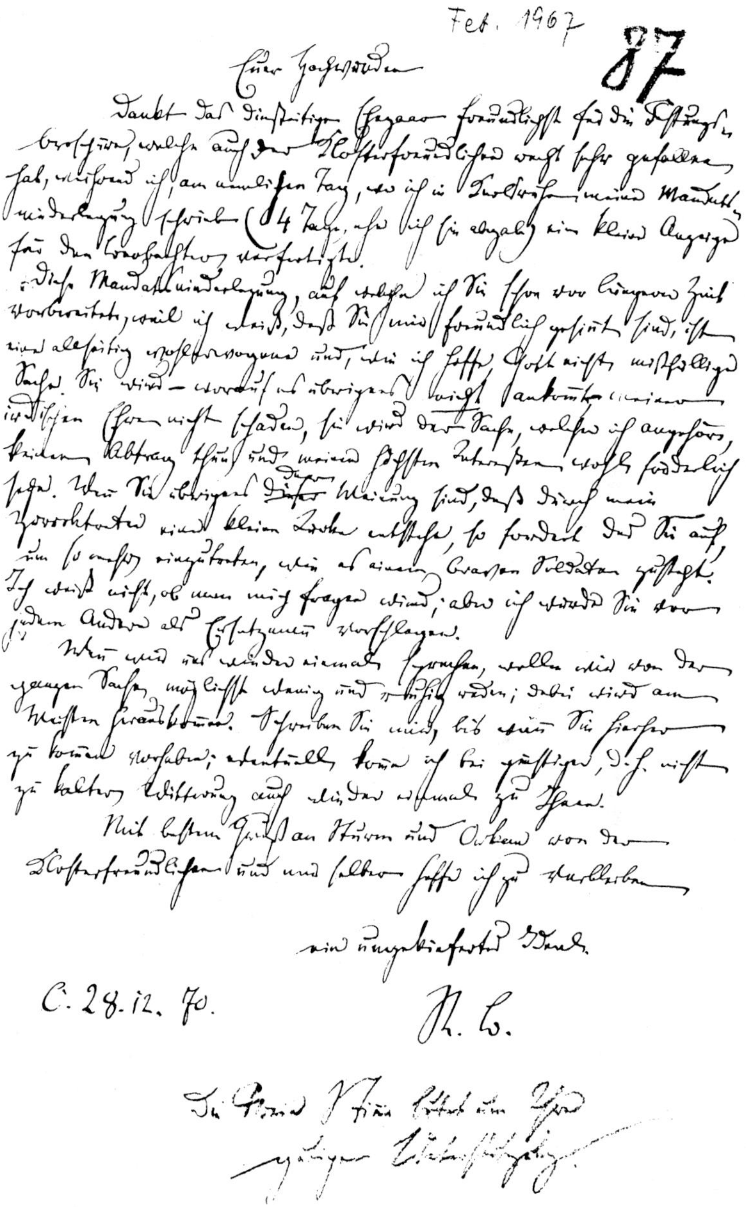

Feb. 1967

87

Euer Hochwürden

Dankt das [illegible] freundlichst für die Zusendung der Broschüre, welche auch der Klosterfreundlichen recht sehr gefallen hat, während ich an demselben Tag, wo ich [illegible] meine Mandatsniederlegung schrieb (14 Tage, ehe [illegible]) ein kleines Anzeige für den Beobachter verfertigte.

Diese Mandatsniederlegung, auf welche ich Sie schon vor längerer Zeit vorbereitete, weil ich weiß, daß Sie mir freundlich gesinnt sind, ist eine allseitig wohlerwogene und, wie ich hoffe, Gott nicht mißfällige Sache. Sie wird – worauf es übrigens nicht ankommt – meinen irdischen Ehren nicht schaden, sie wird der Sache, welcher ich angehöre, keinen Abtrag thun und meinen höchsten Interessen wohl förderlich seyn. Wenn Sie übrigens dieser Meinung sind, daß diesem meinem Zurücktreten [illegible] entspreche, so fordere ich Sie auf, ihn so rasch einzutreten, wie es einem braven Soldaten geziemt. Ich weiß nicht, ob man mich fragen wird; aber ich würde Sie vor jedem Andern als Ersatzmann vorschlagen.

Wenn wir uns wieder einmal sprechen, wollen wir von der ganzen Sache möglichst wenig und vorsichtig reden; dabei wird am meisten herauskommen. Schreiben Sie mir, bis wann Sie hierher zu kommen vorhaben; eventuell komme ich bei günstiger, d.h. nicht zu kalter Witterung auch wieder einmal zu Ihnen.

Mit besten Grüßen an Sturm und Orkan von der Klosterfreundlichen und mir selbst hoffe ich zu verbleiben

Ihr ungebesserter Freund

C. 28.12.70.

R. B.

[illegible]

Abb. 88: *Schreiben Reinhold Baumstarks an Hansjakob vom 28.12.1870.- Vgl. Text S. 148.- BLB Karlsruhe: HSS/ K 1924a*

dem Wesen des modernen Staates nicht vereinbar sei. Eine Petitions- und Versammlungswelle gegen die Konvention lief an, so daß Großherzog Friedrich 1860 die Konvention wieder aufhob und ein Staatskirchengesetz ankündigte. In diesem Gesetzeswerk sollte der wesentliche Inhalt der Konvention Eingang finden. Das Ministerium Stabel/Lamey brachte diesen Gesetzentwurf im Landtag ein. Schon am 9. Oktober 1860 konnte das "Gesetz, die rechtliche Stellung der Kirchen und kirchlichen Vereine im Staate betreffend", verkündet werden.[15]

Grundsätzlich wurde darin der katholischen Kirche das Recht der freien und selbständigen Verwaltung und Ordnung ihrer Angelegenheiten eingeräumt. Einige Rechte jedoch blieben durch das Gesetz dem Staate vorbehalten: das Recht, das kirchliche Vermögen mitzuverwalten, das Recht, Ordensniederlassungen zu genehmigen, das Recht, die kirchlichen Verordnungen vorzeitig einzusehen sowie das Recht, bei der Besetzung der Kirchenämter mitzuwirken.

Der Erzbischof konnte die Kirchenämter an sich frei und selbständig vergeben. Die Zulassung zu einem Kirchenamt machte jedoch der Staat von dem Nachweis einer allgemein-wissenschaftlichen Vorbildung abhängig. Umfang und Art des Nachweises, so sah es das Gesetz vor, sollten durch eine Verordnung bestimmt werden. Als erst sieben Jahre später, am 6. September 1867, diese Verordnung über die Art des Nachweises der wissenschaftlichen Vorbildung der Geistlichen verkündet wurde, brach der Kulturkampf, der durch das Staatskirchengesetz beigelegt schien, wieder aus.

Die Verordnung forderte von den zukünftigen geweihten und examinierten Theologen eine vor einer staatlichen Kommission abzulegende Prüfung, die Voraussetzung für das vom Erzbischof zu verleihende Kirchenamt sein sollte. Die Verordnung erließ all den Priestern, die vor 1863 die Weihe empfangen hatten, die Prüfung, die fortan unter der Bezeichnung Kultur- oder Staatsexamen lief. Die vor der Verkündigung der Verordnung geweihten Priester konnten um die Erlassung der Prüfung nachsuchen. Freiburg sah in der Verordnung einen Eingriff in die Selbständigkeit der Kirche bei der Heranbildung der Geistlichen. Der Erzbischof antwortete deshalb mit einer Verordnung, die den Geistlichen verbot, ein solches Examen zu machen oder ein Gesuch um Befreiung von demselben einzureichen. Nun konnten die katholischen Kleriker keine feste Anstellung mehr erhalten. Die Freiburger Kirchenbehörde umging die vom Innenministerium unter Jolly erlassene Verordnung, indem sie ihre Priester als Pfarrverweser einsetzte. Für diese kirchliche Funktion forderte die Verordnung kein Staatsexamen. Obgleich die Regierung in der Folgezeit unter Jolly als Staatsminister noch weitere kirchenpolitische Maßnahmen ergriff, blieb das Staatsexamen bis 1880 der Hauptgegenstand des Kulturkampfes in Baden, ein Kampf, in dem sich die Vertreter zweier Prinzipien gegenüberstanden. Die eine Seite forderte Autonomie für die katholische Kirche, die andere Seite setzte die Forderung nach Unterordnung der Kirche unter den Staat entgegen. Der Examensstreit war nur einer von vielen möglichen Streitobjekten in der Auseinandersetzung der beiden Parteien.

Durch den Einzug der Katholischen Volkspartei in den Landtag, deren erstes erklärtes Ziel es war, für die Selbständigkeit der katholischen Kirche in Ordnung und Verwaltung ihrer Angelegenheiten einzutreten, gewannen die badischen Katholiken einen zusätzlichen Ort, an dem sie ihre Forderungen wirkungsvoll artikulieren konnten. Verordnungen, Gegenverordnungen, Pressefehden und Volksversammlungen waren bisher die wichtigsten Kampfmittel gewesen. Jetzt wurde der Kulturkampf im Landtag selbst ausgetragen. Der Krieg mit Frankreich bewirkte zunächst ein Stillhalteabkommen zwischen den beiden Parteien im Landtag. Die Katholische Volkspartei bedauerte den Anschluß an Preußen. Sie hätte ein deutsches Reich mit dem Hause Habsburg an der Spitze lieber gesehen.

Abb. 89: *Das Gebäude des bad. Landtags in Karlsruhe (rechts). Stahlstich von Joh. Poppel. - GLA Karlsruhe: J-B-KA 182*

Abb. 90: *Historische Aufnahme des Sitzungssaals des badischen Landtags in Karlsruhe.- GLA Karlsruhe: J-B/KA 227,6*

Am 21. November 1871 wurde die Kammersession 1871/72 eröffnet. Bei der Beratung der Adresse auf die Thronrede kam es zum ersten Mal seit dem Stillhalteabkommen wieder zu kirchenpolitischen Auseinandersetzungen zwischen der katholischen und der nationalliberalen Fraktion. Für die Fraktion der Katholischen Volkspartei hielt Hansjakob seine erste Rede im Landtag. Er benutzte die Gelegenheit, um die Liberalen wegen der von ihnen geforderten strengen Trennung von Kirchen- und Staatsangelegenheiten zu kritisieren.[16]

Anfang 1872 brachte die nationalliberale Fraktion zwei Gesetzentwürfe ein, die darauf abzielten, den Mitgliedern religiöser Orden zu verbieten, an Lehr- und Erziehungsanstalten zu arbeiten, Missionen abzuhalten und Geistliche zu vertreten. Nach Verkündigung des Dogmas über die Unfehlbarkeit des Papstes war es vor allem Hauptaufgabe der Orden, für Verbreitung und Interpretation des Glaubensartikels zu sorgen. Das Dogma sollte durch sie in weite Kreise des Kirchenvolkes getragen werden. Deshalb führten die Orden in jenen Tagen auch häufig Volksmissionen durch. Die Liberalen jedoch sahen die Verbreitung des Dogmas als staatsgefährlich an.

Es hatte sich gerade Papst Pius IX., unter dem das Unfehlbarkeitsdogma verkündet worden war, abfällig über den Liberalismus geäußert. Mit beiden Gesetzentwürfen wollten die Liberalen nun die Kanäle, über die das Dogma der Unfehlbarkeit des Papstes allgemein bekannt und fest in das Glaubensgut des kirchlichen Volkes integriert werden sollte, stopfen. Am 11. und 12. März 1872 wurden die Gesetzentwürfe beraten. In einer ausführlichen Rede legte Hansjakob am zweiten Beratungstag die Anschauungen seiner Partei zu den Gesetzentwürfen und deren Begründung dar. Hansjakob versuchte in seiner Rede, den liberalen Landtagsabgeordneten klarzumachen, daß das Dogma über die Unfehlbarkeit des Papstes nicht staatsgefährlich sei. Durch die Gesetzentwürfe, so Hansjakob am Schluß seiner Rede, bestätige sich bedauerlicherweise wieder, daß der Liberalismus nach dem Grundsatz handele: "Freiheit für alle, nur nicht für die katholische Kirche".[17]

Abb. 91: *Hansjakob als Debattenredner im badischen Landtag. Zeichnung von Otto Laible.- Hansjakob-Archiv Haslach. Aufnahme: M. Hildenbrand*

Gleich nach Schluß des Landtages 1871/72 ging Hansjakob auf Wahlreise, um für seine Partei zu werben. Er selbst mußte sich ebenfalls wieder wegen der Neueinteilung seines Wahlkreises zur Wahl stellen. Unter anderem sprach er am 26. Mai 1872 auch in Markdorf über die Tätigkeit seiner Partei im Landtag. Bei dieser Rede[18] wiederholte Hansjakob einen Vorwurf, den er bereits anläßlich einer Debatte im Landtag über die Aufhebung des Landesgestütes erhoben hatte. Er hatte sich am 15. Februar 1872 im Landtag nämlich darüber beschwert, daß einzelne Preisrichter "viel zu sehr auf die Farbe sehen, zwar nicht auf die Farbe der Stuten und Fohlen, sondern auf die Farbe der Bauern. Es werden deshalb vielfach die Bauern prämiert, nicht das Vieh. Ich möchte deshalb den Wunsch aussprechen, daß die großherzogliche Regierung dafür sorgen möge, daß solche Parteilichkeiten nicht mehr vorkommen, daß wirklich die Tiere prämiert werden, nicht die Farbe des Bauern."[19]

Zusätzlich hat Hansjakob anscheinend ganz konkret bei der Markdorfer Rede auch noch die Namen der verantwortlichen Tierärzte genannt, nämlich den Bezirkstierarzt Bell und den Landesstallmeister von Röder. Deshalb erstattete das Innenministerium Anzeige wegen Beleidigung der beiden Beamten bei der Staatsanwaltschaft in Konstanz. Hansjakob meinte zunächst, sich auf sicherem Boden der Verfassung zu bewegen. Die Verteidigung Hansjakobs hob darauf ab, daß er als Abgeordneter das Recht und die Pflicht habe, die öffentlichen Zustände des Landes zu besprechen, Klagen des Volkes vorzubringen. Zu diesem Zweck sei der Abgeordnete durch die Verfassung in seinen Reden geschützt. Er habe ebenso ein unbestrittenes Recht, überall im Lande über seine Tätigkeit zu referieren, wobei ihm der Paragraph 48 der Verfassung zur Seite stehe, wonach wahrheitsgetreue Berichte über Kammerreden von jeder Verantwortung frei seien. Da jedoch die Zeugen der Staatsanwaltschaft Äußerungen in der Rede Hansjakobs in Markdorf gehört hatten, die nicht in der Kammer gefallen waren, schützte ihn der Paragraph 48 nicht mehr. Der Angeklagte Hansjakob wandte sich auch diesmal vergeblich an das Oberhofgericht in Mannheim. Auch im Staatsministerium wurde er vorstellig. Er legte in einer schriftlichen Beschwerde dar, daß er in der Markdorfer Rede ausschließlich über seine und seiner politischen Freunde Tätigkeit im Landtag berichtet habe. Die ihm zur Last gelegten Äußerungen habe er nicht gemacht. Da er nur das wiedergegeben habe, was von ihm schon in der Kammer gesagt worden sei, sehe er seine gerichtliche Verfolgung als verfassungswidrig und für das Staatsministerium als politisch untragbar an. Deshalb bitte er den Staatsminister, dahingehend tätig zu werden, daß der dem Staatsanwalt erteilte Auftrag zur Erhebung der Anklage gegen ihn zurückgezogen werde.[20] Staatsminister Jolly teilte dem Landtagsabgeordneten kurz und bündig mit: Dem Gesuch um Zurückziehung der Anklage könne keine Folge geleistet werden.[21] Am 22. Februar fand endlich die Hauptverhandlung im Prozeß gegen Hansjakob, an dem die Öffentlichkeit regen Anteil nahm, vor der Strafkammer des Kreis- und Hofgerichtes in Konstanz statt. Hansjakob war Gegenstand des politischen Tagesgesprächs. Die liberalen Blätter sahen in ihm einen "vaterlandslosen" und "staatsgefährlichen Schwarzen". Die katholischen Blätter priesen ihn als einen zu unrecht verfolgten Politiker. Das Gerichtsurteil lautete: "Pfarrer Heinrich Hansjakob von Hagnau sei der öffentlich begangenen Beleidigung zweier Beamten in der Person des Landesstallmeisters von Röder und des Bezirkstierarztes Bell in Offenburg in Beziehung auf ihren Beruf für schuldig zu erklären, und deshalb zu einer Gefängnisstrafe von 6 Wochen, zu den Kosten des Strafverfahrens und des Urteilsvollzugs zu verurteilen."[22]

Am 1. August 1873 trat der Verurteilte die Gefängnisstrafe in Radolfzell an. Auch während dieser Haft führte Hansjakob ein Tagebuch, das er noch im gleichen Jahr der Öffentlichkeit vorlegte.[23] Noch vor Antritt seiner Haft verfaßte Hansjakob zwei weitere Kampfschriften gegen den Liberalismus, nämlich "Das Narrenschiff unserer Zeit" und "Der Herr und sein Diener".[24] Beide Schriften erschienen unter dem Pseudonym Hans am See. Eine weitere Schrift unter seinem Pseudonym veröffentlichte Hansjakob im selben Jahr: "Der Lindentoni oder Der Bauer, wie er sein soll".[25] Diese Schrift erschien zunächst in der Reihe "Weckstimmen für das katholische Volk". Alle diese politischen Kampfschriften aus dem Jahre 1873, die scharfe Angriffe auf Regierung und Liberalismus enthielten, schrieb Hansjakob unter dem Eindruck seiner gerichtlichen Verfolgung, deren Verlauf und Ende ihn zutiefst verbitterte und verletzte. Im "Lindentoni" sprach er auch davon, daß die Gerechtigkeit unter dem liberalen Regime immer mehr abnehme. Dies sei verständlich, weil der Liberalismus auf der Lüge aufbaue. In dieser Stimmung verfaßte Hansjakob diese Schriften. Kein Wunder, daß eine sachliche Auseinandersetzung mit dem Liberalismus gänzlich fehlt. Bildungspolitik, Finanzpolitik, Wirtschaftspolitik: Alles ist schlecht und verderblich für das Volk, wenn liberale Politiker sie betreiben. Alles Heil dagegen, das ist die Tendenz der Schriften, liegt im katholischen Lager.

Hansjakob wurde auch 1873 mit großer Mehrheit wieder in den Landtag gewählt. Am 20. November 1873 fand die erste Sitzung der Zweiten Kam-

„Das Narrenschiff unserer Zeit"

von

Hans am See.

„Sie werden wol die läng' nit faren
Inen wird bald brechen schiff und karren."
Sebastian Brant.

Zweite Auflage.

Mainz,

Verlag von Franz Kirchheim.

1873.

Abb. 92: *Heinrich Hansjakob (Pseudonym: Hans am See), "Das Narrenschiff unserer Zeit". Titelblatt der 1873 erschienenen 2. Aufl.- Vgl. Kat. Nr. 68*

mer statt. Bereits am 24. November brachte Staatsminister Jolly den Gesetzentwurf, die "Änderung einiger Bestimmungen des Gesetzes vom 9. Oktober 1860, die rechtliche Stellung der Kirchen und kirchlichen Vereine im Staat betreffend", ein.[26] Dieser Entwurf sah im wesentlichen vor:

1. Nicht nur die Geistlichen, die ein definitives Kirchenamt erlangen wollten, also eine ordentliche Pfarrstelle anstrebten, hatten nach ihrer Weihe und theologischen Prüfung das Staatsexamen abzulegen. Vielmehr sollte schon die Ausübung seelsorgerischer Handlungen das Staatsexamen zur Voraussetzung haben. Damit wurde die gesetzliche Vorschrift von 1867 aufrecht erhalten und erweitert; erweitert in dem Sinne, daß Freiburg keine Pfarrverweser mehr einsetzen konnte, ein Verfahren, mit dem man bisher die Verordnung umgangen hatte. Auch Hansjakob war ja nur Pfarrverweser in Hagnau. Ihm wäre sicherlich von Karlsruhe eine Befreiung ausgesprochen worden, da er ja das philologische Staatsexamen abgelegt hatte. Aber auch ein solches Ersuchen war von der Freiburger Kirchenbehörde untersagt worden. Und Hansjakob hielt sich an die Weisung. In der Praxis bedeutete dieses Gesetz, daß im Laufe der Zeit mit dem Ausscheiden der bisherigen Pfarrer aus Altersgründen die Versorgung der Gemeinden mit Pfarrern unmöglich wurde, wenn Freiburg nicht nachgeben würde.

2. Knabenseminare und Konvikte, in denen die Kirche bisher ihren Nachwuchs ausgebildet hatte, sollten aufgelöst werden. Nur noch Anstalten, die der praktischen Ausbildung der Theologen dienten - das war für die katholische Kirche das Seminar in St. Peter - durften weitergeführt werden. Sollte dieses Gesetz Anwendung finden, so bedeutete dies für die Folgezeit, daß die Kirche große Nachwuchsprobleme bekommen würde.

3. Schließlich sah der Gesetzentwurf vor, daß in das Gesetz von 1860 ausdrücklich Bestimmungen aufzunehmen seien, damit Umgehungen des Gesetzes bestraft werden könnten. Nicht nur Geld-, sondern sogar Gefängnisstrafen wurden bei Nichtbefolgung des Gesetzes in Aussicht gestellt.

Durch diesen Gesetzentwurf versuchte der Staat, jene Rechte, die er sich im Gesetz von 1860 vorbehalten hatte, auszubauen. Das Ordensgesetz von 1872 hatte diese Entwicklung schon angebahnt. Der Staat wollte die unbedingte Vorrangstellung in kirchlichen Fragen einnehmen. Damit engte er das Prinzip der Selbständigkeit der Kirche, das im Gesetz von 1860 ausdrücklich genannt worden war, weiter ein. Am 21. und 22. Januar 1874 wurde der Gesetzentwurf erstmals im Landtag diskutiert. Wie schon beim

Gesetz über die Orden trug auch diesmal Hansjakob die Stellungnahme seiner Partei vor. Er hatte sich mit seinem harten Kurs, der die Vorlage entschieden ablehnte, in seiner Fraktion durchgesetzt. Sein Fraktionskollege und Führer der Fraktion Lender wollte im Gegensatz zu Hansjakob durch Änderungsanträge das Gesetz für die Geistlichen mildern, um so einen modus vivendi zu erreichen, der sicherstellte, daß die Pfarrstellen weiter besetzt werden könnten. Er setzte sich jedoch mit seinen Vorschlägen in der Fraktion nicht durch. Hansjakob versuchte in seiner Rede[27], die Auffassung der Regierung, die Kirche habe sich in den Grenzen zu bewegen, die die Staatsgesetzgebung ihr gezogen habe, zu widerlegen. Gleich nach Hansjakob sprach der hochangesehene Heidelberger Professor Kaspar Bluntschli, der sich für den Entwurf einsetzte. Hansjakobs Rede hinterließ deshalb keinen nachhaltigen Eindruck bei den liberalen Abgeordneten. Sie verpuffte wirkungslos. Am 22. Januar wurde die Beratung fortgesetzt. Die katholische Fraktion versuchte an diesem Tag auf Betreiben Lenders, die Bestimmungen des Gesetzentwurfs durch folgenden Antrag zu mildern: "Die Zulassung zu einem Kirchenamt oder zur öffentlichen Ausübung kirchlicher Funktionen ist durch den Nachweis einer allgemein-wissenschaftlichen Vorbildung bedingt, wie solche von allen gefordert wird, welche öffentliche Ämter bekleiden, zu denen die Berufstüchtigkeit durch Universitätsstudien erlangt werden muß."[28] Hansjakob schloß sich diesem Antrag nicht an, weil er gegen jede Art der Staatseinmischung bei der Heranbildung der katholischen Geistlichen war. Er war auch davon überzeugt, daß sich dieses Gesetz auf Dauer nicht werde halten können.

Aber auch mit diesem Antrag hatte die katholische Fraktion keinen Erfolg. Am selben Tag noch wurde das Gesetz in der von der Regierung gewünschten Fassung gegen die Stimmen der katholischen Fraktion verabschiedet und am 19. Februar 1874 verkündet. Auf das Gesetz hin befahl Freiburg wiederum seinen Geistlichen durch eine Verordnung, sich nicht zum geforderten Staatsexamen zu melden. In Erwartung des Gesetzes hatte Bistumsverweser Kübel die Priesterweihen vor die Verabschiedung des Gesetzes verlegt und diese unter strikter Geheimhaltung durchgeführt. Kübel wollte damit erreichen, daß er noch einen ganzen Priesterjahrgang als Pfarrverweser einsetzen konnte, hatte aber dabei nicht bedacht, daß die Zweite Kammer das Staatsministerium ermächtigt hatte, zur Einführung des Gesetzes Übergangsbestimmungen zu erlassen. Von diesem Recht machte Jolly Gebrauch, nachdem er von dieser Aktion Kenntnis erhalten hatte. Er entzog den Jungpriestern die Erlaubnis zur

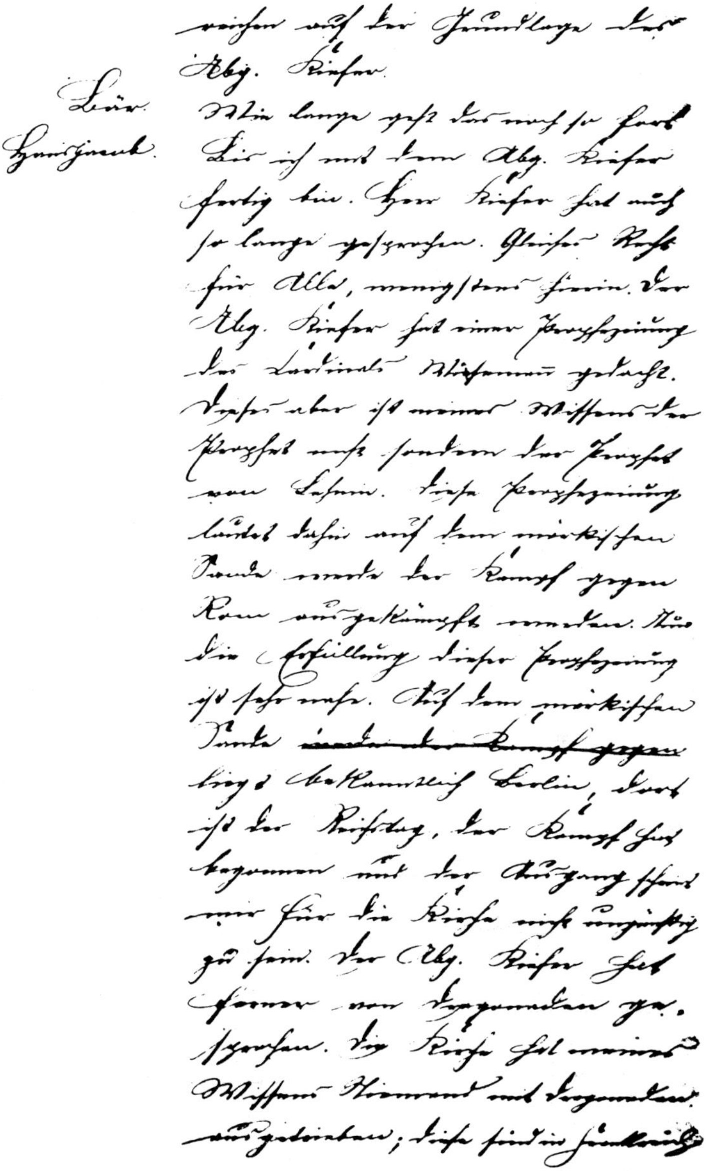

Abb. 93: *Auszug aus dem Protokoll von Hansjakobs am 21.1.1874 gehaltener Landtagsrede.- Vgl. Kat. Nr. 70.- GLA Karlsruhe: 231/103*

Ausübung von kirchlichen Funktionen. Natürlich hielten sich die Neupriester nicht an dieses Verbot und übten weiterhin ihre seelsorgerischen Tätigkeiten aus. Daraufhin wurden zum ersten Male die Strafbestimmungen des neuen Gesetzes gegen die Neupriester und den Bistumsverweser angewandt. Da Kübel die Anstellung der Priester nicht rückgängig machte, wurde er zu einer Geldstrafe oder ersatzweisen Haft von zehn Wochen verurteilt. Die Vikare erhielten Geld- und Gefängnisstrafen. Es kam schließlich soweit, daß im Sommer 1875 alle Neupriester sich in Haft befanden bis auf drei, die aus Baden geflohen waren. Damit hatte Hansjakob mit der Aussage in seiner Rede Recht bekommen, als er meinte, das liberale Baden würde für die katholischen Priester zum Zuchthaus werden. Die persönliche Lage war für die Neupriester ebenfalls fatal. Sie mußten auswandern, wollten sie als Priester ihr Geld verdienen. Auch dies hatte Hansjakob in seiner Rede den liberalen Abgeordneten vorgehalten. Das Verbot der Teilnahme am Staatsexamen ließ der Bistumsverweser trotzdem bestehen, wies aber allerdings ab 1875 keine jungen Theologen zu Diensten in den Pfarreien mehr an. Das harte Vorgehen der liberalen Regierung trug einige Unruhe in das katholische Kirchenvolk, was sich vor allem dann zeigte, wenn die Jungpriester wieder aus der Haft entlassen und in den Gemeinden mit einem Triumphzug empfangen wurden, was oft zu einer antiministeriellen Demonstration auswuchs.

Trotz dieser Sympathieerklärungen des Kirchenvolkes war die Lage der katholischen Kirche alles andere als rosig. Denn es war abzusehen, daß die katholische Kirche diesen Konflikt auf Dauer nicht durchstehen konnte, wollte sie nicht einen Notstand in der Seelsorge hervorrufen. Mit Verabschiedung des Gesetzes vom Februar 1874 hatte die katholische Bewegung in Baden seit 1860 ihre schwerste Niederlage einstecken müssen. Auch die katholische Opposition im Landtag hatte nicht einmal geringe Erfolge verbuchen können. Hansjakob kehrte tief enttäuscht von der Arbeit im Landtag nach Hagnau zurück.

Noch vor dem Inkrafttreten des Examensgesetzes am 16. Februar 1874 ging Hansjakob auf eine sechswöchige Bildungsreise durch Frankreich. Für den größten Teil der Sitzungszeit des Landtages von 1875/76 ließ er sich beurlauben. Er unternahm in dieser Zeit eine Reise nach Italien und wurde erst wieder im Landtag von 1877/78 aktiv. Von beiden Reisen legte der Schriftsteller, Politiker und Seelsorger Reiseerinnerungen vor.[29]

Mit den kirchenpolitischen Verhältnissen in Baden setzt sich Hansjakob auch in seinen Reiseerinnerungen über Frankreich und Italien auseinander. Immer wieder läßt er in beiden Büchern grundsätzliche Gedanken über den Streit von Kirche und Staat in Baden einfließen. In den Reiseerinnerungen über Frankreich macht er den ersten Schritt zur Änderung seiner Einstellung in der Examensfrage. Er fordert nun Friede zwischen Staat und Kirche. Damit distanziert sich Hansjakob endgültig von dem Grundsatz, den er zum ersten Mal in seiner Engener Rede zu Beginn seiner politischen Laufbahn vertreten hatte, als er ausrief: "Das Volk wird die Schlacht schlagen und das Volk wird siegen."[30]

Nun schien ihm gerade eine solche Auseinandersetzung, in die das Volk hineingezogen wird, für Staat und Kirche verderblich. In seinen Reiseerinnerungen über Italien geht er noch einen Schritt weiter. Er meint, feststellen zu können, daß wie in Frankreich so auch in Italien kirchlicher und politischer Autoritätsglaube kaum noch beim Volk vorhanden sei. Schuld an diesem Zustand sei die zwischen Staat und Kirche bestehende Feindschaft in beiden Ländern. Weil der Kirchenkampf also nur schädliche Auswirkungen für Staat und Kirche habe, müsse er unbedingt beendet werden. Da aber nun von dem herrschenden liberalen System ein Friedensangebot des Staates nicht zu erwarten sei, müsse die Initiative von der Kirche ausgehen. Er schlägt hierzu folgenden Weg zum Frieden vor: "Man hat in Rom noch nicht so leicht ein passenderes Wort im Kurialstil erfunden, als das Wort: 'Ratione temporum' und, wenn je, so wäre die Anwendung dieses Wortes am Platze bei Versöhnungsversuchen und beim Nachgeben der Kirche in Deutschland... Ja, ich sage noch mehr, nicht bloß zuwarten soll man, bis der Staat uns entgegen kommt, sondern mit positiven Vorschlägen ihm entgegen gehen. Und da, wo es die Erhaltung der höchsten Güter unseres katholischen Volkes gilt, sich nicht schämen, sich zu verdemütigen. Hochmut, das heißt in diesem Fall Starrheit, führt zum Fall, Demut erhebt." [31]

Hansjakob will also jetzt, daß die Kirche den ersten Schritt auf dem Weg zum Frieden zwischen Staat und Kirche macht. Das Staatsexamen war das größte Hindernis bei der Schaffung des Friedens. Gerade aber bei diesem wichtigsten Streitobjekt des badischen Kulturkampfes schien ihm nach seiner Italienreise ein Nachgeben der Kirche möglich. In Italien hatte er nämlich beobachtet, daß der italienische Klerus bei der Bevölkerung ein geringes Ansehen genoß. Das führte er auf das niedrige Bildungsniveau der italienischen Geistlichen zurück. In Italien aber wurde der Klerus von der Kirche ohne staatlichen Einfluß ausgebildet. Deshalb war Hansjakob nun der Meinung, daß eine Beteiligung des Staates bei der Ausbildung der katholischen Geistlichen für die Kirche nur von Nutzen sein könne, weil dadurch eine gediegene wissenschaftliche Ausbildung gewährleistet sei.

Im Herbst 1877 wurde Hansjakob für weitere vier Jahre in den Landtag gewählt. Im selben Jahr war er gleichzeitig Reichstagskandidat im Wahlkreis Offenburg. Auch 1877 verlor Hansjakob wie schon 1874 die Wahl nur knapp.[32]

Wähler des 7. Reichstags-Wahlbezirks!

Mitbürger! Von der katholischen Volkspartei bin ich Euch zum Abgeordneten für den deutschen Reichstag vorgeschlagen. Ich bin deßhalb in Euerer Mitte erschienen, um Euch zu bitten, mir Euer Vertrauen zuzuwenden und ich richte in letzter Stunde in diesem Sinne meine Worte an Euch:

Vielen von Euch bin ich nicht unbekannt, da ich schon auf zwei Landtagen für den Landbezirk Offenburg Abgeordneter gewesen bin. Ich habe mich als solcher in der badischen Landesversammlung stets für die Rechte und Freiheiten des Volkes ohne Furcht und Scheu ausgesprochen und ich verspreche allen, daß ich auch auf dem deutschen Reichstag mit dem gleichen Freimuthe den Mächtigen die Wahrheit sagen werde.

Man hat dem katholischen Volke, welches doch das neue deutsche Reich auf den französischen Schlachtfeldern mit erstritten hat, die Gewährleistung seiner kirchlichen Rechte in der Reichsverfassung verweigert und bedroht uns mit Ausnahmsgesetzen — deßhalb wird es besonders mein Bestreben sein, mit unsern heldenmüthigen Vorkämpfern in Norddeutschland die Verfolgung gegen unsere heilige Kirche abzuwehren und einen gerechten Frieden erkämpfen zu helfen.

Ich weiß, es sind auch Mitbürger evangelischer Confession unter Euch, allein wenn ich hier sage, mit aller Entschiedenheit für die Freiheit der kath. Kirche eintreten zu wollen, so bin ich der festen Ueberzeugung, welche die edelsten Männer evangelischen Glaubens mit mir theilen, daß mit der Freiheit der kath. Kirche die Freiheit aller anderen christlichen Confessionen steht oder fällt. Darum dürften auch jene Mitbürger, deren Volksinteressen somit die gleichen sind, mit vollem Vertrauen mir ihre Stimme geben. —

Katholische Mitbürger! Sämmtliche katholischen Männer Deutschlands werden am 10. Januar mit Euch zur Reichstagswahl gehen, um einmüthig ihren Willen auszusprechen. Wenn die katholischen Wähler im 7. Wahlbezirke ebenfalls ihre Schuldigkeit thun, müssen wir siegen. Unterliegen wir, so wird sich jeder, der gefehlt hat, schwere Vorwürfe machen müssen.

Halten wir darum fest zusammen, unser Wahlspruch sei: Mit Gott für das Volk, für Friede, Freiheit und Gerechtigkeit!

Offenburg, 29. Dezember 1873.

Dr. **Hansjakob**
Landtagsabgeordneter.

Abb. 94: *Aufruf Hansjakobs an die Wähler des 7. Reichstags-Wahlbezirks vom 29.12.1873.- EA Freiburg: Nachlaß Hansjakob*

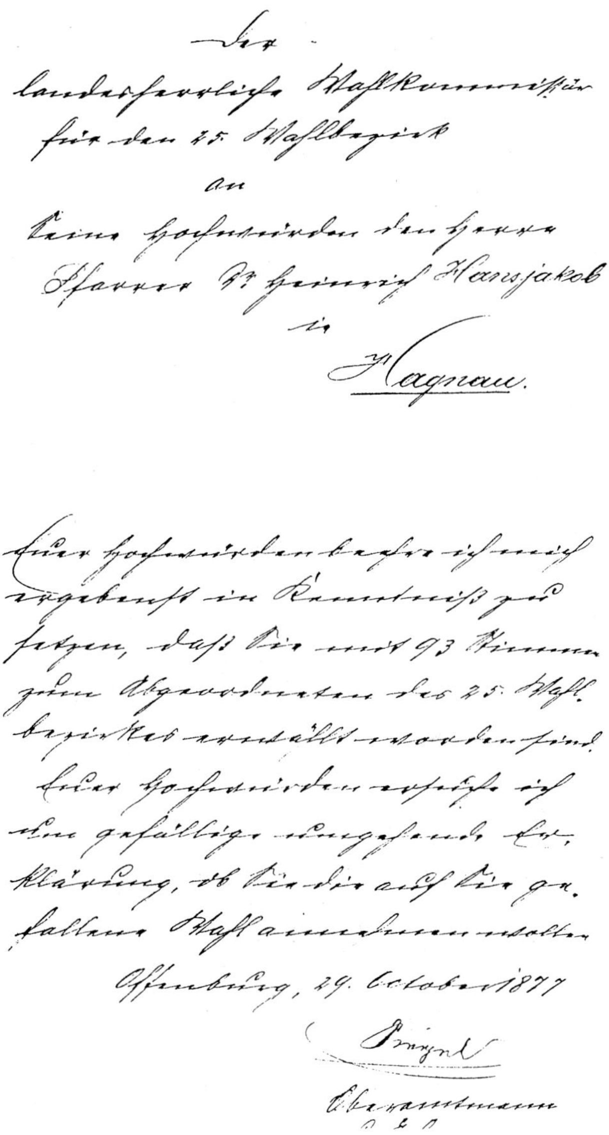

Der
landesherrliche Wahlkommissär
für den 25. Wahlbezirk
an
Seine Hochwürden den Herrn
Pfarrer Dr. Heinrich Hansjakob
in
Hagnau.

Euer Hochwürden beehre ich mich
ergebenst in Kenntniß zu
setzen, daß Sie mit 93 Stimmen
zum Abgeordneten des 25. Wahl-
bezirkes erwählt worden sind.
Euer Hochwürden ersuche ich
um gefällige umgehende Er-
klärung, ob Sie die auf Sie ge-
fallene Wahl annehmen wollen.
Offenburg, 29. October 1877
[illegible]
Oberamtmann

Abb. 95: *Schreiben des landesherrlichen Wahlkommissärs für den 25. Wahlbezirk an Hansjakob vom 29.10.1877 betr. seiner Wahl zum Landtagsabgeordneten.- EA Freiburg: Nachlaß Hansjakob*

Ohne Staatsexamen durften seit Inkrafttreten des Gesetzes am 19. Februar 1874 keine neuen Priester in Baden eingesetzt werden. Da Freiburg die Ablegung des Examens verboten hatte, machte sich ein starker Priestermangel bemerkbar. So war in Baden in der katholischen Seelsorge ein starker Notstand eingetreten. Das veranlaßte die katholische Fraktion, im Januar 1878 einen Antrag einzubringen mit dem Ziel, das Examensgesetz von 1874 wieder aufzuheben. Franz Xaver Lender begründetete den Antrag. Er wies darauf hin, daß im Volk durch den Priestermangel Mißstimmung über das Gesetz entstanden sei. Überall im Lande wünsche man eine Verständigung zwischen Staat und Kirche. Hindernd wirke sich jedoch das Examensgesetz aus, das die Existenz der Kirche bedrohe. Man müsse einsehen, daß sich das Gesetz nicht zum Wohl des Volkes auswirke. Er forderte die liberalen Abgeordneten auf: "Machen Sie keine Gesetze, von denen jeder anständige Mensch sagen muß, das Gesetz geht zu weit, als daß man sich ihm unterwerfen könnte."[33] Weil eben dieses Gesetz nicht haltbar sei, müsse es wieder aufgehoben werden. Kammer und Regierung müßten dazu die Initiative ergreifen, weil es von beiden zustande gebracht worden sei.

Der liberale Abgeordnete Schmidt aus Konstanz ergriff bei der Debatte die Gelegenheit, in seinem Redebeitrag Hansjakob als Kronzeugen dafür anzurufen, daß es an der Kirche sei, im Examensstreit nachzugeben. Er zitierte insbesondere aus Hansjakobs Italienbuch die Passagen, in denen Hansjakob Freiburg zum Nachgeben aufgefordert hatte. Zur Überraschung seiner Fraktion ergriff nach Schmidt Hansjakob das Wort. Er stand zu seinen Äußerungen in seinem Italienbuch. Obgleich er das Examensgesetz nach wie vor verurteile, so Hansjakob, fordere er im Gegensatz zu seiner Fraktion, daß sich die Kirche diesem Examensgesetz beugen solle. Die Kirche solle sich den staatlichen Gesetzen unterwerfen, ihr Verbot, das Examen abzulegen, aufheben und damit die Initiative zur Besserung des Verhältnisses zwischen Staat und Kirche ergreifen. Begeisterter Applaus von seiten der Nationalliberalen und Bestürzung sowie Verwirrung bei der katholischen Fraktion: Das war die erste Reaktion auf die Rede Hansjakobs.

Sichtlich erregt ergriff nun Franz Xaver Lender als nächster das Wort. Man schätze zwar die freie Sprache an Hansjakob, müsse aber feststellen, daß er nicht politisch gedacht habe. Lender stellte noch einmal für die Mehrheit seiner Fraktion fest, daß der katholische Klerus eher in die Verbannung gehen würde als sich unter ein Gesetz fügen, das als ein unbilliges und unberechtigtes anerkannt werden müsse.

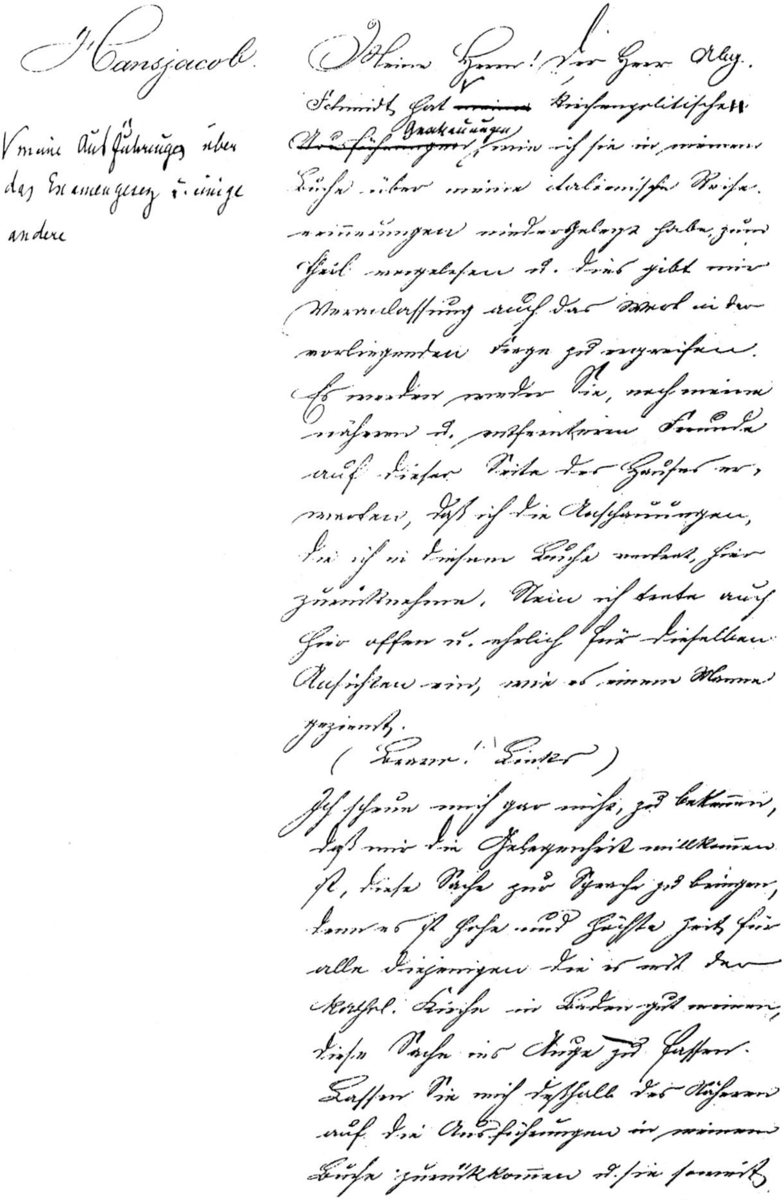

Hansjacob. Meine Herren! Der Herr Abg. Schmidt hat ~~meine~~ kirchenpolitischen ~~Ausführungen~~ Bemerkungen, die ich sie in meinem Buche über meine italienische Reise niedergelegt habe, zum Theil vorgelesen u. dies gibt mir Veranlassung auch das Wort in der vorliegenden Frage zu ergreifen. Es werden wieder Sie, noch meine näheren u. entfernteren Freunde auf dieser Seite des Hauses erwarten, daß ich die Anschauungen, die ich in diesem Buche vertrat, hier zurücknehme. Allein ich trete auch hier offen u. ehrlich für dieselben Ansichten ein, wie es einem Manne geziemt.

(Bravo! Links)

Ich scheue mich gar nicht, zu bekennen, daß mir die Gelegenheit willkommen ist, diese Sache zur Sprache zu bringen, denn es ist hohe und höchste Zeit für alle diejenigen die es mit der kathol. Kirche in Baden gut meinen, diese Sache ins Auge zu fassen. Lassen Sie mich deßhalb des Näheren auf die Ausführungen in meinem Buche zurückkommen u. sie sowohl

V meine Ausführungen über das Examengesetz u. einige andere

Abb. 96: *Protokoll der 29. Sitzung der 2. Kammer des bad. Landtags vom Januar 1878: Auszug aus Hansjakobs Rede.- Vgl. Kat. Nr. 72.- GLA Karlsruhe: 231/1479*

▲

Abb. 97a/b: *Heinrich Hansjakob, In der Residenz. Titelseite der 2. Aufl. mit einem Portrait Hansjakobs aus seiner Landtagszeit.- Vgl. Kat. Nr. 74* ▶

In der Residenz

Erinnerungen eines badischen Landtagsabgeordneten

von

Heinrich Hansjakob

Zweite neu bearbeitete
und erweiterte Auflage

Mit einem Porträt des Verfassers aus seiner Landtagszeit

Verlag von Adolf Bonz & Comp. in Stuttgart
1911

Lender versuchte dann nochmals nachzuweisen, daß Regierung und Kammer das Gesetz aufheben müßten. Gegen die Stimmen der katholischen Fraktion wurde der Antrag dennoch abgelehnt. Wenige Tage nach der Rede Hansjakobs im Landtag erschien im "Badischen Beobachter" eine Erklärung der katholischen Fraktion. Darin wurde versichert, daß die Auffassungen Hansjakobs von keinem Fraktionsmitglied geteilt würden: Hansjakob habe den Widerstand der Liberalen gegen den Antrag der Fraktion der Katholischen Volkspartei in Schutz genommen und sich damit ausdrücklich gegen das Programm der Partei gestellt. Sonstige Maßnahmen gegen Hansjakob durch die Partei wurden nicht ergriffen. Er wurde von der Partei nicht ausgeschlossen, sondern nahm weiterhin seinen Platz innerhalb der Fraktion ein. Nach dem Erscheinen der Erklärung im "Beobachter" begann eine Pressekampagne gegen Hansjakob. Man nannte ihn in den katholischen Blättern einen Freischärler. Sein Auftreten wurde als traurige Verirrung eines Priesters und als Skandal hingestellt.

Nach Hagnau zurückgekehrt, schrieb Hansjakob das Buch "In der Residenz".[34] Im zweiten Teil dieser Erinnerungen an seine Zeit in Karlsruhe rechtfertigt er sein Verhalten in der Kammer und nimmt zu den gegen ihn erhobenen Vorwürfen Stellung. Der Landtag von 1879/80 brachte Hansjakob eine persönliche Niederlage. Am 17. Januar 1880 legte die Regierung einen Gesetzentwurf vor, der die Änderung der Bestimmungen des Gesetzes von 1874 zum Inhalt hatte.[35] Der Entwurf sah vor, alle Bestimmungen, die den Widerstand der katholischen Kirche hervorgerufen hatten, aufzuheben. Damit hatte entgegen der Voraussage Hansjakobs doch die Regierung die Initiative ergriffen. Am 25. Februar 1880 wurde das Gesetz einstimmig angenommen. Vom katholischen Lager wurde das Gesetz als das erste Friedenswerk im badischen Kulturkampf gepriesen. Hansjakob zog die Konsequenzen: Sein Landtagsmandat lief 1881 ab. Er stellte sich nicht mehr zur Wahl, sondern zog sich ganz aus der aktiven Politik zurück.

ANMERKUNGEN

1 GLA (Generallandesarchiv Karlsruhe) 76/9035. Der Artikel Hansjakobs "Aus den Ferien" wurde im Januar 1869 auch im "Trompeter von Säckingen" abgedruckt (vgl. die Erläuterungen zu Exponat Nr. 63).

2 GLA 235/18541.

3 GLA 76/3212.

4 GLA 235/18541.

5 Erzbischöfliches Archiv Freiburg : Brief Lindaus an Hansjakob vom 23. April 1869.

6 Handschriftensammlung der Badischen Landesbibliothek Karlsruhe: HSS 1924a.

7 Heinrich Hansjakob, Auf der Festung. Erinnerungen eines badischen Staatsgefangenen, Würzburg 1870, S. 20 (vgl. die Erläuterungen zu Exponat Nr. 64 b).

8 GLA 76/9035.

9 GLA 244/112.

10 GLA 76/3212 (vgl. die Erläuterungen zu Exponat Nr. 64 a).

11 Hansjakob, Auf der Festung, a.a.O. Siehe Erläuterungen zu Exponat 64 b.

12 HSS 1924a.

13 Siehe Exponat Nr. 65, die Zusammensetzung der Fraktion der Katholischen Volkspartei nach der Landtagswahl von 1871.

14 Vgl. Erich Will, Entstehung und Schicksal der Konvention zwischen dem Heiligen Apostolischen Stuhl und der Krone von Baden vom 28. Juni 1859. Diss. phil. Freiburg 1951.

15 Großherzoglich Badisches Regierungsblatt, Nr. LI, S. 375 ff.

16 GLA 231/89. Siehe die Erläuterungen zu Exponat Nr. 66.

17 GLA 231/98.

18 GLA 76/9035.

19 GLA 231/94, S. 451f.

20 GLA 76/9035.

21 a.a.O.

22 GLA 244/111.

23 Heinrich Hansjakob, Im Gefängnisse. Neue Erinnerungen eines badischen Staatsgefangenen, Mainz 1873. Siehe Erläuterungen zu Exponat Nr. 67.

24 Hans am See, Das Narrenschiff unserer Zeit, Mainz 1873. Hans am See, Der Herr und sein Diener, Mainz 1873. Siehe auch die Erläuterungen zu den Exponaten Nr. 68 und 69.

25 Hans am See, Der Lindentoni oder Der Bauer, wie er sein soll. In: Anton Trunz, Verschollene Schriften Hansjakobs, Überlingen 1929.

26 Verhandlungen der Stände-Versammlung des Großherzogtums Baden von dem Landtag von 1873/74.

27 GLA 231/103. Siehe Erläuterungen zu Exponat Nr. 70.

28 Verhandlungen der Stände-Versammlung 1873/74, S. 47.

29 Heinrich Hansjakob, In Italien, Mainz 1877. Heinrich Hansjakob, In Frankreich, Mainz 1874.

30 GLA 76/3212.

31 Heinrich Hansjakob, In Italien, a.a.O., S. 412f.

32 Siehe Artikelserie "Aus dem Leben eines Reichstagscandidaten" von Hansjakob im katholischen Familienblatt "Alte und Neue Welt", 12. Jg. (1878). Siehe Exponat Nr. 71.

33 GLA 231/1479.

34 Heinrich Hansjakob, In der Residenz, Heidelberg 1878. Siehe auch Erläuterungen zu Exponat Nr. 74.

35 Verhandlungen der Ständeversammlung des Großherzogtums Baden von dem Landtag 1879/80. Karlsruhe 1880, S. 39.

Literaturhinweise

Josef Becker, Liberaler Staat und Kirche in der Ära von Reichsgründung und Kulturkampf. Geschichte und Strukturen ihrer Verhältnisse in Baden 1860 bis 1876, Mainz 1973.

Julius Dorneich, Der Kirchenkampf in Baden (1860 bis 1876) und die katholische Gegenbewegung. Freiburger Diözesan-Archiv 94 (1974), S. 574-588.

Lothar Gall, Der Liberalismus als regierende Partei. Das Großherzogtum Baden zwischen Restauration und Reichsgründung, Wiesbaden 1968.

ders., Die partei- und sozialgeschichtliche Problematik des badischen Kulturkampfes. In: Oberrheinische Studien, Bd. 2, Karlsruhe 1973, S. 93-132.

Manfred Hildenbrand, "Europa ist ein einziges befestigtes Kriegslager". Heinrich Hansjakob als Pazifist. In: Allmende 3 (1983), S. 74-84.

ders., "Der Freiheit und dem Frieden...". Über Hansjakobs politisches Denken. In: Heinrich Hansjakob (1837-1916). Festschrift zum 150. Geburtstag. Haslach 1987, S. 87-108.

ders., Heinrich Hansjakob - Jakobiner im Priesterrock. In: Badische Heimat 67 (1987), S. 51-64.

ders., Heinrich Hansjakob als Politiker. In: Die Ortenau 68 (1988). S. 53-69.

Artur J. Hofmann, Hansjakob und der badische Kulturkampf, Freiburg 1981.

Waldemar Kampf, Politische Probleme im Werk Heinrich Hansjakobs. In: Artur J. Hofmann, Hansjakob und der badische Kulturkampf, Freiburg 1981, S. I-XV.

Wolfgang Wipprecht, Aufrechter Gang. Versuch einer Annäherung an Heinrich Hansjakob. In: Badische Heimat 60 (1980), S. 235-248.

63 **"Aus den Ferien"**, ein Artikel von Heinrich Hansjakob, veröffentl. im "Trompeter von Säckingen", Januar 1869.
(Generallandesarchiv Karlsruhe: 76/9035) Abb. 98

In dem Aufsatz schildert Hansjakob eine Reise, die er in seinen Osterferien von Waldshut aus über Lahr nach seiner Heimatstadt Haslach im Schwarzwald unternommen hatte. Kurz vor Haslach traf er auf das Steinkohlenwerk "Zum Hagenbach". Beim Anblick des Bergwerkes konnte der Reisende nicht umhin, "ein wenig zu politisieren". Er schreibt: "Ich traf nur zwei Menschen auf der Erde, den Verwalter und den Maschinisten - drunten aber bis zur Tiefe von 1300 Fuß arbeiteten viele Männer und Kinder um schmählichen Tagelohn. 40 Kreuzer verdient hier der arme Hauer und muß dafür Frau und Kinder erhalten und sein Grubenlicht. Drunten aber in Offenburg, dem Vorort des Tales, leben in Saus und Braus die Mastbürger, deren Aktien die Kohlen zutage fördern und sinnen nach, wie sie im Lande Baden die Feiertage abschaffen möchten, damit ihre weißen

Unterhaltungsblatt
des
Trompeters von Säckingen.

№. 2. Samstag den 9. Januar 1869.

Aus den Ferien.

Erinnerungen an Land und Leute.

Von Dr. Heinrich Hansjakob.

(Fortsetzung.)

Schon kämpfte die Morgensonne mit dem Frühnebel, als ich mich erhob und an's Fenster trat. Da sah ich, wie Freund K. schon im Priesterkleide aus der Kirche trat, um einem Kranken die heiligen Sakramente zu bringen. Als er zurückgekehrt war, traf er mich bereits reisegerüstet in seinem Studirzimmer.

Nur eine Strecke weit waldeinwärts konnte er mich begleiten, um mir den Weg in's Kinzigthal hinüber zu zeigen; denn es war heute Samstag und folglich morgen Sonntag mit „Predigt und Amt".

Ungern trennte ich mich im Walde von K.; denn er ist, kurz gesagt, ein geistreicher und liebenswürdiger Mensch und die gehören heutzutage zu den „rari nantes in gurgite vasto". —

Durch herrlichen Buchwald zog ich weiter, als Vogelfreund bald diesem, bald jenem Sänger lauschend — oder an meinem Brevier recitirend — da der Satz: „itinerans non brevirans" schon längst auf dem Index steht!

So kam ich bei einem Thalgesenke zum Dorfe Diersburg, dem Herrensitz des alten Geschlechtes der Rüder von Diersbnrg. — Eine steile Bergeshöhe trennte mich jetzt noch vom Kinzigthale — und ohne Rast stieg ich an ihn hinan.

Dieser Berg ist deßhalb merkwürdig, weil er unseres Wissens der einzige ist in Baden, aus dem Steinkohlen gegraben werden. Doch stehen diese Kohlen am Quantum und Quale weit hinter denen des Ruhr- und Saar-Thales. —

Mit mir erstieg eben eine arme Bauernfrau die Anhöhe, um droben Holz zu lesen. Bald waren wir im Gespräche und da das Weib in mir den Geistlichen erkannte und deßhalb wohl mittheilsamer war, so wußte ich bald ihre Lebensgeschichte:

Die Tochter eines vermögenden Bauers, hatte sie vor 15 Jahren als junges Mädchen, wider ihres Vaters Willen, einem leichtsinnigen Manne die Hand gereicht, der in zehn Jahren durch Trunk und Spiel sein Gütchen durchbrauchte und schließlich heimlich fort war nach Amerika.

Da saß sie nun seit drei Jahren mit vier Kindern in Sorgen und Elend. Durch Taglöhnen suchte sie nun, verstoßen von Vater und Verwandten, sich und ihre Kinder

Abb. 98: *Auszug aus Hansjakobs im "Trompeter von Säckingen" veröffentlichtem Artikel "Aus den Ferien".- Vgl. Kat. Nr. 63.- GLA Karlsruhe: 76/9035*

Sklaven in den Kohlengruben keinen Tag freies Gotteslicht genössen! Wahrlich ein fluchwürdiges Geschlecht diese liberalen Krämerseelen unserer Zeit, gegen sie sind die südstaatlichen Sklavenhalter Nord-Amerikas 'noble Herren'." Es blieb bei dieser einzigen sozial-politischen Kritik in der Reiseerinnerung. Man kann sicher sagen, daß die Kritik recht unsachlich und wenig differenziert vorgetragen wurde. In dem letzten, an biblische Worte erinnernden Satz, erreicht sie ihren emotionalen Höhepunkt. Die ehrliche Empörung über die Gleichgültigkeit der liberalen Unternehmer der sozialen Lage der Arbeitnehmer gegenüber veranlaßte Hansjakob wohl zu dieser etwas gefühlsbeladenen politischen Bemerkung. Die Veröffentlichung blieb nicht ohne Folgen. Innenminister Jolly, der spätere Staatsminister, veranlaßte, daß Hansjakob über den Aufsatz befragt wurde. Da Hansjakob zu seinen Ausführungen stand, veranlaßte Jolly seine Entfernung als provisorischer Vorstand der Höheren Bürgerschule in Waldshut.

64 Die Engener Rede und ihre Folgen

64 a Streichung Hansjakobs von der Liste der Lehramtspraktikanten wegen seiner Engener Rede: Schreiben des Ministeriums des Innern vom 30. 6. 1869, Nr. 8004.
(Generallandesarchiv Karlsruhe: 76/3212) Abb. 99

Am 23. Mai 1869 hatte Hansjakob in einer Rede, die er bei einer Wahlveranstaltung der Katholischen Volkspartei in Engen gehalten hatte, die regierenden Liberalen Badens scharf angegriffen.

Nach der Rückkehr von einer Studienreise nach Österreich, die ihn unter anderem zum Kloster Melk, dem Stift Göttweig und nach Wien geführt hatte, kehrte Hansjakob im August 1869 wieder nach Waldshut zurück. Hier wurde ihm durch das Bezirksamt Waldshut die Mitteilung vom Innenministerium über seine Streichung aus der Liste der Lehramtspraktikanten zur Kenntnisnahme vorgelegt. Darin heißt es: "In Folge des neuerlichen mit der Stellung eines Lehrers an einer öffentlichen Schule schlechthin unvereinbarlichen Verhaltens des Dr. Hansjacob, insbesondere mit Rücksicht auf die Rede desselben in der Versammlung der s.g. katholischen Volkspartei zu Engen vom 23. Mai d. J., welche bereits gerichtliches Einschreiten herbeigeführt hat, wird nach Anhören des Genannten verfügt: Es sei der im Jahre 1863 unter die Zahl der Lehramtspraktikanten aufgenommene Dr. Heinrich Hansjacob von Haslach z. Z. in Waldshut aus der Liste der Lehramtspraktikanten zu streichen."

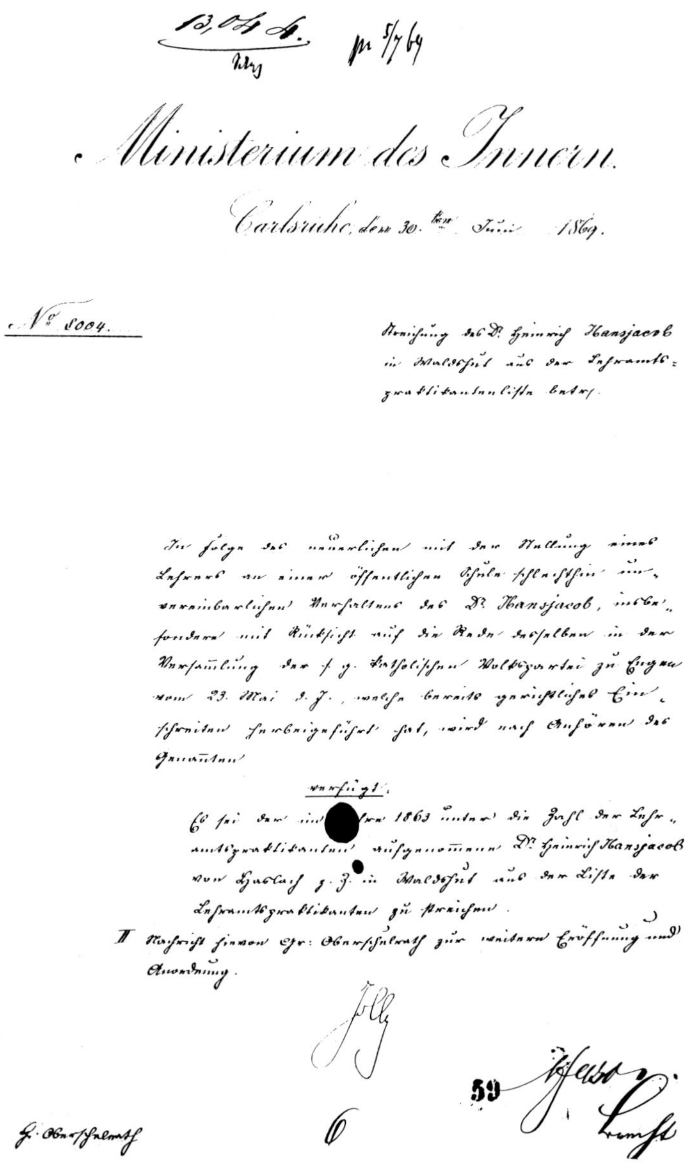
13,04 A.
pr 5/7 69

Ministerium des Innern.

Carlsruhe, den 30.ten Juni 1869.

No 8004.

Streichung des Dr. Heinrich Hansjacob in Waldshut aus der Lehramts-praktikantenliste betr.

In Folge des unwürdigen mit der Stellung eines Lehrers an einer öffentlichen Schule schlechthin unvereinbarlichen Verhaltens des Dr. Hansjacob, insbesondere mit Rücksicht auf die Rede desselben in der Versammlung der s. g. katholischen Volkspartei zu Engen vom 23. Mai d. J., welche bereits gerichtliches Einschreiten herbeigeführt hat, wird nach Anhörung des Genannten

verfügt:

Es sei der im Jahre 1863 unter die Zahl der Lehramtspraktikanten aufgenommene Dr. Heinrich Hansjacob von Haslach z. Z. in Waldshut aus der Liste der Lehramtspraktikanten zu streichen.

II Nachricht hiervon Gr. Oberschulrath zur weiteren Eröffnung und Anordnung.

Jolly

59

Gr. Oberschulrath

6

Abb. 99: *Schreiben des bad. Ministeriums des Innern an den Großh. Oberschulrat in Karlsruhe vom 30.6.1869.- Vgl. Kat. Nr. 64a.- GLA Karlsruhe: 76/3212*

64 b **Heinrich Hansjakob, Auf der Festung.** Erinnerungen eines badischen Staatsgefangenen, 5. Aufl., Ohlau: Leichter, o.J.

(Hist. Bibl. Rastatt: P 628,17) Abb. 100

Am Nachmittag des letzten Apriltages im Jahre 1870 betrat Heinrich Hansjakob die Festung in Rastatt als badischer Staatsgefangener, um seine vierwöchige Haft anzutreten, zu der er infolge der in Engen gehaltenen Rede verurteilt worden war. Bereits zuvor war er wegen derselben Rede aus der Liste der Lehramtspraktikanten gestrichen worden.

In Rastatt fand er schon zwei seiner Mitangeklagten vor: Adam Halbig und August Berberich, "der Patron der badischen Staatsgefangenen, der König der politischen Märtyrer". Hansjakob ließ die Zeit seiner Haft nicht ungenützt verstreichen. Er hielt seine Eindrücke und Gedanken in einem Tagebuch fest. In der Festung kritisierte er nun weiterhin das liberale System.

Am 3. Mai trug der Gefangene in sein Tagebuch ein: "Es gibt eben nur noch eine unfehlbare Sprache, die alleinseligmachende Sprache des Liberalismus, wer diese Sprache nicht spricht, ist ein Gimpel und Missetäter und muß der Strenge des Gesetzes überliefert werden." Am 13. Mai schrieb er: "Wahrlich, wenn bei uns im 'liberalsten und bestregiertesten Lande diesseits des Ozeans' die Blätter so frei aufträten gegen die Regierung wie in Paris, und in diesen Tagen die Wiener Presse gegen das Ministerium Potozki-Widmann, unsere Redaktionen würden Sonne und Mond nur noch durchs Fenster des Rastatter Schlosses auf- und untergehen sehen. Doch schon vor 40 Jahren hat ein Schriftsteller über die damalige badische Kammer ausgerufen: 'Welche Menschen! Mit ihrer Preßfreiheit ist es auch nichts!' Der Mann, so er noch lebte und schrieb in unseren Tagen, da Dr. Jolly Staatsminister und Kiefer Oberstaatsanwalt ist, hätte auch schon lange Quartier im hiesigen Schloß."

Am 28. Mai wurde Hansjakob aus der Haft entlassen. Unter dieses Datum schrieb er: "So verlasse ich denn die Feste so verstockt, wie ich sie betreten und wie die Staatsgefangenen von Salamanka 'mißvergnügt über die Haltung meiner Regierung', wie ehedem."

Von der Anlage her waren Hansjakobs Festungserinnerungen eher politische Kampfschrift- als Erbauungslektüre. Man spürt noch deutlich die tiefe Verbitterung, die Kränkung und Enttäuschung, die ihn bedrücken. Aber psychisch und physisch hat Hansjakob diese Haftzeit sehr gut verkraftet.

Auf der Festung.

Erinnerungen eines badischen Staatsgefangenen

von

Heinrich Hansjakob.

Fünfte Auflage.

Ohlau.
Verlag von Franz Leichter.

Abb. 100: *Titelseite der 5. Aufl. von Hansjakobs Erinnerungen "Auf der Festung".- Vgl. Kat. Nr. 64b*

64 c **Staatsminister Julius Jolly**. Fotografische Aufnahme; Größe: 16,5 x 10,5 cm.
(Generallandesarchiv Karlsruhe: 231/2937, 478) Abb. s. unten

Julius Jolly wurde am 21.2.1823 in Mannheim geboren. Er starb am 14.10.1891 in Karlsruhe. Nach einem Jurastudium in Bonn, Berlin und Leipzig wurde er 1847 zunächst Privatdozent und 1857 Professor an der Universität Heidelberg. Für die Universität Heidelberg war Jolly ab 1852 auch Mitglied der Ersten Kammer. 1861 trat er als Regierungsrat in den Dienst der Badischen Staatsregierung und wurde schon 1866 Präsident des Innenministeriums. In diesem Amt kam Jolly zum ersten Mal mit Hansjakob in Berührung. Jolly veranlaßte nämlich die Absetzung Hansjakobs als provisorischen Vorstands der Höheren Bürgerschule in Waldshut wegen seines Artikels "Aus den Ferien". 1868 wurde Jolly als Nachfolger von Mathy vom Großherzog mit der Leitung der Regierung beauftragt.

Abb. 101: *Staatsminister Julius Jolly.- GLA Karlsruhe: 231/2937*

Jolly war ein eifriger Förderer der deutschen Einheit unter Preußens Führung. Die Gründung des deutschen Reiches im Jahre 1871, woran er maßgeblich beteiligt war, erschien ihm als die Krönung seiner Politik. Seine kirchenpolitische Stellung war von der Auffassung geprägt, daß die Kirchen im Rahmen ihrer Seelsorge selbständig seien, aber in allen Beziehungen zum Staat diesem untergeordnet sein müßten. Seine kirchenpolitischen Überzeugungen hatte er bereits 1860 in seiner Schrift "Die badischen Gesetzentwürfe über die kirchlichen Verhältnisse" dargelegt. Die Einführung des theologischen Staatsexamens im Jahre 1867, die Einführung der obligatorischen Zivilehe und der bürgerlichen Standesbuchführung im Jahr 1870, die Verschärfung des Examensgesetzes im Jahr 1874 durch Strafbestimmungen und durch Nichtzulassung von Pfarrverwesern und schließlich die Einführung der konfessionell gemischten Schule: alle diese Gesetze tragen die Handschrift Jollys und wurden zum Vorbild für den preußischen Kulturkampf. Vor allem in der Auseinandersetzung

um das Staatsexamen für Theologen war Hansjakob der politische Gegenspieler Jollys in der Zweiten Badischen Kammer. Auch in seinen politischen Kampfschriften der 70er Jahre setzte sich Hansjakob mit dem Liberalismus des Staatsministers Jolly auseinander. Jollys harte und kompromißlose Haltung im Kulturkampf war schließlich auch Ursache für seine Entlassung als Staatsminister, um die er 1876 nachsuchte. Der Großherzog wünschte sich einen versöhnlicheren Kurs gegenüber der katholischen Kirche, wozu Jolly nicht der Mann war. Jolly wurde zum Präsidenten der Oberrechnungskammer ernannt. Er widmete den Rest seiner Jahre der schriftstellerischen Behandlung politischer Themen und lehnte die angebotene Berufung ins Reichskanzleramt als Leiter des Finanzreferats 1878 ab.
Lit.: Art. 'Julius Jolly' von R. Goldschmit. In: Bad. Biographien, V (1891-1901), hrsg. v. Fr. v. Weech u. A. Krieger, Bd. I, Heidelberg 1906, S. 327-352.

65 **Die badische Landtagsfraktion der "Katholischen Volkspartei" nach der Wahl von 1871.** Zeitungsabdruck; Größe: 19,5 x 15 cm. (Generallandesarchiv Karlsruhe: J-Ac-L 2) Abb. 102

Am 1. Mai 1869 war die "Katholische Volkspartei" gegründet worden. Die junge Partei war auf Anhieb erfolgreich. Bei den Landtagswahlen im August 1869 konnte sie bereits erste Erfolge verbuchen. Mit vier Männern stellte sie eine kleine, katholisch geprägte Opposition. Zu Lindau, der schon 1867 im mehrheitlich katholischen Wahlkreis Walldürn in den Landtag gewählt worden war, stießen Dr. Franz Xaver Lender, Dr. Ferdinand Bissing und Kreisgerichtsrat Reinhold Baumstark. Hansjakob hatte sich noch nicht um ein Mandat beworben.

Nach den Wahlen im Herbst 1871 konnte die "Katholische Volkspartei" die Zahl ihrer Abgeordneten mehr als verdoppeln. Marbe, Förderer, Hansjakob, Lender, Neumann, Reichert, Schulz, Hoffmann, Junghanns: Neun Männer konnte die "Katholische Volkspartei" in die Zweite Badische Kammer entsenden. Außer Dr. Franz Xaver Lender als Fraktionschef waren sie alle Neulinge. Baumstark hatte sich von der Politik zurückgezogen. Lindau hatte nicht mehr kandidiert und Bissing war zu den Nationalliberalen übergetreten, aber noch nicht wieder im Landtag.

Hansjakob war Kandidat im 25. Wahlkreis Offenburg-Land. 74 von 115 Wahlmännern stimmten für den Pfarrverweser vom Bodensee. Damit konnte er seinen nationalliberalen Rivalen Basler eindeutig besiegen.

Abb. 102: *Die Abgeordneten der Katholischen Volkspartei im badischen Landtag 1871/72.- Vgl. Kat. Nr. 65.- GLA Karlsruhe: J-Ac-L 2*

191

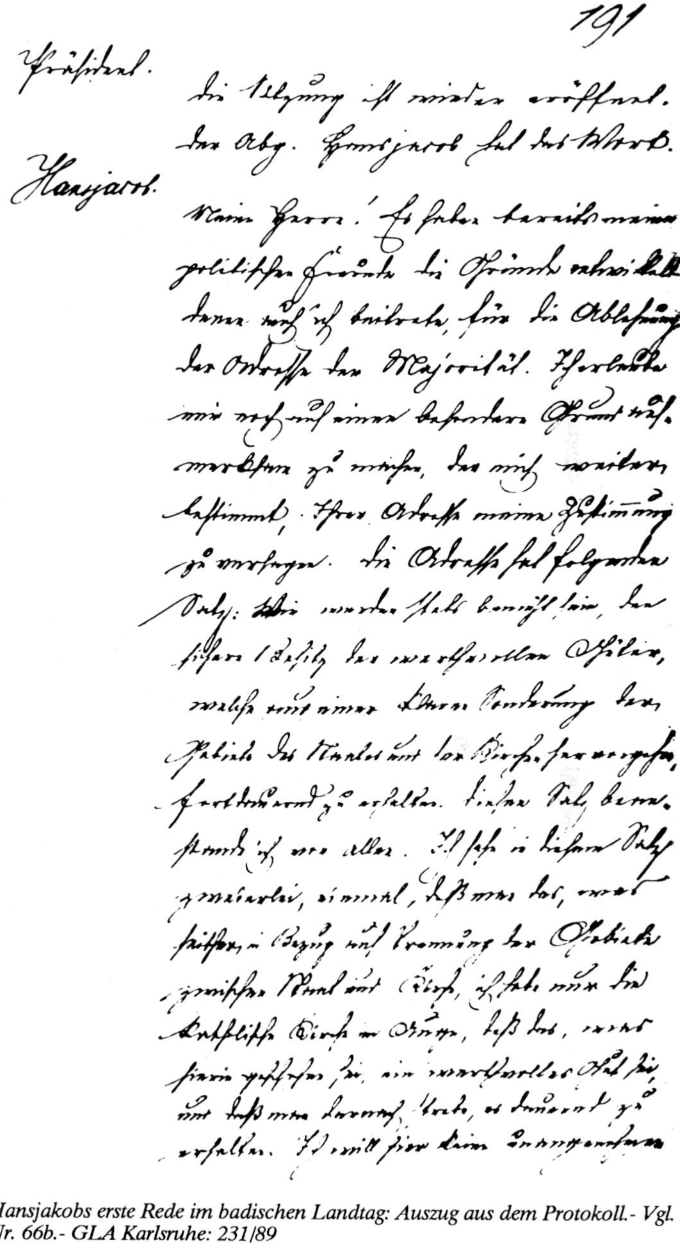
Präsident. Die Sitzung ist wieder eröffnet. Der Abg. Hansjakob hat das Wort.

Hansjakob. Meine Herren! Es haben bereits meine politischen Freunde die Gründe entwickelt, denen auch ich beitrete, für die Ablehnung der Adresse der Majorität. Ich erlaube mir noch auf einen besonderen Grund aufmerksam zu machen, der mich weiter bestimmt, Ihrer Adresse meine Zustimmung zu versagen. Die Adresse hat folgenden Satz: Wir werden stets bemüht sein, den sichern Besitz der werthvollen Güter, welche aus einer klaren Sonderung der Gebiete des Staates und der Kirche hervorgehen, fortdauernd zu erhalten. Diesen Satz beanstande ich vor allem. Ich sehe in diesem Satz zweierlei, einmal, daß man das, was früher in Bezug auf Trennung der Gebiete zwischen Staat und Kirche, ich habe nur die katholische Kirche im Auge, daß das, was hier geschehen ist, ein werthvolles Gut sei, und daß man darnach trachte, es dauernd zu erhalten. Ich will hier keine [illegible]

Abb. 103: *Hansjakobs erste Rede im badischen Landtag: Auszug aus dem Protokoll.- Vgl. Kat. Nr. 66b.- GLA Karlsruhe: 231/89*

66 a **Zylinderhut, getragen von Hansjakob** bei seinem Eintritt in den badischen Landtag.
(Augustinermuseum Freiburg: H 26/6)

66 b **Hansjakobs erste Rede im Landtag.** Sitzungsprotokoll.
(Generallandesarchiv Karlsruhe: 231/89) Abb. 103

Hansjakobs erste Rede im Landtag ist die Stellungnahme seiner Fraktion zum Entwurf der nationalliberalen Adresse auf die Thronrede. Hansjakob kritisiert darin die liberale Adresse wegen der geforderten endgültigen Trennung der Gebiete des Staates von denen der Kirche. Die katholische Kirche wolle zwar, so Hansjakob, Selbständigkeit, damit die Gläubigen nach den Grundsätzen ihrer Religion leben könnten. Trennung vom Staat aber strebe die Kirche nicht an. Nach ihrer Auffassung sollten Staat und Kirche vielmehr Hand in Hand gehen, um das Volk zu zeitlichem und ewigem Heil zu führen. Dabei falle dem Staat die Aufgabe zu, die Kirche wohlwollend zu unterstützen. Falsch sei es, den kirchlichen Einflußbereich einzuengen. Die Trennung der Gebiete des Staates von denen der Kirche in der von den Liberalen geforderten Weise schneide jedoch der katholischen Kirche die Lebensadern ab. Der Anfang sei mit den kulturkämpferischen Gesetzen und Verordnungen gemacht. Eine selbständige, starke, gesunde und einflußreiche Kirche aber sei für den Staat außerordentlich wichtig, weil sie dann in einer Krisensituation dem Staate helfen könne. Hansjakob zeigt dann auf, daß es in der abendländischen Geschichte immer wieder die katholische Kirche gewesen sei, die Staaten, die in einer Krise standen, wieder aufgerichtet habe. Mit dem Hinweis, es könne auch in Baden eine Situation kommen, in der der Staat die Hilfe der Kirche brauche, rief er den Abgeordneten zu: "Helfen Sie mit Rücksicht auf die soziale Gefahr, dann werden die Reichen besser geschützt sein vor den Armen, als durch alle Macht der großen stehenden Heere. Helfen Sie der Kirche! der Glaube, die Religion, sie ist allein die Macht und die Heilkraft, welche der Revolution von unten her gewachsen ist."

67 **Heinrich Hansjakob, Im Gefängnisse**. Neue Erinnerungen eines badischen Staatsgefangenen, Mainz: Kirchheim, 1873.
(Hist. Bibl. Rastatt: P 628,24) Abb. 104

Am 26. Mai 1872 sprach Hansjakob in Markdorf über seine Tätigkeit im Landtag. Wegen dieser Rede erstattete das Innenministerium gegen Hansjakob Anzeige wegen der Beleidigung von Landesbeamten. Von der Strafkammer des Kreis- und Hofgerichts in Konstanz wurde Hansjakob auch verurteilt, und zwar zu einer sechswöchigen Gefängnisstrafe, die in Radolfzell zu verbüßen war. Am 1. August 1873 trat der Verurteilte die Ge-

Abb. 104: *Heinrich Hansjakob, Im Gefängnis(se). Einband der 1873 erschienenen Erstausgabe.- Vgl. Kat. Nr. 67*

fängnisstrafe in Radolfzell an. Wie schon in Rastatt so führte Hansjakob auch diesmal wieder ein Tagebuch, das er noch im selben Jahr der Öffentlichkeit vorlegte. Wieder äußert sich Hansjakob mehrmals abfällig über den Liberalismus und gibt kund, daß er trotz der zweiten Haft seine feindliche Haltung dem Liberalismus gegenüber nicht aufgeben werde. So heißt es zum Beispiel auf Seite 16: "Die Hauptwaffe des Liberalismus, das Seil, an dem er Tausende gängelt, ist die Lüge, und andere Tausend laufen von selbst nach, froh mittun zu dürfen und für liberal zu gelten." Oder Seite 65: "Doch sind diese Gefängnisgenossen mit 'verbrecherischem Anstrich' vielleicht besser als ich - sie können sich noch bekehren, ich aber bin und bleibe dem Liberalismus und seinen Prinzipien gegenüber unverbesserlich und werde nach jeder Gefangenschaft mit gleichem Mute weiterkämpfen für Recht und Wahrheit." Den größeren Raum im Tagebuch allerdings schenkt Hansjakob trotzdem historischen Betrachtungen über Radolfzell und Umgebung.

68 Hans am See (das ist: **Heinrich Hansjakob**), **"Das Narrenschiff unserer Zeit"**, 2. Aufl., Mainz: Kirchheim, 1873.

(Hist. Bibl. Rastatt: 628 n) Abb. 92

"Das Narrenschiff unserer Zeit" ist eine politische Schrift Hansjakobs, die er noch vor dem Antritt seiner Gefängnisstrafe in Radolfzell fertigstellte. Das Narrenschiff charakterisiert Hansjakob wie folgt: " Es sind die Zeitströmungen, die Theorien und Grundsätze unserer Zeit, vor allem auf kirchlich-politischem Gebiete, es ist das Gebahren der Parteien, die diese Grundsätze vertheidigen und geltend zu machen suchen; es ist der Kampf des Unglaubens gegen den Glauben, das tolle Anstürmen des mächtig gewordenen Liberalismus gegen Christenthum und Kirche; es ist mit einem Worte die Thorheit der Welt und der Zeit, im Kampfe gegen die Weisheit und Allmacht Gottes, die im Narrenschiffe unserer Zeit umbfährt in allen Landen, in dem einen mehr, in dem anderen weniger" (S. 19/20). Alle, die dem liberalen Gedankengut anhingen, so führt der Verfasser weiter aus, befänden sich in dem Narrenschiff. Diese Leute würden sich durch die Begriffe Freiheit, Fortschritt, Aufklärung und Bildung blenden lassen. Ihre neue Religion heiße: "Liberal sein und Geld haben." Deshalb sei unter der Besatzung eine große Schar von "Speichelleckern, Bauchkriechern und Kautschuk-Männern". Diesem Schiff gibt Hansjakob keine lange Lebensdauer. Es werde mit seiner kirchenfeindlichen Menschenfracht am Fels der Kirche zerschellen und untergehen. Dann aber werde die Kirche wieder helfend ihre Hand reichen und die Irregeführten wieder aufrichten. In Titel und Inhalt lehnt sich Hansjakob an das "Narrenschiff" von Sebastian

Brant an. Er zieht eine Parallele zu den Zuständen in Deutschland beim Ausgang des 15. Jahrhunderts und denen beim Beginn des Kulturkampfes in Baden.

69 Hans am See (d.i.: **Heinrich Hansjakob**), **"Der Herr und sein Diener"**, Mainz: Kirchheim, 1873.
(Hist. Bibl. Rastatt: P 628 f) Abb. 105

"Der Herr und sein Diener" ist eine weitere Kampfschrift politischer Natur von Heinrich Hansjakob, die er im Jahre 1873 herausgab. Diese Schrift fußt auf einem Buch von Karl Friedrich Moser, das 1759 erschienen war. Hansjakob läßt vor allem Moser sprechen. Er selbst will nur "Aphorismen zur Einführung und Umkleidung" geben. Unter dem Herrn des Titels will Hansjakob Bismarck verstanden wissen. Der Diener ist nach seiner Auffassung der Liberalismus. Bismarck verstünde es, den Liberalismus für seine Zwecke einzusetzen. Der Liberalismus aber, der vorher über Bismarck geschimpft habe, krieche jetzt vor ihm auf dem Bauch und jauchze ihm zu, nur weil er eine kirchenfeindliche Haltung eingenommen habe.

70 **Rede Hansjakobs** am 21.01.1874 **zum Examensgesetz** der Regierung Jolly. Sitzungsprotokoll.
(Generallandesarchiv Karlsruhe: 231/103) Abb. 93

Wie schon beim Gesetz über die Orden trug auch diesmal Hansjakob die Stellungnahme seiner Fraktion vor. Er hatte sich mit einem harten Kurs, der die Gesetzesvorlage entschieden ablehnte, in seiner Fraktion durchgesetzt. In seiner Rede versucht Hansjakob zunächst, die der Begründung des Gesetzentwurfes zugrunde liegende Auffassung, die Kirche habe sich in den Grenzen zu bewegen, die die Staatsgesetzgebung ihr gezogen habe, zu widerlegen. Die Kirche habe Jesus Christus gegründet. Deshalb leite sie ihr Recht direkt von Gott ab. Christus habe aber für seine Lehre nicht um die Staatsgenehmigung nachgesucht. Vielmehr sei sie gegen den Willen des Staates entstanden. Hansjakob führt weiter aus, daß er nicht behaupten wolle, daß der Kirche alle Rechte zukämen und dem Staat keine. Die Kirche leugne nur, daß der Staat die Quelle allen Rechtes sei. Er charakterisiert die Situation in Baden so: "Und in der Tat, die Kirche hat heutzutage im modernen Staat kein anderes Recht, als das, welches ihr von der jeweils herrschenden Kammermajorität gewährt wird. Das Christentum ist zur Partei geworden, und diese Partei wird von der herrschenden liberalen Partei gedrückt. Es mußte deshalb zum Kampf kommen zwischen ihren Anschauungen und den unseren, zwischen der Kirche und dem modernen Staat, und dieser Kampf ist ein Kampf um Leben oder Tod." Wenn die Liberalen so fortführen, so Hansjakob weiter, dann werden sie die katholi-

„Der Herr und sein Diener"

von

Hans am See.

Manche sind gebor'ne Knechte, die nur dienen fremden Sinnen,
Manche sind gebor'ne Herren, die auch Andre leiten können.
Logau.

Ein Fürst, dem Glück und Waffen schmeicheln,
Find't Sclaven, die ihm zitternd heucheln.
Haller.

Mainz,
Verlag von Franz Kirchheim.

1873.

Abb. 105: *Heinrich Hansjakob (Pseudonym: Hans am See), "Der Herr und sein Diener". Titelseite der 1873 bei Kirchheim in Mainz herausgegebenen Publikation.- Vgl. Kat. Nr. 69*

sche Kirche abschaffen und die katholischen Geistlichen des Landes konsequenterweise verweisen müssen. "Dann sind sie aber erst noch nicht fertig, denn dann haben sie noch das katholische Volk und wenn sie auch dieses hinausjagen, dann haben sie keine Steuerzahler und keine Soldaten mehr, und dann ist es um ihre Staatsherrlichkeit geschehen." Zum Schluß seiner Rede bemerkt Hansjakob: "Ich behaupte deshalb, und hier glaube ich Unfehlbarkeit in Anspruch nehmen zu dürfen, es kommt die Zeit, wo der moderne Staat mit der Kirche Frieden schließt und schließen muß, wenn er nicht in vollständiger sozialer Auflösung und Revolution zugrunde gehen will, und wenn jene Zeit kommt, meine Herren, wird man nicht bloß über dieses Gesetz, sondern über den ganzen Liberalismus für immer zur Tagesordnung übergehen."

71 **Heinrich Hansjakob, Aus dem Leben eines Reichstagscandidaten.** In: Alte und Neue Welt, 12. Jg. (1878), S. 380-383, 398-400 u. 412-416.

(Hist. Bibl. Rastatt: SB/ E 133,9) Abb. 106

Heinrich Hansjakob hatte sich sowohl 1874 als auch 1877 um ein Reichstagsmandat beworben. Beide Male unterlag er seinem liberalen Mitbewerber im Wahlbezirk Offenburg. Seinen hier gezeigten Erinnerungen an den Wahlkampf von 1877 gab er den Untertitel: "Eine ernste Humoreske von Hans am See". Er bezeichnet seine Artikelserie "als Erstlingsversuch in politischer Kurzweil zu machen". Seinen Wahlkreis charakterisiert er so: "Wenn der Straßburger Münsterturm an einem schönen Sommertag über den Vater Rhein, der zu seinen Füßen sich hinzieht, hinüberschaut, so sieht er eines der schönsten Stücke des badischen Landes. Zunächst jenseits des altdeutschen Stromes liegt in der Ebene das reich gesegnete Hanauer Land mit stolzen, überaus wohlhäbigen Bauern, durch ihre malerische Tracht bislange weithin bekannt. Schaut die alte Turmspitze noch weiter, so zeigt sich am Ausgang des lieblichen Kinzigtales, in dem die weltbekannte Schwarzwaldbahn ihren Anfang nimmt, die duftige Stadt Offenburg, ein uralter Sitz freien Bürgersinnes und liberaler Loyalität. Um sie lagern in weitem Bogen stattliche Dörfer, meist 'von Ultramontanismus umnachtet'. Über das Ganze erheben sich im Hintergrunde die gewaltigen Bergmassen des Kinzig- und Renchtales, bis hinein in die kleinsten Talengen und Bergrücken nutzbar gemacht von mühsam tagwerkender Bevölkerung. Das ist der Wahlbezirk, in welchem man den deutschen Reichsbürgern zumutet, mich als ihren Vertreter nach Berlin zu senden." Wahlkämpfe waren damals sehr kurz. Denn nur genau eine Woche lang bereiste Hansjakob seinen Wahlkreis, um für sich zu werben. Nicht die Politik allerdings steht im Vordergrund seiner Artikelserie, sondern die bei ihm beliebte Wiedergabe und Interpretation des einfachen Mannes aus dem Volke, der mit Politik nicht viel am Hut hat. Zwar erreichte Hansjakob nicht sein Ziel, Reichstagsabgeordneter zu werden, aber mit dem Ergebnis konnte er durchaus zufrieden sein: Der liberale Kandidat erhielt 8.829 Stimmen, der demokratische Kandiadt 444 und Hansjakob immerhin 7.912 Stimmen.

72 Bericht über **Hansjakobs Rede vom 25. Januar 1878** im badischen Landtag im “Rastatter Wochenblatt”.

(Stadtarchiv Rastatt) vgl. auch Abb. 96 u. 108

Aufgrund des Examensgesetzes von 1874 machte sich in den katholischen Pfarreien ein sehr starker Priestermangel bemerkbar. Das veranlaßte die katholische Fraktion, im Januar 1878 einen Antrag zum Examensgesetz von 1874 einzubringen. Darin wurden nun Kammer und Regierung aufgefordert, das Examensgesetz aufzuheben. Lender begründete den Antrag. Nach ihm forderte Ministerialpräsident Stösser die Ablehnung des Antrages durch die Regierung. Er erwarte, daß zunächst einmal Freiburg initiativ werde und das Verbot aufhebe, das Staatsexamen abzulegen. Der liberale Abgeordnete Schmidt meldete sich daraufhin zu Wort und zitierte aus Hansjakobs Buch über seine Italienreise, worin dieser ein Nachgeben der Kirche gefordert hatte. Zur Überraschung seiner Fraktion ergriff nach Schmidt Hansjakob das Wort. Er nannte das Examensgesetz ein Kriegsmittel, mit dem man dem renitenten Gegner einen Hieb versetzen wolle. “Der ganze Kampf von 1860 an war ja nur ein Schachzug, in welchem man Zug um Zug den widerspenstigen kirchlichen Gegner in die Enge zu treiben und schließlich matt zu machen suchte.” Nach wie vor verurteilte Hansjakob das Examensgesetz. Er forderte nun aber im Gegensatz zu seiner Fraktion, daß sich die Kirche diesem Gesetz beugen solle. Sie solle sich den staatlichen Gesetzen unterwerfen, ihr Verbot aufheben und damit die Initiative zur Besserung des Verhältnisses von Staat und Kirche ergreifen. Eindringlich rief er seinen Fraktionskollegen zu: “Im Interesse des Klerus, der jahrelang standhaft gekämpft hat, und nun auf dem Aussterbe-Etat steht, im Interesse des katholischen Volkes, das in der Seelsorge Not leidet, im Interesse der Fortexistenz der katholischen Kirche in unserem Lande müssen wir diesen Gesetzen gegenüber nachgeben und eher Unrecht leiden, als der größten und heiligsten Interessen verlustig gehen.” Ein Freund der katholischen Kirche, so Hansjakob, müsse zum Frieden und zur Versöhnung raten, nicht aber zur Fortsetzung des Kampfes.

Aus dem Leben eines Reichstagscandidaten.

Eine ernste Humoreske von Hans am See.

Die „Alte und Neue Welt" gibt sich zwar mit Politik grundsätzlich nicht ab. Ihre Leser sind froh, wenn sie einmal von dieser leidigen Krankheit unserer Zeit nichts hören und sich an dem Liebling ihrer Familie (zu schmeichelhaft! D. R.) in Ruhe freuen können. Wenn ich gleichwohl vor sie hintrete, um ein wenig zu politisiren, so geschieht es deßhalb, weil ich den Versuch machen möchte, ein neues Genre des Politisirens, die „Unterhaltungspolitik", in die „Alte und Neue Welt" einzuschmuggeln. (Ei, ei! Sie werden bald sehen, wie weit Sie damit bei uns kommen! D. R.)

Wenn man einem Uebel nicht entgehen kann, muß man es wenigstens sich möglichst angenehm zu machen suchen. Kein Mensch entgeht heutzutage, in dem bei weitem größten Theil der alten Welt wenigstens, der Politik, dem Politisiren und seinen Folgen. Von den Reichstagen und Ständekammern bis in die Boudoirs der Damen und in die Boutiquen der Schneider und Schuster und von den Diplomaten ersten Ranges bis zu den Schulknaben herab wird in unsern Tagen politisirt. Ja, ich glaube, daß im neuen deutschen Reiche, wo ich Land, Leute und — die Spatzen genau kenne, selbst die letzteren auf den Dächern politische Versammlungen halten. Und als ich vor Jahren einmal — oder wenn ich recht rechne, zweimal — im Gefängnisse bei einsamen Spinnlein saß, da machte ich die Beobachtung, daß selbst

Die Spinne an der Wand
Denkt an das Vaterland.

Drum, warum soll nicht auch der Leser der „Alten und Neuen Welt" einmal politisiren zur — Kurzweil und damit den unerbittlichen Tribut dem politischen Gott unserer Zeit abzahlen? Die Leser in der neuen Welt aber werden nicht ungerne zur Abwechslung etwas Politisches aus der alten Heimat vernehmen und dabei merken, daß es hüben wie drüben hergeht, wenn es sich um Politik handelt, und daß die Menschen in diesem Punkte überall gleich sind.

Um aber ja keinem der vielen Leser unseres Familienblattes das Leben zu entleiden und seinen politischen Stand-

[1]) Diese entstehen nicht, wie vielfach geglaubt wird, im Käse selbst, sondern rühren von den Eiern einer glänzend schwarzen Fliege (musca casei L.) und kleinen Käsemilben (acarus siro L.) her. D. V.

Abb. 106: *Heinrich Hansjakob (Pseudonym: Hans am See), Aus dem Leben eines Reichstagscandidaten. Auszug aus dem 1878 erschienenen Aufsatz.- Vgl. Kat. Nr. 71.- Hist. Bibl. Rastatt: SB/E 133,9*

Vergeblich versuchten Lender und Förderer den tiefen Eindruck, den Hansjakobs Rede bei den liberalen Abgeordneten hinterlassen hatte, zu verwischen. Der Antrag der katholischen Fraktion wurde abgelehnt. Einen Hinweis auf den sensationellen Charakter von Hansjakobs Rede vermittelt auch der Redebeitrag des prominenten liberalen Abgeordneten Kiefer zum Schluß der Debatte. Er drohte nämlich, daß er einen Antrag einbringen werde, wenn Hansjakob infolge seiner Rede nur ein Haar gekrümmt werde, in der Weise, daß man die Priester der katholischen Kirche für unfähig erkläre, in der badischen Volksvertretung zu sitzen.

73 Dekan **Dr. Franz Xaver Leopold Lender**. Fotografische Aufnahme; Größe: 16,5 x 10,5 cm.
(Generallandesarchiv Karlsruhe: 231/479) Abb. s. unten

Franz Xaver Leopold Lender wurde am 20.11.1830 in Konstanz geboren und starb am 29.7.1913 in Sasbach. Lender gehörte im politischen Katholizismus wie Hansjakob zur den Pionieren. Zwei Jahre vor Hansjakob gelang Lender mit drei anderen Gesinnungsgenossen im Jahre 1869 der Einzug in die Zweite Badische Kammer. Im selben Jahr war erst die Katholische Volkspartei gegründet worden. Nach den Wahlen von 1871 wuchs die Fraktion der Katholischen Volkspartei auf neun Männer an, die Lender zum Fraktionschef wählten. Obgleich die Katholische Volkspartei kein Organisationsstatut hatte und ohne landesweit durchorganisierten Parteiapparat arbeitete, galt Lender auch als Führer der Partei, bis er 1887 aus der Partei austrat und Theodor Wacker zum neuen Vorsitzenden gewählt wurde. Ursache für diesen Wechsel war die Lender eigene abwartende und taktierende Haltung auf der politischen Bühne, die ihm in den eigenen Reihen oft als Schwäche angekreidet wurde. Parlamentarische Initiativen und harter parlamentarischer Kampf waren die Sache Lenders nicht. Deshalb stand zum Beispiel beim Kampf um das

Abb. 107: *Franz X. L. Lender.- Vgl. Kat. Nr. 73.- GLA Karlsruhe: 231/479*

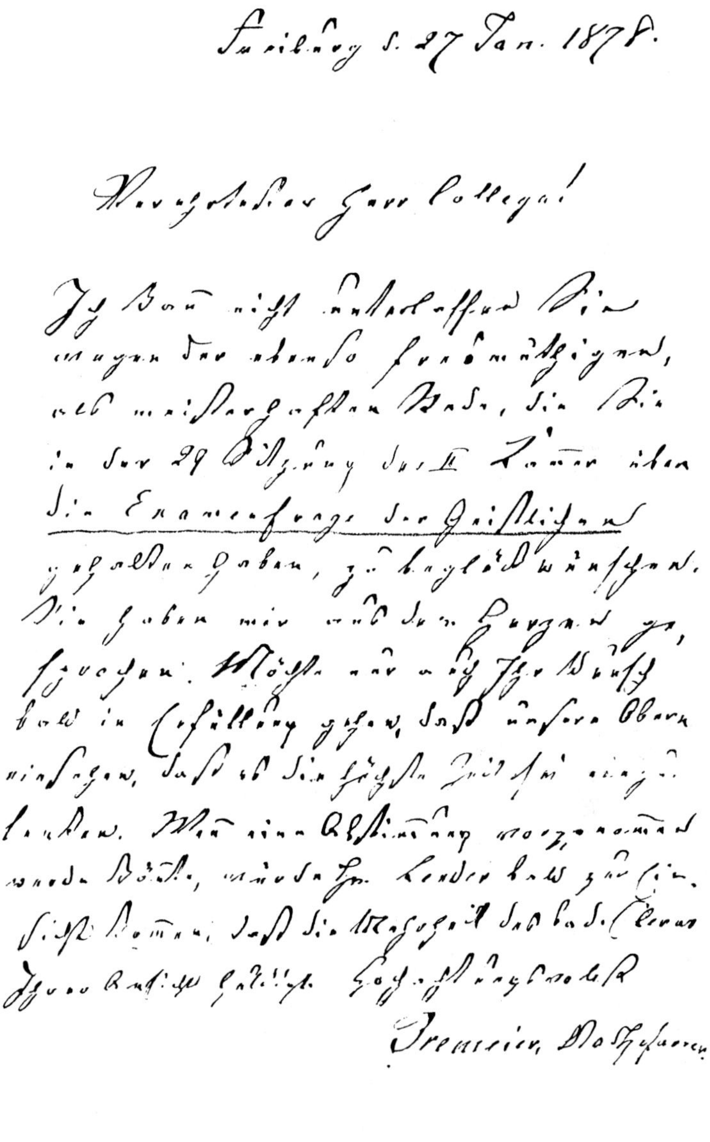
Freiburg d. 27 Jan. 1878.

Hochgeehrtester Herr College!

Ich kann nicht unterlassen Sie wegen der ebenso freimüthigen, als meisterhaften Rede, die Sie in der 29 Sitzung der II Kammer über die Examenfrage der Geistlichen gehalten haben, zu beglückwünschen. Sie haben mir aus dem Herzen gesprochen. Möchte nur auch Ihr Wunsch bald in Erfüllung gehen, daß unsere Oberen einsehen, daß es die höchste Zeit sei einzulenken. Wenn eine Abstimmung vorgenommen worden wäre, würden Ihre Gegner bald zu Gesicht bekommen, daß die Majorität des bad. Clerus Ihrer Ansicht huldigt. Hochachtungsvollst

Bremeier, Stadtpfarrer

Abb. 108: *Glückwunschschreiben des Stadtpfarrers von St. Martin (Freiburg), Bremeier, vom 27.1.1878 zu Hansjakobs am 25. Januar 1878 gehaltener Landtagsrede.- Vgl. auch Kat. Nr. 72.- EA Freiburg: Nachlaß Hansjakob*

Examensgesetz Hansjakob mehr im politischen Rampenlicht als Lender. Bei den kirchenpolitischen Auseinandersetzungen der Jahre 1871 bis 1875 war daher Hansjakob in der Kammer mehrere Male der Wortführer seiner Partei, und Lender hielt sich mehr im Hintergrund. Neben seiner Tätigkeit im Landtag war Lender von 1871 bis 1913 Mitglied des Reichstages als Zentrumsabgeordneter. Von 1884 bis 1913 wirkte er auch als Mitglied des Kreisausschusses im Kreis Baden. Mehr als durch seine politische Tätigkeit ist Lender bekannt geworden durch die Gründung der Sasbacher Lehranstalt. Nach der Schließung der kirchlichen Lehranstalten im Verlaufe des Kulturkampfes schuf Lender mit seiner privaten Lehranstalt die Möglichkeit, junge Katholiken zum Priesterberuf hinzuführen. Lender war seit 1872 bis zu seinem Tod Pfarrer in Sasbach und bereits seit 1866, ebenfalls bis zu seinem Tod, Dekan des Kapitels Ottersweier. Die Priesterweihe erhielt Lender 1853. Danach war er zunächst Vikar in Gengenbach und Offenburg; anschließend, von 1856 bis 1862, Pfarrverweser in Schwarzach, wo er dann auch eine ordentliche Pfarrstelle bis 1872 erhielt.
(Lit.: vgl. Artikel "Lender, Franz Xaver Leopold" v. C. Siebler, in: Bad. Biographien, N.F., Bd. II, 1987, S. 187-190)

74 **Heinrich Hansjakob, In der Residenz**. Erinnerungen eines badischen Landtagsabgeordneten, 2. Aufl., Stuttgart: Bonz, 1911)
(Hist. Bibl. Rastatt: P 628 c) Abb. 97a/b u. 301

1910 wurde das erstmals 1878 in Heidelberg erschienene Buch von Hansjakob selbst vollständig umgearbeitet und erweitert. Es erschien in 2. bis 4. Auflage 1911 im Verlag Adolf Bonz & Co. in Stuttgart.

Das Buch "In der Residenz" gliedert der Verfasser in Form eines Tagebuches. Es umfaßt die Zeit der Landtagssession vom 14. November 1877 bis zu seiner Rückreise am 10. Februar 1878 nach Hagnau. Zum einen Teil versucht Hansjakob, seine persönlichen Eindrücke vom Leben und der Atmosphäre der Residenzstadt wiederzugeben. Zum anderen Teil ist das Buch eine Rechtfertigung seines politischen Handelns in der Auseinandersetzung mit den staatlichen Kirchengesetzen. Heinrich Hansjakob machte sich nach seiner Rückkehr nach Hagnau gleich ans Werk, um seine Sicht der Dinge noch 1878 in Buchform veröffentlichen zu können. Im Vorwort zur 1. Auflage schreibt er unter anderem: "Mein Herz ist doppelt voll von Erinnerungen an den beendigten Landtag. Noch muß ich ob meiner Rede vom 25. Januar in verschiedenen Blättern geistern, bald als böser, bald als guter Dämon. Schweigen kann ich zu dieser Geisterfahrt und zu diesem Spießrutenlaufen auch nicht immer; man könnte sonst meinen, ich hätte kein gutes Gewissen oder man habe mich mundtot gemacht... So ist es zunächst ein einziger Tag in der Residenz und dessen Folgen, was mich bestimmt, meine Feder zu spitzen."

Die Landtagserinnerungen zeugen vor allem von der Verbitterung Hansjakobs über die ihm auf die Rede widerfahrene Behandlung. Besonders tief verletzte ihn, daß sich auch die engsten politischen Freunde wie Förderer, Lender und Werber sich an der Kampagne gegen ihn beteiligten. Er schreibt über sie: "Mögen diese ehemaligen Freunde nach dem Erscheinen meines vorliegenden Buches aufs neue den Stab über mich brechen, mich verkleinern und verfolgen, ich werde schweigen. Als Freunde sind sie für mich tot, und als einfache Nebenmenschen haben sie ja carte blanche." Er beharrt in den Erinnerungen weiterhin auf dem Standpunkt, daß ein Nachgeben der Kirche der richtige Weg sei, um den kirchenpolitischen Frieden herzustellen. Der Grundtenor seiner Rechtfertigung läßt sich so fassen: Er stimme in der Beurteilung des Examensgesetzes vollkommen mit seiner Fraktion überein. Er verurteile ebenfalls die Haltung der Liberalen und die Einstellung der von ihnen gestützten Regierung. Er sei auch dem Parteiprogramm nicht untreu geworden. Genau wie seine Fraktion befürworte er einen billigen Ausgleich zwischen Staat und Kirche. Er wolle jedoch eben hierzu einen anderen Weg eingeschlagen wissen. Nur in dem einen Punkt stehe er im Gegensatz zur Partei.

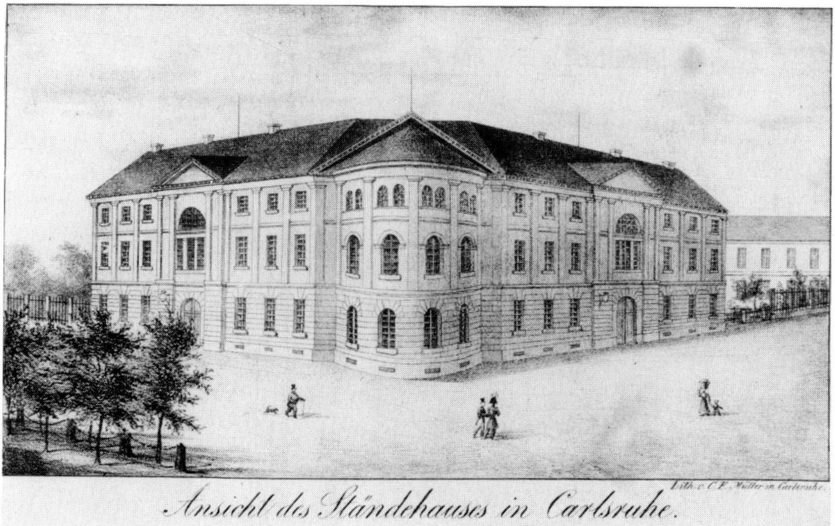

Abb. 109: *Das Karlsruher Ständehaus. Lithografie von C. F. Müller, Karlsruhe.- Vgl. Kat. Nr. 75.- GLA Karlsruhe: J-B-KA 112*

75 Darstellung des **Ständehauses in Karlsruhe.** Lithografie v. C. F. Müller, Karlsruhe; 15,5 cm x 23,5 cm.
(Generallandesarchiv Karlsruhe: J-B-KA 112) Abb. 109

1825 zogen zum ersten Mal Abgeordnete der beiden Kammern des badischen Landtags - also sieben Jahre nach Verkündigung der ersten Verfassung des Großherzogtums Baden - in das neue Parlamentsgebäude in unmittelbarer Nachbarschaft der Stadtkirche St. Stephan ein. Die Grundsteinlegung erfolgte bereits am 16.10.1820, wobei Johann Peter Hebel die Festrede hielt und das zu bauende Ständehaus einen Tempel des Vaterlandes für die frei gewählten Volksvertreter nannte. Nicht zufrieden mit dem Verlauf des Baus war Weinbrenner, der die Pläne für das Ständehaus lieferte. Denn gegen seinen Willen übernahm der Hauptmann und Militärbaumeister Arnold die Bauleitung und nahm einige gravierende Änderungen am Plan Weinbrenners vor. 1944 blieb nach einem Bombenangriff nur noch eine Brandruine übrig. Zur Zeit erstellt Karlsruhe einen Neubau auf dem Platz des ehemaligen Ständehauses. In diesem Neubau soll auch eine Erinnerungsstätte an das Ständehaus Platz finden (vgl. Kat. Nr. 14 a).

IV
Heinrich Hansjakob - Priester, Seelsorger, Theologe

Remigius Bäumer

Die religiöse Persönlichkeit von Heinrich Hansjakob ist in den letzten Jahren verschiedentlich gewürdigt worden.[1] Sein Wirken als Priester, Seelsorger und Theologe soll hier kurz zusammengefaßt werden.

1. Der Priester

Das Priestertum hat man als tragende Kraft der Persönlichkeit von Hansjakob bezeichnet.[2] Auf seinem Weg zum Priestertum haben ihm die Geistlichen seiner Heimatpfarrei nur wenige Anregungen vermittelt. In seinen Erinnerungen “Aus meiner Jugendzeit”[3] schreibt er, daß er von der Geistlichkeit seiner Jugendzeit weder aus der Kirche noch aus der Schule mehr eine andere Erinnerung als an die äußere Persönlichkeit habe. Nur Pfarrer I. Kurz, der 1848 nach Haslach kam, hat ihn stärker beeinflußt. In der Schulzeit beeindruckte ihn das “Gottbüchlein” von Ägidius Jais. Hansjakob bedauert in seinen Erinnerungen, daß man das Büchlein von Jais und die biblische Geschichte des kindlich einfachen Christoph Schmid aus den

Schulen verdrängt und dafür absolut Schlechteres eingeführt habe. Nach seinem Abitur 1859 in Rastatt trat Hansjakob in das Freiburger Theologenkonvikt ein und studierte von 1859 bis 1862 Theologie an der Freiburger Albert-Ludwigs-Hochschule - so lautete damals die offizielle Bezeichnung der Freiburger Universität. Er war ein begabter Student, was sich auch in seinen Abschlußnoten zeigte. In seinem Abschlußexamen wurden seine Leistungen weithin mit vorzüglich beurteilt.[4] Am 4.8.1863 wurde er zum Priester geweiht. Das Berufsziel von Hansjakob war nicht die Pfarrseelsorge, sondern der Schuldienst. Nach seinem philologischen Staatsexamen war er am Gymnasium in Donaueschingen Lehramtskandidat und wurde Ostern 1865 Leiter der Höheren Bürgerschule in Waldshut. Am 15.5.1865 wurde er in Tübingen zum Dr. phil. promoviert.[5]

Durch seine schriftstellerische Tätigkeit, u. a. durch seine Arbeit über die Salpeterer,[6] seine Schrift über Erzbischof von Vicari[7] und einen Aufsatz[8] in der Zeitschrift "Die katholische Welt" zog er sich den Unwillen von Regierungsstellen zu. Daraufhin gab Hansjakob seine Tätigkeit in der Schule auf [9] und ging in die Pfarrseelsorge. Er konnte zwischen zwei Pfarreien wählen: Endingen am Kaiserstuhl und Hagnau am Bodensee. Hansjakob entschied sich für Hagnau und übernahm am 1.12.1868 die dortige Pfarrei.[10] Er betätigte sich zugleich in der Katholischen Volkspartei und sprach 1869 auf einer Parteiversammlung, bei der er Minister Jolly kritisierte. Die Rede wurde in dem Organ der Katholischen Volkspartei, "Der Trompeter von Säckingen", publiziert und löste das Eingreifen der Staatsanwaltschaft aus. Es war die Zeit des Badischen Kulturkampfes. Das Gericht verurteilte Hansjakob zu einer vierwöchigen Festungshaft. Am 30. April bzw. 1. Mai 1870 trat er in Rastatt seine Strafe an.[11]

Bis 1884 wirkte Hansjakob in Hagnau. In diesem Jahr übernahm er dann die Pfarrei St. Martin in Freiburg, wo er als Seelsorger erfolgreich wirkte.[12] Am 4. August 1913 feierte Hansjakob in der Loretokapelle in Haslach sein Goldenes Priesterjubiläum. Aus diesem Anlaß überreichte ihm der Stiftungsrat eine gedruckte Adresse, in der seine Verdienste um die Pfarrei St. Martin eingehend begründet wurden. Am 30.8.1913 bat Hansjakob um seine Pensionierung. Er begründete diese Bitte mit Alter und Krankheit. Das Erzbischöfliche Ordinariat teilte ihm am 3.9.1913 mit, daß der Erzbischof seinen Verzicht auf die Pfarrei St. Martin mit Wirkung vom 1.10.1913 angenommen habe. Gleichzeitig sprach das Ordinariat Hansjakob seine Anerkennung für alle Dienste aus, die er in seinem langen Priesterleben in Verbindung mit seinen reichen Talenten zur Ehre Gottes und zum Heil der Seelen eingesetzt habe. Am 22.10.1913 siedelte Hansjakob

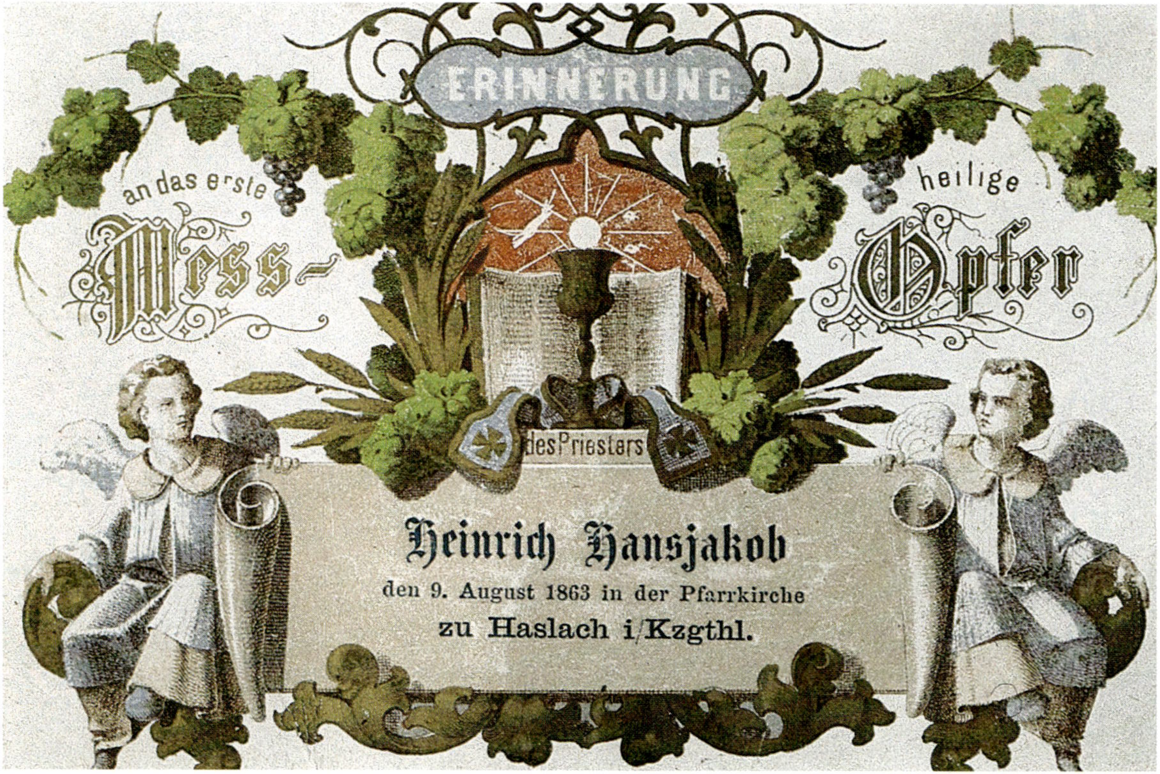

Abb. 110: *Primizbildchen Heinrich Hansjakobs aus d. J. 1863.- Vgl. Kat. Nr. 78.- Hansjakob-Museum Haslach. Aufnahme: H. Heid*

nach Haslach über, um dort seinen Lebensabend zu verbringen. Aber schon bald zeigten sich die Folgen des Alters. Am Ostertag 1916 erlitt er ein Nierenbluten. Zwar konnte Hansjakob noch am Weißen Sonntag die hl. Messe feiern, aber es war das letzte Mal. Bei vollem Bewußtsein empfing er vor seinem Tode die Sterbesakramente. Dann verlangte er nach Papier und Schreibzeug. Mit sterbender Hand konnte er nur noch das Wort "Jesus" schreiben. Friedlich lächelnd sagte er: "Jetzt geht's in altum, in den Himmel". In der Nacht von 22. zum 23.6.1916 vollendete er sein Priesterleben und starb in christlicher Hoffnung und im gläubigen Vertrauen auf die Auferstehung.[13]

Hansjakob hat seine Kirche geliebt, hat sich für sie eingesetzt und ist im Badischen Kulturkampf[14] in seinen ersten Priesterjahren für seine Überzeugung ins Gefängnis gegangen. Bei den späteren, zum Teil krankhaft bedingten Auseinandersetzungen mit dem staatlichen Oberstiftungsrat und dem Erzbischöflichen Ordinariat hat Hansjakob treu zur Kirche gestanden, wie er in seinem Buch "In der Karthause" bekennt: "Doch eines konnte der schärfste Konflikt nie bewirken, daß ich mich von der Kirche trennte."[15] Hansjakob hat fruchtbar als Priester gewirkt. Auch seine Leistung als Schriftsteller gründet in seiner priesterlichen Persönlichkeit. Mit Recht hat Joseph Schofer[16] über Hansjakob gesagt: "Es war die christliche Gedankenwelt, welche dem Dichter die Feder führte. Wer den ganzen Hansjakob kennen will, muß auch die seelsorgerischen und politischen Lebenswege des geistvollen feder- und sprachgewandten Volksschriftstellers zu verfolgen bereit sein."

2. Der Seelsorger

Die ursprünglichen Interessen von Hansjakob galten zunächst nicht der Seelsorge. Bezeichnend ist, daß sein Berufsziel der geistliche Gymnasiallehrer, nicht der Pfarrseelsorger war. Während seiner Tätigkeit in Donaueschingen lehnte es Hansjakob z.B. ab, in der Pfarrkirche seelsorgliche Aushilfe zu leisten. Seine freie Zeit widmete er dem Studium und der Fertigstellung seiner philosophischen Dissertation.[17]

Abb. 111: *Donaueschingen. Zeichnung von Curt Liebich*

Als er jedoch den Schuldienst verlassen mußte und die Pfarrei Hagnau übernahm, hat er sich seelsorglich eifrig bemüht. So führte er z. B. in Hagnau die Maiandacht ein und gründete die St. Sebastian-Sakramentsgilde. Über seinen seelsorglichen Einsatz in Hagnau urteilte der zuständige Dekan: "Hansjakob ist sehr tätig, ein eifriger Pfarrer und eine Person von sehr priesterlichem Wandel."[18]

Seine seelsorglichen Aufgaben wuchsen, als Hansjakob 1884 Pfarrer von St. Martin[19] wurde. Aber hier hatte er drei Mitarbeiter, Kooperatoren, die ihm wichtige seelsorgliche Pflichten abnahmen. Die Leitung der verschiedenen religiösen Vereine übernahmen in seinem Auftrag die Kooperatoren, von denen er auch die Betreuung der Armen und Kranken erwartete.

Als Seelsorger sah er seine Hauptaufgabe in der Predigt. Hansjakob war ein eindrucksvoller, sprachgewaltiger Prediger.[20] Seine Predigten bereitete er sorgfältig vor. Seine Wirksamkeit als Prediger darf man als die größte seelsorgliche Leistung von Hansjakob bezeichnen. Er hat gern gepredigt und genoß als Prediger in Freiburg großes Ansehen. Ziel seiner Predigten war die Verkündigung der katholischen Glaubenslehre. Seine Predigten boten eine fundierte Glaubensunterweisung. Sie waren zum Teil gelehrte Vorträge. Sie behandelten zentrale Glaubensfragen, z. B. Jesus von Nazareth, den hl. Geist, die Gnade, die Schöpfung, Meßopfer, Beichte und Kommunion, Maria, die Gottesmutter, die Kirche Christi. Hansjakob ließ seine Predigten drucken. Sie haben in ihrer veröffentlichten Form einen Umfang von etwa 1700 Seiten. Wenn man sie heute liest, ist man von ihrer spirituellen Tiefe und Aktualität beeindruckt. Seine Predigten fanden bei der Kritik eine gute Aufnahme. Das ermutigte Hansjakob, weitere Predigten drucken zu lassen. Als Beispiel für seine Predigttätigkeit sei aus einer Predigt vom letzten Sonntag des Kirchenjahres zitiert. Hier heißt es: "In dieser ernsten Stunde bekennen und beten wir: Herr und Weltenrichter, erhalte mich durch deine Gnade in dieser gefahrvollen Zeit auf deinem Wege und bei deiner Wahrheit. Und wenn du dereinst kommst, zu richten die Lebenden und die Toten, dann sei mir armen Sünder gnädig."[21]

Die tiefe Gottesliebe von Hansjakob wird u. a. in seiner Predigtreihe "Die Schöpfung"[22] deutlich. Hansjakob urteilte bescheiden: "Meine Predigten enthalten nichts Neues und nicht viel Originelles."[23] Er sprach von der unerwartet guten Aufnahme, die seine Kanzelvorträge fanden. Seine Predigten erlebten mehrere Auflagen. So erschienen seine Vorträge über "Sancta Maria" in vierter Auflage. Sie wurden übrigens vor einigen Monaten im Waldkircher Verlag (1992) neu herausgegeben.

Abb. 112: *Heinrich Hansjakob. Aufnahme aus d. J. 1902.- Vgl. Kat. Nr. 80a.- Hansjakob-Archiv Haslach. Repro: M. Hildenbrand*

Jesus von Nazareth,

Gott in der Welt und im Sakramente.

Sechs Vorträge,

gehalten in der Fastenzeit 1890 in der Kirche St. Martin zu Freiburg

von

Pfarrer Heinrich Hansjakob.

Mit Approbation des hochw. Herrn Erzbischofs von Freiburg.

Dritte, verbesserte und vermehrte Auflage.

Freiburg im Breisgau.
Herdersche Verlagshandlung.
1901.
Zweigniederlassungen in Wien, Straßburg, München u. St. Louis, Mo.

Abb. 113: *Heinrich Hansjakob, Jesus von Nazareth. Titelseite der 3. Aufl. dieser Predigtsammlung.- Vgl. Kat. Nr. 87*

Meßopfer, Beicht und Kommunion.

Sechs Vorträge,

gehalten in der Fastenzeit 1891 in der Kirche St Martin zu Freiburg

von

Pfarrer Heinrich Hansjakob.

Dritte, neu durchgesehene Auflage.

Mit Approbation des hochw. Herrn Erzbischofs von Freiburg.

Freiburg im Breisgau.
Herdersche Verlagshandlung.
1904.
Zweigniederlassungen in Wien, Straßburg, München und St Louis, Mo.

Abb. 114: *Titelseite der 3. Aufl. einer unter dem Titel "Meßopfer, Beicht und Kommunion" erschienenen Predigtsammlung von Hansjakob.- Vgl. Kat. Nr. 89*

Julius Langbehn, der am Neujahrstag 1896 die St. Martinskirche besuchte, wo Hansjakob predigte, berichtet: "Ich hörte eine Predigt und sah noch nie einen Prediger, der so ohne allen muckerischen obskuranten Beigeschmack war. Ihr einziger Fehler war, daß sie etwas zu verständig, etwas zu abgeklärt war. Es fehlte eine Leidenschaft. Aber sie war gut und er war gut. Seine Stimme ist ganz merkwürdig sanft und fein, aber nicht schwach. Es ist eine Stimme voll von wirklicher innerer Bildung."[24]

Neben der Predigttätigkeit entwickelte Hansjakob mehrere seelsorgliche Initiativen. So führte er auch in Freiburg die Maiandacht ein, weil er um die seelsorgliche Bedeutung der Marienfrömmigkeit wußte. Das zeigen seine Marienpredigten, in denen er über Maria die Gottesmutter, Maria unter dem Kreuz, Maria unsere Mutter, Maria und ihre Verherrlichung und Maria und ihre Verehrung sprach.[25]

In St. Martin in Freiburg errichtete er ferner die Bruderschaft vom Allerheiligsten Sakrament des Altars und ließ die Marienkapelle und die Antoniuskapelle bauen.[26]

Abb. 115: *Von Curt Liebich als Schlußvignette gezeichnete Mariendarstellung*

Im Dienste der Seelsorge stand auch seine Tätigkeit als Abgeordneter der Katholischen Volkspartei des Wahlkreises Offenburg. Im Parlament in Karlsruhe hat er sich in diesem Sinne verschiedentlich zu Wort gemeldet.[27]

Hansjakob war nicht nur Seelsorger, sondern er verstand sich zugleich als "Leibsorger". Sein soziales Engagement zeigte sich bereits 1868 in seinem Aufsatz in der Zeitschrift "Die katholische Welt", in dem er die harte Situation der Bergarbeiter im Kinzigtal[28] ansprach. Sein soziales Anliegen wurde sichtbar, als er in Hagnau die erste badische Winzergenossenschaft gründete.[29] Als er die wirtschaftliche Not seiner Pfarrkinder sah, suchte er nach Abhilfe. Sein Anliegen war, daß die Hagnauer Winzer ihren Wein zu einem gerechten Preis verkaufen konnten und nicht hilflos den einflußreichen Weinhändlern ausgeliefert waren. Er leitete die Winzer an, den Wein entsprechend ausreifen zu lassen, gemeinsam auszubauen und bis zu einem günstigen Verkaufstermin zu lagern. Eine Nebenwirkung der Gründung der Winzergenossenschaft war zudem, daß auf diese Weise der Eigenverbrauch eingeschränkt wurde.

Der Kapuziner kommt!

Ein Schreckensruf im Lande Baden.

Beleuchtet von

Pfarrer Hansjakob.

Motto: Muß man denn alles erdulden — auch die Unduldsamkeit? Das ist schwer, sehr schwer. Börne.

Preis 20 Pf.

Vierundzwanzigstes Tausend.

Freiburg im Breisgau.
Herdersche Verlagshandlung.
1902.
Zweigniederlassungen in Wien, Straßburg, München und St. Louis, Mo.

Abb. 116: *Heinrich Hansjakob, Der Kapuziner kommt! Titelseite der 1902 erschienenen Broschüre.- Vgl. Kat. Nr. 95a*

Im Dienste der Seelsorge standen auch verschiedene Schriften von Hansjakob. Hier wären neben seinen Predigten, die bei Herder erschienen, eine Würdigung des Bekennerbischofs Hermann von Vicari[30] zu nennen, die Hansjakob aus Anlaß des Silbernen Bischofsjubiläums des Erzbischofs verfaßte. Sie wurde zunächst von der Regierung beschlagnahmt, dann aber wieder freigegeben. Es war verständlich, daß dadurch die Schrift eine starke Verbreitung fand. Bereits 1868 erschien die 6. Auflage. Auch die Broschüre "Der Kapuziner kommt! Ein Schreckensruf im Lande Baden" (1902) hatte seelsorgerische Intentionen. Anlaß für die Veröffentlichung war der unverständliche Protest der Universitäten des Landes Baden beim Großherzog gegen den Abbau der Kulturkampfgesetze und die Zulassung der Orden. Die Schrift erschien in einer Auflage von 70.000 Exemplaren. Hansjakob erinnerte darin an den großen Nutzen, der der Allgemeinheit aus dem Wirken der Ordensleute erwachse.[31]

Abb. 117: *Der Freiburger Erzbischof Hermann von Vicari.- GLA Karlsruhe: J-Ac-V/19*

Ein Hemmnis für die Seelsorgsarbeit von Hansjakob war seine Krankheit. Er war der Sohn eines zeitweilig schwermütigen Vaters und litt als Kind an epileptischen Anfällen und auch in seinem späteren Leben an Nervenkrankheiten. Sein gesundheitlicher Zustand führte zu Spannungen mit seinen Mitarbeitern, aber auch mit seiner vorgesetzten Behörde und nicht zuletzt mit seinen Pfarrkindern.[32]

3. Der Theologe

Die Bedeutung von Hansjakob als Theologe hat ihre Grenzen. Wie er in seinen "Erinnerungen"[33] freimütig bekennt, war sein religiöses Wissen, als er mit dem Theologiestudium begann, gering. Sein eigentliches Interesse

Abb. 118: *Professor Dr. Johannes Alzog. - Text s. rechts.- GLA Karlsruhe: J-Ac-A 15*

galt als Student der Geschichte. Er hörte zahlreiche philologische Vorlesungen. Positiv wirkte sich aus, daß Hansjakob an der Freiburger Universität[34] und im Priesterseminar guten theologischen Lehrern begegnete: Alban Stolz, J. B. Hirscher, J. B. Alzog, F. J. Buß, Adalbert Maier, Joseph König, Friedrich Wörter und Lothar Kübel, die für seine theologische Entwicklung bedeutsam wurden. Dank seines hervorragenden Gedächtnisses hat Hansjakob seine theologischen Studien erfolgreich abgeschlossen und sich ein solides theologisches Fundament geschaffen. Über seine theologischen Lehrer hat Hansjakob in seiner Schrift "Aus meiner Studienzeit" interessante Urteile abgegeben.[35]

Noch im Jahre seiner Priesterweihe legte Hansjakob das philologische Staatsexamen ab und ging in den Schuldienst. Seine Dissertation behandelte bezeichnenderweise kein theologisches, sondern ein historisches Thema: "Die Grafen von Freiburg i. B. im Kampfe mit ihrer Stadt",[36] eine Arbeit, die er bei der philosophischen Fakultät in Tübingen einreichte. Als Religionslehrer hat Hansjakob wichtige theologische Neuerscheinungen studiert und sie für seinen Unterricht und die Predigt verwertet. Besonders in seinen späteren Predigten zeigen sich fundierte theologische Kenntnisse von Hansjakob und eine beachtliche Belesenheit in der zeitgenössischen Literatur.

Interessanterweise finden sich in dem Schrifttum von Hansjakob - außer den Predigten - keine eigentlichen theologischen Publikationen. Die wissenschaftliche Theologie hat nie das besondere Interesse von Hansjakob gefunden. Seine Selbsterkenntnis zeigt sich in den Worten: "Ich kann keine Theologie, aber ich rieche sie."[37] Aufschlußreich ist auch die Durchsicht seiner Bibliothek, die nur wenige theologische Werke enthielt, während sich die Zahl der Predigtliteratur auf 55 Bände belief.[38]

Sancta Maria.

Sechs Vorträge,

gehalten in der Fastenzeit 1893 in der Kirche St Martin zu Freiburg

von

Pfarrer Heinrich Hansjakob.

Dritte, verbesserte Auflage.

Mit Approbation des hochw. Herrn Erzbischofs von Freiburg.

Freiburg im Breisgau.
Herdersche Verlagshandlung.
1903.
Zweigniederlassungen in Wien, Straßburg, München und St Louis, Mo.

Abb. 119: *Heinrich Hansjakob, Sancta Maria. Titelseite der 1903 gedruckten 3. Aufl.- Vgl. Kat. Nr. 91*

Die

Toleranz und die Intoleranz

der katholischen Kirche.

Sechs Predigten,

gehalten in der Fastenzeit 1888 in der Kirche St. Martin zu Freiburg

von

Pfarrer Heinrich Hansjakob.

Mit Approbation des hochw. Herrn Erzbischofs von Freiburg.

Freiburg im Breisgau.
Herder'sche Verlagshandlung.
1890.
Zweigniederlassungen in Straßburg, München und St. Louis, Mo.
Wien I, Wollzeile 33: B. Herder, Verlag.

Abb. 120: *Heinrich Hansjakob, Die Toleranz und die Intoleranz der katholischen Kirche. Titelseite der Erstauflage von 1890. - Vgl. Kat. Nr. 88*

Seine gute theologische Bildung sei jedoch an einigen Beispielen dokumentiert. So begründete er in seiner Predigtreihe "Sancta Maria" die katholische Marienverehrung mit einer überraschenden Fülle von Zeugnissen aus allen Jahrhunderten. Er verweist auf die Mariendarstellungen in den Katakomben, zitiert Aussagen der Kirchenväter, von mittelalterlichen Theologen wie Bernhard von Clairvaux, Heinrich Seuse, Johannes Gerson, aber auch der Reformatoren, ferner von Erasmus von Rotterdam und Ignatius von Loyola über Maria. Seine Marienpredigten bieten einen Abriß der Mariologie und zeigen die umfangreiche Kenntnis von Hansjakob über die Entwicklung der Marienfrömmigkeit und der Marienlehre.[39]
Hansjakob besaß die Fähigkeit, sein theologisches Wissen an geeigneten Stellen in seine Predigten einzubauen. So ist man über die fundierte Quellenkenntnis von Hansjakob über die Geschichte der Marienverehrung überrascht. Er wies in seinen Schriften auf das Marienlob der Reformatoren hin, in einer Zeit, wo diese Erkenntnis noch wenig verbreitet war. So verwertete er in seinen Predigten das Marienlob von Martin Luther, zitierte aus seiner Erklärung des Magnifikats, erwähnte die Marienverehrung von Calvin und die Aussagen des Basler Reformators Oecolampadius.[40]

Ein anderes Beispiel: Die Predigtreihe über "Die Toleranz und die Intoleranz der katholischen Kirche"[41] erörtert das Problem auf der Grundlage eines breiten kirchenhistorischen Wissens klar und überzeugend. In seinen Vorträgen erinnerte Hansjakob an die Intoleranz in protestantischen Ländern und wies darauf hin, daß 1572 in Heidelberg der reformierte Pfarrer Sylvanus von Ladenburg[42] von den Lutheranern hingerichtet wurde. Im protestantischen Nürnberg seien von 1577 bis 1617 mehr als 300 Personen wegen Ketzerei und Zauberei getötet worden. Er zitierte intolerante Aussprüche Luthers, u. a. in seinem Buch "Wider das Papsttum zu Rom vom Teufel gestiftet".[43] Hansjakob kannte auch weitere Werke Luthers. So zitierte er u.a. aus Luthers "Tischreden": "Da nun Gott sein Wort in der Welt erhalten hat und daß des Herrn Christi Reich im Papsttum geblieben ist, das ist unseres Herrn Gottes größtes Wunderwerk ein."

Hansjakob hatte auch Kenntnis von den Schriften Melanchthons. Dieser habe zugegeben: "Die Welt ist der Messe so zugetan, daß es scheint, als könnte man sie den Menschen kaum entwinden." In seiner Predigt über die Toleranz erinnert er daran, daß selbst Melanchthon Scharfrichter gegen Ketzer verlangt und die Verbrennung von Michael Servet bei lebendigem Leib in Genf bewilligt habe.[44] Er sprach auch von der Intoleranz, die in dem Satz zum Ausdruck komme, der im Augsburger Religionsfrieden von 1555[45] seine Wurzeln hat: “Wem das Land gehört, der hat auch über die Religion zu bestimmen.” Eine solche Aussage habe nicht die katholische Kirche erfunden, sondern sie sei dem Boden des Protestantismus entsprungen.

Verschiedentlich verwertete Hansjakob Aussagen des englischen Historikers Macauly und führte von ihm längere Zitate an. Die Quelle für die Zitate von Macauly scheint der französische Laientheologe Jean-Jaques-Auguste Nicolas[46] zu sein, den Hansjakob verschiedentlich zitiert. Sein Werk “Etude philosophique sur le christianisme” erschien in den Jahren von 1882 bis 1885 und erlebte 26 Auflagen. Es erschien auch in deutscher Übersetzung. Hansjakob zitiert auch das Werk von Ignaz Döllinger über die Reformation,[47] benutzt die Apologie von Albert Maria Weiss,[48] die in 5 Bänden 1878-1889 erschien. In seiner Predigt “Der hl. Geist” verwertet Hansjakob das Werk von Jean-Joseph Gaume: “Die Lehre vom hl. Geist”, das 1865 in deutscher Übersetzung erschien.

Wichtigste Quellen für Hansjakob sind die Hl. Schrift, die Kirchenväter und neuzeitliche Theologen, wie Johann Adam Möhler, Franz Seraph Hettinger, aber auch protestantische Philosophen und Theologen wie Johannes Salomon Semler, David Friedrich Strauß, Friedrich Wilhelm Schelling und der Dichter Gotthold E. Lessing.

Die Aussagen von Hansjakob in seinen Predigten sind fundiert, wenn sich auch einzelne Irrtümer finden. So verlegt er die Unionsbulle des Konzils von Florenz “Laetentur caeli” von 1439 fälschlicherweise in das Jahr 1445.[49]

Das positive Bild von Hansjakob als Priester, Seelsorger und Theologe wird jedoch durch die Tatsache getrübt, daß Hansjakob sich auch als Informant der Badischen Regierung betätigte und über innerkirchliche Angelegenheiten nach Karlsruhe berichtete. In seinen kirchenpolitischen Ansichten hatte sich seit 1875 langsam eine Wende vollzogen. Jetzt vertrat er die These, daß im Badischen Kulturkampf die Kirche den Frieden mit dem Staate suchen müsse. Dieser Gesinnungswechsel gipfelte in einer Rede von Hansjakob im Karlsruher Parlament vom 25. Januar 1878, in der er seine neue Sicht öffentlich vertrat.[50] Die scharfe Kritik, die Hansjakob damals von katholischen Kreisen erfuhr, führte zu einem engeren Verhältnis zur Regierung, die er über kirchliche Interna informierte, eine Tätigkeit, die ihm 1884 die gutdotierte Pfarrei St. Martin - sie wurde vom Großherzog vergeben - einbrachte.[51] In Freiburg hatte Hansjakob die Möglichkeit, Nachrichten aus dem Ordinariat und aus dem Domkapitel an die Regierung weiterzuleiten. Diese Informantentätigkeit[52] (bis 1890) für den Staat wirft Schatten auf die priesterliche Persönlichkeit von Hansjakob und läßt Urteile über ihn wie "der allezeit untadelige Priester und aufrechte Diener seiner Kirche" nur mit Einschränkungen zu.[53]

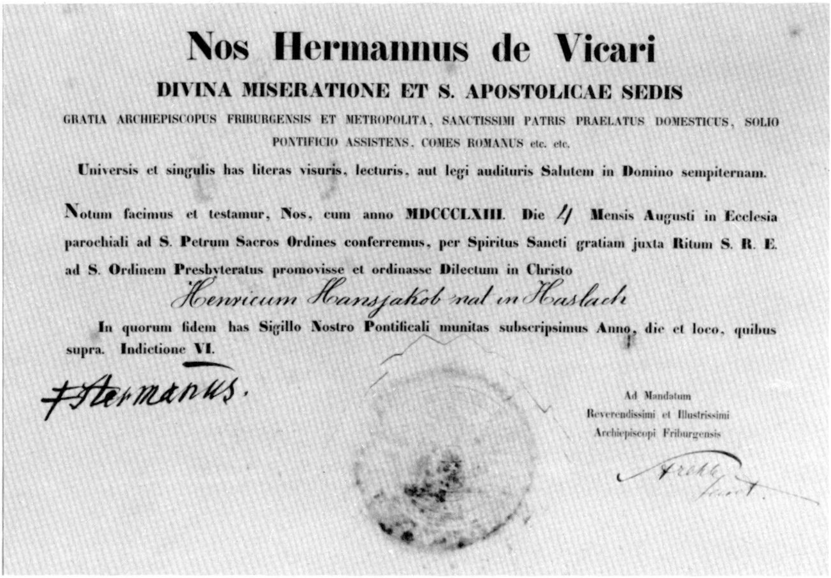
Nos Hermannus de Vicari

DIVINA MISERATIONE ET S. APOSTOLICAE SEDIS

GRATIA ARCHIEPISCOPUS FRIBURGENSIS ET METROPOLITA, SANCTISSIMI PATRIS PRAELATUS DOMESTICUS, SOLIO PONTIFICIO ASSISTENS, COMES ROMANUS etc. etc.

Universis et singulis has literas visuris, lecturis, aut legi audituris Salutem in Domino sempiternam.

Notum facimus et testamur, Nos, cum anno MDCCCLXIII. Die 4 Mensis Augusti in Ecclesia parochiali ad S. Petrum Sacros Ordines conferremus, per Spiritus Sancti gratiam juxta Ritum S. R. E. ad S. Ordinem Presbyteratus promovisse et ordinasse Dilectum in Christo

Henricum Hansjakob nat in Haslach

In quorum fidem has Sigillo Nostro Pontificali munitas subscripsimus Anno, die et loco, quibus supra. Indictione VI.

+Hermanus.

Ad Mandatum
Reverendissimi et Illustrissimi
Archiepiscopi Friburgensis

Abb. 121: *Hansjakobs Priesterweihe am 4. August 1863: vom Freiburger Erzbischof Hermann von Vicari unterschriebenes Zeugnis.- EA Freiburg: Nachlaß Hansjakob. Aufnahme: Schreiber*

ANMERKUNGEN

1 H. Auer, Heinrich Hansjakob. Leben und Wirken (1939); A.P.H. van Rijswijck, Heinrich Hansjakob (1948); M. Schättgen, Heinrich Hansjakob (1976); R. Bäumer, in: St.Martin in Freiburg (1985) 293-308; H. Bender, Heinrich Hansjakob. Leben, Wirken und Werk (1985); Heinrich Hansjakob. Festschrift zum 150. Geburtstag, hrsg. von M. Hildenbrand u. W. Scheurer (1987).

2 M. Schättgen, Heinrich Hansjakob (1976) 29.

3 Aus meiner Jugendzeit, [16](1989) 206, 215.

4 Vgl. das Abschlußzeugnis der Freiburger Hochschule für den cand. theol. et phil. Heinrich Hansjakob: Generallandesarchiv Karlsruhe 76/3212.

5 Rijswijck (wie Anm. 1) 27ff.

6 Die Salpeterer (1867).

7 Hermann von Vicari. Erzbischof von Freiburg (1868).

8 Aus den Ferien. Erinnerungen an Land und Leute. In: Die katholische Welt 3 (1868) 385-389.

9 Vgl. dazu "Katholik" 49/2 (1869) 47f.; Rijswijck (wie Anm. 1) 41ff.

10 Ebd. 56ff. Vgl. die Personalakte von Heinrich Hansjakob im Erzbischöflichen Archiv in Freiburg.

11 Heinrich Hansjakob, Auf der Festung (1870) 10f., 19f.; Rijswijck (wie Anm.1) 42ff.

12 R. Bäumer, in: St. Martin in Freiburg (wie Anm.1) 297ff.

13 Ebd. 305; Rijswijck (wie Anm. 1) 73.

14 A. J. Hofmann, Heinrich Hansjakob und der Badische Kulturkampf (1981).

15 In der Karthause (1901).

16 J. Schofer, Mit der alten Fahne in die neue Zeit (Freiburg 1926) 1-20, bes. 19.

17 Rijswijck (wie Anm. 1) 172.

18 Vgl. die Personalakte von Heinrich Hansjakob im Erzbischöfl. Archiv Freiburg.

19 R. Bäumer, in: St. Martin (wie Anm. 1) 293ff.

20 Ebd. 306; Rijswijck (wie Anm. 1).

21 Zeit und Kirche. Kanzelreden (1903) 339.

22 Freiburg (1901).

23 Jesus von Nazareth (1890) Vorwort.

24 R. Bäumer, in: St. Martin (wie Anm.1) 306. Das Zitat findet sich in einem Brief von J. Langbehn an Momme Nissen: B. Momme Nissen, Der Rembrandtdeutsche J. Langbehn (1926) 247.

25 Sancta Maria (1992).

26 St. Martin in Freiburg (1985) 218ff., 306.

27 Rijswijck (wie Anm. 1) 40ff.

28 Die katholische Welt 3 (1868) 385ff.

29 Festschrift 80 Jahre Winzergenossenschaft Hagnau (1961); Rijswijck (wie Anm. 1) 56.

30 Hermann von Vicari. Erzbischof von Freiburg. Sein Leben und Wirken (1868). Vgl. dazu das Urteil von Karl-Heinz Braun, Hermann von Vicari und die Erzbischofswahlen in Baden (1990) 6f., 258; J. Dorneich, Franz Joseph Buß und die Katholische Bewegung in Baden (1969) 363.

31 Vgl. dazu M. Stadelhofer, Der Abbau der Kulturkampfgesetzgebung in Baden (1969); A. J. Hofmann, Heinrich Hansjakob und der Badische Kulturkampf (1981).

32 R. Bäumer: St. Martin (wie Anm. 1) 298f., 301, 303.

33 Aus meiner Jugendzeit. Erinnerungen, [16](1986) 304.

34 Vgl. Art. v. R. Bäumer in: Theologische Realenzyklopädie XI (1983) 484ff; ders., Die Badische Regierung, die Freiburger Theologische Fakultät und das erste Vatikanische Konzil. In: Freiburger Diözesan-Archiv (=FDA) 97 (1977) 237-278.

35 Aus meiner Studienzeit (1885) 219ff., 224ff., 253ff.

36 Zürich (1867).

37 Rijswijck (wie Anm. 1) 122.

38 Ebd.127.

39 Vgl. dazu R. Bäumer, Die Marienfrömmigkeit von Hansjakob. In: Heinrich Hansjakob. Festschrift zum 150. Geburtstag (1987) 23-35.

40 Sancta Maria (1992) 102f.

41 Die Toleranz und Intoleranz der katholischen Kirche (1890).

42 Vgl. über ihn: Lexikon für Theologie und Kirche (=LThK)^2, IX, 1204; B. von Bundschuh, Das Wormser Religionsgespräch von 1557 (1988) 375f., 392f., 516ff.

43 Vgl. dazu R. Bäumer, Martin Luther und der Papst, ^{5}(1987) 94ff.

44 LThK^2, IX, 693f.

45 R. Bäumer, Konrad Braun und der Augsburger Religionsfriede. In: Fides et Jus. Festschrift für Georg May (1991) 283-301.

46 Hansjakob zitiert u.a. in "Sancta Maria" (1992, 47) von Nicolas, Neue Studien über das Christentum. Vgl. über ihn: LThK^2, VII, 948; Marienlexikon IV (1992) 613.

47 Vgl. H. Jedin/R. Bäumer, Die Erforschung der kirchlichen Reformationsgeschichte (1975) 4f.

48 Vgl. über ihn: LThK^2, X, 1007.

49 Vgl. Christian Unity. The Council of Ferrara-Florence, ed. G. Alberigo (1991). Die Stelle bei Hansjakob: Die wahre Kirche Jesu Christi (1890) 45.

50 Später hat Hansjakob erkannt, daß seine Rede ein Fehler war. Vgl. R. Bäumer in: St. Martin (wie Anm.1) 297.

51 Franz Xaver Kraus (Tagebücher, 1957, 585) berichtet, daß Hansjakob die Pfarrei St. Martin durch seine Fürsprache beim Großherzog erhalten habe.

52 J. Becker, in: Zeitschrift für Geschichte des Oberrheins (=ZGO) 111 (1963) 58f.

53 Vgl. auch die Beiträge von O. B. Roegele und M. Schättgen, in: Heinrich Hansjakob. Seine Bedeutung für unsere Zeit, Kehl: Morstadt, o.J., 7-37.

76 **Zeugnis des Rastatter Lyzeumsdirektors J. Schrauth** vom 28. September 1859.

(Erzbischöfl. Archiv Freiburg: Nachlaß Hansjakob) Abb. 122

Hansjakob werden vom Rastatter Lyzeumsdirektor Schrauth Strebsamkeit und gute Anlagen bescheinigt. Schrauth gründet hierauf seine Hoffnung, daß Hansjakob die Zeit des akademischen Studiums mit sehr gutem Erfolg benützen werde.

In seinen Erinnerungen "Aus meiner Studienzeit" zitiert Hansjakob eine größere Passage aus dem Zeugnis und bemerkt dazu: "Einige Wochen später, nachdem ich mich definitiv entschlossen hatte, Theologie zu studieren, mußte ich nochmals ein 'allgemeines' Zeugnis einholen beim Direktor; denn auch die Aufnahme in ein theologisches Konvikt wurde einem sterblichen Germanen im 19. Jahrhundert nur auf Grund möglichst vieler

'Schriften' gestattet... Ich führe dieses Zeugnis an als Beweis meiner 'gesetzlichen' Führung und um zu zeigen, was im Menschenleben ein 'legaler Lebenswandel' überhaupt besagen will" (6. Aufl., S. 316f.).

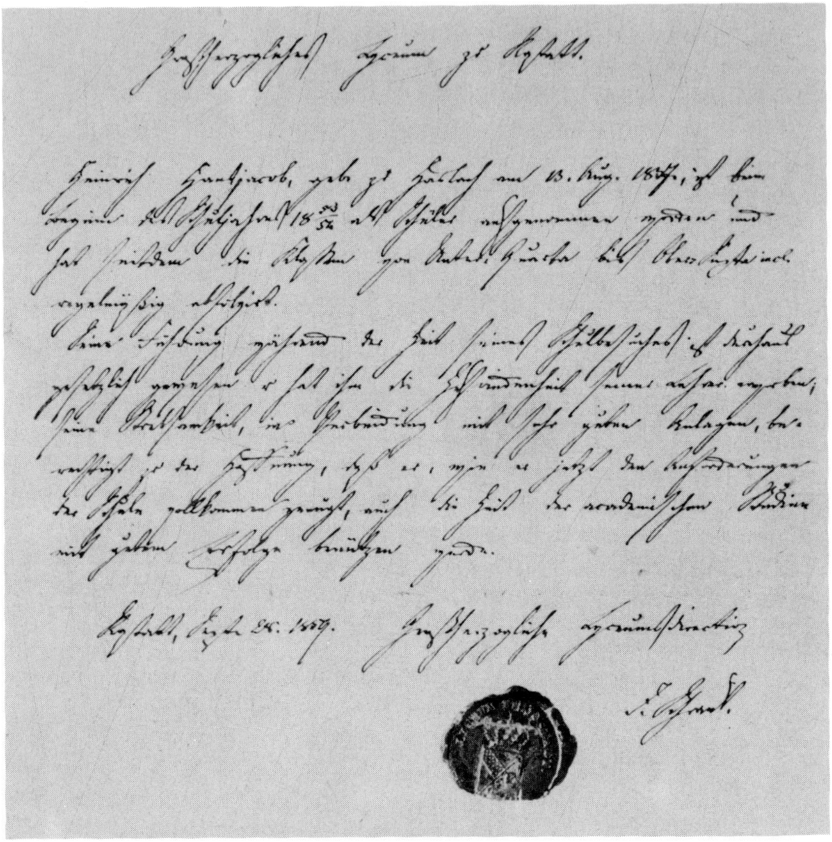

Abb. 122: *Zeugnis des Rastatter Lyzeumsdirektors Schrauth für Hansjakob.- Vgl. Kat. Nr. 76.- EA Freiburg: Nachlaß Hansjakob. Aufnahme: Schreiber*

77 Hansjakob als Theologiestudent in Freiburg

77 a Heinrich Hansjakob. (Reproduktion einer) Fotografie aus d. J. 1862.

(Hansjakob-Archiv Haslach) Abb. 123

Die Fotografie zeigt Hansjakob im Jahre 1862 als Studenten im Erzbischöflichen Konvikt in Freiburg . Es handelt sich hier um die früheste fotografische Aufnahme von Hansjakob. M.H.

Abb. 123: *Hansjakob als Student im Jahre 1862.- Vgl. Kat. Nr. 77a.- Hansjakob-Archiv Haslach. Repro: M. Hildenbrand*

77 b **Teilnahmebescheinigung für eine Vorlesung über christliche Moral, ausgestellt von Prof. Dr. J. B. v. Hirscher** am 8. März 1861. (Erzbischöfl. Archiv Freiburg: Nachlaß Hansjakob) Abb. 125

77 c **Prof. J. B. v. Hirscher**. Brustbild (Lithografie); Größe: ca. 24cm x 16cm, mit Passepartout ca. 46cm x 31cm. (Generallandesarchiv Karlsruhe: J-Ac-H 61) Abb. 124

Prof. Hirscher (geb. 20.1.1788) lehrte seit 1837 Moraltheologie in Freiburg, wo er am 4.9.1865 starb. Er war einflußreich u.a. durch seine "Christliche Moral als Lehre von der Verwirklichung des göttlichen Reiches in der Menschheit".

Abb. 124: *Prof. J. B. v. Hirscher.- Vgl. Kat. Nr. 77c.- GLA Karlsruhe: J-Ac-H 61*

Im Wintersemester 1860/61 hörte Hansjakob bei Hirscher die letzten Vorlesungen, die dieser im Fach "Moraltheologie" gab. Nach eigenem Bekunden empfand Hansjakob Hirschers Vorlesungen allerdings als langweilig, und er "profitierte nichts" von ihnen, obgleich er zugesteht, daß Hirscher "ein genialer Mensch" und "einer der bedeutendsten Lehrer der Universität" war und zu den "gefeierten" Freiburger Professoren gehörte. Doch "Leute mit geniehafter Anlage leisten durch ihre Schriften in der Regel nicht sehr viel fürs praktische Leben". Nichtsdestoweniger verehrte Hansjakob Professor Hirscher sehr, "der, damals schon ein Siebziger, ein klassisch schönes Gesicht hatte und eine in hohem Grade ehrwürdige Erscheinung war". Immerhin aber waren in späteren Jahren Hirschers "Betrachtungen über die sonntäglichen Evangelien" für Hansjakob - wie er bekennt - eine gute Predigthilfe (vgl. zu diesem Abschnitt: Aus meiner Studienzeit, 6. Aufl., S. 403-405 u. 387f.).

Wenige Monate bevor er seine letzten Vorlesungen hielt, durfte Domdekan Hirscher im Sommer des Jahres 1860 sein 50jähriges Doktorjubiläum feiern. An dem Jubiläum beteiligten sich fast alle Freiburger Studenten

- darunter auch Heinrich Hansjakob - und ehrten Prof. Hirscher durch einen Fackelzug. Doch “Der reiche Domdekan ließ diese Ovation nicht unbelohnt und lud die Fackelträger alle auf einen Nachmittag ein in den Hirschen zu Günterstal... Wie ein milder Herbstabend saß der alte Hirscher im Garten zu Günterstal unter der lärmenden akademischen Schar. Die waldigen Berge ringsum bildeten einen feierlichen, dunkeln Rahmen um das Schlachtfeld, während der rauschende Waldbach am Garten hin übertönt ward vom Sang der Trinker. Es war ein wilder, bacchantischer Tag, wie sie der Student liebt in jener Lebenszeit, wo, um philosophisch zu reden, der ’blinde Wille den Intellekt so oft zurückdrängt’ ” (a.a.O., S. 387-389). H.H.

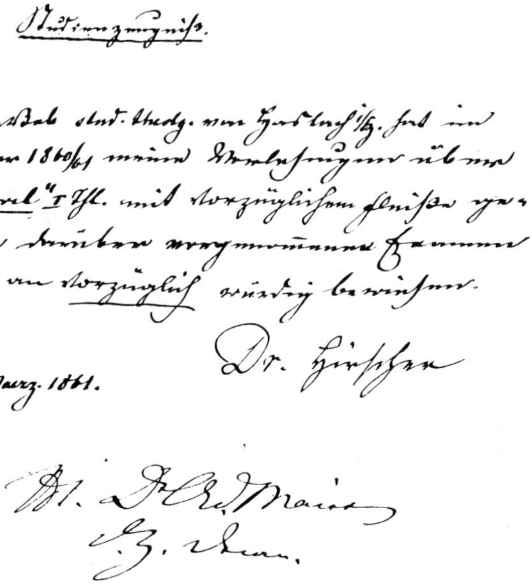

Abb. 125: *Von Prof. Hirscher für Hansjakob ausgestelltes “Studienzeugnis”.- Vgl. Kat. Nr. 77b.- EA Freiburg: Nachlaß Hansjakob*

78 **Primizbildchen Heinrich Hansjakobs** aus d. J. 1863.
Größe: 9cm x 12,5 cm.
(Hansjakob-Museum Haslach) Abb. 110

Nachdem Hansjakob am 4. August 1863 in St. Peter zum Priester geweiht worden war, feierte er am 9.8.1863 in der Haslacher Stadtkirche seine Primiz.

Abb. 126: *Pfarrkirche und Pfarrhaus von Hagnau a. B.- Vgl. Kat. Nr. 79.- Hansjakob-Archiv Haslach. Repro: M. Hildenbrand*

79 Pfarrkirche und Pfarrhaus von Hagnau am Bodensee. Reproduktion einer historischen Fotografie.

(Hansjakob-Archiv Haslach) Abb. s. oben

Hagnau war die erste Pfarrstelle, die Hansjakob übernahm. Hier wirkte er von 1868 bis 1884. Vor dem Seitenportal seiner Kirche steht - kaum erkennbar - Hansjakob.

80 Hansjakob als Pfarrer von St. Martin in Freiburg

80 a Heinrich Hansjakob. (Reproduktion einer) Aufnahme aus d. J. 1902.

(Hansjakob-Archiv Haslach) Abb. 112

1902, als die vorliegende Aufnahme entstand, war Hansjakob bereits 18 Jahre als Pfarrer von St. Martin in Freiburg tätig. Im selben Jahr erschienen seine Werke "Verlassene Wege" und "Letzte Fahrten" sowie die Broschüre "Der Kapuziner kommt!". Im Jahre zuvor (1901) war Hansjakob in einen schweren Disput mit der Kirchenbehörde geraten und hatte deshalb schon seinen Rücktritt als Pfarrer in Erwägung gezogen. Er wirkte dann aber als Pfarrer von St. Martin noch bis zum Jahre 1913. H.H.

80 b **Hansjakob-Statuette** von Prof. Fridolin Dietsche (Karlsruhe) aus d. J. 1904. Größe: 40 cm; Material: Bronze.
(Hansjakob-Museum Haslach)

Diese Statuette wurde mit Einwilligung Hansjakobs auf der Weltausstellung in St. Louis in den USA gezeigt. Die Statuette wurde von Prof. Dietsche zu Hansjakobs Freiburger Pfarrzeit geschaffen. M.H.

80 c **Kirche und Pfarrhaus von St. Martin in Freiburg.** Zeichnung von H. P. Wahl.
(Hansjakob-Archiv Haslach) Abb. 127

Das Bild zeigt die Kirche von St. Martin mit dem von Hansjakob erbauten Turm, im Hintergrund das Freiburger Münster.

80 d **Spendenaufruf für die Errichtung eines Kirchturms,** unterzeichnet am 22. Februar 1890 von der “Pfarrgeistlichkeit von St. Martin” und der “Stiftungskommision”; mit einer beigefügten Zeichnung; Maße: ca. 36cm x 23,5 cm.
(Augustinermuseum Freiburg: D 34/119; Stadtarchiv Freiburg: C 1 Bausachen: 7/M 7031)

Der Spendenaufruf für einen Turm der Pfarrkirche von St. Martin fand bei den Gläubigen ein lebhaftes Echo. 1891 waren bereits 15.000 Mark an Spenden zusammengekommen. Im Herbst 1893 war der Turmbau vollendet.

Abb. 127: *Kirche und Pfarrhaus von St. Martin in Freiburg. Zeichnung von H.P. Wahl.- Vgl. Kat. Nr. 80c.- Hansjakob-Archiv Haslach*

Abb. 128: *Hansjakob und sein Kooperator Trunz.- Vgl. Kat. Nr. 80e.- Hansjakob-Archiv Haslach. Repro: M. Hildenbrand*

80 e Heinrich Hansjakob und sein Kooperator Anton Trunz. (Reproduktion einer) Fotografie aus d. J. 1912. (Hansjakob-Archiv Haslach) Abb. 128

Dr. Anton Joseph Trunz war von 1902 bis 1913 Mitarbeiter von Hansjakob in St. Martin. Beide verstanden sich gut. Seine Versetzung löste Unwillen bei Hansjakob aus.
(vgl. Kat. Nr. 15c)

81 Glückwunschschreiben des Freiburger Erzbischofs Thomas Nörber zum Goldenen Priesterjubiläum Hansjakobs, unterzeichnet am 13. Juli 1913. Abb. 129
(Augustinermuseum Freiburg: o.Nr.)

Erzbischof Thomas Nörber (1898-1920) würdigt die reichen Geistesgaben von Hansjakob, dankt ihm für sein seelsorgerliches Wirken und wünscht ihm für den bevorstehenden Ruhestand Gesundheit und Geistesfrische.

(vgl. Kat. Nr. 18)

82 a Heinrich Hansjakob, Hermann von Vicari. Erzbischof von Freiburg. Zu dessen hundertjähriger Geburtstagsfeier, Würzburg: Woerl, 1873 (= Deutschlands Episkopat in Lebensbildern, Heft 1).
(Bad. Landesbibliothek Karlsruhe: O 51 A 225)

1868 veröffentlichte Hansjakob unter dem Titel “Hermann von Vicari. Erzbischof von Freiburg. Sein Leben und Wirken” eine volkstümliche Würdigung des Freiburger Erzbischofs Hermann von Vicari zu dessen silbernem Erzbischofsjubiläum. Sie hatte angesichts des Badischen Kulturkampfes und der Verehrung des Erzbischofs als “Bekennerbischof” eine starke Wirkung. Noch im Jahre 1868 erschienen sechs Auflagen. Zur starken Verbreitung trug zudem bei, daß die Regierung die erste Auflage der Monographie beschlagnahmen ließ, sie aber später freigab. Die hier ge-

Thomas

Durch Gottes Erbarmung und des heiligen Apostolischen Stuhles Gnade

Erzbischof von Freiburg

Metropolit der oberrheinischen Kirchenprovinz.

Hochwürdiger Herr Stadtpfarrer !

Hochgeehrter Herr Jubilar !

Ein seltenes, schönes und erhebendes Fest ist Jhnen durch Gottes Güte vergönnt nächster Tage zu feiern. Am Feste des hl.Dominikus werden es 50 Jahre sein, seit der hochselige Erzbischof Hermann Jhnen durch Auflegung seiner hohenpriesterlichen Hände die erhabene Würde des Priestertums vermittelt und Sie eingereiht hat in die Schaar der Beamten des Reiches Christi, der Offiziere seines Heeres, der Gesandten, die seine Stelle vertreten, der Ausspender der Geheimnisse Gottes. Gott hat Sie hiefür ausgestattet mit reichen Geistesgaben, die Jhnen Gelegenheit boten, auf verschiedenen Gebieten für seine Ehre und sein Reich zu wirken. Und nun ist ein halbes Jahrhundert seither verflossen, reich an Ereignissen und Erlebnissen manchfacher

Sr.Hochwürden

Herrn Stadtpfarrer Dr.Heinrich Hansjakob

in F r e i b u r g i. Br.

St. Martin.

Abb. 129: *Glückwunschschreiben des Freiburger Erzbischofs Thomas Nörber zum Goldenen Priesterjubiläum Hansjakobs.- Vgl. Kat. Nr. 81.- Augustinermuseum Freiburg*

zeigte Umarbeitung der Monographie erschien 1873 zum 100jährigen Geburtstag von Hermann von Vicari als erstes Heft in der Reihe "Deutschlands Episkopat in Lebensbildern".

82 b **Hermann von Vicari**, Erzbischof von Freiburg. Lithografie nach einem Lichtbild von Steinberger u. Bauer; gedruckt von Ed. Gust. May, Frankfurt/M.; mit beigefügtem Spruch: "Meine Seele Gott, Meine Hingebung der Kirche, Meine Liebe den Menschen!"; Größe: mit Passepartout: ca. 38cm x 29cm.
(Generallandesarchiv Karlsruhe: J-Ac-V 12)

Hermann von Vicari war Oberhirte der Freiburger Erzdiözese von 1842-1868. Im Badischen Kulturkampf wurde er als "Bekennerbischof" bekannt.

83 a **Heinrich Hansjakob, In Frankreich.** Reiseerinnerungen, 2. Aufl., Stuttgart: Bonz, 1904.
(Hist. Bibl. Rastatt: SL-SB/L 215 <Hansjakob>. 2. Ex.: Bad. Landesbibliothek Karlsruhe: 51 A 1483) Abb. 7

In der Erfüllung eines Gelübdes machte Hansjakob 1874 eine Wallfahrt nach Lourdes. Er beschreibt seine dortigen religiösen Erlebnisse, seine Ankunft in Lourdes, seinen Besuch an der Grotte und berichtet über das religiöse Leben in Frankreich.
(vgl. auch Kat. Nr. 54)

83 b Auf den 28. Januar 1874 datiertes **Empfehlungsschreiben des Freiburger Bistumsverwesers Lothar von Kübel** für Heinrich Hansjakob aus Anlaß von dessen Frankreichreise.
(Erzbischöfliches Archiv Freiburg: Nachlaß Hansjakob) Abb. 130

In dem Schreiben wird u.a. bestätigt, daß Hansjakob, der nach Frankreich zum Marienwallfahrtsort Lourdes reisen wolle, mit keiner Kirchenstrafe belegt sei. Hansjakob wird gestattet, auf seiner Reise weltliche Kleidung zu tragen. Die Bischöfe Frankreichs werden gebeten, Hansjakob die Möglichkeit zum Lesen der hl. Messe einzuräumen. H.H.

84 **Predigt Hansjakobs zum letzten Sonntag des Jahres 1885.** Originalmanuskript.
(Hansjakob-Archiv Haslach) Abb. 131

1989 konnte das Hansjakob-Archiv Haslach mit Unterstützung der Arbeitsstelle für literarische Museen und Archive beim Schiller-Nationalmuseum in Marbach a.N. als Dauerleihgabe u.a. eine umfangreiche Sammlung von Predigten Hansjakobs im Originalmanuskript erwerben, darunter auch die hier gezeigte Predigt. Sie wurde erstmals am letzten Sonntag des Jahres 1885 (= 27. Dezember 1885) gehalten. Dieselbe Predigt trug dann Hansjakob - wie ein handschriftlicher Vermerk auf dem

Manuskript belegt - nochmals zu "Neujahr 94" seiner Gemeinde vor. In den ersten Sätzen seines Vortrags umreißt Hansjakob kurz dessen Thema: "Wir feiern heute d. letzten Sonntag im Jahre u. halten... Danksagung für alle im jetzt abgelaufenen Jahre empfangenen Gnaden u. Wohlthaten. Dieser Feier gemäß wollen wir unsere heutige Betrachtung einrichten." H.H./M.H.

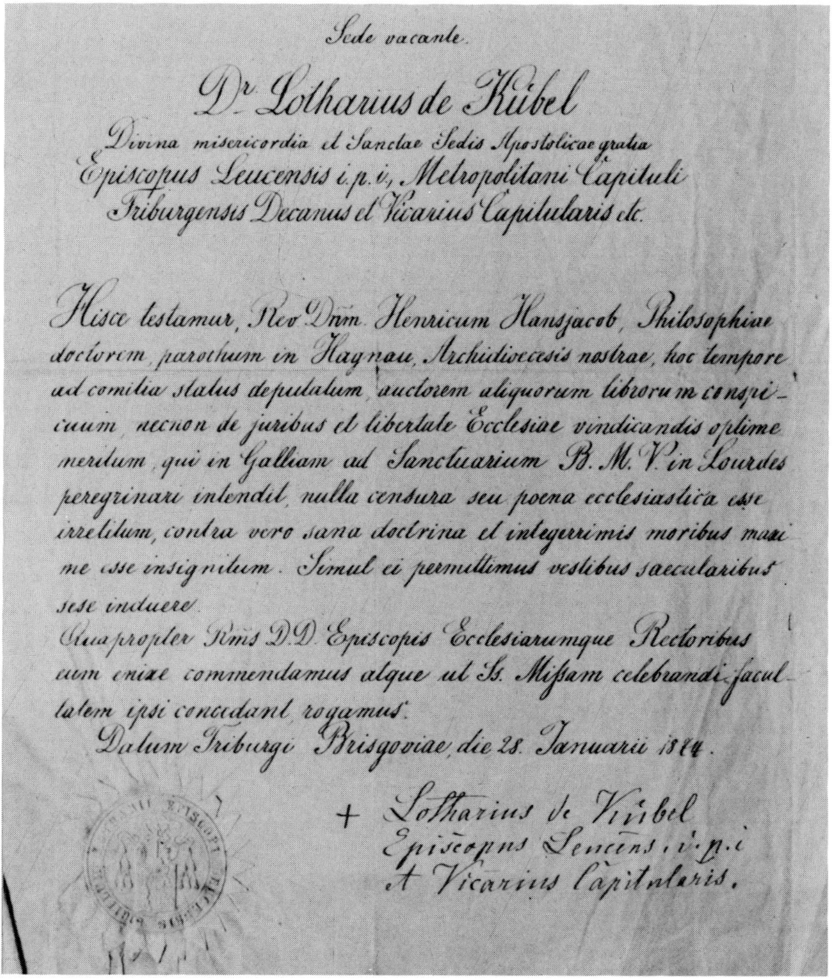

Sede vacante.

Dr. Lotharius de Kübel
Divina misericordia et Sanctae Sedis Apostolicae gratia
Episcopus Leucensis i.p.i., Metropolitani Capituli
Friburgensis Decanus et Vicarius Capitularis etc.

Hisce testamur, Rev. Dnm. Henricum Hansjacob, Philosophiae doctorem, parochum in Hagnau, Archidioecesis nostrae, hoc tempore ad comitia status deputatum, auctorem aliquorum librorum conspicuum, necnon de juribus et libertate Ecclesiae vindicandis optime meritum, qui in Galliam ad Sanctuarium B. M. V. in Lourdes peregrinari intendit, nulla censura seu poena ecclesiastica esse irretitum, contra vero sana doctrina et integerrimis moribus maxime esse insignitum. Simul ei permittimus vestibus saecularibus sese induere.
Quapropter Rmis D.D. Episcopis Ecclesiarumque Rectoribus eum enixe commendamus atque ut S. Missam celebrandi facultatem ipsi concedant rogamus.
Datum Friburgi Brisgoviae, die 28. Januarii 1884.

\+ Lotharius de Kübel
Episcopus Leucens. i.p.i.
et Vicarius Capitularis.

Abb. 130: *Empfehlungsschreiben des Freiburger Bistumsverwesers Lothar von Kübel für Hansjakob.- Vgl. Kat. Nr. 83b.- EA Freiburg: Nachlaß Hansjakob. Aufnahme: Schreiber*

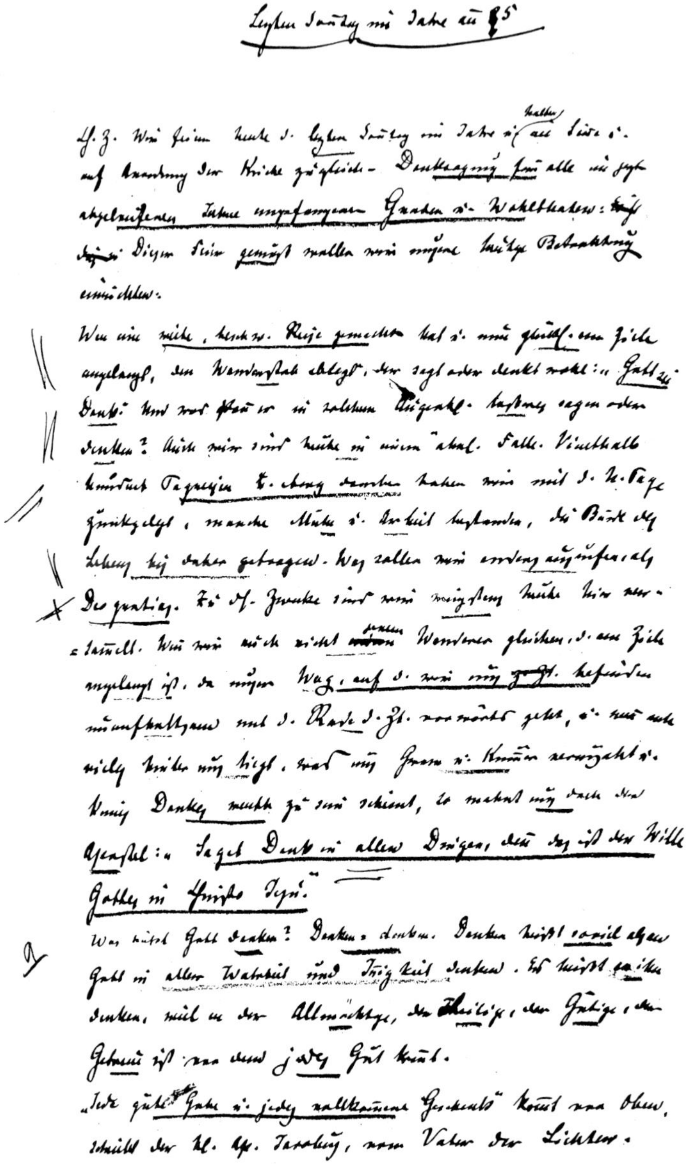

Abb. 131: *Seite aus dem Originalmanuskript einer von Hansjakob zum letzten Sonntag des Jahres 1885 gehaltenen Predigt.- Vgl. Kat. Nr. 84.- Hansjakob-Archiv Haslach*

85 **Heinrich Hansjakob, Rede über Einführung religiöser Orden in Baden.** Gehalten am 23. September 1888 auf der Volksversammlung zu Haslach i.K., Freiburg: Herder, 1888.
(Heimatmuseum im Storchenturm, Zell a.H.) Abb. 132

Hansjakob fordert die Wiederzulassung religiöser Orden in Baden, betont ihre segensreiche Wirksamkeit und bezeichnet das Verbot der Orden als einen Verstoß gegen die Humanität des 19. Jahrhunderts.

86 **Heinrich Hansjakob, Die wahre Kirche Jesu Christi.** Sechs Vorträge, gehalten in der Fastenzeit 1887 in der Kirche St. Martin zu Freiburg, 3. Aufl., Freiburg: Herder, 1905.
(Hist. Bibl. Rastatt: K 91 c) Abb. 133

Hansjakob erörtert die Gründung der Kirche, betont ihre Göttlichkeit und zugleich das Menschliche in ihr. Er erinnert daran, daß alle gefehlt haben und drückt die Hoffnung aus, daß an das Bekenntnis der gemeinsamen Schuld von Katholiken und Protestanten sich die Versöhnung anschließen werde.

87 **Heinrich Hansjakob, Jesus von Nazareth**, Gott in der Welt und im Sakramente. Sechs Predigten, gehalten in der Fastenzeit 1890 in der Kirche St. Martin zu Freiburg, Freiburg: Herder, 1890.
(Hist. Bibl. Rastatt: K 91a; 3. Aufl.: K 91a 1) Abb. 113

Jesus Christus ist Gott. Er ist der Mittelpunkt aller Zeiten und der Eckstein der neuen Zeit, gesetzt zum Heil und Verderben für viele.

88 **Heinrich Hansjakob, Die Toleranz und die Intoleranz der katholischen Kirche.** Sechs Predigten, gehalten in der Fastenzeit 1888 in der Kirche St. Martin zu Freiburg, Freiburg: Herder, 1890.
(Hist. Bibl. Rastatt: P 628 b; 2. Aufl.: K 91 f) Abb. 120

Die römisch-katholische Kirche bezeichnet Hansjakob als die allein wahre und betont, daß außerhalb der Kirche kein Heil ist. Als die allein wahre Kirche muß sie intolerant gegen alle anderen religiösen Lehren sein. Gleichzeitig erinnert Hansjakob an die Intoleranz in protestantischen Ländern und zitiert intolerante Aussagen von Luther, Calvin und Melanchthon.

Rede

über

Einführung religiöser Orden

in Baden.

Gehalten am 23. September 1888

auf der

Volks-Versammlung zu Haslach i. K.

von

Pfarrer Hansjakob.

Freiburg im Breisgau.
Herder'sche Verlagshandlung.
1888.
Zweigniederlassungen in Straßburg, München und St. Louis, Mo.
Wien I, Wollzeile 33: B. Herder, Verlag.

Abb. 132: *Heinrich Hansjakob, Rede über Einführung religiöser Orden in Baden. Titelseite.- Vgl. Kat. Nr. 85*

Die

wahre Kirche Jesu Christi.

Sechs Vorträge,

gehalten in der Fastenzeit 1887 in der Kirche St Martin zu Freiburg

von

Pfarrer Heinrich Hansjakob.

Dritte, durchgesehene Auflage.

Mit Approbation des hochw. Herrn Erzbischofs von Freiburg.

Freiburg im Breisgau.
Herdersche Verlagshandlung.
1905.
Zweigniederlassungen in Wien, Straßburg, München u. St Louis, Mo.

Abb. 133: *Titelseite der 3. Aufl. der unter dem Titel "Die wahre Kirche Jesu Christi" herausgegebenen Predigtsammlung von Hansjakob.- Vgl. Kat. Nr. 86*

89 **Heinrich Hansjakob, Meßopfer, Beicht und Kommunion**. Sechs Vorträge, gehalten in der Fastenzeit 1891 in der Kirche St. Martin zu Freiburg, 3. Aufl., Freiburg: Herder, 1904.

(Hist. Bibl. Rastatt: K 91 g) Abb. 114

Hansjakob erinnert daran, daß das Meßopfer so alt wie das Christentum ist, der Herr hat es gestiftet. Seinen Worten getreu hat die Kirche von Anfang an das hl. Opfer gefeiert, die lebendige Gedächtnisfeier des am Kreuze vollbrachten Erlösungsopfers.

Die Beichte bezeichnet Hansjakob als Meisterwerk der göttlichen Barmherzigkeit. Sie mahnt jeden Christen an seine Pflichten, die er Gott, der Welt und sich selbst gegenüber hat. Sie richtet den Menschen auf und gibt ihm Kraft und Mut. Meßopfer, Kommunion und Beichte bezeichnet Hansjakob als die drei größten Akte der Liebe und der Barmherzigkeit unseres Gottes.

90 **Heinrich Hansjakob, Die Wunden unserer Zeit und ihre Heilung**. Sechs Vorträge, gehalten in der Fastenzeit 1892 in der Kirche St. Martin zu Freiburg, 3. Aufl., Freiburg: Herder, 1903.

(Hist. Bibl. Rastatt: K 91 h)

Als Wunden seiner Zeit nennt Hansjakob u.a. den Abfall von Gott, die Begierlichkeit des Fleisches und die Hoffart des Lebens. Heilmittel ist die Abtötung. Eine Rettung ist nur möglich in der Religion des Kreuzes. Staat und Familie, alle Klassen und Stände müssen zusammenarbeiten, um die Rechte Gottes wiederherzustellen.

91 **Heinrich Hansjakob, Sancta Maria**. Sechs Vorträge, gehalten in der Fastenzeit 1893 in der Kirche St. Martin zu Freiburg, 3. Aufl., Freiburg: Herder, 1903.

(Hist. Bibl. Rastatt: K 91 d) Abb. 119

Hansjakob würdigt Maria als die Mutter Gottes, erörtert das Verhältnis von Mutter und Sohn, bezeichnet Maria als unsere Mutter und berichtet über die Verehrung Mariens und ihre Verherrlichung. Die Predigten dokumentieren die große Marienliebe von Hansjakob.

92 **Heinrich Hansjakob, Im Paradies**. Tagebuchblätter, 3. Aufl., Ohlau: Leichter, o.J.

(Hist. Bibl. Rastatt: P 628, 21. 2. Aufl., Kassel 1902: Bad. Landesbibliothek Karlsruhe, O 43 A 1691)

Hansjakob bedauert die schrankenlose Toleranz in religiösen Dingen, selbst gegenüber dem Atheismus und wendet sich gegen die unsinnige Freiheit des Kapitals und des Handels (vgl. Kat. Nr. 109).

Kanzelvorträge

für

Sonn- und Feiertage.

Gehalten in der Kirche St. Martin zu Freiburg

von

Pfarrer **Heinrich Hansjakob.**

Zweite, verbesserte Auflage.

Mit Approbation des hochw. Herrn Erzbischofs von Freiburg.

Freiburg im Breisgau.
Herdersche Verlagshandlung.
1903.
Zweigniederlassungen in Wien, Straßburg, München und St. Louis, Mo.

Abb. 134: *Heinrich Hansjakob, Kanzelvorträge für Sonn- und Feiertage. Titelseite der 2. Aufl.- Vgl. Kat. Nr. 93*

93 **Heinrich Hansjakob, Kanzelvorträge für Sonn- und Feiertage**. Gehalten in der Kirche St. Martin zu Freiburg, 2. Aufl., Freiburg: Herder, 1903.
(Hist. Bibl. Rastatt: K 91 k) Abb. 134

Predigten vom 1. Sonntag im Advent bis zum letzten Sonntag nach Pfingsten und Festtagspredigten über Weihnachten, Neujahr, Mariae Lichtmeß, Mariae Geburt, Allerheiligen. Sie fanden viel Anklang.

94 **Heinrich Hansjakob, Der heilige Geist**. Kanzelvorträge, gehalten in der Kirche St. Martin zu Freiburg, 2. Aufl., Freiburg: Herder, 1905.
(Hist. Bibl. Rastatt: K 91 b)

Hansjakob ruft zu einer verstärkten Verehrung des hl. Geistes auf. Er behandelt u.a. die Themen: Der hl. Geist und die Kirche, die Gaben des hl. Geistes, der hl. Geist und die Sakramente, die Sünden wider den hl. Geist.

95 a **Heinrich Hansjakob, Der Kapuziner kommt!** Ein Schreckensruf im Lande Baden, 24. Ts., Freiburg: Herder, 1902.
(Heimatmuseum im Storchenturm, Zell a.H.) Abb. 116

Diese Broschüre steht im Zusammenhang mit der Wiederzulassung religiöser Orden in Baden, gegen die sich überraschenderweise die badischen Universitäten ausgesprochen hatten. Sie erschien in einer Auflage von 70.000 Exemplaren.

Abb. 135: *Bild-Postkarte mit dem Aufdruck "Der Kapuziner kommt!"- Vgl. Kat. Nr. 95b.- Hansjakob-Museum Haslach. Repro: Manfred Hildenbrand*

95 b **Bild-Postkarte mit dem Aufdruck "Der Kapuziner kommt!"** sowie mit einem handschriftlichen Gruß Hansjakobs. Fotografische Wiedergabe.
(Hansjakob-Museum Haslach) Abb. 135

Karte, die Hansjakob 1902 als Werbung für seine Broschüre drucken ließ.

96 **Heinrich Hansjakob, Zeit und Kirche**. Kanzelreden für alle Sonntage des Kirchenjahres. Gehalten in der Pfarrkirche St. Martin zu Freiburg, Freiburg: Herder, 1903.
(Hist. Bibl. Rastatt: K 91 i)

Die gute Aufnahme, die die Kanzelvorträge fanden, veranlaßte Hansjakob, einen zweiten Predigtband herauszugeben. Darin begründet er die Lehre der Kirche gegenüber dem Zeitgeist. Es sind zeitgemäße, apologetische Predigten in populärer Art.

97 **Heinrich Hansjakob, Die Schöpfung.** Sechs Kanzelvorträge, gehalten in der Pfarrkirche St. Martin zu Freiburg, 2. Aufl., Freiburg: Herder, 1904.
(Hist. Bibl. Rastatt: K 91 e)

Die Kanzelvorträge dokumentieren die tiefe Gottverbundenheit von Hansjakob. Sie zeigen auch seine starke Liebe zur Natur.

98 **Heinrich Hansjakob, Mein Grab.** Gedanken und Erinnerungen, 4. Aufl., Stuttgart: Bonz, 1920.
(Hist. Bibl. Rastatt: Inv. Nr. 92/84) Abb. 136

In diesem erstmals 1905 erschienenen Werk erinnert Hansjakob daran, daß ein Mensch in seinem Alter bewußt an das Sterben denken muß. Er betont, daß er den Tod nicht fürchte, wohl aber das jahrelange, langsame Dahinsiechen. Hansjakob erwähnt auch die Errichtung seiner Grabkapelle in Hofstetten. vgl. auch Abb. 137

99 **Heinrich Hansjakob, Die Gnade.** Sechs Fastenvorträge..., Freiburg: Herder, 1910.
(Bad. Landesbibliothek Karlsruhe: O 58 A 1067)

Die Predigten behandeln das Problem der Gnade, das Verhältnis von Gnade und Freiheit. Die Gnade bezeichnet Hansjakob als einen Beweis für das Wirken Gottes. Er würdigt die Sakramente als Zeichen der übernatürlichen Gnade.

Abb. 136: *Heinrich Hansjakob, Mein Grab. Von Curt Liebich gestalteter Einband der im Bonz-Verlag erschienenen 4. Aufl.- Vgl. Kat. Nr. 98.- Aufnahme: H. Heid*

Abb. 137: *Hansjakobs Grabkapelle in Hofstetten. Darstellung von Curt Liebich in der 4. Aufl. des Buchs "Mein Grab".- Vgl. Kat. Nr. 98*

Abb. 138: *Heinrich Hansjakob, Allerseelentage. Den hier gezeigten Einband der von Bonz edierten 3. Aufl. gestaltete wieder Curt Liebich.- Vgl. Kat. Nr. 100a*

Nr. 220. 1. Blatt. Karlsruhe, Donn

Badischer

Fernsprecher 535. Hauptorgan der

…scheint an allen Werktagen … Samstags und vor Feiertagen in zwei. — Bezugspreis: In Karls… zugestellt vierteljährlich Mk. 2.70. Von der Geschäftsstelle oder den Abl… …atlich 60 Pfg. Auswärts bei der Post abgeholt Mk. 3.25, durch den … Haus gebracht Mk. 3.67 bei monatlicher oder vierteljährlicher Vorauszahlung … jederzeit, Abbestellungen nur auf Vierteljahrsschluß.

Einmal wöchentlic… Zweimal wöc… „Bla…

Rotationsdruck und … …adenia", Aktiengesellschaft für … …i, Karlsruhe.

Verantwortlicher Redakteur für deutsch… dienst und …

Hansj…obs „Allerseelentage" betreffend.

Dr. Hansjakob hat seiner neuesten Schrift einen Titel gegeben, an welchem der gläubige Katholik Anstoß nehmen muß, wenn er den Inhalt des Buches kennt. Nach dem Titel erwartet man wesentlich anderes, als was das Buch bietet.

Zunächst spricht er auf 8 Seiten über das Alter in einer Weise sich aus, die man nur als unchristlich bezeichnen kann und die auch vom rein menschlichen Standpunkt aus verwerflich ist.

Otto Hörth von der „Frankfurter Zeitung" schreibt in diesem Blatte (Nr. 220, III. Morgenblatt, vom 10 August) darüber:

„Hansjakob ist eine ungewöhnlich starke Persönlichkeit. Sein „Ich" ist das Zentrum seiner Welt; nicht wie die Dinge, die Verhältnisse und die Menschen an sich sind, sondern wie sie auf ihn wirken, ist ihm die Hauptsache. Da aber die Dinge nicht vollkommen sind und der Mensch sie nur selten und in ganz geringem Maße nach seinem Wunsch und Willen gestalten kann, so gibt es viele Unebenheiten und Widerwärtigkeiten, unter denen am empfindlichsten jener leidet, dessen Welt in seinem Ich, in seinem Fühlen und Wünschen aufgeht. So auch Hansjakob. Er liegt in fortwährendem Kampf mit der „Tücke des Objekts", wie Fr. Th. Vischer die hartnäckige Eigenschaft der Dinge, sich nicht nach uns zu richten, genannt hat, und unaufhörlich hat er zu klagen und zu jammern. Am meisten wurmt ihn die Vergänglichkeit und Nichtigkeit des menschlichen Lebens; er zitiert die Aussprüche aller Pessimisten vom Prediger Salomon bis zu Leopardi und Schopenhauer; er trauert um das verlorene Jugendglück und schwelgt förmlich in trübseligen Betrachtungen an dem Grabe, das er sich selbst im voraus zubereitet hat. Das ist etwas mehr an unerquicklicher Allerseelenpredigt, als der normal angelegte Leser vertragen kann. Man könnte dem Verfasser entgegenhalten: die Vergänglichkeit ist der naturgemäße Preis des Lebens; das eine ist nicht ohne das andere denkbar; wer das eine will oder hat, muß das andere in Kauf nehmen. Das alles geht nach ehernem Gesetze und da ist, wie Göthe sagt, „nichts, was den Menschen verletze". Und was ist wertvoller als ein wohl vollbrachtes, gut angewendetes Leben?"

angeblich sich selbst i…
hatte es aber doch ke…
hätte genügt. Ein so…
hat der Autor sich sel…
Verlag, Adolf Bonz u…
Schrift zuvor in Ker…
Schrift könne zwar i…
ausgeworfen werden, …
macht, um „während d…
des Alters zu vergess…
Der gläubige K…
Gräber" um vor alle…
Toten, sondern nicht …
man in Liebe verzieh…
erbitten mußte, die ei…
zu beten für alle, die …
auch für sich selbst un…
Gedanken, vor allem …
ernste Frage ist: Wie …
Hansjakobs Art wird …
Die „Gräber" …
die keineswegs immer …
storbenen und das Ha…
entschwundenen Kinde…
an Allerseelen zusamm…
biger Katholiken nur …
auf das strengste veru…
senden und aber Tau…
über den katholischen …
Tieferes Nachd…
Seite ist die Oberflä…
poetisch veranlagt und …
ist es ihm ein leichtes …

Abb. 139: *Artikel über Hansjakobs "Allerseelentage" im "Badischen Beobachter" vom 29.8.1912.- Vgl. Kat. Nr. 100b.- EA Freiburg: Personalakte Hansjakob*

100 a **Heinrich Hansjakob, Allerseelentage.** Erinnerungen, 3. Aufl., Stuttgart: Bonz, 1912. Abb. 138

(Hist. Bibl. Rastatt: Inv. Nr. 92/63; 2. Ex.: Bad. Landesbibliothek Karlsruhe: O 51 A 237)

Hansjakob berichtet in dieser Publikation über das Alter, bezeichnet es als eine trübe Zeit und spricht von den düsteren Tagen des Alters, von ihrem Leid und ihrer Last (vgl. Kat. Nr. 53 u. 137 a).

100 b **Kritischer Artikel über Hansjakobs "Allerseelentage" im "Badischen Beobachter"** vom 29. August 1912. Abb. 139

(Erzbischöfliches Archiv Freiburg: Personalakte Hansjakob)

Das Buch "Allerseelentage" fand in der "Frankfurter Zeitung" vom 10. August 1912 eine kritische Besprechung. Auch der "Badische Beobachter" erhob am 29. August 1912 und in den folgenden Ausgaben scharfe Einwände gegen das Buch. U.a. wird Hansjakob vorgeworfen, er gebe sich hier wie jemand, der an Verfolgungswahn leide.

V

Heinrich Hansjakob - Bewahrer und Förderer von heimischem Brauchtum

Alois Krafczyk

"Glückselige Kindheit, in der selbst ein 'Heustock' Poesie hat und Trübsale verscheucht und jede Sorge abwehrt. So ward jeder Tag der Knabenzeit ein Spieltag, und ohne irgendwelche Freude verlief keiner.

Die eigentlichen 'Hochzeitstage' aber waren die Festtage, die weltlichen und kirchlichen Kinderfesttage, und ihrer zählte unser Kinderkalender eine schwere Menge, jeder mit seinem besonderen Reiz und seiner besonderen Seligkeit fürs Kinderherz. Es waren unter ihnen nicht wenige Hochfeste, bei deren Nahen schon beim bloßen Gedanken, daß sie bald kämen, wir das Herzklopfen bekamen. Gleich die ersten zwei Monate des Jahres brachten jeder eines dieser Patroziniumsfeste des Genius unserer Kindheit - den Dreikönigstag und den Storchentag. Man braucht diese Namen nur zu nennen, und die Kinderaugen glänzen voll Freude und Sehnsucht in meiner Heimat bis auf diesen Tag."[1]

Soweit Heinrich Hansjakob in seinem Werk “Aus meiner Jugendzeit” zu den “Spielen und Festzeiten” seiner Kindheit im Haslach des 19. Jahrhunderts - und wie recht hatte Hansjakob, als er 1879 dieses Buch in Hagnau am Bodensee seinen Lesern vorstellte, denn die Kinderaugen glänzten, wenn Begriffe wie Dreikönig oder Storchentag genannt wurden. Aber was Hansjakob im Hinblick auf die Zeit seiner Kindheit berichtet, das hat auch noch in den 90er Jahren des 20. Jahrhunderts seine Gültigkeit, denn noch immer warten die Kinder in seiner Heimatstadt auf die Festtage wie Dreikönig, Storchentag oder Fasent, glänzen die Augen erwartungsvoll beim Herannahen dieser “Kinderfesttage”.

Abb. 140: *Dreikönigs-Singen. Zeichnung von Curt Liebich*

Wer heute mehr wissen will über das Brauchtum im Kinzigtal und in Teilen des Schwarzwaldes, der tut gut daran, Heinrich Hansjakob als Gewährsmann heranzuziehen, denn wie kaum ein anderer hat er das Brauchtum des Schwarzwaldes erlebt, schon von Kindheit an, und da ganz besonders das seiner Vaterstadt Haslach. Hansjakobs Jugendzeit war geprägt von den zum "Lebensrhythmus" der Bevölkerung gehörenden Sitten und Bräuchen, und in lebendiger Weise hat er diese traditionellen, stets wiederkehrenden Festtage in seinem Werk "Aus meiner Jugendzeit", aber auch in weiteren Werken wie "Bauernblut" und "Erzbauern", um nur einige zu nennen, beschrieben, hat ihnen ein literarisches Denkmal gesetzt.

Abb. 141: *Heinrich Hansjakob, Bauernblut. Titelseite der beim Stuttgarter Bonz-Verlag erschienenen 8.-11. Auflage*

Heinrich Hansjakob wurden dabei viele dieser Sitten und Bräuche nicht nur geschildert, er kannte sie vielmehr häufig aus eigener Anschauung und Praxis. So war er z. B. selbst einer der "heiligen Dreikönige", "ein Los, auf das ich", so Hansjakob, "um keinen Preis der Welt verzichtet hätte. Und als die Mutter mich zum alten Buchbinder Gottlieb Hinterskirch führte, damit er mir 'die Krone anmesse', da war ich glücklicher und stolzer denn ein römischer Dichter, der auf dem Kapitol gekrönt wird."[2]

Fast dreißig Jahre nach seiner "Dreikönigswürde", am Vorabend des Dreikönigstages 1876, da stand Hansjakob in der Nähe des alten Zehntgebäudes und lauschte dem Gesang der Hl. Drei Könige und "Da liefen dem Manne, der ungesehen in ihrer Nähe stand, die Tränen von den Augen, er gedachte der Jugendzeit seiner eigenen Dreikönigswürde und des kindlich seligen Glückes jenes Tages, da auch er dem Sternen gefolgt und gesungen 'O Jesulein...' ".[3]

So wie mit dem Haslacher Dreikönigsbrauch, der erst durch Hansjakobs Schilderung bekannt geworden ist, war Hansjakob mit allen zum Jahreslauf gehörenden Festtagen verbunden, egal ob mit dem Storchentag, Palmsonntag, Tag der Kräuterweihe oder dem Kommen des "Richters im Kinderhimmel",[4] wie er den Besuch von St. Nikolaus mit den ihn begleitenden Gestalten zu bezeichnen pflegte.

Feierte man mit dem "Storchentag" (22. Februar) ein Frühlingsfest "ältesten Ursprungs" und waren von demselben die "letzten Äpfel und Birnen verzehrt, so kam die Fastnacht, wo in Hasle fast alle Menschen Narren und Kinder werden und hüpfen, tanzen und spielen, als wären sie alle wieder im Kinderhimmel der Jugendzeit".[5]

So verging recht schnell und an Abwechslungen reich die Zeit; Ostern, Pfingsten und Fronleichnam waren wie die großen Jahrmärkte im Städtchen alles Tage von eigener Bedeutung, wußte aber Heinrich Hansjakob im "Krüterbuschel" zu "Mariä Himmelfahrt" noch das "Tausendguldenkraut", dann war auch dieser ein "Hochzeitstag" der Jugendzeit.[6]

Am Ende aber, mit der Weihnachtszeit und ihren Krippenbergen in den Bürgerhäusern, gar noch mit einem "Waldbruder" und dem "Bethlehemitischen Kindermord" versehen, da schloß sich dann der Kreislauf der Feste, und wieder begann sich der Reigen der "Spiele und Festzeiten" aufs neue zu drehen.

Die Bücher Heinrich Hansjakobs, vorab seine Jugenderinnerungen, also eine Fundgrube in Sachen erloschener Schwarzwälder Sitte und Brauch oder nur eine Vergangenheitsbetrachtung? Nein! Ganz im Gegenteil! Im

Geburtsstädtchen Hansjakobs haben die allermeisten der damaligen Festtage überlebt, gehören, wenn auch teilweise entsprechend dem Zeitgeist verändert, noch heute zum "Lebensrhythmus" der Bevölkerung. Wer weiß, ob diese Vielfalt der zum Jahreslauf gehörenden Sitten und Bräuche wirklich überdauert hätte, wenn Hansjakob ihnen nicht ein literarisches Denkmal gesetzt hätte. Gewiß, heute, im 20. Jahrhundert, da wird nicht mehr des Großherzogs Geburtstag gefeiert, da öffnen keine "Katzenköpfe" einer Haslacher Böller- und Katzenkopfgarde am Klosterbach mehr ihre Schlünde, und vorbei ist größtenteils auch die Sitte, zur Weihnachtszeit auf "Krippelefahrt" in die Bürgerhäuser zu gehen. Vorbei heute auch die Zeit, als zur Fasent noch Haslacherinnen - wie Hansjakobs Mutter - einzeln in die Gast- und Bürgerhäuser gingen, um dort zu "schnurren", d. h. anderen die Wahrheit zu sagen, vorbei auch die Zeit großer Fastnachtsspiele im Städtchen wie die "Internationale Völkerschau" oder ein "Leutnant von Hasle" anno 1928.

Dennoch, Hansjakobs Erzählungen waren sicherlich für die Haslacher stets Verpflichtung, alte Traditionen weiterzugeben und, was noch wichtiger erscheint, mit Leben zu erfüllen. Da erfreut es doch, wenn aus Haslach die Ankündigung der Narrenzunft kommt, ab 1995 wieder im Rhythmus von fünf Jahren Fasnachtsspiele aufzuführen, 1995 mit der "Internationalen Völkerschau" einen Neuanfang zu wagen. Sicherlich ganz im Sinne Heinrich Hansjakobs.

Diese Verpflichtung für die Haslacher aber gilt auch im erweiterten Sinne für das Landvolk des Schwarzwaldes, denn gerade in Hansjakobs so gelungenen Bauernerzählungen finden sich zahlreiche Bräuche wieder, die - im Volke seit altersher verwurzelt - zum Jahreslauf gehören. Der Ablauf des "Säcklestreckens", einer Bauernhochzeit oder der "Schellenmarkt" auf der Höhe der Biereck - das sind Gepflogenheiten, die ebenso zum "Lebensrhythmus" gehören wie die kirchlichen Feier-

Abb. 142: *Bauernhochzeit im Kinzigtal: Das Kredenzen. Zeichnung von Curt Liebich*

tage (z. B. Peter und Paul, Mariä Empfängnis oder Mariä Geburt) und die damit verbundenen Wallfahrten wie jene nach Triberg zu "Maria in der Tanne".

Abb. 143:
Prozessionszug.
Zeichung von Hugo Engl

Noch heute lebt die Bevölkerung des Schwarzwaldes so einen Großteil all jener Bräuche und Festtage von einst, welche Hansjakob schon kannte; der Hoch - Schwarzwälder seinen "Roßtag" in St. Märgen oder seinen "Eulogiritt" in Lenzkirch, die Wolf- und Kinzigtäler pilgern hinauf nach St. Roman, zum Hl. Jakobus bei Wolfach oder zur seligen Luitgard von Wittichen. Da wallen die Reiter nach St. Wendel bei Bottenau, und die Bauern strömen auf die Kilwi in den Ortschaften des Harmersbachtales oder an bestimmten Tagen zur Gnadenmutter von Zell.

Im Stillen pflegen Kinder in Entersbach den "Peterlestag", und mit ihren Saublodere (Schweinsblasen) schlagen zur Zeit der alemannischen Volksfasnacht die Elzacher Schuddige um sich, zu den großen Jahrmärkten strömt schließlich noch heute das Landvolk dem Geburtsstädtchen Heinrich Hansjakobs zu.

Was kann es Schöneres geben als die vielen, so sinnvollen Sitten und Bräuche, welche den Lauf eines Jahres so abwechslungsreich gestalten, jene Festtage, denen sich Heinrich Hansjakob zeitlebens verbunden fühlte, ja so verbunden fühlte, daß er es für wichtig hielt, ihnen ein literarisches Denkmal zu setzen.

Ein Zeitgenosse Heinrich Hansjakobs, der österreichische Pfarrer Kernstock, faßte die Bedeutung von Sitte und Brauch für ein Volk in folgenden Worten zusammen: "Was kann es Schönres geben als vererbten Väterbrauch, denn wo des Landes Sitten sterben, da stirbt des Landes Blüte auch."[7]

Abb. 144: *Solche prächtigen Kräuterbuschel werden im Gengenbacher Kirchspiel angefertigt.- Kurt Klein, Hausach*

Abb. 145: *Zu einem richtigen Kirchweihfest gehören die traditionellen "Kilwikiechli".- Kurt Klein, Hausach*

Abb. 146: *Viel Freude löst der Brief der "Säcklestrecker" aus.- Kurt Klein, Hausach*

Abb. 147: *Schwarzwälder Weihnachtskrippe aus Oberwolfach.- Kurt Klein, Hausach*

Abb. 148: *So sah zu Hansjakobs Zeiten das Wallfahrtskirchlein St. Roman aus. Zeichnung von W. Hasemann.- Aufnahme: K. Klein*

Abb. 149: *Früher eilten die Hirtenbuben an Pfingsten zum Schellenmarkt auf die Biereck.- Kurt Klein, Hausach*

Abb. 150: *Ein kleiner Elzacher "Schuddig" mit seiner "Saubloder".- Kurt Klein, Hausach*

Halten wir also die Festtage, freuen wir uns an der Vielfalt von Sitte und Brauch, und leben wir diese, so wie sie im Kalender seit altersher verankert sind, denn wie schrieb die "Deutsche Katholische Sonntagspost" anno 1987, als sich anläßlich Hansjakobs 150. Geburtstag viele Narren in Haslach zu einem Narrentreffen eingefunden hatten und ihr Brauchtum vorführten: "Hansjakob hätte sich riesig gefreut...".

ANMERKUNGEN

1 Heinrich Hansjakob, Aus meiner Jugendzeit, 16. Aufl., Haslach: Selbstverlag d. Stadt Haslach i.K., 1986, S. 131.

2 a.a.O., S. 136.

3 a.a.O., S. 139.

4 a.a.O., S. 156.

5 a.a.O., S. 142.

6 a.a.O., S. 148.

7 mündlich überliefert u. im Brauchtum noch lebendig.

101 **Heinrich Hansjakob, Aus meiner Jugendzeit**. Erinnerungen, 1.-6. Ts., Stuttgart: Bonz, 1910 (= Ausgewählte Schriften, Volksausgabe, 1. Band).

(Hist. Bibl. Rastatt: Inv. Nr. 91/296)

In diesem erstmals 1880 erschienenen Werk berichtet Hansjakob von zahlreichen Sitten und Bräuchen seiner Heimat, so etwa vom Storchentag, der Fasent (Fasnet) oder vom Haslacher Dreikönigssingen. Auch in anderen Werken, wie z.B. in "Bauernblut" oder "Erzbauern", hat Hansjakob heimisches Brauchtum beschrieben (vgl. auch Kat. Nr. 37 und 105). H.H.

102 **Storchentagsszene** mit "Storchenvater" und drei Gaben heischenden Kindern.

(Schwarzwälder Trachtenmuseum, Haslach) vgl. auch Abb. 151

"Kaum waren die letzten Erinnerungsstrahlen an den Dreikönigstag in unseren Kinderherzen verblichen, so zeigte sich das Morgenrot des zweiten Hochfestes unserer Jugendzeit. Es nahte der 'Storchentag'. Am 22. Februar, dem Tage, da die römische Kirche das Fest des Heiligen Petrus, die Stuhlfeier von Antiochia genannt, begeht, war für uns Kinder der 'Storchentag', ein Frühlingsfest ältesten Ursprungs. Um zwölf Uhr mittags versammelte sich die gesamte Schuljugend, Männlein wie Weiblein, jedes mit einem kleinen Sack umgetan, in der Mühlenkapelle und betete einen Rosenkranz. War der beendigt, so zog der helle Haufen der Stadt zu, in seiner Mitte ging der 'Storchenkarle'. Sein Amt war ein von der Gemeinde mit 'zwölf Kreuzern' und einem Laib Brot besoldetes. Von weitem schon ertönte der Schlachtruf des anstürmenden Kinderkreuzzuges: 'Heraus, heraus! Äpfel und Bire zum Lade raus!' Und die Hausmütter beeilten sich, Körbe mit Äpfeln, gedörrten Schnitzen und Nüssen zu füllen und sich unter die Fenster zu stellen. Vor jedem Hause hielt der Zug, der Ruf erscholl immer und immer wieder, bis die Frau endlich den Inhalt des Korbes aus vollen Händen herabstreute" (H. Hansjakob, Aus meiner Jugendzeit, 16. Aufl., Haslach 1986, S. 140).

Soweit Heinrich Hansjakob in seinem Werk "Aus meiner Jugendzeit"; und wie damals, so läuft auch heute noch der "Storchentag" ab, allerdings: heute gibt es keine Äpfel und Gedörrtes mehr, sondern Brezeln, Orangen und andere Köstlichkeiten.

Der "Storchentag" ist ein Fest, das nachweislich schon seit dem 17. Jahrhundert im Städtle gefeiert wird. Über die Entstehung dieses Brauches, der in veränderter Form an diesem Tage auch im Harmersbach-, Entersbach- und Wolftale als "Peterlestagsspringen" begangen wird, gibt es zwei Theorien. Die eine hat ihren Ursprung in einer alten Sage, nach der Haslach und Teile des Kinzigtales einst von unzähligem Ungeziefer heimgesucht worden seien, welches die ganze Vegetation aufzufressen drohte. In ihrer damaligen Not gelobten die Haslacher, alljährlich den Armen der Stadt und besonders den Kindern eine Freude zu bereiten und sie reich zu beschenken. Bald darauf seien, so die Sage, Störche gekommen und hätten das Tal in kurzer Zeit vom Ungeziefer befreit.

Eine zweite Theorie stammt von Heinrich Hansjakob, und diese vertritt er in seinen "Jugenderinnerungen" (Aus meiner Jugendzeit, 16. Aufl., S. 141). Er, Hansjakob, nimmt an, daß die Haslacher seit altersher an diesem Tag den Storch als Boten des Frühlings begrüßen und Freund Adebar gleichfalls die Bevölkerung auffordert, die restlichen Wintervorräte an Äpfeln, Birnen und Nüssen aus Dankbarkeit und Freude über den nahenden Frühling den Kindern zu schenken.

Abb. 151: *Der Storchentag. Zeichnung von Curt Liebich*

Welchen Ursprung der Haslacher "Storchentag" nun wirklich hat, läßt sich beim völligen Fehlen der schriftlichen Überlieferung nicht genau sagen, sicherlich aber ist der "Storchentag" ein Frühlingsfest alten Ursprungs, bei dem die Haslacher Schuljugend dem kommenden Lenz entgegenjubelt.

Und wie urteilt Hansjakob abschließend über den "Storchentag"? "Wie sinnig ist dieses Fest! Der Frühling kommt, will es sagen, der Storch, sein Bote, ist da; gebt drum die Winterreste von Äpfeln und Birnen der lustigen Jugend, damit sie in Jubel singe dem kommenden Lenz!" (Aus meiner Jugendzeit, 16. Aufl., S. 141).

103 Fasent/Fasnet und ihre Figuren

"Kaum waren die letzten Äpfel und Birnen vom 'Storchentag' her verzehrt, so kam die Fastnacht, wo in Haslach fast alle Menschen Narren und Kinder werden und hüpfen, tanzen und spielen, als wären sie alle wieder im Kinderhimmel der Jugendzeit. Das Städtchen wird zu jener Zeit ein 'Klein-Venedig' des Karnevals, und selbst der ernsteste Mann schlüpft in jenen Tagen in einen Weiberrock und lacht, höhnt und spottet von Haus zu Haus"(H. Hansjakob, Aus meiner Jugendzeit, 16. Aufl., S. 142). Was Hansjakob da in seinen "Jugenderinnerungen" von den Haslachern berichtet, das traf sicher auch auf die anderen, ehemals fürstenbergischen Städte Hausach und Wolfach zu, und in nichts zurück standen da ebenfalls die ehemals freien Reichsstädte Gengenbach und Zell.

Das exakte Alter der Fasent bzw. Fasnet in diesen Städten läßt sich nicht feststellen, kann doch Genaueres erst für die Zeit seit der Reformation gesagt werden. Mit der Reformation, die durch Graf Wilhelm von Fürstenberg 1525 Eingang im Kinzigtal gefunden hatte, kam auch die zeitweise Unterdrückung fastnächtlichen Brauchtums. In seiner 1543 erlassenen "Kinzigtäler Landordnung" heißt es u.a.: "Die Faßnacht als eine heidnische onsinnigkeit ist hiervor und soll ouch yetz von neuem gar verpoten sin und abgestellt."

Dennoch, die Fasent bzw. Fasnet hat alle Verbote überstanden und ist noch heute, wie schon zu Hansjakobs Jugendzeit, eine das Städtchen Haslach und auch die anderen Städte im Tal der Kinzig alles und alle erfassende Bewegung.

War Haslachs Fasent zumindest über ein Jahrhundert von der Aufführung großer, oftmals historischer Fasentspiele geprägt, welche kaum eine Narrenfigur entstehen ließen (z.B. "Hermann der Cherusker", "Der Steinerne Mann von Hasle" oder "Internationale Völkerschau"), so entwickelte sich insbesondere im fürstenbergischen Städtchen Wolfach eine Fülle von Narrenfiguren, und obendrein gehörte noch das inzwischen schon 200 Jahre alte Spiel um die "Altweibermühle" zum Ablauf und Bestand der dortigen Fasnacht.

Abb. 152: *Wolfacher "Schellenhansel".- Vgl. Kat. Nr. 103b.- Kurt Klein, Hausach*

Fasent oder *Fasnet,* das ist im Tal der Kinzig die Frage, und diese gründet in einer das Tal zwischen Hausach und Haslach durchschneidenden Sprachgrenze. So spricht man in Hausach von der Fasnet, sechs Kilometer kinzigabwärts aber bereits von der Fasent; dennoch, gemeint ist damit stets das gleiche: nämlich die Zeit zwischen Dreikönig und Aschermittwoch.

“Auf die Fastnacht kam”, so Heinrich Hansjakob, “wie in aller Welt, auch in Haslach der Aschermittwoch, für uns Kinder gleichwohl ein interessanter Tag. Da gab’s Asche aufs kleine Weltköpfchen und am Mittag Stockfische auf den Tisch; beides für uns wichtige Ereignisse” (H. Hansjakob, Aus meiner Jugendzeit, 16. Aufl., S. 146).

103 a Ranzengardist aus Haslach
(Narrenzunft Haslach i.K.)

In dem Geburtsstädtchen Heinrich Hansjakobs haben sich kaum nennenswerte Narrenfiguren gebildet, lediglich der Ranzengardist stammt aus der Zeit des 19. Jahrhunderts, dürfte von seinem Aussehen her auch eine der originellsten Narrenfiguren im ganzen deutschen Südwesten sein. Allerdings ist der 1876 beim Haslacher Fasentspiel “Die Weibertreu von Weinsberg” erstmals aufgetretene Ranzengardist eine Figur, die nicht zum Kreis der Narrengestalten in der alemannischen Volksfasnacht gehört. Den Ursprung dieser Narrenfigur schreibt man nach mündlicher Überlieferung der Tatsache zu, daß sich die Haslacher einst aus Angst vor den Franzosen in leeren Weinfässern versteckt hätten. Außer dem Ranzengardisten begegnen wir in Haslach zur Fasent dem noch jungen Haselnarro, dem “Gullerreiter” und Storch, sowie dem “Riesenköpfigen Ehepaar”, letzteren als Einzelfiguren.

103 b Wolfacher Schellenhansel
(Freie Narrenzunft Wolfach) Abb. 152

Der “Schellenhansel” wurde, weil er nach dem Niedergang der Fasnet durch den ersten Weltkrieg wieder als erste Narrenfigur auftrat, zum eigentlichen Wolfacher Hansel, obgleich er nicht die älteste Form darstellt. Er ist ein typischer Hanswurst, wie ihn seit dem 17. Jahrhundert das Barock ins Lustspiel und ins Leben stellte. Der letzte noch vorhandene Männer-Schellenhansel stammt aus dem Besitz von Josef Krausbeck, dem Großvater des noch sehr aktiven Heimat- und Fasnetforschers Josef Krausbeck, also aus der Zeit um 1865.

Als nach dem ersten Weltkrieg schließlich wieder Stoff zu bekommen war, wurde der erste neue Hansel nach altem Muster im Jahre 1927 angefertigt.

Als Modell für die Larve diente eine der alten Holzlarven mit dem typischen Hanswurstgesicht, etwa aus der Zeit um 1780/90. Als 1934 schließ-

lich die Zahl der Schellenhansel wieder im Steigen begriffen war, wurde das Häs (= Narrengewand) verfeinert. Der Schellenhansel ist nur eine der zahlreichen Wolfacher Narrengestalten.
(Literatur: Josef Krausbeck, Masken unserer Stadt, Wolfach/Stuttgart: Fink, 1974)

103 c Hausacher Hansele
(Freie Narrenzunft Hausach)

"Hansele, du Lumpehund, hesch nit gwißt, daß d'Fasent kunnt", dieser Narrenspruch trifft auch auf den Hansel aus Hausach zu, der mit Brettleslarve und Saubloder (= Schweinsblase) zu den bodenständigen Typen der Hausacher Fasent gehört. Außer dem Hansel begegnet man in der "Stadt unter der Burg" zur Fasent noch der "Spättle-Maid", einer zum Kreis der fasnächtlichen Hexen gehörenden Figur. Auch Hausach zählt zu den alten Fürstenbergischen Narrenstädten im Kinzigtal und kennt wie Haslach, Wolfach und Zell das "Schnurren" als fasnächtliches Rügen.

103 d Zeller Schneckehüslinarro Abb. s. unten
(Narrenzunft Zell a.H.)

Diese Narrenfigur zählt zu den Besonderheiten in der Schwäbisch-alemannischen Fasnacht, ist sein Häs doch über und über mit leeren Schneckenhäuschen besetzt.

Von der Symbolik her zählt der Schneckehüslinarro zu den Wintergestalten in der Fasnacht, denn die leeren Schneckenhäusle verkörpern das Leblose.

Abb. 153: *Zeller "Schneckehüslinarro".- Vgl. Kat. Nr. 103d.- Kurt Klein, Hausach*

Zell a.H. gehört zu den alten, verbrieften Narrenstädten im Schwarzwald, und seine Fasent wird geprägt durch solch seltene Narrengestalten wie "Spielkartennarro" und "Welschkornnarro"; sie alle ruhen das Jahr über im Narrengrab im Storchenturm, dem Wahrzeichen der ehemals kleinsten Freien Reichsstadt, am Fasentsonntag aber entsteigen sie dem Narrograb und bevölkern dann für drei Tage das Städtchen, bevor sie zu mitternächtlicher Stunde des Fasentdienstags wieder "zu Grabe" getragen werden.

104 Volkstrachten

104 a Heinrich Hansjakob, Unsere Volkstrachten. Ein Wort zu ihrer Erhaltung, 3. Aufl., Freiburg: Herder, 1893.

(Hist. Bibl. Rastatt: P 628, 30) Abb. 154

"Auf Anregung des mit ihm befreundeten Schwarzwaldmalers Professor Wilhelm Hasemann aus Gutach verfaßte Hansjakob 1892 die Flugschrift 'Unsere Volkstrachten. Ein Wort zu ihrer Erhaltung'. Die Bauern, so schreibt Hansjakob, sollten stolz sein auf ihre alten Trachten, die auf den ersten Blick zeigten, daß sie dem ältesten, dem ehrenwertesten und notwendigsten Stande der Welt, dem Bauernstande, angehörten. Auch die Rücksicht auf die Religion, die Bewahrung der von den Vätern ererbten guten Sitten fördere das Festhalten an den Volkstrachten. Hansjakob wollte mit seiner Flugschrift, die eine sehr hohe Auflage erreichte, dem Landvolk den Stolz auf seine althergebrachte Tracht als sichtbares Symbol seiner eigenen Identität zurückgeben.

Sein Aufruf sollte in kürzester Zeit Früchte tragen. An verschiedenen Orten Badens wurden Trachtenvereine gegründet. Auf Initiative Hansjakobs wurden die Trachtenvereine Badens 1895 im badischen Volkstrachtenverein zusammengefaßt."

(Manfred Hildenbrand, Heinrich Hansjakob und die Volkstrachten. In: Heinrich Hansjakob (1837-1916). Festschrift zum 150. Geburtstag, hrsg. v. M. Hildenbrand u. W. Scheurer, Haslach 1987, S. 109f.).

104 b Volkstrachten aus dem Schwarzwald. 25 Originalaquarelle nach der Natur gezeichnet von Kunstmaler Issel. **Mit einem Vorwort von Dr. Hansjakob** herausgegeben von Johannes Elchlepp, Freiburg: Elchlepp, 1900.

(Hist. Bibl. Rastatt: Inv. Nr. 92/59) vgl. Abb. 156

"Noch einmal greift Hansjakob im Jahre 1900 zur Feder und schreibt das Vorwort zu einer der schönsten Trachtenbildersammlungen, die jemals veröffentlicht wurden: 'Volkstrachten aus dem Schwarzwald. 25 Originalaquarelle nach der Natur gezeichnet von Kunstmaler Issel'. Was den Volkstrachten auf dem Schwarzwald den Untergang bringe, so meint Hansjakob in diesem Vorwort, sei die Freizügigkeit, die alles vom Land in die Stadt locke, sowie der allgemeine Zug der Zeit, der allem Alten und Hergebrachten Feind sei und überall Zustände schaffen wolle wie in den Vereinigten Staaten von Amerika" (Manfred Hildenbrand, a.a.O., S. 110f.).

Unsere Volkstrachten.

Ein Wort zu ihrer Erhaltung

von

Pfarrer Hansjakob.

Dritte, erweiterte Auflage.

Freiburg im Breisgau. 1893.
Herder'sche Verlagshandlung.
Zweigniederlassungen in Straßburg, München und St. Louis, Mo.
Wien I, Wollzeile 33: B. Herder, Verlag.

Abb. 154: *Heinrich Hansjakob, Unsere Volkstrachten. Titelseite der 1893 im Freiburger Herder-Verlag edierten 3. Aufl.- Vgl. Kat. Nr. 104a*

104 c Heinrich Hansjakob beim badischen Trachtenfest in Freiburg. (Reproduktion einer) Fotografie aus dem Jahre 1895. Größe des Originals: ca. 35cm x 46cm.
(Schwarzwälder Trachtenmuseum Haslach) Abb. 155

“Am 29. September 1895 fand in Freiburg das erste große badische Trachtenfest statt, welches zum erstenmal die verschiedenen Trachten aus allen Teilen des Großherzogtums Baden in einem großen Fest mit Umzug zusammenführte. Etwa 2000 Trachtenträger nahmen an diesem Umzug teil. Im 'Schwarzwälder Trachtenmuseum' im ehemaligen Kapuzinerkloster in Haslach sind mehrere Originalfotos von diesem Trachtenfest ausgestellt. Eine Aufnahme zeigt Hansjakob, den damaligen Pfarrer von St. Martin in Freiburg, mit einer Trachtengruppe aus Steinach im Kinzigtal”(Manfred Hildenbrand, a.a.O., S. 110).

Abb. 155: *Hansjakob mit einer Trachtengruppe aus Steinach i.K. beim bad. Trachtenfest 1895 in Freiburg.- Vgl. Kat. Nr. 104c.- Schwarzwälder Trachtenmuseum Haslach*

104 d Hans-Kuony-Orden I. Klasse mit Brillanten des Stockacher Narrengerichts, verliehen i. J. 1907.
(Hansjakob-Museum Haslach)

Für seine Verdienste um die Erhaltung der bäuerlichen Volkstrachten verlieh der badische Großherzog Hansjakob zu Weihnachten 1899 das Ritterkreuz I. Klasse des Ordens vom Zähringer Löwen. Doch Hansjakob nahm diese hohe Auszeichnung nicht an, was zu einem politischen Eklat führte. Nur einen Orden hat er in seinem langen Leben angenommen: den hier gezeigten Hans-Kuony-Orden I. Klasse mit Brillanten des Stockacher Narrengerichts. Hansjakob wurde damit "Ehrenlaufnarr" der Stockacher Narrenzunft. M.H.

104 e Mühlenbacherin mit Haube
(Schwarzwälder Trachtenmuseum Haslach)

Abb. 156: *Mühlenbacherin mit ihrer Haube. Aquarell von Heinrich Issel.- Vgl. Kat. Nr. 104b sowie 104e u. f.- Hist. Bibl. Rastatt. Aufnahme: H. Heid*

104 f Rollenkranz aus Mühlenbach. Größe: ca. 40 cm. Material: Gänsefedern, Glasperlen u. Pailetten sowie eingeflochtene Stoffblumen. (Schwarzwälder Trachtenmuseum Haslach)

Die "Mühlenbacher Tracht" - so wird die Tracht des "Mittleren Kinzigtales" oft in der Trachtenliteratur genannt - kommt, wenn auch etwas verändert, im Schuttertal ebenfalls vor, ihr Schwerpunkt aber liegt im Raum Haslach, in den Gemeinden Hofstetten, Mühlenbach, Fischerbach, Schnellingen und Bollenbach, sowie in Steinach und Welschensteinach.

Erhalten hat sich dabei von dieser Tracht bis zum heutigen Tage nur die Frauentracht; sie wird noch immer, wenn auch abnehmend, an kirchlichen und weltlichen Festtagen getragen.

Auffallendstes Merkmal der "Kinzigtäler Tracht" ist die "Goldhaube", von der der Trachtenforscher Rudi Keller in seinem Werk "Tracht am Oberrhein" (Straßburg: Hünenburg-Verlag, 1942, S. 31) schreibt: "Von allen Hauben ist die Mühlenbacher Goldhaube ('Geli Kapp') unbestreitbar am schönsten und kleidsamsten. Sie ist in ihrer Anmut eine der schönsten deutschen Hauben überhaupt."

Das Mädchen, das vom Weißen Sonntag an den "Rollenkranz" trägt - er besteht aus Gänsefedern und enthält glitzernde Glasperlen und Pailetten sowie eingeflochtene Stoffblumen, Rosen und Vergißmeinnicht - legt diesen am Tage der Hochzeit zum letzten Mal um. Am selben Tage aber kommt die Braut "unter die Haube".

104 g **Schnapphut aus dem Elztal.** Größe: ca. 40cm; Material: Stroh mit Gips und Bändern überzogen.
(Schwarzwälder Trachtenmuseum Haslach)

104 h **Radhaube der Hagnauer Bodenseetracht.** Größe: ca. 42cm(H) x 42cm(B) x 11cm(T); Material: Goldfaden (geklöppelt), mit Spitzenbesatz, innen gefüttert.
(Waltraud Ganser, Hagnau a.B.) vgl. auch d. Zierleiste S. 235

Bei der hier gezeigten Radhaube handelt es sich um den attraktivsten Teil der Hagnauer Bodenseetracht, die aus Kleid, Bluse, Schultertuch, Schürze sowie - als ihrem schönsten Stück - eben der Radhaube besteht. Die ausgestellte Haube wurde ca. 1936 angefertigt und ist damit einer der ältesten noch erhaltenen Trachtenteile seiner Art in Hagnau. Ähnliche Trachten gibt es noch in verschiedenen anderen Orten des Bodenseeraums, z.B. auch in Überlingen, doch weisen sie alle - je nach geographischer Zugehörigkeit - leichte Unterschiede auf.

In der dritten Reihe seiner "Schneeballen", die erstmals 1893 erschien, bezeichnet Hansjakob die "Volkstracht am schwäbischen Meer" als "der schönsten eine in den schwäbischen Landen". Umso mehr bedauert er, daß sie "zum Schaden von Staat und Gesellschaft... seit 50 Jahren verschwunden sei". Demnach wurde die Tracht also etwa bis 1850 getragen. Hansjakob berichtet des weiteren: "In den ersten Jahren meines Aufenthaltes in Hange [= Hagnau] konnte man an Fastnachtstagen noch ein oder die andere Maske in alter Tracht im Dorf herumspringen sehen. Und als ich zum erstenmal so eine Frau in alter Seetracht erblickte, tauchte mir hell eine Kindeserinnerung auf. Der Amtsrevisor Zamponi, welcher in meiner Knabenzeit in Hasle [= Hansjakobs Geburtsort Haslach] fungirte, hatte eine alte Magd mitgebracht vom Bodensee, und diese trug die Tracht der Seeschwäbinnen, eine silberne 'Radhaube', ähnlich einem aufgestellten Pfauenschwanz, ein blaues Tuchmieder, dazu ein farbenschillerndes Seidentuch und einen faltigen, kurzen Tuchrock... An hohen Feiertagen trugen die Frauen am See gar eine goldene Radhaube..." (Schneeballen, Dritte Reihe = Schneeballen vom Bodensee, 5. Aufl., Ohlau: Leichter, 1906, S. 195f.).

In der vom Stuttgarter Bonz-Verlag edierten Ausgabe der Dritten Reihe der "Schneeballen" finden wir als Kopfleiste eine Darstellung der Hagnauer Radhaube, gezeichnet von Curt Liebich. In unserem Katalog ist diese Zeichnung zu Beginn des vorliegenden Kapitels - ebenfalls in der Verwendung als Zierleiste - wiedergegeben (vgl. S. 235).

Nachdem die Hagnauer Bodenseetracht offensichtlich für Jahrzehnte aus dem alltäglichen Leben des Ortes verschwunden war, wurde sie später wieder eingeführt; wann genau und weshalb dies geschah, darüber gibt es in Hagnau keine gesicherte Überlieferung mehr. Da aber Hansjakob von 1869 bis 1884 in Hagnau als Seelsorger wirkte, da er des weiteren in seinen "Schneeballen" über die "Tracht am schwäbischen Meer" schrieb und nicht zuletzt weil es auf seine Initiative hin im südwestdeutschen Raum zur Gründung zahlreicher Trachtenvereine kam (vgl. Manfred Hildenbrand, a.a.O., S. 110), ist zu vermuten, daß die Wiedereinführung der Hagnauer Bodenseetracht - direkt oder indirekt - von Hansjakob veranlaßt wurde.
H.H.

VI

Das bäuerliche Leben im Kinzig- und Wolftal bei Heinrich Hansjakob*

Dieter Kauß

Wenn hier der Versuch gewagt wird, aus dem vielfältigen Werk Heinrich Hansjakobs wichtige Sachaussagen zum bäuerlichen Leben seiner Heimat vorzustellen, so geschieht dies bewußt aus der Sicht des in der Nähe seiner Geburtsstadt Haslach liegenden Schwarzwälder Freilichtmuseums "Vogtsbauernhof" in Gutach.[1] Dort werden die Besucher heute durch die Bauernhöfe und deren Nebengebäude mit dem bäuerlichen Wohnen und Leben, mit ländlicher Kultur und Technik vergangener Zeit bekannt gemacht. Vermittler sind dabei natürlich die Häuser selbst, deren Einrich-

*Vom Autor gekürzte Fassung des unter dem Titel "Heinrich Hansjakob und die bäuerliche Welt im Kinzig- und Wolftal des endenden 19. Jahrhunderts" in der Festschrift "Heinrich Hansjakob" (hrsg. v. der Stadt Haslach 1987) erschienenen Aufsatzes

tung, die technischen Anlagen, Gärten, Kleindenkmale und auch äußerlich unscheinbare Dinge wie etwa eine Hanfdarre oder ein Bähofen.

Dies ist aber längst nicht der ganze Lebensbereich der Menschen im Schwarzwald gewesen. Wir können darin die Menschen vor allem selbst nicht fassen und erleben, die unwiederbringlich vor uns gestorben sind. Sie sind aber nicht für uns verloren, denn "wer das Museum mit Menschen füllen will, die zu den dortigen Höfen und Gerätschaften gehören, muß zu Hansjakob gehen".[2]

Das literarische Werk Heinrich Hansjakobs ist reichhaltig.[3] Seine Gedanken zu unterschiedlichsten Fragen[4] wurden immer wieder daraus abgelesen und interpretiert. Das bäuerliche Leben im Kinzig- und Wolftal scheint bei Hansjakob vor allem in sechs Werken auf, die hier für seine Sachaussagen herangezogen werden sollen:"Aus meiner Jugendzeit", 1879 in Hagnau,[5] "Wilde Kirschen", 1888 in Freiburg,[6] "Bauernblut", 1896 in Freiburg,[7] "Waldleute", 1897 in Freiburg,[8] "Im Paradies", 1897 in Freiburg[9] und "Erzbauern", 1899 in Freiburg geschrieben.[10]

Die Schwarzwälder Bauernart

"Wald und Feld sind des Buren Welt, sie und nit das Geld heben die Familie zusammen und erhalten den Stammen" (EB 260). Die Bauern leben nach H. Hansjakob auf ihrem Gute inmitten von Feld, Wald, Wiese und Bach. Sie sitzen auf ihrer Väter Gut wie Fürsten; sie hängen von niemandem ab; sie brauchen nicht zu flattieren und Komplimente zu machen (JZ 154). Gegenüber ihren engsten Nachbarn sind sie mißtrauisch; diese sollten ihren Besitz nicht vermehren (EB 261). Die Bauern lassen sich nicht gerne ins Maul schauen, auch dann nicht, wenn sie keine eingesetzten Zähne hätten (P 176/177). Der Bauernalltag zeigt sich ruhig, zufrieden und gottergeben (BB 199), gläubig, arbeitsam und entsagend (P 108). Die Bauern stehen mit der Sonne auf; sie arbeiten in Feld, Flur, Haus und Hof; sie gehen mit der Sonne abends ins Bett (BB 200). Geht es ihnen gut, so "kalbelt ihnen der Holzschlegel auf der Bühne" (BB 152).

Besondere Bauern sind bei Hansjakob die sogenannten Erzbauern. Zunächst überragen diese die anderen an Besitz und betreiben zugleich Erzbergbau (EB 9). Sie sind aber auch als Erzbauern Männer aus Erz und Stahl (EB 123, 172), geradezu auch Ideal- und Mustergestalten eines Bauern (EB 172, 204). Letzteren, einen Musterbauern nämlich, stellt sich Hansjakob folgendermaßen vor: hellen Auges, klaren Kopfes, des Lesens und Schreibens kundig, ein tiefgläubiger, frommer Christ, ein guter Landwirt und ein treuer Bewahrer alter Tracht, Sitte und Gewohnheit (P 97).

Er besticht durch Ruhe und Zuversicht, gesteigert durch den lebendigen religiösen Glauben (P 50).

Hansjakob hat eine Schwäche für die Großbauern als Fürsten (WK 378-380). Denn im Bauernstand steckt der Uradel der Menschheit. Adam und Eva waren Bauersleute; von ihnen stammen alle großen und kleinen Herren ab (P 302). Trotzdem darf aber der Bauer nicht Fürst spielen wollen und können (EB 292). Hansjakob kennt diese Versuchung sehr wohl und zitiert dazu zwei Sprichwörter: "Wenn einmal ein Bauer auf dem Gaul sitzt, läßt er sich ebenso wenig sagen wie ein absoluter Fürst auf dem Thron" (BB 111) und "Wenn der Bauer auf's Roß kommt, reitet er stärker als der Herr" (BB 53).

Schließlich haben die Bauern nach Hansjakob ein offenes Ohr und eine offene Hand (BB 259/260). Barmherzigkeit, Beherbergung und Speisung der Armen gelten als bäuerliche Tugenden (EB 226, 232, 241, 280), derentwegen der Schriftsteller seinen Bauern viel vergibt.

Abb. 157: *Der ehemalige Grubhof in Mühlenbach, ein Kinzigtäler Haus mit Strohdach. Zeichnung von Curt Liebich*

Das Bauernhaus und seine Einrichtung

Dem eigentlichen Bauernhaus widmet H. Hansjakob nur wenige Skizzen. Er sieht es in der Regel und nach alter Bauernart in Holz gebaut (EB 119; P 11, 112; WL 52), gedeckt mit Stroh (EB 119; P 25, 44; WK 363/364; P 76, 112, 188, 280) oder Schindeln aus glattem Tannenholz (WL 35) und auch schon mit Falzziegeln (P 208, EB 125). Er nimmt an diesen Häusern Galerien und "Trippel" wahr (EB 125, P 197, WK 382) und stellt fest, daß der Rauch aus diesen Häusern ohne Kamin abzog (EB 129). Interessant ist, daß Hansjakob von der holzkonservierenden Funktion des Rauches spricht, der das ganze Haus durchzieht (P 282). Hansjakob kennt auch den sogenannten Doppelhof, in dem zwei Könige unter einem Dach, jedoch kaum mit Gemeinsamkeiten wohnen (WK 352).

Das Bauernhaus ist immer von Bäumen umgeben, meist Nußbäumen (BB 89, P 75) oder Buchen (BB 198). Die Kastanien bilden dabei eine Ausnahme (BB 100).

Abb. 158: *Bernauer Haus. Zeichnung von R. Schilling.- Schillinger-Verlag Freiburg*

Das Bauernhaus wurde innerhalb eines Jahres erbaut; dies konnte natürlich nur mit der Hilfe der Verwandtschaft und der Nachbarschaft geschehen (BB 105/106). An den Häusern fallen die kleinen Schiebefenster auf, die gegebenenfalls im Winter mit Moos verstopft und verdichtet wurden (WL 221). In manchen Häusern mündet der Hausgang in die dunkle Küche (WL 273). In den holzgetäfelten Stuben ist Hansjakob oft gesessen (WL 52, 274). Dabei war er vor allem vom Herrgottspfosten und vom Herrgottswinkel beeindruckt. Der Eckpfosten des Hauses wurde aus der größten Eiche gezimmert und von 30 bis 40 Männern aufgerichtet. Im Herrgottswinkel befinden sich ein Kruzifix, ein Hausaltärchen und Heili-

Abb. 159: *Herrgottswinkel in einem katholischen Bauernhaus.- Schwarzwälder Freilichtmuseum "Vogtsbauernhof", Gutach (=SFLM). Aufnahme: Landesbildstelle Baden*

genbilder (BB 244-246, P 161). Vor ihm am Tisch sitzt beim Essen der Bauer (BB 246), an Nachmittagen auch einmal die Mutter des Bauern mit ihrem Gebetbuch (P 224). Das Fehlen jeden religiösen Schmuckes fällt Hansjakob in den Stuben protestantischer Bauern auf (P 197). Dies resultiere aus der bilderfeindlichen Situation der protestantischen Religion, stellt Hansjakob nach einer Befragung fest (P 199). Im Bauernhaus kennt Hansjakob noch die Stubenkammer (WL 220) und den Stall, der mit Holzbohlen am Boden versehen war. Neuerdings, d. h. um 1897, sollen die Ställe Zementböden erhalten, um Bazillen zu verhindern (P 291/292).

Das Haus ist dem Bauern heilig; so bleiben denn auch am Sonntag immer zwei Personen daheim, während die anderen zur Kirche gehen (WL 245/246).

Hansjakob schildert eine Vielfalt von Hauseinrichtungsgegenständen. Er kennt sowohl gußeiserne Öfen (WK 131) als auch Kachelöfen, deren Ofenbank verschiedenen Zwecken diente (BB 269, P 266, 308): Hier übernachtet der Handwerksbursche; hier diskutieren Bauer und Bäuerin am Sonntagnachmittag. Das Himmelbett im elterlichen Schlafzimmer mit einem Brettchen über dem Kopf des Mannes (BB 196) wird ebenso erwähnt wie das Himmelbett als Schlafstätte für drei Kinder (JZ 46) mit der "Pfulge", dem Kopfkissen (WK 16). An Büchern hat der Bauer nur wenige: ein Gebetbuch, einen Kalender, ein Volksbuch (JZ 195, P 183). Dazu kam gegen Ende des 19. Jahrhunderts dreimal wöchentlich die Zeitung oder das "Blättle" (P 23).

An Erntegeräten, die zugleich auch Waffen darstellen können, werden Sense, Flegel und Heugabel genannt (JZ 259). Den Strohschneidstuhl sahen eifrige Haslacher schon als Guillotine in der Revolution an (JZ 271).

An Beleuchtungsutensilien kennt Hansjakob den Kienspan (WL 218, 220; BB 268, 269), dessen abgebrannte Reste in einen mit Wasser gefüllten Kübel fallen; er kennt die Unschlittkerze, in deren Licht man lesen konnte (BB 268) sowie die Petroleumlampe, die sehr teuer war, da das Öl viel Geld kostete (BB 269).

Die Kleidung bewahrte man in einem Kleidertrog auf (EB 23), die gedörrten Zwetschgen, Äpfel und Birnen in einem Schnitztrog (JZ 56/57, WL 183). Es gab zu Hansjakobs Zeiten noch Teller aus Holz (JZ 79, WK 266); der "Muckentatscher" mit seinem ledernen Lappen an der Steckenspitze scheint Hansjakob im Detail interessiert zu haben (WL 99). An Körben nennt er "Zeinen" (WK 125, WL 183) und "Schieden" (EB 23, 240). Das liebste Fahrzeug des Bauern war für Hansjakob das "Bennewägele", mit dem er sich selbst sehr gerne fahren ließ. Dieses (P 38, EB 19, 124, 213) war das Ausfahrt-Fahrzeug des Bauern; es hatte unter seinem Sitzbrett an der Vorderseite ein eigenes "Sitztrögle" (EB 233), wo man Geld oder andere wertvolle Dinge verstauen konnte.

Die Nebengebäude des Hofes

Hansjakob schildert in seinem Heimatgebiet den Bauernhof als eine Ansammlung von Hof- und Nebengebäuden. Er kennt das Brunnenhäusle mit den Milchtöpfen (EB 91) und die Hofkapelle (EB 47), die u. a. mit Rinden gedeckt sein konnte (EB 143). Das Leibgedinghaus (EB 47, P 104) des

Abb. 160: *Speicher im Dreisamtal. Zeichnung: R. Schilling.- Schillinger-Verlag Freiburg*

Bauern ist Hansjakob sowohl in seiner Stattlichkeit wie auch in seiner Kleinheit bekannt, die gerade noch einer Ziege Obdach bieten konnte (EB 178/179). Des Bauern Schatzkammer ist jedoch der Speicher (P 161, WK 392). "Neben jedem Hof, durch einen Weg von diesem getrennt, steht möglichst solid gebaut und ohne Strohdach der 'Spicher'. Da sind des Landmanns Schätze aufgespeichert: die Frucht, das Kirschen- und Zwetschgenwasser, der Speck, die Schinken, die Bratwürste, letztere in den Fruchtkästen im Korn und Weizen versteckt, der Hanf, der Zwilch, der 'Anken' (ausgelassene Butter), das

Abb. 161: *Innere Ansicht eines Speichers. Buchillustration von R. Schilling.- Schillinger-Verlag Freiburg*

Schmalz, die Bohnen usw. ... Den Schlüssel zum Speicher trägt der Bauer, auch wenn er zu Markt oder zur Kirche geht, stets bei sich. Und in der großen Innentasche seines Kittels sind in der Regel der Speicherschlüssel und das Gebetbuch beisammen. Der Speicher ist mit dem Stall der beste Zeuge für den Wohlstand eines Hofes. Wer diese beiden gesehen, kann daraus leicht die Größe des Hofes und die Qualität seiner Felder bemessen" (WK 392/393).

Als weitere Nebengebäude eines Hofes nennt Hansjakob die Mühle (EB 54) mit dem Mahlkasten und dessen Fratzenmäulern (P 45), sowie ein Hühner- und Geißenhaus. Als Ausnahme hat wohl eine Ziegelei in ihrer Bestimmung als Hofnebengebäude zu gelten (EB 54).

Bauernarbeit und tägliche Nahrung

Als des Bauern wichtigste Arbeit bezeichnet Hansjakob die Sorge um das Großvieh, das Säen und das Pflügen (BB 99, 208). Zur Viehzucht weiß Hansjakob zu bemerken, daß zu seiner Zeit die "Wälderstiere" der neuen Rasse der Simmertaler aus den Alpen weichen sollten. Diese Viehsorte passe aber nicht zum Schwarzwaldfutter; sie sei zwar schön und fleischig, gebe aber nicht so viel Milch (P 237). Die schwersten Bauernarbeiten sind das Mähen, das Rüttibrennen und das z'Ackerfahren (BB 99). Das Mähen, eingeleitet durch das "Sägets-Dengeln" (BB 103) schon um vier Uhr morgens (P 310), eine einzige Schwitztour vom frühen Morgen an, schildert Hansjakob mehrfach (BB 212, WL 224). Dabei hatten es ihm vor allem der beim Mähen führende Bauer und der ihm folgende Oberknecht, der Unterknecht und die Taglöhner angetan. Deren Tun endete oft genug in einem harten Wettkampf des Mähens, in dem der Schwächere brutal als solcher gebrandmarkt wurde (BB 212). Aber nicht nur das Mähen, sondern die gesamten bäuerlichen Arbeiten begannen sehr früh, meist um vier oder fünf Uhr; sie endeten oft genug erst abends um halb neun Uhr (P 149, 281).

Auf größeren Höfen wurde jährlich Rütti gebrannt. Es handelt sich dabei um eine besondere Form der Wald-Feldwirtschaft, die nur im Schwarzwald üblich[11] war. 20-30jähriger Eichen- oder Birkenbosch wird geschlagen und geschält. Das grobe Holz wird genutzt und verkauft. Das geringere Holz sowie das Reisig werden getrocknet und danach an einem windstillen und sonnigen Tag von oben nach unten abgebrannt. Dies ist eine heiße Arbeit, bei der es Most und "Küchle" gibt. Die anfallende Asche wird in den Boden geharkt und ergibt den Dung für den nun folgenden Getreide-, meist Roggenanbau (BB 211/212).

Abb. 162: *"Rüttibrennen".- Aufnahme: SFLM*

Spezielle Winterarbeiten der Bauern sind das Dreschen und das Baumfällen (EB 241); letzteres kann sich bis in das Frühjahr hinziehen (BB 258), in dem vor allem das gefällte Holz zu Tal geriest wurde (EB 253, WL 60). Dazu mußten eigene Kanäle gebaut werden, in denen das Holz bergab rutschte. Dies war aber z. T. eine gefährliche Arbeit, die u. U. auch den frisch bestellten Feldern schaden konnte (WL 262).

Das beim Rüttibrennen erwähnte Rindenschälen schildert Hansjakob an anderer Stelle in seinen verschiedenen Stadien: dem Klopfen der Rinde am Stamm, dem Aufritzen mit einem Messer und dem Loslösen von Stamm und Ästen (P 113). Nicht alltäglich war die Straßenfron durch die Bauern, wenn Hochwasser die Bachläufe und Straßen zerstört hatte. Dann fronten die Bauern mit Knechten und Wagen wochenlang (P 218/219).

Der Bäuerin oblag überwiegend die Arbeit im Hause und die Mitarbeit auf dem Feld und der Wiese. Vorwiegend hatte sie sich um das Kleinvieh des Hofes - Schweine, Schafe, Hühner, Enten und Gänse - zu kümmern. Dazu kamen die Zubereitung von Hanf und Wolle, die Aufbewahrung des Obstes und die Verwertung der Milch (BB 208, EB 226, P 99/100, WL 38, 50). Nach getaner Tagesarbeit spann die Bäuerin vor allem im Winter in der Stube (JZ 63); machte es ihr Spaß, dann versuchte sie sich im Wolftal auch am Blumenmachen, das man durch das Kloster Wittichen kennengelernt hatte (WL 79). Verschiedene Hungerjahre hatten es mit sich gebracht, daß sich die Bauersfrau auch als Strohflechterin betätigen mußte (JZ 221/222).

Die Bauernkinder, die mit Rutenstreichen und Schlägen (JZ 285) erzogen wurden, arbeiteten nach dem Schulunterricht zu Hause weiter. Sie trugen das Holz in die Küche, schnitten und stampften Rüben sowie Kartoffeln; sie holten Stroh für den Stall, putzten die Ställe und jagten das Vieh zur Tränke an den Brunnen (EB 208). Am Samstag und am Vorabend vor Feiertagen mußten sie die Schuhe der ganzen Familie putzen (JZ 45).

Die tägliche Arbeit des Bauern im Haus, im Wald, auf dem Feld und auf der Wiese diente vor allem seiner Nahrung, seiner Kleidung und seinem Verdienst. Der bäuerlichen Nahrung und Ernährung sei nunmehr bei Hansjakob nachgegangen. Er bezeichnete Milch, Mehl und Speck als die damals normale Kost im Kinzigtal (P 53). Einmal im Jahr, an Kirchweih, gab es Rind- oder Kalbfleisch und Nudeln in der Fleischbrühe mit Muskatnuß (P 53, 58). Des Bauern liebste Kost war jedoch die im Rauch getrocknete Bratwurst, die er im vollen Kornkasten des Speichers versteckt hielt (BB 81). Man aß zu Hansjakobs Zeiten schon mit Löffel, Gabel und Messer. Dabei steckten die Mannvölker ihr Eßzeug in den ledernen Riemen, der rings um den Tisch an der Holzwand entlanglief, nachdem sie dieses am Tischtuch abgeputzt hatten (P 58).

Abb. 163: *Löffelriemen in der Stube.- SFLM. Foto: Landesbildstelle Baden*

Das erste Essen am Tage war die Morgensuppe um fünf oder sechs Uhr, bestehend aus einer Mehl- oder Milchsuppe (WK 77, JZ 55, WL 167, 228). Vor allem im Sommer wurde dann das "Nünibrot" auf dem Feld oder im Wald eingenommen (BB 108, WK 131). Über das Mittagessen erfahren wir bei Hansjakob nicht viel; nur einmal erwähnt er die Gerstensuppe am Sonntagmittag (WL 247). Nachmittags aß man dann wiederum meist draußen auf dem Feld oder im Wald das "Vierebrot" (WL 260). Am Abend gab es schließlich die Abendsuppe als Mehlsuppe oder als Milch mit Kartoffeln (JZ 197) oder das Nachtessen, bestehend aus Kartoffeln, Gerstensuppe und süßer Milch (EB 208).

Der Fremde oder der Gast, der früher wie heute gerne zum Vesper auf den Bauernhof kam, erhielt auch zu Hansjakobs Zeiten das Beste: Speck, Brot und "Küchle" (JZ 114); Speck, Schinken, "Küchle", Kaffee, Wein und Bier (WL 86); Kirschwasser, Eier und Brot (P 197); Schinken in dreierlei Art und Sauerkraut (P 273); Wein, Striwle und Schinken (P 294).

Hansjakob kennt die Bedeutung des Honigs als Süßmittel und schildert oft den Bauern als Imker (P 161, WL 265/266). Auch verschiedene andere Nahrungsmittel sind Hansjakob nicht fremd. Er nennt Fische wie die "Grundel" und die Kroppen (JZ 24). Er erinnert sich an den "Bibeleskäs", der in Schachteln auf das Feld zum "Nüni- oder Vierebrot" transportiert wurde (JZ 197). Oft gebrauchte Speisen waren "Brägele" (EB 242) und "Dummis" (WK 19). "Strüwle" hielt Hansjakob für das feinste Mehl- und Schmalzpräparat einer Bauernküche im Alemannischen (WK 63, 287). Sie waren ein beliebtes Freitagsessen, diese braunroten Dinger, die aussehen wie große, aus Mehl geformte und gebackene Vogelnester, die man mit Zucker mundgerechter zum Essen machte (P 77/78). "Bohneschäfe" mit Fleisch und Knöpfle (WK 164) gab es wohl nur ab und zu; meist fehlte das Fleisch dabei (JZ 289/290). Rüben wurden "lind" und getrocknet konsumiert (JZ 116).

Etwas Besonderes schien vor der Jahrhundertwende der Kaffee doch noch gewesen zu sein. Ihn gab es nur vier- bis fünfmal im Jahr in großen Schüsseln, wie die Suppe mit Löffeln gegessen (JZ 210). Der Eisenbahnbau brachte dieses Luxusgetränk in das Kinzig- und Wolftal, das Hansjakob als Nervengift dafür verantwortlich machte, die Menschen siech und blutarm werden zu lassen (BB 132).

Natürlich kannte und liebte Hansjakob das tägliche Brot, dessen Laib durch die Bäuerin mit dem Kreuzzeichen versehen wurde, bevor sie ihn anschnitt (P 197).

Der Bauerngarten mit seinen Blumen und Heilpflanzen (P 174, 268) sowie der Krautgarten (P 295) waren Hansjakob geläufig. Ebenso machte er sich Gedanken um Obst und Beeren. Äpfel und Birnen wurden zu Most gemacht (P 271). Der Schnaps, aus Obst gewonnen, war ein großes Laster und brachte die Bauern oft genug um Hab und Gut (BB 93/94). Als letztes Obst im Jahr kamen die "Häspele", heute Mispeln, auf den Markt in Haslach (P 273). Die von den Bauernkindern gesammelten Himbeeren wurden meist verkauft; Brombeeren dagegen machte man zu Marmelade oder zu Wein (P 270).

Abb. 164: *Bienenhäuser bei einem Bauernhof. Zeichnung von R. Schilling.- Schillinger-Verlag Freiburg*

Hofübergabe und Leibgeding

Der Bauernhof wurde im Kinzig- und Wolftal immer, auch nach Hansjakob, dem jüngsten Sohn übergeben. Die übrigen Kinder wurden abgefunden, wobei man sagen muß, zu schlechten Preisen, da der Hof in der Regel nur zu einem Drittel des Preises überschrieben und verkauft wurde (BB 169; EB 233, 254; JZ 154; WK 125/126). Die älteren Söhne und Töchter ziehen, sofern sie sich nicht auf andere Höfe verheiraten, in das nächste Städtle. Sie werden dort Knechte und Mägde oder wenden sich einem Handwerk zu. Manche wanderten auch aus nach Amerika (WK 127). Erhielt ein anderer Sohn den Hof, so mußte er seinem jüngsten Bruder dessen Vorteilsgerechtigkeit mit einer Geldsumme abkaufen und ausgleichen (WK 125). Vor der Übergabe jedoch wurde der Nachlaß durch den Ratsschreiber und den Bürgermeister genauestens aufgenommen und geschätzt (BB 120). Mit der Hofübergabe sicherten sich der Bauer, die Bäuerin oder das Altbauernpaar das sogenannte “Libding” (BB 110), das ihnen auf Lebzeit Wohnung, Nahrung, Kleidung, Holz, Krankenversorgung und Transport bot (EB 258/259, 263, 290). Bei einem Großbauern sieht dies Hansjakob so: “Wie ruhig sie sich betten, die abgetretenen Hofhäupter, das geht aus der Art hervor, in der das Leibgeding, welches der nunmehr regierende Bauer dem abgehenden jährlich zu entrichten hat, festgesetzt wird. Bares Geld wird wenig bedungen, aber alle Lebensbedürfnisse ohne jegliches Mittun des Pensionierten. Ihm liefern nach seiner Auswahl die besten Kühe im Stall die tägliche Milch, die schönsten Schafe die Wolle, und von allen Obstbäumen auf dem Gute kann er die beladensten von jeder Sorte für sich auswählen. Butter, Hanf, Speck, Hafer, Korn und Weizen trägt zur bestimmten Zeit und in bestimmten reichlichen Quantitäten der Jungbur dem Alten ins Leibgedinghaus. So residieren auf den Schwarzwaldhöfen oft zwei Familien nebeneinander, der Patriarch und sein Letztgeborener, und Haus und Hof bleiben zum Segen der künftigen Generation in einer Hand” (WK 127).

Gesinde, Taglöhner und Störhandwerker

Unbestritten bevorzugte Hansjakob in seinen Schriften die Großbauern, die Bauernfürsten und die Erzbauern. Er kennt aber auch den Kleinbauern mit zwei Kühen und einem Schwein im Stall, Kartoffel- und Getreideanbau betreibend (WL 216). Aber auf der anderen Seite weiß Hansjakob eine Vielfalt von Aussagen über das Gesinde, die Taglöhner und die Störhandwerker auf dem Bauernhof zu machen. So schildert er für uns heute die ganze Hierarchie des damaligen Knechtwesens, die beim Hirtenbuben begann. Dieser hütete im Frühjahr und im Sommer das Groß- und Kleinvieh; im Herbst erntete er mit auf dem Feld und beim Obst. Er versorgte dabei die Kartoffelfeuer, in denen Äpfel gebraten wurden. Im Winter war der Hirtenbub Handlanger für Knechte und Mägde. Er trug Holz, wusch die Erdäpfel, besorgte Fleisch und half, soweit es möglich war, auf dem Feld und im Wald. Er besaß Hose, Hemd, zwei Paar Strümpfe und ein Taschentuch. Sein Lohn war gering. Meist arbeitete er um das Essen und das "Häs", die Kleidung für Sonn- und Feiertag (BB 88/89, 225; JZ 84; P 105).

Das Liedersingen war dem Hirtenjungen der liebste Zeitvertreib; dabei konnte er 50 Lieder sowohl der Melodie wie auch dem Texte nach beherrschen (EB 209).

Abb. 165: *Durch Haslach ziehender Ziegenhirte mit seiner Herde. Illustration von C. Liebich*

Nach vier Jahren seines Hirtenjungendaseins konnte sich der junge Mensch zunächst auf dem Bauernhof als Futterknecht bewähren. Dabei hatte er vor allem den Stall zu putzen, das Stroh zu schneiden, das Heu zu "liechen" und bei der Feldarbeit die Ochsen vor dem Pflug anzutreiben (BB 208). Nach dieser Arbeitsbewährung stieg der Futterknecht oder Futterer zum Unterknecht auf. Als solcher bekam er eine feste jährliche Entlohnung, etwa zwischen 40 und 45 Gulden. Er arbeitete auf dem Felde, auf der Wiese beim Mähen und beim Rüttibrennen mit. Für guten Dienst bekam er als Entgegenkommen seine sonntägliche Kleidung gestellt (BB 210). Ein Unterknecht hatte seinen Dienst still und ohne am Weltschmerz zu leiden abzuleisten (P 105). Gegenüber dem Oberknecht versorgte er die leichtere Arbeit und brauchte nicht so früh aufzustehen (BB 99). Nach drei Jahren als Unterknecht konnte der junge Mann an einem großen Hof zum Oberknecht aufsteigen. Jetzt galt es, überall mitzuarbeiten und den Bauern direkt bei der Arbeit zu unterstützen. Ein fester Jahreslohn war dem Oberknecht sicher; frühes Aufstehen und schwere Arbeit waren sein tägliches Brot (BB 99, 213; EB 222). Tannenriesen und Floßeinbinden waren weitere, auch gefahrvolle Arbeiten, besonders im Schapbach- und Wolftal (EB 211). Auch der Oberknecht arbeitete still und fleißig (P 104). Er konnte aber durch Heirat, vor allem einer Bauerswitwe, die Chance bekommen, selbst Bauer zu werden (EB 177, BB 106). Ähnlich wie bei den Knechten gab es auch bei den Mägden die Unterteilung in die Unter- und die Obermagd, die in ihrem friedlichen, unverdrossenen Dienst vom frühen Morgen bis in die späte Nacht als Musterpersonen ihres Standes galten. Ihr einziger "Urlaub" bestand in einer Wallfahrt nach Einsiedeln, die sie alle zwei Jahre machen konnten (P 106).

Abb. 166: *Heuernte. Zeichnung von Hugo Engl*

In der Regel wurden Knechte und Mägde am Martinstag und während des Martinsmarktes verdungen. Außer dem Lohn und der obligatorischen Kleidung für Sonn- und Werktag wird dabei auch die sogenannte Haft abgesprochen, die der Knecht oder die Magd dafür erhalten, daß sie die Stellung wechseln und sich einem neuen Bauern verdingen wollen. Halten sie dies nicht ein, so müssen sie das Doppelte des "Haftgeldes" wieder zurückbezahlen. Nach Weihnachten, am sogenannten Bündelistag, wird den Knechten und Mägden der Jahreslohn ausbezahlt, und sie treten dann zu Jahresbeginn eventuell eine neue Stelle an (BB 82/83, 209; EB 296; P 159).

Die Taglöhner sind für Hansjakob arme Teufel, in der Regel Holzhauer, Maulwurffänger, Arbeiter beim Riesen, Flößen und im Sägewerk. Sie haben ein eigenes Haus, ein kleines Gütchen, auf dem sie Kartoffeln und Getreide anbauen. Ihr Haus, eine Hütte vielmehr, liegt meist im dunklen Tal oder am Wald. Die Taglöhner sind Vasallen der Großbauern, denen sie das Jahr über zu verschiedenen Diensten verpflichtet sind. Als arme Menschen arbeiten sie von Betzeit zu Betzeit; leben von Milch und schwarzem Brot; am Samstag erhält der Taglöhner beim Abendessen auf dem Hof ein großes Stück Brot für den Sonntag mit auf den Weg in seine Hütte (BB 202; EB 240; P 149; WL 49, 70; JZ 40, 93).

Abb. 167: *Handwerker- und Taglöhner-Häuschen. Illustration von R. Schilling.- Schillinger-Verlag Freiburg*

Zu den ärmsten und heimatlosen Taglöhnern möchte man den "Stromer" rechnen, der im Winter auf den Höfen gegen Lohn dreschen hilft, im Sommer aber herumstromert, d. h. arbeitet, was anfällt, um Essen und Unterkunft und um ein paar Pfennige für den Sonntag (P 160, 161, 191).

Ebenso wie die Taglöhner gehören die sogenannten Störhandwerker[12] nicht zur täglichen engeren Lebensgemeinschaft der Bauern und des Gesindes auf einem Hof. Sie verbringen aber oft mehrfach in einem Jahr einige Tage auf dem Bauernhof, um Kleidung und Schuhe für den Bauern und das Gesinde zu reparieren (BB 119, 209; WK 383-385). Hansjakob kennt von diesen Störhandwerkern vor allem den Schuster, der als ruhiger Handwerker bei den Männern sehr angesehen war, und den Schneider, den die Frauen als den geschwätzigen lieber mochten. Der Bauer stellt die Rohprodukte für den Störhandwerker selbst zur Verfügung; es konnte aber auch vorkommen, daß er etwa in der Stadt Leder für den Schuhmacher einkaufen mußte (EB 15). Und wer erinnert sich bei dem Schneider auf dem Bauernhof nicht an jene köstliche Geschichte Hansjakobs, in der er schildert, wie der Schneider dem Hermesbur, seinem Gastgeber, mit viel List und Tücke den Großteil der zum Essen aufgetragenen "Dummis" wegißt (WK 17-21). Auch die Dorfnäherin, die den Wibervölkern in Berg und Tal die schöne Volkstracht näht, arbeitet auf den Höfen von fünf Uhr morgens bis zehn Uhr abends (P 54). Sie gehört also auch zu den Störhandwerkern.

Abb. 168: *Hermesbur und Schneider beim "Dummisessen". Zeichnung von Curt Liebich*

Bauernnahe Gewerbe und wichtige Leute für die Bauern

Bäuerliches Leben im Kinzig- und Wolftal bedeutet nicht nur Dasein und Arbeit auf Hof und Feld, im Wald und auf der Wiese. Es steht außerdem in enger und vielfältiger Verbindung mit Gewerben, die mit der bäuerlichen Arbeit im Wald und unter der Erde zusammenhängen. Hierbei ist entweder der Bauer selbst engagiert und sogar Unternehmer, oder er arbeitet nur mit und hilft aus. Dabei ist vor allem an die Flößerei zu denken, der Hansjakob in den "Waldleuten" (WL 59-69, 126-139, 186/187) und den "Erzbauern" (EB 22/23, 50/51, 53, 186, 209-216, 231, 244) breite Aufmerksamkeit schenkt. Ferner ist an die Förster zu denken, die ebenfalls in den "Waldleuten" (WL 22-28) beschrieben werden, sowie an deren Hauptwidersacher, die Harzdiebe oder Harzfrevler (WL 32-36, EB 181). Schließlich ist der Bauer beim Bergbau sowohl als Unternehmer wie auch als Arbeiter engagiert (EB 123-170; WL 113/114, 203). Silber, Erz, Fluorit und Kobalt wurden dabei vor allem im Kinzig- und Wolftal abgebaut und gewonnnen.

Um seine Produkte abzusetzen, um Hilfe bei Krankheit von Mensch und Tier zu erhalten und um seine rechtlichen und materiellen Bedürfnisse zu befriedigen, benötigte der Bauer wichtige Leute; den Pferde- und Kuhhändler (WL 75, P 182), in der Regel Juden damals (P 29, 71, 73-76), den

Abb. 169: *Flößer bei ihrer Arbeit. Buchillustration von W. Hasemann*

Schafhändler (P 133) und den Metzger (WL 75), um seine tierischen Produkte zu verkaufen und zu verwerten. Das Holz wurde durch Holzhändler (P 243) und durch die Schifferschaft (EB 36) abgesetzt.

Der Wirt bedient seine Gäste; er verkehrt dabei gleich verständig mit Herren wie mit Buren. Er ist aber wohl erfahren in Feld, Wald, Haus und Stall. Zudem soll er ein kunstfertiger Metzger und Wurster sein sowie schließlich ein guter Kellermeister (P 101, 103).

Ist der Bauer in amtlichen und gerichtlichen Bedrängnissen, so sucht er ihm erreichbare Winkeladvokaten lieber auf als Rechtsanwälte. Diese sind in der Regel billiger und erwecken durch ihre Berufe, die sie außerdem noch ausüben, mehr das Vertrauen der Bauern (BB 330/331). Will man einen Blick in die Zukunft werfen, geht man zu den Astrologen. Sie selbst sind meist auch Bauern und verstehen sich auf diese Kunst (BB 227/228).

Mochte kein bekanntes Mittel mehr gegen Krankheit bei Mensch und Tier helfen, so suchte man den Sympathisten auf, der um Gotteslohn mit Sprüchen und eigenen Mitteln Abhilfe schuf (BB 236-244, WL 94, P 183). Der Hebamme, die oft genug über 50 Jahre im Dienst war, vertraute man uneingeschränkt (P 85, 87). Impfen war Ende des 19. Jahrhunderts groß in Mode gekommen und zwangsmäßig eingeführt. Entsprechend autoritär benahm sich auch der ausführende Bezirksarzt auf dem Dorf (P 114/115).

Das Handwerk konnte während des 19. Jahrhunderts seinen großen Zustrom in das Dorf beginnen, weil nicht erbberechtigte Bauernsöhne in der Stadt ein Handwerk erlernten und sich danach als Meister im Heimatdorf niederließen (P 44). Manche Gewerbe waren deswegen auch ohne weiteres mit zwei oder mehreren Dorfhandwerkermeistern besetzt. Hansjakob schildert den Dorfbäcker (P 22), den Färber (JZ 80) und den Hafner (BB 25-27). Der Korbmacher konnte auch zugleich der Mäusefänger für das Dorf sein (P 92). Hansjakob kennt die Dorfmühle mit dem Schaufelrad und dem moosbewachsenen Strohdach (P 110). Wichtig für die Bauern war der Ölmüller, der aus Mohn, Nüssen, Raps und Bucheln Öl gewann (BB 34, WK 92). Der Dorfrasierer konnte die Woche über als Weber arbeiten, an Samstagen oder vor Feiertagen "verschönerte" er die Gesichter der Bauern (P 146). Während der Säckler als Fertiger von ledernen Geldsäckeln und Kniehosen aus Kalbfell (P 251) ein alter Beruf war, verkörperte der Schlosser ein neues Gewerbe (P 43/44). Als solcher war er Mechaniker, Uhrmacher, Hafner, Mühlenmacher, Ofen- und Herdfabrikant sowie Optiker in einer Person. Ebenfalls wichtig für die Bauern waren der Schmied (JZ 85/86, P 18, 59) und der Dorfschneider, der Hansjakob ein Dorn im Auge war, da er zwar neue Schnitte und Moden mitbrachte, aber keine Trachten mehr machen konnte (P 53/54). Während es in einem Dorf meist mehrere Schuhmacher gab (P 117, 160), waren der Strumpfwirker und der Steinhauer wohl nur einmal im Dorf vertreten (JZ 70/71, P 38). Letzterer war wichtig, um vor allem Brunnentröge und Grabsteine zu fertigen. Der Dorfwagner sorgte vor allem für gute Fahrzeuge (P 44, 109).

Abb. 170: *Ölmühle. Zeichnung von Curt Liebich*

Freizeit - Dorf - Stadt

Ein Bauer gehört auf seinen Hof. Ansonsten geht er am Sonntag zur Kirche und danach ins Wirtshaus. Dreimal im Jahr besucht er umliegende Jahrmärkte (EB 41). Die ideale Sonntagsbeschäftigung sah Hansjakob im morgendlichen Kirchgang, im Mittagsschlaf, wozu einfach nur am Sonntag Zeit war, in einer stillen nachmittäglichen Betrachtung, bei der der Bauer über die Fluren wandelt und die Frau zu Hause betet, und in einem gemeinsamen Gebet am Abend (P 278, 281). Lesen liebte der Bauer nicht allzusehr. Stattdessen kegelte er im Sommer gerne auf einer Kegelbahn, die nahe beim Hof lag. Im Winter liebte er das Kartenspiel auf der Ofenbank, wobei um Nüsse und Äpfel gespielt wurde (BB 213; WK 381). An Kartenspielen werden bei Hansjakob genannt: das Cego (JZ 74, WK 178), das Ramsen, Sechsundsechzig sowie das Zwicken (P 104, EB 55). War ein Bauer musikalisch und hatte Freude am Musizieren, spielte er in der Dorfmusik, in der früher die Geige und Klarinette als Hauptinstrumente beherrschend waren, die gegen die Jahrhundertwende aber immer mehr durch die Blas- und Blechmusik verdrängt wurden (P 94). Aber man konnte auch selbst Musikinstrumente mehrfach besitzen (WL 54, 93, 108), etwa eine Drehorgel oder ein Waldhorn (WL 54). Für die Bauersfrau gab es eigentlich nur im Winter abends eine Verschnauf- und Ruhepause. Hatte sie dann Zeit, war sie also selbst zu Hause nicht etwa mit Blumenmachen oder mit Strohflechten beschäftigt, so ging sie abends “z'Liacht”, d. h. sie traf sich mit anderen Frauen zum Spinnen und zum Erzählen (JZ 27; WL 157, 218). Kinderfreizeit und Kinderspiele werden durch Hansjakob in seinem Buch “Aus meiner Jugendzeit” beschrieben und geschildert (JZ 123-177, 286): Räuberles, Reifschlagen, Stelzenlaufen, Ballspielen, Kügeln, Kleppern, Schlittenfahren, Schneemann bauen, Seifenblasen, Heubalgereien, “Schlupfis”, Fischefangen. Eigentlich aber bräuchte das Bauernkind nach Hansjakob keinen Spielkasten und keine Bilderbücher, denn es hat Spiele und Bücher in der Natur genug (P 80). Aber trotzdem waren ein hölzernes Pferd oder ein hölzerner Wagen das höchste Spielzeug und ließen noch Raum genug zu eigener Phantasie (JZ 127).

Wie schon angedeutet, waren die Jahrmärkte in Haslach und Wolfach (BB 18, 91, 138, 166; EB 232) für den Bauern und die Bäuerin des Kinzig- und Wolftals die Ereignisse im Jahr, durch die sie vom Hof und vom Dorf hinaus in die Stadt kamen. Obwohl man den Jahrmarkt real treffend als “Geldkrieg aller Geschäfts- und Handelsleute gegen das Landvolk” (JZ 168) definieren kann, bedeutete dieser für den Bauern einmal das “Krome”, d. h. den Einkauf von Textilien, Arbeitsgeräten, Hüten und verschiedenen Genußmitteln (WL 234). Andererseits bedeutete er aber auch das "Tanze", d. h. Geselligkeit, Essen, Trinken, Tanz, Fröhlichkeit, Unterhaltung und u. U. Eheanbahnung (WL 240/241). Auf den Jahrmärkten wurden auch neue Knechte und Mägde gedungen (EB 31).

Abb. 171: *Markttag in Schiltach. Illustration von W. Hasemann*

Die Städte selbst, deren Bürger ja auch noch halb Bauern, halb Handwerker (JZ 26, BB 264) waren, erwiesen sich z. T. auch mit ihren Schifferschaften für die Bauern als Orte des Bankiers, so Wolfach (EB 263) und Alpirsbach (EB 252). In den Städten erlebte der Bauer außerdem höhere Ansprüche wie Bildung, Marktleben, Kur- und Badeleben; speziellere Versorgungen wie den Postverkehr, die Straßenbeleuchtung, die organisierte Feuerwehr; konzentriertes Brauchtum wie Fasnacht oder spezialisiertes Handwerk wie die Granatschleiferei (WL 125/126, 140, 153, 160, 166, 195, 197-199).

Zwischen "Poesie" und "Kultur"

Auch wenn es nur annähernd gelungen sein mag, in diesem Rahmen einen kleinen und vielleicht auch unvollkommenen Einblick in die bäuerlichen Lebensaussagen bei Heinrich Hansjakob zu bieten, überrascht dennoch die Vielfalt des Ausgesagten. Weitgespannte Themen des bäuerlichen Lebens in genialen schriftstellerischen Würfen wechseln dabei ab mit dem liebevollen und kenntnisreichen Blick in das Detail. So lag denn auch die Bedeutung Hansjakobs als Schriftsteller nach dem Urteil des Journalisten, Dichters und Autors Otto Hörth aus Offenburg in der "scharfen und plastischen Darstellung von Persönlichkeiten und Ereignissen des Volkslebens".[13] Dabei berief sich Hansjakob auf sein eigenes Wissen, den Volksmund und dessen Geschichten (EB 292) und auf direkte vielfältige Befragung (JZ 40, 45/46; EB 292; P 52). Im Studium originaler Quellen, wie etwa von Gemeinderatsprotokollen (JZ 37), dem Fürstenbergischen Urkundenbuch (P 100), der Zimmer'schen Chronik (P 240), alten Weistümern (P 295), Kirchenbüchern und Zeitungen[14] erkennen wir den Historiker Hansjakob.

Bei dem Übergewicht der direkten und indirekten Befragung in der Erzählwerkstatt Hansjakobs wird man wohl anmerken müssen, daß Hansjakob die Auskünfte seiner mündlich referierenden Gewährsleute nicht immer kritisch genug hinterfragt oder an eventuell vorhandenen schriftlichen Quellen gemessen, ergänzt bzw. berichtigt hat. Dies zeigt sich nachgewiesenermaßen an den Beispielen des "Bauernfürsten" Andreas Harter aus Kaltbrunn[15] und des "Erzbauern" Benedikt Lehmann aus Schapbach.[16] In Verkennung mancher realer Fakten und Voraussetzungen zeichnet hier Hansjakob "in dichterischer Freiheit"[17] Idealfiguren.[18] Ebenso wäre seine Einzelbehauptung, jedem Bauernhof sei ein Speicher zugeordnet gewesen,[19] zu hinterfragen. Auch die Situation der Leibgedinger scheint bei Hansjakob zu positiv zugunsten dieser[20] gesehen.

Was jedoch in der Beurteilung der Sachaussagen Hansjakobs über das bäuerliche Leben weit wichtiger und wesentlicher ist, ist die Tatsache, daß Hansjakob dieses nachzeichnet und interpretiert in der bei ihm programmatisch, nahezu ideologisch geprägten Spannung seiner Zeit zwischen der "Poesie" und der "Kultur". Dabei läuft die "Poesie" Gefahr unterzugehen; die "Kultur" jedoch kommt mit Macht und verschlingt alles.

"Poesie" umfaßt bei Hansjakob alles Natürliche, alles direkt der Natur Verbundene, das Ursprüngliche - von Neuerungen nicht Beeinflußte; "Poesie" beinhaltet Tradition, Volkstum, Gemüt, Religion und Kirche, sie besagt menschliche Kraft, Energie, gläubiges Erleben und urtümliche Freude. Denn "Poesie" wohnt in der Natur und ist Leben in der Natur (P 35, 39).

Abb. 172: *Kreuz im Gebiet von Oberried und im Zastlertal. Zeichnung: R. Schilling.- Schillinger-Verlag Freiburg*

Die "Kultur" mit ihren Erfindungen und Maschinen (BB 96) - die Unglückshexe der Menschheit vom ersten Schultag an (JZ 212), Bildung und Fortschritt (P 170) - entfremdet den Menschen und holt ihn weg von der Scholle, von der Natur (BB 95). Sie entzieht so der Landwirtschaft die nötigen Arbeiter und macht diese dann zu Stadt-Proletariern und Fabriksklaven (BB 95, EB 276). Zugleich aber verzärtelt die "Kultur" den Menschen, sie fördert Genußsucht und Lebsucht (EB 229). Dadurch wird der Mensch aber nur noch stolzer, blasierter und auch nervöser (EB 244, BB 97). Dramatisch ausgedrückt ist "Kultur" ein Feuer, das jeden verbrennt. Sie wärmt und leuchtet zwar; sie zerstört aber auch (WK 410/411). Sie verschärft den Kampf ums Dasein und treibt so den Menschen in immer mehr Not und Sorge (BB 190).

Das Begriffspaar "Poesie" und "Kultur" bei Hansjakob bedeutet seinem Inhalt nach nichts anderes als die wichtige Erkenntnis, daß Heinrich Hansjakob bewußt an der Scheide zweier Welten stand: der ländlich-bäuerlich geprägten und der städtisch-industriell beeinflußten Lebenssphäre. Er sah sich am Übergang vom Agrar- zum Fabrikstaat (P 211). Heinrich Hansjakob blieb aber dem ländlich-bäuerlichen Leben treu. Er tat dies in bewußter Abwehr und Abwertung des städtisch-industriellen Lebens. Aus dieser Sicht aber schilderte er auch der Nachwelt das bäuerliche Leben des endenden 19. Jahrhunderts im Kinzig- und Wolftal.

Abb. 173: *Jochgespann. Illustration von R. Schilling.- Schillinger-Verlag Freiburg*

ANMERKUNGEN

1 Vgl. D. Kauß, 25 Jahre Schwarzwälder Freilichtmuseum "Vogtsbauernhof" in Gutach. In: Ortenau 69 (1989) S. 407-439; ders., Schwarzwälder Freilichtmuseum Vogtsbauernhof in Gutach, Heidelberg 1986 und H. Schilli, Schwarzwälder Freilichtmuseum Vogtsbauernhof in Gutach im Schwarzwald. Museumsführer, 6. Auflage, Offenburg 1981.

2 Ph. Brucker, Die Schwarzwälder Bauern bei Johann Peter Hebel, Heinrich Hansjakob und August Ganther. In: Ortenau 65 (1985) S. 91.

3 Vgl. dazu die Zusammenstellung von M. Hildenbrand, Heinrich Hansjakobs Leben und Werk. In: Heinrich Hansjakob. Festschrift zum 150. Geburtstag, Haslach i.K. 1987 (=FS) S. 12-22.

4 Vgl. E. Schneider, Volkskundliches Gut in Heinrich Hansjakobs Schriften. In: Ortenau 34 (1954) S. 124-164; 35 (1955) S. 181-208; 36 (1956) S. 21-40; 37 (1957) S. 150-181; 39 (1959) S. 8-27; M. Rößler, Die Schwarzwälder Kulturlandschaft in den Erzählungen Heinrich Hansjakobs. In: Hansjakob-Jahrbuch 1982, S. 22-62; M. Hildenbrand, Heinrich Hansjakob als Pazifist. In: Allmende 1983, Heft 3, S.74-84; R. Bäumer, Die Marienfrömmigkeit von Pfarrer Dr. Heinrich Hansjakob. In: FS, S. 23-35; M. Hildenbrand, Der Freiheit und dem Frieden. Über Heinrich Hansjakobs politisches Denken. In: FS, S. 87-108; D. Kauß, Heinrich Hansjakob und die bäuerliche Welt im Kinzig- und Wolftal des endenden 19. Jahrhunderts. In: FS, S. 118-141; M. Schättgen, Die Sympathielehre und die Sympathiedoktoren in Heinrich Hansjakobs Werk. In: FS, S. 236-245; dies., Heinrich Hansjakob und das Schwarzwälder Brauchtum. Haslach 1991.

5 Im folgenden mit der Abkürzung JZ und nach den Seitenzahlen der Ausgabe von 1986 durch die Stadt Haslach zitiert.

6 Im folgenden mit der Abkürzung WK und nach den Seitenzahlen der Ausgabe von 1983 durch die Stadt Haslach zitiert.

7 Im folgenden mit der Abkürzung BB und nach den Seitenzahlen der Ausgabe von 1974 durch die Stadt Haslach zitiert.

8 Im folgenden mit der Abkürzung WL und nach den Seitenzahlen der Ausgabe von 1984 durch die Stadt Haslach zitiert.

9 Im folgenden mit der Abkürzung P und nach den Seitenzahlen der Ausgabe von 1981 durch die Stadt Haslach zitiert.

10 Im folgenden mit der Abkürzung EB und nach der Seitenzahl der Ausgabe von 1985 durch die Stadt Haslach zitiert.

11 Württembergische Urkunde aus dem Jahre 1701 für Gutach (Generallandesarchiv Karlsruhe: 229/37 162): "es werde dann abgerüttet und zum fruchtbaw nach hiesiger Schwartzwalds manier gerichtet"; vgl. K. Abetz, Bäuerliche Waldwirtschaft, Hamburg/Berlin 1955, S. 219/220.

12 Als wandernde Handwerker störten diese den festgefahrenen Zwang der Zünfte. Vgl. W. Metzger/H. Vaculik, Auf der Stör. Bemalte Möbel aus dem badischen Odenwald, Karlsruhe/Würzburg 1983, S. 27/28.

13 E. Dittler, Erinnerungen von und an Otto Hörth (1842-1935). In: Ortenau 65 (1985) S. 244-250, hier: S. 242.

14 M. Fautz, Aus der Werkstatt Heinrich Hansjakobs, Freiburg 1964, S. 54 und 120.

15 Vgl. J. L. Wohleb, Hansjakobs "Bauernfürst" Andreas Harter aus Kaltbrunn. Niedergang und Zusammenbruch. In: Ortenau 37 (1957) S. 143-149.

16 Vgl. R. Metz, Der "Benedikt vom Bühl" und sein Bergwerk im Wildschapbachtal. In: Der Aufschluß 1965, Heft 1, S. 15-21.

17 a. a. O., S. 15.

18 J. L. Wohleb, Hansjakobs "Bauernfürst", S. 143 und K. Abetz, Bäuerliche Waldwirtschaft, S. 79.

19 Vgl. D. Kauß, Der Bauernhof und seine Nebengebäude im mittleren Rench- und Kinzigtal. In: Museumsmagazin. Aus Museen und Sammlungen in Baden-Württemberg, Heft 3 (1985) S. 74-88; ders., Der Bauernhof und seine Bewohner in Fischerbach aus dem Jahre 1848. In: Ortenau 67 (1987) S. 246-259.

20 Eine Vielzahl von Hofübergabeverträgen beweist dies eindrucksvoll (Schwarzwälder Freilichtmuseum "Vogtsbauernhof" in Gutach, Archivalien Nr. 5-7, 33, 35, 36, 38, 40, 41, 44, 65, 66); vgl. R. Ritter, Vom Patriarchat zur Partnerschaft. Bauernfamilien im Schuttertal. In: Geroldsecker Land 28 (1986) S. 44-63.

Abb. 174: *Von Curt Liebich geschaffene Zierleiste mit einer Darstellung des Stelzenlaufens.- Vgl. Kat. Nr. 105*

Werke Hansjakobs mit Bezug zum Thema "Bäuerliches Leben"

105 Heinrich Hansjakob, Aus meiner Jugendzeit. Erinnerungen, Heidelberg: Weiß, 1880.

(Hist. Bibl. Rastatt: SL-SB/C 168b <Hansjakob>; 2. Ex.: Inv.Nr. 92/159)

Das 1879 verfaßte Werk erschien erstmals 1880 in der hier gezeigten Ausgabe. Auf den Seiten 92-141 beschreibt Hansjakob insbesondere die damaligen Kinderspiele und die sog. Freizeit der Kinder (vgl. Kat. Nr. 37 u. 101). Abb. 174

106 **Heinrich Hansjakob, Wilde Kirschen**. Erzählungen aus dem Schwarzwald, ill. v. Curt Liebich, 13. u. 14. Aufl., Stuttgart: Bonz, 1924.
(Hist. Bibl. Rastatt: Inv. Nr. 92/87)

Die Erstausgabe dieses Buchs erfolgte 1888. Aus ihm stammen die eindrucksvollen Schilderungen des Speichers als Nebengebäude und des Inhalts des Leibgedings (S. 179 u. 558 der vorliegenden Ausgabe).
(Vgl. Kat. Nr. 38 a)

107 **Heinrich Hansjakob, Bauernblut**. Erzählungen aus dem Schwarzwald, 2. Aufl., Heidelberg: Weiß, 1896.
(Hist. Bibl. Rastatt: SL-SB/L 216 <Hansjakob>)

Die Erstausgabe erschien im gleichen Jahr wie die hier vorliegende Edition. Diesem Werk Hansjakobs ist etwa die schwere und heiße Arbeit des Rüttibrennens zu entnehmen: S. 189f. des ausgestellten Exemplars.
(Vgl. Kat. Nr. 42)

108 **Heinrich Hansjakob, Waldleute**. Erzählungen, ill. v. W. Hasemann, 5. Aufl., Stuttgart: Bonz, o. J. vgl. Abb. 6
(Hist. Bibl. Rastatt: P 628/10; Geschenk d. Verf. 1908)

Auf den Seiten 77-95 und 190-212 gibt Hansjakob detailliert Auskunft über die Flößerei. Das Werk wurde 1897 zum ersten Mal ediert.
(Vgl. Kat. Nr. 44 a)

109 **Heinrich Hansjakob, Im Paradies**. Tagebuchblätter, 3. Aufl., Ohlau: Leichter, o. J.
(Hist. Bibl. Rastatt: P 628,21; Geschenk d. Verf. 1908)

Aufgeschlagen ist die Seite 156. An dieser Stelle wird der Bauer als Imker erwähnt. Die Erstausgabe des hier ausgestellten Buchs fällt in das Jahr 1897 (vgl. Kat. Nr. 92).

110 **Heinrich Hansjakob, Erzbauern**. Erzählungen, mit Ill. von Hugo Engl, 6.-9. Aufl., Stuttgart: Bonz, 1922.
(Hist. Bibl. Rastatt: Inv. Nr. 92/83) vgl. Abb. 49

In dem hier in der 6. Auflage gezeigten Werk (Erstausgabe 1899) erscheint der Bauer als Fürst und Unternehmer im Erzbergbau (vgl. Kat. Nr. 45).

Einzelstücke

111 **Bennewägele**. Material: Holz, Korbgeflecht (=keltisch: benna), Leder, Eisen; Maße: 240cm (L) x 150cm (H) x 140cm (B). Abb. 175
(Schwarzwälder Freilichtmuseum "Vogtsbauernhof", Gutach)

Ausfahrt-Fahrzeug des Bauern zum Besuch in der Stadt, auf dem Markt und zum Gottesdienst. Unter der Sitzbank befindet sich ein "Sitztrögle", in dem man Geld oder andere wertvolle Dinge unterbringen konnte.

Abb. 175: *"Bennewägele". - Vgl. Kat. Nr. 111.- SFLM. Aufnahme: J. Werner*

Heinrich Hansjakob ließ sich selbst gerne mit dem Bennewägele kutschieren. Es war nach ihm das liebste Fahrzeug des Bauern zu Ausfahrten (Erzbauern, Haslach 1985, S. 19, 124, 213, 233).

Lit.: P. Haegele / H. Richter, Geräteführer. Schwarzwälder Freilichtmuseum "Vogtsbauernhof", 2. Aufl., Offenburg/Gutach 1990 (=GF), S. 54/55.

Abb. 176: *Alemannische Bienenrümpfe.- Vgl. Kat. Nr. 112.- SFLM. Aufnahme: J. Werner*

112 Vier alemannische Bienenrümpfe. Material: Strohseil, Haselspan; Maße: 48cm (Durchmesser), 22-30cm (H).

(Schwarzwälder Freilichtmuseum "Vogtsbauernhof") Abb. s. links

Bienenbehausung mit Flugloch unten am Rumpf oder im Flugbrett.

Oft schildert Hansjakob den Bauern als Imker und damit als

Gewinner des Honigs, der damals ein wichtiges Süßmittel für die Speisen war (z.B. Im Paradies, Haslach 1981, S. 156). Lit.: GF, S. 100f.

113 **Rumpel-Butterfaß oder Rührfaß**, oval. Material: Holz, Eisen (Kurbel, Bänder); Maße 46cm (H) x 45cm (L) x 33cm (B).
(Schwarzwälder Freilichtmuseum "Vogtsbauernhof") Abb. s. unten

Gerät aus dem 19. Jahrhundert, bei dem das Rühren des Rahms zu Butter über eine Kurbel besorgt wird. Dieses Gerät gehört in die Milchverwertung, die nach Hansjakob eine der Hauptaufgaben der Bauersfrau ist (Waldleute, Haslach 1984, S. 38, 50). Lit.: GF, S. 46f.

Abb. 177: *Plump-(Stoß-) und Rumpel-Butterfaß.- Vgl. Kat. Nr. 113 u. 119i.- SFLM*

114 **Drei Käseformen/ -näpfe/ -schachteln**. Material: Holz, Span; Maße: 10cm (Durchmesser), 7,5cm (H).
(Schwarzwälder Freilichtmuseum "Vogtsbauernhof")

Aus den Formen (bzw. Näpfen oder Schachteln) tropft in den Hochregionen des Schwarzwaldes bei der Herstellung des Münster-Fettkäses die Molke durch die Löcher in deren Wänden auf die "Käsbank" ab. Im mittleren Schwarzwald wurde in diesen Käseschachteln der "Bibeleskäs" mit auf die Felder zum Verzehr beim Vesper genommen. "Bibeleskäs" wurde nach Hansjakob in Schachteln auf das Feld zum "Nüni- oder Vierebrot" transportiert (Aus meiner Jugendzeit, Haslach 1986, S. 197).
Lit.: GF, S. 14f.

115 **Küchleplatte**. Um 1880; Material: Brauner Ton, bemalt mit weißen Girlanden- und Blumenmotiven, glasiert; Maße: 30cm (Durchmesser), 6cm (H).
(Schwarzwälder Freilichtmuseum "Vogtsbauernhof")

Auf der Platte wurden die im schwimmenden Fett gebackenen Küchle serviert.

In seinen vielfachen Bemerkungen zu den Essengewohnheiten zählt Hansjakob die Küchle mehrfach als Bestandteil eines reichhaltigen Vespers auf (Aus meiner Jugendzeit, Haslach 1986, S. 114; Waldleute, Haslach 1984, S. 86). Sie wurden auf Keramikplatten serviert.

116 **Modell des Schauinslandhauses**. Gefertigt nach Plänen von H. Schilli durch Mitarbeiter des Schwarzwälder Freilichtmuseums im Maßstab 1:20; Material: Holz; Maße: 110cm (L) x 84cm (B) x 52cm (H).
(Schwarzwälder Freilichtmuseum "Vogtsbauernhof")

Dieser Typ eines Hauses gehört zwar nicht in Hansjakobs engere Heimat des Kinzigtals, sondern in das südlicher gelegene Gebiet um den Schauinsland; aber Hansjakob schildert auch das Bauernhaus aus Holz mit der Dachdeckung von Schindeln (Waldleute, Haslach 1984, S. 35, 52).

117 **Erntegeräte**
(alle: Schwarzwälder Freilichtmuseum "Vogtsbauernhof") Abb. 178

Im Zusammenhang mit dem "Rüttibrennen" spricht Hansjakob auch über den Getreide-, insbesondere den Roggenanbau, zu dem diese Geräte gehören (Bauernblut, Haslach 1974, S. 211f.).

117 a **Haferrechen**. Material: Holz, Stiel aus einer Astgabel; Zähne gestanzt; Maße: 210cm (L) x 150cm (B).

Gerät zum Zusammenrechen der nach dem Binden und Aufladen der Garben auf dem Feld liegengebliebenen Fruchthalme. Lit.: GF, S. 96f.

117 b **Sichel**. Material: Holz (Griff), Metall (Schneide);
Maße: 40cm lang.

Gerät zum Schneiden und Zusammentragen der Fruchthalme auf dem Feld. Lit.: GF, S. 72, 96f.

117 c **Fruchtworb mit Sense**. Material: Holz (Worb), Weide mit Sackleinen (Bogen), Metall (Sense); Maße: 150cm (L), 75cm (B).

Dieses Gerät wird zum Mähen des Getreides auf dem Feld gebraucht. Der Sensenstiel heißt "Worb" mit "Schieber" und "Griff" als Handhaben in der Mitte und am Ende. Das Gestell über dem Sensenblatt wird "Bogen", "Britsch" oder "Fruchtgatter" genannt und sorgt für eine saubere und ordentliche Ablage der Halme beim Mähen auf dem Felde. Lit.: GF, S. 96f.

Abb. 178: *Erntegeräte.- Vgl. Kat. Nr. 117.- SFLM. Aufnahme: Landesbildstelle Baden*

117 d Dreschflegel. Material: Holz (Rute umd Flegel), Leder (Kappen, Riemen); Maße: Rute 150cm lang, Flegel 60cm lang.

Mit diesem Gerät, das flach auf die ausgebreitete Fruchtgarbe trifft, wurden die Körner aus den Ähren geschlagen. Der Flegel besteht aus der "Rute" (Stiel), dem achtkantigen Flegel sowie den Kappen und Lederschlingen, die Flegel und Rute verbinden.
Lit.: GF, S. 108f.

117 e Fruchtwanne. Material: Weiden- und Haselspangeflecht; Maße: 110cm x 85cm.

Beidseitig angefaßt werden Spreu und Körner mit schüttelnder Bewegung in der Fruchtwanne hin- und hergekippt, wobei die Spreu an die Oberfläche gelangt. Sie fällt über den einen flacheren Rand der Wanne hinaus oder wird mit den Händen abgestrichen. Gegenüber der flachen Seite ist die Wanne zwischen 20 und 30 cm tief.

Lit.: GF, S. 108f.

117 f **Putzmühle**. Material: Holz, Eisen (Antrieb); Maße: 245cm (L) x 130cm (H) x 90cm (B).

Die Putzmühle dient dem Reinigen, dem Putzen der Frucht dadurch, daß der vom senkrechtstehenden Windrad angesaugte und durch den waagrechten, engen Holzkanal hinausgestoßene Luftstrom die Spreu fortbläst, während die schweren Körner durch eine Öffnung im Windkanalboden herausfallen. Der Handkurbelantrieb besteht aus Kammrad, Zahnrad und Spindel.

Lit.: GF, S. 87-89.

117 g **Fruchtsieb oder "Kohlritter"**. Material: Nadelholzspan, Draht; Maße: 65cm Durchmesser.

Vor dem Einfüllen in die Putzmühle wurden Spreu und Körner durch gröbere und feinere Fruchtsiebe geschüttelt, die auf dem Einfülltrichter standen. Seinen Namen hat das Gerät nach den Bezeichnungen "Reiter" = aufsitzendes Sieb, und "Kohle" wegen der ursprünglichen Verwendung bei der Holzkohleproduktion.

Lit.: GF, S. 87-89.

117 h **Sester**. Material: Holz, Eisen;
Maße: 35cm (Durchmesser), 22cm (H).

20 Liter umfassendes Hohlmaß zum Messen des Getreides.

Lit.: GF, S. 108f.

117 i **Fruchtsack**. Material: Sackleinen;
Maße: 160cm (H), 55cm (B).

Der Fruchtsack diente zum Getreidetransport. Namen oder Initialen des Eigentümers, Wohnort und Jahreszahl sowie die Stückzahl des Sackes waren aufgemalt, gelegentlich auch einige Verzierungen.

Lit.: GF, S. 24.

118 **Schneider-Ecke**

(sämtliche Gegenstände: Schwarzwälder Freilichtmuseum "Vogtsbauernhof") vgl. Abb. 179

Hansjakob kennt den Schneider als Störhandwerker. Bekannt ist die Episode, wie der Schneider den Hermesbauern dazu bringt, seine Heldentaten zu erzählen, derweil der Schneider die Schüssel mit "Dummis" leert (Wilde Kirschen, Haslach 1983, S. 17-21).

118 a **Tisch**. Material: Holz;
Maße: 135cm (L) x 80cm (B) x 73cm (H).

An verschiedenen Orten und zu verschiedenen Zwecken verwendet.

118 b **Sitzbank ohne Lehne** für mehrere Personen. Material: Holz;
Maße: 126cm (L) x 43cm (H) x 27cm (B).

Die hier aufgestellte Sitzbank wurde auch "Langer Stuhl" genannt. Sie stand vor dem Tisch.

Abb. 179: *Schneider auf der Stör. Buchillustration von C. Liebich*

118 c **Brettstuhl**. Material: Holz;
Maße: 87cm (H) x 42cm (B) x 36cm (T).

Es handelt sich hier um einen Stuhl mit einer Lehne, die aus einem Brett herausgearbeitet war.

118 d **Bügeleisen** mit Ständer. Material: Gußeisen, Holz (Griff), Blech (Ständer); Maße: 28cm (L) x 26cm (H) x 12cm (B).

Dieses Exemplar wurde mit glühender Holzkohle gefüllt. Lit.: GF, S. 76.

118 e **Schneiderschere**. Material: Eisen; Maß: 31cm lang.

118 f **Tischnähmaschine**. Material: Metall, bemalt; Maße: 35cm (L) x 28cm (H) x 24cm (B).

Gezeigt wird ein tragbares Modell mit einer Handkurbel. Das Modell war seit 1850 als "Rhenania" auf dem Markt.

118 g **Elle**. Material: Holz;
Maße: 61cm lang, 2,5cm breit u. 1cm dick.

Die Elle ist ein Schneidermaß. Dieses wurde ursprünglich vom Unterarm bis zum Ellenbogen gemessen. In Deutschland gab es 132 verschiedene Ellenmaße, die im 19. Jh. länderweise vereinheitlicht wurden.

118 h **Rock mit angenähtem Mieder**. Material: Wifel (Gewebe aus Hanfgarn und wollenem Zettel, appretiert) und Samt mit eingewebten Blümchen; Maß: 130cm lang.

118 i **Mostkrug**. Material: Grauer Ton, blau bemalt;
Maß: 20cm hoch.

Gefäß zur Aufnahme des vergorenen Apfelweins beim Transport vom Faß auf den Tisch.

118 j **Trinkglas**. Material: Glas, farblos;
Maße: 8cm hoch, 6,5cm im Durchmesser.

119 **Küchen-Ecke**
(sämtliche Gegenstände: Schwarzwälder Freilichtmuseum "Vogtsbauernhof") vgl. Abb. 180

Als Mann interessierte Hansjakob die Welt der "Wibervölker" in der Küche nicht so sehr. Nahrung und Essengewohnheiten streift er jedoch mehrfach, etwa in seinem Buch "Im Paradies" (Haslach 1981, S. 53, 58, 77f.).

Abb. 180: *Kaminlose Küche eines Bauernhauses mit Rauchfang. Zeichnung: R. Schilling.- Schillinger-Verlag Freiburg*

119 a Küchenschrank oder "Küchenkänsterle". Material: Holz, Eisen (Beschläge); Maße: 185cm (H) x 104cm (B) x 46cm (T).

Möbelstück zur Aufbewahrung von Geschirr und Besteck mit drei Abstellschäften, drei Schubladen und einer Tür. Der Küchenschrank ist bestückt mit vier Keramiktöpfen, mit vier Schüsseln aus Keramik und Steingut (bemalt) sowie mit vier Töpfen aus braunem und grauem Ton.

119 b Schragentisch. Material: Holz;
Maße: 140cm (L) x 80cm (B) x 72cm (H).

Küchenarbeitstisch mit Schublade.

119 c Brettstuhl. Material: Holz;
Maße: 92cm (H) x 42cm (B) x 36cm (T).

Stuhl mit einer Lehne, die aus einem Brett herausgearbeitet wurde.

119 d "Hafenbank". Material: Holz;
Maße: 125cm (L) x 34cm (H) x 29cm (B).

Bank in der Nähe des Küchenofens zur Aufbewahrung von Töpfen (=Häfen) und Pfannen.

119 e Pfanne mit Stiel. Material: Gußeisen, Holz (Stiel);
Maße: 25cm (Durchmesser), 8cm (H).

119 f Stollentopf mit zwei Henkeln. Material: Gußeisen;
Maße: 30cm (Durchmesser), 21cm (H).

119 g Kochtopf. Material: Gußeisen;
Maße: 20cm (Durchmesser), 15cm (H).

119 h Pfanne mit zwei Henkeln. Material: Gußeisen;
Maße: 26cm (Durchmesser), 10cm (H).

119 i Stoß-Butterfaß. Material: Holz, Eisen (Reifen); Maße: 75cm (H), 35cm (unterer Durchmesser), 20cm (oberer Durchmesser). Abb. 177

Gerät zur Herstellung von Butter aus Rahm (Sahne). Es besteht aus dem unteren, eigentlichen Stoßfaß, aus einem oberen Teil, das die Mündung des Stoßfasses verschließt, sowie aus dem Stößel, der durch ein Loch des Deckelbodens geführt wird und an seinem unteren Ende ein rundes, gelochtes Brett aufgeweist. Der Stößel wird im Rahm auf und ab bewegt, bis sich Butter bildet.

Lit.: GF, S. 46f.

VII

Heinrich Hansjakob und Rastatt

Hans Heid / Max Weber (†)

“Unser erster offizieller Gang galt dem Direktor des Lyzeums, welchem die Zeugnisse nebst Heimats- und Impfschein, ohne welch letztern damals kein Deutscher studienfähig war, übergeben wurden. Noch sehe ich den Knaben lebhaft im Geiste vor mir, wie er mit großen Augen das Lyzeum, seine altehrwürdigen Lindenbäume und den gestrengen Herrn anschaute, den der Schuhmachermeister in seinem Rastatter Dialekt immer wieder 'Herr Tärrekder' titulierte, und der in einem besonderen Hause neben der Schule wohnte”[1]: so beschreibt Heinrich Hansjakob seine erste Begegnung mit dem Rastatter Lyzeum. Diese Begegnung fand statt am letzten Septembertag des Jahres 1852, und begleitet wurde der angehende Lyzeumsschüler damals von seiner Mutter und vom Schuhmachermeister Braun aus Rastatt, einem gebürtigen Haslacher, bei dem Hansjakob eine Unterkunft gefunden hatte.

Tags darauf, also am 1. Oktober 1852, machte sich Heinrich Hansjakob erneut auf den Weg zum Lyzeum, um sich der Aufnahmeprüfung zu unterziehen. Die Prüfung bestand in einer lateinischen Übersetzung und wurde vom Klassenlehrer der Unterquarta (der vierten Lyzeumsklasse), Professor Donsbach, abgehalten. Zwar stellte sich der Professor zunächst "in seiner ganzen Wichtigkeit" vor und jagte dem Prüfling gleich eine mächtige Angst ein, doch "Eine Stunde später und unter allerlei wichtigtuenden Redensarten erklärte uns [sc. Hansjakob und einen weiteren Examinanden] Donsbach für aufgenommen in seine Klasse".[2]

Sieben Jahre lang - bis zum August 1859 - sollte nun Heinrich Hansjakob als Schüler das Rastatter Lyzeum besuchen. Mein verehrter Lehrer und zugleich Vorgänger im Amte des Bibliothekars, Professor Dr. Max Weber (1899-1982), hat *Hansjakobs Lyzeumszeit* in der 1958 erschienenen Festschrift zum 150jährigen Jubiläum des Ludwig-Wilhelm-Gymnasiums von Rastatt - gestützt auf dessen Erinnerungen "Aus meiner Studienzeit" - in so vorzüglicher Weise dargestellt, daß sie auch heute nicht besser beschrieben werden könnte. Sein unter dem Titel "Das Leben eines Gymnasiasten vor 100 Jahren" in der Jubiläumsschrift abgedruckter Aufsatz[3] sei deshalb hier - in etwas gekürzter Form - wiedergegeben.

Heinrich Hansjakobs Schilderungen seiner Studienjahre von 1852 bis 1859 - schreibt Professor Weber - "bieten ein so buntes Bild vom Leben und Treiben der jungen Lyzeisten, der gesamten Lehrerschaft und vom ganzen Schulbetrieb, wie es wohl wenige Anstalten aufzuweisen haben. An Hand dieser Erinnerungen können wir ein Bild gewinnen vom Schulleben jener geruhsamen, kleinbürgerlichen Jahre, die hinter der Mauer zweier Weltkriege so weit von uns verborgen und vergessen liegen...

Im Rastatt Hansjakobs erleben wir als soziale Schwerpunkte ein tüchtiges, solides Handwerker-Bürgertum der Eingesessenen und ein bunt zusammengesetztes Militär des deutschen Bundes, in dem die Österreicher-Deutschen noch dominieren. Mit beiden sind die Lyzeisten in einer uns heute kaum noch vorstellbaren Weise verbunden. Das Lyzeum selbst spielt im öffentlichen Leben eine beachtliche Rolle...

Direkten Zusammenhang aber mit Rastatt und seinem Gymnasium besitzt Hansjakobs Bericht über seine 'Studienzeit', von der alle [sieben] Gymnasiumsjahre sich am Rastatter Lyzeum abspielten... Was der einst ebenso trinkfeste wie wissenshungrige Pennäler jedoch vom Schülerleben im engeren Sinne, von Kameraden und Professoren, vom Schulbetrieb und Unterrichtswesen erzählt, das bedeutet eine beachtliche Quelle für die Geschichte unseres Gymnasiums und ebenso für die des Schulwesens überhaupt. Selbst an Hand der Erzählungen Hansjakobs - wir besitzen nicht viele Berichte dieser Art - wird es uns nicht immer leicht, uns in jene Zeit hineinzudenken, in der es keine Internate und keine Konvikte gab.

Hamburger, Hermann, aus Oehnsbach.
Heeg, Heinrich, aus Rastatt.
Hemmerle, Karl, aus Weisweil.
Herr, Ludwig, aus Sulzbach.
Himmel, Joseph,
Höllmann, Karl,
Höllmann, Ludwig,
Kaiser, Wendelin,
Krauß, Jakob,
Krieg, Joseph, aus Rastatt.
Lang, Victor, aus St. Blasien.
*Louis, Victor, aus Karlsruhe.

Marx, Albert, aus Karlsruhe.
Marx, Emanuel, aus Bruchsal.
Merkel, Heinrich, aus Rastatt.
Meythaler, Theodor, aus Karlsruhe.
Nusser, Albert, aus Kehl.
Rheinboldt, Ludwig, aus Rastatt.
Rieg, Ludwig, aus Karlsruhe.
Schuhmacher, August,
Wagner, Emil,
Wagner, Karl,
Weigel, Theodor, aus Rastatt.
Westermann, Joh., aus Bischweier.

53

Tertia.

Abetz, Karl,
Braun, Karl, aus Rastatt.
Commerell, Karl,
Dreyer, Karl, aus Karlsruhe.
Edelschild, Leopold, aus Rastatt.
Fesenbeckh, Karl, aus Karlsruhe.
Hirn, Leopold, aus Weiler.
Hirschmann, Heinrich, aus Rastatt.
Hornung, Heinrich, aus Niederbühl.
Kauffmann, Franz, aus Karlsruhe.
Klehe, Ludwig,
Kurz, Albert, aus Rastatt.
Lefrank, Alois, aus Malsch.
*Männle, Joseph, aus Rastatt.

Maier, David, aus Rastatt.
Mannlicher, Friedrich, aus Mainz.
Mößner, Karl,
Rheinboldt, Hermann, aus Rastatt.
Schwann, Karl, aus Gengenbach.
Suidter, Karl,
Ulrich, Franz, aus Rastatt.
Vögele, Karl, aus Durmersheim.
Walter, Anton,
Weber, Karl,
Weigel, Wilhelm,
Wilhelm, Emil, aus Rastatt.
Willstädter, Benjamin, aus Bühl.

27

Unter=Quarta.

v. Adelsheim, Leopold,
*Commerell, Hermann, aus Karlsruhe.
*Diehl, Heinrich, aus Stühlingen.
*Eisele, Alois, aus Ettlingen.
Fingado, Adolph, aus Lahr.
*Friedmann, Emil, aus Plittersdorf.

Gramlich, Fr. Wilh., aus Muggensturm.
Hansjacob, Heinrich, aus Haßlach.
Holder, Alfred, aus Wien.
Huhn, Andreas,
*Klehe, Emil, aus Rastatt.
Murel, Ferdinand, aus Baden.

Abb. 181: *Auszug aus dem Schülerverzeichnis im gedruckten Bericht des Rastatter Lyzeums für das Schuljahr 1852/53. Unter den damaligen Schülern der Unter-Quarta finden wir auch Heinrich Hansjakob.- Hist. Bibl. Rastatt*

Können wir noch die mühevollen Wege nachempfinden, die die Haslacher Bäckersleute gehen mußten, bis sie endlich am Rohrersteg[4] ein Kämmerlein fanden beim Schuhmacher Braun, der ein Landsmann und Militärkamerad des 'Eselbecks'[5] war? Wie selbständig handelte da schon ein kleiner [Oberquartaner], der sich ein neues Quartier suchte, als sich die lebhafte Häuslichkeit der Schustersfamilie seinen Schularbeiten gar zu abträglich erwies!

Abb. 182: *Das Häuschen am Rohrersteg in Rastatt. Zeichnung von Curt Liebich.- Vgl. Kat. Nr. 131a*

Dieses neue Heim in den 'roten Häusern', der sogenannten Studentenkaserne am Gewerbsplatz, bei Metzger Walter oder vielmehr bei dessen tüchtiger Frau mit ihren vielen mitarbeitenden Kindern, spiegelt das noch fast biedermeierliche Kleinstadtleben am besten. Da herrscht richtiger *Studentenbetrieb* mit [vier] stolzen Vertretern der beiden Oberklassen, drei [Quintanern] und einem kleinen [Sekundaner], der wie ein richtiger 'Fuchs' seine großen Mitschüler durch Beischleppen von Bier und Zigarren bedienen muß. Studentenmäßig ist es auch, wenn der Achtzehnjährige sein Klavier, das er von zu Hause mitgebracht hatte, um zehn Gulden an seine Hauswirtin verkauft, um damit Geld auf die Hand zu bekommen, denn 'ein viel unnötigeres Spiel, das *Zego* nämlich',[6] verursachte beträchtliche Unkosten, zumal es in den verschiedenen Bierwirtschaften erlernt und ausgeübt wurde. Hansjakob wurde ein leidenschaftlicher Spieler, und seine Berichte über diesen Zegokreis, aus dem später ein Londoner Professor,

Abb. 183: *Der Hof in der "Studentenkaserne" am Gewerbeplatz, Hansjakobs zweiter Rastatter Wohnung. Buchillustration von C. Liebich.- Vgl. Kat. Nr. 131b*

ein Jesuit und ein Kameralist hervorgingen, konnten als Quelle dienen bei der volkskundlichen Erforschung dieses echt badischen Gesellschaftsspieles.[7]

Auch das *Kegelspiel* betrieb Hansjakob in jenen Jahren 'mit mehr als erlaubter Vorliebe'. Deckung bot dem [Oberquintaner] in solchen Fällen unerlaubten Wirtshausbesuches der Brigadier Schreiber, ein früherer Gendarmeriewachtmeister von Haslach. Wenn er mit ihm bei Bierbrauer Kolb kegelte, zusammen mit Gendarmen, Amtsdienern, Gefangenenwärtern und Aktuaren, 'war für den Fall des Erwischtwerdens ausgemacht', daß Schreiber sich als seinen 'vom Vater gesetzten Vormund ausgebe'.[8] Noch als Abgeordneter ließ sich der ultramontane Politiker durch die Erinnerung an diese Jugendfreude bewegen, in Karlsruhe in einen Kegelklub liberaler Landtagskollegen einzutreten.

Die Kleinstadt war auf ihre 'Studenten' eingestellt. Die Buden vererbten sich traditionsmäßig. Einem [Quintaner] angemessen war etwa das kleine Zimmer bei Kürschner Pfeifer neben der Hofapotheke, das nach seiner schmalen, langen Form die 'Kegelbahn' genannt wurde. Von dort waren es nur ein paar Schritte bis zum Kosttisch des Metzgers Birkle, dem 'Schwert' gegenüber. Der Winter 1856/57 war so kalt, daß in der 'Kegelbahn' über Nacht die Tinte einfror. Und wenn Hansjakob morgens, der Wärme wegen noch im Bett liegend, seine Aufgaben machen wollte, mußte die alte Magd aus dem Enztal dem 'Herr Johannes dia Tinta wieder aufg'werme'.[9] Trotzdem legte unser Leichtfuß das mütterliche Holzgeld lieber in Bier an, mit dem Vorwand vor dem eigenen Gewissen, daß er dabei sich im 'Bierhaus' gleichzeitig auch wärmen konnte. So wurde viel von der Hauslektüre, die unser Studiosus eifrig betrieb, im 'Schwert' gelesen, in das sich Hansjakob oft 'stürzte', wenn nachmittags die Schule zu Ende war. Denn erst um sechs Uhr kamen die Professoren Eisinger und Nicolai in ihr 'Standquartier' im Nebenzimmer; bis dahin war es dort ganz 'geheuer'.

Hansjakobs viertes Zimmer im Kosthaus selbst, bei Birkle in der Rappenstraße, bot Gelegenheit für eine andere Seite echten Studententums. Hansjakobs Zimmergenosse Beckert aus Bietigheim, der spätere Kooperator am Freiburger Münster, war der beste *Fechter*. Jeden Morgen beim Aufstehen trainierten die beiden Rapier oder Florett.

Selbst das 'Ständchen' durfte in dieser Zeit der Trompeterlyrik nicht fehlen. Von einem Mitschüler, einem späteren Oberschulrat, wurde Hansjakob für diesen Minnedienst beigezogen, wohl vorzüglich wegen seiner hellen Stimme. Mit jugendlicher Begeisterung zogen die beiden zu diesem nächtlichen Abenteuer unweit der Badener Brücke aus. Daß aber des 'Glockengießers Ännchen' auf diese zweistimmige Ehrung nicht reagierte, war sicher nicht Hansjakobs Schuld.

Abb. 184: *Die Badener Brücke in Rastatt um 1840. Lithografie von Josef Durler.- Stadtarchiv Rastatt: K-167*

Den wachsenden Ansprüchen der angehenden Studenten kam das 'elegant und niedlich ausgestattete Zimmerchen' für Abiturienten in der Buchhandlung in der Kaiserstraße, Hansjakobs fünftes und letztes Quartier, bestens entgegen. Es lag am Hof mit Aussicht auf Garten und Murgdamm, und ungestört von allem Getriebe - wie relativ sind doch alle Begriffe! - konnte dort der selbstbewußte [Sextaner] in seinem Fauteuil 'die letzte Tageszigarre verdampfen'.[10]

Auch in der *gesellschaftlichen Sphäre* brachte dieses Abschlußjahr bei Buchhändler Hanemann mit den zahlreichen jungen österreichischen Offizieren, die hier wohnten, einen Höhepunkt. Denn unter den positiven Seiten dieses freien Wohnens der Lyzeumsschüler steht gewiß die Verbindung mit dem Leben an erster Stelle. Die verschiedenartigen Hauswirte mit ihrem Familienleben vermittelten gute Einblicke für aufgeschlossene junge Leute, und Schuhmacherlehrlinge z.B. können so gute Freunde werden, daß auch der heimwehkranke [Quartaner] bei ihnen zur Erholung das Stiefelsohlen lernt. Daneben bilden die originellen Dienstboten willkommene Studienobjekte, sei es die treue alte Magd, sei es der schrullige Knecht Alois in der 'Studentenkaserne', 'dieser häßliche, schmutzige Kerl' aus Eisental, 'ein Faun innen und außen', der aber eine so heitere Seele besitzt und so 'schöne Geschichten' aus seiner Heimat zu erzählen weiß.[11] Und eine Partie Damenbrett mit 'der Wirtin Töchterlein' mußte auch den bierfröhlichsten Burschen zum Kavalier machen. Schließlich bereicherte die weitere Umgebung den Gesichtskreis, angefangen vom Trompeter vom Rohrersteg, dessen Blasen das Heimweh des [Quartaners] vertreiben kann, und vom Bücherjuden 'Schasef' am Gewerbsplatz bis zur geisteskranken Nachbarsfrau und dem Bauersmann aus der Bruchsaler Gegend, der sich beim Festungsbau verspekuliert und dann 'hinterdenkt' hatte, so daß Kummer und Sorge über der ganzen Familie lastete. Schier endlos sind die Möglichkeiten zur Erwerbung von Menschenkenntnis bei den zahlreichen Wirtshausbesuchen und auf den Kegelbahnen, wo sich alle Typen von Handwerkern und sonstigen Kleinstädtern oder von Bauern aus der Umgebung, ganz besonders viele Soldaten der badischen wie der österreichischen Truppenteile der Stadt einfinden.

Abb. 185: *Schuhmacher bei der Arbeit.- Hist. Bibl. Rastatt*

Abb. 186: *Die Österreicher auf dem Schloßplatz. Illustration von C. Liebich*

Die Schule und die verantwortlichen Behörden mußten in diesem freien Leben wohl mit Recht Gefahren für die sittliche Entwicklung der Jugend erblicken. Diese werden als Hauptgründe angeführt, als man nach 1848 an die Verlegung des Gymnasiums in eine andere Stadt dachte. Und ebenso regten sie immer wieder den Gedanken an ein Internat an, bis schließlich 1898 die Gründung eines Erzbischöflichen Konviktes erfolgte.[12] Demgegenüber ist es interessant, wie auch der gereifte Stadtpfarrer von St. Martin in seinem Rückblick auf die Studienzeit mehrfach die Harmlosigkeit dieses Treibens betont und gerade den Bildungswert dieses vielseitigen Verkehrs hervorhebt. 'Ich habe bei diesen Leuten absolut nichts Böses gelernt oder auch nur gesehen; es müßte denn nur das viele Singen und Biertrinken als sündhaft angerechnet werden. Es war unter diesen Unteroffizieren mancher Originalmensch, der das Zeug zum General gehabt hätte... Ohne meine Bekanntschaft mit Korporalen und Feldwebeln würde mir ein Glied fehlen in der Reihe der menschlichen Stände, die ich in meinem Leben schon kennengelernt.'[13]

Andererseits bedeutet die Gewährung von Kost und Logis für die Bürgerschaft eine wesentliche Einnahmequelle, zumal in der armen Zeit nach der Revolution, und so verstehen wir das Eintreten der Stadt für die Beibehaltung dieses Zustandes.

Diesen geschilderten, gewissermaßen privaten Wirtshausbesuchen steht der pennälerhafte *Kneipbetrieb* gegenüber. Wir finden heute nur schwer Verständnis dafür, daß Tertianer [nach der zur Zeit Hansjakobs üblichen Zählung: Quartaner][14] bereits eine kleine 'Kneipgesellschaft' gründen: gute Schüler wie der später berühmte Hofbibliothekar *Holder* in Karlsruhe, und schlechte wie unser junger Kinzigtäler. Die Schwester eines Ortsansässigen häkelt die bunten Corpsbänder für diese Unentwegten. Die Mitglieder der Kneipgesellschaft schlichen an den freien Mittwoch- und Samstagnachmittagen, wenn die Spaziergänger auf dem Murgdamm sich verlaufen hatten, heimlich in das Gebiet der Schwabengasse, wo ihnen die Salmenwirtin auf der Rückseite ihres Hauses ein Zimmer eingeräumt hatte. Gewiß, dieser höchst unerlaubte Kreis, den anscheinend nicht einmal das wachsame Auge des Schuldieners Schill ausfindig machen konnte, löste sich auf, als am Ende des Schuljahres einige Mitglieder in der Schule nicht mehr weiterkamen und zum Handwerkerberuf überwechselten. Auch Hansjakob mußte die Klasse wiederholen, es hatte ihm nichts genützt, daß er nach dem Kneipen noch die Präparationen eines Zechkumpans abschrieb. Und rückblickend gibt der spätere Pfarrherr durchaus zu, daß dieser übertriebene Genuß von Bier und Zigarren den Grund zu seiner späteren schlechten Gesundheit gelegt habe. Damals aber kneipte der Lyzeist lustig weiter, er glaubte, im neuen Schuljahr feststellen zu können, daß seine Fortschritte in der Schule - jetzt ist er bald unter achtundzwanzig Schülern der sechste - mit denen am Biertisch konform gingen.

Abb. 187: *Kneipende "Frösche". Zierleiste von C. Liebich. Mit den "Fröschen" sind die Lyzeumsschüler gemeint.*

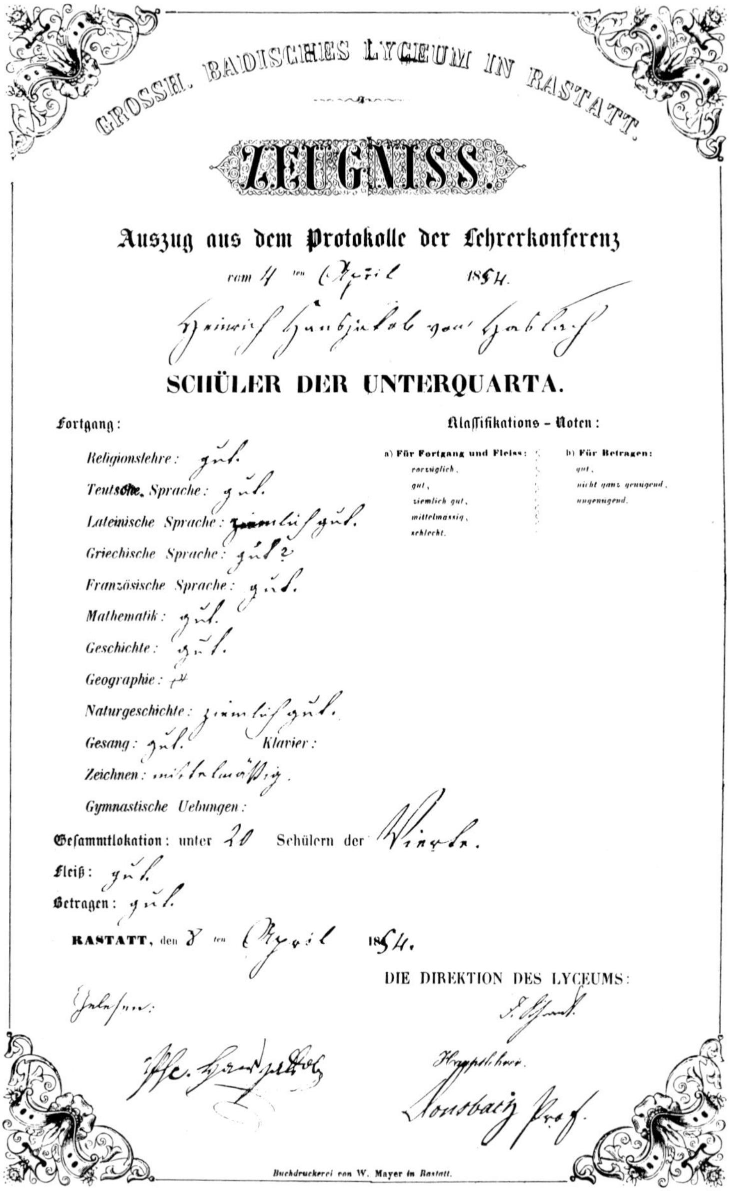

GROSSH. BADISCHES LYCEUM IN RASTATT.

ZEUGNISS.

Auszug aus dem Protokolle der Lehrerkonferenz

vom 4ten April 1854.

Heinrich Hansjakob von Haslach

SCHÜLER DER UNTERQUARTA.

Fortgang:

Religionslehre: gut.

Teutsche Sprache: gut.

Lateinische Sprache: ziemlich gut.

Griechische Sprache: gut 2

Französische Sprache: gut.

Mathematik: gut.

Geschichte: gut.

Geographie:

Naturgeschichte: ziemlich gut.

Gesang: gut. Klavier:

Zeichnen: mittelmässig.

Gymnastische Uebungen:

Klassifikations-Noten:

a) Für Fortgang und Fleiss: vorzüglich, gut, ziemlich gut, mittelmässig, schlecht.

b) Für Betragen: gut, nicht ganz genugend, ungenugend.

Gesammtlokation: unter 20 Schülern der

Fleiß: gut.

Betragen: gut.

RASTATT, den 8ten April 1854.

DIE DIREKTION DES LYCEUMS:

Gelesen:

Buchdruckerei von W. Mayer in Rastatt.

Abb. 188: *Schulzeugnis für Hansjakob vom 8.4.1854.- EA Freiburg: Nachlaß Hansjakob*

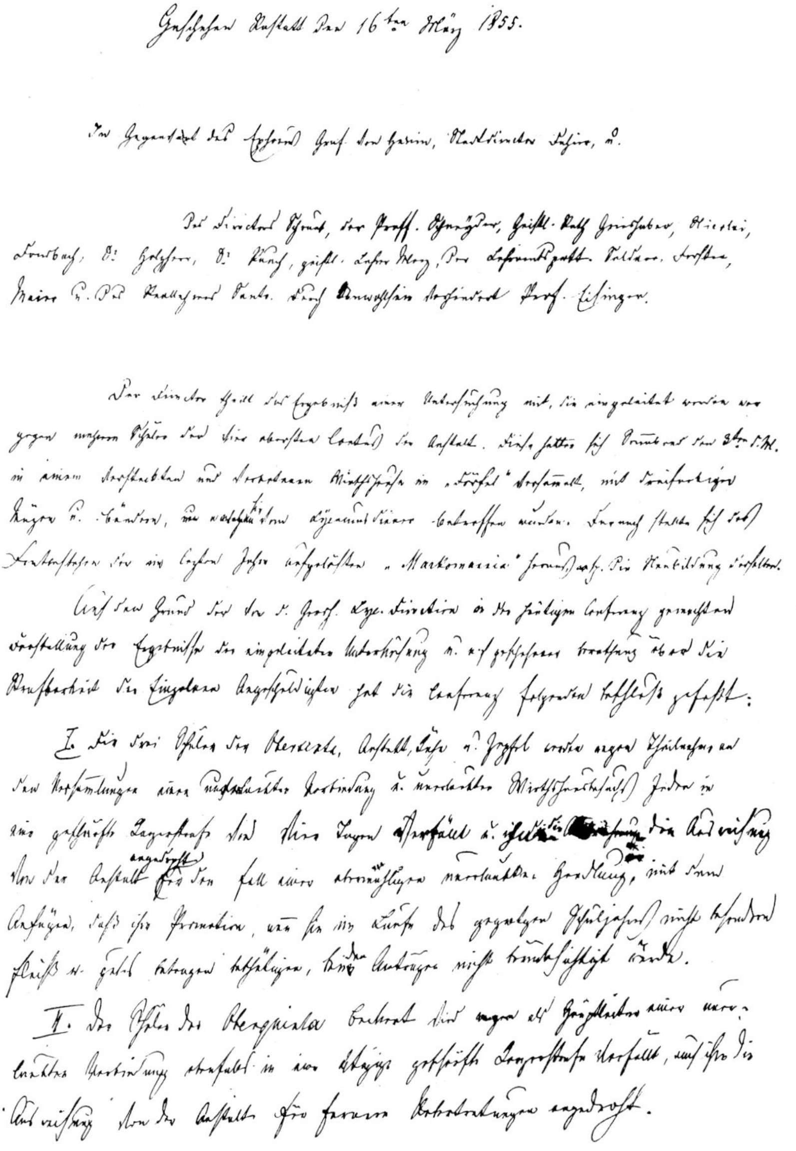

Geschehen Rastatt den 16ten März 1855.

In Gegenwart des [illegible] Graf von [illegible], Stadtdirector [illegible], u.

Der Director [illegible], der Proff. [illegible], Geistl. Rath [illegible], [illegible], [illegible], Dr. [illegible], Dr. [illegible], geistl. Lehrer [illegible], [illegible] [illegible], [illegible], [illegible] [illegible]. [illegible] Prof. [illegible].

Der Director theilt das Ergebniß einer Untersuchung mit, die eingeleitet worden war gegen mehrere Schüler der drei obersten Classen der Anstalt. Diese hatten sich Sonntag den [illegible] d.M. in einem verschlossenen und verborgenen Wirthshause im „Fröschel“ versammelt, mit dreifarbigen Mützen u. Bändern, [illegible] betroffen worden. [illegible] die im vorigen Jahre aufgelösten „Markomannia“ Genossenschaft [illegible].

Auf den Grund der von d. Großh. Lyc. Direction in der heutigen Conferenz gemachten Darstellung der Ergebnisse der eingeleiteten Untersuchung u. nach geschehener Berathung über die Strafbarkeit der Einzelnen Angeschuldigten hat die Conferenz folgenden Beschluß gefaßt:

I. Die drei Schüler der Oberclasse, [illegible] werden wegen Theilnahme an den Versammlungen einer unerlaubten Verbindung u. unerlaubten Wirthshausbesuchs jeder in eine geschärfte Carcerstrafe von [illegible] Tagen verfällt u. [illegible] die Ausweisung von der Anstalt angedroht für den Fall einer abermaligen unerlaubten Handlung, mit dem Anfügen, daß ihre Promotion, wenn sie im Laufe des gegenwärtigen Schuljahres nicht besonderen Fleiß u. gutes Betragen bethätigen, bei den Anträgen nicht berücksichtigt würde.

II. Der Schüler der [illegible] [illegible] wird wegen [illegible] einer unerlaubten Verbindung ebenfalls in eine 2tägige geschärfte Carcerstrafe verfällt, und ihm die Ausweisung von der Anstalt für fernere Uebertretungen angedroht.

Abb. 189: *Protokoll der Lehrerkonferenz des Rastatter Lyzeums vom 16.3.1855. In der Konferenz wurde das Ergebnis einer Untersuchung betr. d. Teilnahme von Lyzeumsschülern an dem Treffen einer unerlaubten Verbindung behandelt.- Vgl. dazu den Text auf der folgenden Seite sowie Kat. Nr. 133 a 5.- AdLWG*

Einen schwachen Nachglanz dieses feuchtfröhlichen Schüler-Studententums kennt Rastatt noch in seinen traditionellen *Pennälerverbindungen*." Hansjakob stand zumindest 'dem nichterlaubten Corps der Markomannia' über seinen erwähnten Freund Beckert recht nahe. "Als dieser [1855] ihr Erstchargierter war, wurde die Verbindung eines Abends in der Brauerei Siebert im Dörfle überrascht durch den Schuldiener Schill, der mit einer Schar Polizeidiener anrückte. Karzerstrafen erfolgten, das Corps wurde für viele Jahre aufgehoben. Seine Stulpen und Waffen aber gingen über Beckert, als dieser die Universität bezog, auf Hansjakob über.

Über seine eigene Mitgliedschaft zur Pennälerverbindung Markomannia äußert sich Hansjakob nicht; vielleicht war er noch zu jung dafür. Wohl aber betont er seine volle Sympathie für diese 'gewiß harmlose' Verbindung, aus der Männer in höchsten Ämtern des Staates und der Kirche hervorgegangen seien, wie etwa der Freiburger Bischof *Lothar von Kübel*.[15] Hansjakob sieht den Wert dieser Pennälerverbindungen besonders in der Pflege von 'Gemüt und Poesie zum Ersatz für die Öde und Leere philologischer Pedanterie', mit der die armen 'Frösche' (Bezeichnung für die Schüler am Lyzeum, dem 'Teich') 'von den lateinischen Schulmeistern geplagt werden'.[16]...

Die *offizielle* [*Sextanerkneipe*] spielt für Hansjakob eine wichtige Rolle. Sie wurde Samstag abends in der Brauerei Gromer am Kehlertor... 'geschlagen'. Und wenn die österreichischen Patrouillen Polizeistunde geboten, nahmen die Kneipkumpane das Fäßchen auf den Rücken, um es noch auf einer der Buden zu leeren.

Den Höhepunkt in Hansjakobs Studentenleben bedeutet aber seine Wahl zum 'ständigen Kneippräsidenten'. In dieser Eigenschaft mußte er - wie etwa heute ein Klassensprecher - 1858 die Fünfzigjahrfeier vorbereiten. Direktor *Schrauth* lehnte aber den Vorschlag eines 'solennen Fackelzuges', den die Schüler ihm und den Lehrern bringen wollten, ab. So kam nur ein großer Kommers in der 'Blauen Katz' zustande. Vom Kollegium nahm einzig Lehr-

Abb. 190: *Wirtshausschild des ehemaligen Gasthauses zur "Blauen Katz" in Rastatt.- Aufnahme: H. Heid*

amtspraktikant Kränkel, ein geborener Rastatter, teil. Das ganze übrige Kollegium vertilgte 'zu Ehren des 50jährigen Bestandes ihrer Anstalt' im 'Löwen' eine Bowle Punsch.[17]...

Wir dürfen dieses - seiner interessanten Züge wegen ausführlich geschilderte - Privatleben nicht überbetonen... Die lockere Form war möglich, solange geordnete bürgerliche Verhältnisse und die strengen alten Sitten einer kleinen Schule die nötigen Garantien boten. Und auch die Schule muß wohl diesen relativ harmlosen 'Ausschweifungen' kein übermäßiges Gewicht beigelegt haben, obwohl sie durch Anzeigen verschiedener Art Kenntnis der Veranstaltungen erhielt und gelegentlich auch strafend einschritt...

Neben diesem bewegten außerschulischen Leben, zu dem noch zahlreiche Wanderungen in die Umgegend, Besuche der Verwandten in Durmersheim, die Kochlehrzeit der später so bekannt gewordenen Schwester Philippine im 'Löwen' zu Rastatt u.a.m. zu erwähnen wären, ergibt sich aus den 'Erinnerungen' doch das Bild eines eifrigen, geordneten *Schulbetriebs*... Das Dominieren von *Latein* und *Griechisch* gab dem Lyzeum einen klaren Charakter. Und da auch vor [hundertvierzig] Jahren wie zu allen Zeiten die innere Gestaltung des Unterrichts weitgehend von der Persönlichkeit des Lehrers abhing, finden wir teilweise eine 'Schulfuchserei' kleinlicher Art, deren Erinnerung noch den Erwachsenen in seinen Träumen ängstigt, und bisweilen ein ödes wörtliches Auswendiglernen von Übersetzungen.

Neben diesem Überwuchern des Formalen und der Überbetonung des lateinischen 'Stils' standen auch Leistungen, die nachhaltigsten Eindruck hinterließen, von 'Philologen von Gottes Gnaden'[18] wie Direktor *Schrauth*, dessen 'geistige Art' der Behandlung der Dichter Hansjakob nicht genug rühmen kann... Ebenso konnte der *Geschichtsunterricht* sich in einem Jahr im trockenen Auswendiglernen eines Diktats erschöpfen, im andern aber die Schüler zu eigener Lektüre anregen, die Hansjakob mit großem Eifer betrieb. Und aus dem Unterricht über *Literaturgeschichte* erwuchs ein privater Lesekreis... *Philosophie* in den oberen Klassen rundete schließlich die Einheitlichkeit dieser Bildung ab. Erstaunlich modern klingt das Betonen des *Turnunterrichts*, der Hansjakob besondere Freude bereitete. Schon als [Quartaner] erhielt er einen Preis für 'gymnastische Leistungen' und blieb 'fortan der erste Turner in der Klasse'.[19] Also auch in dieser Hinsicht hatte der rege Kneipbetrieb seine Leistungsfähigkeit nicht beeinträchtigt.

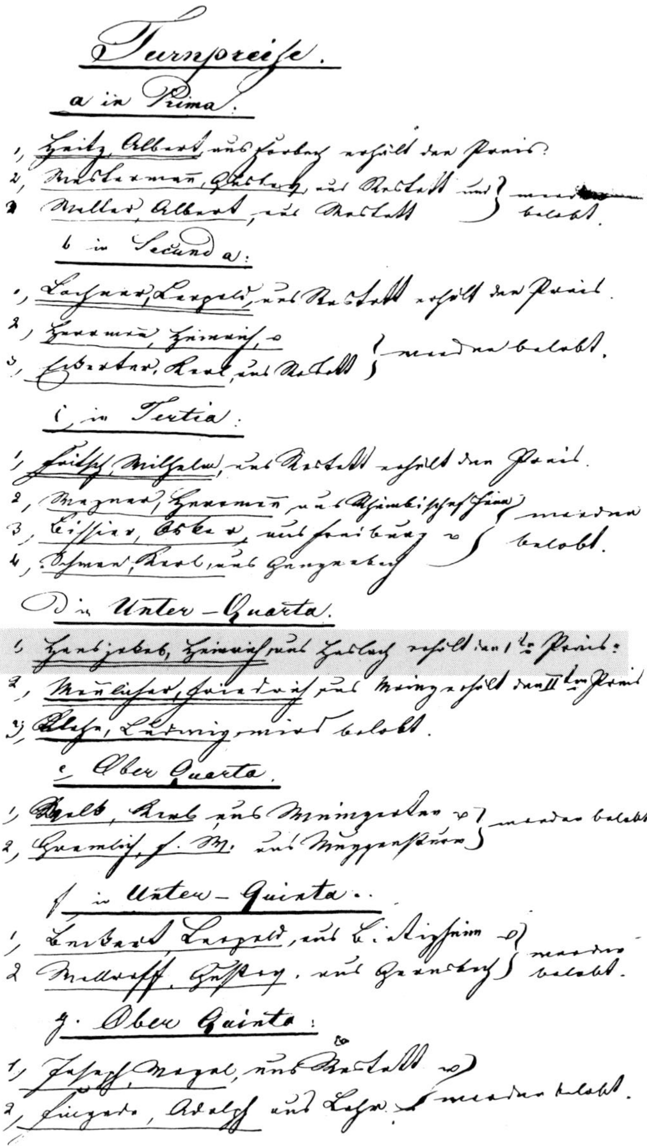

Turnpreise.

a in Prima.

1, [illegible], Albert, aus [illegible] erhält den Preis.
2, [illegible], aus Rastatt und } werden
3 Müller, Albert, aus Rastatt } belobt.

b in Secunda:

1, [illegible], Leopold, aus Rastatt erhält den Preis.
2, Herrmann, Heinrich, } werden belobt.
3, [illegible], Karl, aus Rastatt }

c in Tertia:

1, [illegible], Wilhelm, aus Rastatt erhält den Preis.
2, [illegible], Hermann, aus [illegible] } werden
3, [illegible], Otto, aus Freiburg } belobt.
4, [illegible], Karl, aus [illegible]

D in Unter-Quarta.

1, Hansjakob, Heinrich aus Haslach erhält den 1ten Preis.
2, [illegible], [illegible] aus [illegible] erhält den IIten Preis
3, [illegible], [illegible] wird belobt.

e Ober Quarta.

1, [illegible], Karl aus [illegible] } werden belobt.
2, [illegible], J. M. aus [illegible] }

f in Unter-Quinta.

1, [illegible], Leopold, aus [illegible] } werden
2 [illegible], [illegible], aus [illegible] } belobt.

g. Ober Quinta:

1, Joseph [illegible], aus Rastatt }
2, [illegible], Adolph aus Lahr } werden belobt.

Abb. 191: *Verzeichnis der Turnpreise des Rastatter Lyzeums für das Schuljahr 1853/54. Unter den mit einem Preis bedachten Schülern begegnet uns auch Heinrich Hansjakob.- Vgl. Kat. Nr. 128c.- AdLWG*

Regelmäßige *Schulgottesdienste* am Mittwoch früh und Sonntags um neun Uhr faßten die ganze Schule zusammen, auch sämtliche Lehrer. Am Samstagnachmittag wurde der Gesang dafür erprobt, und am Sonntag mußten auch die eifrigsten Zecher beim Ablesen in der Aula anwesend sein. Zweimal im Jahr wurde zum Beichten angetreten. Dieser religiösen Grundlage schreibt Hansjakob einen großen Wert für die Disziplin zu, wenn ihm auch die gottesdienstlichen Übungen ... 'nichts weniger als ein Herzensbedürfnis' waren.[20]

Bei diesem betont geisteswissenschaftlich eingestellten Schultyp war es auch einem für Mathematik so wenig begabten Kopf wie Hansjakob möglich, als Dritter unter achtzehn Schülern sein Abitur zu bestehen. Immerhin hatte sein Eifer für Physik, dem die Leistungen keineswegs entsprachen, zur Folge, daß Prof. *Eisinger* Hansjakob als Assistenten beizog, für physikalische Kurse, die er den jungen Offizieren der Garnison zu halten hatte.

Im äußeren Betrieb der Schule klingt es für uns auffallend, daß die Klassenzählung mit der Prima beginnt. Im vierten Jahr setzte dann... die Spaltung ein: Unterquarta - Oberquarta, so daß schließlich der Obersextaner das Lyzeum verließ...

Wer die Schulräume kennt, wundert sich über die Bemerkung Hansjakobs, daß nur die drei Oberklassen im zweiten Stock untergebracht waren, alle anderen im Erdgeschoß, die Unterquinta in einem 'der armseligsten [Zimmer] im ganzen Lyzeum. Klein und dunkel wurde es im Sommer noch verdüstert durch das Laubwerk des sonnenlosen Gartens, welcher nicht bloß der Botanik diente, sondern auch den Frauen der Professoren ihren Kohl großzog.'[21] Im dritten Stock wohnten nämlich Professoren, bis um die Jahrhundertwende die durch Gründung des Konvikts wesentlich gesteigerte Schülerzahl die Einbeziehung dieser Räume in den Schulbetrieb erforderte.

Der *Lehrkörper* des Gymnasiums vor [rund hundertvierzig] Jahren steht, von Hansjakobs klarer, oft recht spitzer Feder beschrieben, wie eine Spitzwegzeichnung vor uns. Allen voran *Schrauth*, der sonst so gefürchtete Rheinpreuße, dem Hansjakob ebenso als Mensch wie als 'Philologe von Gottes Gnaden' ein prächtiges Denkmal setzt. Nachdem die unerfreulichen Zustände infolge der Revolutionszeit und der schwachen Hand des wenig geeigneten *Direktors Scharpf* fast zur Verlegung des Lyzeums geführt hatten, war 1850 *Johannes Schrauth*, der Direktor des Progymnasiums in Neuß, zur Reorganisation der 'kränkelnden Anstalt' berufen

Abb. 192: *Der Rastatter Lyzeumsdirektor J. Schrauth. Zeichnung von C. Liebich.- Vgl. Kat. Nr. 124 a 2*

worden. Wenn er nun dem 'Schlendrian... scharf zuleibe ging',[22] so machte ihn sein sanguinisches Temperament, das kein Abwägen der Worte kannte, bei Lehrern und Schülern unbeliebt. Eine Sammlung seiner originellen Schimpfereien, meint Hansjakob, käme 'Shakespeares gleichartigen Reden... nahe'. 'So schlimm' aber 'seine Zunge hauste', wenn er z.B. den Delinquenten mit 'Er' anredete, 'so gut war sein Herz'.[23] Hier sieht das Auge des ehemaligen Schülers wohl richtiger als einige seiner Kollegen, die selbst später noch das Andenken des Verstorbenen trüben wollten. Als das Unvermögen des ungenügend vorbereiteten Haslacher Bübles und die spöttischen Schikanen des verständnislosen Professors *Donsbach* den kleinen [Quartaner] zur Verzweiflung trieben, war es nur die verständnisvolle Güte des Direktors, die Hansjakob überhaupt den Mut zum weiteren Schulbesuch gab. Und wenn der tyrannische Klassenlehrer *Rauch*, der den jungen Schwarzwälder wegen seines Dialektes besonders gerne quälte, Hansjakob über Mittag Arrest gab, weil er die Ovid-Übersetzung wohl wörtlich, aber nicht fließend genug auswendig gelernt hatte, schickte der verständige Direktor Schrauth dem armen Sträfling durch den Schuldiener Essen oder 'trocknete mit freundlichen Worten [seine] Tränen'.[24] Mit gleichem Verständnis überhörte der Direktor manche geheime Anklage, sei es wegen der Teilnahme an einem Maskenball, sei es, weil eine Kneiperei etwas zu übermütig geworden war...

So anschaulich Hansjakob das Bild seiner Professoren zeichnet, über den Lehrstoff vor [hundertvierzig] Jahren müssen wir uns in seinem Bericht mit ein paar gelegentlichen Bemerkungen begnügen. Etwa über das 'Handbuch der christkatholischen Glaubenslehre' von Stadlbaur, das wegen seiner 'namenlosen Abstrusität, seiner Unklarheit und wüstensandlichen Öde geradezu angetan war, uns die Religion zu entleiden'. Es gehöre, meint Hansjakob, auf den Index wie alle jene Bücher, 'die einem ehrlichen Christen die Wahrheiten des Glaubens entleiden'.[25]

Interessant für den Wechsel der Anschauungen ist die Notiz, daß Prof. Nicolai den Sallust 'als Privatlektüre einschmuggeln' mußte, da sein zu wenig gefeilter Stil 'keine Gnade findet vor den philologischen Heringsseelen' und darum nur selten noch an Gymnasien gelesen werde, 'damit der junge Teutone seinen lateinischen Styl nicht verderbe'.[26] Dafür stand Horaz besonders hoch im Kurs; seine Behandlung im Unterricht erschien Hansjakob bisweilen zu pedantisch. Bei Direktor Schrauth jedoch war es 'ein Hochgenuß, an der Hand dieses Mannes Horaz, Tacitus und Cicero zu lesen'.[27]

Modern mutet uns die trigonometrisch-botanische Exkursion nach Muggensturm-Eichelberg-Rotenfels an - zeitgenössisch allerdings der Spähtrupp, der unter Hansjakobs Führung vorausgeschickt wurde, um in den Dörfern jeweils die beste Bierquelle ausfindig zu machen. Bei der Hitze des Tages ist es dann recht verständlich, daß alle Teilnehmer außer Prof. Eisinger 'biergedehnt auf dem Murgdamm der Festung zuwankten'.[28]

Zu den bedeutenden Ereignissen während Hansjakobs Schuljahren zählt die Durchfahrt des jungen Großherzogpaares am 4. Oktober 1856. Aber schon damals zeigte sich Hansjakobs demokratische Ader. Er konnte den Hochrufen, zu [denen] das ganze Gymnasium antreten mußte, keinen Geschmack abgewinnen. Still und heimlich verdrückte er sich mit seinem Freund Beckert in die Bahnhofswirtschaft, um 'einen Schoppen zu holen',[29] während draußen der Zug einfuhr. Aber auch Napoleon III. bekam Hansjakob nicht zu Gesicht, als dieser im gleichen Jahr durch Rastatt fuhr und von Prof. Nicolai begrüßt wurde, der auf dem Arenenberg im Schloß der Königin Hortense und deren Sohn verkehrt hatte.

Die letzte schulische Veranstaltung war der Schlußakt nach wohlbestandenem Abitur. Hansjakob wurde öffentlich belobt. Ihm war auch die Ehre der Festrede zugefallen, Hamlet bildete das Thema. Damit hatte ein wesentlicher, für die künftige Entwicklung von Hansjakobs Leben grundlegender Abschnitt seinen Abschluß gefunden."

Soweit also Professor Webers Darstellung von Hansjakobs Schuljahren in Rastatt anhand von dessen Erinnerungen "Aus meiner Studienzeit".

DIE DIREKTION

DES

GROSSHERZOGLICH BADISCHEN LYCEUMS

ZU

RASTATT

bezeugt hiermit, dass Heinrich Hansjakob aus Haslach *den obersten Jahreskurs dieser Lehranstalt nach der Vorschrift der höchsten Verordnung vom 31. December 1836 (§. 19) ordnungsmässig zurückgelegt hat und durch Beschluss des Grossherzoglichen Oberstudienrathes vom* 23ten August *18*59. *Nr.* 830. *zur Universität entlassen worden ist; mit der Verbindlichkeit, die in dem §. 19 der angeführten Verordnung vorgeschriebenen drei Vorlesungen der philosophischen Fakultät zu hören, von welchen eine jede nach höchster Staatsministerialentschliessung vom 21. Oktober 1839 Nr. 1808 (Reg.-Bl. Nr. XXX) wenigstens vier Stunden wöchentlich betragen soll.*

RASTATT den 31ten August 18 59.

Schrauth.

Abb. 193: *Vom Lyzeumsdirektor Schrauth unterschriebenes Zeugnis für Hansjakob vom 31.8.1859.- GLA Karlsruhe: 76/3212*

Mit dem drittbesten Ergebnis sämtlicher Prüflinge hatte Hansjakob das Abitur bestanden[30] und sich so die Voraussetzung für die Aufnahme des geplanten Theologiestudiums in Freiburg erworben. Gleichzeitig galt es damit für ihn aber auch, Abschied zu nehmen von einer Institution, die er inzwischen lieb gewonnen hatte - genauso wie die Stadt, in der er seine letzten sieben Schuljahre verbrachte. Als Hinweis darauf, daß das Rastatter Lyzeum für Hansjakob zu einer Einrichtung geworden war, an der sein Herz hing, kann bereits der Umstand gewertet werden, daß er als Obersextaner dem "physikalischen Kabinet" der Schule "Flußspath und eine Tafel mit Dendriten aus dem Kinzigthal" schenkte.[31] Deutlicher jedoch kommt seine bleibende Verbundenheit mit dem Lyzeum und mit Rastatt überhaupt durch seine wiederholten späteren Besuche in der Stadt zum Ausdruck.

Die Bibliothek und das physikalische Kabinet sind nach Maßgabe der Bedürfnisse für den Unterricht und für die wissenschaftlichen Studien der Lehrer aus den etatsmäßigen Fonds ansehnlich vermehrt worden. An Geschenken für letzteres erwähnen wir mit Dank:

von Herrn Professor Trotter ein seltenes Stück Eisenkies aus der Schweiz;

von Ober-Sextaner Hansjacob Flußspath und eine Tafel mit Dendriten aus dem Kinzigthal;

von Unter-Quintaner Warth einige Ammoniten aus der Gegend von Jöhlingen.

Abb. 194: *Hinweis auf ein Geschenk Hansjakobs für das "physikalische Kabinet" des Rastatter Lyzeums im Schuljahresprogramm von 1858/59.- Text s. oben.- Hist. Bibl. Rastatt*

So durfte Hansjakob mehr als vier Jahre nach Abschluß seiner Schulzeit, *am 30.11.1863*, aus freudigem Anlaß ein *Wiedersehen mit Rastatt* feiern: Er war "an einem stürmischen Novemberabend in die Bundesfestung eingezogen, von Karlsruhe her, mit der frohen Kunde, im Staatsexamen bestanden und auf bestem Wege zu sein, dereinst badischer Professor und Staatsdiener zu werden".[32] Es ist gewiß kein Zufall, daß Hansjakob nach seiner bestandenen Staatsprüfung auf dem Rückweg von Karlsruhe gerade in Rastatt eine Zwischenstation einlegte: in Augenblicken besonderer emotionaler Betroffenheit suchen wir gerne diejenigen Orte auf, an denen wir uns heimisch fühlen, und wollen uns in erster Linie solchen Menschen mitteilen, denen wir uns verbunden wissen.

Über den zuletzt erwähnten Rastatter Aufenthalt Hansjakobs berichtet er uns selbst - in der oben zitierten knappen Form - in seinen erstmals 1870 publizierten Erinnerungen "Auf der Festung".[33] Im Mittelpunkt dieser Veröffentlichung steht allerdings ein späterer Aufenthalt Hansjakobs in Rastatt, der alles andere als freiwillig war.

Am 23. Mai 1869 hatte Hansjakob auf Einladung der "Katholischen Volkspartei" bei einer Versammlung in Engen (Hegau) eine Rede gehalten, in der er die badische Regierung und die liberale Regierungspartei scharf angriff. Infolge dieser politischen Äußerungen wurde er "wegen Störung der öffentlichen Ruhe und Ordnung"[34] zu einer *Gefängnisstrafe* von vier Wochen verurteilt, die er *auf der Festung Rastatt* absitzen mußte.

Abb. 195: *Die Rastatter Kapellenstraße mit dem Gasthof "Pflug" (links). Aufnahme aus der ersten Hälfte des 20. Jh. Im "Pflug" kehrte Hansjakob auch bei seinem ersten Aufenthalt in Rastatt 1852 gemeinsam mit der Mutter zum Mittagessen ein.- Michael Feik, Rastatt*

Am 30. April 1870 traf Hansjakob frühmorgens in der Festungsstadt ein, um seine Haftstrafe anzutreten. Der diensthabende Aufsichtsoffizier gewährte ihm Ausgang bis zum Abend. So konnte er mit einem früheren Bekannten, den er zufällig auf dem Schloßhof traf, im Gasthaus "Pflug" zu

Mittag speisen. Nach dem Essen führte ihn sein erster Weg zum Schuhmachermeister Braun, bei dem er als Lyzeumsschüler längere Zeit gewohnt hatte. An diesen Besuch schloß sich ein kurzer Bummel durch die Straßen der Stadt an. Danach suchte Hansjakob noch im Lyzeum den Bibliothekar Nicolai, seinen ehemaligen Lehrer, auf, und schließlich begab er sich von dort aus lange vor Anbruch der Nacht hinüber zum Schloß, wo er seine Gefängnisstrafe zu verbüßen hatte.

Das Gefängnis war in dem an die Schloßkirche angrenzenden Seitenflügel des Schlosses untergebracht. Hier mußte Hansjakob "In einem hochgewölbten, dreifensterigen Zimmer",[35] von welchem aus er auf den Schloßplatz hinabblicken konnte, die Einzelhaft absitzen, zu der er verurteilt worden war. Die Einrichtung bestand aus einem "ausrangierte[n] Soldatenbett mit obligatem Strohsack, zwei Stühle[n] vor einem weißholzenen Tisch" sowie einem Spiegel.[36] Doch schon am dritten Tage seiner Haft schickte ihm die Familie Hanemann, bei der er in seinem letzten Rastatter Schuljahr eine Unterkunft gefunden und die jetzt von seinem Gefängnisaufenthalt erfahren hatte, einige Möbelstücke - darunter auch einen Schreibtisch - um so die Ausstattung des Raums zu verbessern. Und nachdem Hansjakob fast die Hälfte seiner Haftzeit verbüßt hatte, erhielt er - genauso wie die übrigen Gefangenen - noch einen Waschtisch.

In den Räumen neben Hansjakob waren u.a. Kaplan Halbig und der Redakteur des "Badischen Beobachters", Berberich, als Mitgefangene einquartiert, letzterer durch einen Gang von den beiden anderen getrennt. Berberich mußte wegen seiner publizistischen Tätigkeit eine mehrmonatige Haftstrafe absitzen, und Halbig war zu drei Wochen Gefängnis verurteilt worden, weil er Hansjakobs Engener Rede verbreitet hatte. Ein gegenseitiger Besuch unter den Gefangenen war nicht erlaubt; und auch nachdem Hansjakob gemeinsam mit Berberich und Halbig eine Bittschrift an das Karlsruher Justizministerium gerichtet hatte, wurde eine Aufhebung oder Lockerung der entsprechenden Vorschrift nicht gewährt.

Doch ungeachtet der aus der Einzelhaft resultierenden Monotonie und Einsamkeit und trotz der sich im Schloßgefängnis mehr und mehr ausbreitenden "Gluthitze des Sommers"[37] waren die Verhältnisse während der Zeit seiner Haft für Hansjakob insgesamt doch recht gut erträglich. Einen Teil des Tages verbrachte er mit Lesen und Eintragungen in sein Tagebuch; regelmäßig durfte er innerhalb festgelegter Stunden und einer genau vorgeschriebenen Route auf dem Glacis der Festung spazierengehen; manchmal konnte er den Klängen einer Militärkapelle, die unten auf dem Schloßhof spielte, lauschen; mit zunehmender Hitze durfte er unter der

Aufsicht eines Wärters in der Flußbadeanstalt der Murg Abkühlung suchen, und dort traf er dann alte Bekannte, mit denen er sich unterhalten konnte; es war ihm erlaubt, im Rahmen festgesetzter Zeiten Besuche zu empfangen, und Hansjakob machte von dieser Möglichkeit mehrfach Gebrauch; an Sonntagen durfte er - wenn auch wiederum nur unter den strengen Blicken des Wärters und abgeschirmt von der Öffentlichkeit - die hl. Messe lesen; und schließlich hatte er sich noch mit einer kleinen Maus angefreundet, die ihm in Stunden der Einsamkeit Gesellschaft leistete. So kann Hansjakob in seinen unter dem Titel "Auf der Festung" erschienenen Tagebuchaufzeichnungen in bezug auf den Rastatter Festungsaufenthalt abschließend das Resümee ziehen: "Schnell und ohne jegliche Langweile sind die Tage mir hier vorübergegangen."[38]

Abb. 196: *Einband einer Ausgabe von Hansjakobs "Auf der Festung"*

Abb. 197: *Rastatt: Partie i. d. Glacis. Die Aufnahme entstand nach der Entfestigung der Stadt und gleichzeitig mehrere Jahrzehnte nach Hansjakobs Festungsaufenthalt.- Vgl. auch Kat. Nr. 134.- Andreas Jachnik, Rastatt*

Die auf seiten des Gerichts und der Regierung von der Gefängnisstrafe erhoffte Wirkung brachte der Arrest in Rastatt jedoch nicht. Hansjakob nutzte - wie bereits bemerkt - die Zeit unter anderem dazu, seine Eindrükke und Gedanken während des Haftaufenthalts in einem Tagebuch festzuhalten, das er nachher veröffentlichte, und in dieser Publikation wird die Kritik an Minister Jolly und den Liberalen massiv fortgesetzt und wiederholt. Entsprechend kommt deshalb Hansjakob am Schlusse seiner Tagebuchaufzeichnungen zu der ironischen Feststellung: "So verlasse ich denn die Festung so verstockt wie ich sie betreten."[39]

Hansjakobs unfreiwilliger Arrest in Rastatt war freilich keineswegs seine letzte Begegnung mit der Stadt. In den Erinnerungen "Aus meiner Studienzeit" berichtet uns der Autor, er sei später häufig "an Rastatt vorübergefahren, aber nie, ohne an den dicken, alten, längst toten Restaurateur Streb zu denken, der immer vorzügliches Bier und echte Karlsruher Würstchen hatte und beides im Wartesaal III. Klasse den Lyzeisten unterer Ordnung servierte".[40]

Der erste Teil dieser Aussage wird sich vor allem auf jene Zeit beziehen, in der Hansjakob als Abgeordneter im badischen Landtag saß, also auf die Jahre von 1871 bis 1881. Doch zumindest einmal während jener Karlsruher Landtagszeit stattete Hansjakob der Stadt, in der er sieben Jahre lang als Schüler gelebt und viele glückliche Tage verbracht hatte, einen erneuten Besuch ab. Aber diese *Begegnung mit Rastatt* wurde für ihn ein Wiedersehen voller Schmerz und Melancholie.

"*Im Jahre 1878*, an einem trüben Februarnachmittag, wanderte ich, vom Landtag in Karlsruhe aus einen Ausflug dahin machend, wieder einmal allein durch die Straßen Rastatts in stiller Wehmut, die sich in den toten Gassen des Dörfles und der Schwabengasse zur förmlichen Trauer gestaltete. Nirgends begegnete mir auch nur ein bekanntes Gesicht. Am andern Morgen... ging ich durch die entlaubte Allee des Schloßgartens dem Kirchhofe zu, und hier traf ich meine alten Rastatter fast alle - in ihren Grüften. Da ruhten sie unter der Erde, Männer und Frauen, die ich vor zwanzig und mehr Jahren alle im besten Alter heiter und lebensfroh gesehen und gekannt hatte. Erschrocken mußte ich öfters ausrufen, wenn ich an einen andern Grabhügel trat: 'Ja, ist der oder die auch schon tot?!' Ich bin leicht zur Schwermut geneigt, aber seit vielen Jahren nicht so trübselig gewesen wie in jener Stunde auf dem Rastatter Kirchhofe. Die Armseligkeit und Hinfälligkeit unseres Erdenlebens ergriff mich bis zu hellen Tränen. Auf dem Rückweg kam ich an unserm Lyzeumsgebäude und seinen toten Lindenbäumen vorüber, und es schaute mich alles so veraltet und so verwittert an, als ob auch hier jene Lust entflohen wäre, mit der wir Studenten vor zwei Jahrzehnten da ein- und ausgingen."[41]

Doch selbst dort, wo Hansjakob frühere Bekannte noch lebend antraf, erfüllte ihn eine solche Begegnung mit Wehmut und Schmerz. So sah er das "Resele" wieder, die Tochter des Metzgers Walter, in dessen "Studentenkaserne" am Gewerbeplatz er als Lyzeist eine zeitlang Quartier bezogen hatte. Die im Hause Walters wohnenden Studenten hatten dessen zweitälteste Tochter wegen ihrer südländischen Schönheit damals besonders umschwärmt. Doch nun war "Aus dem blühenden Resele... eine alte Matrone geworden, ebenso unschön als früher schön, die lebhafteste Predigt von der Vergänglichkeit alles irdischen Flors". So verabschiedete sich Hansjakob von ihr "in tiefer Elegie".[42]

Abb. 198: *Heinrich Hansjakob. Portrait von C. Liebich.- Hansjakob-Archiv Haslach. Aufnahme: M. Hildenbrand*

In den nächsten beiden Jahrzehnten scheint Hansjakob Rastatt nicht besucht zu haben. Dafür weilte er dann aber in den Jahren um die Jahrhundertwende gleich mehrmals als Gast in der Stadt seiner Schulzeit, und zwar jeweils als Teilnehmer an den *Treffen ehemaliger Rastatter Lyzeumsschüler*. Hansjakob selbst hatte diese "Studententage" ins Leben gerufen.[43] Die *erste Versammlung* früherer Lyzeisten fand *1899* statt. Hansjakob gefiel dieses erste Treffen so gut, daß er beim folgenden Lyzeistentag wiederum von dem sonst seit Jahrzehnten befolgten Grundsatz abrückte, kein "öffentliches Vergnügungslokal" aufzusuchen, obgleich er schon in der Woche nach der ersten Rastatter Zusammenkunft die negativen gesundheitlichen Folgen einer Abweichung von dem genannten Prinzip unangenehm hatte verspüren müssen.[44]

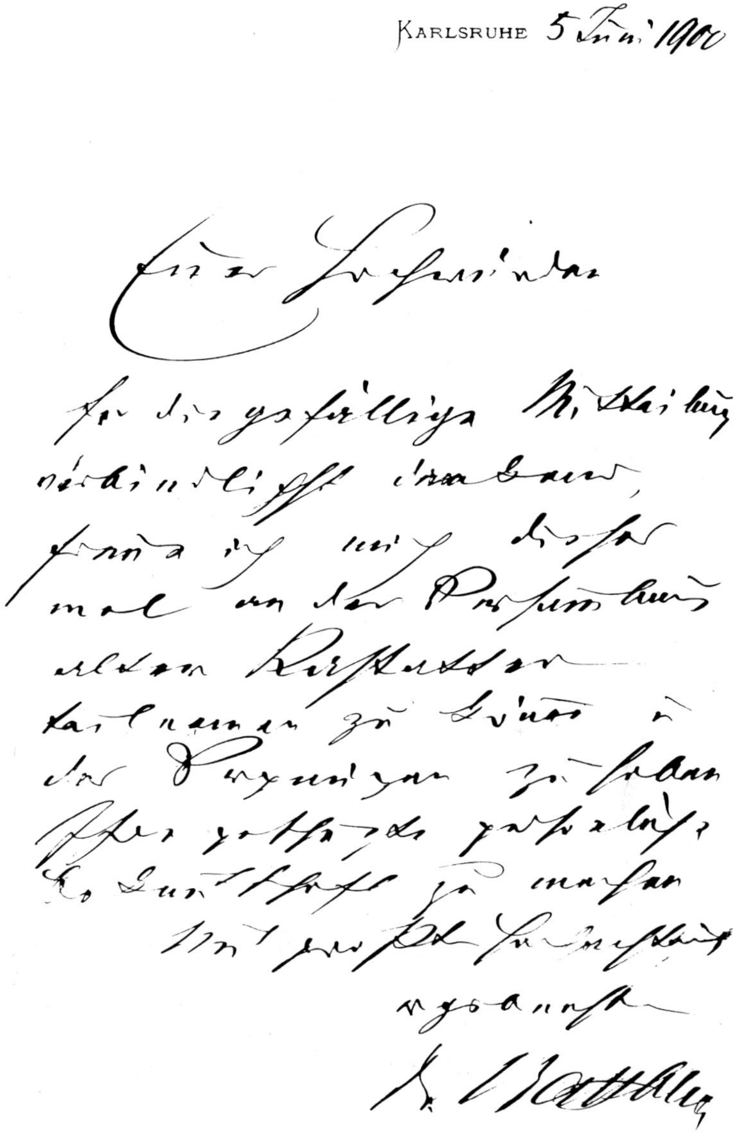

Abb. 199: *Mit dem vorliegenden Schreiben an Hansjakob kündigt Dr. Ferd. Battlehner aus Karlsruhe seine Teilnahme am Treffen ehemaliger Rastatter Lyzeumsschüler an.- EA Freiburg: Nachlaß Hansjakob*

Der *zweite "Studententag"* wurde *am 6. Juni 1900* abgehalten. Die einstigen Lyzeumsschüler waren in Rastatt "zusammengekommen, um sich wieder zu sehen an der Stätte fröhlicher Jugendzeit. Vom mehr denn Achtzigjährigen bis herab zum Fünfziger waren sie da, die einstigen Frösche. Sie waren alle alt und wurden alle jung an diesem Tage.

Mir [sc. Hansjakob] liefen die Thränen über die Wangen, als ich diese grauen und greisen Häupter singen und jubeln hörte wie vor vierzig, fünfzig, sechzig und siebzig Jahren. Sie sangen die alten Lieder aus jungem Herzen und ließen des Weltalls Kummer und Sorgen wieder an sich vorüberziehen, wie ehedem."[45]

Am Morgen jenes zweiten Lyzeistentages hatte Hansjakob den Friedhof aufgesucht, um an den Gräbern der inzwischen verstorbenen Rastatter zu gedenken, die er während seiner Schulzeit gekannt hatte. Dabei fiel ihm auch der neu errichtete Gedenkstein für die Opfer der Revolution von 1848/49 auf. Unter den auf dem Gedenkstein aufgeführten Personen befand sich Joseph Kilmarx, dessen Namen Hansjakob von seiner Rastatter Studentenzeit her sehr wohl vertraut war. Kilmarx wurde am 8. Oktober 1849 standrechtlich erschossen und hatte unmittelbar vor seiner Hinrichtung einen Abschiedsbrief an seine Braut abgefaßt. Der Zufall wollte es, daß Hansjakob nur zwei Wochen, nachdem er den Namen von Kilmarx auf dem Gedenkstein gelesen hatte, der erwähnte Abschiedsbrief durch seinen früheren Rastatter Zeichenlehrer Lucian Reich ausgehändigt wurde, als er diesen in seinem Heimatort Hüfingen besuchte.[46]

Abb. 200: *Auf dem ehemaligen Rastatter Friedhof aufgestellter Gedenkstein für Opfer der Revolution von 1848/49. Historische Aufnahme.- Michael Feik, Rastatt*

Abb. 201: *Förch: Schloß Favorite. 1915 gelaufene Postkarte.- Andreas Jachnik, Rastatt*

Zum Abschluß des zweiten "Studententags" besuchte Hansjakob noch verschiedene Orte in der Umgebung von Rastatt - wie Niederbühl, Förch und Kuppenheim - in die er als Schüler einst so häufig gekommen war; und Wehmut ergriff ihn bei diesem Wiedersehen.[47]

Am *30. Mai 1901* trafen sich wieder rund 50 ehemalige "Rastatter" zum *3. Lyzeistentag*, darunter natürlich auch der Organisator der Veranstaltung, Heinrich Hansjakob, sowie - als die beiden ältesten Teilnehmer - der 84jährige Badebesitzer Karl Siegel aus Langenbrücken und der 83jährige Rechtsanwalt Josef Rheinboldt aus Baden-Baden, die das Rastatter Lyzeum in den Jahren von 1828-34 bzw. 1831-39 besucht hatten. Um 11 Uhr dieses letzten Donnerstags im Mai 1901 kamen die früheren "Pennäler" im Rathaussaal zusammen, wo sie von Bürgermeister Bräunig in einer Ansprache begrüßt wurden. Es folgte ein Referat von Pfarrer

Aus Stadt und Umgegend.

Rastatt, den 14. Mai.

*— Zusammenkunft alter Lyceisten und Gymnasisten. In der letztjährigen Versammlung alter Rastatter Studenten wurde beschlossen, daß die Zusammenkunft im lieben Rastatt alljährlich am Donnerstag nach Pfingsten stattfinden solle. Demgemäß wird dieselbe am 30. Mai d. Js. abgehalten und werden hiezu alle ehemaligen Lyceisten und Gymnasisten eingeladen. Um 11 Uhr versammeln sich die „alten Herrn" im neuen Rathaus-Saal und wird Herr Pfarrer Bauer von Lichtenthal einen Vortrag halten aus der Geschichte des Lyceums. Um 1 Uhr Festessen im Gasthaus zur „Krone". Mittags Besuch der z. Z. der Zusammenkunft veranstalteten Gewerbe- und Industrie-Ausstellung in Rastatt. Abends 6 Uhr Konzert in der Ausstellung, gegeben von der Stadt Rastatt zu Ehren der anwesenden Gäste. Anmeldungen zur Teilnahme an der Versammlung nimmt wie seither Herr Fabrikant Gustav Rheinboldt entgegen. Also auf nach Rastatt zu fröhlichem Wiedersehen!

Abb. 202: *Hinweis auf den 3. Lyzeistentag in der "Rastatter Zeitung".- Vgl. auch Kat. Nr. 135.- Stadtarchiv Rastatt*

Bauer aus Lichtenthal über die "Geschichte des Lyceums Rastatt". Um 1 Uhr versammelten sich sämtliche Teilnehmer im Hotel "Krone" zum Festessen, das sich bis 16^{30} Uhr hinzog; eine Abteilung der 30er-Kapelle sorgte für die musikalische Begleitung und Unterhaltung. An das Festmahl schloß sich ein Rundgang durch die Rastatter Industrie-Ausstellung an; und in gemütlichem und lustigem Kreise fand dann der Tag auf dem Ausstellungsgelände einen schönen Ausklang. So war dieses Lyzeistentreffen nach dem Urteil Hansjakobs "durchaus würdig seiner Vorgänger".[48]

Abb. 203: *Das ehemalige Gasthaus "Zur Krone" in Rastatt. Am 28.7.1908 verschickte Postkarte.- Vgl. auch Kat. Nr. 135.- Michael Feik, Rastatt*

Ein *weiterer "Studententag"* fand *am 4. Juni des Jahres 1903* statt. Möglicherweise handelte es sich dabei um die letzte Veranstaltung dieser Art. Auf der Straße von Baden-Oos und Sandweier her kommend näherte sich Hansjakob am Morgen jenes Tages in seinem Wagen der Stadt Rastatt, um an dem Treffen "Ehemaliger" teilzunehmen. Während er noch Jahrzehnte zuvor die Stadt im Hinblick auf ihre äußere Erscheinung als "öde und langweilig" empfunden hatte,[49] sah er nun das Stadtbild in einem weitaus positiveren Lichte: "Je mehr ich mich Rastatt näherte, umsomehr staunte ich, wie sehr die Stadt gewonnen hat durch ihre Entfestigung."[50] Und bereits drei Jahre vorher (1900) war ihm der seiner Meinung nach positive Wandel im Erscheinungsbild der Stadt bei einer Vorbeifahrt aufgefallen: “Es [Rastatt] ist jetzt seiner Festungswerke entkleidet und beeilt sich, nachzuholen, was seine Mauern ihm so lange versagt. Es gleicht einer Dame, die in älteren Jahren endlich hoffähig wird und sich nun alle Mühe giebt, nach der neusten Mode sich zu kleiden.”[51]

Abb. 204: *K. Krieg, Augusta Sibylla. Bei der Publikation handelt es sich wohl um die redigierte Fassung des beim Rastatter Studententag 1903 gehaltenen Vortrags.- Michael Feik, Rastatt*

Als Hansjakob nun auf seinem Weg zum Rathaus, wo der “Studententag” wieder seinen Auftakt nehmen sollte, durch das “Dörfel” fuhr, fand er dort im Vergleich zur schon fünf Jahrzehnte zurückliegenden Schulzeit fast alles unverändert vor. Hansjakob traf gegen 11 Uhr so rechtzeitig im Rastatter Rathaus ein, daß er noch den vom Freiburger Universitätsprofessor Kornelius Krieg gehaltenen Vortrag über die Markgräfin Augusta Sibylla verfolgen konnte. Das Mittagessen der ehemaligen Lyzeumsschüler, bei dem Hansjakob - wie er uns berichtet - unglücklicherweise einen Zahn verlor, wurde dann wieder im Hotel “Krone” eingenommen. Gegen 4 Uhr verließ schließlich Hansjakob in seinem Wagen auf dem Weg über den Bahnhof Rastatt wieder, um nach Durmersheim und von dort aus weiter nach Karlsruhe zu fahren.[52]

Abb. 205: *Der “neue” Rastatter Bahnhof. Historische Aufnahme.- Andreas Jachnik, Rastatt*

GROSSH. GYMNASIUM RASTATT

JAHRHUNDERT-FEIER

1908

H. GREISER, RASTATT.

Abb. 206: *Titelseite des Programms einer Iphigenie-Aufführung aus Anlaß des 100jährigen Jubiläums des Rastatter Gymnasiums.- Hist. Bibl. Rastatt*

Fünf Jahre nach dem zuletzt geschilderten Besuch Hansjakobs in Rastatt feierte das *Grossherzogliche Gymnasium,* wie das Rastatter Lyzeum nunmehr hieß, vom *28.-30. Juli 1908* sein *hundertjähriges Jubiläum.*[53] Aus einem auf den 3. Juli des genannten Jahres datierten Schreiben Hansjakobs an die Schule geht hervor, daß er die Absicht hatte, an den Feierlichkeiten zum Jubiläum teilzunehmen, jedoch wegen einer Krankheit sein Vorhaben nicht in die Tat umsetzen konnte. In dem erwähnten Schreiben drückt Hansjakob sein Bedauern darüber aus, daß er auf sein Kommen verzichten müsse, und fordert die Schule gleichzeitig auf, für die Jubiläumsfeier doch noch etwas mehr Werbung zu machen.[54] Aber auch wenn Hansjakob bei den Feierlichkeiten nicht persönlich anwesend sein konnte - in Gedanken weilte er in jenen Tagen doch bei seiner alten Schule: am 28. Juli sandte er ein Grußtelegramm an die Direktion des Gymnasiums mit den "besten Wünschen und Grüßen für Fest und Festgenossen".[55]

Noch einmal freilich durfte Hansjakob sein "altes, liebes Rastatt"[56] sehen. 1910 führte er ein seit längerem geplantes, aber aus gesundheitlichen Gründen zunächst verschobenes Vorhaben aus: er wollte vor seinem Tod nochmals "alle Stätten... besuchen, über denen [sein] Kinderhimmel gelacht hat, und [sich] an Ort und Stelle wieder... versenken in die glücklichste Zeit des Lebens".[57] Bei der Verwirklichung dieser Reise zu den Stätten seines früheren Glücks schloß Hansjakob auch Rastatt in seine Route mit ein. Zuvor legte er noch Zwischenstationen in Wintersdorf, wo ihm der Zwiebelturm der Kirche besonders gut gefiel,[58] und in Ottersdorf ein. Dort suchte er das Gasthaus "Zum Kreuz" auf, in dem er vor vielen Jahrzehnten als Lyzeumsschüler häufig eingekehrt war; doch Gebäude und Nebenzimmer schienen ihm nun bei weitem nicht mehr so groß zu sein wie einst.[59] Und auch als er anschließend von Ottersdorf in Richtung Rastatt fuhr, kam ihm der zwischen den beiden Orten gelegene Wald im Vergleich zu seiner Studienzeit viel kleiner vor. Dagegen weckte das dortige Altwasser mit seinen Seerosen "süße Erinnerungen an längst vergangene Tage".[60]

In *Rastatt* machte Hansjakob zuerst Halt bei der Gattin des Bürgermeisters Bräunig, um sich bei ihr für das angebotene, aber nicht in Anspruch genommene Quartier zu bedanken. Doch bald verabschiedete er sich wieder, weil er noch Orte und Gebäude aufsuchen wollte, mit denen sich für ihn Erinnerungen an seine früheren Rastatter Schuljahre verbanden[61] - Erinnerungen an traurige, aber noch mehr an glückliche Zeiten.[62]

So fuhr Hansjakob durch das "Dörfel", vorbei an der ehemaligen Brauerei Siebert, wo er einst als Quartaner häufig verbotenerweise Bier getrunken hatte, über die Badener Brücke auf der Kapellenstraße zur Einsiedler-Kapelle. Von ihren Treppen stieg er wieder hinab und begab sich zu dem kleinen Häuschen am Rohrersteg, in dem er in den ersten Rastatter Schuljahren eine Wohnung beim Schuhmachermeister Braun gefunden hatte. Und auch den anderen vier Quartieren seiner Jahrzehnte zurückliegenden Schulzeit stattete er einen kurzen Besuch ab: dem Haus in der Herrenstraße, das früher dem Kürschnermeister Pfeifer gehörte, der einstigen Wohnung in der Rappengasse beim Metzger Birkle, dem "Haus Hanemann", in welchem nun der Buchladen des neuen Besitzers Kronenwerth untergebracht war, und schließlich auch der "Studentenkaserne" am Gewerbeplatz; dort wohnte jetzt in seinem früheren Zimmer eine Arbeiterfamilie.[63]

Abb. 207: *Rastatt: Einsiedler Kapelle. Historische Postkarte.- Andreas Jachnik, Rastatt*

Von der "Studentenkaserne" fuhr Hansjakob weiter zur Bernharduskirche, deren Einsamkeit er schon als Schüler häufig gesucht hatte.[64] Hinüber ging er dann zum Lyzeum, das jetzt Gymnasium genannt wurde; seine Räumlichkeiten lagen nun zur Mittagszeit still da. "Unbeschrieen durchwanderte ich die Hallen, in denen ich vor fünfzig und mehr Jahren die klassische Bildung geholt und in denen ich manch trübe, aber auch viele schöne Stunden verlebt habe und gedachte in stiller Wehmut jener längst entschwundenen Zeit, der längst toten Lehrer und der allermeist aus dem Leben geschiedenen Studiengenossen."[65]

Hansjakob verließ das Gymnasiumsgebäude, warf noch einen "innigen Blick" auf die Schloßkirche, in der "zahllose Gesangsleistungen [Hansjakobs] begraben" lagen, grüßte noch einmal die beiden alten Lindenbäume vor seiner einstigen Schule und schritt dann hinüber zum Schloß und Schloßplatz, wo jetzt "keine lebendige Seele" zu sehen war, während er ihn von früheren Tagen her noch voller Menschen in Erinnerung hatte.[66]

Abb. 208: *Innen- und Außenansicht der Rastatter Schloßkirche auf zwei historischen Postkarten. Auf dem unteren Foto ist rechts einer der beiden Lindenbäume des Gymnasiums zu erkennen.- Michael Feik und Andreas Jachnik, Rastatt*

Abb. 209: *Das Rastatter Schloß. 1918 gelaufene Postkarte.- Andreas Jachnik, Rastatt*

Bei diesen Begegnungen mit den Stätten seiner Schulzeit fand Hansjakob noch vieles unverändert vor - und doch war jetzt alles ganz anders: die Menschen, die er einst gekannt hatte und die ehemals hier lebten, waren tot.[67] Und wo immer Hansjakob einen Platz seiner Jugend aufsuchte, stiegen aus seiner Seele Bilder längst vergangener Tage empor - Bilder indessen, über denen stets ein langer und dunkler Schatten von Trauer und Wehmut lag: konfrontierten sie ihn doch mit der Vergänglichkeit des menschlichen Lebens und riefen ihm schmerzlich und unbarmherzig ins Bewußtsein, daß er nun ein anderer war, daß sich der unbekümmerte und lebensfrohe Schüler von einst in einen pessimistischen, vom Leben enttäuschten alten Mann verwandelt hatte.[68] Und "nicht ohne wehmutsvollen Neid" betrachtete er deshalb seinen früheren Klassenkameraden Heinrich Hirschmann, den er von all den vielen Bekannten aus seiner Rastatter Schulzeit als einzigen noch lebend antraf: "Die Zufriedenheit und die Behaglichkeit schauten aus allen Zügen des Hühneraugen-Mannes und einstigen Rasierers, Heinrich Hirschmann. Doch so spann es ihm die Parze, die gleiche Klotho, welche mir ein Nessushemd in die Wiege gelegt hat, und dieses Hemd heißt Pessimismus, Weltschmerz und Lebensüberdruß."[69]

Vor dem Schloßplatz wartete gegen 1 Uhr mittags bereits der Kutscher auf Hansjakob, um ihn zum Hotel "Kreuz" zu bringen, wo er sich in einem separaten Raum das Mittagessen servieren ließ.[70] Vom Fenster des Zimmers aus konnte Hansjakob auf die Kaiserstraße hinabblicken - und wiederum überkam ihn ein Gefühl der Melancholie: "... nirgends sah ich mehr einen Firmenschild aus meiner Lyzeistenzeit. Nicht bloß die Menschen sind fort aus jener Zeit, auch die Betriebe derselben haben gewechselt. Ein halbes Jahrhundert ist eben ein großes Stück selbst im Leben einer Stadt."[71]

Abb. 210: *Inserat des Hotels "Zum goldenen Kreuz" im Rastatter Adressbuch von 1900.- Stadtarchiv Rastatt*

Abb. 211: *Teilansicht der Rastatter Kaiserstraße mit dem ehemaligen Hotel "Kreuz" (= höheres Gebäude in der Mitte). 1906 gelaufene Postkarte.- Andreas Jachnik, Rastatt*

Abb. 212: *Historische Aufnahme des Kehler Tors in Rastatt.- Andreas Jachnik, Rastatt*

Nach dem Mittagessen und der Mittagsruhe erhielt Hansjakob Besuch vom Bürgermeister Bräunig, der ihm bei seiner Abfahrt von Rastatt das Geleit geben wollte. Bräunig zeigte ihm noch das neu errichtete Mädchenwaisenhaus am Leopoldsring,[72] und dann war für Hansjakob endgültig die Stunde der Trennung von der ihm so lieben Stadt seiner Schulzeit gekommen: "Durchs 'Kehler Tor', vorbei an der ehemaligen Kromerschen Brauerei, in der mir viele Stunden gambrinischer Lust begraben liegen, ging's zur lieben, alten Musenstadt hinaus - für immer. Ich rief ihr, die, von der Abendsonne verklärt, nun meine Abschiedsblicke bekam, die Worte zu, welche Kaiser Max der Stadt Augsburg zurief, als er, der greise Kaiser, am 6. Oktober 1518, aus der alten Reichsstadt fortgeritten war: 'Nun behüt dich Gott, du liebe Stadt! Wohl haben wir manchen frohen Mut in dir gehabt. Nun werden wir dich nimmer sehen'."[73] Und tatsächlich dürfte dies *Hansjakobs letzter Abschied von Rastatt* gewesen sein - ein Abschied voller Wehmut und Traurigkeit.[74]

In welchem Verhältnis steht Hansjakob nun also - um ein abschließendes Resümee zu ziehen - *zu Rastatt? Welche Bedeutung hatte die Stadt für ihn und für sein Leben?* Zuvorderst und zuerst ist *Rastatt* natürlich diejenige *Stadt*, in der Hansjakob ein wesentlicher Teil *seiner Bildung* vermittelt wurde. Dies gilt selbstverständlich nicht zuletzt im Hinblick auf Hansjakobs Begegnungen mit dem Rastatter Lyzeum, seinen Lehrern sowie den Mitschülern; diese Aussage trifft aber genauso und vielleicht sogar noch mehr auf Hansjakobs vielfältige soziale Kontakte außerhalb des Lyzeums zu: sie wurden für ihn zu einer "Schule des Lebens" und sind gewiß nicht ohne Einfluß auf die Entwicklung seiner Persönlichkeit geblieben. So hat die Schulzeit in Rastatt Hansjakobs späteren Werdegang maßgeblich mitbestimmt und ein wichtiges Fundament für das künftige Leben gesetzt.

Daneben wurde *Rastatt für Hansjakob* jedoch ebenso zur *Stadt einer* - insgesamt betrachtet - *schönen und glücklichen Jugendzeit.* Gewiß mußte er während seiner Rastatter Schuljahre auch manche traurigen Tage erleben. "Wenn ich heute noch zurückdenke", schreibt Hansjakob in seinem Rückblick auf die Studienzeit, "an jene dunkeln Wintermorgen, da die Magd im Hause des Schuhmachers Braun am Rohrersteg in Rastatt die kalte Stube kehrte, während ich frierend bei einem Talglicht am kaum geheizten Ofen saß und Grammatik auswendig lernte und nebenbei weinte vor Heimweh nach dem Vaterhaus - so geht mir das Wehgefühl jetzt noch scharf durch die Seele, und ich fühle tiefes Mitleid mit dem armen Studentlein von anno 1852."[75]

Abb. 213: *Heinrich Hansjakob als Lyzeumsschüler i. J. 1856.- Vgl. Kat. Nr. 123a.- Stadtarchiv Rastatt*

Doch aufs ganze gesehen durfte Hansjakob in Rastatt als Lyzeumsschüler weitaus mehr fröhliche als traurige Tage verbringen.[76] Zwar war die Kindheit und damit zugleich auch sein "Kinderhimmel"[77] damals bereits vorüber, doch "In der Studienzeit schaut die Sonne des Kinderhimmels denn doch noch bisweilen siegreich aus dunkeln Wolken und lächelt über die Torheiten 'der Flegeljahre' ".[78]

So war(en) für Hansjakob in der Rückschau und im Vergleich mit den Erfahrungen späterer Jahrzehnte die Studienzeit - und damit vor allem auch die Rastatter Schuljahre - nach seinen Kindheitstagen, die für ihn das "irdische Paradies" darstellten,[79] die zweitschönste Zeit seines Lebens.[80]

Abb. 214: *Das Gymnasium von Rastatt. 1908 verschickte Postkarte.- Vgl. Kat. Nr. 137c.- Andreas Jachnik, Rastatt. Aufnahme: H. Heid*

Gerade deshalb aber wird *Rastatt* in Hansjakobs späteren Lebensjahren - und je älter er wird, desto mehr - zur *Stadt seines verlorenen Glücks*. Nicht ohne Grund macht er im Zusammenhang mit der in "Allerseelentage" beschriebenen Reise zu den Stätten der "glücklichsten Zeit des Lebens" auch Halt in Rastatt. Nicht zufällig war gerade Hansjakob der Initiator und Organisator der Rastatter Lyzeistentage. Und kein Zufall ist es schließlich, daß er in den beiden letzten Jahrzehnten seines Lebens immer wieder den Weg nach Rastatt sucht. In der Begegnung mit Rastatt will Hansjakob Erinnerungen an einstige bessere Zeiten heraufbeschwören und auf diese Weise den als leidvoll sowie als Belastung empfundenen Erfahrungen des späteren Lebens entrinnen. Die Besuche in Rastatt werden so bestimmt von der Sehnsucht nach dem Glück längst vergangener Tage der Lyzeistenzeit. Der Weg zu den Stätten seiner einstigen Jugendfreuden ist deshalb immer gleichzeitig ein Rückzug aus dem als mühselig erfahrenen Heute.

Doch letztlich hält die Gegenwart Hansjakob mit eisernem Griff fest. Er mag zwar beim Wiedersehen mit den Orten seiner Schulzeit und bei den Treffen ehemaliger "Rastatter" für einige Stunden seinen Weltschmerz und Pessimismus verdrängen und vergessen;[81] doch überwinden kann er sie in der Flucht in eine glücklichere Vergangenheit nicht - im Gegenteil: vor dem Hintergrund der Erinnerungen an längst verflossene schönere Tage wird die Gegenwart am Ende nur noch als umso leidvoller erlebt. So bleibt denn auch beim letzten Abschied Hansjakobs von Rastatt nichts als Wehmut, Trauer und Resignation: "Ich hab 'manch frohen Mut' in der Stadt an der Murg gehabt, die sich mir heute zum Abschied so schön präsentierte, wie noch nie, als wollte sie jene Zeit des frohen Mutes in mir nochmals aufleuchten lassen.

Ja, jener Mut ist längst dahin und einem bittern Unmut gewichen. Wie frohen Mutes habe ich vor 51 Jahren Rastatt nach vollendeter Lyzeumszeit verlassen und bin in die Welt gefahren als hoffnungsvoller Jüngling, und wie ist mir heute als Greis die Welt 'vergällt'. Heute ist in zahllosen Stunden meine einzige Freude die Hoffnung, daß der Vorhang vor diesem Welttheater, auf dem wir Lustspiele suchen und Trauerspiele finden, bald ganz fällt und des grausen Spieles ein Ende ist."[82]

ANMERKUNGEN

1 Heinrich Hansjakob, Aus meiner Studienzeit. Erinnerungen, 6. Aufl., Stuttgart: Bonz, 1913, S. 89f.

2 a.a.O., S. 92-95.

3 Max Weber, Das Leben eines Gymnasiasten vor 100 Jahren. Heinrich Hansjakobs Lyzeumszeit. In: Humanitas. 150 Jahre Ludwig-Wilhelm-Gymnasium Rastatt, Rastatt 1958, S. 212-224.

4 Das Häuschen am Rohrersteg, in dem Hansjakob beim Schuhmachermeister Braun die erste Wohnung während seiner Rastatter Lyzeumszeit fand, ist inzwischen verschwunden. Dort, wo es einst stand, befindet sich heute die Badner Halle. Die im folgenden genannten weiteren vier Wohnungen Hansjakobs in Rastatt bis zum Ende seiner Schulzeit: früher im Haus Werderstraße 1 (neben dem ehemaligen "Frankeneck"; inzwischen ist das Haus abgebrochen), Herrenstraße 12 (neben der früheren Hofapotheke; heute: Club-Center), Rappenstraße 10 (jetzt: Schorpp und Senger) und Kaiserstraße 21 (heute: Buchhandlung Kirchhoff). Stadtarchivar Wolfgang Reiß danke ich für entsprechende Informationen. Vgl. auch Max Weber, a.a.O., Anm. 4, S. 213.

5 Gemeint ist hier der Vater von Heinrich Hansjakob, der Bäcker und Gastwirt Philipp Hansjakob. Den Spitznamen "Eselsbeck" trug jedoch eigentlich der Großvater, Philipp Jacob Hansjakob, weil vor seinem Haslacher Haus stets Esel angebunden standen.

6 Hansjakob, Aus meiner Studienzeit, 6. Aufl., S. 196.

7 Vgl. Friedrich Schlager, Das badische Nationalspiel "Zego". In: Beiträge zur Sprachwissenschaft u. Volkskunde. Festschrift für E. Ochs, Lahr 1951.

8 Hansjakob, Aus meiner Studienzeit, 6. Aufl., S. 216; vgl. auch S. 198.

9 a.a.O., S. 213.

10 a.a.O., S. 286.

11 a.a.O., S. 172.

12 Das Erzbischöfliche Konvikt existiert inzwischen nicht mehr. In dem früheren Konviktsgebäude befindet sich heute das Diözesanbildungshaus "St.Bernhard".

13 Hansjakob, Aus meiner Studienzeit, 6. Aufl., S. 188f.

14 Mit einem "Tertianer" ist hier nach der heute gängigen Zählung ein Schüler der 8. oder 9. Klasse gemeint. Zur Klassenzählung, die während Hansjakobs Lyzeumszeit üblich war, vgl. Text S. 305 sowie Anm. 12 des einführenden Aufsatzes "Heinrich Hansjakob und die Bibliothek des Rastatter Lyzeums", Katalog S. 468.

15 Die Tatsache, daß der Erstchargierte der Rastatter "Markomannia", Beckert, Hansjakob seine Stulpen und Waffen übergab, belegt, daß dieser zu der genannten Schülerverbindung in einer engeren Beziehung stand. Ein offizielles Mitglied der "Markomannia" war Hansjakob indessen wohl kaum - jedenfalls macht er nirgendwo in seinen Erinnerungen "Aus meiner Studienzeit" eine diesbezügliche Aussage, während er sich sonst nicht scheut, von der Mitgliedschaft anderer Personen bei dieser Verbindung zu berichten.

Für eine Mitgliedschaft Hansjakobs bei der Schülerverbindung "Teutonia" oder auch nur für ein engeres Verhältnis zu ihr gibt es bislang keine konkreten Belege.

(Zum Verhältnis Hansjakobs zur "Markomannia" vgl. Elmar Borocco, Geschichte der P.V. Markomannia in Rastatt. In: Hundertfünfzig Jahre Rastatter Pennäler-Verbindung Markomannia, Festschrift, Rastatt 1974, S. 47).

16 Hansjakob, Aus meiner Studienzeit, 6. Aufl., S. 219.

17 a.a.O., S. 292.

18 a.a.O., S. 141.

19 a.a.O., S. 153.

20 a.a.O., S. 266. Zur religiösen Praxis Hansjakobs während seiner Schulzeit vgl. auch S. 263-269.

21 a.a.O., S. 173f.

22 a.a.O., S. 141.

23 a.a.O., S. 142.

24 a.a.O., S. 143.

25 a.a.O., S. 261f.

26 a.a.O., S. 209f.

27 a.a.O., S. 287f.

28 a.a.O., S. 308.

29 a.a.O., S. 207.

30 a.a.O., S. 316.

31 Großh. Lyceum zu Rastatt. Einladung zu den am 16., 17., 18. und 19. August 1859... statt findenden öffentlichen Prüfungen..., Rastatt: Mayer, 1859, S. 5.

32 Heinrich Hansjakob, Auf der Festung. Erinnerungen eines badischen Staatsgefangenen, 5. Aufl., Ohlau: Leichter, o.J., S. 6.

33 Vgl. Anm. 32.

34 Hansjakob, Auf der Festung, 5. Aufl., S. 6.

35 a.a.O., S. 5.

36 a.a.O., S. 8.

37 a.a.O., S. 55.

38 a.a.O., S. 62.

39 a.a.O.

40 Hansjakob, Aus meiner Studienzeit, 6. Aufl., S. 207.

41 a.a.O., S. 320f.

42 a.a.O., S. 171.

43 Heinrich Hansjakob, Letzte Fahrten. Erinnerungen, 4. Aufl., Stuttgart: Bonz, 1902, S. 9; vgl. auch B. Bauer, Geschichte des Lyceums Rastatt. Vortrag auf dem Rastatter Studententag 1901, Baden-Baden 1901, S. 6.

44 Heinrich Hansjakob, Letzte Fahrten, 4. Aufl., S. 9. - Zur Datierung des ersten Lyzeistentreffens vgl. a.a.O., S. 8f. sowie Max Weber, a.a.O., S. 224.

45 Hansjakob, Letzte Fahrten, 4. Aufl., S. 9.

46 Heinrich Hansjakob, Verlassene Wege. Tagebuchblätter, 4. Aufl., Stuttgart: Bonz, 1905, S. 116-122. - Ein weiterer Abschiedsbrief von Josef Kilmarx, den er in der Frühe des 8. Oktober 1849, also kurz vor seiner Exekution, an seine Eltern und Geschwister richtete, befindet sich heute unter den Beständen des Rastatter Stadtarchivs. Zu den beiden Kilmarx-Briefen vgl. Klaus Ziegler, Josef Kilmarx - ein junger Freiheitskämpfer aus Rastatt. In: Landkreis Rastatt. Heimatbuch 1/74, Rastatt 1974, S. 130-133.

47 Hansjakob, Letzte Fahrten, 4. Aufl., S. 10.

48 a.a.O., S. 11; vgl. auch S. 12-14 u. vor allem B. Bauer, Geschichte des Lyceums Rastatt..., S. 3-5.

49 Hansjakob, Auf der Festung, 5. Aufl., S. 7.

50 Heinrich Hansjakob, Sommerfahrten. Tagebuchblätter, 3. Aufl., Stuttgart: Bonz, 1904, S. 72.

51 Hansjakob, Letzte Fahrten, 4. Aufl., S. 8.

52 Hansjakob, Sommerfahrten, 3. Aufl., S. 73-77 u. 82-84. - 1907 erschien bei L. Kaiser in Karlsruhe eine von Prof. Kornelius Krieg verfaßte Broschüre unter dem Titel "Markgräfin Augusta Sibylla von Baden, eine verkannte Fürstin". Vermutlich handelt es sich hier um die redigierte Fassung eben jenes Vortrags, den Prof. Krieg 1903 anläßlich des in Rastatt durchgeführten Lyzeistentags gehalten hatte. Kornelius Krieg (1838-1911) hatte übrigens 1861 am Rastatter Lyzeum sein Abitur abgelegt, also zwei Jahre nach Hansjakob. - Auf der erwähnten Zwischenstation in Durmersheim traf Hansjakob den Uhrmacher Späth aus Steinmauern. Hansjakob berichtet in seinen "Sommerfahrten" u.a. auch über die von Späth entwickelte astronomische Uhr, die sich heute im Besitz des Stadtmuseums von Rastatt befindet.

53 Vgl. Grossherzogl. Ludwig-Wilhelm-Gymnasium Rastatt. Jahresbericht für das Schuljahr 1908-1909..., Rastatt: Greiser, 1909, S. 3-12.

54 Heinrich Hansjakob, Schreiben an die "Verehrliche Direktion des Gymnasiums [Rastatt]", datiert auf den 3. Juli 1908; Absendeort: Freiburg i.Br.; auf dem Briefkopf: "Kath. Pfarramt St. Martin". Akten des Ludwig-Wilhelm-Gymnasiums Rastatt(= AdLWG; in der Verwaltung des Stadtarchivs Rastatt), o.Sign.

55 Heinrich Hansjakob, Telegramm aus Freiburg i.Br. vom 28.7.1908; an die Direktion des Gymnasiums Rastatt; aufgenommen um 9.35 Uhr; Telegraphie des Deutschen Reichs, Amt Rastatt. AdLWG, o.Sign.

56 Hansjakob, Letzte Fahrten, 4. Aufl., S. 8.

57 Heinrich Hansjakob, Allerseelentage, 3. Aufl., Stuttgart: Bonz, 1912, S. 13.

58 a.a.O., S. 391.

59 a.a.O., S. 391f.

60 a.a.O., S. 396f.

61 a.a.O., S. 403, 407, 442.

62 a.a.O., S. 399, 430, 436f.

63 a.a.O., S. 430f.; zu Hansjakobs Wohnungen während seiner Rastatter Lyzeumszeit vgl. auch Anm. 4.

64 a.a.O., S. 433f.

65 a.a.O., S. 436f.

66 a.a.O., S. 437f., 440.

67 a.a.O., S. 412f., 415f., 417, 418f., 422, 429f., 434f., 437f., 440.

68 a.a.O., S. 412, 414, 416-418, 420-423, 426-428, 430-432, 434f., 437, 441, 444.

69 a.a.O., S. 426.

70 a.a.O., S. 440f.

71 a.a.O., S. 441.

72 a.a.O., S. 441f.

73 a.a.O., S. 443.

74 Als hilfreiche Materialsammlung wurde der obigen Darstellung ein Aufsatz bzw. eine Zusammenstellung entsprechender Fundorte im umfangreichen Gesamtwerk Hansjakobs von Heinz Bischof zugrunde gelegt: Heinz Bischof, Heinrich Hansjakob. Begegnungen mit Rastatt. Veröffentlicht in Verbindung mit einem Wiederabdruck der 2. Auflage von Heinrich Hansjakobs "Auf der Festung" als Weihnachtsgabe der Stadt Rastatt im Jahre 1979.

75 Hansjakob, Aus meiner Studienzeit, 6. Aufl., S. 514.

76 Hansjakob, Allerseelentage, 3. Aufl., S. 399.

77 Heinrich Hansjakob, Aus meiner Jugendzeit. Erinnerungen, 7. Aufl., Ohlau: Leichter, 1906, S. 276, 284; Aus meiner Studienzeit, 6. Aufl., S. 514f.

78 Hansjakob, Aus meiner Studienzeit, 6. Aufl., S. 515.

79 Hansjakob, Aus meiner Jugendzeit, 7. Aufl., S. 1, 276f.

80 Hansjakob, Aus meiner Studienzeit, 6. Aufl., S. 514f.; vgl. auch S. 236: "... wenn ich offen sein will, ... so muß auch ich sagen, daß die zwei Jahre der Sexta nächst der Zeit 'beim Kaplan' die glücklichsten meiner ganzen Studienzeit gewesen sind."

81 Vgl. etwa Hansjakob, Letzte Fahrten, 4. Aufl., S. 9.

82 Hansjakob, Allerseelentage, 3. Aufl., S. 444.

120 Heinrich Hansjakob, Aus meiner Studienzeit. Erinnerungen, ill. v. Curt Liebich, 6. Aufl., Stuttgart: Bonz, 1913.
(Hist. Bibl. Rastatt: Inv. Nr. 92/86) Abb. 215

Hansjakobs Erinnerungen "Aus meiner Studienzeit" stellen neben verschiedenen Archivalien eine wichtige Quelle für seine Schuljahre in Rastatt dar. In diesem Buch berichtet Hansjakob ausführlich und detailliert über sein Leben innerhalb und außerhalb der Schule während der Zeit, die er bis zu seinem Abitur in Rastatt verbrachte. Im Anschluß an die Beschreibung der Rastatter Lyzeumsjahre schildert der Autor dann auch die Studienzeit in Freiburg, seinen Aufenthalt im Priesterseminar von St. Peter und berichtet schließlich noch über das philologische Staatsexamen, das er im November 1863 in Karlsruhe ablegte.

Abb. 215: *Heinrich Hansjakob, Aus meiner Studienzeit. Schutzumschlag der im Bonz-Verlag erschienenen 6. Aufl. von 1913 mit einer Darstellung des Rastatter Lyzeums.- Vgl. Kat. Nr. 120*

121 **Der alte Bahnhof von Rastatt.** Historische Fotografie; Größe: 11,6cm x 16,7cm.
(Michael Feik, Rastatt) Abb. s. unten

Als Heinrich Hansjakob am 30. September 1852 mit seiner Mutter, vom Heimatort Haslach her kommend, in Rastatt eintraf, um sich tags darauf der Aufnahmeprüfung am Lyzeum zu unterziehen, war die erste Station der beiden Reisenden der frühere Bahnhof. Dort wurden sie vom Schuhmachermeister Braun begrüßt, bei dem der junge Hansjakob eine Wohnung finden sollte (Studienzeit, 6. Aufl., S. 89). Später sah Hansjakob den alten Rastatter Bahnhof noch des öfteren, so etwa am 4. Oktober 1856, als den Schülern des Lyzeums die Aufgabe zugedacht war, den Großherzog Friedrich und seine Frau Luise zu begrüßen; der damalige Oberquintaner Hansjakob zog es jedoch vor, zusammen mit dem Obersextaner Beckert in der Eisenbahnrestauration "einen Schoppen" zu trinken, während draußen der Zug des großherzoglichen Paares in den Bahnhof einfuhr (Studienzeit, S. 206f.).

Abb. 216: *Der alte Bahnhof von Rastatt.- Vgl. Kat. Nr. 121.- Michael Feik, Rastatt*

Die Funktion des alten Bahnhofs, der im heutigen Industriegebiet lag, übernahm später ein neues Gebäude (der jetzige Bahnhof), das an anderer Stelle errichtet wurde, als die ehemalige Festungsstadt Rastatt eine Anbindung an eine neue Bahnlinie erfuhr. Diese neue Bahnlinie wurde am 1. Mai 1895 eingeweiht (vgl. C.F. Lederle, Rastatt und seine Umgebung, Rastatt 1902, S. 120f.).

122 **Rastatt um 1850.** Kolorierte Lithografie nach Zeichnungen von Stumpf; Druck: Creuzbauer, Karlsruhe; Verlag: A. Jung, Rastatt; Maße: ca. 30cm x 42cm.
(Stadtarchiv Rastatt: K-1018)

So, wie Rastatt und sein Lyzeum auf der hier gezeigten Lithografie dargestellt sind, erlebte Hansjakob die Stadt mit ihrer Schule während der sieben Jahre, in denen er in ihren Mauern als Schüler weilte.

123 **Rastatter Lyzeumsschüler von 1852-1859**

123 a **Heinrich Hansjakob als Lyzeumsschüler i. J. 1856.** Reproduktion eines Schattenrisses; Größe: ca. 16,5cm x 9,5cm.
(Stadtarchiv Rastatt: o.Sign.) Abb. 213

123 b **Receptionsliste** [des Rastatter Lyzeums] für das Schuljahr **1852/53.**
(Akten des Ludwig-Wilhelm-Gymnasiums Rastatt = AdLWG, Rubrik: Studien/Schüler. Aufnahmelisten 1851-1863; in der Verwaltung des Stadtarchivs Rastatt) Abb. 217

123 c Großherzogliches **Lyceum zu Rastatt. Einladung zu den** am 16., 17., 18. und 19. August **1859... Statt findenden öffentlichen Prüfungen...** Rastatt: Mayer, 1859.
(Hist. Bibl. Rastatt: Schulprogramme, Rastatt) Abb. 218

Am 1. Oktober 1852 legte Hansjakob die Aufnahmeprüfung am Rastatter Lyzeum ab; sie bestand in einer lateinischen Übersetzung. Hansjakob brachte dieses Eingangsexamen erfolgreich hinter sich, so daß die Mutter, die ihn auf der Fahrt nach Rastatt begleitet hatte, wieder beruhigt nach Haslach zurückkehren konnte. Für Hansjakob aber "begann am andern Morgen das Tagewerk eines Unterquartaners am Lyzeum zu Rastatt" (Studienzeit, S. 95).

In der "Receptionsliste" (also dem Aufnahmeverzeichnis der Schüler) der Rastatter Schule für das Schuljahr 1852/53 ist der Name von Heinrich Hansjakob unter der Nummer 41 aufgeführt. Des weiteren sind auf der Liste auch noch Hansjakobs Geburtsort ("Haslach"), sein Geburtsdatum sowie Name, Beruf und Wohnort des Vaters ("Philipp, Bäcker, Haslach") angegeben; außerdem folgt der Hinweis, daß Hansjakob in die Unterquarta ("nach IV. inf.") aufgenommen sei. Der aufmerksame Leser wird feststellen, daß das Geburtsdatum von Hansjakob auf der Liste nicht richtig wiedergeben ist; Hansjakob wurde am 19. August 1837 geboren; deshalb müßte auf der Liste in der dritten Rubrik stehen: "37. Aug. 19."; das Geburtsdatum wird dort jedoch fälschlicherweise um zwei Jahre vordatiert.

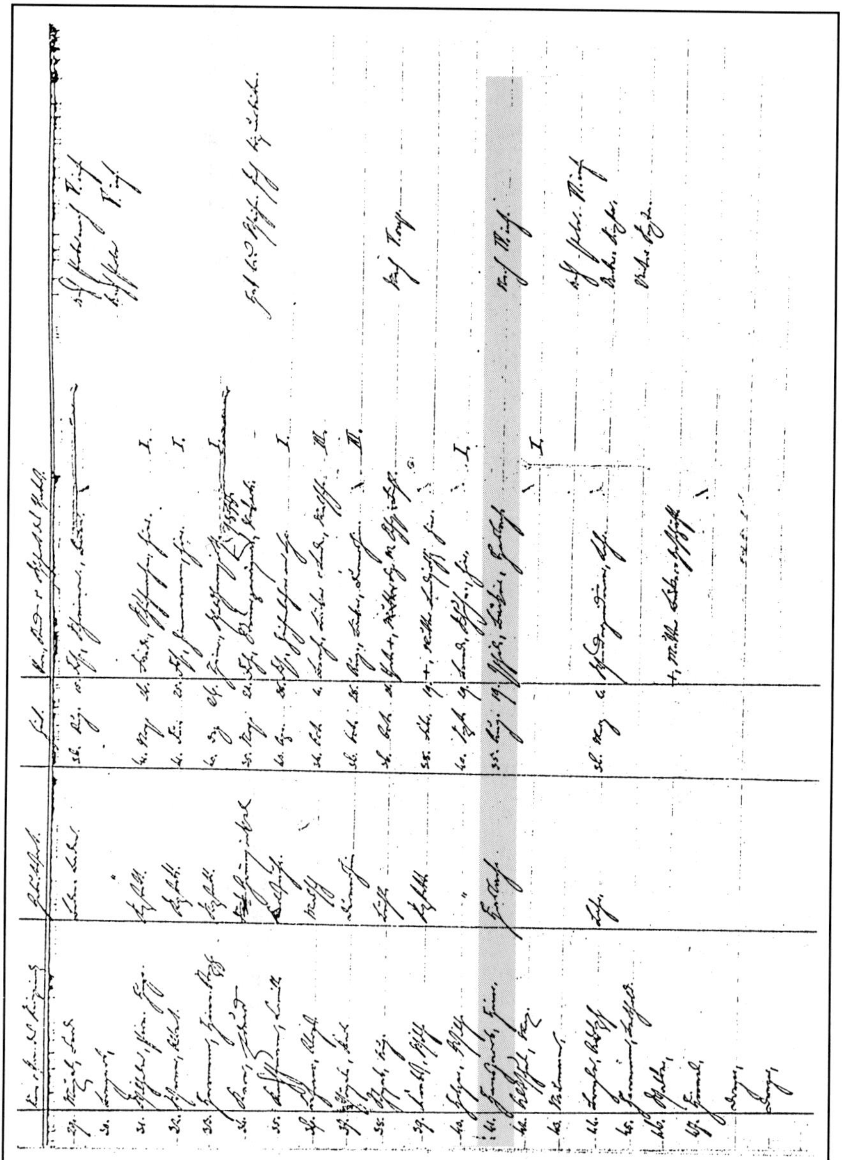

Abb. 217: *Rezeptionsliste (Aufnahmeverzeichnis) des Rastatter Lyzeums für das Schuljahr 1852/53.- Vgl. Kat. Nr. 123b.- AdLWG*

Unter-Quinta.

* Ammann, Karl, aus Walburg.
Fritz, Karl, aus Neuweier.
Himmel, Franz, aus Rastatt.
Reinfried, Karl, aus Bühl.
Warth, Herm., aus Oberbiederbach.
v. Weiler, Arthur, aus Bruchsal.
Wilhelm, Pirmin,
Zeitvogel, Franz, aus Rastatt.
Chance, William, aus Edgebaston (Gast).

9

Ober-Quinta.

Armbruster, Otto, aus Rastatt.
Burg, Karl, aus Oberkirch.
Hauenstein, Karl, aus Schwarzach.
Karch, Heinr., aus Lamprecht.
Krieg, Cornel, aus Weißenbach.
* Miltner, Karl, aus Balzhofen.
Schwan, Karl, aus Gengenbach.

7

Unter-Sexta.

Billmaier, Karl, aus Gamshurst.
Braunstein, Karl, aus Bruchsal.
Eisen, Leopold, aus Kappel-Windeck.
Faulhaber, Eduard, aus Neibsheim.
Fischer, Wilh., aus Rastatt.
Heilig, Sebastian, aus Hundheim.
Koch, Max, aus Baden.
* Lederle, Joseph, aus Freiburg.
Leibbrand, Phil. Aug., aus Pforzheim.
Mäder, Felician, aus Wöschbach.
* Metzger, Max, aus Waldshut.
Nöltner, Lorenz, aus Ulm.
Rexter, Franz Anton, aus Achern.
Ries, Theodor, aus Neudenau.
Schwartz, Adolph, aus Rastatt.
Thiergärtner, Karl, aus Baden.
† Ullrich, Franz, aus Rastatt.
Wenzel, Franz, aus Dittwar.
Westermann, Albert, aus Kislau.
Wilhelm, Emil, aus Rastatt.

20

Ober-Sexta.

Abetz, Karl, aus Rastatt.
Böser, Ambros, aus Forst.
Bundschuh, Michael, aus Gerolzahn.
Hansjacob, Heinrich, aus Haslach.
Horg, Wilh., aus Umkirch.
Huhn, Andreas,
Klehe, Ludwig, aus Rastatt.
Kuhn, Emil, aus Weiher.
Kurz, Albert, aus Rastatt.
Kusel, Jakob, aus Bruchsal.
Lefranc, Aloys, aus Malsch.
Schell, Johannes, aus Bruchsal.
Schmitt, Joseph, aus Wiesloch.
Stang, Michael, aus Tauberbischofsheim.
Suidter, Karl Otto, aus Rastatt.

15

Abb. 218: *Auszug aus dem Schülerverzeichnis im Jahresprogramm des Rastatter Lyzeums für das Schuljahr 1858/59.- Vgl. Kat. Nr. 123c. - Hist. Bibl. Rastatt*

Nach dem Schuljahr 1852/53 mußte Hansjakob in der Unterquarta nochmals repetieren. Da er dann bis zum Abitur noch fünf weitere Schuljahre zu absolvieren hatte (Oberquarta, Unter- und Oberquinta sowie Unter- und Obersexta), besuchte er das Rastatter Lyzeum bis zum Sommer 1859. Im August des zuletzt genannten Jahres legte er sein Abitur ab. Entsprechend finden wir dann Hansjakob im Schülerverzeichnis des Rastatter Schuljahresprogramms von 1858/59 unter den Schülern der höchsten Klasse, also der Obersexta.

Im Rückblick auf seine Rastatter Schulzeit schreibt Hansjakob mehr als fünf Jahrzehnte später über den Unterricht am Lyzeum, er habe dort zwar "manch trübe, aber auch viele schöne Stunden verlebt" (Allerseelentage, 3. Aufl. 1912, S. 436f.). Und über die Schuljahre in Rastatt insgesamt fällt er ein noch positiveres Urteil, wenn er feststellt, daß er in der Festungsstadt, die "Kinderzeit abgerechnet, die sorgenlosesten und wildlustigsten Tage [seines] Lebens zugebracht" habe (Studienzeit, 6. Aufl., S. 319).

124 Lehrer Hansjakobs

124 a Direktor Johannes Schrauth

124 a 1 Schreiben des Großherzoglichen Katholischen Ober-Kirchenraths vom 12. April 1851 an den Verwaltungsrath für den Lyceumsfond Rastatt. N°9400.
(AdLWG: Verwaltungsrath für den Lyceumsfond zu Rastatt, Rubrik: Diener & Dienste, Schrauth; in der Verwaltung des Stadtarchivs Rastatt) Abb. 219

124 a 2 Direktor Schrauth. Zeichnung von Curt Liebich, in: Heinrich Hansjakob, Aus meiner Studienzeit, 6. Aufl. 1913, S. 397.
(Hist. Bibl. Rastatt: Inv. Nr. 89/77) Abb. 192

Das Schreiben des Großh. Oberkirchenrats vom 12. April 1851 enthält u.a. die Information, daß der ehemalige Rektor des Progymnasiums von Neuß (Rheinland), Johannes Schrauth, mit einem jährlichen Gehalte von 1800 Gulden sowie unter Gewährung einer einmaligen Reisekostenerstattung von 175 Gulden am 26. September 1850 vom Großherzog zum Direktor des Lyzeums von Rastatt ernannt worden sei. Des weiteren teilt der Oberkirchenrat unter Berufung auf einen Erlaß des Großh. Oberstudienrats vom 9. April 1851 mit, daß Schrauth am 7. April 1851 seinen Dienst in Rastatt anzutreten hatte. Für seine neue Wohnung im Rastatter Schulgebäude müsse er eine Miete in der Höhe eines Zehntels seines Gehaltes bezahlen.

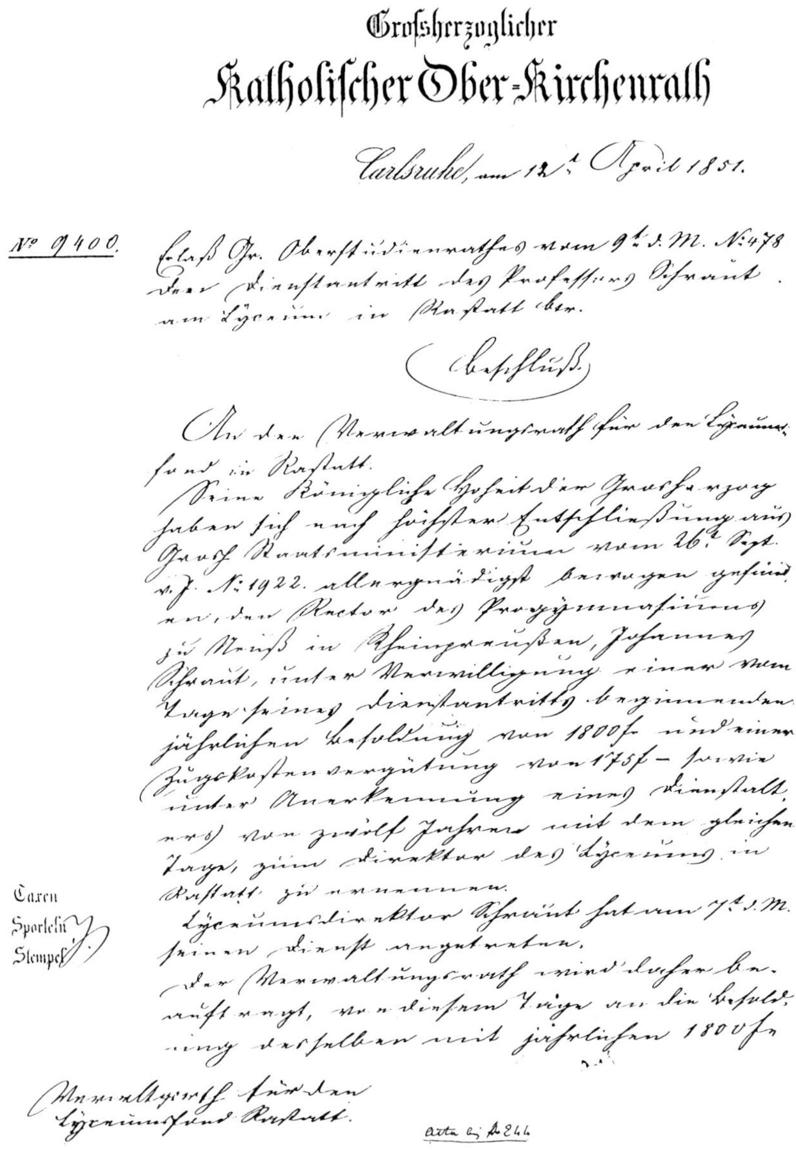
Großherzoglicher
Katholischer Ober-Kirchenrath

Carlsruhe, am 12ten April 1851.

No 9400. Erlaß Gr. Oberstudienrathes vom 9ten d. M. No 478 den Dienstantritt des Professors Schrauth am Lyceum in Rastatt betr.

Beschluß.

An den Verwaltungsrath für den Lyzeumsfond in Rastatt.

Seine Königliche Hoheit der Großherzog haben sich nach höchster Entschließung aus Großh. Staatsministerium vom 26ten Sept. v. J. No 1922. allergnädigst bewogen gefunden, den Rector des Progymnasiums zu Neuß in Rheinpreußen, Johannes Schrauth, unter Verwilligung einer vom Tage seines Dienstantritts beginnenden jährlichen Besoldung von 1800 fl und einer Zugkostenvergütung von 175 fl – sowie unter Anerkennung eines Dienstalters von zwölf Jahren mit dem gleichen Tage, zum Direktor des Lyzeums in Rastatt zu ernennen.

Lyzeumsdirektor Schrauth hat am 7ten d. M. seinen Dienst angetreten.

Der Verwaltungsrath wird daher beauftragt, von diesem Tage an die Besoldung desselben mit jährlichen 1800 fl

Taxen
Sporteln
Stempel

Verwaltungsrath für den Lyzeumsfond Rastatt.

acta bei No 244

Abb. 219: *Schreiben des Großh. Kath. Oberkirchenrats in Karlsruhe an den Verwaltungsrat für den Lyzeumsfond Rastatt betr. der Ernennung von J. Schrauth zum Lyzeumsdirektor in Rastatt.- Vgl. Kat. Nr. 124 a 1.- AdLWG*

Schrauth war in den schwierigen Jahren nach der 48er-Revolution als Direktor nach Rastatt berufen worden, um die Schule zu reorganisieren. Nachdem er zwei Schlaganfälle erlitten hatte, die ihn teilweise lähmten, wurde er 1865 frühzeitig pensioniert. Nach Auskunft der Rastatter Schulakten verließ Schrauth danach Rastatt, wohnte zumindest vorübergehend in Kreuznach und starb laut Mitteilung eines Heidelberger Notars am 7.12.1869 (vgl. dazu ein Schreiben von Prof. Dr. Max Weber vom 24.4.1948 im Anschluß an das oben angeführte Schriftstück; außerdem C.F. Lederle, Geschichte des Gymnasiums Rastatt, in der Festschrift des Großh. Gymnasiums Rastatt zur Jahrhundertfeier 1908, Rastatt 1908, S. 184-191).

Wie Hansjakob in seinen Erinnerungen "Aus meiner Studienzeit" berichtet, war Schrauth aufgrund seiner Härte und Strenge sowie wegen seines Jähzorns und seiner manchmal ausfallenden Worte bei den Schülern gefürchtet und verhaßt. Aber auch bei den Lehrern seines Kollegiums war er alles andere als beliebt. Hansjakob führt dies darauf zurück, daß er dem "Schlendrian" an der Schule "scharf zuleibe ging". Außerdem hielten die Kollegen nach der Meinung von Hansjakob auch deshalb Distanz zu ihm, "weil er geistig um Elefantenlänge über sie hinausschaute, mit ihnen am Abend kein Bier trank und keinen Alltagskohl schwatzte" (Studienzeit, 6. Aufl., S. 140-142 u. 398).

Eben dieser Direktor Schrauth war es, den Hansjakob von seinen Rastatter Lehrern - ganz im Gegensatz zu seinen Mitschülern - am meisten schätzte und dem er auch über seinen Tod hinaus stets ein ehrendes Andenken bewahrte. Denn in Wirklichkeit war Schrauth nach dem Urteil von Hansjakob ein Mann voller Güte, "wenn es Ernst galt", ein Mensch, bei dem "alles aus gutem [Herzen]" kam. Und gerade er war es, der Hansjakob Trost spendete, wenn er wieder einmal unter der Willkür des Professors Rauch zu leiden hatte; und als Hansjakob, "übersatt der steten Quälereien" von Rauch, das Lyzeum verlassen wollte, hielt ihn kein anderer als der Direktor von diesem Schritt ab. Beeindruckend fand Hansjakob am Auftreten Schrauths den Umstand, daß man ihm äußerlich den Beruf nicht ansah. Und nicht zuletzt verehrte er in ihm den "Philologen von Gottes Gnaden", dessen Unterricht ihn in höchstem Maße fesselte und motivierte (Studienzeit, S. 140-144 u. 398).

Nach seiner Rastatter Schulzeit durfte Hansjakob den verehrten Lehrer im Sommer 1860 nochmals sehen. Schrauth hatte auf einer Reise durch das Kinzigtal in Hansjakobs Geburtsort Haslach Halt gemacht, wo sich dieser während der Semesterferien gerade aufhielt. Der frühere Lehrer und sein einstiger Schüler trafen sich aus diesem Anlaß am Abend im Gasthof

"Kreuz". Hansjakob selbst schildert seinen letzten Abschied von Schrauth am darauffolgenden Tage: "Am andern Morgen gab ich ihm [Schrauth] das Geleite auf die Bergeshöhe gen Elzach bis zur 'Biereck'. Während wir die steilen Pfade hinanstiegen, sprach der geistreiche Mann über die lateinischen und griechischen Klassiker, vorweg über Horaz und Homer, seine Lieblingsschriftsteller, so ergreifend schön, wie ich ihn noch nie gehört. Es war aber auch sein 'Schwanengesang' einem seiner aufmerksamsten Schüler gegenüber. Wir sahen uns nie mehr im Leben...

Auf dem Gipfel des Berges schieden wir wie Vater und Sohn dem Geiste nach. Mein Herz war im Hinabsteigen zum Tal übervoll von Verehrung zu dem großen Lehrer..." (Studienzeit, 6. Aufl., S. 395f.).

124 b Lucian Reich

124 b 1 Schreiben des Grosherzoglichen Katholischen Ober-Kirchenraths vom 27. März 1855 an den Verwaltungsrath für den Lyceumsfond Rastatt. N°6566.
(AdLWG: Verwaltungsrath für den Lyceumsfond zu Rastatt. Diener & Dienste. R. Lucian Reich; in der Verwaltung des Stadtarchivs Rastatt) Abb. 221

Abb. 220: *Lucian Reich. Zeichnung von C. Liebich (nach einem Selbstportrait Reichs).- Vgl. Kat. Nr. 124 b 2*

124 b 2 Lucian Reich. Zeichnung von Curt Liebich, in: Heinrich Hansjakob, Verlassene Wege. Tagebuchblätter, ill. v. C. Liebich, 4. Aufl., Stuttgart: Bonz, 1905.
(Hist. Bibl. Rastatt: P 628,2) Abb. s. oben

124 b 3 Lucian Reich, Hieronymus. Lebensbilder aus der Baar und dem Schwarzwalde, entworfen und geschildert von Lucian Reich. 25 Tonbilder mit der Feder auf Stein gezeichnet von J. Nepomuk Heinemann, 2. Aufl., Karlsruhe: Creuzbauer, 1876.
(Hist. Bibl. Rastatt: P 23 a) Abb. 222 a/b

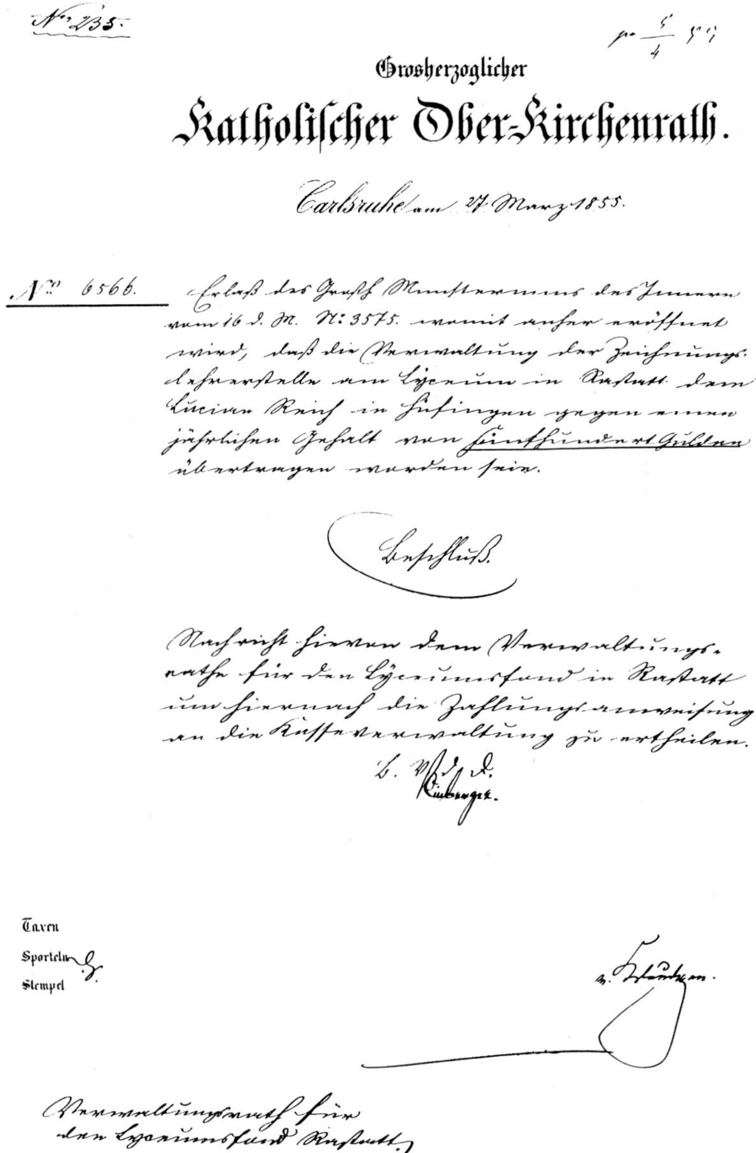
No. 235.

Grosherzoglicher
Katholischer Ober-Kirchenrath.

Carlsruhe am 27. März 1855.

No. 6566. Erlaß des Großh. Ministeriums des Innern vom 16 d. M. Nr: 3575. womit anher eröffnet wird, daß die Verwaltung der Zeichnungslehrerstelle am Lyceum in Rastatt dem Lucian Reich in Hüfingen gegen einen jährlichen Gehalt von fünfhundert Gulden übertragen worden sein.

Beschluß.

Nachricht hiervon dem Verwaltungsrathe für den Lyceumsfond in Rastatt um hiernach die Zahlungsanweisung an die Kassenverwaltung zu ertheilen.

Taxen
Sporteln
Stempel

Verwaltungsrath für den Lyceumsfond Rastatt.

Abb. 221: *Schreiben des Großh. Kath. Oberkirchenrats in Karlsruhe betr. der Einstellung von Lucian Reich als Zeichenlehrer am Lyzeum von Rastatt.- Vgl. Kat. Nr. 124 b 1.- AdLWG*

Am 27. März 1855 teilte der Großherzogliche Katholische Oberkirchenrat in Karlsruhe dem Verwaltungsrat für den Lyzeumsfond in Rastatt mit, "daß die Verwaltung der Zeichnungslehrerstelle am Lyceum in Rastatt dem Lucian Reich in Hüfingen gegen einen jährlichen Gehalt von fünfhundert Gulden übertragen worden" sei.

Im Vergleich zu Lyzeumsdirektor Schrauth, der ein Jahresgehalt von 1800 Gulden bezog, hatte sich Reich also mit einer äußerst bescheidenen Vergütung seiner Tätigkeit zufriedenzugeben. Wie Hansjakob berichtet, "konnte es Reich trotz wiederholter Bitten nie auch nur zu den Rechten eines Reallehrers bringen". So mußte er bis zum Ende seiner pädagogischen Tätigkeit stets in der Stellung eines Hilfslehrers mit dem entsprechend niedrigen Einkommen bleiben (Hansjakob, Verlassene Wege, 4. Aufl. 1905, S. 115).

Reich (*26.2.1817 in Hüfingen) unterrichtete als Zeichenlehrer bis zum Jahre 1890 am Rastatter Lyzeum bzw. Gymnasium. Als er aus dem Kollegium ausschied, druckte die Schule in ihrem Jahresbericht für 1889/90 einen kurzen Rückblick auf sein Wirken ab: "Durch seinen einfach-biederen, allem leeren Schein abholden Charakter und seine gewissenhafte Berufstreue erwarb er sich die aufrichtige Hochachtung seiner Vorgesetzten, Amtsgenossen und Schüler. Sein künstlerisches, im Beginne seiner Laufbahn durch einen der größten deutschen Maler, Moritz von Schwind, vorteilhaft beeinflußtes Wirken sichert ihm einen dauernden Ehrenplatz in der Reihe unserer vaterländischen Meister.

Als feinsinniger Landschaftsmaler wusste er mit hervorragendem Verständnis die Schönheit unserer Schwarzwaldnatur zum Ausdruck zu bringen, wie auf der anderen Seite eine Reihe innigempfundener Altarblätter in verschiedenen Kirchen des Landes Herz und Gemüt des Beters zur Andacht stimmt.

Als Schriftsteller hat er namentlich in 'Hieronymus' und 'Wanderblüthen aus dem Gedenkbuch eines Malers', die er dazu noch mit stimmungsvollen Federzeichnungen ausstattete, aus dem Volksleben im Schwarzwald und seiner heimatlichen Baar geschöpfte Schilderungen geboten, die durch Wahrheit der Empfindung, Feinheit der Darstellung und kunstvolle Einfachheit des inneren Aufbaues zu den hervorragendsten Erscheinungen auf diesem Gebiete unserer deutschen Litteratur zählen und lebhaft an die einfachschönen Feld- und Waldblumen erinnern, die er auf seinen Landschaften so naturwahr darzustellen verstand"(S. 3).

Lederle würdigt Reich in seiner 'Geschichte des Gymnasiums' "als langjährigen, treu seiner Pflicht lebenden Lehrer, als beliebten vaterländischen Erzähler, als scharf beobachtenden Kenner von Land und Leuten des Schwarzwaldes und der Baar, als feinsinnigen Maler, [als einen] in allen Beziehungen vorzüglichen Menschen" (a.a.O., S. 187).

Auch Heinrich Hansjakob fällt ein äußerst positives Urteil über Reichs Können und Begabung. Für ihn war der Künstler von der Baar ein "bedeutender... Maler und Schriftsteller". Den hier gezeigten "Hieronymus" von Reich charakterisiert Hansjakob als dessen "bestes Buch und [als] eines der besten Volksbücher überhaupt" (Verlassene Wege, S. 113).

Lucian Reich erteilte Hansjakob im Jahre 1855 in der Oberquarta Zeichenunterricht. Nach eigenem Bekunden wohnte Hansjakob den Stunden seines Zeichenlehrers gerne bei, ohne indessen in diesem Fache besondere Leistungen zu zeigen (Studienzeit, 6. Aufl., S. 146).

1900 besuchte Hansjakob den einstigen Lehrer kurz vor dessen Tod auf einer Reise in Hüfingen auf der Baar, wohin Reich nach Beendigung seiner pädagogischen Tätigkeit zurückgekehrt war. Hansjakob traf nun einen 83jährigen, verbitterten alten Mann an - verbittert, weil seinen Leistungen und seiner Begabung die Anerkennung versagt geblieben war. Mit einer kärglichen Pension von 71 Mark und 50 Pfennigen mußte er seinen Lebensabend fristen. Von seinen Büchern war ihm lediglich ein Defizit geblieben. Wie Reich selbst empfand auch Hansjakob die Ungerechtigkeit des Schicksals dieses "braven Mannes": "Wie hat Lucian Reich sein ganzes Leben hindurch nur für Ideale gelebt! Wie hat er in seinen Büchern geschwärmt für Fürst und Vaterland, für Volk und für Volkstum, für Wahrheit und Recht! Und heute treffe ich ihn in einem armseligen, einsamen Stüblein mit einem Gnadengehalt von 71 Mark und 50 Pfennig. Ich war dummerweise empört, da ich den greisen Ehrenmann so vor mir sah und seine Klagen hörte. Ich sage dummerweise, weil ich eigentlich längst wissen könnte, daß diese schöne Erde und die Gesellschaft, welche sie bewohnt, zu keiner Zeit weniger eingerichtet war für Ehrenmänner à la Lucian Reich, als in unseren Tagen."

Nur wenige Tage nach diesem Besuch Hansjakobs in Hüfingen verstarb Lucian Reich am 2. Juli 1900. Und als Hansjakob von seiner Reise wieder nach Freiburg zurückkehrte, wartete dort noch ein letzter Brief Lucian Reichs auf ihn - zugleich mit der Nachricht vom Ableben seines früheren Lehrers, die der einstige Schüler mit großer Betroffenheit aufnahm (Verlassene Wege, S. 111-122).

Abb. 222 a/b: *Lucian Reich, Hieronymus. Titelseite und Titelbild der 2. Aufl.- Vgl. Kat. Nr. 124 b 3.- Hist. Bibl. Rastatt: P 23a* ▲ ▶

Hieronymus.

Lebensbilder

aus der

Baar und dem Schwarzwalde,

entworfen und geschildert

von

Lucian Reich,

25 Tonbilder mit der Feder auf Stein gezeichnet

von

J. Nepomuk Heinemann.

Zweite Auflage.

Karlsruhe 1876.

W. Creuzbauer's Verlag.

124 c Professor Donsbach:

Beschwerdeschreiben von W. Hanemann aus Rastatt vom 14. Mai 1859 an den Lyzeumsdirektor Schrauth **bezüglich des Verhaltens von Professor Donsbach** gegenüber seinem Sohn im Französisch-Unterricht.
(AdLWG: Großh. Bad. Lyceum Rastatt. Rubrik: Diener. D. Donsbach; in der Verwaltung des Stadtarchivs Rastatt) Abb. 223

Professor Joseph Donsbach, geb. am 12. Januar 1802 in Kirchberg, war von 1850-1871 am Rastatter Lyzeum als Lehrer für die Fächer Deutsch, Latein und vor allem Französisch tätig. Er erteilte Hansjakob in der Unterquarta Unterricht in Latein und war auf dieser Klassenstufe gleichzeitig dessen Klassenlehrer. In den folgenden vier Jahrgangsstufen bis zur Obersexta übernahm er den Unterricht im Fach Französisch. Rückblickend auf seine frühere Schulzeit bemängelt Hansjakob an Donsbach seine große Eitelkeit, seine Selbstgefälligkeit und vor allem sein fehlendes menschliches Einfühlungsvermögen. Ironisch spricht er von Donsbachs "Liebe" ihm gegenüber. Negativ vermerkt Hansjakob des weiteren, daß Donsbach, als sein früherer Schüler ihm während der Festungshaft 1871 bei einem Spaziergang begegnete und ihn freundlich grüßte, seinen "Gruß nicht erwiderte und [ihn] nur tief verächtlich anschaute" (Hansjakob, Aus meiner Studienzeit, 6. Aufl., S. 93f. u. 175-179).

Andererseits hält Hansjakob Donsbach zugute, daß dieser seine kirchenfeindliche Haltung, von der er erst später erfuhr, im Unterricht früher nie zeigte. Und schließlich fügt er als Entschuldigung dafür, daß sein Französischlehrer ihm gegenüber gerade keine allzu große Sympathie hegte, ehrlichkeitshalber den Umstand an, daß er "in Unterquinta anfing, was [er] bis Obersexta hinein fortsetzte, den geckenhaften Mann komisch zu behandeln. Er merkte dies bisweilen und wurde dann teufelswild" (a.a.O., S. 176 u. 179).

Zum ersten Male begegnete Hansjakob Donsbach am 1. Oktober 1852, als er sich der Aufnahmeprüfung am Rastatter Lyzeum unterziehen mußte; denn eben Donsbach war es, der die Prüfung abnahm: "In das Zimmer... stampfte alsbald juckenden Schrittes der Professor Donsbach, Klassenlehrer von Unterquarta. Er war der erste Professor, den ich im Leben sah, und ich hielt damals einen Professor für das, wofür ein richtiger lateinischer Schulmeister sich selber hält, für einen Mann, der alles weiß. So benahm sich auch mein zukünftiger Klassenlehrer. Seine ganze Anrede an mich zitterndes Bauernbübchen war eine Verherrlichung des systematischen Unterrichts durch akademisch und philologisch gebildete Lehrer und eine Verurteilung aller Kaplansstudien. 'In seine Klasse könne ich nicht aufgenommen werden, da bei ihm nur tüchtig und regelrecht gebildete Schüler Zutritt fänden', so lautete der Schluß seines Selbstlobs. Ich weinte und verwünschte im stillen mein ganzes Studium. Doch, wie es Prahlhansen zu eigen ist, nachdem der Professor sich in seiner ganzen Wichtigkeit vorgestellt hatte, wurde er vernünftig und diktierte mir und meinem Mitaspiranten... ein Pensum zu lateinischer Übersetzung. Wenn einer sein eigenes Todesurteil schreiben soll, kann er unmöglich befangener sein, als ich es war bei Fertigung dieser Übersetzung." Doch "eine Stunde später und unter allerlei wichtigtuenden Redensarten erklärte uns Donsbach für aufgenommen in seine Klasse" (a.a.O., S. 93-95).

Besonders negativ ist Hansjakob auch jener schlimme Augenblick seines Lebens in Erinnerung geblieben, als ihm Donsbach zu Ende der Unterquarta im Sommer 1853 vor der ganzen Klasse mitteilte, daß er "sitzen geblieben" sei: Beim feierlichen Jahresschlußgottesdienst stimmte Professor Nicolai "das Tedeum an; mir aber war's nicht ums Singen, denn nach dem Tedeum sollten die Zeugnisse verteilt werden", so schreibt Hansjakob in seinen Erinnerungen "Aus meiner Studienzeit", und er fährt fort: "Wie ein armer Sünder schritt ich aus der Kirche meinem Klassenzimmer zu. Gleich darauf juckte Professor Donsbach daher mit - den Endurteilen. 'Was dumme und faule Buwe gewesen sind, die müssen sitzen bleiben.' Mit diesen Worten fing er die Verteilung an. Beim dreizehnten begann das Repetieren, und ich war der vierzehnte... 'Hansjakob', sprach der Professor, indem er mir mein Zeugnis gab, 'Du kannst das Studieren aufstecken, sonst mußt Du noch heiraten auf dem Lyzeum, so alt wirst Du!' Die Mitschüler lachten, und ich starrte weinend in mein Todesurteil, das da lautete: 'Muß repetieren.' " (a.a.O., S. 120).

Wohl als späte Reaktion auf Donsbachs unpädagogisches und unsensibles Verhalten Hansjakob gegenüber berichtet dieser über die folgende Episode aus Donsbachs Leben: Frau Donsbach war von ihrem Äußeren her "höchst unscheinbar und schielte nicht unbedeutend aus ihrem alten Angesicht. Eines schönen Sommertages nun hatte der Professor seine Ehehälfte in die Bäderstadt [also Baden-Baden] geführt und durch Zufall beide sich verloren. Verzweiflungsvoll rannte nun der unglückliche Philologe durch alle Straßen der 'Aurelia Aquensis' und schrie die Menschen an: 'Haben Sie nicht eine schöne, junge Frau gesehen?' Zum Glück trafen sich die Getrennten von selbst wieder, denn unter 'diesem Zeichen' hätte kein Sterblicher dem Professor seine Frau ermitteln können" (a.a.O., S. 178).

Herrn Lyceumsdirector Schraut!

Euer Wohlgeboren

bedauere ich in Kenntniß setzen zu müssen, daß ich in Folge von Mißhandlungen, welche Herr Professor Donsbach sich heute Morgen in der Klasse gegen meinen Sohn erlaubte, wünsche, daß derselbe von dem französischen Unterrichte dispensirt werden möge.

Zu Folge mündlicher Unterredung mit Herrn Prof. Donsbach erklärte mir derselbe, daß er bei der nächsten Classenentlassung meinem Sohne statt 12 Ohrfeigen, 4 – 6 Ohrfeigen geben werde, und er habe nichts dagegen, wenn ich meinen Sohn von dem französ. Unterricht dispensiren lassen wolle.

Da Herr Professor Donsbach sich gegen mich,

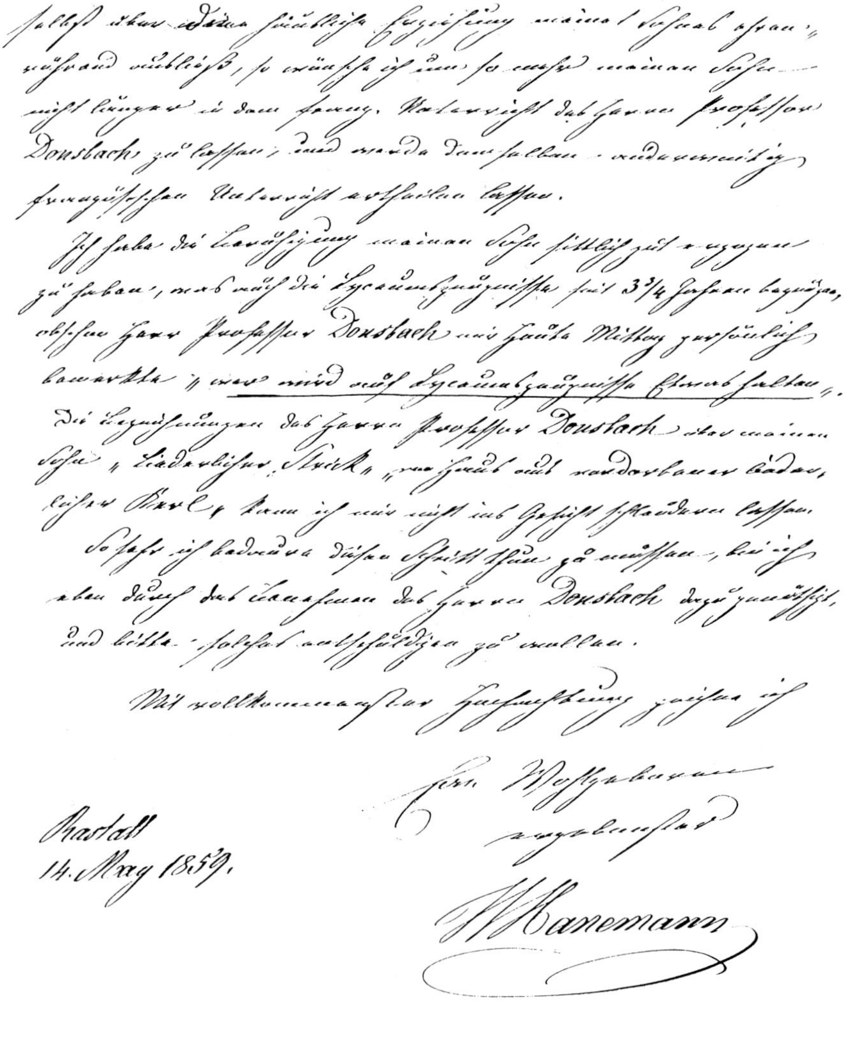
selbst über diese häusliche Erziehung meines Sohnes ehren-
rührend ausbleibt, so wünsche ich nun so mehr meinen Sohn
nicht länger in dem ferneren Unterricht des Herrn Professor
Donsbach zu lassen; und werde demselben anderweitig
französischen Unterricht ertheilen lassen.

Ich habe die Beruhigung meinen Sohn sittlich gut erzogen
zu haben, was auch die Lyceumszeugnisse seit 3 3/4 Jahren bezeugen,
obschon Herr Professor Donsbach mir heute Mittag persönlich
bemerkte, „er wird auf Lyceumszeugnisse Etwas halten“.
Die Bezeichnungen des Herrn Professor Donsbach über meinen
Sohn „liederlicher Strick“, „welches auch verdorbenen Buben,
dieser Kerl“ kann ich mir nicht ins Gesicht schleudern lassen.

So sehr ich bedaure diesen Schritt thun zu müssen, bin ich
aber durch das Benehmen des Herrn Donsbach dazu genöthigt,
und bitte, solches entschuldigen zu wollen.

Mit vollkommenster Hochachtung zeichne ich

Ew. Wohlgeboren
ergebenster

Rastatt
14. May 1859.

W. Hanemann

Abb. 223: *Beschwerdebrief von W. Hanemann aus Rastatt an den Lyzeumsdirektor J. Schrauth.- Vgl. Kat. Nr. 124c.- AdLWG*

Das hier gezeigte Schreiben des Herrn Hanemann an Lyzeumsdirektor Schrauth bezüglich der Behandlung seines Sohnes durch Professor Donsbach scheint nun Hansjakobs Urteil über Donsbach zu bestätigen. Hanemann beklagt sich bei Schrauth über Mißhandlungen seines Sohnes durch Donsbach im Französischunterricht sowie über beleidigende Äußerungen desselben seinem Sohne und ihm selbst gegenüber; Hanemann teilt des weiteren dem Lyzeumsdirektor mit, er wolle deshalb seinen Sohn nicht mehr am Französischunterricht bei Professor Donsbach teilnehmen lassen. Es ist allerdings durchaus denkbar, daß Hanemann gerade von Hansjakob zur Abfassung des vorliegenden Beschwerdebriefes ermuntert wurde, denn vermutlich handelt es sich bei dem Absender um jenen Buchhändler Hanemann, bei dem Hansjakob zur Zeit der Abfassung des Briefes gerade seine Logis bezogen hatte.

Dafür, daß Hansjakobs negatives Urteil über Donsbachs menschliches Verhalten zumindest bis zu einem gewissen Grade doch subjektiv gefärbt sein könnte, spricht freilich die Tatsache, daß Lederle in seiner "Geschichte des Gymnasiums [von Rastatt]" (S. 186) zu einer ganz anderen Wertung von Person und Charakter Donsbachs kommt: "Wenn Donsbach manchmal auch mächtig polterte, er war im Grunde doch eine recht gutmütige Natur; seine Schüler erinnern sich gerne an allerlei heitere Episoden aus seinen Unterrichtsstunden."

Und schließlich erfährt Lyzeumsprofessor Rauch, der spätere Direktor des Rastatter Gymnasiums bei Hansjakob eine noch weitaus schlechtere Beurteilung seiner charakterlichen und pädagogischen Fähigkeiten als Donsbach. Hansjakob kennzeichnet Rauch nämlich als "Tyrann gegen alle seine Schüler" (Studienzeit, S. 138). Und in dieser Wertung stimmt Lederle mit Hansjakob letztlich durchaus überein, wenn er über ihn schreibt: "wohl ein bedeutender Gelehrter, aber ein gemütsarmer Lehrer, hat Rauch manchem Knaben, der lernfreudig seine Vorbereitung hier begann, manchem strebsamen jungen Mann, der sie hier abschließen wollte, das Studium recht gründlich verleidet" (Geschichte des Gymnasiums, S. 185. Zu Rauch vgl. auch Kat. Nr. 149 c).

125 Mitschüler

125 a Alfred Holder und Karl Friedrich Schoch

125 a 1 Handschriftliche **Personalien-Liste** des Rastatter Lyzeums **für die Unterquarta vom Schuljahr 1852/53.**
(AdLWG: Personalien, Schuljahr 1852/53; in der Verwaltung des Stadtarchivs Rastatt) Abb. s. rechts

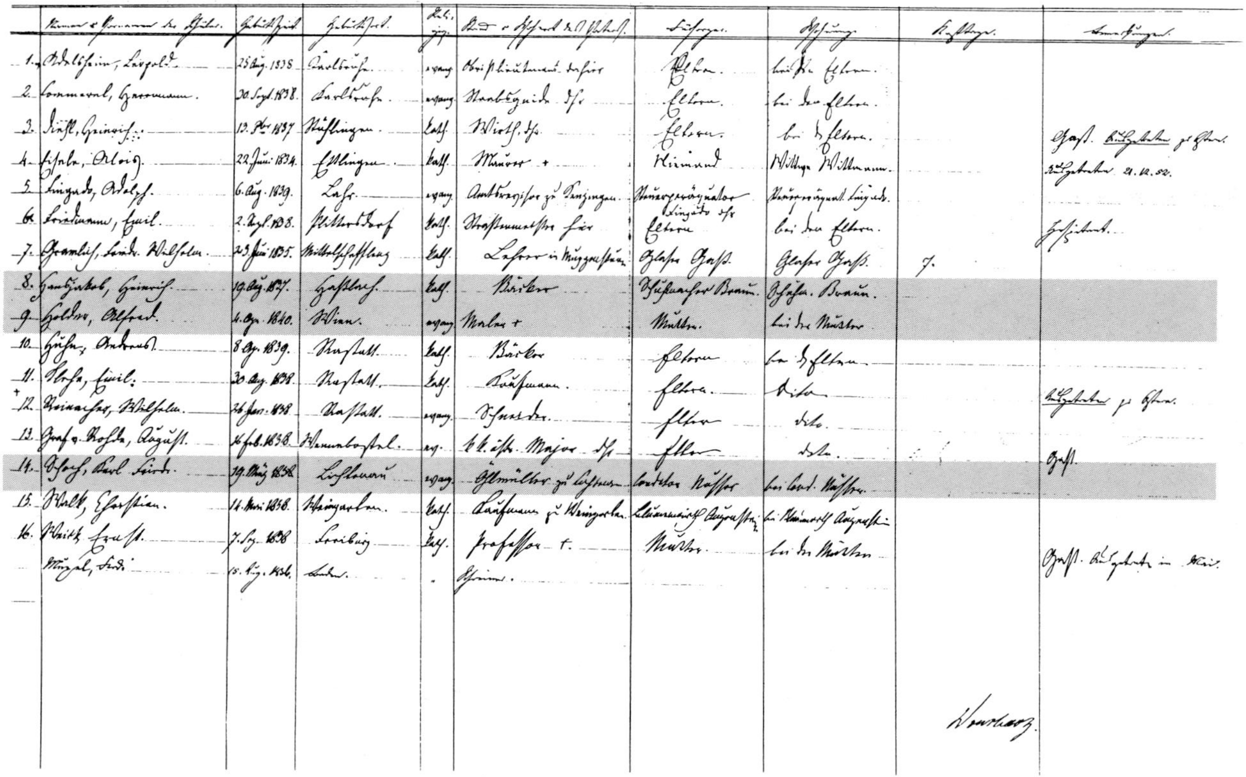

Abb. 224: *Handschriftliche Personalienliste des Rastatter Lyzeums für die Unterquarta vom Schuljahr 1852/53.- Vgl. Kat. Nr. 125 a 1.- AdLWG*

125 a 2 **Alfred Holder**. (Reproduktion einer) Fotografie.
(Generallandesarchiv Karlsruhe: J-Ac-H/116) Abb. 227

125 a 3 **Karl Friedrich Schoch**. Fotografie; Größe: 16,6cm x 10,5cm.
(Generallandesarchiv Karlsruhe: 231/2937, Nr. 512) Abb. 226

125 a 4 **Gasthaus "Zum Salmen"**. Fotografie um 1930;
Größe: ca. 10cm x 15,3cm.
(Michael Feik, Rastatt) Abb. 225

In der Personalien-Übersicht des Rastatter Lyzeums von 1852/53, also Hansjakobs erstem Schuljahr in Rastatt, werden für die Unterquarta unter der Nr. 8 Heinrich Hansjakob, unter Nr. 9 Alfred Holder sowie unter Nr. 14 Karl Friedrich Schoch aufgeführt. Nach den Eintragungen auf der Liste wurde Alfred Holder am 4. April 1840 in Wien geboren; er gehörte der evangelischen Kirche an. Sein Vater, ein Maler, war bereits gestorben, und Holder wohnte jetzt bei der Mutter (in Rastatt). Als Karl Friedrich Schochs Geburtsdatum wird der 19. März 1838 angegeben; sein Geburtsort war Lichtenau; und wie Holder bekannte er sich zum evangelischen Glauben. Schochs Vater übte den Beruf eines Ölmüllers aus. Sein Sohn hatte als Lyzeumsschüler in Rastatt eine Wohnung bei "Conditor Nusser" gefunden.

In den Erinnerungen an seine Studienzeit berichtet uns Hansjakob, daß er im Sommer 1853 gemeinsam mit einigen Schulkameraden eine "Kneipgesellschaft von Unterquartanern" gründete: "Was ein ordentliches Bier- und Kneipgenie werden will, muß sich beizeiten entwickeln. Und so hatte ich von den ersten Tagen meines Rastatter Aufenthaltes an einen unwiderstehlichen Drang nach Bier und nach Bierhäusern. In diesem Sinne gewann ich einige Mitglieder zur Errichtung einer Verbindung. Es waren darunter von den besten und von den schlechtesten Schülern der Klasse; unter den erstern Schoch und Holder, der jetzige Hofbibliothekar in Karlsruhe, beide durch ihre Leistungen in der Schule mich um so viel übertreffend, als ich länger war denn sie... Wenn ich mich recht erinnere, häkelte uns eine Schwester des Friedmann [in der Personalienliste unter der Nr. 6 geführt] die 'Korpsbänder' aus gefärbter Baumwolle, das Stück zu sechs Kreuzer.

Unsere Kneipe schlugen wir im Salmen auf, drunten an der Murg, am Eingang in das Gebiet der 'Schwabengasse'. Salmenwirt war damals ein ehemaliger preußischer Oberfeuerwerker, der eine Rastatterin geheiratet hatte. Er räumte uns, da an Werktagen wenig Gäste kamen, gerne in der Rückseite des Hauses ein geräumiges Zimmer ein zu unseren heimlichen Zusammenkünften an den freien Nachmittagen des Mittwoch und Samstag. Da schlich dann einer um den anderen, wenn die Spaziergänger auf dem Murgdamm sich verlaufen, herbei, und bald saß das Kollegium beisammen. Die Korpsbänder wurden 'angezogen', die Zigarren angezündet und geraucht, gesungen und getrunken, als ob wir das größte Recht dazu hättten...

Abb. 225: *Gasthaus "Zum Salmen" in Rastatt. Fotografie um 1930.- Vgl. Kat. Nr. 125 a 4.- Michael Feik, Rastatt*

Dabei waren wir 'mindere Brüder' aus der Schule weit fideler als jene, welche in der Klasse prosperierten, und wir sangen aus voller Kehle... Bei mir fing in jenen Tagen der Galgenhumor zu keimen an. Wenn ich auch am Morgen in der Schule geweint hatte, im Salmen ward gejubelt und gescherzt, als wäre ich der erste in der Klasse. Oft ging ich dann gen Abend mit dem kleinen Holder heim, schrieb ihm seine elegant gefertigten 'Praeparationen' ab und ließ mir von ihm eine Übersetzung vorkonstruieren; aber es wollte eben nicht Tag werden in meinem Kopf... Ebenso hat Schoch mir manchmal Begriffe aus der Arithmetik und Geometrie beibringen wollen, aber da war's erst recht nichts. Ich habe in meinem Leben nie auch nur den ersten und einfachsten Beweis aus der Geometrie verstanden."

Doch bereits zu Ende des Schuljahres 1852/53 löste sich die neu formierte "Kneipgesellschaft" wieder auf, da einige Mitglieder die Klasse repetieren mußten, Schoch Apotheker werden wollte und schließlich weil denjenigen, welche in die Oberquarta versetzt worden waren, unter dem harten Regiment des neuen Klassenlehrers Rauch "bald jede Freude verging" (Aus meiner Studienzeit, 6. Aufl. 1913, 110-113).

Abb. 226: *Karl Friedrich Schoch.- Vgl. Kat. Nr. 125 a 3.- GLA Karlsruhe: 231/2937, Nr. 512*

Als Abgeordneter traf Hansjakob Karl Friedrich Schoch rund 20 Jahre später im Karlsruher Ständehaus wieder. Dort ging Schoch von 1871-1883 als Mitglied der nationalliberalen Partei seiner parlamentarischen Arbeit nach, wobei er die Interessen des 27. Wahlbezirks (Kehl-Kork) zu vertreten hatte. Nach seinem Abgang vom Lyzeum in Rastatt hatte Schoch das Karlsruher Polytechnikum besucht und wurde dann Apotheker in seinem Geburtsort Lichtenau. 1887 verließ er Lichtenau und zog nach Karlsruhe. Er war danach bei der Landwirtschaftlichen Berufsgenossenschaft tätig. Daneben bekleidete er über Jahre hinweg das Amt des Vorsitzenden des Landesverbands der Gewerbe- und Handwerkervereinigungen. Schoch gehörte zu den Mitbegründern der später unter dem Titel "Badische Presse" erschienenen Zeitung. Er starb am 30. Dezember 1914 im Alter von 76 Jahren in Karlsruhe (vgl. d. Nachruf in der "Badischen Presse", Abendausgabe vom 30.12.1914; außerdem: Chronik der Haupt- und Residenzstadt Karlsruhe für das Jahr 1914, Karlsruhe 1916, S. 251f.).

Alfred Holder besuchte das Rastatter Lyzeum bis zum Jahre 1858 und legte dort auch sein Abitur ab. Von 1858-1862 studierte er in Heidelberg und Bonn Klassische Philologie und Deutsch. Nach einem längeren Auslandsaufenthalt in Paris kehrte er als Lehramtspraktikant 1863 an seine frühere Schule nach Rastatt zurück und unterrichtete dort bis 1866. Danach führte er an Schulen in Ryswyk (Holland) und Ladenburg seine pädagogische Tätigkeit fort, bis er 1867 an der Hofbibliothek in Karlsruhe seine bibliothekarische Laufbahn aufnahm. Dort stieg er im Laufe der Jahre vom Praktikanten zum Hofbibliothekar (1870), Hof- und Landesbibliothekar (1872), zum Oberbibliothekar sowie Leiter der Handschriftenabteilung

(1904) und schließlich zum Bibliotheksdirektor (1911) auf. Im Verlaufe eines rund 50jährigen Forscherlebens trat Holder als Herausgeber, Kommentator und Autor mit einer Vielzahl von Veröffentlichungen aus dem Gebiete der lateinischen, griechischen und niederländischen Philologie, der Germanistik und der germanischen Rechtswissenschaft sowie nicht zuletzt der altkeltischen Sprachwissenschaft an die Öffentlichkeit; daneben machte er sich aber auch durch seine Beschreibung der Handschriften der Badischen Hof- und Landesbibliothek einen Namen. Alfred Holder starb am 12. Januar 1916 (vgl. dazu den Art. 'Alfred Holder' von Daniel Feuling, Karlsruhe: Badenia, 1917 = Sonderdruck aus: Hist.-polit. Blätter 157 [1916], S. 469-479; außerdem: Grossh. Gymnasium Rastatt. Festschrift zur Jahrhundertfeier 1808-1908, Rastatt: Greiser, 1908, S. 209).

Abb. 227: *Alfred Holder.- Vgl. Kat. Nr. 125 a 2.- GLA Karlsruhe: J-Ac-H/16*

125 b Karl Abetz und Emil Kuhn:

Handschriftliche Personalien-Liste des Rastatter Lyzeums **für die Oberquinta vom Schuljahr 1856/57.**
(AdLWG: Personalien. Schuljahr 1856/57; in der Verwaltung des Stadtarchivs Rastatt) Abb. s. rechts

Neben dem Namen Hansjakobs (Nr. 4) stehen auf der Liste auch die Namen von Karl Abetz (Nr. 1) und Emil Kuhn (Nr. 7). Den Personalien können wir entnehmen, daß Abetz am 2. Mai 1840 in Rastatt geboren wurde; er war katholisch; sein Vater, der Schuster Georg Abetz, lebte in Rastatt; Karl Abetz wohnte bei seinen Eltern. Emil Kuhns Geburtsdatum war der 9. Oktober 1839, sein Geburtsort Weiher; der Vater Pius übte als Lehrer eine pädagogische Tätigkeit aus und wohnte in Rheinsheim; Emil Kuhn hatte während des Schuljahres 1856/57 seine Unterkunft bei einem Bruder des Rastatter Lyzeumsprofessors Joseph Nicolai, nämlich beim Schuster Nicolai, von dem Hansjakob berichtet, er habe stets Lyzeisten beherbergt und "eine Anzahl unschöner Töchter" besessen (Aus meiner Studienzeit, 6. Aufl., S. 205).

Im Gegensatz zur Personalien-Liste von 1856/57 teilt uns Hansjakob mit, der Vater von Karl Abetz sei ein armer Wagner gewesen (Studienzeit, S. 196); und tatsächlich finden wir in den Personalien für das Vorjahr den entsprechenden Berufsvermerk. Ergänzend fügt Hansjakob noch hinzu, daß Emil Kuhns Vater als Lehrer im nahen Leiberstung gewirkt habe. Von Abetz und Kuhn gemeinsam berichtet er, sie seien die beiden Kameraden in seiner Klasse gewesen, die ihm "an leichtem Sinn und an Liebe zum Biertrinken und Rauchen gleichkamen, [ihn] aber an Talent übertrafen" (Studienzeit, S. 196).

Trotz ihrer Vorliebe für Wirtshäuser hatten die drei Oberquintaner aber doch ihre Ideale und bildeten einen literarischen "Dreibund", der auch im folgenden Schuljahr fortgeführt wurde: "Wir waren alle drei junge, literarische Schöngeister und schwärmten für deutsche Klassiker, für deutsche Wissenschaft und für das Germanentum überhaupt... Manche Stunde saßen wir unter dickem Tabaksqualm in dem Zimmer des einen oder andern und lasen Platen, Uhland, Goethe, Lessing oder deutsche Geschichte... Unsere politische Gesinnung war extrem liberal... Ich kann mich eines Lächelns nicht erwehren, wenn ich an unsere ebenso unreifen als jugendlichen Urteile über Zeit und Weltgeschichte zurückdenke ..." (Studienzeit, S. 224f. u. 237).

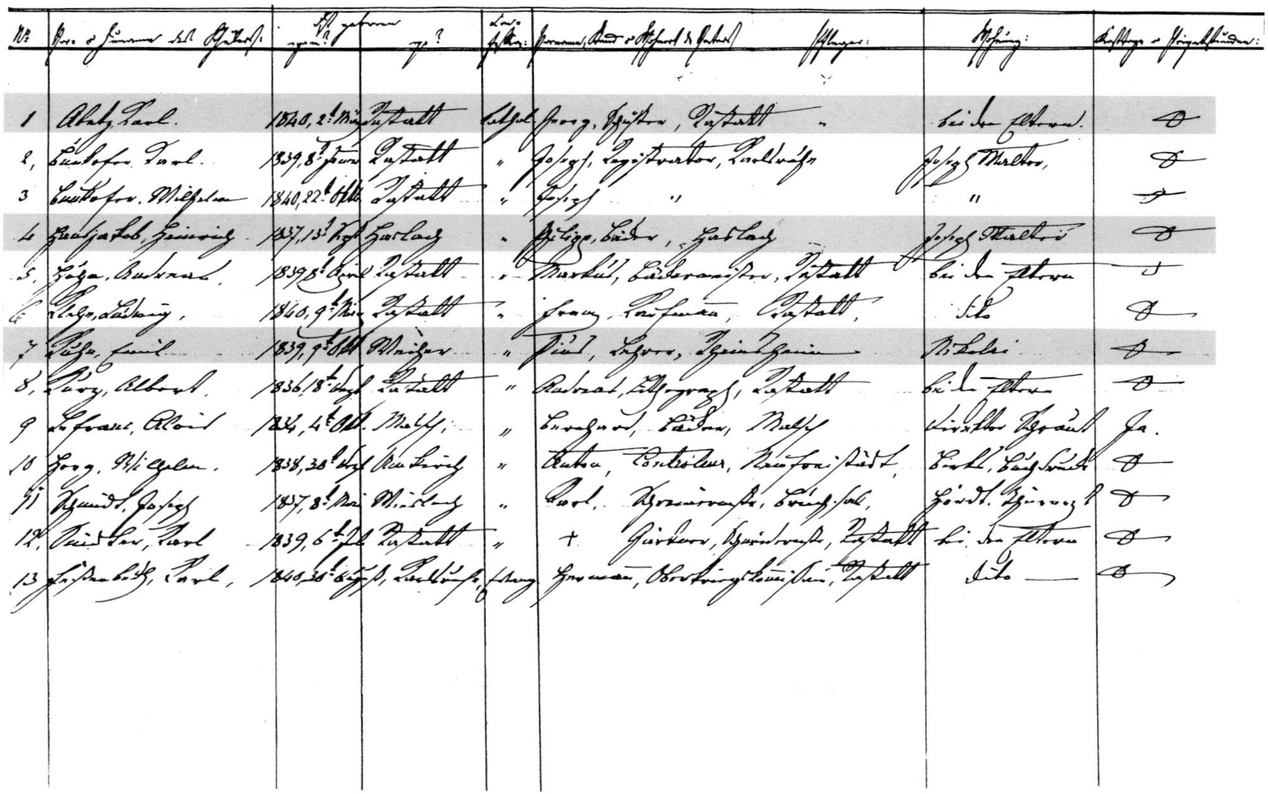

Abb. 228: *Handschriftliche Personalienliste des Rastatter Lyzeums für die Oberquinta vom Schuljahr 1856/57.- Vgl. Kat. Nr. 125b.- AdLWG*

1859 bezogen Kuhn und Abetz zusammen mit Hansjakob das Freiburger Konvikt, um Theologie zu studieren und Priester zu werden. Doch Hansjakobs "Intimi und Rastatter Gesinnungsgenossen... hielten nicht stand; sie traten gleich in der ersten Zeit aus, der eine, um Philologie zu studieren, und der andere, um sich der Jurisprudenz zuzuwenden. Der erstere [Kuhn] ging nach wohlbestandenem philologischen Staatsexamen nach Amerika, machte gleich den Bürgerkrieg mit und soll dann als Professor gewirkt haben. Direkt habe ich [sc. Hansjakob] nie mehr von ihm etwas erfahren. Abetz starb... frühe, schon 1870 als junger Referendär. Und ich, der dritte, blieb allein in dem öden Konvikt zurück" (Studienzeit, S. 348f.).

126 Lyzeumsdiener Joseph Schill

126 a **Schreiben** des Grosherzoglichen Oberstudienraths in Karlsruhe vom 6. Mai 1844 an die Lyceumsdirection in Rastatt **betr.** des **Dienstantritts von Joseph Schill.** N°855.
(AdLWG: Groß. Bad. Lyceum Rastatt. Rubrik: Dienste/Sonstiges/ 1809-92ff.; in der Verwaltung des Stadtarchivs Rastatt) Abb. 229

126 b **Schreiben** der Großherzoglichen Studienfonds-Verwaltung Rastatt an den Verwaltungsrath für den Lyceumsfond vom Mai 1847, **die Dienstkleidung des Lyceumsdieners Schill btr.**
(AdLWG: Verwaltungsrath für den Lyceumsfond Rastatt. Diener und Dienste. Joseph Schill; in der Verwaltung des Stadtarchivs Rastatt) Abb. 230

126 c **Kopfbedeckung** (Schiffhut), **die** nach der Überlieferung des Archivs der Verbindung "Teutonia" **der Pedell (Schuldiener) des Rastatter Lyzeums zwischen 1808 und 1860 trug.** Größe: ca. 40,5cm(L) x 18cm(B) x 16,5cm (H); Form, Aussehen und Farbe: längsoval mit Abdachung vorn und hinten; hochgeklappte Seiten; eine Seite mit rot-goldener Kokarde versehen, welche von einem gold-gemusterten Band überdeckt wird; das Band ist unten mit einem messingfarbenen Knopf befestigt; die Kopfbedeckung ist außen ganz mit schwarzem Stoff sowie oben zusätzlich mit einem Band von gleicher Farbe überzogen; innen hell gefüttert mit einem dunkelbraunen Schweißband aus Leder.
(Schülerverbindung "Teutonia" Rastatt) Abb. 231

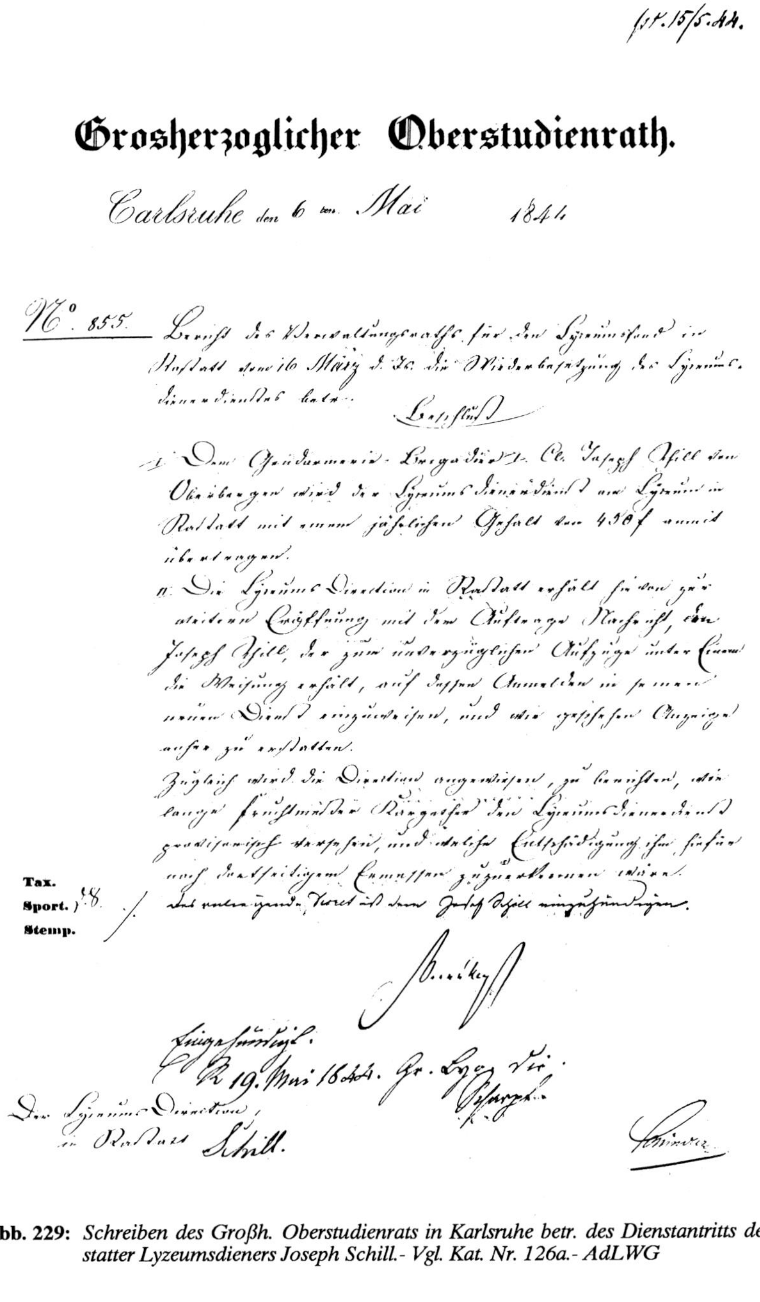

pst. 15/5. 44.

Grosherzoglicher Oberstudienrath.

Carlsruhe den 6 ten Mai 1844

No. 855

Bericht des Verwaltungsraths für den Lyceumsfond in Rastatt vom 16 März d. Js. die Wiederbesetzung der Lyceumsdienerstelle betr.

Beschluß

1. Dem Gendarmerie-Brigadier [illegible] Joseph Schill von Oberbergen (?) wird der Lyceumsdienerdienst am Lyceum in Rastatt mit einem jährlichen Gehalt von 450 f. [illegible] übertragen.

II. Die Lyceums-Direction in Rastatt erhält hiervon zur weiteren Eröffnung mit dem Auftrage Nachricht, den Joseph Schill, der zum unverzüglichen Aufzuge unter Einem die Weisung erhält, auf dessen Anmelden in seinen neuen Dienst einzuweisen, und die geschehene Anzeige anher zu erstatten.

Zugleich wird die Direction angewiesen, zu berichten, ob die lange [illegible] Vacatur des Lyceumsdienerdienstes gratis [illegible] versehen, und welche Entschädigung ihm hierfür [illegible] zuzuerkennen wäre.

Das anliegende Decret ist dem Joseph Schill einzuhändigen.

Tax.
Sport.) 18
Stemp.

Brücker (?)

Eingehändigt:
d. 19. Mai 1844. Gr. Lyc. Dir.
Scharpf

Die Lyceums-Direction,
in Rastatt

Schill.

[illegible]

Abb. 229: *Schreiben des Großh. Oberstudienrats in Karlsruhe betr. des Dienstantritts des Rastatter Lyzeumsdieners Joseph Schill.- Vgl. Kat. Nr. 126a.- AdLWG*

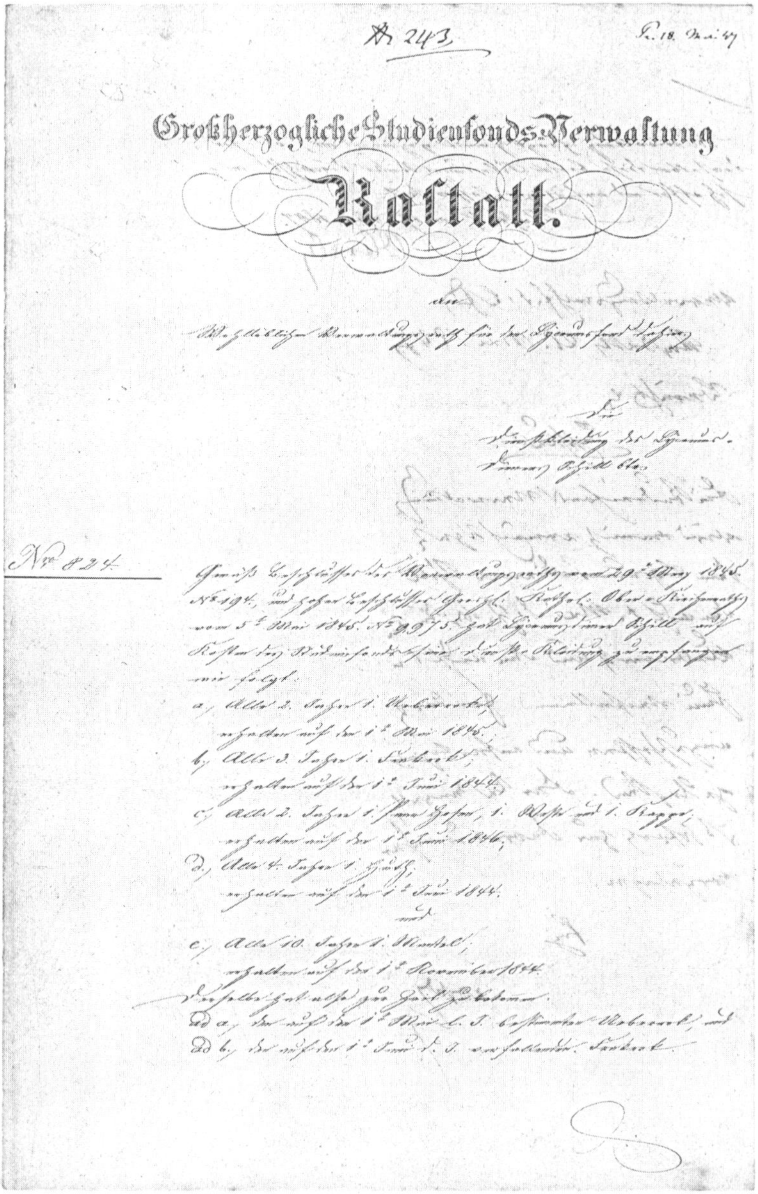

Großherzogliche Studienfonds-Verwaltung

Rastatt.

No 824.

Abb. 230: *Schreiben der Großh. Studienfonds-Verwaltung Rastatt, die Dienstkleidung des Lyzeumsdieners Schill betr.- Vgl. Kat. Nr. 126b.- AdLWG*

In einem am 6. Mai 1844 abgefaßten Schreiben teilte der "Grosherzogliche Oberstudienrath" in Karlsruhe der Rastatter Lyzeumsdirekton mit, daß "Dem Gendarmerie-Brigadier I. Cl. Joseph Schill von Oberbergen... der Lyceumsdienerdienst am Lyceum in Rastatt mit einem jährlichen Gehalt von 450 f anmit übertragen" werde. Die Schuldirektion wurde gleichzeitig beauftragt, Joseph Schill, der "zum unverzüglichen Aufzuge... die Weisung" erhalte, in seinen neuen Aufgabenbereich einzuführen.

Am 23. Mai 1844 leitete der Rastatter Lyzeumsdirektor Scharpf an den Verwaltungsrat der Schule die Information weiter, daß Schill spätestens am folgenden Tage in Rastatt eintreffen und dann schon Ende der Woche seinen neuen Dienst antreten werde. Zu den dienstlichen Obliegenheiten von Schill gehöre nicht zuletzt "die Überwachung des Wirthshausbesuches" der Lyzeumsschüler. Eine Erfüllung dieser Aufgabe sei dem Schuldiener aber nur dann möglich, wenn er eine Uniform trage; es sei nämlich früher schon vorgekommen, daß Gastwirte dem Diener den Zutritt zu ihren Lokalen verwehrt hätten, weil er sich durch keine Uniform habe ausweisen können. Deshalb bitte die Direktion den Verwaltungsrat darum, bezüglich einer Dienstkleidung für Schill eine entsprechende Anordnung zu erlassen (vgl. AdLWG: Verwaltungsrath f.d. Lyceumsfond Rastatt. Diener und Dienste... Joseph Schill).

Schill erhielt dann auch seine Dienstkleidung, und im Mai 1847 informierte die Großherzogliche Studienfonds-Verwaltung Rastatt den "Wohllöblichen Verwaltungsrath für den Lyceumsfond dahier" darüber, wie oft Schill die einzelnen Teile seiner Uniform zustünden, und wann ihm die Stücke jeweils letztmalig ausgehändigt worden seien; gleichzeitig gewinnen wir damit aber auch genauere Kenntnisse über die Zusammensetzung der Dienstkleidung: "a. Alle 2 Jahre 1 Ueberrok; erhalten auf den 1. Mai 1845; b. Alle 3 Jahre 1 Frakrok; erhalten auf den 1. Juni 1844; c. Alle 2 Jahre 1 Paar Hosen, 1 Weste und 1 Kappe; erhalten auf den 1. Juni 1846; d. Alle 4 Jahre 1 Huth; erhalten auf den 1. Juni 1844 und e. Alle 10 Jahre 1 Mantel; erhalten auf den 1. November 1844". Anlaß für das vorliegende Schreiben der großherzoglichen Studienfonds-Verwaltung war also die Tatsache, daß Schill Teile seiner Dienstkleidung gegen neue austauschen sollte.

In einem an alle Direktionen der badischen Lyzeen und Gymnasien gerichteten Runderlaß des Großherzoglichen Oberstudienrats in Karlsruhe vom 9. Dezember 1844 wird bezüglich der Dienstkleidung von Schuldienern zwischen einem Tages- und einem Festanzug unterschieden. Der Anzug "für den täglichen Gebrauch" bestand aus einem dunkelblauen Überrock, gleichfarbigen Hosen sowie aus einer Schildmütze; der Festanzug setzte sich zusammen aus einem dunkelblauen Frackrock, blauen Hosen, weiß-ledernen Handschuhen sowie einem "dreieckigen Hut".

Wie alle Teile des Tages- und Festanzugs werden in dem zuletzt angeführten Erlaß aus d. J. 1844 auch die erwähnte Schildmütze für die tägliche Benutzung und der Hut der Festtagskleidung genauer beschrieben. Demnach trug der Schuldiener eine "Schildmütze von blauem Tuch unten mit einer Einfassung von schwarzem Samt, vorn mit dem badischen Landeswappen von weissem Metall... versehen". Zur Festtagsuniform gehörte der "dreieckkige Hut mit einer Schleife aus einer schmalen Silberborte an einem weissen Knopfe und der badischen Landeskocarde" (AdLWG: Großh. Bad. Lyceum Rastatt. Rubrik: Dienste/Sonstiges/1809-92ff.).

Abb. 231: *Kopfbedeckung (Schiffhut) des früheren Schuldieners des Rastatter Lyzeums zwischen 1808 und 1860 (lt. Überlieferung der Schülerverbindung "Teutonia" Rastatt).- Vgl. Kat. Nr. 126c.- Schülerverbindung "Teutonia" Rastatt. Aufnahme: H. Heid*

Im Besitz der Rastatter Schülerverbindung "Teutonia" befindet sich der hier ausgestellte "Schiffhut". Nach der Überlieferung des Archivs der Verbindung handelt es sich hierbei um eine Kopfbedeckung, die der Schuldiener des Lyzeums von Rastatt in den Jahren zwischen 1808 und 1860 trug. In Farbe, Form und Aussehen stimmt dieser Gegenstand jedoch weder mit der Schildmütze noch mit dem dreieckigen Hut, wie sie in dem oben zitierten Erlaß aus dem Jahre 1844 beschrieben werden, überein. Dies würde - vorausgesetzt, daß die Überlieferung des Teutonen-Archivs auf Tatsachen beruht - bedeuten, daß der Rastatter Lyzeumsdiener in den Jahren zwischen 1808 und 1860 zumindest zeitweilig eine von der in dem bereits mehrfach erwähnten Erlaß von 1844 festgesetzten Norm abweichende Form der Dienstkleidung trug. Und falls es sich bei dem gezeigten Stück tatsächlich um die Kopfbedeckung des Rastatter Schuldieners für die Jahre zwischen 1808 und 1860 handeln sollte, dann könnte auch Joseph Schill, der die entsprechende Funktion von 1844 bis zu seinem am 26. April 1874 erfolgten Tod ausübte, diesen Gegenstand noch getragen haben.

Joseph Schill war also auch während der sieben Jahre Schuldiener am Rastatter Lyzeum, in denen Hansjakob die Anstalt besuchte. Hansjakob begegnete Schill zum ersten Male am 1. Oktober 1852, als er morgens zur Aufnahmeprüfung im Lyzeum erscheinen mußte. Dabei flößte Schill dem angehenden Schüler gleich einen mächtigen Respekt ein; und mitbestimmend für den Eindruck, den Schill damals auf Hansjakob machte, mag nicht zuletzt der Umstand gewesen sein, daß er die besagte Dienstuniform trug. Hansjakob selbst schildert diese erste Begegnung wie folgt: "Der 1. Oktober kam. Gegen die neunte Morgenstunde zog ich zum erstenmal in die Hallen des Lyzeums ein, wo es von Aspiranten und Nachexaminanden wimmelte. Mitten aus diesem Knabengewimmel ragte die fabrikschlotige Gestalt des Lyzeumsdieners Schill hervor, ordnend und zurechtweisend. Kein Rekrut kann ängstlicher und wildfremder am ersten Tage im Kasernenhof vor seinem Korporal stehen als ich damals vor dem alten Schill. Sein praktischer Blick kannte aber sofort unter den 'Neuen' die ländlich Einfältigen, und als ehemaliger Bauernbub' nahm er sich derselben zunächst an.

Außerdem mochte ihn meine lange Gestalt reizen, und so schritt er denn alsbald auf mich zu und fragte, woher ich käme und in welche Klasse ich aufgenommen werden wollte. 'Ich möcht' 's Exame mache in d'Unterquarta und bin von Hasle', lautete meine Antwort. 'So, von Haslach, aus dem Freischärlernest, wo sie die Gendarmen so verfolgt haben!' meinte der Alte, welcher in der Revolutionszeit noch Brigadier bei der Gendarmerie gewesen war. Ich erschrak nicht wenig, dachte an meinen Heckerhut mit seiner Kokarde und seinen Hennenfedern und gab das Examen schon verloren, falls meine Heckertaten bekannt wären" (Aus meiner Studienzeit, 6. Aufl., S. 92f.).

Auch während Hansjakobs Schulzeit führte Schill immer wieder seine bei den Bier trinkenden Schülern gefürchteten Razzien in den Rastatter Gasthäusern durch. Dabei kam es Hansjakob vonstatten, daß er die Sympathie von Schills Frau und Tochter hatte gewinnen können. Die Tochter informierte Hansjakob bisweilen rechtzeitig, wenn ihr Vater wieder einen Kontrollgang in Wirtshäusern plante. Und falls Schill doch einmal in Erfahrung gebracht hatte, daß der Schüler aus Haslach "bei einem unerlaubten Schoppen gesessen sei und Krakeel verführt hätte", dann traten Gattin und Tochter von Schill für Hansjakob ein, um den Lyzeumsdiener von einer Anzeige abzubringen. "Und da, wenn es gilt, Fürsprache bei

Männern einzulegen, die Frauen alles vermögen, so ließ sich selbst der sonst von stets unerbittlicher Pflichterfüllung redende ehemalige Gendarmerie-Wachtmeister in allen Fällen zu meinen Gunsten erweichen. So kam es, daß ich nie den 'Karzer' [Arrestzelle] bewohnt habe, trotzdem ich ihn des öfteren verdient hätte." (Aus meiner Studienzeit, 6. Aufl., 181f.)

Unter = Quarta.

Religion: Das IV., V. und VI. Hauptstück des größern Diözesankatechismus. — 2 Stunden. — Professor Dr. Holzherr.

Deutsch: Satzlehre (Wiederholung und Neues) bis zum Satzgefüge. Uebung in Aufsätzen und im Vortrag von Gedichten. — 2 Stunden. — Lyceumslehrer Dr. Rauch.

Latein: Wiederholung der Etymologie; Erklärung der Syntax bis § 501 nach der Grammatik von Feldbausch und Einübung derselben durch Uebersetzungen aus dem Deutschen ins Lateinische nach Dictaten und nach Süpfle's Aufgaben 1. Thl. Uebersetzt und erklärt wurde C. Julii Caesaris de bell. Gall. lib. III und lib. IV bis cap. XX. — 8 Stunden. — Professor Donsbach.

Griechisch: Einübung der Formenlehre bis zu den Verbis auf μι nach Feldbauschs Grammatik. Aus Feldbauschs und Süpfle's Chrestomathie mündlich und schriftlich übersetzt die ungeraden §§ bis zu den Verbis auf μι; ebenso die ungeraden Nummern der Aesopischen Fabeln 1. Sammlg. — 4 Stunden. — Lehramtspracticant Stephan.

Französisch: Wiederholung der Etymologie und Erlernung der unregelmäßigen Verba mit mündlichen und schriftlichen Uebungen. Aus Kärchers französischem Lesebuch wurden im I. Abschnitte übersetzt und retrovertirt: Anecdotes, die geraden Nummern, die zugleich auch sämmtlich memorirt wurden; déscriptions géographiques, und traits d'histoire vollständig, von welchen 1, 2 und 4 zugleich memorirt. — 4 Stunden. — Lehramtspracticant Forster.

Mathematik: a. Arithmetik: Wiederholung der Decimalbrüche. Die arithmetischen und geometrischen Verhältnisse und Proportionen. Entgegengesetzte Größen und Rechnen mit Buchstaben. b. Geometrie: Grundbegriffe. Die geraden Linien und Winkel. — 3 Stunden. — Reallehrer Santo.

Naturgeschichte: Im Winter: Zoologie. Im Sommer: Botanik: Beschreibung der Pflanzen und Bestimmung derselben nach dem natürlichen und künstlichen System. — 2 Stunden. — Reallehrer Santo.

Geschichte und Geographie: Nach Becks Lehrbuch der allgemeinen Geschichte 1. Thl. bis zum Untergange des weströmischen Reiches mit monographischen Erweiterungen. — 3 Stunden. — Lehramtspracticant Stephan.

Abb. 232: *Lehrstoff und Lehrbücher der Unterquarta des Rastatter Lyzeums für das Schuljahr 1852/53. Auszug aus dem Jahresprogramm vom entsprechenden Schuljahr.- Vgl. Kat. Nr. 127a.- Hist. Bibl. Rastatt*

127 Hansjakobs Schulalltag in Rastatt: z.B. das Schuljahr 1852/53

127 a Großherzogliches Lyzeum zu Rastatt. Einladung zu den am 19., 20. und 22. August **1853... Statt findenden öffentlichen Prüfungen**... Rastatt: Mayer, 1853.
(Hist. Bibl. Rastatt: Schulprogramme, Rastatt) Abb. 232

127 b Schematismus (Stundenplan) des Großherzoglichen Lyceums in Rastatt **für das Schuljahr 1852/53 (1. Sem.).**
(AdLWG: Großh. Bad. Lyceum Rastatt. Rubrik: Studien/Unterricht/Allgemeines. 1840-59; in der Verwaltung des Stadtarchivs Rastatt) Abb. 235

127 c Felix S. Feldbausch, Lateinische Schulgrammatik für Gymnasien und höhere Bürgerschulen, 4. Aufl., Heidelberg: Groos, 1852.
(Hist. Bibl. Rastatt: B 110) Abb. 233

127 d Feldbausch/Süpfle, Griechische Chrestomathie für die zwei ersten Jahres-Curse im griechischen Sprachunterricht, 4. Aufl., Heidelberg: Winter, 1847.
(Hist. Bibl. Rastatt: B 103) Abb. 234

Hansjakob besuchte das Rastatter Lyzeum von 1852-1859. Anhand der im Schularchiv und in der Historischen Bibliothek noch vorhandenen Schuljahresprogramme, Schematismen, Lehrpläne usw. können wir uns auch heute noch ein recht genaues Bild vom Unterricht jener Jahre machen. Selbstverständlich haben auf den verschiedenen Jahrgangsstufen für Hansjakob Stundenplan, Lehrinhalte, Lehrbücher und Lehrer gewechselt. Richten wir deshalb unsere Aufmerksamkeit exemplarisch auf das Schuljahr 1852/53, also auf Hansjakobs erstes Schuljahr in Rastatt, um einen Einblick in den Schulalltag des jungen Unterquartaners (nach heutiger Zählung ein Schüler der 8. Klasse) zu gewinnen.

Nach dem Schuljahresprogramm des Rastatter Lyzeums von 1852/53 stand auf dem Lehrplan für die Unterquarta damals der Unterricht in den Fächern *Religion* (wöchentlich zwei Stunden bei Prof. Holzherr, der "mit mildem Zepter" regierte und "Ein Schulmeister im besten Sinne des Wortes" war; vgl. Aus meiner Studienzeit, 6. Aufl., S. 174), *Deutsch* (zwei Stunden bei dem von allen Schülern gefürchteten und von Hansjakob als "Schultyrann" charakterisierten damaligen Lyzeumslehrer und späteren Professor und Direktor Rauch; vgl. Studienzeit, S. 138), *Latein* (acht Stunden bei dem von Hansjakob ungeliebten und als höchst eitel gekennzeichneten Professor Donsbach, der in der Unterquarta gleichzeitig Hansjakobs Klassenlehrer war), *Griechisch* (vier Stunden beim Lehramtspraktikanten Stephan, der als einziger "akademisch gebildeter Lehrer [Hansjakob] in jenen

Schmerzenstagen mit Milde" behandelte; vgl. Studienzeit, S. 97f.), *Französisch* (vier Stunden beim Lehramtspraktikanten Forster, der dem armen Hansjakob schon nach wenigen Unterrichtstagen unter dem Gelächter seiner Mitschüler den Rat gab, wieder nach Haslach zurückzukehren; vgl. Studienzeit, S. 96), *Mathematik* (drei Stunden beim Reallehrer Santo, einem "braven, gutmütigen Mann", dessen Schuld es gewiß nicht war, daß "von seiner Rechnerei nichts in [Hansjakobs] jedem mathematischen Denken abholden Kopf wollte"; vgl. Studienzeit, S. 98), *Naturgeschichte* (zwei Stunden, wieder bei Reallehrer Santo), das kombinierte Fach *Geschichte und Geographie* (zusammen drei Stunden beim Lehramtspraktikanten Stephan), *Zeichnen* (zwei Stunden bei Zeichenlehrer Kauffmann, "einem guten, langen, kranken Mann mit einem langen Schnurrbart"; vgl. Studienzeit, S. 146), vermutlich *Turnen* (zwei Stunden bei Reallehrer Santo) sowie - zumindest als freiwilliges Fach - *Gesang* und *Instrumentalunterricht* (jeweils zwei bis drei Stunden bei Musiklehrer Bender, einem "milden, sanften Mann, dem die Bonhomie mit Macht aus seinem runden, dicken Angesicht leuchtete"; vgl. Studienzeit, S. 195).

Lateinische
Schulgrammatik
für
Gymnasien und höhere Bürgerschulen.
Von
Felix Sebastian Feldbausch,
Geh. Hofrath und Mitglied des Großh. Oberstudienraths.
Vierte Auflage.
Heidelberg.
Druck und Verlag von Julius Groos
1852.

Abb. 233: *F.S. Feldbausch, Lateinische Schulgrammatik. Titelseite der 4. Aufl.- Vgl. Kat. Nr. 127c.- Hist. Bibl. Rastatt*

Auch über Unterrichtsgegenstände der Unterquarta und über benutzte Lehrbücher informiert uns das Schuljahresprogramm von 1852/53. In *Religion* wurden drei Teile des Diözesankatechismus behandelt. Im Fach *Deutsch* bestand das Unterrichtsprogramm in der Einübung der Satzlehre, der Komposition von Aufsätzen sowie im Training des Gedichtvortrags.

In *Latein* wurde u.a. anhand von Feldbauschs Grammatik die Syntax erklärt, und das

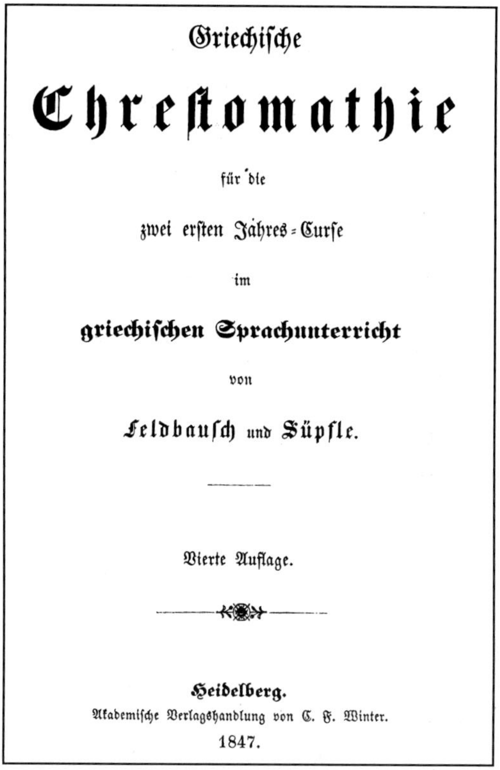

Griechische

Chrestomathie

für die

zwei ersten Jahres-Curse

im

griechischen Sprachunterricht

von

Feldbausch und Süpfle.

Vierte Auflage.

Heidelberg.

Akademische Verlagshandlung von C. F. Winter.

1847.

Abb. 234: *Feldbausch/Süpfle, Griechische Chrestomathie, 4. Aufl.: Titelseite.- Vgl. Kat. Nr. 127d.- Hist. Bibl. Rastatt*

Erlernte war dann jeweils durch Übersetzung einzuüben; außerdem wurden Passagen aus Caesars “De bello Gallico” übersetzt und erläutert.

Im Fachgebiet *Griechisch* galt es für Hansjakob, mit Hilfe von Feldbauschs “Griechischer Grammatik” die Formenlehre einzuüben sowie Texte aus der “Chrestomathie” von Feldbausch und Süpfle zu übersetzen, daneben noch verschiedene Fabeln Aesops. In *Französisch* waren u.a. die unregelmäßigen Verben zu lernen und Teile aus dem 1. Abschnitt von Kärcher zu übersetzen und zu “memoriren”. In der *Mathematik*, die nicht gerade zu Hansjakobs Lieblingsfächern zählte, hatte der Unterquartaner u.a. die Dezimalbrüche zu üben sowie sich mit den geometrischen Grundbegriffen vertraut zu machen. In der *Naturgeschichte* waren die Wintermonate der Zoologie gewidmet, während im Sommer Pflanzen beschrieben und bestimmt wurden. Und in dem kombinierten Fach *Geschichte/Geographie* war als Unterrichtspensum der erste Teil von Becks “Lehrbuch der allgemeinen Geschichte” “bis zum Untergange des weströmischen Reiches” zu behandeln.

In *Zeichnen* wurden die Schüler ausgebildet “in freiem Handzeichnen, in Tusch-, Feder- und Crayonmanier und in architectonischen Zeichnungen” (S. 17). Der *Gesangsunterricht* war für sämtliche Klassenstufen in vier Gruppen mit jeweils unterschiedlichen Übungen und Gesängen unterteilt. Im freiwilligen *Instrumentalunterricht* konnten sich Schüler sämtlicher Klassen im Klavier-, Violin- und Flötenspiel ausbilden lassen.

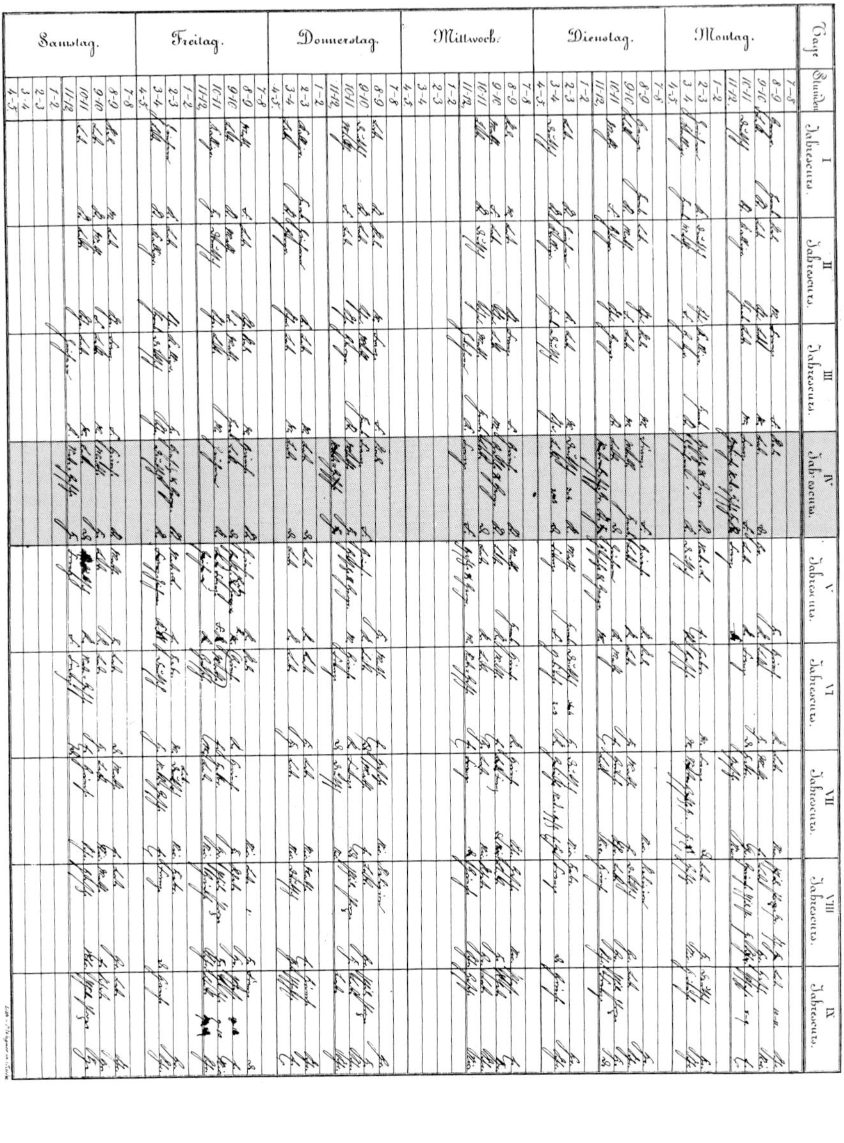

Abb. 235: *Stundenplan (Schematismus) der neun Jahreskurse des Rastatter Lyzeums vom Schuljahr 1852/53. Hansjakob war damals im vierten Jahreskurs.- Vgl. Kat. Nr. 127b.- AdLWG*

Nach dem "Schematismus" für 1852/53 sah der Stundenplan des Unterquartaners (="Jahrescurs IV") Heinrich Hansjakob im ersten Semester jenes Schuljahrs wie folgt aus:

Montag: 8-9 Uhr: Religion; 9-10 Uhr: Latein; 10-11 Uhr: Französisch; 11-12 Uhr: Naturgeschichte. 14-15 Uhr: Geschichte/Geographie; 15-16 Uhr: Zeichnen.

Dienstag: 8-9 Uhr: Französisch; 9-10 Uhr: Mathematik; 10-11 Uhr: Latein; 11-12 Uhr: Griechisch. 14-15 Uhr: Deutsch; 15-16 Uhr: Latein.

Mittwoch: 8-9 Uhr: Griechisch; 9-10 Uhr: Geschichte/Geographie; 10-11 Uhr: Latein; 11-12 Uhr: Französisch.

Donnerstag: 8-9 Uhr: Religion; 9-10 Uhr: Französisch; 10-11 Uhr: Mathematik. 14-15 Uhr: Latein; 15-16 Uhr: Latein.

Freitag: 8-9 Uhr: Griechisch; 9-10 Uhr: Latein; 10-11 Uhr: Zeichnen. 14-15 Uhr: Geschichte/Geographie; 15-16 Uhr: Deutsch.

Samstag: 8-9 Uhr: Griechisch; 9-10 Uhr: Mathematik; 10-11 Uhr: Latein; 11-12 Uhr: Naturgeschichte.

Laut "Schematismus" hatte Hansjakob am Mittwoch- und Samstagnachmittag frei; dem entspricht auch Hansjakobs Aussage, daß er sich mit den anderen Mitgliedern der neu gegründeten "Kneipgesellschaft von Unterquartanern" jeweils an den erwähnten Nachmittagen im "Salmen" zu den verbotenen und heimlichen Zusammenkünften getroffen habe (vgl. Studienzeit, S. 110f.). Keine Auskunft erhalten wir im "Schematismus" darüber, auf welchen Tag bzw. welche Stunden der Turnunterricht Hansjakobs fiel. Das Gleiche gilt auch in bezug auf den Gesangsunterricht, sofern Hansjakob in jenem Schuljahr überhaupt daran teilnahm; da aber in Hansjakobs Sextanerzeit - wie er selbst berichtet - dem Direktor einmal gemeldet wurde, Hansjakob sei zur Gesangsstunde nicht erschienen (vgl. Studienzeit, S. 301), scheint die Schulleitung auf eine Mitwirkung der Schüler beim Gesangsunterricht doch großen Wert gelegt zu haben; im übrigen fiel jene Gesangsstunde, bei der Hansjakob "schwänzte", auf einen Samstagnachmittag. Und was schließlich den freiwilligen Instrumentalunterricht angeht, so gab Hansjakob schon nach wenigen Unterrichtsstunden bei Musiklehrer Bender das Klavierspielen wieder auf, denn "es wandelte [ihn] nicht die geringste Lust mehr an, an freien Samstag- und Mittwoch-Nachmittagen in die Anstalt hinaufzuwandern, um bei Musiklehrer Bender... Klavierstunden zu nehmen" (Studienzeit, S. 195). Von Hansjakob selbst erfahren wir schließlich auch, daß alle Schüler des Lyzeums "regelmäßig am Mittwoch und Sonntag den Gottesdienst besuchen... *mußten*. Jedesmal vor dem Gang in die dem Lyzeum gegenüberstehende alte Schloßkirche... hatten sich sämtliche Schüler der Anstalt in der 'Aula' zu versammeln. Ein Professor erschien, las nach Klassen die einzelnen Schüler ab, wie beim Appell der Soldaten, und führte dann den ganzen Zug in die Kirche" (Studienzeit, 6. Aufl., S. 264).

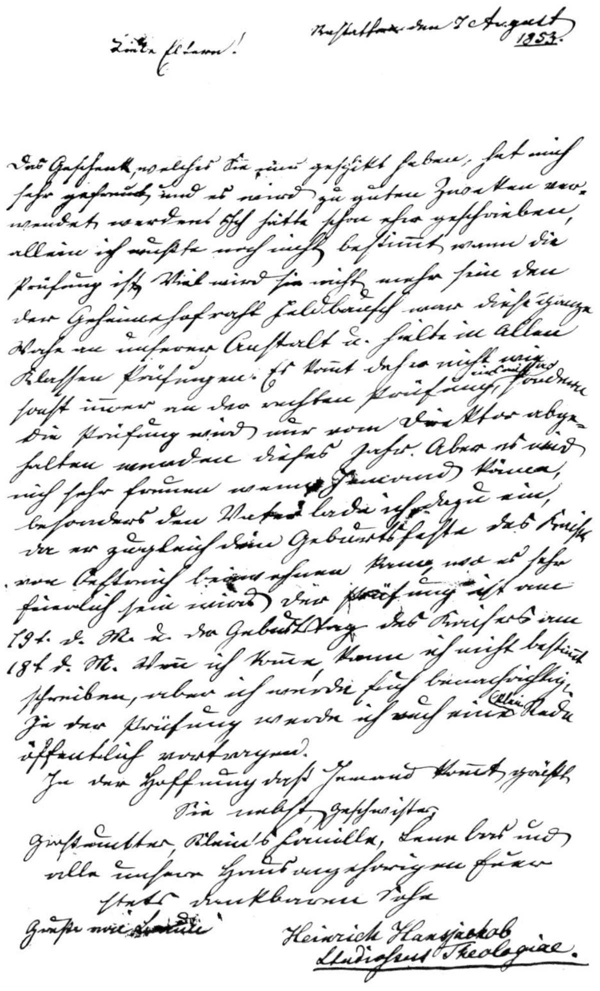

Rastatt den 7 August 1853.

Liebe Eltern!

Heinrich Hansjakob
Studiosus Theologiae.

Abb. 236: *Aus Rastatt abgeschickter Brief Hansjakobs an die Eltern vom 7. August 1853.- Vgl. Kat. Nr. 128a.- EA Freiburg: Nachlaß Hansjakob*

128 **Die schulischen Leistungen Hansjakobs**

128 a **Brief Hansjakobs an die Eltern,** geschrieben in Rastatt am **7. August 1853.**
(Erzbischöfliches Archiv Freiburg: Nachlaß Hansjakob) Abb. 236

128 b **Zeugnis für** Heinrich Hansjakob, Schüler der **Unterquarta,** vom Rastatter Lyzeumsdirektor Schrauth am 18. August 1854 unterzeichnet.
(Erzbischöfliches Archiv Freiburg: Nachlaß Hansjakob) Abb. 237

128 c Vom früheren Turnlehrer des Rastatter Lyzeums, Anton Santo, am 18. August 1854 unterschriebenes **Verzeichnis der Turnpreise für das Schuljahr 1853/54.**
(AdLWG: Großh. Bad. Lyceum Rastatt. Rubrik: Studien. Allgemeines. Die Bestimmung u. Verteilung der Schulprämien betr. 1852...; in der Verwaltung des Stadtarchivs Rastatt) Abb. 191

128 d **Zeugnis für** Heinrich Hansjakob, Schüler der **Untersexta,** vom Klassenlehrer und gleichzeitigen Direktor des Lyzeums von Rastatt, Johannes Schrauth, am 19. August 1858 unterschrieben. Abb. 238
(Erzbischöfliches Archiv Freiburg: Nachlaß Hansjakob)

128 e Die **Prüfungsaufgaben der Abiturienten-Prüfung 1859** am Rastatter Lyzeum.
(AdLWG: Großh. Bad. Lyceum Rastatt. Rubrik: Studien. Prüfung u. Visitationen. Die Prüfungen u. Entlassungen... zur Univ. betr. 1841-1875; in der Verwaltung des Stadtarchivs Rastatt) Abb. 239

Bevor Hansjakob als Schüler ins Rastatter Lyzeum eintrat, hatte er beim Kaplan in Haslach Lateinunterricht erhalten. Die absolvierten Privatstunden befähigten ihn dann, die Aufnahmeprüfung erfolgreich zu meistern; denn diese bestand lediglich aus einer lateinischen Übersetzung. Doch "schon in der ersten Woche zeigte sich, daß [Hansjakob seinen] Mitschülern, das Latein ausgenommen, weit hintennach stand. Dazu kamen als neue Lehrfächer Griechisch, Geometrie, Geschichte, Naturgeschichte und Geographie: lauter spanische Dörfer" für Hansjakob (Aus meiner Studienzeit, 6. Aufl., S. 95). Und so geschah schließlich, was geschehen mußte: trotz aller Anstrengungen und trotz besten Willens blieb er "sitzen" und hatte die Unterquarta nochmals zu wiederholen.

Freilich hatte Hansjakob kurz vor Ende des Schuljahres noch einmal Hoffnung geschöpft, daß dieses Schicksal doch an ihm vorüber gehen könnte. Denn ausgerechnet von dem gefürchteten Lyzeumslehrer Rauch war er dazu auserwählt worden, bei der Schlußprüfung bzw. Schlußfeier des Schuljahres 1852/53 ein Gedicht vorzutragen; und aus diesem Sachverhalt leitete Hansjakob schließlich die Überzeugung her, er werde doch nicht repetieren müssen. Deshalb sandte er seinen Eltern aus Rastatt einen Brief, um sie zur öffentlichen Prüfung einzuladen. Hansjakob selbst geht in seinen Erinnerungen an seine Rastatter Schulzeit auch auf diesen Brief und seinen Inhalt ein: "So schrieb ich denn kühn meinen Eltern, sie sollten zur Prüfung kommen. Dieser Brief, datiert vom 7. August 1853, ist der einzige, der sich aus meiner ganzen Studienzeit erhalten hat, aber mir erst 1909 wieder zu Gesicht kam. Ich lud darin meine Eltern zur Prüfung am 19. August ein und besonders den Vater, den ich auf den am 18. jeweils mit großer Feierlichkeit begangenen Geburtstag des Kaisers von Österreich aufmerksam machte. Ich teilte dann noch stolz mit, daß ich 'in der Prüfung eine kleine Rede vortragen würde'.

Der Brief schließt also: 'In der Hoffnung, daß jemand kommt, grüßt Euch nebst Geschwistern, Großmutter, Lenebas und allen unsern Hausgenossen Euer stets dankbarer Sohn Heinrich, *studiosus theologiae.'* Dieser Studiosus der Theologie hat mich am meisten erstaunt, als ich den Brief 56 Jahre später wieder in die Hand bekam. Denn das ist mir so erinnerlich, als ob es gestern erst gewesen wäre, daß ich in jenen Quartanertagen an alles eher dachte, als an die Theologie. Im Anfang des Briefes bedankte ich mich für ein Geldgeschenk der Großmutter und ich vermute, daß ich mich mit dem *studiosus theologiae* dafür bedanken und für weitere Gaben empfehlen wollte" (Aus meiner Studienzeit, 6. Aufl., S. 118f.).

Wie wir wissen, gab sich Hansjakob einer trügerischen Hoffnung hin: er mußte doch repetieren; und so war der gescheiterte Unterquartaner gewiß froh, daß die Eltern - vermutlich wegen der schweren Erkrankung des Vaters - seiner Einladung keine Folge leisten konnten und deshalb bei der öffentlichen Schlußprüfung mit anschließender feierlicher Prämienverteilung nicht anwesend waren.

Aber als Hansjakob im Oktober 1853 wieder aus den Ferien nach Rastatt zurückkehrte, um die Unterquarta zu wiederholen, trat alsbald ein positiver Umschwung ein, was seine schulischen Leistungen anging, wie er uns selbst erzählt: "Es begann allmählich zu tagen in meinem Kopfe, die Gegenstände waren mir nicht mehr so wildfremd... Schon an Weihnachten war ich der sechste unter 28 Schülern..." (Studienzeit, S. 134). Das am 18. August 1854 von Direktor Schrauth unterzeichnete Schlußzeugnis für die Unterquarta weist Hansjakob gar als dritten unter 19 Schülern aus. Das Zeugnis trägt des weiteren die Unterschrift von Hansjakobs Vater Philipp, der sich von seiner Krankheit inzwischen etwas erholt hatte, aber nie mehr ganz gesund wurde.

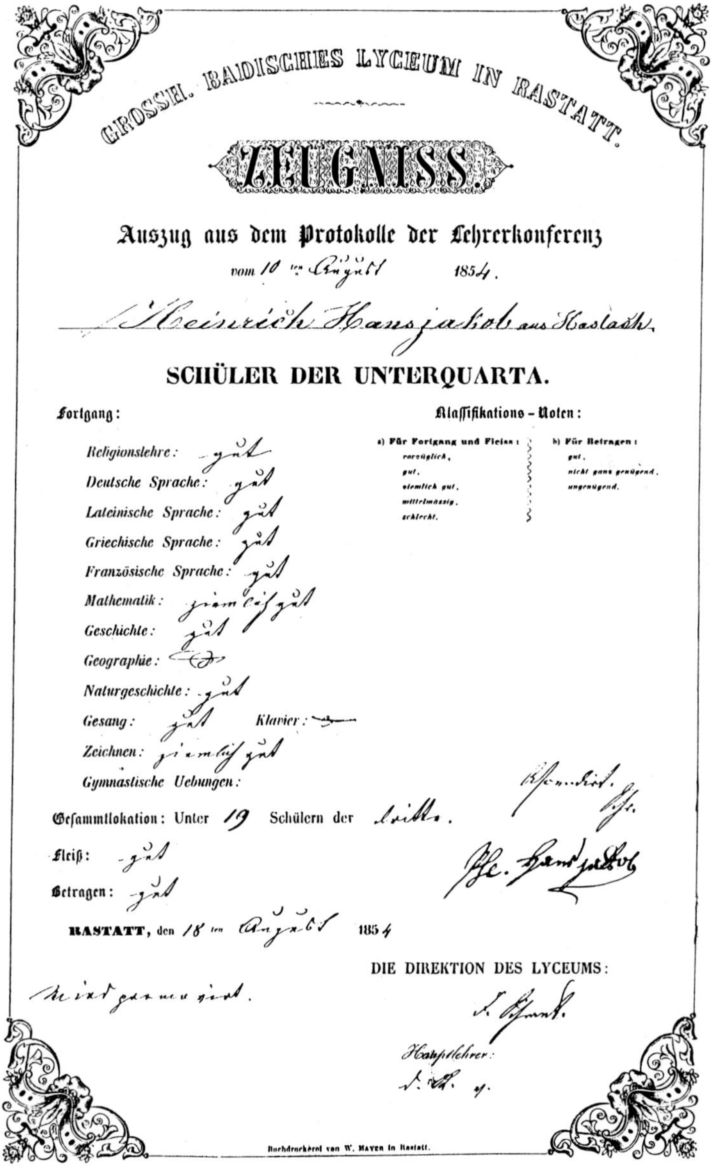

GROSSH. BADISCHES LYCEUM IN RASTATT.

ZEUGNISS.

Auszug aus dem Protokolle der Lehrerkonferenz

vom 10ten August 1854.

Heinrich Hansjakob aus Haslach.

SCHÜLER DER UNTERQUARTA.

Fortgang:

Religionslehre: gut
Deutsche Sprache: gut
Lateinische Sprache: gut
Griechische Sprache: gut
Französische Sprache: gut
Mathematik: ziemlich gut
Geschichte: gut
Geographie: —
Naturgeschichte: gut
Gesang: gut Klavier: —
Zeichnen: ziemlich gut
Gymnastische Uebungen:

Klassifikations-Noten:

a) Für Fortgang und Fleiss: vorzüglich, gut, ziemlich gut, mittelmässig, schlecht.

b) Für Betragen: gut, nicht ganz genügend, ungenügend.

Gesammtlokation: Unter 19 Schülern der dritte.

Fleiß: gut

Betragen: gut

[illegible]

Ph. Hansjakob

RASTATT, den 18ten August 1854

DIE DIREKTION DES LYCEUMS:

[illegible]

[illegible]

Hauptlehrer:

[illegible]

Buchdruckerei von W. Mayer in Rastatt.

Abb. 237: *Schulzeugnis Hansjakobs für die Unterquarta.- Vgl. Kat. Nr. 128b.- EA Freiburg: Nachlaß Hansjakob*

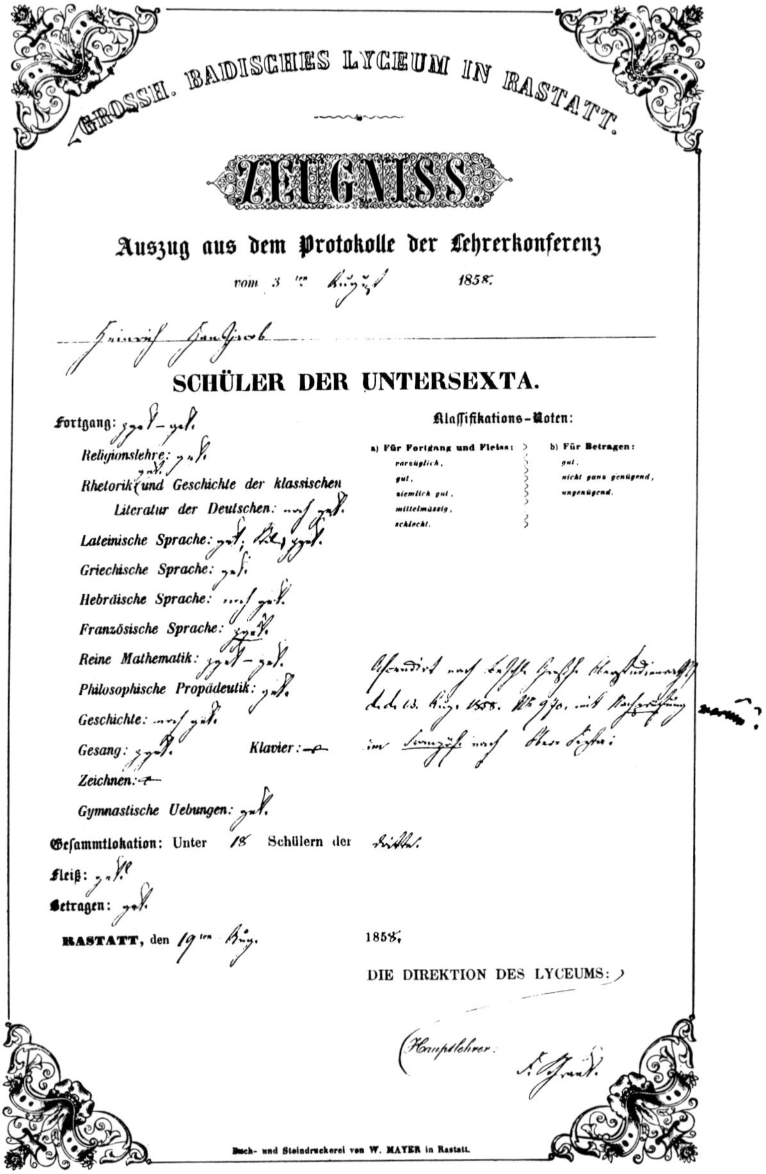

GROSSH. BADISCHES LYCEUM IN RASTATT.

ZEUGNISS.

Auszug aus dem Protokolle der Lehrerkonferenz

vom 3ten August 1858.

Heinrich Hansjakob

SCHÜLER DER UNTERSEXTA.

Fortgang:

Religionslehre:

Rhetorik und Geschichte der klassischen Literatur der Deutschen:

Lateinische Sprache:

Griechische Sprache:

Hebräische Sprache:

Französische Sprache:

Reine Mathematik:

Philosophische Propädeutik:

Geschichte:

Gesang: — Klavier: —

Zeichnen: —

Gymnastische Uebungen:

Klassifikations-Noten:

a) Für Fortgang und Fleiss: vorzüglich, gut, ziemlich gut, mittelmässig, schlecht.

b) Für Betragen: gut, nicht ganz genügend, ungenügend.

Gesammtlokation: Unter 18 Schülern der

Fleiß:

Betragen:

RASTATT, den 19ten Aug. 1858.

DIE DIREKTION DES LYCEUMS:

Hauptlehrer:

Buch- und Steindruckerei von W. MAYER in Rastatt.

Abb. 238: *Zeugnis Hansjakobs für die Untersexta.- Vgl. Kat. Nr. 128d.- EA Freiburg: Nachlaß Hansjakob*

Zu Ende des Schuljahres 1853/54 wurde Hansjakob auf dem zuletzt erwähnten Zeugnis für die Unterquarta in allen Fächern die Note "gut" (= die zweite von insgesamt fünf Notenstufen) erteilt - mit Ausnahme der Fächer Mathematik und Zeichnen, wo ihm jeweils eine "ziemlich gute" Leistung bescheinigt wurde; außerdem wurden auch sein Fleiß und sein Betragen in jenem Schuljahr mit "gut" beurteilt. Einem vom Reallehrer Santo unterschriebenen Verzeichnis der "Turnpreise" können wir entnehmen, daß Hansjakob schließlich noch der 1. Preis für die Unterquarta im Fach "Körperliche Übungen" zuerkannt wurde. Hansjakob nimmt in seinen Erinnerungen auf diesen Preis Bezug und fügt hinzu, er sei "fortan der erste Turner in der Klasse" geblieben (Studienzeit, S. 153) - eine Äußerung, die allerdings wohl etwas korrigiert werden muß: im Schuljahr 1855/56 beispielsweise gab es nach dem Ausweis der Schulakten des Rastatter Lyzeums im Turnen keinen Preis für einen Schüler von Hansjakobs damaliger Klasse, und belobigt wurden damals zwei Mitschüler, nicht aber Hansjakob selber (vgl. dazu die von Reallehrer Santo zusammengestellte Liste vom 16. Aug. 1856 im Anschluß an das oben genannte Verzeichnis der Turnpreise).

Jedenfalls aber hatten sich Hansjakobs schulische Leistungen inzwischen doch so sehr stabilisiert, daß er die nächste Klasse, die Oberquarta, trotz des für ihn nunmehr neuen Stoffs - wenn auch eher mit mittelmäßigem Erfolg - als siebter unter zwölf Schülern absolvierte. Und nun ging es mit seinen Leistungen in der Schule stetig soweit bergan, daß er schon die vorletzte Klasse (die Untersexta) als dritter von 18 Schülern abschloß (vgl. dazu die Zeugnisse Hansjakobs im Besitz des Erzb. Archivs Freiburg: Nachlaß Hansjakob).

Auch in der Obersexta (der Abschlußklasse) konnte Hansjakob zu Ende des Schuljahres seinen dritten Platz behaupten. Doch bevor ihm das vom Lyzeumsdirektor Schrauth am 20. August 1859 unterzeichnete Zeugnis mit dem entsprechenden Plazierungsvermerk (im Besitz des GLA Karlsruhe: 76/3212) ausgehändigt wurde, mußte Hansjakob wie alle seine Mitschüler, die ein Universitätsstudium anstrebten, noch eine Abiturientenprüfung ablegen. Dieses Examen bestand - wie uns das hier gezeigte Schriftstück mit der Überschrift "Zur Abiturienten-Prüfung 1859" aus dem Rastatter Schularchiv beweist - erstens aus einer Übersetzung vom Deutschen ins Lateinische, zweitens aus einer Übersetzung vom Lateinischen ins Deutsche (Tacitus, Annalen I, 59 oder Germania 4 u. 5), drittens einem deutschen Aufsatz mit dem Thema "Über die Nachtheile des Kriegs" - ein Thema, zu dem Hansjakob in seinen späteren Publikationen noch häufiger Stellung nehmen sollte - und schließlich viertens aus einer Übersetzung

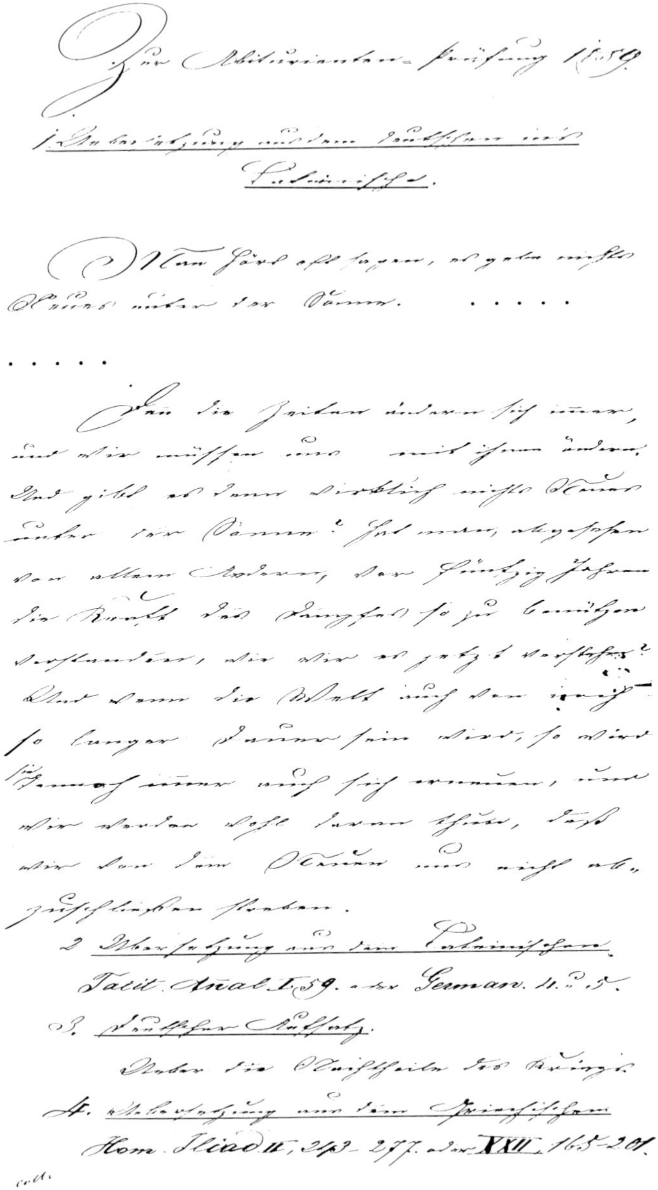
Zur Abiturienten-Prüfung 1859.

1. Uebersetzung aus dem Deutschen ins Lateinische.

Man hört oft sagen, es gebe nichts Neues unter der Sonne. .....

.....

Aber die Zeiten ändern sich immer, und wir müssen uns mit ihnen ändern. Und gibt es denn wirklich nichts Neues unter der Sonne? Hat man, abgesehen von allem Andern, vor fünfzig Jahren die Kraft des Dampfes so zu benützen verstanden, wie wir es jetzt verstehen? Und wenn die Welt auch [illegible] so lange dauern [illegible] wird, so wird sie immer auch sich erneuern, und wir werden wohl daran thun, daß wir von dem Neuen uns nicht abzuschließen streben.

2. Uebersetzung aus dem Lateinischen.

Tacit. Anal. I. 59. oder German. 4. u. 5.

3. Deutscher Aufsatz.

Ueber die Vortheile des Kriegs.

4. Uebersetzung aus dem Griechischen

Hom. Iliad II, 243-277. oder XXII, 165-201.

Abb. 239: *Auszug aus den Prüfungsaufgaben der Abiturientenprüfung am Rastatter Lyzeum im Jahre 1859.- Vgl. Kat. Nr. 128e.- AdLWG*

vom Griechischen ins Deutsche (Homer, Ilias II, 243-277 oder XXII, 165-201).
Hansjakob bemerkt in seinen Erinnerungen "Aus meiner Studienzeit" kritisch zur Abiturientenprüfung im allgemeinen, daß er sie für völlig überflüssig halte: "Ich begreife überhaupt nicht, wozu man Schüler, welche das ganze Jahr hindurch die betreffende Klasse mitgemacht und die Zufriedenheit der Lehrer erworben haben, noch extra prüft, ob sie fähig seien, auf die Universität entlassen zu werden. Aber das ist zivilisierter Germanen Art; jeder muß es doppelt und dreifach schriftlich haben, daß er ein 'geprüfter' Mensch ist, sonst kommt er im modernen Staate nicht zu Gnaden" (Studienzeit, S. 315). Wie immer man zu dieser Kritik stehen mag: auf Hansjakobs Abschlußzeugnis der Obersexta finden wir jedenfalls den handschriftlichen Vermerk: "Wird nach Erlaß Großh. Oberstudienrathes v. 23. Aug. N°830 zur Universität entlassen" (vgl. GLA Karlsruhe: 76/3212).

129 **Schulgeld:** Schreiben des Grosherzoglichen Oberstudienraths vom 14ten Juli 1855. N°815, ...die Gesuche einer Anzahl von Schülern um Befreiung vom Schulgeld pro Winterhalbjahr 1855 betr. Abb. 240
(AdLWG: Großh. Bad. Lyceum Rastatt. Rubrik: Studien/Schulgelder/Jahr: 1849-1875 ; in der Verwaltung des Stadtarchivs Rastatt)

Im Januar 1853 war Hansjakobs Vater schwer erkrankt. Er erholte sich später zwar wieder von seiner Krankheit, wurde aber nicht mehr völlig gesund (vgl. Aus meiner Studienzeit, 6. Aufl. 1913, S. 132). So faßten die Eltern von Heinrich Hansjakob notgedrungen den Beschluß, die eigene Bäckerei aufzugeben (vgl. Studienzeit, S. 132 u. 137). Die Folge davon waren offensichtlich erhebliche finanzielle Einbußen und eine allmähliche Verschlechterung der Eigentums- und Vermögensverhältnisse (vgl. Studienzeit, S. 136).
Dieser Sachverhalt spiegelt sich in den Anträgen Hansjakobs bzw. der Eltern auf eine Befreiung vom Schulgeld sowie in deren Behandlung durch die zuständige Schulbehörde wider. Zum ersten Male stellten Hansjakobs Eltern oder er selber den betreffenden Antrag für das Schuljahr 1854/55, wie uns das "Conferenz-Protocoll über die Gesuche um Befreiung vom Schulgeld" jenes Jahres verrät. Die Lehrerkonferenz des Rastatter Lyzeums schlug damals vor, im Hinblick auf die Person Hansjakobs eine definitive Entscheidung "bis Ostern" zu verschieben. Der "Grosherzogliche Oberstudienrath", also die vorgesetzte Schulbehörde, folgte offensichtlich diesem Vorschlag und gewährte dann mit dem hier gezeigten Schreiben vom 14. Juli 1855 eine nachträgliche Schulgeldbefreiung für Hansjakob,

der zu jenem Zeitpunkt Schüler der Oberquarta war. Gleiches gilt auch für das Schuljahr 1855/56, nachdem Hansjakob in die Unterquinta versetzt worden war. Und in den letzten drei Rastatter Schuljahren Hansjakobs (1856/57-1858/59) wurde seinen entsprechenden Gesuchen jeweils sofort und in vollem Umfange stattgegeben (vgl. dazu AdLWG: Großh. Bad. Lyceum Rastatt, Rubrik: Studien/Schulgelder/Jahr: 1849-75).

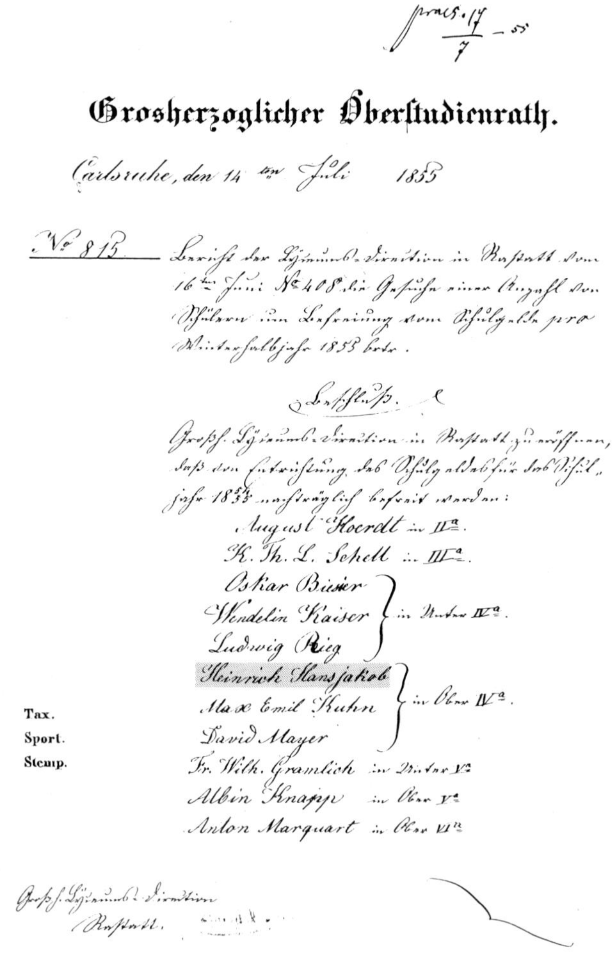

praes. 17/7 – 55

Grosherzoglicher Oberstudienrath.

Carlsruhe, den 14 ten Juli 1855

No 815 Bericht der Lyceums-Direction in Rastatt vom 16ten Juni No 408 die Gesuche einer Anzahl von Schülern um Befreiung vom Schulgelde pro Winterhalbjahr 1855 betr.

Beschluss.

Grossh. Lyceums-Direction in Rastatt zu eröffnen, daß von Entrichtung des Schulgeldes für das Schuljahr 1855 nachträglich befreit werden:

August Koerdt in II.
K. Th. L. Schell in III.
Oskar Büser, Wendelin Kaiser, Ludwig Rieg in Unter IV.
Heinrich Hansjakob, Max Emil Kuhn, David Mayer in Ober IV.
Fr. Wilh. Gramlich in Unter V.
Albin Knapp in Ober V.
Anton Marquart in Ober VI.

Tax.
Sport.
Stemp.

Grossh. Lyceums-Direction Rastatt.

Abb. 240: *Schreiben des Großh. Oberstudienrats an die Lyzeumsdirektion in Rastatt betr. einer Befreiung vom Schulgeld.- Vgl. Kat. Nr. 129.- AdLWG*

130 **Schreiben** der Großherzoglichen Lyceumsdirection an den Großherzoglichen Verwaltungsrath für den Lyceumsfond in Rastatt vom 7. November 1858, **betr. das 50jährige Jubiläum der Schule.**

(AdLWG: Verwaltungsrath für den Lyceumsfond zu Rastatt. Generalia. Die Feier des 50jährigen Bestehens ... betr. 1858; in der Verwaltung des Stadtarchivs Rastatt) Abb. 241

Am 30. Mai 1808 hatte Großherzog Karl Friedrich von Baden die Vereinigung des Lyzeums von Baden-Baden mit der Piaristenschule in Rastatt verfügt. Ihre Heimat sollte die neue Lehranstalt im Gebäude des ehemaligen Piaristenkollegs in Rastatt finden. Am 15. November 1808 wurde die so neu bzw. wieder gegründete Schule, das Lyzeum von Rastatt, durch einen Festakt eröffnet (vgl. dazu Lederle, a.a.O., S.125ff.; Hans Heid, Geschichte der Historischen Bibliothek der Stadt Rastatt im Ludwig-Wilhelm-Gymnasium, Rastatt 1991, S. 223).

50 Jahre später, am 15. November 1858, nahm die Schule diesen Tag zum Anlaß, in einer kleinen Feier ihres Jubiläums zu gedenken. In seinem Schreiben vom 7. November 1858 teilte der Direktor der Schule, Johannes Schrauth, dem "Großherzoglichen Verwaltungsrath für den Lyceumsfond" in Rastatt mit, die Anstalt werde "den Festtag ihres 50jährigen Bestehens am 15. d.M. in der Art feiern, daß zuerst Gottesdienst in der Lyceumskirche statt findet und dann die Schule in der Aula sich versammelt, wo der Director eine auf das Fest bezügliche Ansprache an die Schüler richten wird". Zu diesem Zwecke sei es erforderlich, daß "der obere Theil der Aula, wo die Bilder der Fürsten unseres Herrscherhauses... hängen, einigermaßen durch passende, wenn auch noch so einfache, Decoration hervorgehoben werde". Für die Durchführung der entsprechenden Dekoration werde von seiten der Schule um die Bewilligung von zehn bis zwölf Gulden gebeten.

In seiner "Geschichte des Gymnasiums" (Grossh. Gymnasium Rastatt. Festschrift zur Jahrhundert-Feier 1808-1908, S. 189) bestätigt Lederle, daß der kleine Festakt tatsächlich in der geplanten Form verwirklicht wurde. Ergänzend fügt er lediglich noch hinzu, daß vor und nach der Rede des Direktors "von den Schülern Lieder gesungen" wurden. Außerdem bemerkt er, daß die in dieser Weise durchgeführte Jubiläumsfeier "eine sehr bescheidene" war.

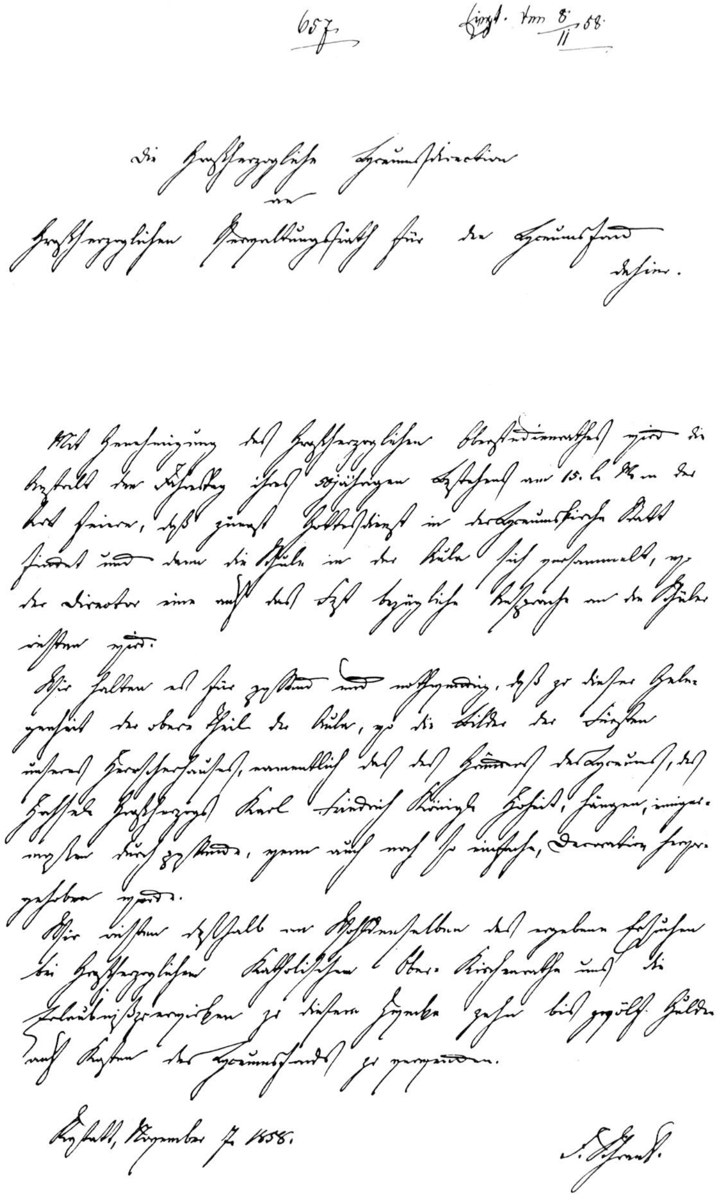
657 Eingek. den 8/11 58.

Die Großherzogliche Lyceumsdirektion an Großherzoglichen Verwaltungsrath für den Lyceumsfond dahier.

Mit Genehmigung des Großherzoglichen Oberstudienraths wird die Anstalt den Jahrestag ihres 50jährigen Bestehens am 15. d. M. in der Art feiern, daß zuerst Gottesdienst in der Lyceumskirche statt findet und dann die Schüler in der Aula sich versammeln, wo der Director eine auf das Fest bezügliche Ansprache an die Schüler richten wird.

Wir halten es für geboten und nothwendig, daß zu dieser Feier wenigstens der obere Theil der Aula, wo die Bilder der Fürsten unseres Fürstenhauses, namentlich das des Gründers des Lyceums, des Höchstseligen Großherzogs Karl Friedrich Königliche Hoheit, hängen, einigermaßen durch Gegenstände, wenn auch noch so einfache, Decoration hergegeben werde.

Wir bitten deshalb um Wohldenselben das ergebene Ersuchen bei Großherzoglichem Katholischen Ober-Kirchenrathe um die Erlaubniß zu erwirken, zu diesem Zwecke gegen bis zwölf Gulden aus Mitteln des Lyceumsfonds zu verwenden.

Rastatt, November 7. 1858. [illegible]

Abb. 241: *Schreiben der Rastatter Lyzeumsdirektion betr. der Feier des 50jährigen Jubiläums der Anstalt.- Vgl. Kat. Nr. 130.- AdLWG*

Ähnlich empfanden es offensichtlich auch die Schüler der beiden obersten Klassen der Schule, die Sextaner - unter ihnen Heinrich Hansjakob. Sie hatten nämlich den Beschluß gefaßt, "den Tag in ihrer Art festlich zu begehen". Hansjakob erhielt den Auftrag, "den Direktor um Erlaubnis zu bitten, ihm und den Lehrern einen solennen Fackelzug bringen zu dürfen. Schraut [der Direktor] war gegen eine solche Kundgebung. Da wir nun unsern Festspektakel nicht öffentlich vorführen konnten", schreibt Hansjakob weiter, "sollte ein 'schönes Trinken' Tag und Abend krönen. Schon am Nachmittag spielten wir zu viert ein Zego... und machten ein kleines Faß Bier zum Gegenstand des Spiels, das wir auch ritterlich austranken. Abends um sieben Uhr fand großer Kommers in der 'Blauen Katz' statt, zu welchem der jüngste Lehramtspraktikant, Kränkel, ein geborener Rastatter... erschienen war, während die Professoren mit dem Direktor in echt schulmeisterlicher Poesielosigkeit im Löwen eine 'Bowle Punsch' vertilgten - zu Ehren des fünfzigjährigen Bestandes ihrer Anstalt" (Aus meiner Studienzeit, 6. Aufl., S. 291f.).

131 **Hansjakobs Wohnungen während seiner Rastatter Schulzeit** (1852-1859)

131 a **Das Häuschen am Rohrersteg**. Zeichnung von C. Liebich, in: Heinrich Hansjakob, Aus meiner Studienzeit, 6. Aufl., Stuttgart: Bonz, 1913, S. 85.
(Hist. Bibl. Rastatt: Inv. Nr. 89/77) Abb. 182

131 b Der Hof in der **Studentenkaserne**. Zeichnung von C. Liebich, in: Heinrich Hansjakob, Aus meiner Studienzeit, 6. Aufl., Stuttgart: Bonz, 1913, S. 165.
(Hist. Bibl. Rastatt: Inv. Nr. 89/77) Abb. 183

131 c Die Rastatter Herrenstraße mit dem **Bekleidungsgeschäft Stäbler** (rechts; früher Kürschner Pfeifer, danach Happle u. Heudorf, heute Club-Center). Historische Aufnahme um 1900.
Größe: ca. 12cm x 17 cm.
(Stadtarchiv Rastatt: K-1048,4) Abb. 243

131 d **An Herrn Kaufmann Heudorf**, Rastatt (Herrenstraße) **adressierte Postkarte Hansjakobs,** aus Freiburg i.Br. abgeschickt am **9.8.1912.**
(Stadtarchiv Rastatt, o.Sign.) Abb. 244

131 e **Die Rastatter Rappenstraße mit dem Haus Nr. 10** (linke Häuserzeile, Mitte; früher Metzgerei Birkle, heute Schorpp u. Senger). Aufnahme aus der Zeit um 1900 (Postkarte). Abb. 245
(Michael Feik, Rastatt)

131 f Die ehemalige **Buchhandlung H. Kronenwerth** (früher Hanemann, heute Kirchhoff). Reproduktion einer Aufnahme aus d . J. 1939.
Größe: ca. 14,5cm x 11 cm. Abb. 242
(Emmy Kirchhoff, Rastatt)

Während der sieben Jahre, die Heinrich Hansjakob als Schüler in Rastatt verbrachte, lebte er in fünf verschiedenen Wohnungen. Zunächst fand er eine Unterkunft beim Schuhmachermeister Braun in dessen am Rohrersteg gelegenen Haus; Hansjakob wohnte hier vom 30. September 1852 bis zum September 1855. Das Häuschen am Rohrersteg ist seit geraumer Zeit verschwunden. Dort wo es einst stand, befindet sich heute die Badner Halle.

Am 1. Oktober 1855 bezog Hansjakob sein neues Quartier in der sogenannten "Studentenkaserne", d.h. im Hause des Metzgermeisters Walter am früheren Gewerbeplatz, wo er bis zum Ende des Schuljahres 1855/56 blieb. Die "Studentenkaserne" lag an der Werderstraße 1, neben dem ehemaligen "Frankeneck"; inzwischen ist das Haus abgebrochen.

Ein erneuter Wohnungswechsel führte Hansjakob im frühen Herbst des Jahres 1856 vom Gewerbeplatz in die Herrenstraße, genauer: zum Kürschnermeister Pfeifer, dessen Anwesen direkt an die einstige Hofapotheke angrenzte. Hier lebte Hansjakob in den Monaten des Winterkurses 1856/57. Lange nach Hansjakobs Rastatter Schulzeit hatte A. Stäbler sein Kleidergeschäft in dem Haus, das dem einstigen Lyzeumsschüler mehrere Monate als Unterkunft gedient hatte; und später nutzte die Firma "Happle und Heudorf" das Gebäude zu gewerblichen Zwecken. In Hansjakobs ehemaliger Wohnung in der Herrenstraße bietet heute das "Club-Center" seine Bücher zum Verkauf an.

Schon wenige Monate später (Frühjahr 1857) zog Hansjakob wieder um, und zwar in das nahe gelegene Gebäude des Metzgermeisters Birkle in der Rappenstraße (heute Nr. 10). Dieses Haus beherbergt jetzt u.a. das Bekleidungsgeschäft "Schorpp und Senger".

"Standesgemäß" suchte sich Hansjakob als Obersextaner während seiner Rastatter Schulzeit noch ein letztes Mal eine neue Wohnung und fand sie im Hause des Buchhändlers Hanemann (später: "Buchhandlung Kronenwerth") in der damaligen Hauptstraße (heute: Kaiserstr. 21). Auch jetzt werden in dem Gebäude, in welchem Hansjakob sein abschließendes Schuljahr (1858/59) verbrachte, noch Druckwerke verkauft: heute befindet sich dort die "Buchhandlung Kirchhoff".

Abb. 242: *Die frühere Buchhandlung Kronenwerth (heute Kirchhoff; ehemals Hanemann).- Vgl. Kat. Nr. 131f.- Emmy Kirchhoff, Rastatt*

In seinen Erinnerungen "Aus meiner Studienzeit" und "Allerseelentage" berichtet Hansjakob auch über seine früheren Rastatter Wohnungen und über sein Leben in ihnen: "Das Häuschen des Schuhmachermeisters [Braun] stand an der Murg, unmittelbar am Eingang zum 'Rohrersteg', vom Flusse nur getrennt durch den Damm, der die Gewässer von den Wohnungen der Menschen abhalten sollte. Auf der Flußseite zeigte das kleine, zweistöckige Haus eine Bombe, die während der Beschießung durch die Preußen da eingeschlagen hatte... Das freundlichste Zimmer des

Hauses, im zweiten Stock, ward mir angewiesen. Ich mußte es aber mit einem jüngern Sohn der Familie, Karl, der ebenfalls das Lyzeum besuchte, teilen...

Wie oft saß ich in den ersten Wochen meiner Rastatter Studienzeit am Abend nach der Schule im kühlen Herbstwind auf dem Murgdamm, wie die Israeliten an den Flüssen Babels, und weinte... Und wo fand ich allein für Augenblicke Trost? Ich zögere keine Sekunde, es offen zu sagen: Bei den Gesellen und Lehrbuben in der Schuhmacherwerkstätte meines Hausherrn... Von meinen Kindestagen her noch eingenommen für Schuhmacherei, vergaß ich, ihnen zuschauend, für kurze Zeit mein Elend. Bald griff ich auch zur Ahle, zum Hammer und 'zum Drahtspitz' und fing zu schustern an... Ich war oft so vertieft in die Schuhmacherei und die Gespräche mit den Schuhmachern, daß mir Meister Braun, der nie mehr auf dem Stuhle saß, sondern in der Stube zuschnitt, wiederholt durch das kleine Fenster, welches von der Wohnstube in die Werkstätte ging, rufen mußte, es sei Zeit zum Lernen...

Mein Zimmerchen wurde zur Winterszeit des Abends weder geheizt, noch bekam ich ein eigenes Licht. Ich mußte mit den Weibsleuten der Familie am gleichen Tisch um eine Unschlittkerze sitzen und, während sie nähten, spannen und schwatzten, meine Aufgaben machen von 7 bis 10 Uhr [abends]... Wenn aber dann die Zeit der Ruhe für den geplagten Quartaner kam, so fand er sie doch nicht, weil das kleine Häuschen imWinter, wo sie vom Murgdamm und den benachbarten Gärten einwanderten, voll war von Mäusen, die ich fürchtete wie's Feuer, und die in der Nacht ihr störendes Unwesen im Zimmer trieben und selbst mein Lager nicht verschonten... Auf [dem] Klavier brachte ich manchmal, auf der Flucht vor den Mäusen, die Nacht zu...

Ich kam, wie fast immer in meinem Leben, mit den 'Damen' des Hauses nicht aus, weil meine Haslacher Zunge so wenig schwieg als die Weiberzungen; zudem schmeckte mir nicht alles, was die Weiber kochten und mir und den Lehrbuben samt dem Hausherrn und seiner Familie servierten...

Ich wohnte nun [im Sommer 1855] bald drei Jahre in dem kleinen Hause am Rohrersteg und war ein himmellanger Bursche von achtzehn Sommern geworden, hatte an Körperlänge gewaltig, an Weisheit und Liebenswürdigkeit aber gar wenig zugenommen. Ich kam nun mit den Weibsleuten des Hauses gar nicht mehr aus, wollte abends nicht mehr in ihrer Gesellschaft studieren, mir von der Tochter nicht mehr das Vesperbrot vorschneiden und von der Mutter nicht mehr predigen lassen... so beschloß ich denn, vom nächsten Schuljahr an ein anderes Quartier zu suchen" (Aus meiner Studienzeit, 6. Aufl. 1913, S. 91f., 98-100, 105f., 146-148).

"Am Abend des 1. Oktober 1855 machten die Schustergesellen und die Lehrbuben am Rohrersteg früher Feierabend, um mir den letzten Liebesdienst zu erweisen. Sie transportierten meinen nußbaumenen Koffer und mein Klavier hinab zu den 'roten Häusern' in die 'Studenten-Kaserne', womit mein Umzug dahin vollzogen war.

Den Namen Studenten-Kaserne trug das Haus des Metzgers Walter am Gewerbsplatz, weil in ihm stets ein größere Anzahl von Lyzeisten ihr Quartier und ihre Kost hatte. Dieses vorn zweistöckige und hinten einstökkige Haus, das einen ziemlich großen Hof umschloß, war zurzeit, als ich in dasselbe eintrat, ein wahrer Mikrokosmus im Makrokosmus... Es lag an der Grenze des 'Kalabrich'... An der Vorderseite des Walterschen Hauses liegt der Gewerbsplatz, zu meiner Zeit ein *lucus a non lucendo*; denn die einzigen an ihm wohnenden Gewerbsleute waren in jenen Tagen der Bücherjude 'Schasef', ferner ein Bierbrauer ohne eigenes Bier und der Metzger Walter, der nie mehr Fleisch hatte, als er für seine Studenten brauchte.

Die Rückseite unserer Kaserne bestrichen der langweilige Murgdamm und dessen Kastanienbäume. In diesem Flügel lag meine Bude, deren Kreuzstöcke so nieder waren, daß ich durch sie bequem mit einem Schritt meiner langen Beine von der Murgstraße aus im Zimmer stand. Durch den Hofweg von meiner Kammer, die noch einen 'Alkoven' für das Bett und gesonderten Eingang hatte, getrennt, befand sich eine ganz gleiche Wohnung... Im Innern des Hofes, der nach alter Römerart auch wohnlich verbaut war, erschien abermals rechts und links je eine Klause für 'Studenten'. Die eine beherbergte einen kleinen Sekundaner, den ich alsbald als 'Fuchs' benutzte, um mir Bier und Zigarren zu holen... In der andern aber lebten die zwei Dioskuren Karl und Wilhelm Bunkofer..., die einzigen Gerechten unter den studentischen Bewohnern der Kaserne... meine Mitschüler in der gleichen Klasse... Gegen den Gewerbsplatz hin, auf der Vorderseite des Hauses, hausten eine Treppe hoch... zwei Untersextaner... und der Obersextaner Gutgesell...

Im untern Stock vorderer Front hatte die Familie Walter ihren Sitz... Die Frau, eine echte, rührige Rastatterin, leitete die ganze Wirtschaft; als Gehilfen und Gehilfinnen standen übergenug Söhne und Töchter ihr zur Seite... Am besten sind mir die vier erwachsenen Töchter noch in der Erinnerung, von denen die zweitälteste, 'das Resele', die von den 'salonfähigen' Studenten gefeiertste war... an Sonntagabenden, wo die 'kneipfähigen' Sextaner ins Bierhaus gingen, war ich allein der 'Hahn im Korb' und saß dann unter den Nymphen der Kaserne und verübte allerlei gescheite Redensarten...

Noch zweier dienender Geister in der Kaserne muß ich erwähnen. Der eine war Alois, der Knecht und mein Freund, der andere die alte 'Lina', der Studenten Kammerjungfer. Knecht Alois hatte seine Logis unter der Stiege, welche vom Hof in den ersten Stock des Vorderhauses führte; es war schon mehr Höhle als Wohnung. Abends saß er nun darin und machte bei trübem Lampenschimmer Holzschuhe, während ich ihm... gar oft Gesellschaft leistete... Die Lina... war die Gutmütigkeit selbst und unermüdlich in geduldigem Bedienen ihrer Mitmenschen. Da sie wußte, daß ich am Morgen gerne möglichst lange im Bette liegen blieb, brachte sie mir regelmäßig mein Frühstück an das Lager und sprach mir immer mit den gleichen Worten zu, doch ja recht viel zu schlafen, da ich so stark im Wachsen wäre...

So sah es in der Studentenkaserne aus im Jahre 1855-1856, in welchem ich ihr Bewohner war..." (Aus meiner Studienzeit, S. 165-173).

Mehr als fünfzig Jahre später - im Jahre 1910 - besuchte Hansjakob die "Studentenkaserne" noch einmal und hielt dann in seinem Buch "Allerseelentage" seine Eindrücke von diesem Wiedersehen fest: "Es ist um die Mittagszeit und noch ebenso still auf dem 'Gewerbsplatz' wie ehedem. Das Haus hat sich äußerlich etwas verändert. In unserem ehemaligen gemeinschaftlichen Eßzimmer und in der durch den Hausgang von ihm getrennten Metzig [=Metzgerei] sind jetzt zwei Läden mit Eisenwaren... Weinen hätte ich können, als ich den dunkeln, altersgrauen, rechts und links von kleinen Wohnungen eingefaßten Hof sah, so gänzlich unverändert lag alles vor mir... Auch die dunkle Stube in der Mitte des Hofes, in der die jetzt auch schon toten Freunde, die zwei Brüder Bunkofer, wohnten - ist noch wie ehedem, nur unbewohnt, offenbar schon seit Jahren. Die Fenster sind vergilbt und blind. Wie oft hab' ich an ihnen geklopft, wenn ich spät am Abend heimkehrte und die zwei urfleißigen Klassengenossen noch bei trübem Talglicht an der Arbeit saßen! Wie oft bin ich auch bei ihnen eingetreten in die dumpfe Stube und habe ihnen noch was Lustiges und Heiteres erzählt, wofür mir der fromme, ältere Bruder Karl, eine Moralpredigt hielt über meine Bierseligkeit und meinen Unfleiß...

Ich betrat natürlich auch das Zimmer, das ich bewohnt und das eine kleine Küche als Vorraum und eine große Stube mit einem Alkoven enthielt. Die erstere benützte ich natürlich nie. Heute kochte eine Frau darin und sie ließ mich gerne in ihre Wohnstube schauen, die einst auch die meinige war... Sie ist viel schöner und behaglicher eingerichtet als bei mir vor 55 Jahren. An den nur getünchten Wänden hing zu meiner Zeit kein Bild und kein Spiegel. Ein elender Tisch und eine hölzerne Bank nebst einem Stuhl und einem alten Aktenkasten, der als Büchergestell diente, waren das ganze Meublement der Stube. Den Aktenkasten hatte mir der Amtsdiener Trupp beim Bezirksamt geschenkt. Der Mann... hatte ihn verbrennen sollen und statt dessen mich damit begabt. In dem Alkoven stand mein Bett, kürzer als ich, der ich damals schon ein langer Mensch war, ein tannenhölzerner Nachttisch und eben solch ein Stuhl. Und doch lebte ich viel glücklichere Tage in diesen Räumen als heute in meinen für einen ehemaligen Bäckerbuben allzu üppig und allzu künstlerisch ausgestatteten Zimmern in der Stadt Freiburg und in der Karthause" (Allerseelentage, 3. Aufl. 1912, S. 428-431).

Abb. 243: *Historische Aufnahme der Rastatter Herrenstraße mit dem Bekleidungsgeschäft Stäbler (rechts; früher: Kürschner Pfeifer, heute: Club-Center).- Vgl. Kat. Nr. 131c.- Stadtarchiv Rastatt: K-1048,4*

Zu Anfang des Schuljahres 1856/57 zog Hansjakob "von den 'roten Häusern' herauf in die schöne, helle Herrenstraße", wie er schreibt, "zum

Kürschner Pfeifer neben der stattlichen Hofapotheke. Es war mir nicht mehr 'nobel' genug gewesen in dem abgelegenen Hinterbau am Murgdamm. Das von mir jetzt bezogene Quartier, ein langes Zimmerchen parterre, ward stets von Lyzeisten der obern Klassen bewohnt und trug seiner schmalen Länge wegen den Namen 'Kegelbahn'. Ganz in seiner Nähe fand ich meinen Kosttisch beim Metzger Birkle, und gegenüber hatte ich fortan mein Lieblings-Bierhaus, das 'Schwert'..."

"Der Winter des Jahres 1856-57", so berichtet Hansjakob weiter, "war ein sehr kalter, was ich in meiner Kegelbahn, welche parallel mit dem Hausgang lag, doppelt schwer empfand. Gleichwohl heizte ich in derselben nie ein. Ich schrieb wohl des öftern um Geld zu einem Viertelsklafter Holz nach Hause, aber gekauft wurde trotz des strengen Winters kein Span. Ich wärmte mich in den Bierhäusern... Meine Aufgaben für die Schule wurden sämtlich im Bette abends und am frühen Morgen gemacht. Weil meine Tinte aber zur strengen Winterszeit meist eingefroren war aus bereits bekanntem Grunde, so kam am Morgen die Magd des Kürschners Pfeifer, eine alte Schwäbin aus dem Enztale, in meine Kabine, um mein Tintenfaß zu holen und es auf dem Herd, wo sie den Kaffee bereitete, aufzuwärmen. Da ihr mein schöner Geschlechtsname nicht sehr geläufig war, so nannte sie mich immer 'Herr Johannes', und ich höre sie heute noch, wie sie in aller Früh' in die Kegelbahn trat und mich regelmäßig weckte mit dem Rufe: 'Herr Johannes, i will Ei dia Tinta wieder aufg'werme, aber i dät aneweag amol a Holz koufe!' Dieser Winter war der kälteste meiner Rastatter Studienzeit, aber auch der einzige, der mich ohne Holz traf" (Studienzeit, S. 202f., 211-213).

Bei seinem letzten Besuch in Rastatt im Jahre 1910 zog es Hansjakob auch in die Herrenstraße zu seiner ehemaligen Wohnung beim Kürschnermeister Pfeifer; und wiederum berichtet er darüber in seinen Erinnerungen "Allerseelentage": "Wo der stille, feinsinnige Kürschner seinen Laden gehabt, ist jetzt ein Kleiderstoffgeschäft einer Firma 'Happle und Heudorf'. Ich trete ein und bitte einen der jungen Geschäftsinhaber, ob er mir nicht das Fenster des neben seinem Hausgang liegenden, langen Zimmers öffnen wolle, damit ich wenigstens von außen hineinschauen könnte... Gern willfahrte der Mann meinem Wunsche, und ich warf einen langen Blick in meine alte 'Kegelbahn', die jetzt als Magazin benützt wird und voll ist von Stoffballen, die in offenen Schränken aufgebahrt sind... Auch die wetterharte Steinbank vor dem Fenster, die mir das Ein- und Aussteigen durch dasselbe so erleichtete, grüßte ich heute als eine gute alte Bekannte aus fröhlichen Tagen" (Allerseelentage, S. 417f.).

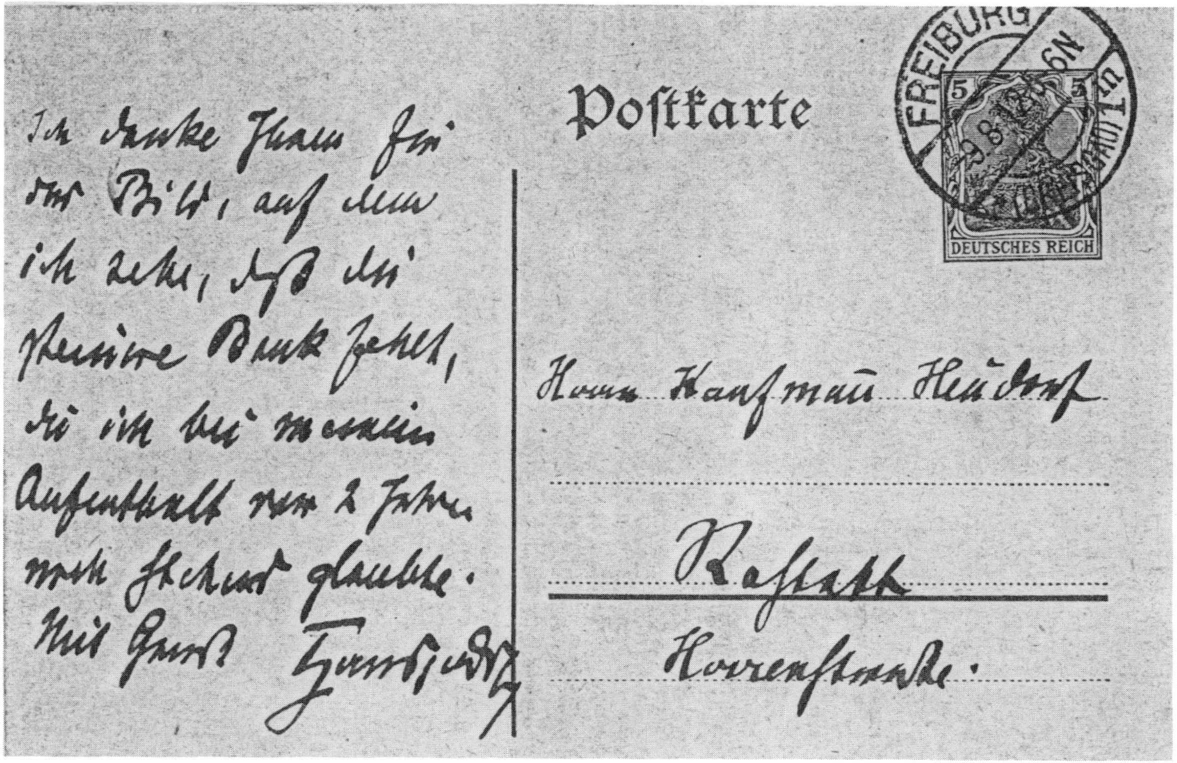

Abb. 244: *An den Rastatter Kaufmann Heudorf adressierte Postkarte Hansjakobs aus d. J. 1912.- Vgl. Kat. Nr. 131d.- Stadtarchiv Rastatt*

Auf den zuletzt zitierten Satz muß sich die hier gezeigte und an "Herrn Kaufmann Heudorf, Rastatt, Herrenstraße" adressierte Karte beziehen, die Hansjakob am 9. August 1912 aus Freiburg abschickte. Der Wortlaut der Karte sei hier wiedergegeben: "Ich danke Ihnen für das Bild, auf dem ich sehe, daß die steinerne Bank fehlt, die ich bei meinem Aufenthalt vor 2 Jahren noch stehend glaubte. Mit Gruß. Hansjakob". Offensichtlich war Hansjakob also zuvor darauf aufmerksam gemacht worden, daß die steinerne Bank, die sich einst vor seiner "Kegelbahn" befunden hatte, im Gegensatz zu seiner Darstellung in "Allerseelentage" bei seinem letzten Rastatter Besuch im Jahre 1910 schon nicht mehr existierte.

Nur wenige Monate hielt es Hansjakob in der "Kegelbahn" aus, dann zog er, wie wir seinen Erinnerungen "Aus meiner Studienzeit" entnehmen können, "mit Beginn des Sommerkurses hinüber zu [seinem] Kostherrn, dem Metzgermeister Birkle, wo der Obersextaner Beckert und [Hansjakob] ein großes, schönes Zimmer gemeinsam bewohnten" (Studienzeit, S. 217). "Beckert war ein Hauptschläger", so verrät uns Hansjakob, "und lehrte auch mich Rapier- und Florettfechten, wozu unser Zimmer Raum genug bot. Unsere Betten standen einander gegenüber an beiden Zimmerwänden, und manchmal reizten wir uns morgens beim Erwachen absichtlich durch allerlei Stichreden, worauf jeder von seinem Lager aufsprang und zur Wehre griff. So fochten wir dann 'im bloßen Hemd' zwischen den beiden Bettstellen - bis zur Ermüdung" (Studienzeit, S. 218).

Als Hansjakob bei seinem letzten Wiedersehen mit Rastatt im Jahre 1910 "hinüber zum nahen Haus des einstigen Metzgers Birkle in der Rappengasse" schritt, mußte er feststellen, daß der Metzgermeister genauso wie "seine energische, lebensfrohe Frau und ihr Sohn und Nachfolger, der Wilhelm" bereits tot waren. Und ergänzend berichtet uns Hansjakob noch: "Die Metzig unten hat einer Reparaturwerkstätte für Fahrräder Platz gemacht. Im Hof sind aber noch die gleichen alten Kieselsteine als Pflaster, über die ich als bierseliger Studio so oft gewandelt bin zu nächtlicher Stunde vom Schwert herüber, die Zigarre in der Hand und zwischen hinein pfeifend oder ein Liedchen summend. Wo ich hinschaue im Hof, alles, wie einst. Ich steige die Treppe hinauf, die gleiche, die so manchmal im Sturm genommen wurde, während sie mir heute Mühe macht... Als ich wehmütig von dannen ging, schauten mich unten im Hof die Steine und die alten Räume, in denen wir einst gesessen und in denen gekocht wurde, so traut an, als wollten sie mit mir trauern um die Vergangenheit" (Allerseelentage, S. 418-420).

Abb. 245: *Die Rastatter Rappenstraße mit dem Haus Nr. 10. Aufnahme aus der Zeit um 1900.- Vgl. Kat. Nr. 131e.- Michael Feik, Rastatt*

Über den 1858 erfolgten Wechsel in die neue Wohnung beim Buchhändler Hanemann, über die Wohnung selber sowie sein Leben in ihr und über die neuen Mitbewohner berichtet Hansjakob: "Der Herbst 1858 brachte mich auf die höchste Stufe der Lyzealstudien durch den Eintritt in die Obersexta. Wenn den Untersextaner schon eine Götterwonne überfällt, so steigert sich diese beim Obersextaner zu mehr als olympischer Größe. Meine erste Tat war, daß ich demgemäß auch eine neue Wohnung suchte für den angehenden Olympier, dem jetzt die Rappengasse in Rastatt zu klein und zu armselig war. Ich zog in die Hauptstraße [heute Kaiserstraße] zum Buchhändler Hanemann in ein so elegant und niedlich ausgestattetes Zimmerchen, wie ich es in dieser Schönheit kaum als Landtagsabgeordneter gefunden und mir erlaubt habe.

Heute noch kann ich nur mit einer gewissen Elegie an die elf Monate zurückdenken, die ich in diesem zierlichen Kabinett verlebte. Es lag im Hofe, mit Aussicht auf Garten und Murgdamm, ganz abgeschlossen vom übrigen Hause, eine köstliche Zelle, still und idyllisch wie ein Sonntagmorgen im Maien. Was für ein süßes Behagen durchzog mich als da, wenn ich an Frühlings- und Sommerabenden spät heimkehrte, meinen Fauteuil ans Fenster rückte und noch vollends die letzte Tageszigarre verdampfte, frei von allen Sorgen und Leidenschaften, erfüllt nur vom Bewußtsein des

Obersextaners! Ringsum tiefe Stille, höchstens im Hofe unten bisweilen ein leises Geflüster, das von der Köchin des Hauses und ihrem 'Schatz' ausging, einem Unteroffizier und richtigen Kinzigtäler... Die meisten Mietsleute des Hanemann'schen Hauses waren österreichische Offiziere, wilde, junge Herren, unter ihnen ein Badener, von Seldeneck, und ein Sohn des famosen Feldzeugmeisters Eynatten. Der Hausherr Hanemann hat mir später noch bezeugt, daß ich der ruhigste und solideste seiner damaligen Gäste und am Abend von den letzten stets der erste gewesen sei" (Studienzeit, S. 285f.).

Auch der im Zusammenhang mit Hansjakobs Abschiedsbesuch von Rastatt im Jahre 1910 unternommene letzte Gang zum "Hause Hanemann" findet in dem Buch "Allerseelentage" seinen Niederschlag: "Hier [neben der Pfarrkiche in der Kaiserstraße] liegt das Haus Hanemann, wo ich im letzten Jahre meiner Lyzeistenzeit gewohnt habe - am stillsten und am schönsten gewohnt. Von der Familie, die aus Eltern und einem einzigen Sohn bestand, der etwa zehn Jahre jünger war als ich, ist alles tot - und Haus und Geschäft sind in fremder Hand. Der neue Besitzer, ein Herr Kronenwerth aus Erfurt, gewährt, nachdem ich mich ihm in dem unveränderten Laden vorgestellt, gerne meine Bitte und führt mich durch den Hof in den Flügel des Hauses, an dessen Ende im zweiten Stockwerk mein Zimmer sich befand. Einundfünfzig Jahre sind verflossen [aus der Sicht von 1910], seitdem ich es verlassen und nie mehr betreten. Es ist das gleiche geblieben, nur möbliert ist es heute einfacher, und das Fenster gegen die Murg und den Garten hin hat durch einen Vorbau seine Aussicht verloren. Wie oft lag ich, heimgekehrt von später Kneipe, ... in Frühjahrs- und Sommernächten unter diesem Fenster und sinnte in die stille Dunkelheit hinaus, die nur die Sterne des Himmels und der dahinziehende Fluß belebten. In mir selber aber strahlte das Licht der Jugendsonne und der Sorgenlosigkeit"(Allerseelentage, S. 422f.).

132 Außerschulisches Leben

132 a Als **häufiger Gast in Rastatter Wirtshäusern**

132 a 1 **Bierkrug** mit Henkel und Deckel. Material: Glas, Deckel aus Zinn mit farbig bemalter Porzellaneinlage; 1/2 l-Eichstrich; Biedermeierzeit (ca. 1830/40). Darstellung auf dem Deckel: Zwei auf einer Straße gehende Männer mit Stock bzw. Regenschirm; an der Seite ein abgebrochener Baum; auf der Straße liegt ein Hut; die beiden Männer im Gespräch miteinander, der eine dabei auf den Hut

Abb. 246: *Bierkrug aus der Biedermeierzeit.- Vgl. Kat. Nr. 132 a 1.- Rainer Wollenschneider, Rastatt. Foto H. Heid*

deutend; darüber der folgende Schriftzug: "Da schau her, da hats gar den ganzen Kerl, der zu dem Hut gehört, durch den grausigen Sturm weggeblasen."

(Rainer Wollenschneider, Rastatt) Abb. s. links

132 a 2 Restauration **"Zum Schweizerhof"**, Rastatt. Kolorierte Postkarte, gelaufen am 25.3.1908.

(Andreas Jachnik, Rastatt) Abb. 247

132 a 3 Rastatt: Gasthaus **"Zur blauen Katz"**. Postkarte aus d. J. 1930.

(Andreas Jachnik, Rastatt) Abb. 248

132 a 4 Hotel und Restaurant **"Zum Schwert"**, Rastatt. Postkarte, vermutlich um 1895. Abb. 249

(Michael Feik, Rastatt)

132 a 5 Die **"Gromerische Bierbrauerei"** in Rastatt. Lithografie, um 1842. Größe: ca. 16,5cm x 24,5cm. Abb. 250

(Stadtarchiv Rastatt: K-1380)

132 a 6 Gasthaus **"Zum Großherzog"**, Rastatt. Postkarte, nach 1900.

(Michael Feik, Rastatt) Abb. 251

"Was ein ordentliches Bier- und Kneipgenie werden will, muß sich beizeiten entwickeln. Und so hatte ich", schreibt Hansjakob, "von den ersten Tagen meines Rastatter Aufenthaltes an einen unwiderstehlichen Drang nach Bier und nach Bierhäusern" (Aus meiner Studienzeit, 6. Aufl. 1913, S.110). Und die damit bereits früh ausgeprägte Vorliebe für Gerstensaft und Gasthäuser sollte auch in den folgenden Schuljahren nicht geringer werden, sondern vielmehr im Gegenteil eher noch wachsen (vgl. Studienzeit, S. 134, 182, 185-190 u.a.).

Zu den von Hansjakob gerne und häufig aufgesuchten Wirtshäusern gehörten die *"Brauerei Siebert"*, die *"Blaue Katz"*, das *"Schwert"*, die *"Gromerei"* und der *"Großherzog"*. Als Hansjakob 1910 Rastatt zum letzten Male besuchte, fuhr er auch an der früheren *"Brauerei Siebert"* vorbei und stellte fest, daß sie "dummerweise" in *"Schweizer Hof"* umbenannt worden war (Allerseelentage, 3. Aufl. 1912, S. 409). Möglicherweise wußte Hansjakob damals nicht, daß die neue Bezeichnung mit einem inzwischen erfolgten Besitzerwechsel in Verbindung stand: 1881 pachtete Gustav Schweizer die Gaststätte, und 1888 wurde er deren Eigentümer - daher der neue Name. Heute befindet sich in dem Anwesen in der Friedrich-Ebert-Straße das italienische Ristorante "Mamma Lina".

Abb. 247: *Restauration "Zum Schweizerhof" in Rastatt (um 1908).- Vgl. Kat. Nr. 132 a 2.- Andreas Jachnik, Rastatt*

Das Gasthaus *"Zur blauen Katz"*, in welchem Hansjakob während der Jahre von 1855-59 des öfteren verkehrte, wurde 1866 zum Treffpunkt katholischer Gesellen. 1919 erwarb der neu gegründete Gesellenverein die "Blaue Katz" als Gesellenhaus. 1933 wurde der Verein wieder aufgelöst, und die Gaststätte wechselte zwei Jahre später in den Besitz des Kirchenfonds St. Alexander über. 1968 brannte das Wirtshaus ab, und jetzt befindet sich an seiner Stelle das Kath. Gemeindehaus St. Alexander. Das alte Wirtshausschild der ehemaligen Gaststätte "Zur Blauen Katz" hängt heute an der Einfahrt zur Garage unter dem Gemeindehaus.

Zu Hansjakobs Rastatter Schulzeit war das *"Schwert"* noch im Besitz des Bierbrauers Ambt (Ampt). 1872 wurde das Lokal dann - nachdem es der frühere Drei-König-Wirt Danecki übernommen hatte - umgebaut und allmählich in ein Hotel umgewandelt. 1910 erfolgte ein weiterer Umbau, wobei das an der Herrenstraße stehende Hotel diejenige äußere Gestalt erhielt, in der wir es auch heute noch kennen.

Häufiger Gast war Hansjakob während seiner Rastatter Schuljahre auch in der *"Gromerei"* ("Gromerische Bierbrauerei"). Als der einstige Lyzeumsschüler Jahrzehnte später bei seinem letzten Besuch in Rastatt (1910) die Stadt durch das Kehler Tor verließ und dabei die frühere "Gromerei" passierte, war diese schon längst in die "Brauerei(gesellschaft) Streib" umgewandelt worden und präsentierte sich dem scheidenden Hansjakob in einer im Vergleich zu seiner Schulzeit völlig veränderten Gestalt, wie etwa die Nebeneinanderstellung zweier Ansichten auf einer Lithografie aus den Jahren um 1842 sowie auf einer Postkarte aus der Zeit um 1897 (vgl. Abb. 250 u. 284) beweist. C. F. Lederle schreibt in seinem 1902 erschienenen Stadtführer "Rastatt und seine Umgebung" über die Brauerei Streib: "Die Brauerei Aktiengesellschaft, vorm. D. Streib (gegr. 1842) hat beim Kehler Thor einen grossen, schattigen, über der Straße erhöhten und dadurch staubfreien Restaurationsgarten" (S. 148). In der "Festordnung" der "Einladung zur Jahrhundert-Feier" des Rastatter Gymnasiums von 1908 wird als Programmpunkt unter dem Datum vom 28. Juli ein "Frühschoppen in der Brauerei Streib (Gromerei)" aufgeführt. In Hermann Kraemers Stadtführer von 1930 (einer Bearbeitung von Lederles "Rastatt und seine Umgebung") wird die Brauerei Streib bereits nicht mehr erwähnt.

Das ehemals in der Nähe der Badener Brücke (Murgtalstraße 2) gelegene Gebäude des einstigen Gasthauses *"Zum Großherzog"* wurde 1971 abgerissen, nachdem die Gaststätte selber schon 1919 aufgegeben worden war. Gründer der Gaststätte war der frühere Oberbürgermeister J. Wolff (1806-1819). Dessen Erben verkauften sie 1835 an Joseph Görger. Später übernahm dann Görgers Sohn Emil die Wirtschaft als letzter Gastwirt.

(Zu den obigen Ausführungen vgl. auch K. Wolf, Rastatt's Gastronomie "Einst und Heute", Rastatt o.J., S. 43, 51 u. 53).

Über die fünf genannten Gasthäuser und seine dortigen Besuche schreibt Hansjakob u.a.: "Im Dörfel lag damals auch die *Brauerei Siebert*... Bei Siebert, der wie seine hübsche Frau in jungen Jahren starb, war die Soldatenkneipe, und hier trank ich als elender Quartaner meine unerlaubten

Schoppen bei den Soldaten aus dem heimatlichen Kinzigtal" (Allerseelentage, S. 409).

Abb. 248: *Gasthaus "Zur blauen Katz" (um 1930).- Vgl. Kat. Nr. 132 a 3.- Andreas Jachnik, Rastatt*

Abb. 249: *Hotel und Restaurant "Zum Schwert" (um 1895).- Vgl. Kat. Nr. 132 a 4.- Michael Feik, Rastatt*

“Oft saß ich [als Unterquintaner] mit den Unteroffizieren auch in der *'blauen Katze'*, und sie 'belegten' aus Rücksicht auf mich das kleine Nebenzimmer, weil die größere Bierstube oft von Professoren und dem fahndenden Lyzeumsdiener besucht war. Man mußte dieselbe aber passieren, wenn man auf gewöhnlichem Weg in das Nebenzimmer kommen wollte, weshalb ich diese[s] stets von der Straße aus durch das Fenster betrat, was keine Kunst war, weil das Lokal parterre lag. Noch tönt in meinem Ohre das 'Halli Hallo', mit dem die Unteroffiziere den lustigen Hansjakob empfingen, wenn seine lange, schmale Gestalt über der Fensterbrüstung erschien. Ich habe bei diesen Leuten absolut nichts Böses gelernt oder auch nur gesehen; es müßte denn nur das viele Singen und Biertrinken als sündhaft angerechnet werden... Der Frühschoppen an Sonn- und Feiertagen und an jenen Werktagen, an denen um elf Uhr die Klasse aus war, wurde [während Hansjakobs Untersextanerzeit] in der 'blauen Katz' genommen. Einige Glas Sinzheimer Bieres vor Tisch nebst einer 'Fastenbrezel' galten mir damals als ein Hochgenuß...” (Studienzeit, S. 187f. u. 241).

“Das von mir [1856 in der Oberquinta] bezogene Quartier... trug seiner schmalen Länge wegen den Namen 'Kegelbahn'... gegenüber hatte ich fortan mein Lieblings-Bierhaus, das *'Schwert'*... Wenn ich am Nachmittag aus der Schule kam, legte ich, ohne das Zimmer zu betreten, die Bücher durchs Fenster hinein und stürzte mich ins 'Schwert'. Denn von vier bis sechs Uhr des Abends war es dort 'geheuer', um sechs Uhr aber rückten die Professoren Eisinger und Nicolai an, die im Nebenzimmer ihr Standquartier hatten, und dann mußte unsereiner 'verduften'... Wenn die offizielle Samstagskneipe mich nicht in die 'Blaue Katz' oder in die 'Gromerei' rief, saß ich als Obersextaner allabendlich und, wenn möglich, jeden Morgen im 'Schwert'. Hier lernte ich auch die Rastatter Bürger kennen, von denen einige Originale da ihren Stammtisch hatten. Das waren köstliche Menschen, wie sie nur das deutsche Kleinbürgertum hervorzubringen imstande ist: der Bäcker Gerstner, der Schlosser Beck, der Maurer Schweigert, der Schneider Wunsch und der Rasierer Hirschmann. Wie manch lustige Stunde hab' ich mit diesen bierfidelen 'Spießen' zugebracht!” (Aus meiner Studienzeit, S. 203, 211, 294).

“Seitdem ich mit Beckert als Oberquintaner beim Metzgermeister Birkle zusammenlebte, besuchte ich mit ihm gar oft die Kneipe der Sextaner, welche sie damals fast regelmäßig in der *Bierbrauerei Gromer* am Kehler Tor aufgeschlagen hatten. Ich lernte da all das beizeiten, was ich später, selbst Senior geworden, zu praktizieren hatte... Wie oft mußten uns im Winter 1857/58 die österreichischen Patrouillen aus dem dunkeln Nebenzimmer in der 'Gromerei' am Kehler Tor entfernen, weil die 'Polizeistunde' längst vorüber war! Wir haben mehr denn einmal das Bierfäßchen mitgenommen bei dieser Ausweisung und es leer getrunken auf meinem großen Zimmer in der Rappengasse" (Studienzeit, S. 221 u. 253f.).

Abb. 250: *Die "Gromerische Bierbrauerei" in Rastatt. Lithografie (um 1842).- Vgl. Kat. Nr. 132 a 5.- Stadtarchiv Rastatt: K-1380*

"Im *'Großherzog',* gerade an der Badenerbrücke, hatten wir vom Herbst 1858 an als Sextaner unsere offizielle Kneipe. Ich war damals 'Leithammel', wie der Direktor meinte... Als ich heute [beim letzten Besuch in Rastatt 1910] an dem im unteren Stock gelegenen Kneipzimmer vorbeifuhr, konnte ich durch die offenen Fenster in das Zimmer hineinsehen, in welchem mir so viele Stunden jugendlicher Lust begraben liegen" (Allerseelentage, S. 401).

Zwar wurden die zahlreichen Wirtshausbesuche so für Hansjakob in gewissem Sinne auch zu einer "Schule des Lebens", weil er hier so viele verschiedene Menschen kennenlernte; doch andererseits konnte dieser Lebensstil nicht ohne negative Auswirkungen auf seine Gesundheit bleiben, wie er selber zugesteht: "Was unter diesem Lebenswandel allein litt, waren meine Gesundheit und mein Fleiß. Ich fing in diesen Tagen das Rauchen an und trieb es unsinnig. Zigarren und Tabak wurden in aller Frühe wie spät in der Nacht verdampft, während mein Körper in der stärksten Entwicklung begriffen war. Die Folgen davon waren damals schon eine hochgradige Nervosität mit Schlaflosigkeit und Magenleiden... Ich ging auch zum Doktor Oster, einem freundlichen Herrn, der mir alles verbot, nur die Hauptsache nicht, nämlich das Rauchen und das Biertrinken... So sündigt die Jugend auf ihre Gesundheit, und das Alter muß die Sünden büßen. Heute wäre das Rauchen mein Tod, und Bier kann ich seit vielen Jahren keinen Tropfen mehr trinken" (Studienzeit, S. 189f.).

Zu einem derartigen Bekenntnis stehen freilich andere Äußerungen Hansjakobs in deutlichem Widerspruch, wie etwa diese: "Wir hatten zwar auch zahme Muttersöhnchen, die ihr Taschengeld dem Konditor brachten, eine Weiblichkeit, die mir aber stets höchst undeutsch vorkam. Und wenn heute, im zwanzigsten Jahrhundert, die Studenten Temperenzler spielen und Limonade, Selterswasser und Tee trinken statt Bier, so will mir das noch viel weniger gefallen. Es ist ein Zeichen von Blasiertheit, Degeneration und Feminismus. Drum haben wir auch so viele weibliche Männer und so viele männliche Weiber, die statt der Männer jetzt trinken und rauchen" (Studienzeit, S. 190f.). Und nicht anders als hier widerspricht sich Hansjakob auch sonst des öfteren, wie er selbst bekennt (vgl. dazu die Einführung zum Kapitel "Hansjakob heute" im vorliegenden Katalog).

Abb. 251: *Gasthaus "Zum Großherzog", Rastatt (Mitte). Historische Postkarte.- Vgl. Kat. Nr.132 a 6.- Michael Feik, Rastatt*

132 b Hansjakob als leidenschaftlicher Cego-Spieler

132 b 1 Cego. Kartenspiel mit französischen Farben und 22 Trümpfen (Motive aus Alltag und Genre) nach dem französischen Tarock; F.X. Schmid Vereinigte Münchener Spielkartenfabriken um 1920; 54 Karten; Material: Spielkartenkarton;
Maße: 11,0cm(L) x 6,3cm(B). vgl. auch Abb. 252
(Schwarzwälder Freilichtmuseum "Vogtsbauernhof", Gutach)

132 b 2 Cego-Spiel-Kasse für wenigstens zwei Spieler mit zwei Münzschlitzen und Blechverzierung zur Aufbewahrung des Spielgeldes. Um 1920; Material: Holz, Blech;
Maße: 15,5cm(B) x 8,5 cm(T) x 6,5cm(H).
(Schwarzwälder Freilichtmuseum "Vogtsbauernhof", Gutach)

Die Großmutter hatte Hansjakob ein Klavier geschenkt, das zunächst noch den Umzug aus der ersten Rastatter Wohnung am Rohrersteg in die "Studentenkaserne" des Metzgers Walter miterlebte; dort aber spielte Hansjakob kaum auf dem Instrument. Seiner Wirtin, Frau Walter, war dieser Sachverhalt nicht verborgen geblieben, und so bot sie Hansjakob an, ihm das Klavier für die jüngste Tochter abzukaufen. Rasch einigte man sich auf einen Verkaufspreis von 10 Gulden, und Hansjakob benutzte diese Summe, "um ein viel unnötigeres Spiel zu lernen, das 'Zego' nämlich" (Aus meiner Studienzeit, 6. Aufl. 1913, S. 196).

Über seine ersten Erfahrungen mit diesem Spiel sowie über dessen weitere Ausübung während seiner Rastatter Schulzeit berichtet Hansjakob: "...wenn ich... mit 'Studenten' kneipen wollte, mußte ich mich an die Schüler der höheren Klassen halten. Und in der Tat hatte ich 'Freunde' bis in die Obersexta [die höchste Klassenstufe] hinauf, von denen ich nicht bloß frühzeitig den 'Komment', sondern auch das Zegospielen lernte. Meine ersten öffentlichen Studien mit 'Skis und Bagad' machte ich im 'obern Prinz', einem feinern Bierlokal, das meist von österreichischen Offizieren besucht war. Ich erinnere mich noch lebhaft jenes Samstag-Nachmittags im Herbst 1855, da ich das erste Bierzego mitmachte. Die Mutter hatte mir am Tage zuvor einen gekochten Schinken geschickt, und den opferte ich als erste Hekatombe dem 'Skis'. Er ward auf dem Zimmer des Obersextaners Wikkert... verzehrt und hernach wurde zum Zego im 'Prinz' geschritten. Die Obersextaner Strauß, später Jesuit, und Fingado, als junger Kameralpraktikant in Freiburg gestorben, waren die weiteren Mitglieder der Gesellschaft. Sie 'schmierten' mir richtig die Zeche hin. Allein das trübte meine Heiterkeit keinen Augenblick; ich war stolz darauf, mit Obersextanern mein erstes offizielles Zego gespielt zu haben. Denn zu meiner Zeit galten den Lyzeisten unterer Ordnung die Sextaner mit ihrer Kneipfreiheit als wahre Halbgötter... Von jetzt an bis zum zweiten Jahre meiner Universitätsstudien blieb ich ein leidenschaftlicher Verehrer des Zegospiels. Sowohl in Rastatt als in den Ferien ward fast täglich 'getrockt', und unzählige freie Nachmittage saß ich als Sextaner mit Freunden auf irgend einem Studentenzimmer an der Murg und machte 'Geldzego', dem dann in der Regel ein Bierzego folgte, das den Abend verschlang" (Studienzeit, S. 197f.).

Cego ist in Südbaden beheimatet, und außerhalb dieses geographischen Bereichs dürfte es kaum bekannt sein oder gespielt werden. Je nach Region oder Ortschaft gibt es unterschiedliche Formen des Cego-Spiels. C.D. Grupp beschreibt es in derjenigen Spielweise, wie es in der Donaueschinger Gegend zu Hause ist. Einige Auszüge aus seiner Beschreibung seien als allererste Einführung hier wiedergegeben: "Wie bei vielen anderen Kartenspielen geht es auch beim Cego allein darum, in den Stichen eine möglichst große Augenzahl zu erreichen... In der hier zunächst beschriebenen Form wird Cego zu viert gespielt. Dabei wird gewöhnlich einer Alleinspieler und tritt gegen die drei anderen an, die dann nach Möglichkeit zusammenspielen... Man spielt mit 54 Blatt... Man kann nur mit dem Originalblatt spielen, weil darin Werte vorkommen, die sonst völlig unbekannt sind...

Die 54 Karten lassen sich in drei Gruppen einteilen: 22 Trümpfe ('Trocks' genannt), 16 Bilder und 16 'leere' Karten... Die 'Trocks': Der Name ist Dialektform von Tarocks. Alle 22 Trocks sind Trümpfe ('Stecher'). 21 von ihnen sind numeriert mit den Zahlen von 1 bis 21. Die Nummer 1 ist der niederste, die Nummer 21 der zweithöchste Trumpf. Über der 21 rangiert nur noch der allerhöchste Trock, der jedoch keine Nummer hat. Er wird 'Stieß' genannt... Außer ihren Nummern zeigen die Trocks Zeichnungen mit ländlichen Szenen oder mit Tieren. Der Trock 1 zeigt eine Narrenfigur (den 'kleinen Mann'), den Stieß ziert eine jokerähnliche Figur...

Die Bilder: Neben den Trocks gibt es Karten in den gewohnten Farben Kreuz, Pik, Herz und Karo. Außer den bekannten Figuren König, Dame und Bube tritt hier aber eine zusätzliche auf, der Cavall (Reiter), eine Figur zu Pferde. Dieser Cavall rangiert im Wert zwischen der Dame und dem Buben... Vier Bilder in vier Farben ergeben zusammen 16 Bildkarten. Sie stechen zwar nicht (außer die niedrigen Karten der gleichen Farbe), sind aber wegen ihrer Augenpunkte wichtige Zählkarten in den Stichen...

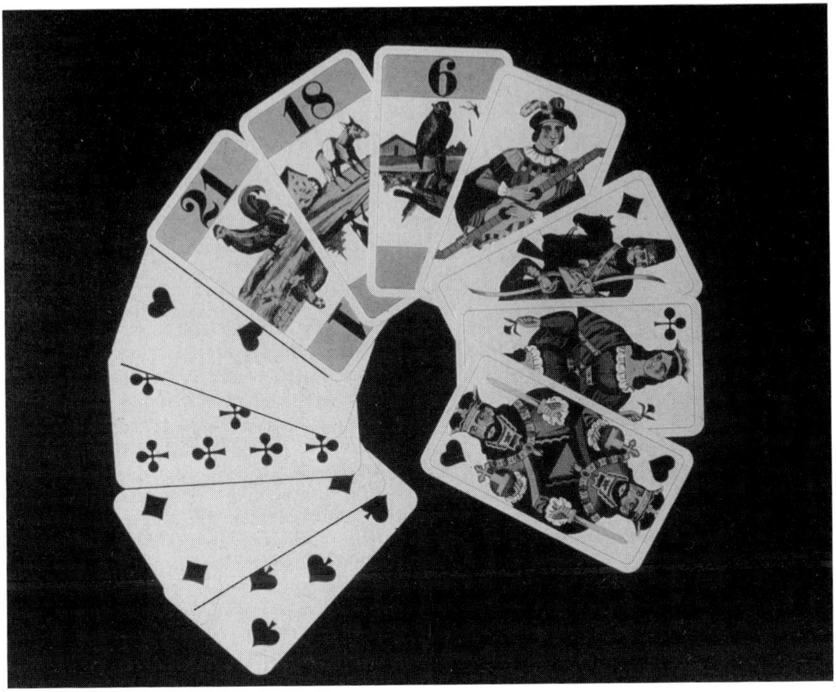

Abb. 252: *Cego-Spielkarten.- Vgl. Kat. Nr. 132b.- Aufnahme: H. Heid*

Die leeren Karten: Die restlichen 16 Karten sind 'leer', das heißt, ohne großen Zähl- und Stechwert. Auch sie tragen die Zeichen Kreuz, Pik, Herz und Karo... In den roten Farben Herz und Karo haben die Leerkarten die Werte 1 (As) bis 4, und zwar ist die 1 die höchste, sticht also die 2, die 3 und die 4. Die 4 ist demnach in den roten Farben die niederste Karte überhaupt. In den schwarzen Farben Kreuz und Pik haben die Leerkarten die Werte 10 bis 7; hier ist 10 die höchste und 7 die niederste...

Von sämtlichen 54 Karten haben nur 19 einen Zählwert in den Stichen, nämlich alle 16 Bilder sowie die Trocks Nummer 1 (der 'kleine Mann'), Nummer 21 (der 'Mond') und der Stieß. Der höchste Augenwert, den eine Karte überhaupt haben kann, ist fünf... Rechnet man alle Punkte zusammen, erhält man 71 Augen. Insgesamt aber gibt es beim Viererspiel 79 Augen. Die fehlenden 8 Augen werden durch eine besondere Zählweise in den Stichen erreicht... Um zu gewinnen, muß man von den insgesamt 79 Augen des Spiels mehr als die Hälfte in den eigenen Stichen haben...

Die Karten werden gemischt und ohne Abheben folgendermaßen verteilt: Zunächst zählt der Geber zehn Karten nacheinander ab und legt sie beiseite. Diese Karten sind 'der Blinde'... Bei Cego aber erfolgt das Geben und danach auch das Stechen rechtsherum, entgegen dem Uhrzeigersinne also. Der Geber teilt [den anderen drei Spielern] je elf Karten auf einmal zu und gibt sich selbst die restlichen elf...

Das häufigste Spiel ist 'Cego'. Derjenige, der es sich ersteigert, darf seine Handkarten ablegen und dafür die 10 Karten des 'Blinden' nehmen. Was er abgelegt hat (seine 'Legage'), zählt für ihn bereits als Stiche... Cego wird aber nur angesagt, wenn nicht ein anderer Spieler zuvor 'Solo' angekündigt hat. Solo: Hat ein Spieler acht oder mehr Trocks auf die Hand bekommen, so muß er Solo ansagen, das heißt: Er spielt nun mit seiner Handkarte, darf also den Blinden nicht aufnehmen. Die zehn Karten des Blinden zählen aber trotzdem für ihn, als wären es seine Stiche... Weitere Spiele: Bettel, Piccolo, Räuber" (Claus D. Grupp, Schaafkopf, Doppelkopf, Binokel, Cego... u.a. 'Lokalspiele', Wiesbaden: Falken-Verlag, 1976, S. 81-88).

132 c Abschiedskneipe der Sexta 1858:

Rundschreiben des Grossherzoglichen Oberstudienraths in Karlsruhe vom 16. Oktober 1854 an die Directionen und Lehrerconferenzen sämtlicher Lyceen, die Trinkgelage der Abiturienten an den Lyceen betrfd.
(AdLWG: Großh. Bad. Lyceum Rastatt. Rubrik: Studien/ Schulaufsicht u. Ordnung/ Disziplinarvergehen... 1847ff.; in der Verwaltung des Stadtarchivs Rastatt) Abb. 253

In seinem Rundschreiben teilt der "Grossherzogliche Oberstudienrath", wie die übergeordnete Schulbehörde damals hieß, den Direktoren und Lehrerkonferenzen der badischen Lyzeen folgendes mit: "Man hat in Erfahrung gebracht, daß es an unseren Lyceen üblich geworden ist, daß die zur Universität entlassenen Obersextaner an dem Tage, an welchem ihre Entlassung im Schlußacte der Schule öffentlich verkündet wird, des Abends Trinkgelage veranstalten, die sich bis tief in die Nacht erstrekken..." Dies verursache erhebliche Kosten, was wiederum zu Beschwerden von seiten der Eltern führe. Außerdem würden zu solchen "Trinkgelagen" von den abgehenden Obersextanern auch Schüler der beiden darunter liegenden Klassenstufen, der Untersexta und der Oberquinta, eingeladen, ein Umstand, der sich negativ auf das Verhalten der "an der Schule zurückbleibenden Schüler" auswirke. Deshalb sehe "man sich veranlaßt diese Abiturienten-Gelage am Schlusse des Schuljahres zu verbieten". Die Schulen werden aufgefordert, ihrerseits die erforderlichen Schritte zu unternehmen. Gleichzeitig werden vom "Oberstudienrath" die im Hinblick auf eine Unterbindung der "Trinkgelage" zu treffenden Maßnahmen im einzelnen aufgeführt.

Hansjakobs Erinnerungen "Aus meiner Studienzeit" können wir entnehmen, daß die in dem vorliegenden Schreiben des "Oberstudienraths" geäußerten Befürchtungen keineswegs unbegründet waren. Gleichzeitig erfahren wir dort jedoch auch, daß es der Schulbehörde - zumindest was das Lyzeum in Rastatt anging - letztlich nicht gelang, solche "Abiturientengelage" zu verhindern. Hansjakob berichtet nämlich von der "Abiturientenkneipe" der Rastatter Schulabgänger von 1857/58.

Die besagte Feier fand bereits mehrere Wochen vor Schuljahresende in Sinzheim b. Bühl statt; und Hansjakob nahm als Untersextaner daran teil. "Stürmischer und wildpoetischer", so schreibt er, "hatten sich noch keine Rastatter Sextaner verabschiedet als die von 1858." Alfred Holder, damals noch Schüler der Obersexta [vgl. Kat. Nr. 125a] hatte 100 Maß Freibier gespendet, "für etwa 20 'Mann' ein gehöriges Quantum. Die Brauerei Rheinbold in Sinzheim", so fährt Hansjakob fort, "lag an jenem Tage, da wir einzogen, friedlich im Dorfsonnenschein an der Landstraße; weder sie noch das Dorf hatten eine Ahnung von dem Lärm, der heute sich da abspielen sollte. Erst ward im Garten gesungen und getrunken, und als die Sonne mehr dem Rheine zuschritt, unter meinem Vorsitz in dem Nebenzimmer eine formelle Kneipe organisiert mit Salamandern und Rundgesang...

Die Sonne sank, aber das letzte Faß ward eben angestochen... Drum ward beschlossen, zu übernachten... Die jungen Germanen tobten immer unbändiger, die Nacht wurde dunkler und mit ihr die Augen der scharfen Zecher. Dem guten Braumeister ward's anfangs bang, und er hätte die wilden Gäste gerne fortgehabt. Draußen aber stand das halbe Dorf und lauschte den Bacchanten und ihrem brüllenden Sang... Da kam ihm [dem Braumeister und Wirt Rheinbold] ein rettender Gedanke... Er schlug mir vor, mit meinen Kameraden einen nächtlichen Gang auf die benachbarte Yburg zu machen, um dort den Sonnenaufgang abzuwarten. Gerne wolle er uns in der Person eines seiner Arbeiter einen Führer mitgeben. Mit Macht fand sein Vorschlag Widerhall in mir und in uns allen, und alsbald ward aufgebrochen."

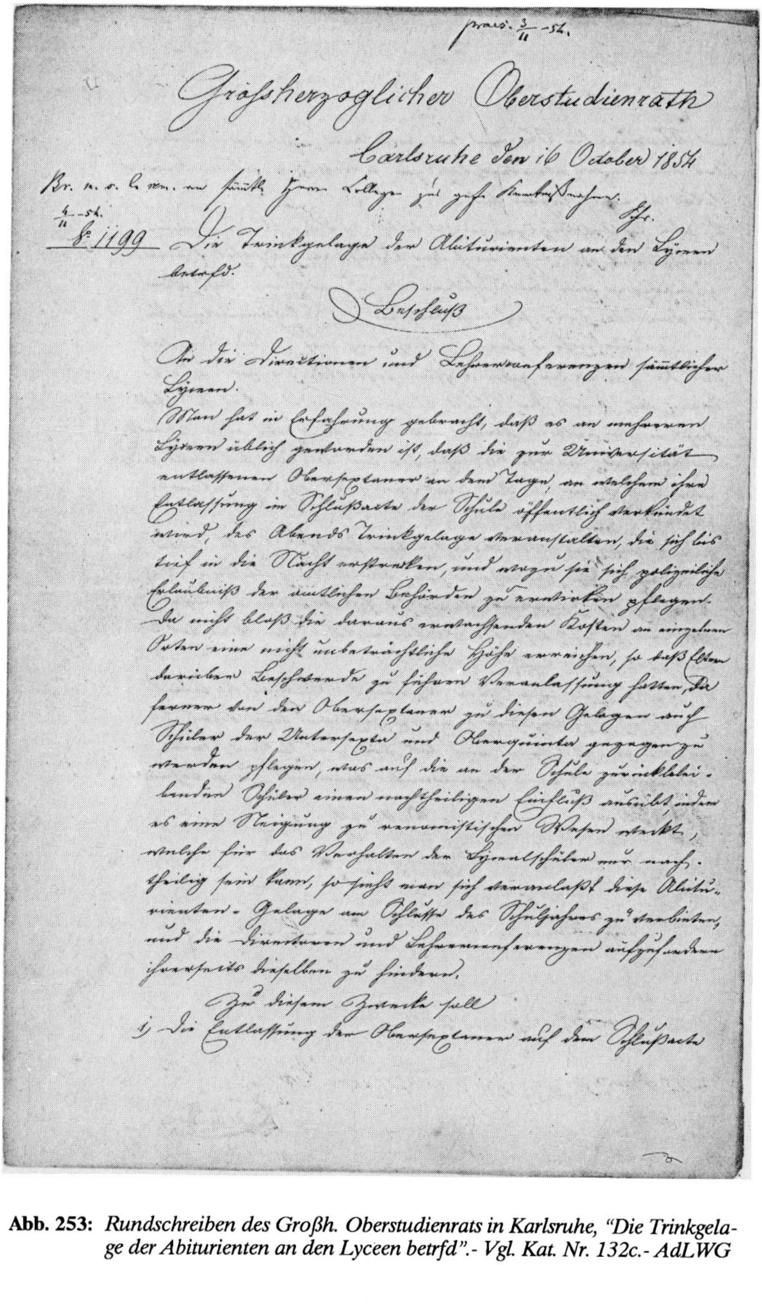

praes. 3/11 – 54.

Großherzoglicher Oberstudienrath

Carlsruhe den 16 October 1854

N° 1199 Die Trinkgelage der Abiturienten an den Lyceen betrfd.

Beschluß

An die Directionen und Lehrerconferenzen sämtlicher Lyceen.

Man hat in Erfahrung gebracht, daß es an mehreren Lyceen üblich geworden ist, daß die zur Universität entlassenen Oberprimaner an dem Tage, an welchem ihre Entlassung im Schlußacte der Schule öffentlich stattfindet wird, des Abends Trinkgelage veranstalten, die sich bis tief in die Nacht erstrecken, und wozu sie sich polizeiliche Erlaubniß der örtlichen Behörden zu erwirken pflegen. Da nicht bloß die daraus entstehenden Kosten an einzelnen Orten eine nicht unbeträchtliche Höhe erreichen, so daß selbst den [illegible] Lehrstande zu solchen Veranlassung hätten, da ferner von den Oberprimanern zu diesen Gelagen auch Schüler der Unterprima und Obersecunda zugezogen zu werden pflegen, was auch die an der Schule zurückbleibenden Schüler einen nachtheiligen Einfluß ausübt, indem es eine Neigung zu renommistischem Wesen weckt, welches für das Verhalten der Lycealschüler nur nachtheilig sein kann, so sieht man sich veranlaßt diese Abiturienten-Gelage am Schlusse des Schuljahres zu verbieten, und die Directionen und Lehrerconferenzen aufzufordern ihrerseits dieselben zu hindern.

Zu diesem Zwecke soll

1) Die Entlassung der Oberprimaner auf dem Schlußacte

Abb. 253: *Rundschreiben des Großh. Oberstudienrats in Karlsruhe, "Die Trinkgelage der Abiturienten an den Lyceen betrfd".- Vgl. Kat. Nr. 132c.- AdLWG*

So zog dann die Schar der munteren Zecher durch die Reben der Yburg zu. Doch "bald... verstummten die Geister. Es begann bald da, bald dort zu rauschen in den Weinstöcken, wie vom Falle eines Menschen... Auf dem Sattel des Berges... fehlten deshalb von der lustigen Schar bereits nicht wenige Häupter." Und schließlich "forderte" auch ein Tannenwald "seine Opfer... Nur vier Mann, den Führer... abgerechnet, erreichten gen zwei Uhr morgens das Ziel" - und unter ihnen befand sich Hansjakob.

Abb. 254: *Die Yburg. Zeichnung von C. Liebich.- Vgl. Kat. Nr. 132c*

Er berichtet schließlich auch noch über das Ende dieser langen Nacht: "Ein altes, häßliches Weib ließ uns in ein finsteres, schmutziges Gemach ein, wo wir auf Bänken uns zu kurzem Schlafe niederlegten. Schon nach vier Uhr standen wir auf dem ruinenhaften Bergturm und schauten hinab in die herrlichen Lande. Aber es kam kein rechtes Entzücken in uns auf, ein schrecklicher Katzenjammer tötete alle Poesie, namentlich bei mir, den jenes Übel stets in Hochpotenz heimsuchte, dem es aber jeweils mit Erfolg für einige Zeit Moral predigte.

Nachdem wir unsere Namen im alten Gestein verewigt und von der Alten einige Eier uns hatten sieden lassen, zogen wir schleunigst bergab, denn der erste Zug mußte in Steinbach erreicht werden, weil's Sonntag war und um neun Uhr der Gottesdienst in der Rastatter Schloßkirche unser wartete... Zur rechten Zeit standen wir in der Aula zum Verles und wandelten in die Schloßkirche. Wir sangen in hellen Tönen auf dem Chor: 'Kyrie eleison!' und keiner der Professoren hatte eine Ahnung von der Schlacht, die wir eben geschlagen" (Aus meiner Studienzeit, S. 275-280).

132 d **Maskenball im Rastatter Kornhaus** im Winter 1858/59

132 d 1 Die **Rastatter Fruchthalle**. Postkarte, um 1910.
(Andreas Jachnik, Rastatt) Abb. 255

132 d 2 **Rastatter Carneval**. Offizielle Darstellung des großen Maskenzuges, hrsg. vom kleinen Rat des Karnevalvereins 1895. Kaiserslautern: Thieme, 1895. vgl. Abb. 256
(Rainer Wollenschneider, Rastatt)

Im Winter 1858/59 nahm Hansjakob an einem Maskenball "im Rastatter Kornhaus" - gemeint ist damit die Fruchthalle - teil. Die Fruchthalle war erst wenige Jahre zuvor (1852/53) als Speicher für die Stadt errichtet worden; von Beginn an sollte sie aber gleichzeitig für verschiedene Veranstaltungen die geeigneten Räumlichkeiten bieten und diente somit als Mehrzweckgebäude (vgl. Heinz Bischof, Rastatt. Führer durch Stadt und Umgebung, 2. Aufl., Kehl 1985, S. 86; vgl. z.B. auch den Art. "Theater in Rastatt" im Rastatter Wochenblatt v. 7.12.1854).

So fand also im Winter 1858/59 in der Fruchthalle auch ein Maskenball statt. In seinen Studienerinnerungen berichtet Hansjakob über diesen Abend: "Es war strenge verboten vom Direktor, sich bei derlei Vergnügungen [wie einem Maskenball] sehen zu lassen; aber gleichwohl konnten

Abb. 255: *Die Rastatter Fruchthalle um 1910.- Vgl. Kat. Nr. 132 d 1.- Andreas Jachnik, Rastatt*

ich und der Untersextaner Nöltner... es uns nicht versagen, in Dominogestalt den Ball zu besuchen. Beim Schneidermeister Weber liehen wir die 'Dominos', und beim Posamentier Schöttle wurden schwarze Handschuhe gekauft, bei welcher Gelegenheit uns das Ladenmädchen für Unteroffiziere hielt und bedauerte, uns nicht begleiten zu können.

Auf der Redoute selbst vermuteten verschiedene weibliche Masken hinter meinem langen Domino einen österreichischen Leutnant. Getanzt haben wir nicht; wir zogen lediglich neckend und geneckt werdend unter den Masken umher. Einzelne Professoren waren als Zuschauer da und mußten einige anzügliche Redensarten von uns hinnehmen. Mich verfolgte den ganzen Abend eine niedliche, weibliche Maske, die all ihrem Gered nach in mir einen tiefern Bekannten vermutete. Es interessierte mich, dieselbe kennen zu lernen, und als es zum Demaskieren kam, sagte mir Freund Birnstill, dem ich mein Inkognito verriet, die Person sei eine - Schneidersfrau aus der Schwabengasse. Wir zwei Studenten durften uns natürlich nicht demaskieren und entwichen um die zwölfte Stunde. Mein erster und letzter Maskenball!" (Aus meiner Studienzeit, 6. Aufl. 1913, S. 297f.).

Trotz seines Inkognito wurde Hansjakob aber doch erkannt und dann auch prompt beim Direktor angezeigt. Doch glücklicherweise besaß Hansjakob beim Schulleiter einen großen Kredit; und so machte sich der Direktor "nicht viel daraus" und "schwieg vollständig" über die ganze Angelegenheit (a.a.O., S. 298).

"Domino" war ursprünglich die Bezeichnung für den Kapuzenmantel der Mönche. Später wurde der Begriff auf den langen Maskenmantel aus schwarzem Stoff übertragen. Hansjakob, der einen solchen Mantel beim Maskenball des Winters 1858/59 trug, hatte das Gesicht zusätzlich mit einer Maske bedeckt, die der auf dem Umschlagtitel der Beschreibung des Rastatter Karneval-Zugs von 1895 abgebildeten Maske ähnlich gewesen sein könnte.

Abb. 256: *Maske auf dem Umschlag-Titel der offiziellen Darstellung des Rastatter Karnevalszugs von 1895.- Vgl. Kat. Nr. 132 d 2.- Rainer Wollenschneider, Rastatt*

132 e Treffen mit der Schwester im Frühjahr/Sommer 1859

132 e 1 Ansichtskarte von Rastatt mit einer Darstellung von Schloß, Bernhardusbrunnen und **Gasthaus "Zum Löwen"**. Laufdatum: 17.9.1899.

(Anita Wagenbrenner, Rastatt) Abb. s. unten

Abb. 257: *1899 verschickte Ansichtskarte von Rastatt mit einer Darstellung des Gasthauses "Zum Löwen".- Vgl. Kat. Nr. 132 e 1.- Anita Wagenbrenner, Rastatt*

132 e 2 Rastatt: **Partie an der Murg.** Postkarte, gelaufen am 3.9.1909.

(Andreas Jachnik, Rastatt) Abb. 258

Zu Ostern 1859 nahm Hansjakobs Schwester Philippine eine Lehre als Köchin im Gasthaus "Zum Löwen" in Rastatt auf; und mit ihr erlernten zur gleichen Zeit zwei Mädchen aus Maikammer (Pfalz) den selben Beruf. Hansjakob wohnte damals als Obersextaner ganz in der Nähe beim Buchhändler Hanemann, dessen Haus wie der "Löwen" an der Hauptstraße (heute: Kaiserstraße) stand.

Auf der hier gezeigten Ansichtskarte von Rastatt ist links unten das Gasthaus "Zum Löwen" abgebildet. Dabei ist offensichtlich bereits der Bauzustand nach dem 1896 erfolgten Umbau wiedergegeben, durch den der "Löwen" um einen zur Murg hin errichteten Konzertsaal erweitert wurde (vgl. K. Wolf, Rastatt's Gastronomie "Einst und Heute", S. 33). Die zur Haupt- bzw. Kaiserstraße hin gelegene Vorderansicht des Gebäudes dürfte sich dagegen im Vergleich zu Hansjakobs Schulzeit auf der Karte kaum verändert haben.

"Bisweilen" stattete Hansjakob seiner Schwester und den beiden "jungen Pfälzerinnen... in ihren Mansardenzimmerchen" einen Besuch ab, "teils um der Schwester ihre paar Pfennige abzujagen, teils um das Kochkollegium zu einem versprochenen Spaziergange abzuholen. Wie ein junger Storch neben drei Bachstelzen stolzierte" Hansjakob dann "an Sonn- und Feiertagen mit den drei Landpomeranzen zu den Toren der Festung hinaus" (Aus meiner Studienzeit, 6. Aufl., S. 303). Gewiß nahm das Quartett bei dieser Gelegenheit seinen Weg hin und wieder auch entlang der Murgpromenade, wie sie auf der oben ausgestellten Karte - wenn auch in einer späteren Ansicht - abgebildet ist.

Abb. 258: *Rastatt: Partie an der Murg (um 1909).- Vgl. Kat. Nr. 132 e 2.- Andreas Jachnik, Rastatt*

133 Hansjakob und die Rastatter Schülerbindungen

133 a Schülerverbindungen in Rastatt während Hansjakobs Lyzeistenzeit

133 a 1 Markomanne i. J. **1849**. Fotografie eines Scherenschnitts in Originalgröße: ca. 11cm x 6,5cm. Abb. 259
(Archiv der Schülerverbindung "Markomannia" Rastatt)

133 a 2 **Markomannen-Mütze** (Cerevis) eines Chargierten mit aufgesticktem Ornament und Zirkel; in den Farben der Verbindung (grün-weiß-schwarz); nach 1900; Durchmesser: ca. 17cm.
(Archiv der Schülerverbindung "Markomannia" Rastatt)

133 a 3 **Couleur-Band der Markomannia** in den Farben der Verbindung; mit aufgedruckter Widmung: "Marcomannia ihrem Schaible... Rastadt 1842"; 52cm (L) x 2,7cm (B).
(Archiv der Schülerverbindung "Markomannia" Rastatt)

133 a 4 **Bericht über die "Untersuchung wegen verbotener Verbindungen unter Lyceisten"**; ohne Datum; bezogen auf einen Verbindungsabend der "Markomannia" vom 3. März 1855. Abb. 260
(AdLWG: Großh. Bad. Lyceum Rastatt. Rubrik: Studien/ Schulaufsicht u. Ordnung/ Disziplinarvergehen... 1847ff.; in der Verwaltung des Stadtarchivs Rastatt)

133 a 5 **Protokoll der Lehrerkonferenz** des Rastatter Lyzeums **vom 16. März 1855, betr.** Bestrafung von Lyzeumsschülern "wegen **Theilnahme an den Versammlungen einer unerlaubten Verbindung u. unerlaubten Wirthshausbesuches**". Abb. 189
(AdLWG: Großh. Bad. Lyceum Rastatt. Rubrik: Studien/ Schulaufsicht u. Ordnung/ Disziplinarvergehen... 1847ff.; in der Verwaltung des Stadtarchivs Rastatt)

133 a 6 **Großherzogliches Lyceum zu Rastatt. Einladung zu den** am 14., 16. und 17. August **1855... Statt findenden öffentlichen Prüfungen...** Rastatt: Mayer, 1855 (mit Hinweis auf das von seiten der Schule erfolgte Einschreiten gegen "die Nachäffung studentischen Verbindungswesens").
(Hist. Bibl. Rastatt: Schulprogramme, Rastatt)

In seinen Erinnerungen "Aus meiner Studienzeit" berichtet Hansjakob, daß sich die Sextaner des Rastatter Lyzeums an einem Novemberabend des Jahres 1858 in der "Blauen Katz" zu einem "großen Kommers" zusammengefunden hätten, "zu welchem der jüngste Lehramtspraktikant Kränkel, ein geborener Rastatter, später Gymnasiumsdirektor in Lahr, erschienen war". Hansjakob schreibt weiter: "Kränkel, ein alter Teutonensenior, erklärte mir im Verlauf des Abends, er habe schon manche akademische Kneipe mitgemacht, aber so viele 'Kneipgenies' nicht beisammen gesehen wie heute" (Studienzeit, 6. Aufl. 1913, S. 291f.).

Diese Aussage Hansjakobs wurde in der Vergangenheit mehrfach dahingehend interpretiert, als ob durch sie die Existenz der Rastatter Schülerverbindung “Teutonia” für jene Zeit nachgewiesen sei oder aber zumindest als wahrscheinlich zu gelten habe bzw. als ob sich Hansjakobs Worte unbedingt auf die “Teutonia” von Rastatt beziehen müßten - eine Deutung, die freilich alles andere als unwiderleglich ist: Kränkel war nämlich zweifelsfrei ein Mitglied der Rastatter “Markomannia” (vgl. dazu auch die folgende Darstellung); eine Doppelmitgliedschaft in beiden Rastatter Verbindungen erscheint aber als höchst unwahrscheinlich. Viel eher ist dagegen anzunehmen, daß sich die von Hansjakob gebrauchte Formulierung “Teutonensenior” auf eine Mitgliedschaft Kränkels in einer anderen Verbindung gleichen Namens bezieht. Dem würde die Auskunft heutiger Markomannen entsprechen, nach deren Aussage Kränkel auch der Freiburger Burschenschaft “Teutonia” angehörte.

Um gleich einem eventuellen Mißverständnis vorzubeugen: Es soll hier lediglich betont werden, daß die oben zitierte Äußerung Hansjakobs nicht als Beleg für die Existenz der Rastatter Schülerverbindung “Teutonia” angeführt werden kann. Darüber, ob die Verbindung zu jener Zeit (1858) nun tatsächlich existierte oder nicht, ist damit noch nichts ausgesagt (vgl. Helmut Steigelmann, Die Pennälerverbindung Teutonia 1842, Rastatt 1958, S. 70-74).

Falls die Verbindung aber damals doch in irgendeiner Weise existierte, dann könnte angesichts der häufigen Wirtshausbesuche von Hansjakob durchaus davon ausgegangen werden, daß er zumindest zu einzelnen ihrer Mitglieder in Kontakt stand. Für eine eigene Mitgliedschaft Hansjakobs bei der Rastatter “Teutonia” gibt es allerdings keinerlei konkretere Anhaltspunkte.

Vor dem Hintergrund von Hansjakobs Erinnerungen “Aus meiner Studienzeit” steht demgegenüber nachweislich fest, daß während seiner Rastatter Lyzeumsjahre die Schülerverbindung “Markomannia” (trotz aller Verbote) bis 1855 - wenigstens zeitweise - existierte und daß Hansjakob als Oberquintaner (1856/57) zumindest zu einem (früheren) “Markomannen”, nämlich dem damaligen Obersextaner Beckert aus Bietigheim, in einer engeren Beziehung stand. Denn im Frühjahr 1857 zog Hansjakob von der Herrenstraße um in die Rappenstraße, wo er gemeinsam mit Beckert beim Metzgermeister Birkle ein großes Zimmer belegte. Als Beckert dann zu Ende des Schuljahres Rastatt verließ, um in Freiburg Theologie zu studieren, übergab er Hansjakob die “ ’ärarischen’ Stulpen, Rapiere und Floretts” der “Markomannia” (Studienzeit, 6. Aufl., S. 218). Wohl mit Recht läßt sich aus diesem Umstand die Schlußfolgerung herleiten, daß Hansjakob der “Markomannia” recht nahe stand (vgl. Elmar Borocco, Geschichte der P.V. Markomannia in Rastatt. In: Hundertfünfzig Jahre Rastatter Pennälerverbindung Markomannia, Festschrift, Rastatt 1974, S. 47). Allerdings berichtet Hansjakob nirgendwo davon, daß er Mitglied der "Markomannia" gewesen sei, während er sich beispielsweise nicht scheut, die Mitgliedschaft des Freiburger Bistumsverwesers Lothar von Kübel bei dieser Verbindung preiszugeben (vgl. unten).

Abb. 259: *Markomanne. Fotografie eines Scherenschnitts aus d. J. 1849.- Vgl. Kat. Nr. 133 a 1.- Schülerverbindung "Markomannia" Rastatt. Repro: H. Heid*

Freilich waren bereits 1855 die Aktivitäten der "Markomannia" von seiten der Schule unterbunden worden. Über diesen Vorgang berichten die hier gezeigten Akten des früheren Lyzeums und heutigen Ludwig-Wilhelm-Gymnasiums von Rastatt: "Sonnabend den 3. März [1855] entdeckte der Lyceumsdiener Schill in einem Bierhause bei Siebert im Dörfle [später: 'Schweizerhof'; heute: Ristorante 'Mamma Lina'] eine Zusammenkunft von Lyceisten, 14 an Zahl, welche nicht nur dadurch verdächtig erschien, daß sie in einem nicht erlaubten Hause u. in einem versteckt gelegenen, von der übrigen Wirthschaft abgesonderten Zimmer Statt fand, sondern auch dadurch, daß mehrere der Anwesenden dreifarbige Studentenmützen aufhatten, welche bei Schills Eintreten sofort verschwanden." Einer der Teilnehmer der Zusammenkunft räumte bei einer späteren Befragung ein, "die 'Corpsinsignien', dreifarbige Mütze u. Band, getragen zu haben... Beckert... wollte anfangs läugnen, verwirrte sich jedoch bald, u. gestand dann nach u. nach Alles. Derselbe lieferte dann auch die Statuten, wiewohl verstümmelt (denn die Blätter mit den eigenhändigen Unterschriften der Mitglieder fehlen) u. die 'Annalen der Markomannia' aus. Aus den abgelieferten Schriften geht hervor, daß die Verbindung als 'Marcomannia' sich in aller Form nach den Statuten v. 1842 wieder aufgerichtet hatte, u. zwar durch Max Klein, damals [1855] noch Schüler der O.-Sexta, durch Beckert in O.-Quinta..." Im Protokoll der Lehrerkonferenz vom 16. März 1855 wird das erwähnte Treffen von Lyzeumsschülern im Gasthaus "Siebert" als "Fortbestehen der im lezten Jahre aufgelösten 'Markomannia' " bzw. "als Neubildung derselben" bezeichnet.

Untersuchung wegen verbotener Verbindungen unter Gesellen.

Sonnabend den 3. März entdeckten Polizeiofficianten Schill in einem Wirthshause bei [illegible] im [illegible] eine Zusammenkunft von Gesellen, [illegible], welche nicht nur dadurch verdächtig erschien, daß sie in einem nicht erlaubten Hause u. in einem versteckt gelegenen, von der übrigen Wirthschaft abgesonderten Zimmer statt fand, sondern auch dadurch, daß während der Anwesenden dreifarbige [illegible] [illegible] enthalten, welche bei Schill's Eintreten sofort verschwanden.

Unter den vom Polizeiofficianten Aufgezeichneten befanden sich auch [illegible] und [illegible] Becker u. Schultz und [illegible] beide waren, weil sie, der erstere wegen Theilnahme an verbotenen Verbindungen zu [illegible], der letztere wegen Wirthshausbesuch u. unordentlichen Lebenswandels von [illegible] ausgewiesen worden waren, und auch [illegible] aufgenommen werden. Beide gestanden, von den vernommenen [illegible] befragt, zu, an dem fraglichen Gelage Theil genommen zu haben, [illegible] eine, die „[illegible]", dreifarbige Mütze u. Band, getragen zu haben. Da sie also alle beide, [illegible] überhaupt, [illegible] Anwesenheit in einem nicht gestatteten Hause u. durch das Tragen von verbotenen Abzeichen, die Bedingungen gebrochen hatten, unter denen ihnen der Aufenthalt [illegible] gestattet war, so würden sie sofort ausgewiesen.

Hiernach wurden [illegible] u. [illegible] und [illegible] wegen ihrer Anwesenheit befragt. Der eine wie der andere behauptete hartnäckig, ihre Anwesenheit dort sei eine zufällige gewesen, veranlaßt durch eine Einladung des [illegible] und [illegible], der am [illegible] seinen Geburtstag gefeiert habe; sie seien sonst noch nie in dem Hause gewesen; von Verbindung, u. Zeichen derselben, namentlich von einem [illegible], wüßten sie

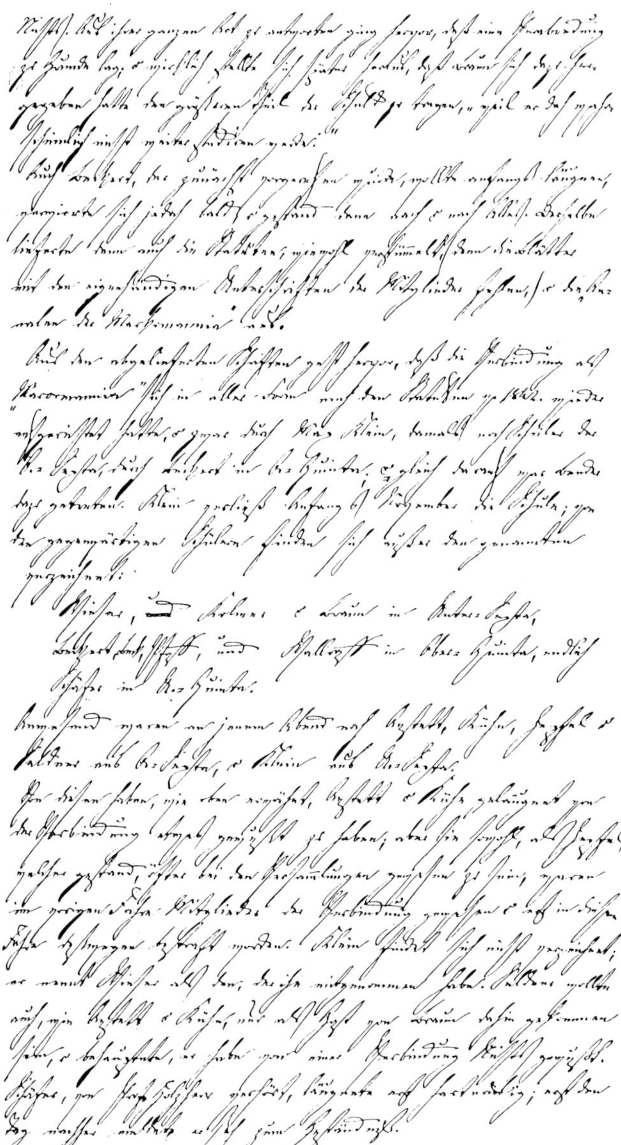

Abb. 260: *Bericht über eine "Untersuchung wegen verbotener Verbindungen unter Lyceisten" in Rastatt.- Vgl. Kat. Nr. 133 a 4.- AdLWG*

Die Lehrerkonferenz vom 16. März 1855 diskutierte über eine Bestrafung der Teilnehmer an der Zusammenkunft im Gasthaus Siebert "wegen Theilnahme an den Versammlungen einer unerlaubten Verbindung" und wegen "unerlaubten Wirthshausbesuches" und beschloß dann - je nach festgestelltem Tatbestand - u.a. "eine geschärfte Karzerstrafe von vier Tagen", "eine 4tägige einfache Karzerstrafe", "eine einfache Karzerstrafe von 2 Tagen" zu verhängen und (oder) die Ausweisung von der Schule anzudrohen. Zuvor waren in derselben Angelegenheit bereits zwei Schüler von der Schule verwiesen worden (vgl. das Protokoll der Lehrerkonferenz vom 5. März 1855; AdLWG: Rubrik Studien/ Schulaufsicht u. Ordnung/ Disziplinarvergehen...; 1847ff.). Das Protokoll der Konferenz vom 16.3.1855 gibt beispielsweise für das in bezug auf Beckert festgesetzte Strafmaß die folgende Begründung: "Der Oberquintaner Beckert war bei der Wiederconstituirung des verboten[en] Vereins besonders thätig, u. begleitete in der lezten Zeit die Stelle eines Senior's; ist deshalb besonders strafbar."

Auch Hansjakob berichtet über das geschilderte Treffen von Lyzeumsschülern im Gasthaus Siebert am 3. März 1855 sowie über die Reaktion der Schule und kommentiert diesen Vorgang: "Als sie draußen im Dörfel beim 'Siebert' an einem Winterabend des Jahres 1855 versammelt waren mit all ihren Insignien als Korpsburschen, rückte unser Schill mit einer Schar Polizeidiener an, besetzte Eingänge und Fenster und fing die Übeltäter, über die dann der Direktor im Schulprogramm sich ausließ, als ob er eine den Staat und die Kirche in ihren Grundfesten bedrohende Anarchistenbande abgefaßt hätte. Die harten Karzerstrafen und die erstmalige Aufhebung sprengten das Korps für viele Jahre... Man hat von lange her ein schweres Vergehen darin gesehen, wenn Lyzeisten, resp. Gymnasisten, zu einer Verbindung zusammentreten... ich begreife den Spektakel nicht, welchen man darüber macht... Aus den deutschen Studentenverbindungen, großen und kleinen, sind allzeit Deutschlands beste und tüchtigste Männer hervorgegangen. Auch die Rastatter 'Markomannia' lieferte viele sehr tüchtige Beamte und Geistliche, die sich stets mit Vergnügen jener Tage erinnerten.

Was geschieht denn auf solchen Kneipen Böses? Achtzehn- bis zwanzigjährige Gymnasisten trinken Bier, singen Volks- und Studentenlieder, machen allerlei unschuldige Zeremonien akademischer Studenten nach, vergessen so ihre viele Mühe und Arbeit in der Schule und holen sich etwas Gemüt und Poesie zum Ersatz für die Öde und Leere philologischer Pedanterie, mit der sie von den lateinischen Schulmeistern geplagt werden... Sonst kommt nichts Böses vor in diesen Gesellschaften" (Aus meiner Studienzeit, 6. Aufl., S. 217-220).

133 b Markomannen

133 b 1 **Weihbischof Lothar von Kübel**, Bistumsverwalter der Erzdiözese Freiburg

I **Die "Eckerle'schen Scandäler"** (Paukzettel).
Größe: ca. 10,5cm x 8,2cm.
(Archiv der Schülerverbindung "Teutonia" Rastatt) Abb. 262

II **Lothar v. Kübel**. Brustbild; Reproduktion einer Zeichnung von C. Kolb.
(Generallandesarchiv Karlsruhe: J-Ac-K/23) Abb. 261

III **Markomannenschläger** aus heutiger Zeit. Klinge mit Griff im Korb; in den Farben der Verbindung (grün-weiß-schwarz); Material: Stahl (Klinge), Blech mit Stoffüberzug;
Länge: ca. 107cm.
(Schülerverbindung "Markomannia" Rastatt)

IV **Fechtstulpen mit Handschuh**. Leder;
Maße: ca. 45cm (L) x 23cm (B) bzw. ca. 27cm (L) x 15cm (B).
(Burschenschaft "Teutonia" Freiburg)

Hansjakob berichtet von der Rastatter "Markomannia" als einer Verbindung, "der einst auch Bischof Lothar von Kübel, und zwar als keiner der geringsten Brüder, angehört hatte" (Studienzeit, 6. Aufl. 1913, S. 217). Im Zusammenhang mit der Schilderung seiner ersten Begegnung mit Lothar von Kübel im Freiburger Konvikt erwähnt Hansjakob erneut dessen frühere Mitgliedschaft bei der "Markomannia": "Um die Mittagszeit suchten wir den Konviktsdirektor Kübel auf... [Er] empfing uns mit gemessener Freundlichkeit. Er stand, ein noch junger, blühend und gesund aussehender Mann von 36 Jahren [1859], an seinem Schreibpult am Fenster. Als er unsere Namen hörte und erfuhr, daß wir 'Rastatter' seien, ließ er seinen Blick mit befriedigtem Wohlwollen auf uns streifen. Er war ja selbst einst 'Rastatter' und *Marko-*

Abb. 261: *Weihbischof Lothar von Kübel.- Vgl. Kat. Nr. 133 b 1 II.- GLA Karlsruhe: J-Ac-K/23*

manne gewesen und hatte auf die Theologen, welche mit guten Zeugnissen von Rastatt kamen, besonderes Vertrauen" (Studienzeit, S. 344f.). Hansjakob wurde "ein Liebling des Direktors, der später als Bischof... an meiner [Hansjakobs] Ehrlichkeit und Offenheit nie irre ward" (a.a.O., S. 364). Auch zahlreiche an Hansjakob adressierte Briefe Lothars von Kübel aus späterer Zeit, die heute im Erzbischöflichen Archiv Freiburg aufbewahrt werden, beweisen das gebliebene gute Verhältnis zwischen den beiden.

Lothar von Kübel, geb. am 22.4.1823 in Sinzheim/Baden, besuchte das Rastatter Lyzeum von 1835-1842; nach Auskunft der Schuljahresberichte konnte er dabei zwischenzeitlich eine Klasse überspringen, muß also ein begabter Schüler gewesen sein. 1847 wurde Lothar von Kübel nach dem Theologiestudium zum Priester geweiht. Von 1857-67 war er Direktor des Theologischen Konvikts in Freiburg. 1867 bzw. 1868 wurde er zum Domdekan und Generalvikar ernannt und zum Bischof geweiht. Während der langen Zeit, in der nach dem Tode des Freiburger Erzbischofs Hermann von Vicari die Stelle des Oberhirten der Diözese unbesetzt blieb, fungierte Lothar von Kübel als Bistumsverweser; an der Haltung der badischen Regierung scheiterte seine Wahl zum Erzbischof. Im Kulturkampf trat Lothar von Kübel entschieden für die Rechte der Kirche ein. Am 3.8.1881 starb er in St. Peter im Schwarzwald.

Der Name Lothar Kübel steht auch auf dem hier gezeigten Paukzettel (den sog. "Eckerle'schen Scandälern"); offensichtlich ist damit der spätere Weihbischof und Bistumsverwalter gemeint, der zu jener Zeit noch keinen Adelstitel trug. Helmut Steigelmann datiert das Papierfragment, von dem nur noch der obere Teil erhalten ist, in das Jahr 1844; Kübel studierte damals bereits in Freiburg. Der Paukzettel bezieht sich vermutlich auf Gefechte zwischen dem "Teutonen" Eckerle und einigen Mitgliedern der "Markomannia", darunter eben auch Lothar Kübel. Fechten war in jenen Jahren ein fester Bestandteil des Verbindungslebens. Neben den jeweiligen Kontrahenten werden auf dem Zettel auch noch die Sekundanten und Unparteiischen genannt. Der als Überschrift gebrauchte Begriff "Scandal" wird von Steigelmann wie folgt definiert: "Unter einem Scandal verstand die Studentensprache einen Fall von Beleidigung der studentischen Ehre und die Bereinigung durch ein Ehrengericht und die Waffen. Zeitweise galt es als ehrenvoll, durch ein Schimpfwort oder eine Anrempelung einen Touch absichtlich zu provozieren... Wenn ein Senioren-Convent sich einmal völlig verrannt hatte, wurde auch an den Gymnasien zur Waffe als Ehrenrettung gegriffen. So mag es auch zu den Eckerle'schen Scandälern gekommen sein" (Helmut Steigelmann, Die Pennälerverbindung Teutonia

1842, Rastatt 1958, S. 47 u. 49; vgl. auch S. 43-50 insgesamt; ferner Elmar Borocco, a.a.O., S. 45f.).

Wie wir bereits wissen, erlernte Hansjakob während seiner Rastatter Schulzeit von seinem Zimmergenossen Beckert ebenfalls das Fechten, und häufig trugen die beiden schon früh am Morgen " 'im bloßen Hemd' zwischen den beiden Bettstellen - bis zur Ermüdung" Wettkämpfe aus. Und als Beckert das Studium in Freiburg aufnahm, übergab er 1857 die "Stulpen, Rapiere und Floretts" der inzwischen aufgelösten "Markomannia" Hansjakob zur Aufbewahrung (Studienzeit, S. 218). Ähnlich wie die früher gebrauchten Fechtgegenstände werden wohl auch die beiden hier gezeigten Stücke aus neuerer Zeit aussehen.

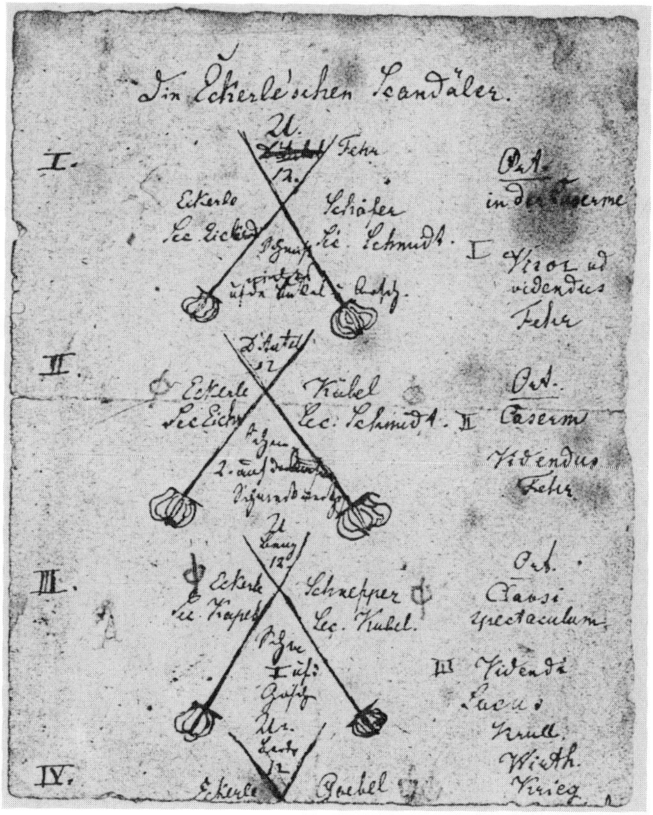

Abb. 262: *Die "Eckerle'schen Scandäler" (Paukzettel).- Vgl. Kat. Nr. 133 b 1 I.- Schülerverbindung "Teutonia" Rastatt*

133 b 2 Franz Heinrich Kränkel

I **Großherzogliches Lyceum zu Rastatt. Einladung zu den** am 16., 17., 18. und 19. August **1859... Statt findenden** öffentlichen **Prüfungen**... Rastatt: Mayer, 1859, S. 3: Chronik des Lyceums. (Hist. Bibl. Rastatt: Schulprogramme, Rastatt)

II **Poesiealbum von Franz Heinrich Kränkel** (Verbindungsname: Hanno) aus d. J. 1853 mit einem Widmungsblatt der Verbindung "Markomannia" Rastatt. Abb. s. unten
(Archiv der Schülerverbindung "Markomannia" Rastatt)

Abb. 263: *Widmungsblatt im Poesiealbum des Markomannen Franz Heinrich Kränkel.- Vgl. Kat. Nr. 133 b 2 II.- Schülerverbindung "Markomannia" Rastatt*

Franz Heinrich Kränkel wurde am 14. November 1834 in Rastatt als Sohn eines Wagnermeisters geboren. Von 1844 bis 1853 absolvierte er sämtliche neun Schuljahre am Lyzeum seiner Heimatstadt. Nach dem Abitur folgte er zunächst seinen nach Amerika ausgewanderten Eltern, kehrte aber bereits 1854 wieder nach Deutschland zurück, um in Freiburg Philologie zu studieren. 1858 wurde er unter die Lehramtspraktikanten aufgenommen und unterrichtete in dieser Eigenschaft während des Schuljahres 1858/59 als Volontär am Rastatter Lyzeum, wie wir aus der hier gezeigten "Chronik des Lyceums" für den entsprechenden Zeitraum erfahren. Gleichzeitig berichtet uns die Chronik, daß Kränkel "mit Genehmigung der vorgesetzten Behörde zwei wöchentliche Stunden Deutsch in Unter-Quarta und vier Stunden Griechisch in Ober-Quarta übertragen" wurden (S. 3). Später wirkte Kränkel als Lehrer in Konstanz, wurde 1879 zum Direktor des Progymnasiums in Donaueschingen ernannt und übernahm schließlich die Direktion des Gymnasiums von Lahr - ein Amt, das er bis zu seiner Pensionierung im Jahre 1907 innehatte.

Neben seiner pädagogischen Tätigkeit verfaßte Kränkel im Verlaufe seiner letzten Dienstjahre unter dem Pseudonym "Franz Treller" für einen jugendlichen Leserkreis Abenteuer-Geschichten, deren Schauplatz der Wilde Westen und Südamerika war(en); sie wurden in der "Gute-Kamerad-Bibliothek" veröffentlicht.

Hansjakob erwähnt Kränkel in seinem Buch "Aus meiner Studienzeit" im Zusammenhang mit dem Bericht über einen "großen Kommers" von Rastatter Sextanern (nach heutiger Zählung Schüler der 12. und 13. Klasse), der 1858 aus Anlaß des 50jährigen Jubiläums des Lyzeums von Rastatt in der "Blauen Katz" abgehalten wurde, und spricht dabei von ihm als einem "Teutonensenior" (a.a.O., S. 291f.). Aus dieser Textstelle wurde dann später verschiedentlich eine Mitgliedschaft Kränkels bei der Rastatter "Teutonia" hergeleitet - zu Unrecht, wie das Poesie-Album Kränkels belegt: es weist ihn nämlich eindeutig als Mitglied der Rastatter "Markomannia" aus.

Das hier gezeigte Widmungsblatt des Poesie-Albums "enthält den alten Zirkel CFMv (= Circulus Fratrum Marcomanniae vivat), das Wappen mit den Farben Grün-Weiß-Schwarz, gekreuzten Schlägern, verschlungenen Händen, der Stifterzahl IX und dem Stiftungstag V.II.XLII" (Steigelmann, a.a.O., S. 75). Über dem gelb eingefaßten Wappen steht die Widmung: "Marcomannia ihrem Hanno [d.i. Franz Kränkel]". Rechts und links vom Namen windet sich ein Band in der Verbindungsfarbe und mit den Namen der Mitglieder. Darüber ist eine Fechtszene abgebildet mit den beiden Kontrahenten und ihren jeweiligen Sekundanten sowie mit dem Schiedsrichter in der Mitte (vgl. auch Steigelmann, a.a.O., S. 71-75; Elmar Borocco, a.a.O., S. 44).

Abb. 264: *Seitenflügel des Rastatter Schlosses. Postkarte (um 1900).- Vgl. Kat. Nr. 134a.- Michael Feik, Rastatt*

134 a Der an die Schloßkirche angrenzende **Seitenflügel des Rastatter Schlosses**, vom Innenhof aus gesehen. Postkarte, ca. 1900.
(Michael Feik, Rastatt) Abb. 264

134 b **Heinrich Hansjakob, Auf der Festung**. Erinnerungen eines badischen Staatsgefangenen, 5. Aufl., Ohlau: Leichter, o.J. Abb. 100
(Hist. Bibl. Rastatt: P 628,17, Geschenk des Verf. 1908; 4. Aufl. Kassel 1902: Bad. Landesbibliothek Karlsruhe: O 51 A 242)

134 c Rastatt: **Glacisweg** beim neuen Stadtgarten. Postkarte, historische Aufnahme um 1900.
(Andreas Jachnik, Rastatt) Abb. 266

134 d Das **Karlsruher Tor** in Rastatt. Postkarte, vermutlich vor 1900.
(Anita Wagenbrenner, Rastatt) Abb. 265

134 e Rastatt: **Blick vom Gewerbekanal in Richtung Niederbühl**. Postkarte; kolorierte Darstellung, um 1915 oder älter.
(Andreas Jachnik, Rastatt) Abb. 267

Im Mai 1870 mußte Hansjakob im Rastatter Schloß eine vierwöchige Gefängnisstrafe verbüßen, weil er auf einer Wahlveranstaltung der "Katholischen Volkspartei" die liberale Regierung scharf attackiert hatte. Das

Gefängnis befand sich damals in dem an die Schloßkirche angrenzenden Seitenflügel. In seinen Erinnerungen "Auf der Festung" berichtet Hansjakob in tagebuchartiger Form über diese vier Wochen seiner Haft. Erstmals erschien das Büchlein bereits 1870; 25 Jahre später, also 1895, veröffentlichte es der Autor in einer überarbeiteten Fassung "als eine Art Jubiläumsausgabe" von neuem, da es "seit Jahr und Tag vergriffen" war und da "sich Anfragen häuften", wie er im Vorwort schreibt.

Trotz der Einzelhaft, zu der ihn das Gericht verurteilt hatte, war der Gefängnisaufenthalt für Hansjakob insgesamt doch recht gut erträglich, und die Tage gingen "schnell und ohne jegliche Langweile" vorüber (Auf der Festung, 5. Aufl., S. 62). Dazu trugen nicht zuletzt auch die Spaziergänge bei, die er täglich machen durfte. Allerdings war der Weg dabei im Paragraphen 9 der "Instruktion für die Staatsgefangenen" genau festgelegt: "Den Arrestanten ist zu Spaziergängen der Weg um das Glacis der Festung angewiesen und zwar so, daß entweder vom Karlsruhertor der Spaziergang um die Ludwigsfeste und auf dem Glacis weiter bis zum Niederbühlertor herein angetreten wird oder umgekehrt. Bei diesen Spaziergängen ist der Weg durch die Stadt zu vermeiden" (Auf der Festung, S. 13). Die auf der nächsten Seite wiedergegebene historische Fotografie mit einem Ausschnitt des früheren Glaciswegs gibt den Zustand nach der Entfestigung der Stadt wieder, wurde also bereits mehrere Jahrzehnte nach Hansjakobs Festungshaft aufgenommen.

Abb. 265: *Das Karlsruher Tor in Rastatt (vermutlich vor 1900).- Vgl. Kat. Nr. 134d.- Anita Wagenbrenner, Rastatt*

Abb. 266: *Rastatt: Glacisweg beim Stadtgarten (um 1900).- Vgl. Kat. Nr. 134c.- Andreas Jachnik, Rastatt*

Abb. 267: *Blick vom Gewerbekanal in Richtung Niederbühl. Postkarte (um 1915 oder älter).- Vgl. Kat. Nr. 134e.- Andreas Jachnik, Rastatt*

Einmal freilich konnte Hansjakob seinen Wärter dazu überreden, während des Spaziergangs von der vorgeschriebenen Route abzuweichen. Er selber berichtet darüber in seinem Festungstagebuch unter dem Datum vom 10. Mai 1870: "Vorgestern schlug ich beim Spaziergang dem Gefangenenwärter vor, zur Abwechslung einmal außerhalb der Festung den einsamen Damm an der Murg gegen das Dorf Niederbühl hin zu begehen. Es geschah. Und ich träumte mich auf dem Damm, der eine reizende Aussicht in das Gebirg bei Baden-Baden gewährt, in die Zeit hinein, da ich als lustiger Studio an Sommer-Sonntag-Abenden hier gewandelt. Doch von ferne hatte uns, mit scharfem Adlerauge des Kriegers, ein Offizier erblickt - am andern Morgen war unser braver Hüter und Wächter bereits beim Aufsichtsoffizier angezeigt, weil er mit einem Staatsgefangenen verbotene Wege gewandelt sei."

Die hier abgebildete kolorierte Karte, die 1915 aus Rastatt per Post verschickt wurde und die den Blick vom Rastatter Gewerbekanal auf Niederbühl mit den dahinter liegenden Höhenzügen des Schwarzwalds zeigt, dürfte eine ähnliche Ansicht vermitteln, wie sie sich Hansjakob bei seinem unerlaubten Spaziergang 1870 bot.

135 Die Rastatter "Studententage" um 1900

135 a Brief des Stiftungsverwalters J. Schlager (Freiburg) **an Hansjakob vom 11. Juli 1899 betr. Teilnahme bei der Zusammenkunft ehemaliger Rastatter Lyzeumsschüler.**
(Erzbischöfl. Archiv Freiburg: Nachlaß Hansjakob) Abb. 268

135 b Postkarte, aus Freiburg **abgeschickt von Hansjakob am 3.11.1899 an Julius Kunz** in der Engelapotheke Lahr, vermutlich **betr. einer Teilnahme an den Rastatter "Studententagen".**
(Archiv der Schülerverbindung "Teutonia" Rastatt) Abb. 269

135 c Das Rastatter Rathaus. Postkarte mit einer Aufnahme aus der Zeit kurz nach 1900.
(Stadtarchiv Rastatt: K-1024,4) Abb. 271

135 d Alfred Bräunig, Bürgermeister in Rastatt von 1898-1913. Reproduktion einer Fotografie aus d. J. 1913.
(Stadtarchiv Rastatt: K-92) Abb. 270

135 e B. Bauer, Geschichte des Lyceums Rastatt. Vortrag auf dem Rastatter Studententag 1901, Baden-Baden 1901.
(Stadtarchiv Rastatt: OrC 6; 2. Ex.: Hist Bibl. Rastatt) Abb. 272

135 f **Das Gasthaus zur Krone**. Darstellung im Werbeteil des Rastatter Adressbuchs von 1896.
(Hist. Bibl. Rastatt: P 5 a) Abb. 273; vgl. auch Abb. 203

135 g **Speisenfolge** [Speisekarte] **zur Geburtstagsfeier** Sr. Königl. Hoheit **des Grossherzogs; Hotel Kreuz, Rastatt, 9. Juli 1911.**
(Michael Feik, Rastatt) Abb. 274

135 h **Gewerbe- und Industrie-Ausstellung Rastatt 1901. Programm** der Ausstellung.
(Stadtarchiv Rastatt: A-5907) Abb. 275

135 i Zur **Gewerbe- und Industrieausstellung Rastatt 1901** erschienene kolorierte **Postkarte** mit einer Darstellung des Pfeiferbrunnens und eines Ausstellungsobjekts der Rastatter Firma Neininger.
(Andreas Jachnik, Rastatt) Abb. 276

135 j Zur **Gewerbe- und Industrieausstellung Rastatt 1901** herausgegebene **Postkarte** mit einer Darstellung des Eingangstors der Ausstellung.
(Anita Wagenbrenner, Rastatt)

Heinrich Hansjakob war Initiator und Organisator der Rastatter Studententage, der Treffen ehemaliger Lyzeumsschüler von Rastatt, und in eben dieser Eigenschaft begegnet er uns auch in dem hier gezeigten und an ihn selbst adressierten Brief des Stiftungsverwalters Joseph Schlager aus Freiburg vom 11. Juli 1899. Der Brief ist offensichtlich eine Antwort des Absenders auf Hansjakobs Vorschlag, sich in Rastatt zu treffen. Schlager schreibt: "Die Anregung, daß sich die alten Rastatter Lyceisten zu einem herzlichen Wiedersehen in nächster Zeit zu Rastatt zusammenfinden sollen, hat in mir, der ich im Jahre 1870 bei Ausbruch des deutsch-französischen Krieges in der ehemaligen Bundesfestung das Lyceum absolvierte, sofort den Entschluß gereift, an der Zusammenkunft theilzunehmen." Schlager bittet Hansjakob des weiteren darum, ihn für das Treffen vorzumerken.

Tatsächlich finden wir im Schuljahresbericht des Rastatter Lyzeums für 1870/71 die Information: "Folgende Abiturienten des Jahrgangs 1869/70 erhielten 1) unbedingte Entlassung auf die Universität:... Schlager, Joseph, von Beiertheim, stud. theol. in Freiburg..."(S. 4). Das Theologiestudium muß Schlager dann später aufgegeben haben, da er auf dem vorliegenden Brief als "Stiftungsverwalter" unterzeichnet.

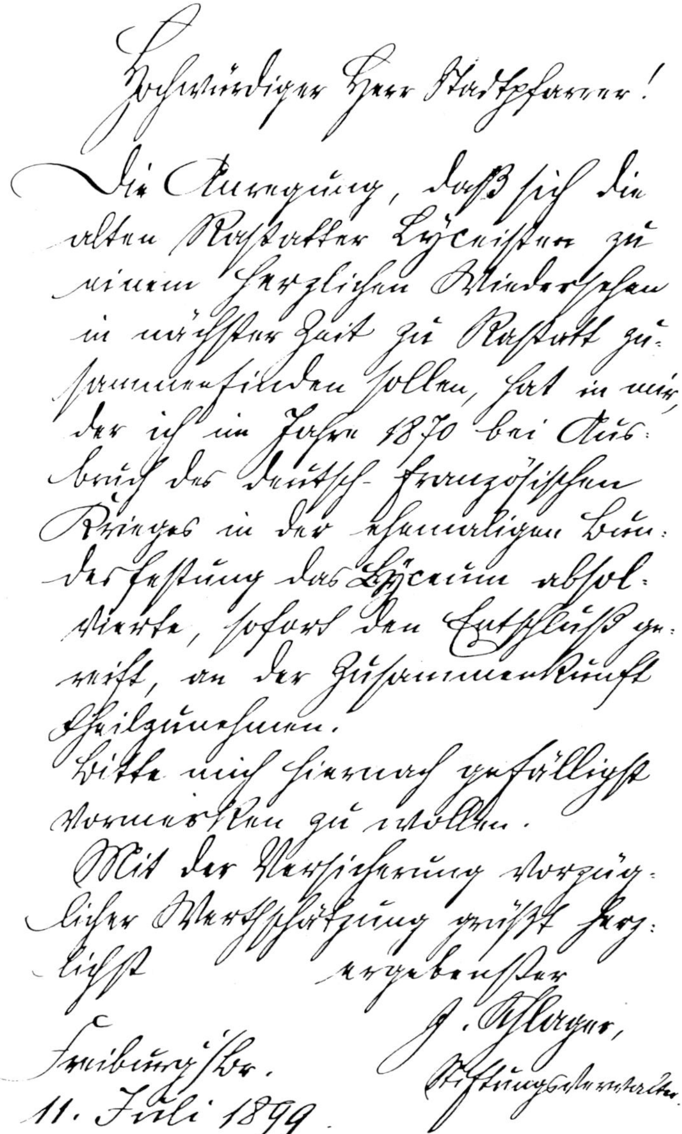

Hochwürdiger Herr Stadtpfarrer!

Die Anregung, daß sich die alten Rastatter Lyceisten zu einem herzlichen Wiedersehen in nächster Zeit zu Rastatt zusammenfinden sollen, hat in mir, der ich im Jahre 1870 bei Ausbruch des deutsch-französischen Krieges in der ehemaligen Bundesfestung das Lyceum absolvierte, sofort den Entschluß geweckt, an der Zusammenkunft theilzunehmen.

Bitte mich hiernach gefälligst vormerken zu wollen.

Mit der Versicherung vorzüglicher Hochschätzung grüßt herzlichst

ergebenster

J. Schlager,
Stiftungsverwalter.

Freiburg i/Br.
11. Juli 1899.

Abb. 268: *Schreiben des Stiftungsverwalters J. Schlager (Freiburg) an Hansjakob betr. einer Teilnahme an einem Treffen ehemaliger Rastatter Lyzeumsschüler.- Vgl. Kat. Nr. 135a.- EA Freiburg: Nachlaß Hansjakob*

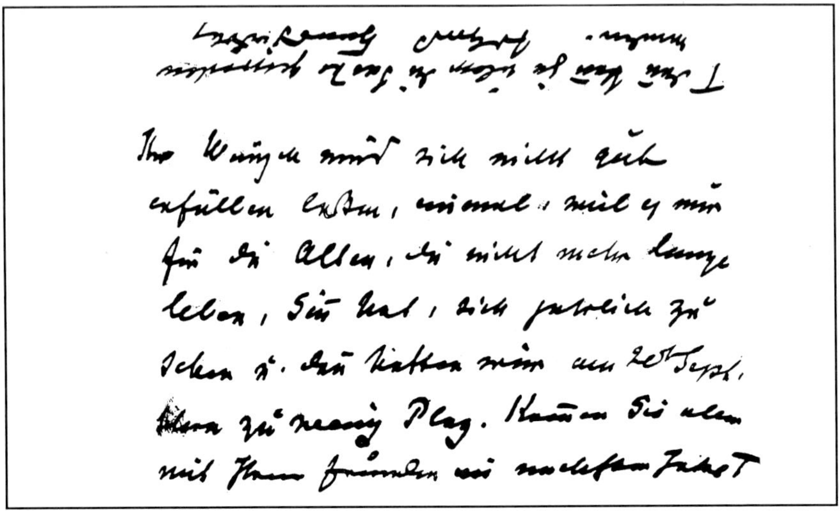
Ihr Wunsch wird sich nicht gut
erfüllen laßen, einmal, weil es nur
für die Alten, die nicht mehr lange
leben, Sinn hat, sich jährlich zu
sehen u. dann hatten wir am 20t Sept.
schon zu wenig Plaz. Kommen Sie aber
mit Ihren Freunden im nächsten Jahre

Abb. 269: *An Julius Kunz (Lahr) abgeschickte Postkarte Hansjakobs, vermutlich betr. einer Teilnahme an den Rastatter "Studententagen".- Vgl. Kat. Nr. 135b.- Schülerverbindung "Teutonia" Rastatt*

Auch der Inhalt einer von Hansjakob am 3.11.1899 aus Freiburg an Julius Kunz in der Engelapotheke in Lahr abgeschickten Postkarte scheint sich auf die Rastatter "Lyzeistentage" zu beziehen. Entsprechendes vermerkt jedenfalls das Archiv der Schülerverbindung "Teutonia", in deren Besitz sich die Karte befindet. Hansjakob antwortet auf ein zuvor an ihn gerichtetes Schreiben: "Ihr Wunsch wird sich nicht gut erfüllen laßen, einmal, weil es nur für die Alten, die nicht mehr lange leben, Sinn hat, sich jährlich zu sehen u. dann hatten wir am 20. Sept. schon zu wenig Plaz. Kommen Sie aber mit Ihren Freunden im nächsten Jahre, dann kann ja über die Sache gesprochen werden." Julius Kunz hatte also Hansjakob gegenüber vermutlich den Wunsch geäußert, mit seinen Freunden gleichfalls an den Lyzeistentreffen teilnehmen zu dürfen bzw. in diese Zusammenkünfte auch die jüngeren Jahrgänge mit einzubeziehen.

Die von Hansjakob für seine (vorläufig) abschlägige Antwort angeführte Begründung legt den Schluß nahe, daß Julius Kunz vor noch nicht allzu langer Zeit - vom Datum der Absendung der Karte an gerechnet - Zögling der Rastatter Schule gewesen sein mußte.

In den Schülerverzeichnissen der gedruckten Rastatter Schuljahresberichte stoßen wir auf einen Schüler gleichen Namens, der das Gymnasium von 1890/91 bis 1896/97 besuchte. Nachdem er die Untersekunda hatte wiederholen müssen, verließ er die Schule. Sofern es sich bei diesem Schüler und dem Adressaten der von Hansjakob 1899 abgeschickten Postkarte um ein und dieselbe Person handelt, hat sich Julius Kunz dann wohl dem Apothekerberuf zugewandt. Daneben wäre - eine derartige Identität vorausgesetzt - auch Hansjakobs Begründung für seine negative Antwort leichter verständlich. Im übrigen enthält die vorliegende Postkarte, falls sich ihr Inhalt tatsächlich auf die Rastatter "Lyzeistentage" bezieht, noch die Information, daß das erste Treffen dieser Art am 20. September 1899 stattfand.

Abb. 270: *Bürgermeister Alfred Bräunig.- Vgl. Kat. Nr. 135d.- Stadtarchiv Rastatt: K-92*

Der dritte Rastatter "Studententag" wurde am 30. Mai 1901 durchgeführt. Über seinen genaueren Verlauf sind wir recht gut informiert: Um 11 Uhr trafen sich die rund 50 Teilnehmer im Rathaus, wo sie von Bürgermeister Bräunig begrüßt wurden. Danach hielt Pfarrer Bauer aus Lichtenthal einen Vortrag über die "Geschichte des Lyceums Rastatt", der noch im selben Jahr in gedruckter Form herausgegeben wurde - erweitert um einen kurzen Bericht über das dritte Lyzeistentreffen, auf den sich auch die vorliegende Darstellung stützt.

Abb. 271: *Das Rastatter Rathaus (links). Postkarte mit einer kurz nach 1900 entstandenen Aufnahme.- Vgl. Kat.Nr. 135c.- Stadtarchiv Rastatt: K-1024,4*

Geschichte des Lyceums Rastatt.

Vortrag

auf dem Rastatter Studententag 1901

von

B. Bauer, Pfarrer in Lichtenthal.

Baden-Baden
Echo, Aktiengesellschaft für Verlag und Druckerei
1901.

Abb. 272: *B. Bauer, Geschichte des Lyceums Rastatt. Titelseite der gedruckten Fassung des auf dem Rastatter Studententag 1901 gehaltenen Vortrags.- Vgl. Kat. Nr. 135e.- Stadtarchiv Rastatt: OrC 6; 2. Ex.: Hist. Bibl. Rastatt*

Um 1 Uhr mittags folgte ein Festessen im Hotel "Krone" (das übrigens in der Kaiserstraße 23, neben der heutigen Buchhandlung Kirchhoff, stand und 1945 ausgebombt wurde; vgl. Klaus Wolf (Hrsg.), Rastatts Gastronomie "Einst und Heute", Rastatt o.J., S. 55). Hansjakob, der Organisator der Zusammenkunft, saß nach dem Bericht "am Kopfende der hufeisenförmigen Tafel... Es dauerte nicht lange", so erfahren wir weiter, "daß bei den Klängen einer Abteilung der 30er Kapelle und dem exquisiten Mahle, das Herr Kränkel zur 'Krone' zubereiten ließ und das man natürlich mit den Vorräten des ebenso fürtrefflichen Kellers nicht anzufeuchten vergaß, bald eine überaus gemütliche und animierte Stimmung Platz griff" (Bauer, Geschichte des Lyceums Rastatt, S. 4). Davon, daß sich die badische Küche schon zu jener Zeit auf die Zubereitung eines exzellenten Festmahls verstand, aber auch davon, wie ein solches Essen ausgesehen haben mag, kann die im folgenden gezeigte "Speisenfolge zur Geburtstagsfeier Sr. Königl. Hoheit des Grossherzogs" des Hotels "Kreuz" in Rastatt vom 9. Juli 1911 einen guten Eindruck vermitteln. Das Festessen in der "Krone" vom 30. Mai 1901 zog sich bis um 16^{30}Uhr hin.

Abb. 273: *Das Gasthaus "Zur Krone". Darstellung im Werbeteil des Rastatter Adressbuchs von 1896.- Vgl. Kat. Nr. 135f.- Hist. Bibl. Rastatt: P 5a*

SPEISENFOLGE

zur

Geburtstagsfeier Sr. Königl. Hoheit
des Grossherzogs.

Mock turtle Suppe.

—

Filets von Seezungen gebacken, Sce. remoulade.

—

Prager Schinken in Burgunder,
neues Kraut — Purée.

—

Straßburger Gansleberterrine in Gelée.

—

Franz. Poularden.

—

Salat — Compote.

—

Eis.

—

Kuchen.

Hotel Kreuz, Rastatt.
9. Juli 1911.

CHAMPAGNE DEUTZ & GELDERMANN

Abb. 274: *Speisekarte zur Geburtstagsfeier des bad. Großherzogs am 9. Juli 1911. Hotel Kreuz, Rastatt.- Vgl. Kat. Nr. 135g.- Michael Feik, Rastatt*

Gewerbe- und Industrie-Ausstellung

RASTATT 1901.

Programm der Ausstellung.

Samstag den 18. Mai,
vormittags 11 Uhr:

Feierliche Eröffnung der Gewerbe- und Industrie-Ausstellung.

Rundgang durch die Ausstellung.

Mittags 1/2 1 Uhr: **Eröffnungs-Essen** in der Restaurationshalle der Ausstellung.

Die Blumenbinderei beginnt am 18. Mai und endigt am 22. Mai abends.

Sonntag den 26. Mai: Eröffnung der Separat-Ausstellung von Backwaren.

Donnerstag den 30. Mai: III. Jahresversammlung der früheren Schüler des hiesigen Gymnasiums. Abends 8 Uhr: Zu Ehren dieser Herren Concert.

Sonntag den 2. Juni: Eröffnung der Separat-Ausstellung von Wurstwaren.

„ „ Vormittags 11 Uhr: Constatirung der Ankunft von Brieftauben. Brieftauben-Wettflug von Bonn nach Rastatt, Luftlinie 210 Km. Verteilung von Vereins- und Ehrenpreisen in der Ausstellung.

Sonntag den 9. Juni: Eröffnung der Ausstellung von Lehrlingsarbeiten; dieselbe dauert bis zum Schluss der Ausstellung.

Samstag den 8. und Sonntag den 9. Juni: Landesverbandstag der bad. Gewerbe-Vereine.

Sonntag den 9. Juni: Abends 8 Uhr: Concert. Bei eintretender Dunkelheit: Beleuchtung der Anlagen zu Ehren der anwesenden Gäste des Landesverbandes.

Samstag den 15., Sonntag den 16. und Montag den 17. Juni: Besuch der Turnvereine, welche sich am Gauturnfeste, verbunden mit dem 25jährigen Bestehen der Turnerschaft Rastatt, beteiligen (s. Spezial-Programm der Turnerschaft).

Montag den 17. Juni: Abends 8 Uhr: Concert, Beleuchtung und Feuerwerk zu Ehren der Herren Delegirten der Volksbanken (Vorschuss-Vereine) des untern bad. Verbandes.

Dienstag den 18. Juni: Mittags 3 Uhr: Besichtigung der Ausstellung durch die Herren Delegirten der Volksbanken (Vorschuss-Vereine).

„ „ Abends 7 Uhr: Schluss-Essen in der Ausstellungs-Restauration.

Schluss der Ausstellung.

Die Ausstellungs-Commission.
Der Präsident:
Bräunig, Bürgermeister.

Der geschäftsführende Ausschuss.
Vorsitzender:
A. Niederbühl.

Uhrig & Reuter, Rastatt.

Abb. 275: *Programm der Gewerbe- und Industrie-Ausstellung Rastatt 1901.- Vgl. Kat. Nr. 135h.- Stadtarchiv Rastatt: A-5907*

Danach besuchten die ehemaligen Lyzeumsschüler die Rastatter Gewerbe- und Industrieausstellung, welche vom 18. Mai bis 18. Juni durchgeführt wurde. Nach Auskunft des Rastatter Tagblatts vom 22.4.1901 war die Ausstellung "in den weiten Räumen der städtischen Fruchthalle und auf den freien Plätzen vor und hinter derselben" aufgebaut. Ihr Ziel sollte es sein, "ein übersichtliches Bild der Leistungsfähigkeit des im Ausstellungsgebiet (Amtsbezirk Rastatt und Murgthal) ansässigen Gewerbestandes zu geben". Die Rastatter Zeitung vom 10. Mai 1901 berichtet darüber hinaus, daß "das große originelle Eingangsthor... seiner Vollendung entgegen" gehe und daß "auch der monumentale, eine dauernde Zierde des Platzes vor der Fruchthalle bildende Brunnen, das dankenswerte Vermächtnis des zu Mannheim verstorbenen Herrn Guido Pfeifer [deshalb der heutige Name 'Pfeifer-Brunnen'], eines geborenen Rastatters, für seine Vaterstadt" erstellt sei.

Abb. 276: *Zur Gewerbe- und Industrie-Ausstellung Rastatt 1901 erschienene Postkarte mit einer Darstellung des Pfeifer-Brunnens.- Vgl. Kat. Nr. 135i.- Andreas Jachnik, Rastatt*

In dem Bericht über das dritte Rastatter Lyzeistentreffen lesen wir bezüglich des Besuchs der Teilnehmer bei der Gewerbe- und Industrieausstellung: "Nach einem Rundgang wurde dort bei einem trefflichen Glase Extrabräu, bei Konzert und festlicher Beleuchtung der unteren Räume und des Platzes noch verschiedene Stunden lustig kommersiert" (Bauer, S. 5). Im offiziellen Ausstellungsprogramm wird entsprechend der dritte Rastatter "Studententag" eigens aufgeführt: "Donnerstag den 30. Mai: III. Jahresversammlung der früheren Schüler des hiesigen Gymnasiums. Abends 8 Uhr: Zu Ehren dieser Herren Concert".

Auch die Rastatter Zeitung vom 15. Mai 1901 weist auf das Treffen ehemaliger Schüler hin, stellt kurz dessen geplanten Verlauf vor und fordert schließlich zu einer Teilnahme bei der "Zusammenkunft alter Lyceisten und Gymnasiasten" auf. Im Gegensatz zum offiziellen Veranstaltungsprogramm der Gewerbe- und Industrieausstellung berichtet die Rastatter Zeitung allerdings, daß das "Konzert in der Ausstellung, gegeben von der Stadt Rastatt zu Ehren der anwesenden Gäste" schon "abends 6 Uhr" stattfinden solle.

136 Die **Jahrhundert-Feier des Rastatter Gymnasiums 1908**

136 a Großherzogliches Gymnasium Rastatt. **Einladung** zur Jahrhundert-Feier. 28.-30. Juli 1908.
(Hist. Bibl. Rastatt: Abt. Rastatt) Abb. 277

136 b Grossherzogliches Gymnasium Rastatt. **Festschrift** zur Jahrhundert-Feier 1808-1908, Rastatt: Greiser, 1908.
(Hist. Bibl. Rastatt: J 915)

136 c **Schreiben Hansjakobs an die Rastatter Gymnasiumsdirektion** vom 3. Juli 1908; Absendeort: Freiburg i.Br. Abb. 278
(AdLWG: o.Sign.; in der Verwaltung des Stadtarchivs Rastatt)

136 d **Telegramm Heinrich Hansjakobs** aus Freiburg i.Br. vom 28.7.1908; **an die Direktion des Gymnasiums Rastatt**; aufgenommen um 9^{35}Uhr; Telegraphie des Deutschen Reichs, Amt Rastatt. Abb. 279
(AdLWG: o. Sign.; in der Verwaltung des Stadtarchivs Rastatt)

Vom 28.-30. Juli 1908 beging das Großherzogliche Ludwig-Wilhelm-Gymnasium Rastatt - wie das frühere Lyzeum, welches 1808 aus der Vereinigung des Lyzeums von Baden-Baden mit der Rastatter Piaristenschule hervorgegangen war, nunmehr hieß - sein 100jähriges Jubiläum. Aus eben diesem Anlaß hatte die Schule einerseits ihren neuen Namen erhalten und war andererseits ein der Feier angemessenes Programm zusammengestellt worden, das in der hier gezeigten "Einladung zur Jahrhundert-Feier" abgedruckt wurde. Zu diesem Programm gehörte beispielsweise eine Aufführung von Sophokles' "Antigone" durch Schüler der Anstalt.

1808 1908

Großherzogl. Gymnasium

RASTATT.

Einladung

zur

Jahrhundert-Feier

28.—30. Juli 1908.

In wenigen Monaten vollendet sich das erste Jahrhundert im Leben unserer Anstalt; den 15. November 1808 wurde sie als Lyceum in feierlichster Weise eröffnet, keine Neugründung, sondern hervorgegangen aus der Vereinigung zweier höherer Lehranstalten, deren Anfänge viel weiter rückwärts liegen: des im Jahre 1715 hier errichteten Piaristengymnasiums und des Lyceums in Baden, das seinen Ursprung in der 1642 eröffneten Jesuitenschule hat.

Lange pflegten die beiden Schulen mit besten Erfolgen Jugendbildung und Wissenschaft; äußere Umstände aber wirkten so ungünstig zusammen, daß sie um die Jahrhundertwende allmählich ihre Lebensfähigkeit verloren; alle von Staat und Körperschaften versuchten Mittel, sie wieder neu zu beleben, erwiesen sich als wirkungslos.

Uhrig & Reuter, Rastatt.

Abb. 277: *Einladung des Großh. Gymnasiums Rastatt zur Jahrhundert-Feier 1908.- Vgl. Kat. Nr. 136a.- Hist. Bibl. Rastatt*

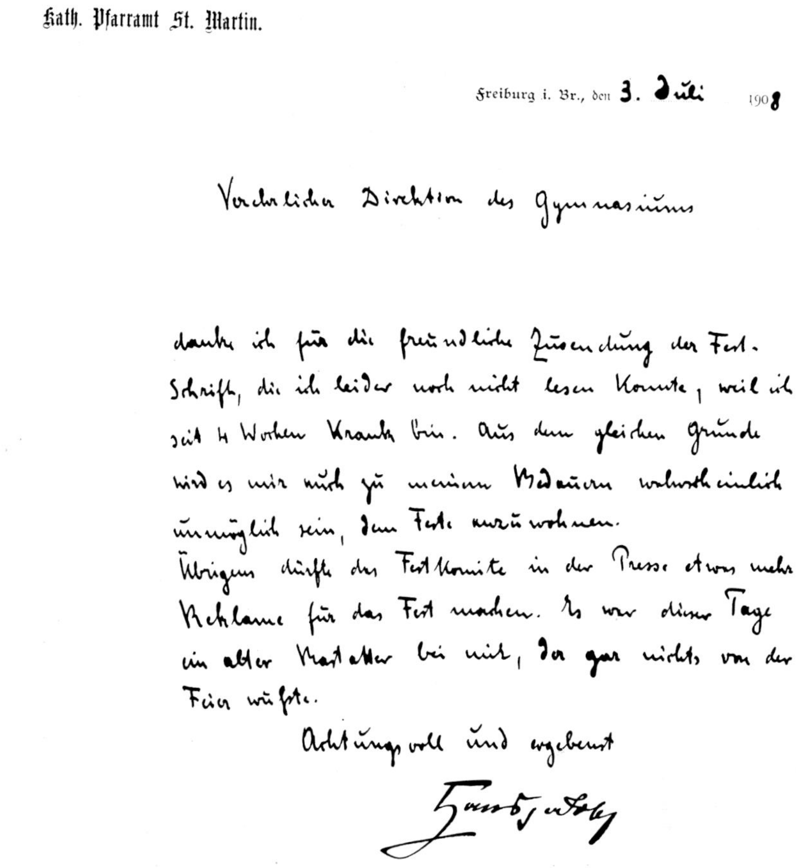

Kath. Pfarramt St. Martin.

Freiburg i. Br., den 3. Juli 1908

Verehrliche Direktion des Gymnasiums

danke ich für die freundliche Züsendüng der Fest-Schrift, die ich leider noch nicht lesen konnte, weil ich seit 4 Wochen krank bin. Aüs dem gleichen Gründe wird es mir aüch zü meinem Bedaüern wahrscheinlich ünmöglich sein, dem Feste anzüwohnen.

Übrigens dürfte das Festkomite in der Presse etwas mehr Reklame für das Fest machen. Es war dieser Tage ein alter Rastatter bei mir, der gar nichts von der Feier wüßte.

Achtüngsvoll ünd ergebenst

Hansjakob

Abb. 278: *Schreiben Hansjakobs an die Rastatter Gymnasiumsdirektion aus Anlaß der Jahrhundert-Feier 1908.- Vgl. Kat. Nr. 136c.- AdLWG*

Gleichzeitig war eine “Festschrift zur Jahrhundert-Feier” erschienen, in der Prof. Carl Friedrich Lederle, ein Lehrer des Rastatter Gymnasiums, ausführlich die Geschichte der Schule darstellte. Lederles Ausführungen sind auch heute noch eine wichtige Quelle zur Geschichte des Rastatter Schulwesens.

Die Festschrift konnte schon Mitte Juni 1908 herausgegeben werden. In verschiedenen Zeitungen wurden die ehemaligen Lehrer und Schüler der Anstalt aufgerufen, an den Jubiläumsfeierlichkeiten teilzunehmen; außerdem erhielten sämtliche Abiturienten seit 1850, soweit ihre Adressen noch

ausfindig gemacht werden konnten, eine direkte Einladung (vgl. d. Rastatter Schuljahresbericht v. 1908/09, S. 3-5).
Auch Heinrich Hansjakob hatte offensichtlich eine solche Einladung erhalten; und gleichzeitig war ihm ein Exemplar der Festschrift zugeschickt worden. In einem Schreiben an die Rastatter Gymnasiumsdirektion vom 3. Juli 1908 bedankt er sich nämlich für die entsprechende Sendung und teilt mit, er habe - krankheitsbedingt - das Buch noch nicht lesen können. Hansjakob fährt dann fort: “Aus dem gleichen Grunde wird es mir auch zu meinem Bedauern wahrscheinlich unmöglich sein, dem Feste beizuwohnen. Übrigens dürfte das Festkomite in der Presse etwas mehr Reklame für das Fest machen. Es war dieser Tage ein alter Rastatter bei mir, der gar nichts von der Feier wußte.”
Doch obgleich Hansjakob dann tatsächlich den Jubiläumsfeierlichkeiten fernbleiben mußte, war er in jenen Tagen zumindest in Gedanken bei seiner alten Schule. So schickte er am 28. Juli 1908 an die Gymnasiumsdirektion ein Telegramm mit folgendem Wortlaut: “Die besten Wünsche und Grüße für Fest und Festgenossen sendet einer, der vor fünfzig Jahren dabei war und deshalb zu seinem großen Bedauern diesmal nicht mitmachen kann. Hansjakob.”

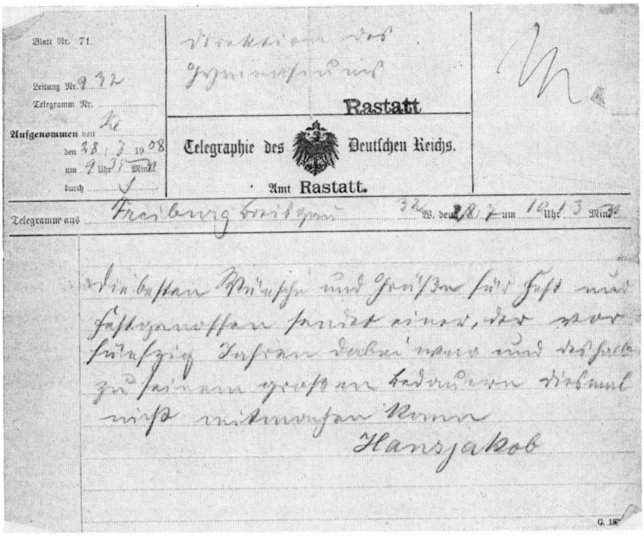
Blatt Nr. 71.
Leitung Nr. 932
Telegramm Nr.
Aufgenommen von
den 28. 7. 1908
um 9 Uhr 35 Min.
durch
Direktion des Gymnasiums
Rastatt
Telegraphie des Deutschen Reichs.
Amt Rastatt.
Telegramm aus Freiburg
Die besten Wünsche und Grüße für Fest und Festgenossen sendet einer, der vor fünfzig Jahren dabei war und deshalb zu seinem großen Bedauern diesmal nicht mitmachen kann
Hansjakob

Abb. 279: *Telegramm Hansjakobs an die Direktion des Rastatter Gymnasiums aus Anlaß der Jahrhundert-Feier 1908.- Vgl. Kat. Nr. 136d.- AdLWG*

137 Letzter Besuch Hansjakobs in Rastatt 1910

137 a **Heinrich Hansjakob, Allerseelentage.** Erinnerungen. Mit einem Bildnis des Verfassers, 3. Aufl., Stuttgart: Bonz, 1912.
(Hist. Bibl. Rastatt: Inv. Nr. 92/63; Exempl. d. 1. Aufl.: Bad. Landesbibliothek Karlsruhe: O 42 A 555) Abb. 138 u. 280

137 b Kolorierte **Ansichtskarte aus Rastatt** mit einer Darstellung der Brauerei Streib, der Stadtkirche, des Schlosses, der Einsiedler-Kapelle sowie des Bahnhof-Hotels; gedruckt nicht nach 1897.
(Andreas Jachnik, Rastatt) Abb. 284

137 c **Das Rastatter Gymnasium.** Kolorierte Postkarte, 1908 von Rastatt nach Karlsruhe geschickt.
(Andreas Jachnik, Rastatt) Abb. 214

137 d **Rastatt mit** Mädchenschule, Pagodenburg und **Wasserturm.** Postkarte, die 1917 von Rastatt nach Wurzach abgeschickt wurde.
(Andreas Jachnik, Rastatt) Abb. 281

137 e **Hotel zum Kreuz, Rastatt.** Kolorierte Prägedruckkarte, verschickt am 19.8.1907.
(Michael Feik, Rastatt) Abb. 283

137 f Das **Meyer-Margarethen-Waisenhaus** Rastatt. Hist. Aufnahme, um 1910.
(Stadtarchiv Rastatt: Fotobestand) vgl. auch Abb. 282

"Im Sommer 1909, da es gerade fünfzig Jahre geworden seit meinem Wegzug vom Lyzeum [in Rastatt], wollte ich eine Fahrt dahin machen zu einem Abschiedsbesuch. Doch schlechte Gesundheit und schlechtes Wetter vereitelten mein Vorhaben, das ich aber noch nicht aufgeben will. Und so hoffe ich denn, die 'klassische Stätte' der Sturmperiode meines Lebens noch einmal zu sehen, ehe ich dieses irdische Dasein vollende" - so schreibt Hansjakob in seinen Erinnerungen "Aus meiner Studienzeit" (6. Aufl. 1913, S. 322). Im folgenden Jahre, also 1910, konnte er die geplante Reise nach Rastatt doch noch antreten, und zwar in Verbindung mit einer Fahrt, die ihn zu allen Stätten führen sollte, "über denen [sein] Kinderhimmel gelacht" hatte (Allerseelentage, 3. Aufl. 1912, S. 13). Ausführlich berichtet Hansjakob in seinem Buch "Allerseelentage" über das letzte Wiedersehen mit Rastatt.

Allerseelentage

Erinnerungen von Heinrich Hansjakob

Du Friedhof längst entschwund'ner Tage,
Schweigende Vergangenheit!
Ein müder Greis voll Leid und Klage
Sucht in dir die Jugendzeit.

Mit einem Bildnis des Verfassers.

Dritte Auflage.

Verlag von Adolf Bonz & Comp. in Stuttgart
1912.

Abb. 280: *Heinrich Hansjakob, Allerseelentage. Titelblatt der 3. Aufl.- Vgl. Kat. Nr. 137a*

Bei diesem "Abschiedsbesuch" von der Stadt seiner Jugend suchte Hansjakob solche Orte und Gebäude auf, mit denen sich für ihn Erinnerungen an seine frühere Schulzeit verbanden: die fünf Quartiere, in denen er als Lyzeist gewohnt hatte, die Einsiedlerkapelle, die Bernharduskirche, deren Einsamkeit er als Schüler häufig gesucht hatte, und dann natürlich das einstige Lyzeum, das nun Gymnasium hieß; und von dort aus ging er noch hinüber zum Schloß. Doch ein Gefühl der Trauer und Wehmut überschattete das Wiedersehen mit den Stätten seiner Studienzeit, denn die Menschen, denen er dort einst begegnet war, lebten nicht mehr, und er selbst - so wurde ihm nun eindrücklich ins Bewußtsein gerufen - war inzwischen ein anderer geworden.

Abb. 281: *Rastatt mit Mädchenschule, Pagodenburg und Wasserturm. 1917 gelaufene Postkarte.- Vgl. Kat. Nr. 137d.- Andreas Jachnik, Rastatt*

Als Hansjakob nun die Treppen zur Einsiedlerkapelle hinaufstieg, störte ihn der Anblick des Wasserturms: "... einen Schwabenstreich haben die Rastatter in neuester Zeit hier oben begangen, sie haben zwischen dieses reizvolle Kirchlein [die Einsiedlerkapelle] mit dem schönen Blick auf die Berge des Murgtales und zwischen das in dem einstigen Ziergarten der Markgräfin von ihr in Form einer Pagode errichtete Gartenhaus einen Wasserturm hineingesetzt, der ein wahres Majestätsverbrechen bildet am Kunstgeschmack und ein Hohn ist gegen den Heimatschutz und gegen die Erhaltung alter Bauwerke. Der Turm steht zwischen den zierlichen, stylvollen, alten Bauten wie ein betrunkener Barbar zwischen zwei Edelsteinen" (Allerseelentage, S. 411f.).

Inzwischen ist der von Hansjakob hier so hart kritisierte Wasserturm freilich selbst ein Baudenkmal geworden, und es ist durchaus fraglich, ob die Rastatter heute in ihrer Mehrheit Hansjakobs strenges Urteil teilen würden.

Seinen letzten Besuch im einstigen Rastatter Lyzeum, wo er von 1852 bis 1859 sieben Jahre lang als Schüler ein- und ausgegangen war, beschreibt Hansjakob wie folgt: "Ich schritt hinüber zum nahen Lyzeum (heute Gymnasium). Auch es hat ein neues Gewand angezogen, ein blutigrotes, röter als die Farbe der sozialen Revolution; es ist das Rot des Anarchismus... Still und einsam wie ehedem, wenn die Schulstunden zu Ende waren und die Schüler sich verlaufen hatten, lagen die stattlichen Gebäude des Lyzeums vor mir, und ebenso still war es in den Innenräumen, die ich durchschreiten konnte, ohne daß eine Seele mir begegnet wäre. Nur vor zwei Klassenzimmern hingen die farbigen Mützen von Schülern, die offenbar von 12-1 Uhr Unterricht hatten nach der neuen Mode, die den Schülern und Lehrern es ermöglicht, jeden Nachmittag frei zu haben und spazieren gehen zu können... Unbeschrieen durchwanderte ich die Hallen, in denen ich vor fünfzig und mehr Jahren die klassische Bildung geholt und in denen ich manch trübe, aber auch viele schöne Stunden verlebt habe und gedachte in stiller Wehmut jener längst entschwundenen Zeit, der längst toten Lehrer und der allermeist aus dem Leben geschiedenen Studiengenossen. Auch in den Hof ging ich und besah das kleine Häuschen, in dem der Schuldiener wohnt, zu meiner Zeit der alte Schill mit Frau und Tochter. Ich gedachte ihrer in Dankbarkeit, einmal um der guten Gesinnung, die alle drei gegen mich hegten und dann um der guten Milchwecken willen, die sie um zehn Uhr uns verkauften" (Allerseelentage, S. 435-437). Die in dem soeben zitierten Ausschnitt geäußerte Auffassung Hansjakobs über den neuen Anstrich des Schulgebäudes sowie über die schulfreien Nachmittage dürften in der heutigen Zeit allerdings kaum auf ungeteilten Beifall stoßen.

Vom Gymnasium ging Hansjakob dann noch hinüber zum Schloß, und von dort ließ er sich schließlich zum Hotel "Kreuz" kutschieren, das bereits vor nahezu sechs Jahrzehnten (1933) aufgegeben wurde; an seiner Stelle steht heute das Bekleidungshaus Heudorf (vgl. Wolf, Rastatt's Gastronomie "Einst und Heute", S. 55). "Der Kreuzwirt Föckler, ein Rastatter Kind und ein junger, eleganter Hotelier... hatte [Hansjakob] im zweiten Stock ein schönes, wohldurchwärmtes Zimmer reserviert. Dazu ein Diner, serviert von dem Oberkellner Berger, einem Lehrersohn aus dem nahen, schön gelegenen Ebersteinburg" (Allerseelentage, S. 441).

Nach dem Essen und einer Mittagsruhe erhielt Hansjakob Besuch vom Bürgermeister Bräunig, der ihm bei seinem Abschied von Rastatt das Geleit geben wollte. Bevor Hansjakob aber die Stadt verließ, zeigte ihm Bräunig "noch das neuerbaute Mädchenwaisenhaus am Leopolds-Ring... Es ist dies ein einfacher und doch vornehmer Bau, der, die Zukunft dieser Kinder angesehen, fast zu schön ist. Sein Erbauer ist des Bürgermeisters Schwiegersohn Mallebrein... Er ist zugleich ein Enkel des Stifters dieser Waisenanstalt, des Rastatter Bankiers Mayer..." (Allerseelentage, S. 442).

Nach dem Besuch des Waisenhauses galt es dann aber für Hansjakob endgültig Abschied zu nehmen von der ihm so ans Herz gewachsenen Stadt: "Durchs 'Kehler Tor' ", schreibt Hansjakob, "vorbei an der ehemaligen Kromerschen Brauerei [später Brauerei Streib], in der mir viele Stunden gambrinischer Lust begraben liegen, ging's zur lieben, alten Musenstadt hinaus - für immer" (Allerseelentage, S. 443).

Abb. 282: *Das Meyer-Margarethen-Waisenhaus Rastatt. Ausschnitt aus einer Fotografie auf einer 1913 gelaufenen Postkarte.- Vgl. auch Kat. Nr. 137f.- Andreas Jachnik, Rastatt*

Abb. 283: *Hotel "Zum Kreuz", Rastatt. 1907 verschickte Postkarte.- Vgl. Kat. Nr. 137e.- Michael Feik, Rastatt*

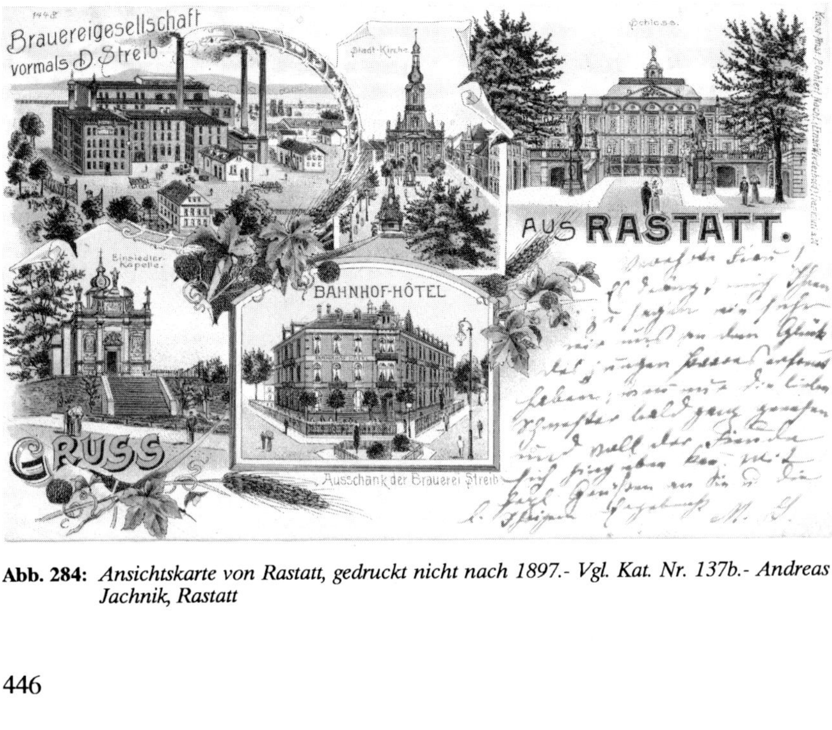

Abb. 284: *Ansichtskarte von Rastatt, gedruckt nicht nach 1897.- Vgl. Kat. Nr. 137b.- Andreas Jachnik, Rastatt*

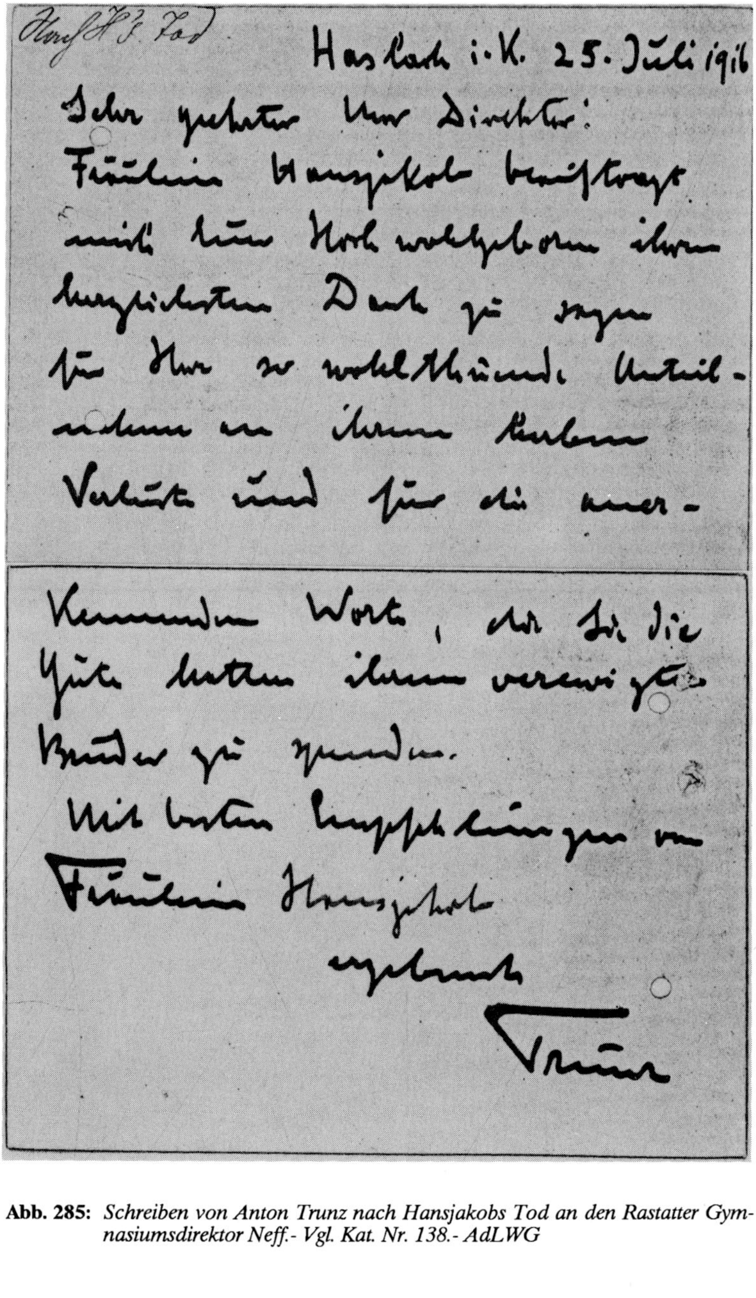
Nach H. J. Tod

Haslach i. K. 25. Juli 1916

Sehr geehrter Herr Direktor!

Fräulein Hansjakob beauftragt mich Euer Hochwohlgeboren ihren herzlichsten Dank zu sagen für Ihre so wohlthuende Anteilnahme an ihrem herben Verluste und für die anerkennenden Worte, die Sie die Güte hatten ihrem verewigten Bruder zu spenden.

Mit besten Empfehlungen von Fräulein Hansjakob

ergebenst

Trunz

Abb. 285: *Schreiben von Anton Trunz nach Hansjakobs Tod an den Rastatter Gymnasiumsdirektor Neff.- Vgl. Kat. Nr. 138.- AdLWG*

138 **Schreiben von Anton Trunz** im Auftrage von Hansjakobs Schwester Philippine **nach Hansjakobs Tod an den Rastatter Gymnasiumsdirektor Joseph Neff.**
Datum: 25. Juli 1916. Absendeort: Haslach. Abb. 285
(AdLWG: Bibliothek; in der Verwaltung des Stadtarchivs Rastatt)

Nach dem Tode Hansjakobs, der am 23.6.1916 in Haslach verstorben und zwei Tage später in Hofstetten beigesetzt worden war, hatte der damalige Direktor des Rastatter Gymnasiums offensichtlich der Schwester von Hansjakob, Philippine, sein Beileid ausgesprochen. Das hier gezeigte Schreiben von Hansjakobs früherem Kooperator und Privatsekretär sowie späterem Nachlaßverwalter Anton Trunz ist eine Antwort auf diese Beileidsbekundung. Die von Trunz im Auftrage von Hansjakobs Schwester Philippine am 25. Juli 1916 aus Haslach an Neff abgeschickte Karte hat folgenden Wortlaut: "Sehr geehrter Herr Direktor! Fräulein Hansjakob beauftragt mich Euer Hochwohlgeboren ihren herzlichsten Dank zu sagen für Ihre so wohlthuende Anteilnahme an ihrem herben Verluste und für die anerkennenden Worte, die Sie die Güte hatten ihrem verewigten Bruder zu spenden. Mit besten Empfehlungen von Fräulein Hansjakob ergebenst Trunz."

VIII

Heinrich Hansjakob
und
die Bibliothek des Rastatter Lyzeums

Hans Heid

Am 21. November 1991 eröffnete der Minister für Wissenschaft und Kunst des Landes Baden-Württemberg, Klaus von Trotha, im historischen Bibliothekssaal des Rastatter Ludwig-Wilhelm-Gymnasiums eine Ausstellung, deren Titel lautete: "Von der Astronomie zur Alchemie". Im Mittelpunkt der Präsentation standen damals bedeutende naturwissenschaftliche Bestände des 16. und frühen 17. Jahrhunderts aus der Historischen Bibliothek der Stadt Rastatt. Die genannte Ausstellung war Abschluß und Höhepunkt einer ganzen Reihe von Veranstaltungen zum 275jährigen Jubiläum der Büchersammlung. Diese Aktivitäten ließen genauso wie verschiedene weitere Ausstellungen, Vorträge und Publikationen über die historischen Bücherbestände während der letzten vier Jahre einer breiteren Öffentlichkeit deutlich werden, was einige wenige Kenner der Sammlung längst wußten: daß nämlich die Historische Bibliothek der Stadt Rastatt im Ludwig-Wilhelm-Gymnasium - sowohl was ihre Bedeutung für die Wissenschaft angeht als auch hinsichtlich ihres bibliophilen Charakters - ein Kulturgut von höchstem Rang darstellt. In einem (im Druck erschienenen) Vortrag über den Stellenwert der Büchersammlung kommt W. Sühl-Strohmenger, Mitarbeiter im Redaktionsstab des "Handbuchs der historischen Buchbestände in der Bundesrepublik", gar zu dem Urteil, daß die Rastatter Bibliothek "Im Hinblick auf die Qualität der Bestände... zu den fünf besten heute noch in deutschen Gymnasien aufgestellten Bibliotheken" zählt und daß es in bezug "auf den Gesamtumfang und das zeitliche Bestandsprofil ihrer Altbestände, von wenigen Ausnahmen abgesehen..., keine der Rastatter vergleichbare Gymnasialbibliothek in Deutschland... gibt".[1]

Den Grundstock und Kern dieser historischen Büchersammlung bildet in gleicher Weise unter qualitativem wie unter quantitativem Aspekt die frühere Lehrerbibliothek des heutigen Ludwig-Wilhelm-Gymnasiums bzw. des einstigen Lyzeums von Rastatt. Zu der Zeit, da Hansjakob als Schüler die Rastatter Anstalt besuchte, durfte die Lehrerbibliothek bzw. die "Lyceumsbibliothek", wie sie damals hieß, nicht allein von den Lehrern der Schule, sondern ebenso von den Schülern der obersten vier Jahreskurse benutzt werden.[2] Und nur wenige Monate bevor sich Hansjakob erstmals in die Schülerlisten des Lyzeums eintragen ließ, war - zu Weihnachten 1851 - eine Schülerbibliothek eingerichtet worden, die den Zöglingen der Anstalt die Möglichkeit eröffnen sollte, "für die Mussestunden sich Lectüre zu verschaffen, welche, neben dem nie aus den Augen zu lassenden Zwecke der Vermehrung der Kenntnisse, auch zur Ausbildung in der Muttersprache und zur Entwicklung des ästhetischen Sinnes" beitragen konnte.[3] So standen die beiden Bibliotheken für Hansjakob also spätestens mit seinem Wechsel in die Unterquinta (der im Herbst 1855 erfolgte) zur Benutzung offen.

Die Bestände der "Lyceumsbibliothek" waren - wie möglicherweise auch die Bände der neu eingerichteten Schülerbibliothek - im wesentlichen im Bibliothekssaal der Schule untergebracht. Neben diesem Saal lag ein kleinerer, beheizbarer Raum, der als Lesezimmer für die Benutzer und gleichzeitig als Arbeitszimmer für den Bibliothekar diente. Bibliothekssaal und Lesezimmer waren durch eine Zwischentür miteinander verbunden. Den 1844 in Kraft getretenen "Statuten für die Lyceumsbibliothek zu Rastatt" läßt sich entnehmen, daß die entsprechenden Bücher, von einigen wenigen Sonderbeständen abgesehen, auch nach Hause entliehen werden konnten.

Abb. 286: *Rekonstruktion eines der Bücherregale, die früher im Bibliothekssaal des Rastatter Lyzeums standen. Zeichnung: Jürgen Pfeifer, Rastatt.- Hist. Bibl. Rastatt*

Die Leihfrist wurde für Schüler auf vier Wochen festgesetzt; es bestand aber die Möglichkeit, die Frist zu verlängern; für jedes ausgehändigte Buch war ein "Empfangschein" auszufüllen.[4]

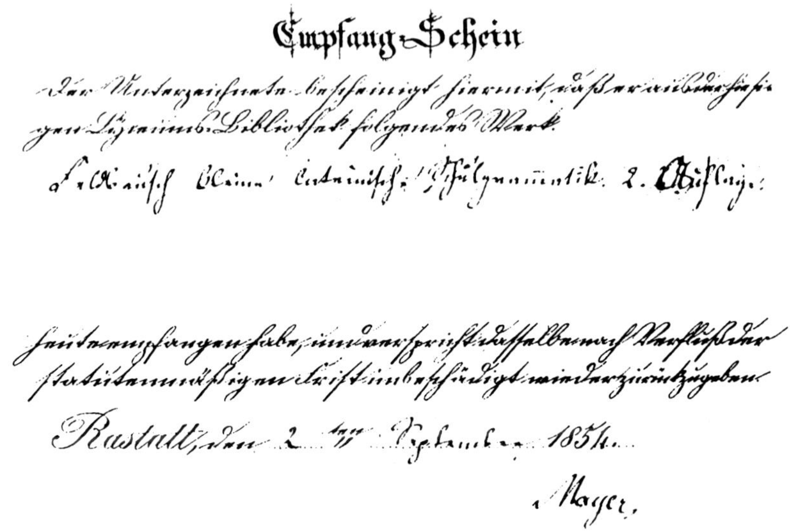

Abb. 287: *Leihschein, wie er zu Hansjakobs Rastatter Schulzeit bei einer Benutzung von Beständen der Lyzeumsbibliothek auszufüllen war.- Hist. Bibl. Rastatt*

Wie alle Schüler, die neu ins Lyzeum aufgenommen wurden, mußte Hansjakob mit Beginn seines ersten Schuljahres in Rastatt (Herbst 1852) ein einmaliges "Eintrittsgeld für die Bibliothek" entrichten, das damals 1 Gulden und 21 Kreuzer betrug.[5] Im Falle von Heinrich Hansjakob sollte sich diese finanzielle Investition freilich sowohl im Hinblick auf die schulische Pflicht- als auch auf die freiwillige Freizeitlektüre mehr als bezahlt machen.

Zwar verbrachte Hansjakob, wie er uns selbst berichtet, seine Freizeit am liebsten gemeinsam mit Freunden und Kameraden in den verschiedenen Gaststätten von Rastatt und Umgebung, weil er "von den ersten Tagen [seines] Rastatter Aufenthaltes an einen unwiderstehlichen Drang nach Bier und nach Bierhäusern" hatte.[6] Daneben aber entwickelte sich bei ihm - weit über das vom schulischen Unterricht geforderte Maß hinaus - eine besondere Vorliebe für das Lesen. Vornehmlich in den Nachtstunden ging

Hansjakob dieser Beschäftigung nach, da er sich an den Abenden und an den schulfreien Nachmittagen häufig in den Wirtshäusern aufhielt.[7]

Gewiß war es dem Rastatter Lyzeumsschüler Heinrich Hansjakob auch möglich, für seine Lektüre auf eine bescheidene Privatbibliothek zurückzugreifen,[8] doch einen Ausbau dieser kleinen Sammlung in der Weise, wie es seinem ausgeprägten Leseeifer entsprochen hätte, konnte er sich aus finanziellen Gründen nicht leisten: den größten Teil seines Taschengeldes verbrauchte er für den Konsum in Gaststätten; und dieser Verzehr belastete seinen Geldbeutel - in Verbindung mit dem Cego-Spiel - gar so stark, daß er sich eines Tages veranlaßt sah, aus dem besagten Grunde sein Klavier zu verkaufen, das ihm die Großmutter geschenkt hatte.[9]

So war also Hansjakob, wenn er seinen großen Lesehunger stillen wollte, in erster Linie auf die Bestände der Schulbibliothek angewiesen; und daß er von den Möglichkeiten, die sich ihm diesbezüglich boten, ausgiebig Gebrauch machte, erzählt er uns in seinen Erinnerungen "Aus meiner Studienzeit": "Man konnte mich jeden freien Nachmittag bei ihm [gemeint ist der Bibliothekar, Prof. Nicolai] auf der Bibliothek finden, wo er sich immer wunderte, daß ich so viel gelesen und schon wieder neue Bücher haben wollte."[10]

Welche Bücher lieh sich Hansjakob aus der Schulbibliothek aus? Wir werden zwar seine Schilderungen der Rastatter Studienzeit nur mit mäßigem Erfolg daraufhin durchblättern, ob er uns konkrete Titel von Büchern nennt, die er sich vom Bibliothekar Nicolai für seine Lektüre aushändigen ließ;[11] aber immerhin führt er die Namen einiger bevorzugt gelesener Autoren an und gibt verschiedene Hinweise, die zumindest eine allgemeine Beantwortung der oben gestellten Frage ermöglichen.

Bereits als Schüler der Oberquinta[12] interessierte sich Hansjakob in besonderer Weise für deutsche Literatur und deutsche Geschichte; und dieses Interesse teilte er mit den beiden Mitschülern Abetz und Kuhn: "...wir waren alle drei junge, literarische Schöngeister und schwärmten für deutsche Klassiker, für deutsche Wissenschaft und für das Germanentum überhaupt, wie nur Jungdeutsche in diesem Alter schwärmen können. Manche Stunde saßen wir unter dickem Tabaksqualm in dem Zimmer des einen oder andern und lasen Platen, Uhland, Goethe, Lessing oder deutsche Geschichte. Unter den Dichtern wurde Platen wegen seiner glatten Verse unser Liebling und von den Historikern Menzel. Unsere politische Gesinnung war extrem liberal..."[13]

Auch nachdem die drei Oberquintaner erfolgreich das Schuljahr beendet hatten und in die Untersexta, also den vorletzten Jahreskurs, versetzt worden waren, blieb ihre Vorliebe für deutsche Literatur ungebrochen: "Unser oben besprochener Dreibund arbeitete mit neuem Eifer in der neuen Klasse, angeregt durch die offizielle Geschichte der Literatur, welche uns ein bisher noch nicht genannter Lehrer, Schlegel, gab. Dieser noch junge Herr... hatte zwar auch die unglückliche Idee, die Literaturgeschichte zu diktieren; allein wir lernten daraus wenigstens Quellen und Namen der ältesten deutschen Literatur bis auf Opitz, und wenn wir auch des Professors Diktat nicht sonderlich studierten, so holten wir auf der Bibliothek die vom Professor angeführten Quellen und widmeten uns diesen um so mehr... Vom Nibelungenlied angefangen, gingen wir alle namhaften mittelalterlichen Dichtungen durch, wobei Abetz, ein Schwärmer für die Arbeiten der Gebrüder Grimm, vorab den sprachlichen Teil behandelte, während Kuhn und ich den poetischen Gehalt hervorhoben."[14]

Neben dem Unterricht in deutscher Literatur gehörte genauso "Geschichte" zu den Lieblingsfächern des Lyzeumszöglings Heinrich Hansjakob. In der Oberquinta hatte es der Klassenlehrer Nicolai verstanden, bei seinem Schüler ein reges Interesse für die Historie zu wecken.[15] Daß sich Hansjakob oft und gerne mit der deutschen Geschichte befaßte, haben wir schon gehört; doch blieb seine Vorliebe für ein Studium der Geschichte keineswegs auf die Beschäftigung mit der historischen Entwicklung in Deutschland beschränkt: "Ich begann damals mit vielem Eifer außerhalb der Schule Geschichte zu lesen und widmete der englischen und französischen Geschichte weit mehr Zeit, als für die Klasse notwendig gewesen wäre."[16]

Doch bei allem Interesse für Geschichte und deutsche Literatur: am liebsten besuchte Hansjakob den Griechisch- und später auch den Lateinunterricht bei Lyzeumsdirektor Schrauth.[17] Nach dem Urteil von Hansjakob war Schrauth "ein Philologe von Gottes Gnaden", der fähig war, einen höchst geistreichen und originellen Unterricht zu halten, und der "daneben der inneren Schönheit der lateinischen und griechischen Sprache vollauf gerecht" wurde.[18] Fünf Jahre lang - vom Herbst 1854 bis zum Sommer 1859 - wurde Hansjakob von Direktor Schrauth in Griechisch unterrichtet;[19] und bis zu seinem letzten Schultag war es ihm geradezu ein Genuß, und er empfand es als ein großes Glück, den Schulstunden dieses "vorzüglichen Lehrers" beiwohnen zu dürfen.[20] "Die geistige Art seiner Behandlung des Homer und Xenophon brachte mir in Unterquinta die ersten leuchtenden Begriffe von der Schönheit der alten Klassiker bei."[21] In der Untersexta standen Homer und Herodot auf dem Lehrplan;[22] in der höch-

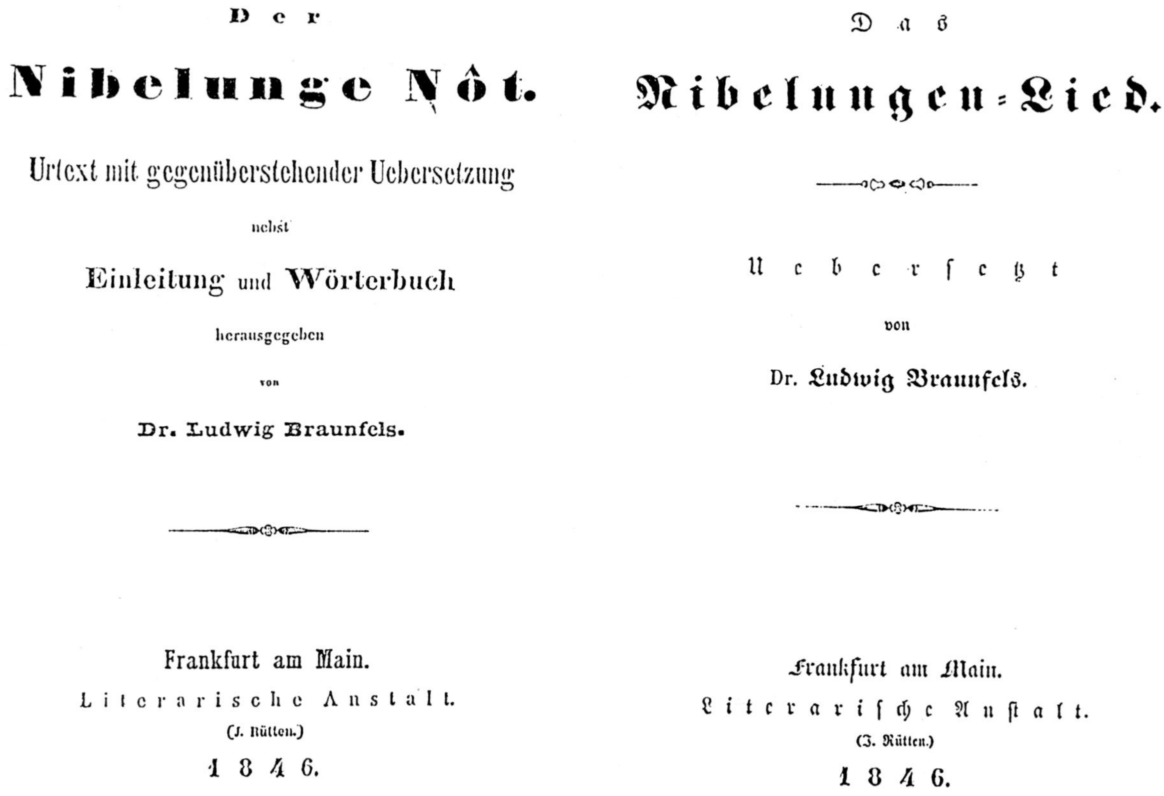

Der

Nibelunge Nôt.

Urtext mit gegenüberstehender Uebersetzung

nebst

Einleitung und **Wörterbuch**

herausgegeben

von

Dr. Ludwig Braunfels.

Frankfurt am Main.

Literarische Anstalt.

(J. Rütten.)

1846.

Das

Nibelungen-Lied.

Uebersetzt

von

Dr. Ludwig Braunfels.

Frankfurt am Main.

Literarische Anstalt.

(J. Rütten.)

1846.

Abb. 288: *Der Nibelunge Nôt. Das Nibelungen-Lied. Urtext mit gegenüberstehender Übersetzung. Titelseite der 1846 erschienenen Ausgabe.- Vgl. Kat. Nr. 142b.- Hist. Bibl. Rastatt: F 119*

sten Klasse, der Obersexta, wurden Platon und Sophokles gelesen: "ich widmete diesen beiden Schriftstellern mit Lust und Liebe meine Aufmerksamkeit". Als konkretes Werk nennt Hansjakob in diesem Zusammenhang den "Philoktet" des Sophokles.[23]

Obgleich im Verlaufe des Schuljahres 1854/55 der damalige Klassenlehrer Rauch alles getan hatte, um seinen Schülern die Freude an der Lektüre lateinischer Autoren zu nehmen,[24] blieb Hansjakob dennoch offen für die Schönheit der lateinischen Sprache und Literatur; und vornehmlich als in der Obersexta (1858/59) Direktor Schrauth den Lateinunterricht übernahm, bereitete es Hansjakob ein ausgesprochenes Vergnügen, sich mit den Werken lateinischer Autoren vertraut zu machen: "Es war ein Hochgenuß, an der Hand dieses Mannes [sc. Schrauth] Horaz, Tacitus und Cicero zu lesen".[25] Bereits vorher hatte sich Hansjakob mit Vorliebe dem Werk des Sallust zugewandt.[26] Und auch den Schriften eines Cicero und Vergil hatte in der Unterquinta - zumindest während des Unterrichts - seine "volle Aufmerksamkeit" gegolten.[27]

Schließlich gehörte nicht zuletzt die "Naturgeschichte" zu Hansjakobs Lieblingsfächern: "... mein ganzes Leben ein Freund der Natur, habe ich, so schwer und unverständlich mir die Physik vorkam,[28] stets Mineralogie, Zoologie und Botanik mit großer Liebe gelernt und getrieben."[29]

So sind wir also in der Lage, uns insgesamt eine recht gute Vorstellung davon zu machen, welche Art von Lektüre Heinrich Hansjakob während seiner Schulzeit bevorzugte, wenn er Bücher aus der Lyzeumsbibliothek abholte. Vor allem sein Interesse für Geschichte, für deutsche Literatur, für die griechischen und lateinischen Klassiker, aber auch für Naturgeschichte ließ ihn zu einem der häufigsten Besucher bei Bibliothekar Nicolai werden und machte ihn zu einem der eifrigsten Benutzer der Schulbibliothek. Entsprechend können auch heute noch sämtliche von Hansjakob konkret genannten Namen gelesener Autoren und alle von ihm konkret aufgeführten Titel bestimmter Werke in den Bestandskatalogen der Bibliothek nachgewiesen werden.[30]

Die Tatsache, daß Heinrich Hansjakob so häufig die Lyzeumsbibliothek aufsuchte, um sich von dort Bücher zu entleihen, führte den Bibliothekar Nicolai zu der irrigen Auffassung, Hansjakob sei "einer der solidesten Schüler, [Nicolai] wußte aber nicht, daß der Abend dem Bierhaus gehörte, ein Teil der Nacht aber... mit Lesen zugebracht wurde".[31] Die positive Meinung wiederum, die Nicolai von Hansjakob hatte, dürfte nicht ohne Einfluß darauf gewesen sein, daß Direktor Schrauth das Wohlwollen, das

ἴωμεν. ἤ τοι καίριος σπουδή, πόνου
λήξαντος, ὕπνον κἀνάπαυλαν ἤγαγεν.

ΝΕΟΠΤΟΛΕΜΟΣ.

οὐκοῦν ἐπειδὰν πνεῦμα τοὐκ πρώρας ἀνῇ,
τότε στελοῦμεν· νῦν γὰρ ἀντιοστατεῖ.

ΦΙΛΟΚΤΗΤΗΣ.

ἀεὶ καλὸς πλοῦς ἔσθ', ὅταν φεύγῃς κακά.

ΝΕΟΠΤΟΛΕΜΟΣ.

οὐκ· ἀλλὰ κἀκείνοισι ταῦτ' ἐναντία.

ΦΙΛΟΚΤΗΤΗΣ.

οὐκ ἔστι λῃσταῖς πνεῦμ' ἐναντιούμενον,
ὅταν παρῇ κλέψαι τε χ' ἁρπάσαι βίᾳ.

ΝΕΟΠΤΟΛΕΜΟΣ.

ἀλλ', εἰ δοκεῖ, χωρῶμεν, ἔνδοθεν λαβὼν

ὅτου

V. 635. ἤ τοι. Sic Aldus, ut perſpicue in membr. ſcriptum eſt. Minus bene Turnebus ἤτοι. Brunck.

V. 637. πνεῦμα τοὐκ πρώρας ἀνῇ. Sic legendum eſſe ex certiſſima emendatione praeſtantiſſimorum virorum Pierſoni et Valckenarii, nemo non ſentit. Vide Diatr. Eurip. p. 234. Aldus edidit ἄγῃ, ut in membr. ſcriptum eſt, proclivi librarii errore. Aliorum codd. lectiones longe ſunt abſurdiſſimae, ῥέῃ, ἄῃ; quorum haec, quae in Triclinii recenſione eſt, plane contrarium ejus, quod ſententia et res ipſa poſtulant, praebet. πνεῦμα τὸ ἐκ πρώρας, ventus qui a prora flat, contrarius eſt. Exſpectandum itaque erat, non donec flaret, ἄῃ, ſed donec remitteret, ἀνῇ. Sic infra 764. Brunck. Suffragati ſunt etiam Wakef. et Musgrav.

Abb. 289: *Seite aus einer 1805 edierten Ausgabe des "Philoctet" von Sophokles.- Vgl. Kat. Nr. 142c.- Hist. Bibl. Rastatt: D 273,3*

sich sein Schüler Hansjakob bei ihm im Unterricht erworben hatte,[32] diesem gegenüber weiterhin bewahrte.

Der inzwischen bereits mehrfach erwähnte Bibliothekar, Professor Joseph Nicolai, wird von Hansjakob als der wohl "gutmütigste und wohlwollendste aller Lehrer der Anstalt" charakterisiert. "Ein kleiner, fast ebenso dikker als großer Mann mit etwas wackeligem Gang, schaute er so unschuldig über seiner massiven Brille hervor, daß man sofort seine milde Denkungsart und sein freundliches Wesen erkennen mußte. Er war stets tadellos schwarz gekleidet, wenn auch mit kurzem Rock. Eine bedeutende Sorge legte er auch auf den sorgfältig gepflegten, stattlichen 'Titus' seines Haupthaares, von dem keiner von uns je erfahren konnte, ob es Perücke oder Natur sei."[33] Nicolai war Geistlicher und unterrichtete am Lyzeum die Fächer Religion, Geschichte, Latein und Deutsch. Während des Schuljahres 1856/57 war er der Klassenlehrer Hansjakobs. Wegen seiner geringen Körpergröße erhielt er von seinen Schülern den Spitznamen "Nikele".[34]

Allerdings besaß Nicolai nach den Worten Hansjakobs eine Eigenschaft, die in der Sicht seines früheren Schülers alles andere als positiv zu beurteilen war: Nicolai war "nichts verhaßter als Opposition nach oben. Er trug seinen am Abend des Lebens erst erhaltenen Zähringer Löwenorden, das Wahrzeichen seines unverbrüchlichen Gehorsams gegen alles, was offiziell in Karlsruhe geschah und von dort kam - fast täglich im Knopfloch."[35] Umgekehrt muß dann aber auch Professor Nicolai entsetzt gewesen sein, als ihn Hansjakob - fast elf Jahre nachdem er sein Abitur in Rastatt abgelegt hatte - am 30. April 1870 wieder in der Bibliothek aufsuchte und ihm dabei den Grund seines jetzigen Aufenthaltes mitteilte: Hansjakob hatte eine vierwöchige Gefängnisstrafe auf der Festung in Rastatt anzutreten, weil er am 23. Mai des Vorjahres in einer öffentlich gehaltenen Rede in Engen die badische Regierung scharf attackiert hatte.[36] So war denn Nicolai an jenem Aprilnachmittag des Jahres 1870 Hansjakob gegenüber "nicht sehr gnädig" gestimmt und sprach "von 'unüberlegten Reden' seines Schülers".[37]

Doch letztlich gewann bei Nicolai doch wieder die alte Sympathie für seinen früheren Zögling die Oberhand. Noch am selben Abend sandte er Hansjakob, der sich inzwischen hinüber zu seinem Gefängnis im Schloß begeben hatte, "Bücher in Menge";[38] um diesen Gefallen hatte ihn jener gebeten, damit ihm die Lektüre dabei helfe, die zu erwartende Langeweile während der Zeit des Gefängnisaufenthaltes leichter zu vertreiben.[39] Und schon fünf Tage später ließ Nicolai Hansjakob durch den Lyzeumsdiener Schill eine weitere Büchersendung zukommen.[40]

Abb. 290: *Prof. Joseph Nicolai, Bibliothekar der Rastatter Lyzeumsbibliothek von 1849 bis 1871. Lithografie aus d. J. 1860.- Vgl. Kat. Nr. 149a.- Stadtarchiv Rastatt: K-76*

Freilich wird Hansjakob den armen Professor Nicolai mit seinen Bücherwünschen zunächst in einen Gewissenskonflikt gestürzt haben. Zwar war nach den 1844 in Kraft getretenen Bibliotheksstatuten eine Ausgabe von Beständen aus der Lyzeumsbibliothek keineswegs auf Lehrer und Schüler der Anstalt beschränkt; doch eine Ausleihe nach draußen sollte lediglich an "bekannte und achtbare Personen unter gehöriger Bürgschaft" erfolgen.[41] So wird es Nicolai, der auf absolute Loyalität gegenüber der Obrigkeit besonderen Wert legte, nicht leicht gefallen sein, Bücher aus der Bibliothek ausgerechnet einem Manne auszuhändigen, der "wegen Störung der öffentlichen Ruhe und Ordnung" zu einer vierwöchigen Gefängnisstrafe verurteilt war.[42] Wenn er es dennoch tat, so gereicht ihm dies zur Ehre und bestätigt die oben wiedergegebene Charakterisierung Nicolais als eines gütigen Menschen mit einem weichen Herzen. Jedenfalls verdankte es Hansjakob nicht zuletzt den Büchersendungen von Nicolai, daß die Tage der Gefängnishaft im Rastatter Schloß "schnell und ohne jegliche Langweile" vorübergingen.[43]

Rund 30 Jahre nach seinem unfreiwilligen Aufenthalt im Rastatter Schloß begegnet uns Heinrich Hansjakob erneut und zum letzten Male als Benutzer der Schulbibliothek. Im Sommer des Jahres 1909 richtete er an den damaligen Direktor des Gymnasiums von Rastatt, Hofrat Joseph Neff, die Bitte, ihm im Austausch gegen eine Neuauflage das in der Bibliothek vorhandene Exemplar seines Buches "In der Residenz" zuzuschicken; und wenige Monate später bat er den Direktor in einem auf den 27. 1. 1910 datierten Schreiben um die Zusendung der gedruckten Programme für die Schuljahre 1852/53 - 58/59. In beiden Fällen benötigte Hansjakob die Sendungen für die Bearbeitung von Neuauflagen eigener Werke. Die entliehenen Schulprogramme schickte er bereits wenige Tage, nachdem er sie erhalten hatte, wieder zurück, für das ihm ausgehändigte Exemplar der ersten Auflage seines Buchs "In der Residenz" ließ er der Gymnasiumsbibliothek als Ersatz im Jahre 1911 eine Zweitausgabe zukommen. Dies war gleichzeitig Hansjakobs letzter Kontakt mit der Büchersammlung seiner früheren Schule.[44]

Das soeben erwähnte Exemplar der Erstausgabe von Hansjakobs "In der Residenz" hatte im Jahre 1908 als Geschenk des Autors seinen Weg in die Bibliothek der Schule gefunden. Und dieses Buchgeschenk wiederum war Teil einer mehr als 50 Bände umfassenden Sendung von Werken Heinrich Hansjakobs, die er als "Festgabe...eines alten Schülers zum hundertjährigen Jubiläum" dem Gymnasium in Rastatt zustellen ließ. In Erinnerung daran, daß ihm selbst die einstige Lyzeumsbibliothek während seiner Ra-

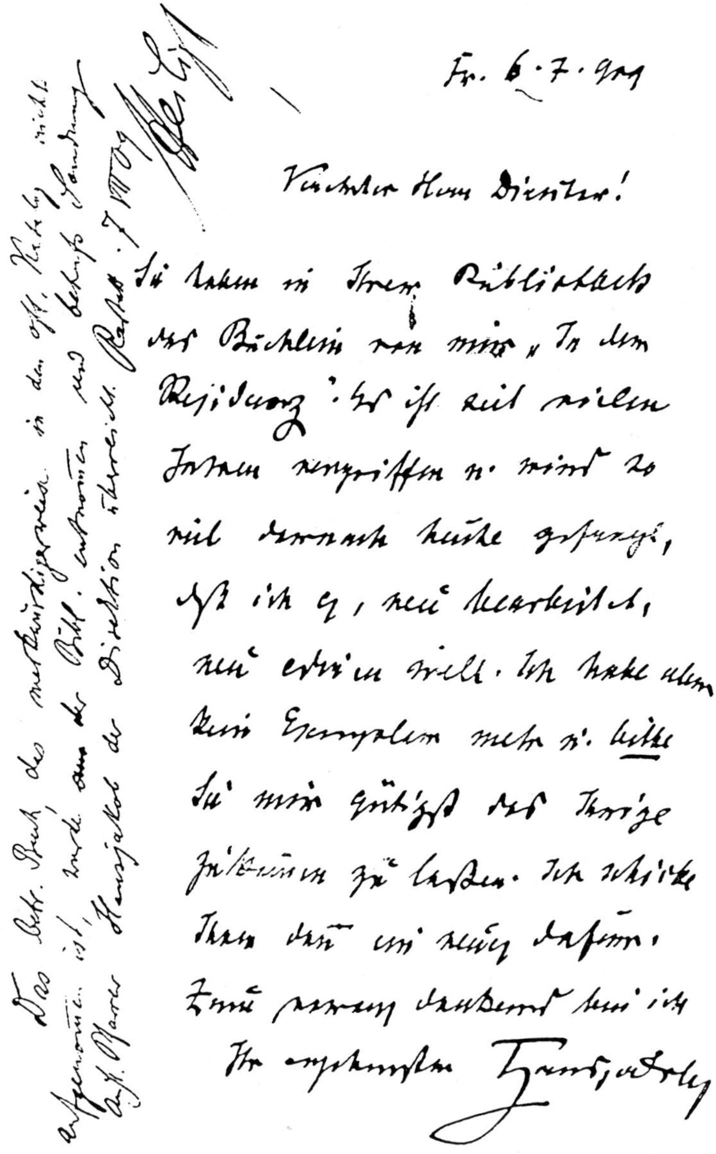
Fr. 6.7.909

Verehrter Herr Direktor!

Sie haben in Ihrer Bibliothek das Büchlein von mir „In der Residenz". Es ist seit vielen Jahren vergriffen u. wird so viel darnach heute gefragt, daß ich es neu bearbeitet, neu edieren will. Ich habe aber kein Exemplar mehr u. bitte Sie mir gütigst das Ihrige zukommen zu lassen. Ich schicke Ihnen dann ein neues dafür. Zum voraus dankend bin ich

Ihr ergebenster Hansjakob

Das betr. Buch, das merkwürdigerweise in den öff. Katalog nicht aufgenommen ist, wurde aus der Bibl. entnommen und behufs Sendung an H. Pfarrer Hansjakob der Direktion übergeben. Rastatt 7 VII 09

Abb. 291: *Schreiben Hansjakobs an den Direktor des Rastatter Gymnasiums, Joseph Neff, vom 6.7.1909.- Vgl. Kat. Nr. 144a.- AdLWG*

statter Schulzeit so gute Dienste geleistet hatte, verband er mit seinem Jubiläumsgeschenk gleichzeitig den Wunsch, "die Bücher soweit sie nicht gegen fromme Sitten und loyale Untertänigkeit verstoßen, den Schülern zugänglich" zu machen.[45]

Abb. 292: *Das Großh. Gymnasium (Ludwig-Wilhelm-Gymnasium) Rastatt. Zur Jahrhundert-Feier 1908 erschienene Postkarte.- Anita Wagenbrenner, Rastatt*

Schon in den Jahrzehnten zuvor hatte Hansjakob der Schulbibliothek Exemplare seiner Werke geschenkt. So erhielt das Lyzeum im Verlaufe des Schuljahrs 1866/67 - Hansjakob war damals noch Vorstand der Höheren Bürgerschule in Waldshut - die beiden historischen Abhandlungen "Die Salpeterer" (Waldshut 1867) und "Die Grafen von Freiburg i.B. im Kampfe mit ihrer Stadt" (Zürich 1867).[46] Im Schuljahr 1882/83 überreichte Hansjakob der Gymnasiumsbibliothek - nunmehr als Pfarrer von Hagnau a.B. - die Erinnerungen "Aus meiner Jugendzeit" (Heidelberg 1880) sowie den zweibändigen Reisebericht "In den Niederlanden" (Heidelberg 1881).[47] Des weiteren verzeichnet der Rastatter Jahresbericht für 1891/92 "An Geschenken...Für die Bibliotheken (Lehrer- und Schülerbibliothek)" u.a. auch "Von Hrn. Martinspfarrer Dr. Hansjakob in Freiburg mit der Widmung: 'Als Zeichen der Dankbarkeit gegen die Anstalt von ihrem früheren Schüler': Seine sämtlichen [sc. bis dahin erschienenen] Werke".[48]

Anlaß für die hier genannte Gabe war offensichtlich eine entsprechende Bitte des ehemaligen Gymnasiumsdirektors Oster gewesen.[49]

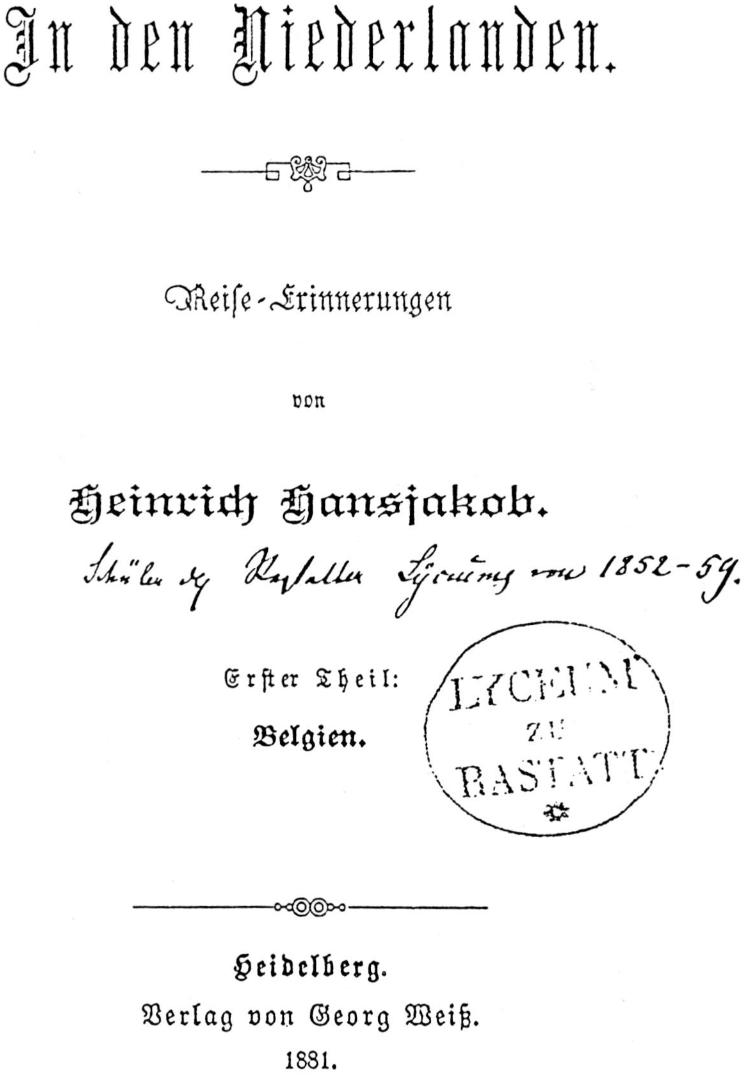

In den Niederlanden.

Reise-Erinnerungen

von

Heinrich Hansjakob.

Schüler des Rastatter Lyceums von 1852–59.

Erster Theil:

Belgien.

Heidelberg.

Verlag von Georg Weiß.

1881.

Abb. 293: *Heinrich Hansjakob, In den Niederlanden. Titelseite der Erstauflage von Teil I (= Belgien). Das Buch gelangte 1882/83 als Geschenk des Autors in die Rastatter Schulbibliothek.*

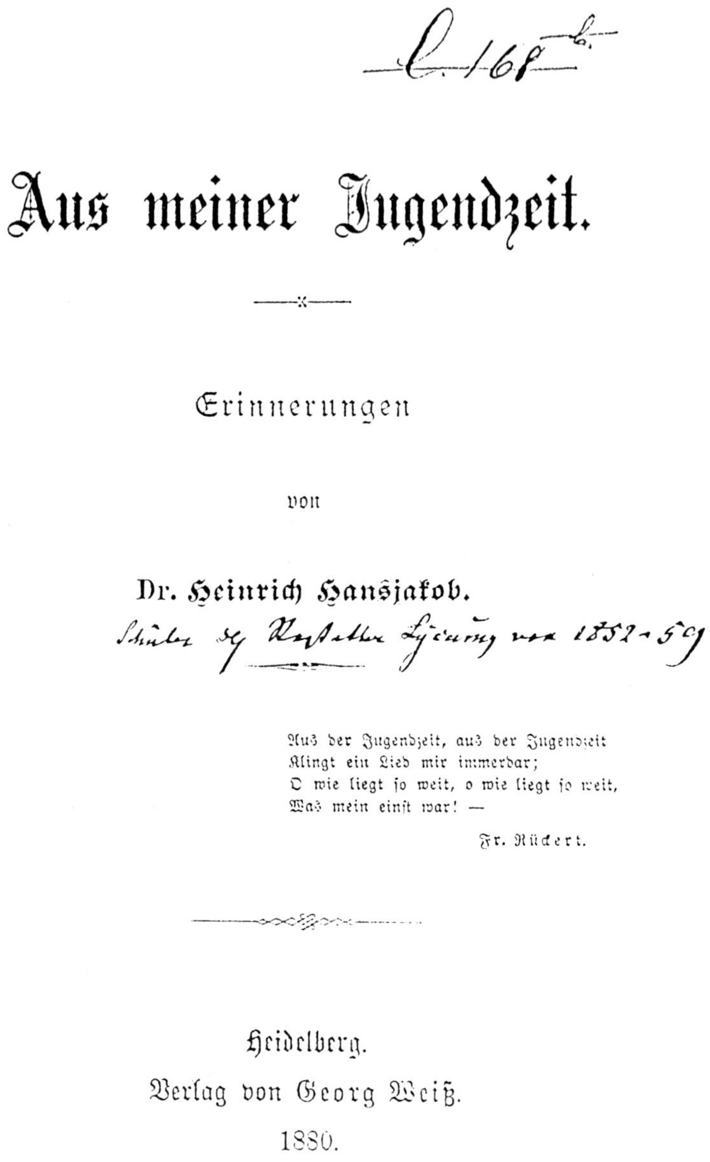

C. 168 b.

Aus meiner Jugendzeit.

Erinnerungen

von

Dr. Heinrich Hansjakob.

Schüler d. Rastatter Lyceums von 1852–59

Aus der Jugendzeit, aus der Jugendzeit
Klingt ein Lied mir immerdar;
O wie liegt so weit, o wie liegt so weit,
Was mein einst war! —

Fr. Rückert.

Heidelberg.
Verlag von Georg Weiß.
1880.

Abb. 294: *Heinrich Hansjakob, Aus meiner Jugendzeit. Titelseite des im Schuljahr 1882/83 der Rastatter Bibliothek von Hansjakob geschenkten Werks*

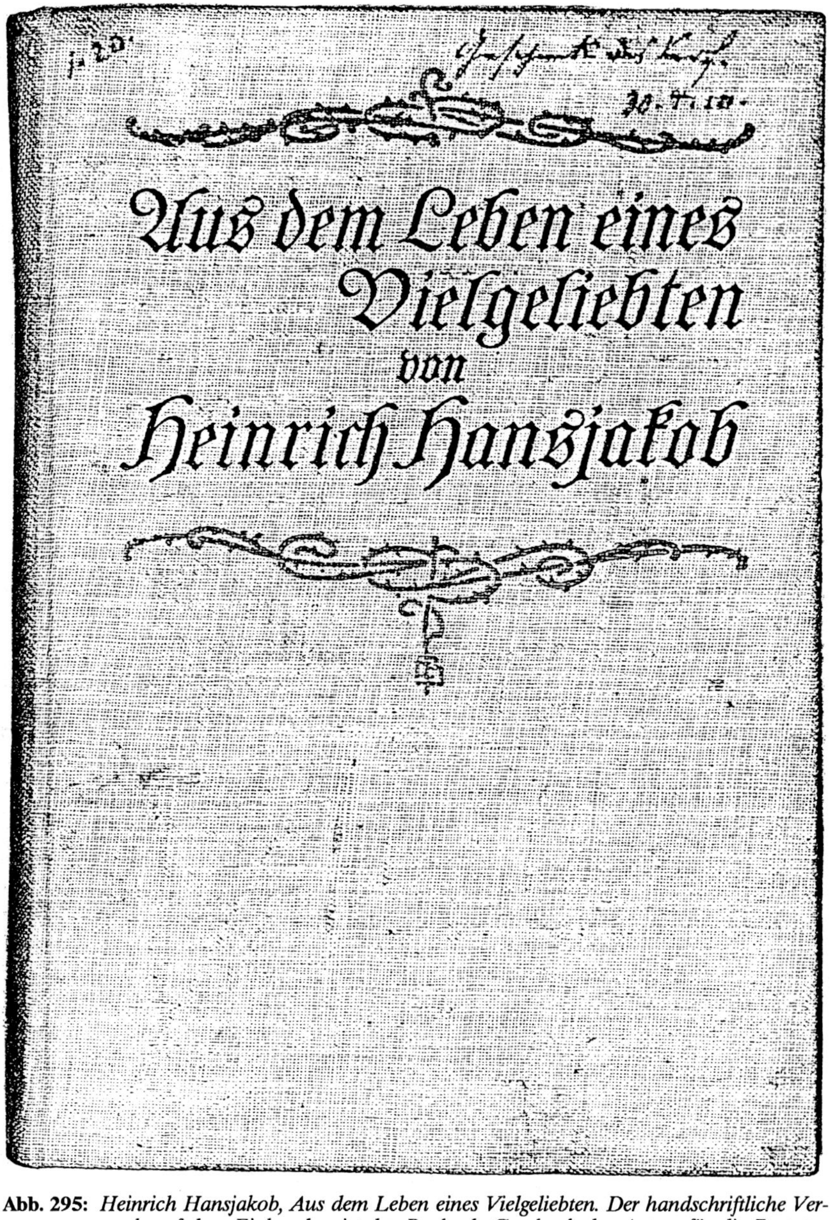

Abb. 295: *Heinrich Hansjakob, Aus dem Leben eines Vielgeliebten. Der handschriftliche Vermerk auf dem Einband weist das Buch als Geschenk des Autors für die Rastatter Gymnasiumsbibliothek aus.- Vgl. Kat. Nr. 148b*

Ein letztes Büchergeschenk des Autors Hansjakob durfte sich dann die Rastatter Gymnasiumsbibliothek noch im Jahre 1910 einverleiben: in Verbindung mit der bereits oben erwähnten Bitte um die Ausleihe einiger Schulprogramme schickte Hansjakob aus Freiburg die beiden erst kurz zuvor verlegten Bändchen "Aus dem Leben eines treuen Hausgenossen" (Stuttgart 1909) und "Aus dem Leben eines Vielgeliebten" (Stuttgart 1909).[50] So ist die Historische Bibliothek der Stadt Rastatt auch heute noch im Besitz der meisten von Hansjakobs zahlreichen Werken.[51]

Wie läßt sich nun aber Hansjakobs Beziehung zur Rastatter Lyzeums- bzw. Gymnasiumsbibliothek abschließend definieren? Es handelt sich - auf eine kurze Formel gebracht - um ein Verhältnis des Gebens und Nehmens. Als Schüler schöpfte Hansjakob in reichem Maße aus den Beständen der Lyzeumsbibliothek. So dürfte Hansjakobs ständige Begegnung mit der Rastatter Büchersammlung nicht ganz ohne Einfluß auf die Entwicklung seiner Persönlichkeit geblieben sein, und zumindest bis zu einem gewissen Grade wird sie seinen späteren Werdegang mitbestimmt haben. Doch Hansjakob stattete der Bibliothek für das, was er von ihr erhalten hatte, in einer Art und Weise seinen Dank ab, wie es der Sammlung noch im nachhinein besonders zugute kommen konnte: er schenkte der Büchersammlung viele Bände seiner in großer Zahl erschienenen Werke, und diese Buchgeschenke mit den teilweise äußerst bibliophil gestalteten Einbänden und den schönen Illustrationen von Liebich, Hasemann und Engl stellen heute - auch und gerade für eine Büchersammlung wie die Historische Bibliothek der Stadt Rastatt - eine echte Bereicherung dar.

Gleichzeitig jedoch bilden Hansjakobs Büchergaben für die Bibliothek den Grundstock zur jetzigen Präsentation einer Ausstellung, über die der ehemalige Rastatter Lyzeumsschüler wieder an jenen Ort und in jene Institution zurückkehrt, die er einst so häufig besucht und wo er sich früher so oft aufgehalten hat.

Abb. 296: *Im Stuttgarter Bonz-Verlag erschienene bibliophile Ausgabe von Hansjakobs Erinnerungen "Letzte Fahrten". Den hier gezeigten Einband gestaltete Prof. Curt Liebich.- Vgl. Kat. Nr. 58.- Aufnahme: H. Heid*

ANMERKUNGEN

1 Wilfried Sühl-Strohmenger, Die Historische Bibliothek der Stadt Rastatt. Ihr Stellenwert unter den deutschen, insbesondere den baden-württembergischen Gymnasialbibliotheken (=Vortragsreihe der Historischen Bibliothek der Stadt Rastatt 4), Rastatt N^O 1134 1991, S. 29 u. 46.

2 Statuten für die Lyceumsbibliotheke zu Rastatt. Genehmigt durch Beschluß... v. 10ten Juni 1844, N^O1134; enthalten im : Archiv des Ludwig-Wilhelm-Gymnasiums Rastatt (=AdLWG), Bibl.; in der Verwaltung des Stadtarchivs Rastatt; wiederabgedruckt in: Hans Heid, Geschichte der Historischen Bibliothek der Stadt Rastatt im Ludwig-Wilhelm-Gymnasium, Rastatt 1991, S. 197-211; II. Abschnitt, § 7.

3 Grossherzogliches Lyceum zu Rastatt. Einladung zu den... 1851 statt findenden Öffentlichen Prüfungen und der Prämienvertheilung, Rastatt 1851, S. 6.

4 Vgl. Hans Heid, a.a.O., S. 41-46 u. S. 83.

5 a.a.O., S. 88.

6 Heinrich Hansjakob, Aus meiner Studienzeit. Erinnerungen, 6.Aufl., Stuttgart 1913, S. 110; vgl. z.B. auch S. 204, S. 240f. u.a.

7 Vgl. a.a.O., S. 204.

8 So hatte sich Hansjakob beispielsweise bereits 1851 für die Lateinstunden beim Kaplan in Haslach Feldbauschs "Lateinische Grammatik nebst Übungsbuch" besorgt; und noch im selben Jahre erstand er bei einer Versteigerung ein lateinisches Lexikon. Beim Antiquar Hanke zum Silberschild in Zürich kaufte er Menzels 'Geschichte der Deutschen', die während der Rastatter Studienzeit zu seiner Lieblingslektüre zählte.- Vgl. dazu: Hansjakob, Aus meiner Studienzeit, S. 30f., S. 51f. und S. 225f.

9 Hansjakob, Aus meiner Studienzeit, S. 194-196; vgl. auch S. 156.

10 a.a.O., S. 204.

11 Zur Lektüre Hansjakobs während seiner Schulzeit zählten jedenfalls das "Nibelungenlied" und der "Philoktet" von Sophokles (Studienzeit, S. 237 u. 289), wobei sich allerdings nicht eindeutig bestimmen läßt, ob er die betreffenden Werke aus der Bibliothek entlieh, oder ob sie Bestandteil seiner privaten Büchersammlung waren.- Menzels "Geschichte der Deutschen" hatte Hansjakob käuflich erworben (Studienzeit, S. 225f.); dies schließt indessen nicht aus, daß er sich das Buch, in dem er offensichtlich sehr gerne las, auch einmal leihhalber aus der Schulbibliothek aushändigen ließ; vgl. Kat. Nr. 142.

12 Die "Oberquinta" war zu Hansjakobs Schulzeit das siebte von insgesamt neun Schuljahren. Die Zählung begann - im Gegensatz zum späteren Usus - mit der "Prima" als der untersten Klasse; es folgte die "Secunda", danach die "Tertia"; daran schlossen sich die beiden Jahreskurse der "Unter-" sowie der "Oberquarta" an, bevor die Schüler in die "Unterquinta" und dann in die "Oberquinta" aufstiegen; den Abschluß bildeten die "Unter-" und die "Obersexta" als die beiden obersten Schulklassen.

13 Hansjakob, Aus meiner Studienzeit, S. 224f. Aus der Sicht des Erwachsenen sieht Hansjakob seine frühere Auffassung freilich in kritischer Distanz: "Ich kann mich eines Lächelns nicht erwehren, wenn ich an unsere ebenso unreifen als jugendlichen Urteile über Zeit und Weltgeschichte zurückdenke, finde aber derartiges an jungen Leuten verzeihlich" (a.a.O.).

14 Hansjakob, Aus meiner Studienzeit, S. 237.

15 a.a.O., S. 204.

16 a.a.O.

17 a.a.O., S. 183, 239, 287f.

18 a.a.O., S. 141f.

19 a.a.O., S. 142.

20 a.a.O., S. 142, 183, 287f.

21 a.a.O., S. 183.

22 a.a.O., S. 239.

23 a.a.O., S. 289.

24 a.a.O., S. 139f.

25 a.a.O., S. 287f.

26 a.a.O., S. 209.

27 a.a.O., S. 183.

28 Neben der Physik gehörte auch die Mathematik nicht gerade zu den Stärken des Schülers Hansjakob; und die "Philosophische Propädeutik" war ihm gar "ein Greuel"; vgl. Hansjakob, Aus meiner Studienzeit, S. 145, 183f., 238.

29 a.a.O., S. 185.

30 Vgl. dazu etwa den vom früheren Bibliothekar Hermann Breunig erarbeiteten und in gedruckter Form herausgegebenen "Katalog der Lehrerbibliothek des Grossherzogl. Gymnasiums zu Rastatt", Rastatt 1898.

31 Hansjakob, Aus meiner Studienzeit, S. 204.

32 a.a.O., S. 142f.

33 a.a.O., S. 203.

34 a.a.O., S. 203-205.

35 Heinrich Hansjakob, Auf der Festung. Erinnerungen eines badischen Staatsgefangenen, 5. Aufl., Ohlau o.J., S. 8. - Dafür, daß Hansjakob Nicolais unbedingte Loyalität gegenüber der Obrigkeit nicht gerade sonderlich schätzte, legt beispielsweise sein eigenes Auftreten gegen die badische Regierung, wie es sich in der unten angesprochenen Engener Rede manifestierte, ein deutliches Zeugnis ab.

36 Hansjakob, Auf der Festung, S. 6 u. S. 43-53.

37 a.a.O., S. 8.

38 a.a.O., S. 8f.

39 a.a.O., S. 7.

40 a.a.O., S. 19.

41 Statuten für die Lyceumsbibliotheke zu Rastatt, II. Abschnitt, § 7 (AdLWG, Bibl.); vgl. Heid, a.a.O., S. 82f. u. S. 199f.

42 Hansjakob, Auf der Festung, S. 6.

43 a.a.O., S. 62.

44 Die Ausführungen dieses Abschnitts stützen sich auf mehrere Briefe Hansjakobs an die Direktion des Rastatter Gymnasiums. Die Briefe befinden sich heute alle im Archiv des Ludwig-Wilhelm-Gymnasiums von Rastatt (AdLWG, Bibl.): Briefe vom 6.7.1909; v. 27.1.1910; v. 3.2.1910 u. v. 20.5.1911.

45 Vgl. dazu zwei Briefe Hansjakobs an die Rastatter Gymnasiumsdirektion vom 5.2.1908 u. v. 7.3.1908 (AdLWG, Bibl.).

46 Vgl.: Großherzogliches Lyceum zu Rastatt. Einladung zu den am 12.-15. August 1867... stattfindenden öffentlichen Prüfungen und der Prämienvertheilung, Rastatt 1867, S. 5.

47 Grossherzogliches Gymnasium Rastatt. Jahresbericht für das Schuljahr 1882/1883, Rastatt 1883, S. 5.

48 Grossherzogliches Gymnasium Rastatt. Jahresbericht für das Schuljahr 1891-92, Rastatt 1892, S. 5.

49 Vgl. dazu wieder den auf den 5.2.1908 datierten Brief Hansjakobs an den Direktor des Gymnasiums von Rastatt (AdLWG, Bibl.).

50 Großherzogliches Ludwig-Wilhelm-Gymnasium Rastatt. Jahresbericht für das Schuljahr 1909-1910, Rastatt 1910, S. 5. - Vgl. auch Hansjakobs Schreiben vom 27.1.1910 an die Rastatter Gymnasiumsdirektion (AdLWG, Bibl.).

51 Neben den zahlreichen Ausgaben von Werken Hansjakobs, die als Geschenk des Autors in die Rastatter Schulbibliothek gelangt sind, wurden speziell aus Anlaß der Hansjakob-Ausstellung einige weitere Werke und Editionen dieses "Volksschriftstellers" für die Historische Bibliothek der Stadt Rastatt erworben. Eine entsprechende Bestandserweiterung ist auch im Rahmen des stetigen Ausbaus des Sondersammelgebietes "Publikationen ehemaliger Lehrer und Schüler" des Ludwig-Wilhelm-Gymnasiums Rastatt geplant.

Heinrich Hansjakob als Benutzer der Rastatter Lyzeums- bzw. Gymnasiumsbibliothek

139 Statuten für die Lyceumsbibliotheke zu Rastatt. Genehmigt durch Beschluß des Großherzogl. Oberstudienrathes v. 10ten Juni 1844. N°1134.

(Archiv des Ludwig-Wilhelm-Gymnasiums Rastatt = AdLWG: Bibliothek; in der Verwaltung des Stadtarchivs Rastatt) Abb. 297

Der erste Satz des § 7 der 1844 in Kraft getretenen Statuten lautet: "Die Benützung der Lyceumsbibliothek steht zunächst den Lehrern der Anstalt und den Schülern der oberen Klassen (V. und VI.) zu." Nach dem Wortlaut der Statuten durften also während Hansjakobs Rastatter Lyzeumszeit auch die Schüler der beiden oberen Klassenstufen die Bestände der Bibliothek benutzen; das waren nach der damals üblichen Zählung die Quinta (V.) und die Sexta (VI.). Da diese beiden Klassen jeweils in zwei Jahreskurse unterteilt waren, bestand somit für Hansjakob als Lyzeumsschüler vier Jahre lang - vom Schuljahr 1855/56 bis 1858/59 - die Möglichkeit, Bücher aus der Lyzeumsbibliothek zu entleihen - und Hansjakob machte von dieser Möglichkeit ausgiebig Gebrauch.

Die Statuten erlaubten des weiteren auch eine Ausleihe von Bibliotheksbeständen an außenstehende Personen, wobei der Benutzerkreis jedoch auf "bekannte und achtbare Personen unter gehöriger Bürgschaft" eingeschränkt war. Mit einem gewissen Schmunzeln werden wir uns deshalb heute vergegenwärtigen, in welchen Gewissenskonflikt Heinrich Hansjakob den armen Professor Nicolai, den Bibliothekar der Schule, seinerzeit gestürzt haben muß, als er ihn bei Antritt seiner Rastatter Haftstrafe am 30. April 1870 im Lyzeum aufsuchte und ihn um die Ausleihe von Beständen aus der Bibliothek bat, zumal Nicolai nach der Aussage Hansjakobs "nichts verhaßter war als Opposition nach oben" (Auf der Festung, 5. Aufl., S. 8). Es gereicht Nicolai jedenfalls zur Ehre, daß er Hansjakob dennoch Bücher aushändigte.

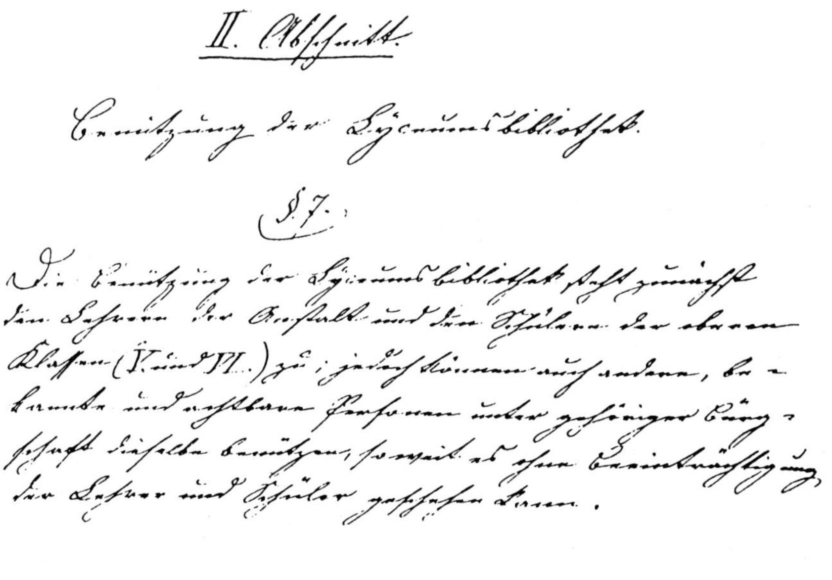

II. Abschnitt.

Benützung der Lyzeumsbibliothek.

§ 7.

Die Benützung der Lyzeumsbibliothek steht zunächst den Lehrern der Anstalt und den Schülern der obern Klassen (V. und VI.) zu; jedoch können auch andere, bekannte und achtbare Personen unter gehöriger Bürgschaft dieselbe benützen, soweit es ohne Beeinträchtigung der Lehrer und Schüler geschehen kann.

Abb. 297: *Auszug aus den 1844 genehmigten Statuten für die Rastatter Lyzeumsbibliothek.- Vgl. Kat. Nr. 139*

140 **Grossherzogliches Lyceum zu Rastatt. Einladung zu den** am 16., 18., 19., 20. und 21. August **1851... statt findenden Öffentlichen Prüfungen...** Rastatt: Mayer, 1851.
(Hist. Bibl. Rastatt: Schulprogramme, Rastatt)

In dem Programm wird die Einrichtung einer Schülerbibliothek für das nächste Schuljahr (1851/52) angekündigt. Für die Gründung einer solchen Büchersammlung waren nach dem vorliegenden Schuljahresbericht "von hoher Stelle" 200 Gulden bewilligt worden; außerdem sollten in der Folgezeit zum Zwecke von Neuanschaffungen für die Schülerbibliothek jährlich 25 Gulden zur Verfügung stehen. Die neue Büchersammlung sollte den Schülern des Rastatter Lyzeums die Möglichkeit bieten, "für die Mussestunden sich Lectüre zu verschaffen, welche, neben dem nie aus den Augen zu lassenden Zwecke der Vermehrung der Kenntnisse, auch zur Ausbildung in der Muttersprache und zur Entwicklung des ästhetischen Sinnes... beitragen" konnte (S. 6).

Das Rastatter Schuljahresprogramm vom folgenden Jahr berichtet, daß die Schülerbibliothek tatsächlich zu Weihnachten 1851 eingerichtet wurde. So konnte auch Heinrich Hansjakob, der das Lyzeum in Rastatt von 1852 bis 1859 besuchte, von der neu geschaffenen Institution profitieren. Da die Sammlung zu jener Zeit aber noch nicht sonderlich umfangreich war, wird Hansjakob allerdings, wenn er Bücher entleihen wollte, in erster Linie auf die Bestände der bereits seit langem existierenden "Lyceumsbibliothek" (späterer Name: "Lehrerbibliothek") zurückgegriffen haben.

141 **Heinrich Hansjakob, Aus meiner Studienzeit**. Erinnerungen, ill. v. Curt Liebich, 6. Aufl., Stuttgart: Bonz, 1913.
(Hist. Bibl. Rastatt: Inv. Nr. 92/86) vgl. Abb. 215

In seinen Erinnerungen "Aus meiner Studienzeit" teilt uns Hansjakob auch mit, daß er im Verlaufe seiner Rastatter Schuljahre zu den eifrigsten Benutzern der Lyzeumsbibliothek gehörte: "Man konnte mich jeden freien Nachmittag bei ihm [gemeint ist der Bibliothekar Nicolai] auf der Bibliothek finden, wo er sich immer wunderte, daß ich so viel gelesen und schon wieder neue Bücher haben wollte. Er kam daher auf die Meinung, als wäre ich einer der solidesten Schüler, wußte aber nicht, daß der Abend dem Bierhaus gehörte, ein Teil der Nacht aber in der 'Kegelbahn' [der Ausdruck bezieht sich auf die längliche Form des Zimmers, das Hansjakob damals bewohnte] mit Lesen zugebracht wurde" (S. 204).

142 Bücher aus der Rastatter Bibliothek

142 a Wolfgang Menzel, Geschichte der Deutschen bis auf die neuesten Tage, 3. Aufl. in einem Bande, Stuttgart/Tübingen: Cotta, 1837.

(Hist. Bibl. Rastatt: P 363) Abb. 298

142 b Der Nibelunge Nôt. Urtext mit gegenüberstehender Übersetzung nebst Einleitung und Wörterbuch hrsg. u. übersetzt v. Ludwig Braunfels, Frankfurt a. M.: Lit. Anstalt, 1846.

(Hist. Bibl. Rastatt: F 119) Abb. 288

142 c Sophocles, Philoctetes, emend. ... Car. Gottl. Aug. Erfurdt, Leipzig: Fleischer, 1805 (= Sophoclis tragoediae septem, Vol. III).

(Hist. Bibl. Rastatt: D 273,3) Abb. 289 u. 299

Alle drei hier gezeigten Bücher sind heute im Besitz der Historischen Bibliothek der Stadt Rastatt. Vor dem Hintergrund des jeweiligen Erscheinungsdatums dürften die Exemplare bereits zu Hansjakobs Schulzeit Bestandteil der früheren Lyzeumsbibliothek von Rastatt gewesen sein. Menzels "Geschichte der Deutschen" gehörte nachweislich zu Hansjakobs Lieblingslektüre (vgl. Studienzeit, 6. Aufl., S. 225f.); das "Nibelungenlied" las er - angeregt durch den Unterricht in deutscher Literatur - in der Untersexta gemeinsam mit seinen Mitschülern Abetz und Kuhn (a. a. O., S. 237); und der "Philoktet" von Sophokles wurde im Rahmen des Griechischunterrichts bei Lyzeumsdirektor Schrauth behandelt, an dessen Stunden sich Hansjakob "mit Lust und Liebe" beteiligte (a. a. O.. S. 289). So ist es durchaus möglich, daß Heinrich Hansjakob die drei ausgestellten Exemplare einst einmal während seiner Rastatter Schulzeit aus der Lyzeumsbibliothek entlieh, auch wenn sich eine derartige Benutzung nicht sicher belegen läßt.

Doch gleich ob sich Hansjakob die drei Bücher nun tatsächlich früher einmal vom Bibliothekar Nicolai aushändigen ließ oder nicht, so können sie doch exemplarisch auf seine hauptsächlichen Interessengebiete und damit gleichzeitig auf die von ihm bevorzugte Lektüre hinweisen: sie umfaßte historische Werke genauso wie deutsche und griechische Literatur; Hansjakob wandte sich aber auch gerne den lateinischen Schriftstellern zu und interessierte sich nicht zuletzt für die Naturgeschichte.

▲
Abb. 298: *Titelbild und Titelseite der 1837 erschienenen 3. Aufl. von Menzels "Geschichte der Deutschen".- Vgl. Kat. Nr. 142a.- Hist. Bibl. Rastatt: P 363* ▶

Wolfgang Menzel's
Geschichte der Deutschen

bis

auf die neuesten Tage.

Dritte, vermehrte Auflage

in

EINEM BANDE.

Mit dem wohlgetroffenen Bildnisse des Verfassers in Stahl und einem Register.

Stuttgart und Tübingen,
Verlag der J. G. Cotta'schen Buchhandlung.
1 8 3 7.

SOPHOCLIS

PHILOCTETES.

EMENDAVIT,

VARIETATEM LECTIONIS, SCHOLIA

NOTASQUE

TUM ALIORUM TUM SUAS ADJECIT

CAROLUS GOTTLOB AUGUSTUS ERFURDT,

AA. LL. M. GYMNASII MERSEBURGENSIS COLLEGA III.

Zum
Gymnasiums-Bibliothek in Rastatt
In fidem W. W. Eckerti Biblioth.

LIPSIAE,

APUD GERHARDUM FLEISCHERUM JUN.

CIƆIƆCCCV.

Abb. 299: *Titelseite einer 1805 in Leipzig edierten Ausgabe des "Philoctet" von Sophokles.- Vgl. Kat. Nr. 142c.- Hist. Bibl. Rastatt: D 273,3*

Englische Geschichte

vornehmlich

im sechszehnten und siebzehnten Jahrhundert,

von

Leopold Ranke.

Erster Band.

Berlin,

Verlag von Duncker und Humblot.

1859.

Abb. 300: *Leopold Ranke, Englische Geschichte. Titelseite des ersten Bandes, den Hansjakob 1870 aus der Rastatter Schulbibliothek entlieh.- Vgl. Kat. Nr. 143.- Hist. Bibl. Rastatt: P 454,1*

143 **Leopold Ranke, Englische Geschichte** vornehmlich im sechszehnten und siebzehnten Jahrhundert, 1. Bd., Berlin: Duncker u. Humblot, 1859.
(Hist. Bibl. Rastatt: P 454,1) Abb. 300

Im Mai 1870 mußte Heinrich Hansjakob auf der Rastatter Festung eine vierwöchige Gefängnisstrafe verbüßen. Vor Antritt seiner Haft bat er seinen früheren Lehrer Joseph Nicolai, der die Schulbibliothek immer noch verwaltete, um die Ausleihe von Beständen aus der Büchersammlung des Lyzeums von Rastatt. Sie sollten ihm helfen, "die Stunden der Gefangenschaft leichter totzuschlagen" (Auf der Festung, 5. Aufl., Ohlau o. J., S. 7). Professor Nicolai sandte Hansjakob daraufhin "Bücher in Menge", darunter auch das hier gezeigte Exemplar von Rankes "Englischer Geschichte" (a. a. O., S. 9). So gingen die Gefängnistage für Hansjakob "Schnell und ohne jegliche Langweile" vorüber - nicht zuletzt "dank den Büchern der Lyceumsbibliothek" (a. a. O., S. 62).

144 **Hansjakobs "In der Residenz"**

144 a **Schreiben Hansjakobs** an die Rastatter Gymnasiumsdirektion **vom 6.7.1909**. Absendeort: Freiburg i. Br. Abb. 291
(AdLWG: Bibliothek; in der Verwaltung des Stadtarchivs Rastatt)

144 b **Schreiben Hansjakobs** an die Rastatter Gymnasiumsdirektion **vom 20.5.1911**. Absendeort: Freiburg i. Br. Abb. 302
(AdLWG: Bibliothek; in der Verwaltung des Stadtarchivs Rastatt)

144 c **Heinrich Hansjakob, In der Residenz**. Erinnerungen eines badischen Landtagsabgeordneten, 2. Aufl., Stuttgart: Bonz, 1911.
(Hist. Bibl. Rastatt: P 628c) Abb. 301

Am 6.7.1909 richtete Hansjakob ein Schreiben an den damaligen Direktor des Rastatter Gymnasiums, Joseph Neff, in dem er diesen darum bat, ihm das in der Schulbibliothek vorhandene Exemplar seines Buchs "In der Residenz" (Erstausgabe 1878) zuzuschicken. Er selber besitze kein eigenes Exemplar mehr, benötige das Werk jedoch, weil er es in bearbeiteter Form neu herausgeben wolle; denn es sei vergriffen, werde aber häufig verlangt. Gleichzeitig versprach Hansjakob dem Direktor, der Schulbibliothek dafür ein neues Buch - also die geplante 2. Auflage seiner Publikation "In der Residenz" - zukommen zu lassen.
Am 7. Juli vermerkte der damalige Schulbibliothekar, Prof. Otto Heilig, auf dem erwähnten Schreiben Hansjakobs, daß er "das betr. Buch...der Bibl. entnommen und behufs Sendung an H. Pfarrer Hansjakob der Direktion überreicht" habe.

Abb. 301: *Heinrich Hansjakob, In der Residenz. Einband der 1911 gedruckten 2. Aufl.- Vgl. Kat. Nr. 144c.- Aufnahme: H. Heid*

In einem wiederum an den Rastatter Gymnasiumsdirektor Joseph Neff adressierten Schreiben vom 27.1.1910 teilte Hansjakob u. a. mit: “Das Buch 'In der Residenz' schreitet langsam voran, weil ich immer so viele Correktur zu lesen habe. Drum komme ich nicht oft zur Bearbeitung des von Ihnen geliehenen Exemplars” (AdLWG, Bibl.).

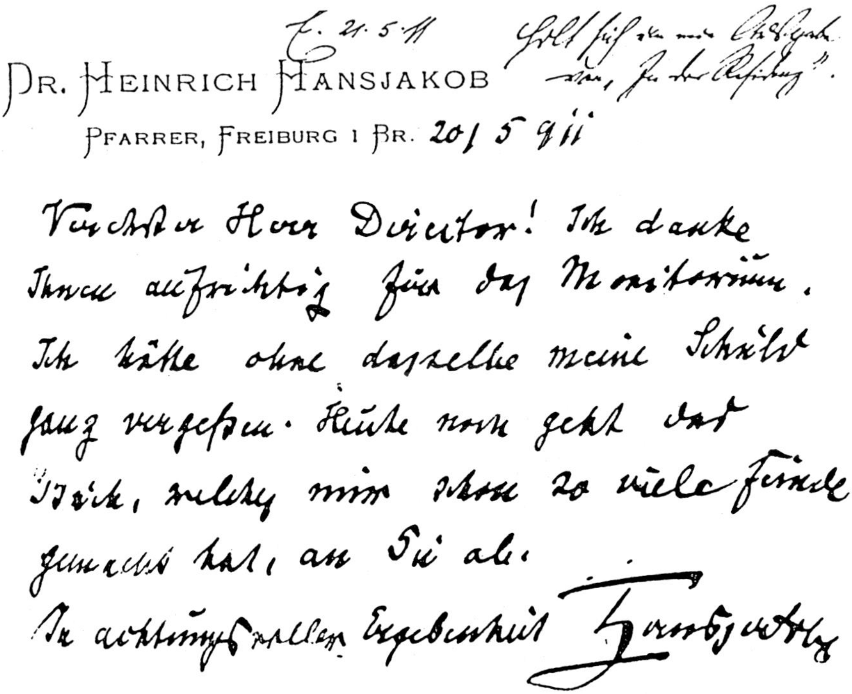

Dr. Heinrich Hansjakob
Pfarrer, Freiburg i Br. 20/5 911

Verehrter Herr Director! Ich danke Ihnen aufrichtig für das Monitorium. Ich hätte ohne dasselbe meine Schuld ganz vergessen. Heute noch geht das Buch, welches mir schon so viele Feinde gemacht hat, an Sie ab.
In achtungsvoller Ergebenheit Hansjakob

Abb. 302: *Schreiben Hansjakobs an die Rastatter Gymnasiumsdirektion vom 20.5.1911.- Vgl. Kat. Nr. 144b.- AdLWG*

1911 konnte dann aber die 2. Auflage des Buchs in einer erheblich erweiterten und überarbeiteten Fassung erscheinen. Der Direktor des Rastatter Gymnasiums, F. A. Meidel, der inzwischen anstelle von Joseph Neff die Leitung der Schule übernommen hatte, muß von dieser Neuerscheinung erfahren und daraufhin Hansjakob an sein früheres Versprechen erinnert haben, der Gymnasiumsbibliothek ein Exemplar der Neuauflage zuzuschicken. Denn am 20.5.1911 sandte Hansjakob der Gymnasiumsdirektion in Rastatt eine Karte mit folgendem Wortlaut: “Verehrter Herr Direktor!

Ich danke Ihnen aufrichtig für das Monitorium. Ich hätte ohne dasselbe meine Schuld ganz vergeßen. Heute noch geht das Buch, welches mir schon so viele Feinde gemacht hat, an Sie ab. In achtungsvoller Ergebenheit Hansjakob." Diese Karte Hansjakobs trägt einen von seiten der Schule vorgenommenen Erledigungsvermerk vom 21.5.1911. An diesem Tage also scheint das angekündigte Buch, das hier nun ausgestellt ist, in Rastatt eingetroffen zu sein.

Wenn Hansjakob in dem zuletzt zitierten Schreiben bemerkt, daß ihm sein Buch "schon so viele Feinde gemacht" habe, dann bezieht sich diese Aussage wohl nicht zuletzt auf den Umstand, daß die Neuauflage des Werks einen Konflikt mit dem Erzbischöflichen Ordinariat der Diözese Freiburg heraufbeschwor. Hansjakob hatte sich in seinem Buch nämlich äußerst kritisch zum Antimodernisteneid geäußert, mit dem Papst Pius X. eine Anpassung der Geistlichen an das moderne Denken vereiteln wollte. Das Ordinariat forderte daraufhin Hansjakob auf, die 2. Auflage seiner Publikation wieder zurückzuziehen - ein Ansinnen, auf das der Autor mit großer Entrüstung reagierte (vgl. dazu Manfred Hildenbrand, "Der Freiheit und dem Frieden...". In: Heinrich Hansjakob [1837-1916]. Festschrift zum 150. Geburtstag, hrsg. v. M. Hildenbrand/W. Scheurer, Haslach 1987, S. 92f.).

(Zu Hansjakobs "In der Residenz" vgl. auch Kat. Nr. 74)

145 **Schreiben Hansjakobs vom 3.II.1910**, adressiert **an den Rastatter Gymnasiumsdirektor**, Hofrath Joseph Neff. Absendeort: Freiburg i. Br. Abb. 303

(AdLWG: Bibliothek; in der Verwaltung des Stadtarchivs Rastatt)

In dem bereits erwähnten Schreiben an den Rastatter Gymnasiumsdirektor Neff vom 27.1.1910 (vgl. Kat. Nr.144) hatte Hansjakob den Schulleiter darum gebeten, ihm die Schulprogramme des Lyzeums von Rastatt für die Jahre 1852/53-58/59 zuzuschicken. Offensichtlich benötigte er die betreffenden Jahresberichte für eine Bearbeitung der 10. Auflage seiner Erinnerungen "Aus meiner Studienzeit", die gleichzeitig im Rahmen einer Volksausgabe seiner Schriften ediert werden sollte. Die gewünschten Jahresberichte wurden dann - wie einem handschriftlichen Hinweis auf dem genannten Schreiben zu entnehmen ist - am 29. Januar 1910 als eingeschriebenes Paket an Hansjakob abgesandt. Doch schon am 3. Februar 1910 gab sie der Autor - in Verbindung mit dem hier gezeigten Schreiben, das an den Gymnasiumsdirektor Neff adressiert war - wieder zurück, weil er inzwischen sämtliche Rastatter Berichte der Schuljahre 1832-1872 aus Karlsruhe - vermutlich von der dortigen Landesbibliothek - erhalten hatte.

Die kurzfristig aus Rastatt an Hansjakob entliehenen Programme gehören heute zu den Beständen der Historischen Bibliothek der Stadt Rastatt.

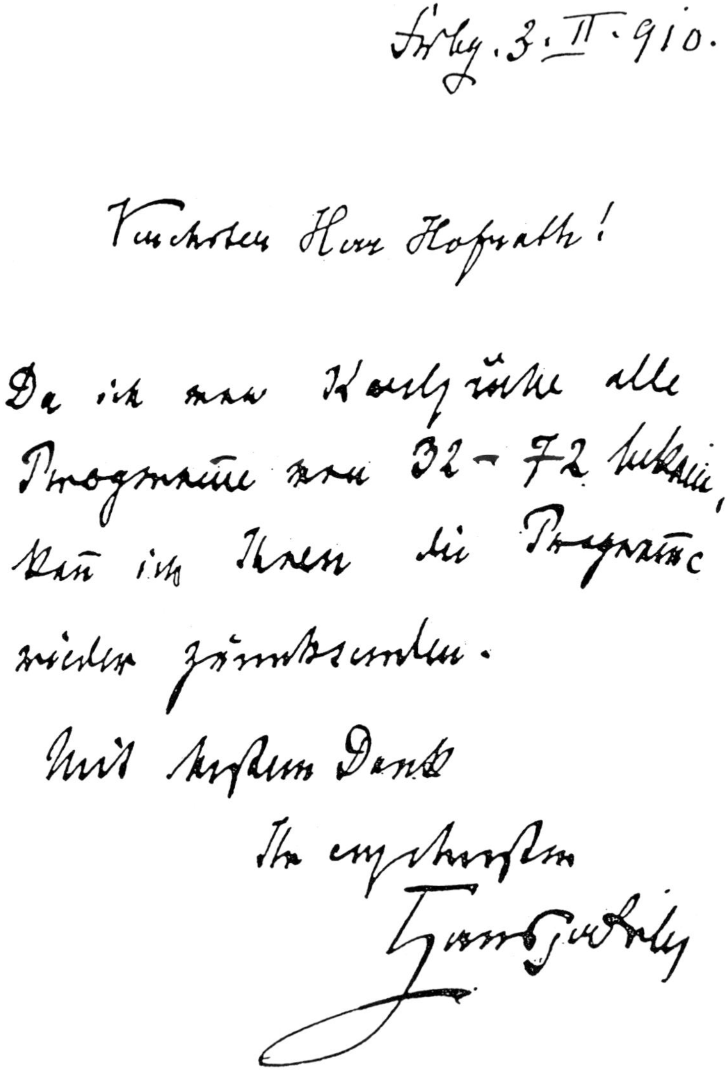

Frbg. 3. II. 910.

Verehrter Herr Hofrath!

Da ich nun Nachstücke alle
Programme von 32–72 besitze,
kann ich Ihnen die Programme
wieder zurücksenden.

Mit bestem Dank

Ihr ergebenster

Hansjakob

Abb. 303: *Schreiben Hansjakobs an den Rastatter Gymnasiumsdirektor Neff vom 3. Februar 1910.- Vgl. Kat. Nr. 145.- AdLWG*

Buchgeschenke Hansjakobs für die Rastatter Schulbibliothek

146 **Buchgeschenk 1867**

146 a **Großherzogliches Lyceum zu Rastatt. Einladung zu den** am 12.-15. August **1867... stattfindenden öffentlichen Prüfungen...** Rastatt: Mayer, 1867.
(Hist. Bibl. Rastatt: Schulprogramme, Rastatt) Abb. 304

146 b **Heinrich Hansjakob, Die Grafen von Freiburg i.B. im Kampfe mit ihrer Stadt** oder Wie kam die Stadt Freiburg i.B. an das Haus Oesterreich. Eine historische Abhandlung, Zürich: Woerl, 1867.
(Hist. Bibl. Rastatt: P 241) Abb. 34

146 c **Heinrich Hansjakob, Die Salpeterer**, eine politisch-religiöse Secte auf dem südöstlichen Schwarzwald, 2. Aufl., Waldshut: Zimmermann, 1867. Abb. 35
(Hist. Bibl. Rastatt: P 242)

In dem im August 1867 erschienenen Jahresbericht des Rastatter Lyzeums werden innerhalb der kurzen Chronik für das abgelaufene Schuljahr u. a. die der Schule überreichten Buchgeschenke aufgeführt. So erfahren wir, daß auch Heinrich Hansjakob 1867 die Bestände der Lyzeumsbibliothek um zwei historische Schriften bereicherte, die er im selben Jahre veröffentlicht hatte: "Die Salpeterer, eine politisch-religiöse Secte auf dem südöstlichen Schwarzwald" und "Die Grafen von Freiburg i.B. im Kampfe mit ihrer Stadt". Hansjakob war damals noch provisorischer Vorstand der Höheren Bürgerschule von Waldshut. Die beiden Buchgeschenke aus dem Jahre 1867 stehen heute in der Historischen Bibliothek der Stadt Rastatt, die die Bestände der früheren Lyzeumsbibliothek mit einschließt (zu den beiden genannten historischen Schriften Hansjakobs vgl. auch Kat. Nr. 28 u. 29).

147 **Festgeschenk Hansjakobs zum Schuljubiläum 1908**

147 a **Brief Hansjakobs an die Rastatter Gymnasiumsdirektion vom 5.2.1908.** Absendeort: Freiburg i.Br. Abb. 305
(AdLWG: Bibliothek; in der Verwaltung des Stadtarchivs Rastatt)

147 b **Schreiben Hansjakobs an den Direktor des Rastatter Gymnasiums vom 7.III.1908.** Absendeort: Freiburg i.Br. Abb. 306
(AdLWG: Bibliothek; in der Verwaltung des Stadtarchivs Rastatt).

147 c **Gr. Gymnasium Rastatt. Jahresbericht für das Schuljahr 1907-1908...** Rastatt: Greiser, 1908.
(Hist. Bibl. Rastatt: Schulprogramme, Rastatt)

An Geschenken hat die Anstalt mit vielem Danke zu erwähnen:

A. Für die Lyceumsbibliothek:

Von Großh. General-Landes-Archiv: Die erste Lieferung des 4. Bandes der Quellensammlung der badischen Landesgeschichte.

Von Herrn Dr. Hansjakob, Vorstand der höheren Bürgerschule zu Waldshut: Hansjakob, Dr. Die Salpeterer, eine politisch-religiöse Sekte auf dem südöstlichen Schwarzwald. Waldshut, 1867.

Hansjakob, Dr. Die Grafen von Freiburg im Br. im Kampfe mit ihrer Stadt; oder: Wie kam die Stadt Freiburg i. Br. an das Haus Oesterreich. Zürch, 1867.

B. An die naturhistorischen Sammlungen:

Von Herrn Landchirurg Schlageter: Reste eines Kauzahnes von einem Mammuth.

Von Herrn Ingenieurprakt. Straub: Einen vollständig erhaltenen Kauzahn von einem Mammuth, bei Au am Rhein ausgegraben.

Von Herrn Oberarzt Dr. Henkenius: Eine Anzahl Conchylien, Crustaceen und Insecten.

Schließlich laden wir die Großherzoglichen und Städtischen Behörden, die Herren Geistlichen der Stadt und Umgegend, insbesondere die Eltern und Pfleger unserer Schüler ergebenst zur Theilnahme an den öffentlichen Prüfungen ein.

Abb. 304: *Auszug aus dem Schuljahresprogramm des Rastatter Lyzeums für 1866/67 mit einem Hinweis auf zwei Buchgeschenke Hansjakobs für die Schulbibliothek.- Vgl. Kat. Nr. 146a.- Hist. Bibl. Rastatt: Schulprogramme*

147 d **Schreiben Hansjakobs an die Direktion des Gymnasiums Rastatt vom 6. Juli 1908.** Abb. 308

(AdLWG: Bibliothek; in der Verwaltung des Stadtarchivs Rastatt)

147 e **Heinrich Hansjakob, Letzte Fahrten.** Erinnerungen, ill. v. C. Liebich, 4. Aufl., Stuttgart: Bonz, 1902.

(Hist. Bibl. Rastatt: P 628,3) Abb. 296

147 f **Heinrich Hansjakob, Alpenrosen mit Dornen.** Reiseerinnerungen, ill. v. Curt Liebich, 3. Aufl., Stuttgart: Bonz, 1905.

(Hist. Bibl. Rastatt: P 628,13) Abb. 80

147 g **Heinrich Hansjakob, Sonnige Tage.** Erinnerungen, ill. v. Curt Liebich, 4. Aufl., Stuttgart: Bonz, 1906.

(Hist. Bibl. Rastatt: P 628,14) Abb. 63

In seinem Schreiben vom 5.2.1908 an den damaligen Direktor des Rastatter Gymnasiums, Joseph Neff, nimmt Hansjakob zunächst Bezug auf seine früheren Buchgeschenke für die Schulbibliothek. Er verweist dann darauf, daß er inzwischen manches weitere Buch veröffentlicht habe und bittet darum, ihm eine Liste seiner in der Büchersammlung vorhandenen Publikationen zuzusenden, er wolle dann das Fehlende ergänzen. Der seinerzeitige Bibliothekar erstellte daraufhin offensichtlich die von Hansjakob gewünschte Übersicht, denn auf dem Originalschreiben Hansjakobs finden wir - in handschriftlicher Form - eine Abschrift dieser Bücherliste. Demnach besaß die Schulbibliothek damals 15 Werke Hansjakobs in insgesamt 18 Bänden, wobei es sich vermutlich durchweg um Geschenke des Verfassers handelte.

Bereits am 7. März 1908 richtete Hansjakob erneut ein Schreiben an den Gymnasiumsdirektor Neff und teilte ihm mit: "Ich laße Ihnen jetzt meine Bücher in den neuesten Auflagen zugehen teils von hier aus teils von den auswärtigen Verlegern. Es soll dies die Festgabe sein eines alten Schülers zum hundertjährigen Jubiläum." Die Bibliothek solle, so bemerkt Hansjakob weiter, "möglichst alle Schriften eines alten Lyceisten" besitzen. Außerdem verbindet Hansjakob mit seiner Sendung auch die Bitte, "daß die Bücher soweit sie nicht gegen fromme Sitten u. loyale Untertänigkeit verstoßen, den Schülern zugänglich gemacht werden". Gewiß erinnerte sich Hansjakob bei diesem Wunsch wieder daran, daß er selbst als Schüler des Rastatter Lyzeums rund fünf Jahrzehnte zuvor die Bibliothek so häufig benutzt hatte.

Freiburg 5.2.908

Verehrter Herr Direktor!

Ich habe vor Jahren auf Ansuchen des damaligen Direktors Otter eine Anzahl meiner Bücher der Lyceumsbibliothek geschenkt. Da seitdem manches Buch dazugekommen ist, bitte ich mir ein Verzeichniss der dort vorhandenen gesch. zukommen zu lassen. Ich werde dann

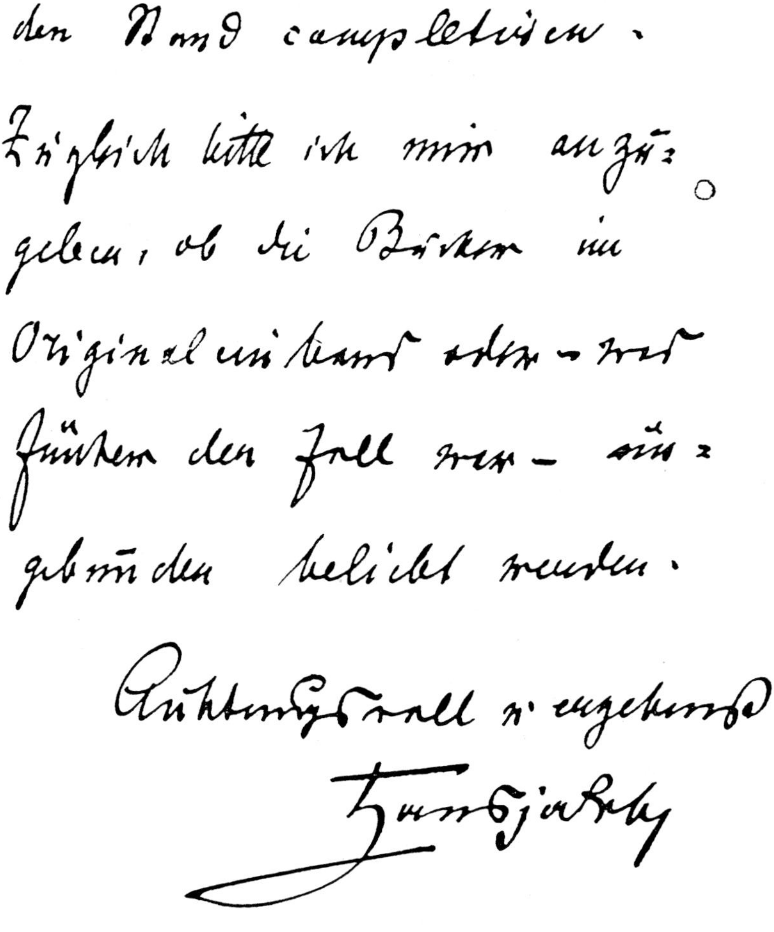
den Band completiren.
Zugleich bitte ich mir anzu-
geben, ob die Bücher im
Original eingebunden oder – was
früher der Fall war – un-
gebunden beliebt werden.
Achtungsvoll u. ergebenst
Hansjakob

Abb. 305: *Brief Hansjakobs an die Rastatter Gymnasiumsdirektion vom 5. Febr. 1908.- Vgl. Kat. Nr. 147a.- AdLWG*

Freiburg i. B. 7. III. 08.

Verehrter Herr Director!

Ich lasse Ihnen jetzt meine Bücher in den neuesten Auflagen zugehen teils von hier aus teils von den auswärtigen Verlegern. Es soll dies die Festgabe sein eines alten Schülers zum hundertjährigen Jubiläum.

Ich lasse Ihnen auch meine sämtlichen Predigten zugehen, nicht als ob ich wünschte, daß Jemand sie lesen sollte oder wollte, sondern nur damit die Bibliothek möglichst alle Schriften eines alten Lyceisten besitzt.

Ich wünsche aber auch, daß die Bücher soweit sie nicht gegen fromme Sitten u. loyale Untertänigkeit verstoßen, den

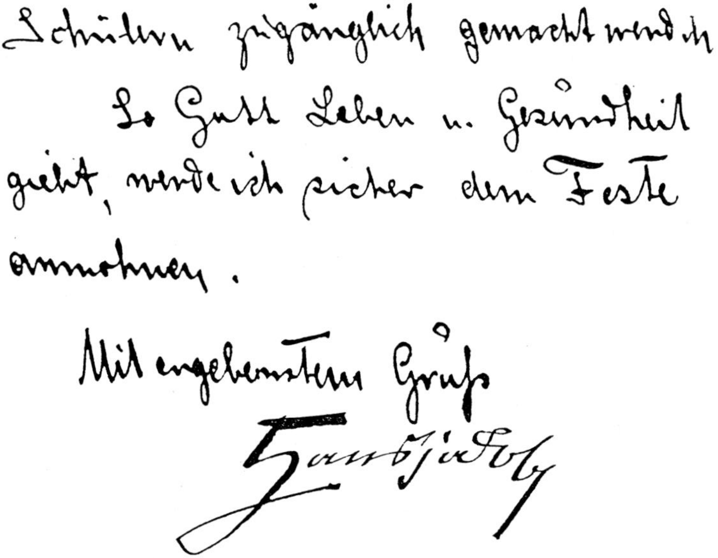
Schülern zugänglich gemacht werden.
So Gott Leben u. Gesundheit
giebt, werde ich sicher dem Feste
anwohnen.
Mit ergebenstem Gruß
Hansjakob

Abb. 306: *Schreiben Hansjakobs an den Direktor des Rastatter Gymnasiums vom 7. März 1908.- Vgl. Kat. Nr. 147b.- AdLWG*

Die angekündigte Sendung traf rechtzeitig zum Schuljubiläum, das im Juli 1908 begangen wurde, ein. Im gedruckten Bericht des Rastatter Gymnasiums für das Schuljahr 1907/8 werden die vom Verfasser der Schulbibliothek geschenkten Titel einzeln genannt. Insgesamt ließ Hansjakob seiner früheren Schule zur Jahrhundertfeier mehr als 50 Bände mit eigenen Werken als Geschenk zukommen, außerdem auch noch zwei Monographien über seine Person von A. Pfister und H. Bischoff.

Der zuletzt erwähnte Brief Hansjakobs vom 7.3.1908 trägt lediglich die eigenhändige Unterschrift des Absenders, wurde ansonsten aber von dessen Kooperator an St. Martin in Freiburg, Dr. Joseph Anton Trunz - vermutlich nach Diktat Hansjakobs - geschrieben. Gleiches gilt auch für einen weiteren Brief Hansjakobs an die Rastatter Gymnasiumsdirektion, der auf den 6. Juli 1908 datiert ist. In diesem Schreiben nimmt Hansjakob nochmals Bezug auf seine Büchergabe zum 100jährigen Jubiläum der Schule: "Wenn Sie mir einen Gefallen tun wollen, so erwähnen Sie meines Festgeschenkes nicht bei der Festfeier. An öffentlicher Bekanntmachung hat es nach Ihrer Mitteilung sicher nicht gefehlt und wünsche ich nur, daß recht viele alte Studenten kommen."

Sämtliche Bände der vom Autor der Schule als Festgeschenk 1908 überreichten Werke Hansjakobs wurden - vermutlich vom damaligen Bibliothekar - (in der Regel auf der Innenseite des vorderen Einbanddeckels) mit dem handschriftlichen Hinweis versehen: "Geschenk des Verfassers zum Jubiläum 1908". Dies gilt auch für die exemplarisch hier gezeigten Bücher.

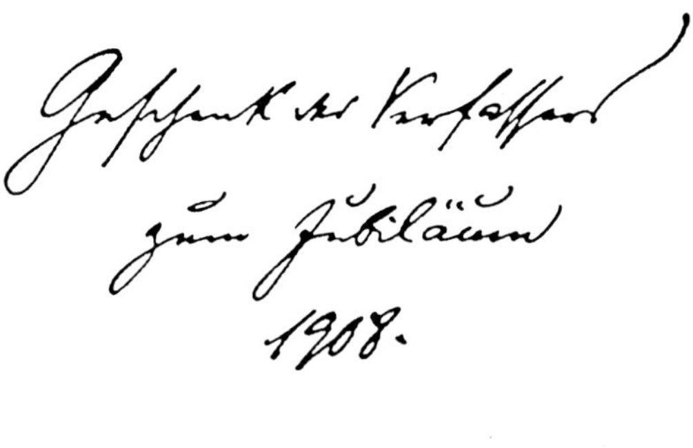

Abb. 307: *Von seiten der Schule vorgenommener handschriftlicher Vermerk, wie er sich in den 1908 von Hansjakob dem Rastatter Gymnasium zum Jubiläum geschenkten Büchern findet.*

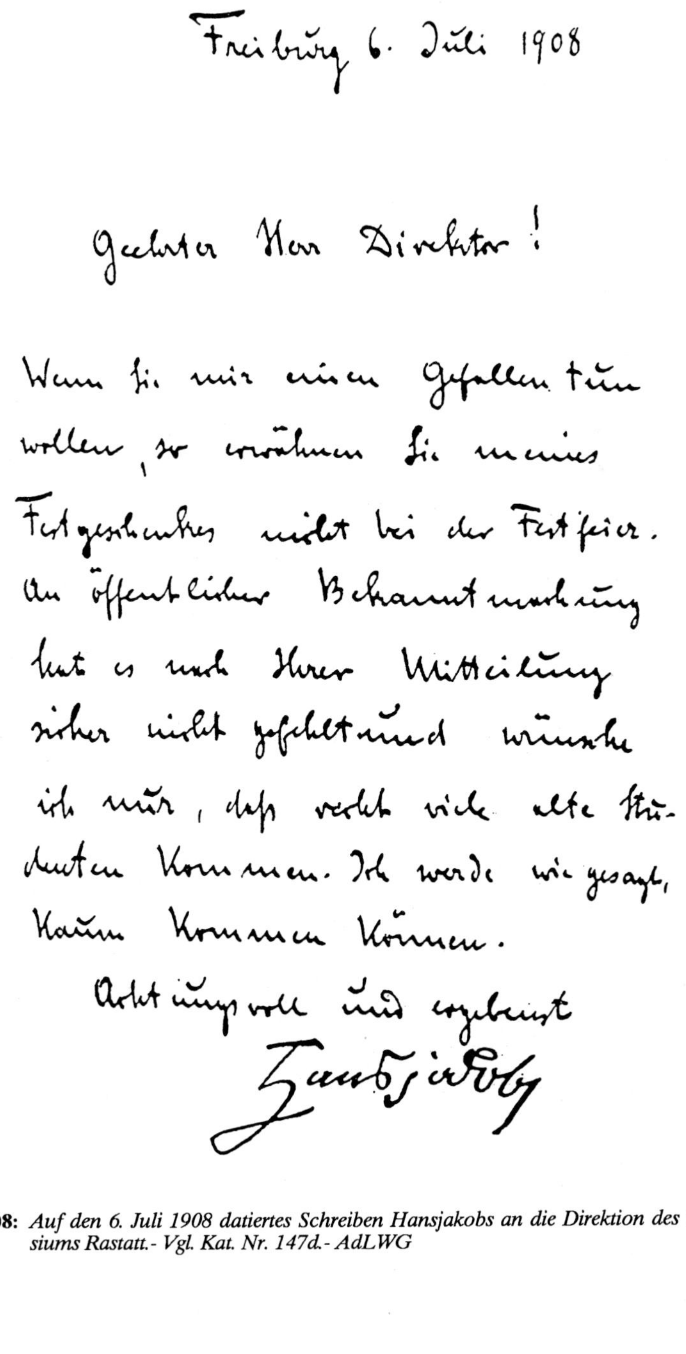

Freiburg 6. Juli 1908

Geehrter Herr Direktor!

Wenn Sie mir einen Gefallen tun wollen, so erwähnen Sie meines Festgeschenkes nicht bei der Festfeier. An öffentlicher Bekanntmachung hat es nach Ihrer Mitteilung sicher nicht gefehlt und wünsche ich nur, daß recht viele alte Studenten kommen. Ich werde wie gesagt, kaum kommen können.

Achtungsvoll und ergebenst

Hansjakob

Abb. 308: *Auf den 6. Juli 1908 datiertes Schreiben Hansjakobs an die Direktion des Gymnasiums Rastatt.- Vgl. Kat. Nr. 147d.- AdLWG*

148 Buchgeschenk vom Januar 1910

148 a Schreiben Hansjakobs an den Rastatter Gymnasiumsdirektor Neff vom 27.I.1910. Absendeort: Freiburg i.Br. Abb. 310
(AdLWG: Bibliothek; in der Verwaltung des Stadtarchivs Rastatt)

148 b Heinrich Hansjakob, Aus dem Leben eines Vielgeliebten. Nachtgespräche. 1.-4. Ts., Stuttgart: Bonz, o.J.
(Hist. Bibl. Rastatt: P 628,28) Abb. 295

148 c Heinrich Hansjakob, Aus dem Leben eines treuen Hausgenossen, 1.-4. Ts., Stuttgart: Bonz, o.J.
(Hist. Bibl. Rastatt: P 628,27) Abb. s. unten

In dem schon erwähnten Brief Hansjakobs vom 27.1.1910 (vgl. Kat. Nr. 144 u. 145) teilt der Absender dem Rastatter Gymnasiumsdirektor Neff u. a. mit: "Ich laße Ihnen zwei kleinere neue Bücher von mir zugehen für die Bibliothek." In dem "Jahres-Bericht für das Schuljahr 1909-1910" des Großh. Ludwig - Wilhelm - Gymnasiums von Rastatt werden die beiden Buchgeschenke dankend angeführt. Es handelte sich um zwei Exemplare von Hansjakobs "Aus dem Leben eines Vielgeliebten" und "Aus dem Leben eines treuen Hausgenossen" - Publikationen, die der Autor erst im Jahre zuvor (also 1909) veröffentlicht hatte. Die zwei von Hansjakob als Geschenk der Schulbibliothek überlassenen Bücher tragen - auch heute noch gut erkennbar - auf dem vorderen Umschlagdeckel den handschriftlichen Vermerk: "Geschenk des Verf. 30.I.10".

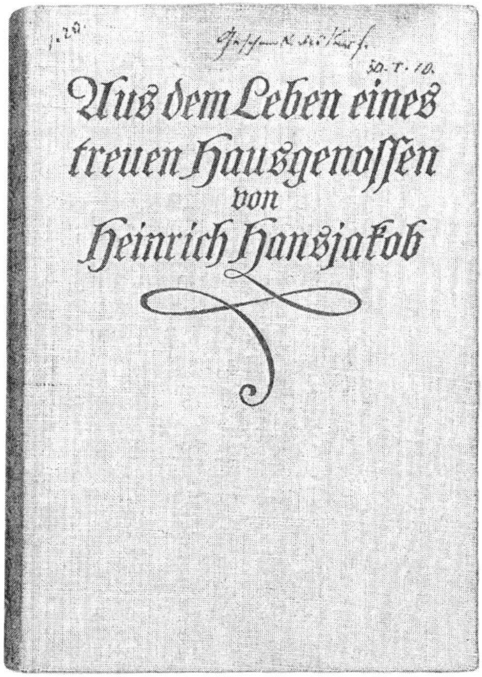

Abb. 309: *Heinrich Hansjakob, Aus dem Leben eines treuen Hausgenossen. Einband des 1910 vom Autor der Rastatter Gymnasiumsbibliothek geschenkten Exemplars.- Vgl. Kat. Nr. 148c*

ab 1852
1855
1857
1858

Freiburg 27. I. 90

am 29. I.
Eingeschr. Paket

Verehrter Herr Director!

Darf ich Sie bitten, mir gefl. die Programme von 52/53 – 58/59 für kurze Zeit zukommen zu lassen. Ich bearbeite eben die zehnte Aufl., die auch als Volksausgabe mit 25 weiteren Bänden erscheinen soll.

Das Buch in der Ausgabe schreitet langsam voran, weil ich immer so viele Correcturen zu lesen habe. Darum kann ich nicht oft

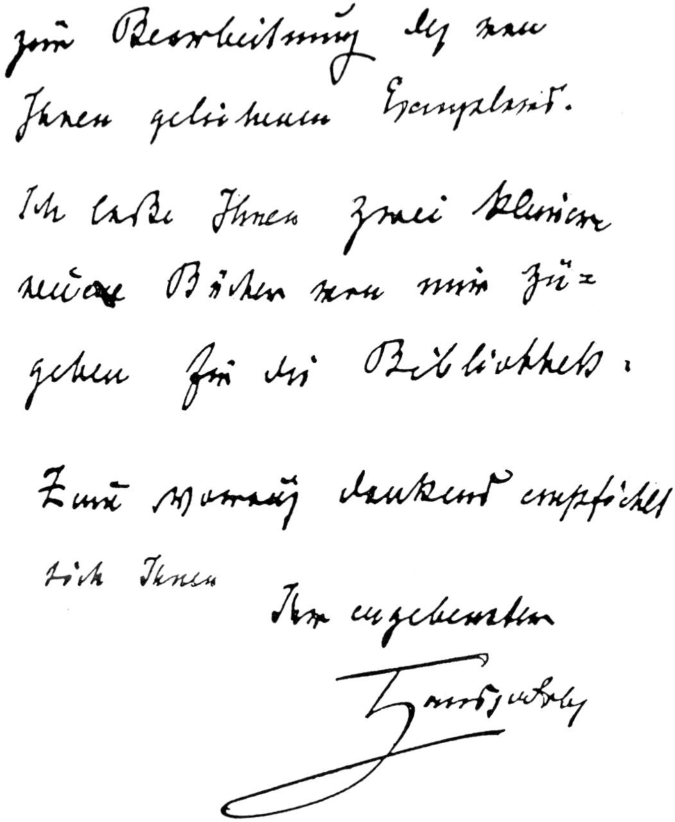
zur Bearbeitung des von
Ihnen geliehenen Exemplars.
Ich lasse Ihnen zwei kleinere
neuere Bücher von mir zu-
gehen für die Bibliothek.
Zum Voraus dankend empfiehlt
sich Ihnen
Ihr ergebenster
Hansjakob

Abb. 310: *Brief Hansjakobs an den Rastatter Gymnasiumsdirektor Neff vom 27. Januar 1910.- Vgl. Kat. Nr. 148a.- AdLWG*

149 Bibliothekar Joseph Nicolai

149 a Professor **Joseph Nicolai.** Darstellung von J. Lohmüller, 1860; Lithographie; Größe: 31cm x 20cm; mit Widmung: “Aus Hochachtung gewidmet von seinen Schülern 1860”.

(Stadtarchiv Rastatt: K-76) Abb. 290

149 b Grossherzogliches **Gymnasium** zu **Rastatt. Einladung zu den** am 12.-14. August **1872... stattfindenden Öffentlichen Prüfungen**... Rastatt: Mayer, 1872.

(Hist. Bibl. Rastatt: Schulprogramme, Rastatt)

Die oben gezeigte Darstellung von Professor Nicolai entstand 1860, also nur kurze Zeit, nachdem Hansjakob sein Abitur in Rastatt abgelegt hatte. Während Hansjakobs Rastatter Schuljahren (1852/53-1858/59) betreute Professor Joseph Nicolai die dortige Lyzeumsbibliothek. Außerdem wurde Hansjakob von Prof. Nicolai vier Jahre lang unterrichtet: in der Unterquinta (1855/56) im Fach Religion, in der Oberquinta (1856/57) in Religion, Deutsch, Latein und Geschichte, in der Untersexta (1857/58) in den Fächern Religion, Rhetorik, Latein sowie Geschichte und schließlich in der Obersexta (1858/59) in Religion und Geschichte. Daneben war Nicolai im Verlaufe des Schuljahres 1856/57 auch noch Hansjakobs Klassenlehrer.

Nicolai wirkte als Lehrer am Lyzeum bzw. Gymnasium von Rastatt bis zum Jahre 1871 und verwaltete bis dahin auch die Schulbibliothek. Der Jahresbericht des Rastatter Gymnasiums von 1871/72 (=Großh. Gymnasium zu Rastatt. Einladung zu den ... 1872... stattfindenden Öffentlichen Prüfungen) teilt mit, daß Prof. Nicolai "durch Allerhöchste Entschliessung Seiner Königl. Hoheit des Grossherzogs vom 10. August 1871 Nr. 659... in den Ruhestand versetzt" wurde und gibt dann (S. 3) den folgenden "kurzen Ueberblick [seines] Lebens und [seiner] Thätigkeit":

"Professor Jos. Nicolai, geb. zu Rastatt, den 13. Dezember 1800, besuchte die hiesige Volksschule und trat 1813 in das 1808 hier neu errichtete Lyceum ein und ging, nachdem er dasselbe absolvirt hatte, auf die Universität Freiburg über, wo er das Studium der Philologie mit dem der Theologie verband. Im Jahre 1825 erhielt er die Priesterweihe und wurde sofort an der hiesigen Stadtpfarrei angestellt, unterzog sich 1829 dem philologischen Staatsexamen am hiesigen Lyceum und wurde zuerst daran als Lehrer verwendet, hatte aber noch im gleichen Jahre die provisorische Verwaltung der Gymnasiumsdirection in Offenburg zu übernehmen. Im Jahre 1832 ging er an das Lyceum nach Constanz über und wurde dort 1833 mit Staatsdiener-Eigenschaft angestellt. Im Jahre 1848 wurde er an das hiesige Lyceum versetzt und wirkte daran bis Ende 1871. Professor Nicolai war somit 42 Jahre an unseren gelehrten Anstalten thätig."

Von Hansjakob selbst erfahren wir dann noch, daß Professor Nicolai "hochbetagt 1877 in seiner Vaterstadt" starb, wo sein ehemaliger Schüler später sein Grab aufsuchte (Hansjakob, Aus meiner Studienzeit, 6. Aufl. 1913, S. 208).

In seinen Erinnerungen "Aus meiner Studienzeit" charakterisiert Hansjakob - wie seine anderen Rastatter Lehrer - so auch Professor Nicolai und seine pädagogische Tätigkeit: "Chef der Klasse war der geistliche Professor Nicolai, wohl der gutmütigste und wohlwollendste aller Lehrer der Anstalt. Ein kleiner, fast ebenso dicker als grosser Mann mit etwas wackeligem Gang, schaute er so unschuldig über seiner massiven silbernen Brille hervor, daß man sofort seine milde Denkungsart und sein freundliches Wesen erkennen mußte. Er war stets tadellos schwarz gekleidet, wenn auch mit kurzem Rock. Eine bedeutende Sorge legte er auch auf den sorgfältig gepflegten, stattlichen 'Titus' seines Haupthaares, von dem keiner von uns je erfahren konnte, ob es Perücke oder Natur sei."

"... sein größter Feind hätte ihm nicht nachsagen können, daß er ein Philologe gewesen. Mit Horaz und namentlich mit dessen Versmaß stand er auf ziemlich gespanntem Fuß. Dagegen wußte er seinen Geschichtsunterricht durch Anführung von Details interessant zu machen, und er regte namentlich in mir Vorliebe zu diesem Studium an..."

"Nicolai war zugleich Bibliothekar und unterstützte mich in freundlichster Weise in meiner Privatlektüre von Geschichte und deutscher Literatur..."

"Nicolai oder, wie wir ihn seiner Körperkürze wegen nannten, der 'Nikele' war ein geborener Rastatter. Sein Bruder, der Schuhmacher Nicolai, der stets Lyzeisten beherbergte, besaß eine Anzahl unschöner Töchter, während zwei Schwestern der Gebrüder Nicolai, alte, fromme, kleine Damen, beim Professor im Lyzeum hausten. Nicolai... war von 1832-48 Lehrer am Lyzeum in Konstanz gewesen, während gleichzeitig auf dem nahen Arenenberg die Königin Hortense mit ihrem Sohn Louis, dem späteren Franzosenkaiser, hauste. Der gute Professor war eine Art Hofkaplan bei der Exkönigin und hielt 1837 bei ihrem Tode die Trauerrede..."

"Professor Nicolai hatte um seine Schüler alle ein großes Verdienst dadurch, daß er, selbst nicht kapitelfest in derlei Dingen, sie und die alten Klassiker mit philologischer Silbenstecherei und Grammatikfuchserei verschonte... Unser Nicolai ließ den Cicero, Virgil und den Sallust eben einfach übersetzen und verschonte uns mit Regeln und Konstruktionen. Und wenn er auch keinen feinen Senf dazu gab, so konnte der geistig begabtere Schüler doch in Ruhe sich selbst mit der Schönheit des Klassikers bekannt machen..."

"Ich muß jetzt noch lächeln, wenn ich an den guten Professor Nicolai in Verbindung mit Horaz denke. Auf die Übersetzung des letztern bereitete ich mich stets gerne vor, die Versmaße aber habe ich gehaßt und verachtet und deshalb selten berücksichtigt. Wenn nun der 'Nikele' mich danach fragte, machte ich schnell ein ungefähres Metrum, und wenn er Einsprache erhob, behauptete ich kühn, in 'alten Ausgaben' ein solches gefunden zu haben. Jetzt wurde der brave Mann vorsichtig und sprach: 'Ja, man kann a so sagen, kann aber auch a so sagen', und dann gab er *seine* Jamben, Trochäen und Daktylen zum besten" (Hansjakob, Aus meiner Studienzeit, 6. Aufl. 1913, S. 203-205, 208-209, 238-239).

149 c 1 **Schreiben des Großherzoglichen Oberschulraths an Herrn Gymnasiumsdirector Dr. Rauch**, Rastatt, **vom 22ten Dezember 1874.** N°20866; das 50jährige Priesterjubiläum des pensionierten Professors J. Nicolai in Rastatt btr.
(AdLWG: Diener, Nicolai; in der Verwaltung des Stadtarchivs Rastatt) Abb. 312

149 c 2 **Ritterkreuz 1. Klasse des Ordens vom Zähringer Löwen**. Material: Gold mit emailliertem Mittelschild, von welchem vier Strahlen aus grünem Fluß ausgehen; grünes Band mit orangefarbener Einfassung; Größe des Kreuzes: 40,2mm (Durchmesser); Gewicht: 16,3g.
(Wehrgeschichtliches Museum Rastatt) Abb. s. unten

Abb. 311: *Ritterkreuz 1. Klasse des Ordens vom Zähringer Löwen.- Vgl. Kat. Nr. 149c.- Bildvorlage: Andreas Jachnik, Rastatt*

In seinem Schreiben vom 22. Dezember 1874 teilt der Großherzogliche Oberschulrat in Karlsruhe (die übergeordnete Schulbehörde, etwa vergleichbar mit unserem heutigen Oberschulamt) dem Direktor des Rastatter Gymnasiums, Dr. Joseph K. Rauch, mit, daß der badische Großherzog dem pensionierten Professor Joseph Nicolai "das Ritterkreuz 1. Classe Höchstihres [gemeint ist der Großherzog] Ordens vom Zähringer Löwen" verliehen habe. Dr. Rauch wird des weiteren darauf hingewiesen, daß dem vorliegenden Schriftstück die Ordensinsignien, die Statuten des Ordens und die Verleihungsurkunde beigefügt seien, und erhält schließlich den

Auftrag, die genannten Objekte "dem Professor J. Nicolai dortselbst [in Rastatt] am 24. d. M., an welchem derselbe sein 50jähriges Priesterjubiläum feiert, in geeigneter Weise zu übergeben".

Der Professor Nicolai verliehene Orden vom Zähringer Löwen wurde 1812 vom badischen Großherzog Karl Friedrich gestiftet. Im Verlaufe der Jahrzehnte wurden durch verschiedene Erlasse die Statuten des Ordens genauer festgelegt bzw. wieder geändert. Im Jahre 1874, als Prof. Nicolai den Orden erhielt, war für die Statuten ein Erlaß des Großherzogs Friedrich aus dem Jahre 1866 maßgebend. Danach unterteilte sich der Orden damals in fünf Klassen: Großkreuze, Kommandeure erster Klasse, Kommandeure zweiter Klasse, Ritter erster Klasse und Ritter zweiter Klasse. Prof. Nicolai wurde also die vierte Klasse des Ordens (=Ritterkreuz erster Klasse) verliehen.

In den Statuten von 1866 wird der Orden wie folgt beschrieben: "Die Insignien des Ordens bestehen... in einem Ordenskreuze, dessen emaillirtes Mittelschild auf der Vorderseite das Stammschloß Zähringen, auf der Kehrseite einen streitfertigen goldenen Löwen auf rothem Grund darstellt. Von dem Mittelschilde gehen vier von Spangen zusammengehaltene Strahlen aus, welche auf der Vorderseite von grünem Flusse sind. Die Spangen der Vorderseite, sowie die Spangen und Strahlen der Kehrseite sind bei den vier ersten Klassen von Gold..." Das Ritterkreuz erster Klasse des Ordens vom Zähringer Löwen wurde auf der linken Brust an "einem grünen, gewässerten, mit orangefarbener Einfassung versehenen Bande" getragen (zitiert u. dargestellt nach: Henning Volle, Badens Orden, Ehrenzeichen, Prämienmedaillen, o.O.: Verl. d. Münzhandlung S. Volle, 1976, S. 42-46).

In der fünften Auflage seiner tagebuchartigen Erinnerungen "Auf der Festung" nimmt Hansjakob auch Bezug auf den Professor Nicolai verliehenen Orden: "Er [Prof. Nicolai] trug seinen am Abend des Lebens erst erhaltenen Zähringer Löwenorden, das Wahrzeichen seines unverbrüchlichen Gehorsams gegen alles, was offiziell in Karlsruhe geschah und von dort kam - fast täglich im Knopfloch" (S. 8). Da Hansjakob in der Erstauflage der zitierten Publikation (1870) den Orden nicht erwähnt und da die zweite Auflage erst 1895 erschien, muß es sich hier um eben jenen Orden handeln, den Prof. Nicolai 1874 zu seinem goldenen Priesterjubiläum erhalten hatte. Trotz des unüberhörbaren kritischen Untertons, der in der oben wiedergegebenen Formulierung Hansjakobs bezüglich des Ordens mitschwingt, empfand Hansjakob für seinen ehemaligen Lehrer Nicolai, bei dem er früher als Schüler so häufig Bücher entliehen hatte, insgesamt

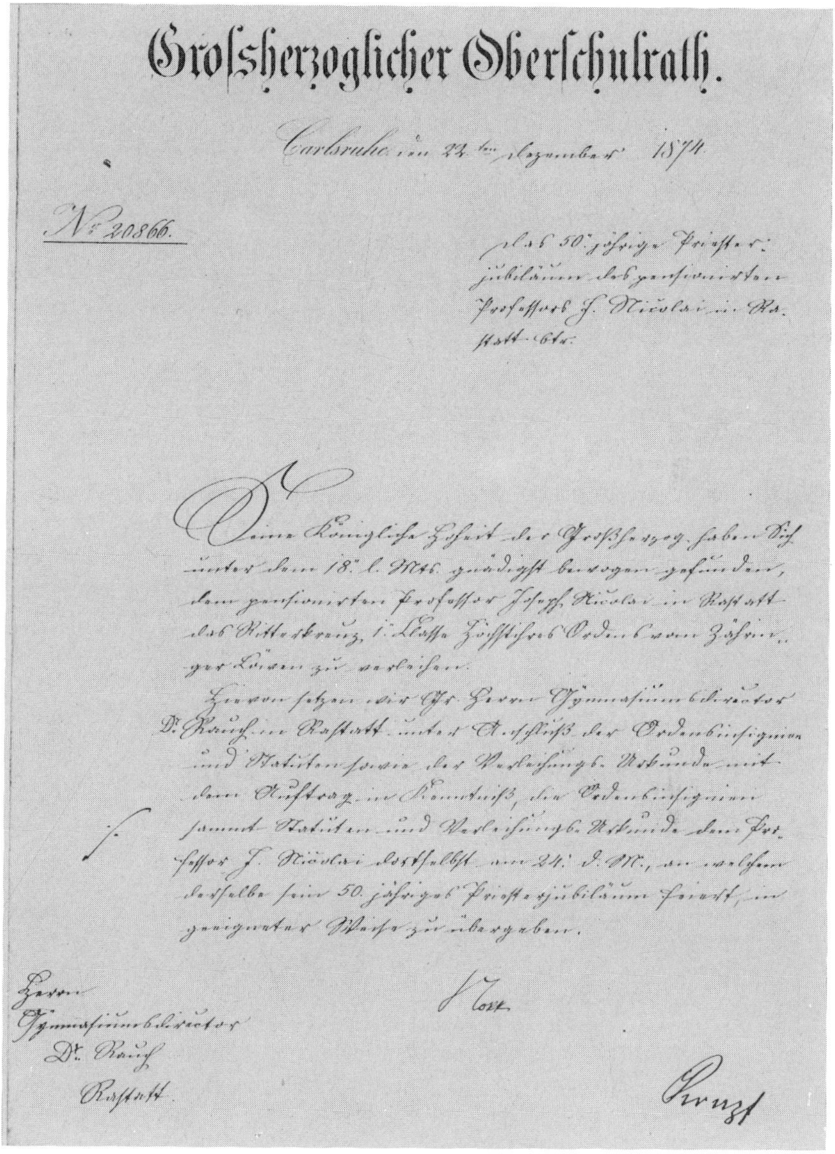

Großherzoglicher Oberschulrath.

Carlsruhe, den 22ten Dezember 1874

No 20866.

das 50jährige Priesterjubiläum des pensionirten Professors J. Nicolai in Rastatt betr.

Seine Königliche Hoheit der Großherzog haben Sich unter dem 18. l. Mts. gnädigst bewogen gefunden, dem pensionirten Professor Joseph Nicolai in Rastatt das Ritterkreuz 1. Klasse Höchstihres Ordens vom Zähringer Löwen zu verleihen.

Hievon setzen wir Ihr. Herrn Gymnasiumsdirector Dr. Rauch in Rastatt unter Anschluß der Ordensinsignien und Statuten sowie der Verleihungs-Urkunde mit dem Auftrag in Kenntniß, die Ordensinsignien sammt Statuten und Verleihungs-Urkunde dem Professor J. Nicolai daselbst am 24. d. M., an welchem derselbe sein 50jähriges Priesterjubiläum feiert, in geeigneter Weise zu übergeben.

Herrn Gymnasiumsdirector Dr. Rauch Rastatt

Abb. 312: *Schreiben des Großh. Oberschulrats in Karlsruhe an den Rastatter Gymnasiumsdirektor Rauch betr. einer Ordensverleihung aus Anlaß des 50jährigen Priesterjubiläums von Prof. Joseph Nicolai.- Vgl. Kat. Nr. 149 c 1.- AdLWG*

doch sehr viel Sympathie (vgl. oben Kat. Nr. 149 a/b; zum Thema "Hansjakob und Ordensverleihungen" vgl. auch Kat. Nr. 104 d).

Im Gegensatz dazu hatte Heinrich Hansjakob an den späteren Gymnasiumsdirektor Rauch, an den das hier gezeigte Schreiben des Oberschulrats bezüglich der Verleihung eines Ordens für Prof. Nicolai gerichtet war, nur noch schlechte Erinnerungen. In einer erstaunlich ungeschminkten Form fällte er in seinem Buch "Aus meiner Studienzeit" über Rauch, den er während seiner Rastatter Schulzeit mehrere Jahre "genießen" mußte, ein vernichtendes Urteil, sowohl was dessen menschliche Seite als auch was seine pädagogischen Fähigkeiten betrifft (vgl. Kat. Nr. 124 c; vgl. auch: Aus meiner Studienzeit, 6. Aufl. 1913, S. 138f.).

IX

Hansjakob heute

Manfred Hildenbrand und Johannes Werner
in Zusammenarbeit mit Hans Heid

Wer einmal den schönen Bodenseeort Hagnau besucht hat, kennt vielleicht die in historischen Gemäuern untergebrachten Räumlichkeiten des dortigen Winzervereins. Und wenn er diese Räume schon betreten hat, dann ist ihm gewiß aufgefallen, daß die meisten der dort zum Verkauf angebotenen Flaschen auf dem Etikett das Portrait Hansjakobs tragen; und auf demselben Etikett findet sich dann gleich die Erklärung dafür: Hansjakob gründete 1881 den Winzerverein von Hagnau - er war übrigens der erste in Baden. Aber auch sonst können wir Hansjakob in Hagnau heute noch begegnen: so steht etwa vor dem Gebäude des Winzervereins bzw. des Rathauses ein lebensgroßes Denkmal von ihm, und neben dem Eingang des Pfarrhauses weist eine Tafel auf den früheren prominenten Bewohner hin.

In Haslach wurde 1987 vor der Loretokapelle ebenfalls ein Hansjakobdenkmal errichtet, das von dem Künstler Armin Göhringer (Zell a. H.) geschaffen wurde. Und genauso stoßen wir heute in zahlreichen anderen Gemeinden von Baden auf Hansjakobs Namen. So sind vielfach Straßen

Abb. 313: *Hansjakobstraße. Schild in Durmersheim.- Aufnahme: J. Werner*

nach ihm benannt, etwa in Freiburg, Haslach, Rastatt-Niederbühl oder Durmersheim; mancherorts tragen Schulen seinen Namen, beispielsweise in Elzach, Haslach, Offenburg und Rastatt; in Karlsruhe existiert eine "Hansjakob-Stube"; und in Hansjakobs Geburtsort Haslach, im mittleren und oberen Kinzigtal sowie den Seitentälern kann der Wanderer auf dem "Hansjakob-Weg" den Spuren des Schriftstellers und der in seinen Werken agierenden Personen nachwandeln;[1] in Hofstetten, Hansjakobs "Paradies", findet alle fünf Jahre ein großes Hansjakob- und Heimatfest statt mit Trachtenumzug und Darstellung des Schwarzwälder Brauchtums; und manche weiteren Beispiele ließen sich hier anführen.

Abb. 314: *Hinweis auf die Hansjakob-Stube in Karlsruhe.- Aufnahme: J. Werner*

Seit 1960 gibt die Stadt Haslach im Selbstverlag die Werke Hansjakobs neu heraus; inzwischen sind 18 Bände erschienen, von denen nur noch die letzten neun im Buchhandel erhältlich sind. Seit 1986 ediert der Waldkircher Verlag die Reisetagebücher Hansjakobs in einer Neuauflage. Und wer schließlich ein häufiger Besucher von Buchantiquariaten oder von Antiquitätenmessen ist, weiß, daß die früher im Bonz-Verlag erschienenen Werke Hansjakobs zu höchst begehrten Sammlerobjekten geworden sind. So findet Hansjakob also auch noch mehr als 75 Jahre nach seinem Tod ein dankbares und interessiertes Publikum.

Was aber macht den Reiz einer Lektüre von Hansjakobs Werken für den Leser von heute aus? Weshalb interessieren sich auch in der Gegenwart noch so viele Menschen für seine Bücher? Die Antwort hierauf mag zum einen natürlich im bibliophilen Charakter vor allem der älteren Ausgaben der Werke Hansjakobs liegen. Doch dies kann nicht alles sein. Bereits bei einer oberflächlichen Betrachtung drängt sich der Verdacht auf, daß Hansjakobs bleibender Erfolg beim Leser nicht zuletzt mit dem Inhalt seiner Schriften zusammenhängen muß. H.H.

Dies mag auf den ersten Blick verwundern; vor allem weil der Autor, wie er selber sagt und jeder seiner Leser weiß, zu allem seinen Senf hinzugibt, und zwar einen scharfen, der die aufgetischten Speisen oft fast ungenießbar macht. Anders gesagt: er vermischt das, was er erzählt, mit Meinungen, die heutzutage kein vernünftiger Mensch mehr teilen kann und die sich bestenfalls historisch oder psychologisch erklären lassen.

Daß man - beispielsweise - Schüler jeden Alters früher dazu zwang, zweimal wöchentlich zur Messe und zweimal jährlich zur Beichte zu gehen, wollte Hansjakob "nicht genug loben", und von der "unheilvollen Praxis, die heute an Gymnasien herrscht", hielt er überhaupt nichts.[1a] Übrigens auch nichts davon, daß die Schüler inzwischen weniger rauchten und Bier tranken als früher; dies galt ihm als unmännlich und als ein "Zeichen von Blasiertheit, Degeneration und Feminismus".[2] Und dieser war ohnehin in das Schußfeld seiner Kritik geraten, weshalb er nicht müde wurde, gegen das weibliche Geschlecht und dessen Emanzipation zu polemisieren. "Ja es ist schon viel zu sehr emanzipiert, und es wäre an der Zeit, dasselbe wieder aus Straßen und Gassen, aus Gymnasien und Universitäten, von den Zweirädern, vom Klavierspielen und vom Malen weg - in die Kinderstuben, an die Waschzüber, in die Küchen, zu den Stricknadeln und Spinnrädern zurückzutreiben."[3] "Ich würde Weiber, die wie in England immer Skandal machen wegen des Frauenstimmrechts, kurzweg auf Jahr und Tag in ein Arbeitshaus sperren und sie an Spinnräder setzen."[4] Ja wenn er "ein verheirateter Mann wäre" und seine Frau das Wahlrecht verlangte, "ich würde sie prügeln und das von Gottes und Rechts und der Kinder wegen".[5] Als typisch weibliche Eigenschaften erschienen ihm "Kleinlichkeit, Aeußerlichkeit, Empfindlichkeit, Putzsucht, Eitelkeit, Komödiantenthum, Rachsucht, Zänkerei, Schwätzerei und eine mehr oder weniger große Portion Heuchelei und Lügerei".[6] Hier kommt man nicht umhin, einen Punkt zu berühren, der wohl der dunkelste und wundeste in Hansjakobs Biographie ist; nämlich daß er dem weiblichen Geschlecht keineswegs so ablehnend gegenüberstand, wie seine Worte es vermuten lassen. Wenn nicht alles täuscht, hat er, der katholische Priester, durchaus einschlägige Beziehungen, ja sogar illegitime Kinder gehabt.[7] Somit wären seine Worte vielleicht eher als unbewußtes Ablenkungsmanöver oder aber als Ausdruck seiner eigenen Enttäuschung zu lesen. Immer wieder kam Hansjakob auf das Thema "Frau" zurück, und immer ausfälliger wurden seine Auslassungen über die Frauen - aber ebenso über die Preußen und, vor allem, die Juden. Mit großem Stolz erzählt er, der sich selbst als "Antisemit"[8] bezeichnet, wie er schon als Schüler ein paar harmlose Juden aufs übelste beleidigte und dabei sogar seine Mitschüler mitriß.[9] Ja, noch in einem seiner späten Bücher schreibt er, nach seitenlangen Tiraden gegen die Juden, die Preußen und endlich auch wieder die Frauen, diese Sätze hin: "Und wer nicht einsieht, daß Israel jedem Volke, in welchem es al pari schalten und walten kann, zum sozialen und nationalökonomischen Schaden ist, der ist entweder ein Esel zu Pferd oder von den Juden abhängig ... Die Juden sind zum Kampf ums bessere Dasein, welcher die Parole unserer Zeit ist, eben besser organisiert als wir Arier, die sie rücksichtslos unterkriegen in diesem Kampfe, wo immer sie mit ihnen konkurrieren."[10]

Genug davon (und daher auch nichts mehr von den anderen Stichworten, die auf Hansjakob wirkten wie ein rotes Tuch: etwa "Kultur" oder "Hygiene"). Solche Sätze erscheinen gerade vor dem Hintergrund unserer eigenen und speziell auch der neuesten Geschichte höchst bedenklich und sollten den, der sie schrieb, eindeutig diskreditieren - heutzutage mehr denn je.

Dennoch wird manch einer hier Widerspruch anmelden und auf ganz andere Äußerungen Hansjakobs hinweisen können; nichts leichter als das. Hansjakob hat sich selber fortwährend widersprochen und dies auch durchaus zugegeben: "Man sagt mir aber auch nach, daß ich mir oft selbst widerspräche in meinen Büchern. Das freut mich. Denn einmal sind Menschen, die sich selbst widersprechen, höfliche Leute, und dann ist es ein Zeichen, daß man nicht gerade zu den billigsten Denkern gehört, welche Sorte ihre Meinung nicht leicht ändert und bekannt ist durch dummen Eigensinn."[11] Es gibt gewiß einleuchtendere Erklärungen; aber diese hier wirft wenigstens ein kleines Licht auf einen Autor, der alles andere als eine in sich geschlossene, gerundete, ausgeglichene Persönlichkeit war, sondern vielmehr eine gebrochene, zerrissene; eine, in der Falsches und Wahres, Negatives und Positives, Reaktionäres und Progressives, Gestriges und Heutiges unversöhnt zusammenlebten. Dies läßt sich, so leid es manchem tut, um der historischen Wahrheit willen nicht harmonisieren und nicht beschönigen. Dieser Autor hat, wie der antike Janus, zwei Gesichter.

Freiburg,den ~~24~~ 25.3.14.

Sehr geehrter Herr Vetter!

Bei meinem letzten Besuch verwiesen Sie mich,falls ich ein Anliegen haben sollte,an Herrn Trunz.Nun muss ich bei aller Freundschaft für Herrn Trunz doch sagen,dass er für mich nichts anderes hat,als Hinhaltungen u.leere Vertröstungen.Und doch liegt die Sachlage jetzt so,dass ich infolge der gerade verzweifelten Lage,in der sich meine Mutter,infolge Krankheit u. Not befindet,an Ihre Gerechtigkeit appelieren muss.

Wir haben es ja sr.Zt.dankbar anerkannt,dass uns Frl.Philippine,wie Sie wohl in der Zwischenzeit erfahren haben werden, ausser den von Ihnen gegebenen 2000M durch die Vermittlung des Herrn Trunz noch 6000M verschafft hat,ohne die meine Mutter an eine geordnete Abreise überhaupt nicht hätte denken können. Für diese Summe ist allerdings Deckung genug gegeben,durch zwei Lebensversicherungen,deren Policen wir zahlen,u.die einen Wert von 10000M repräsentieren,so dass von einer Schenkung eigentlich nicht die Rede sein kann.

Nun ist aber der Aufenthalt meiner Mutter in Amerika nichts anderes gewesen,als eine ununterbrochene Kette von schwersten Schicksalschlägen,wie Erblindung Kellers,Erkrankung Pauls,die ja allerdings bis jetzt einen harmlosen Verlauf genommen hat, Meine Mutter selbst liegt z.Zt an einem Gallensteinleiden darnieder,so dass eine lebensgefährliche Operation in Betracht kommt.

Dies Alles---

2.

---Dies Alles zwingt mich verehrter Herr Vetter,an Sie mit dem Ersuchen heranzutreten,meiner Mutter in Ihrer bitteren Not beizu springen.Ich wage diese Bitte um so eher,als ich bestimmt weiss,dass meine Mutter wohlbegründete Ansprüche auf Ihre Hilfe hat.Ueber dei Tatsachen,~~dei~~ ja witer zurückliegen,aber auf das Leben meiner Mutter einwirkten,möchte ich mit Rücksicht auf Sie hinweggehen.

Ich glaube,dass ~~eien~~ eine Aussprache,die Sie mir gewähren würden,Ihnen u.uns künftig alle Aufregungen ersparen u. das Leben zu einem ruhigeren machen wird.Sollte Ihnen ein solche mit mir nicht erwünscht sein,so bitte ich Herrn Trunz mit bestimmten Ermächtigungen auszustatten,damit diese unerquickliche Angelegenheit zu beiderseitiger Zufriedenheit in Bälde löse.

Sollte mein Schreiben innerhalb 8 Tagen nicht beantwortet sein, so werde ich Ihnen eine Kopie zukommen lassen,denn ich habe ~~begün~~ begründeten Verdacht,dass Ihnen manche Briefe u.Nachrichten vorenthalten werden.!

Mit herzlichem Dank zum Voraus u.mit der Bitte,mir diesen Schritt,den ich nur in der äussersten Not meiner Mutter jetzt tue,nicht verübeln zu wollen,verbleibe ich

Ihr ergebener Vetter

Dr. Robert Woerner.

Abb. 315: *Schreiben von Dr. Robert Woerner an Hansjakob vom 25. März 1914.- Vgl. Kat. Nr. 152.- EA Freiburg: Nachlaß Trunz*

Also muß hier auch vom anderen Gesicht gesprochen werden - von dem, was an Hansjakob noch immer interessant und aktuell ist. Also davon, daß seine Schriften eine einzigartige Fundgrube für jeden sind, der sich für das bäuerliche und bürgerliche Alltagsleben des 19. Jahrhunderts interessiert; daß er dieses Leben nicht nur aus eigenem Erleben und eigener Erinnerung erzählte, sondern auch durch systematische Befragung von Zeitzeugen eruierte, wodurch er unbewußt zu einem Vorläufer der modernen Historiographie wurde; und zu reden ist davon, daß er sich mit dem Ende jener Alltagskultur nicht abfinden wollte, sondern sich vehement für ihr Überleben einsetzte, was ihm Brauchtumspfleger und Trachtenträger noch heute danken. (Davon war in den vorangegangenen Kapiteln dieses Katalogs ausführlicher die Rede.)

Wahrscheinlich werden heute auch die Religionslehrer mehrheitlich der Ansicht sein, daß ihr Fach "in der Form von abstrakten Glaubenssätzen und langweiligen Katechismen ... dem jungen Gemüt unsympathisch" ist; hat doch schon Jesus selber seine Lehre "eingekleidet in lebendige Parabeln und Gleichnisse".[12] (Die Unverträglichkeit dieser Auffassung mit der vom zwangsweisen Meß- und Beichtgang liegt auf der Hand; Widerspruch, wohin man blickt.) Auch die deutschen Bierbrauer freuen sich, zumal im Zeichen der EG, sicher über das Lob, das Hansjakob ihren Vorgängern spendet, weil ihr Bier nämlich nicht "heillos fabriziert worden", sondern sogar noch "reiner und gesünder als heutzutag" war.[13] Und die Bibliothekare und Archivare wissen nur zu gut, daß Hansjakob mit seiner prophetischen Kritik am damals neuen Holzstoffpapier grundsätzlich im Recht war: "In hundert Jahren wird von unserer Literatur, soweit sie in Bibliotheken aufbewahrt ist, nur noch Sägmehl übrig sein."[14]

Doch dies sind Nebenthemen, ohne Zweifel. Von weitaus größerem Gewicht ist, was Hansjakob als Kirchenkritiker, als Ökologe und als Pazifist zu sagen hatte und immer noch zu sagen hat. Und daß ihm die Titel, die ihm hiermit verliehen werden, selber nur zum Teil geläufig waren, zeigt einmal mehr, daß er seiner Zeit in manchem voraus war. J.W.

Als "Freiheitsmann" gegen die kirchliche Obrigkeit

Bezeichnend für Heinrich Hansjakobs Geisteshaltung war seine große Freiheitsliebe, die er stets offen an den Tag legte. Er sah sich sein Leben lang als "Freiheitsmann mit Leib und Seele".[15] Weil sein unbändiges Freiheitsgefühl ihm in seinen Büchern oft ein freies Wort über kirchliche Dinge in die Feder gedrückt habe, gelte er, so meinte Hansjakob in seiner Schrift "Aus dem Leben eines Vielgeliebten",[16] als kirchenfeindlich oder wenigstens als unkirchlich. Hansjakobs massive Kritik an der Amtskirche seiner Zeit erinnert in frappierender Weise an die kirchenkritischen Äußerungen eines Hans Küng , Leonardo Boff oder Eugen Drewermann.

Er habe, so bekennt Hansjakob rückblickend am Ende seines Lebens, nie in das Amt eines geistlichen Dieners gepaßt, weil einem da immer viel zu viel von oben herunter gesagt werde, was man zu tun und zu lassen habe.[17] Da er den "schrankenlosen Gehorsam" verabscheue, hätte er es nie bei den Jesuiten ausgehalten, die wie "ein Stock" oder "Leichnam" den eigenen Willen ablegen und glauben müßten, daß das, was von oben kommt, immer recht und wahr sei.[18] Ganz im Gegenteil: Hansjakob war stets erfüllt von einer Opposition nach oben und lag ständig im Konflikt mit der kirchlichen Obrigkeit. Er zähle nicht zu den Leuten, so schreibt er 1898, die *"alles* und *jedes,* was von höheren Organen der Kirche" ausgehe und verordnet werde, für weise und zeitgemäß halten und zu allem in Demut schweigen oder gar Lob dazu singen würden.[19] Obwohl in der katholischen Kirche eine eiserne Disziplin herrsche, könne ein Mann von seiner Sorte nicht alles hinnehmen.[20] Ja, Hansjakob nahm für sich in Anspruch, in religiösen Dingen stets eine freie Ansicht zu äußern.[21] Wie sehr sich Hansjakobs Freiheitssinn an der kirchlichen Obrigkeit rieb, zeigen seine jahrzehntelangen Auseinandersetzungen mit den Kirchenbehörden, dem Erzbischöflichen Ordinariat in Freiburg und dem Oberstiftungsrat in Karlsruhe. Am meisten zuwider war ihm der "nicht selten so kleinliche Bürokratismus und Autokratismus" in der katholischen Kirche in Dingen, die mit dem Heil der Kirche und mit dem Wesen des katholischen Christentums gar nichts zu tun hätten.[22] "Wenn nur der Teufel alle und jede Bürokratie holen wollte", schrieb er zornig 1901 an seinen Freund, den badischen Staatsminister Richard Reinhard.[23] Damals befand er sich in einem heftigen Streit mit dem Erzbischöflichen Ordinariat und dem Oberstiftungsrat. Dieser hatte nämlich Hansjakob für alle Unkosten der Baumaßnahmen persönlich haftbar gemacht, die er im Pfarrhaus von St. Martin in Freiburg, ohne Genehmigung der Kirchenbehörden einzuholen, hatte durchführen lassen. Der Streit spitzte sich derart zu, daß Hansjakob entschlossen war, am 1. Oktober 1901 auf sein Pfarramt zu verzichten und aus dem Kirchendienst auszuscheiden.[24] Er wollte seinen Amtsverzicht als Pfarrer öffentlich darlegen und begründen und bereitete deshalb eine Broschüre vor, der er den bezeichnenden Titel gab "Aus dem Leben eines mißliebigen Pfarrers - Ein Notschrei".[25] Auf Vermittlung von Hofkaplan Nopp und Staatsminister Reinhard nahm Hansjakob jedoch von einer Demission Abstand.

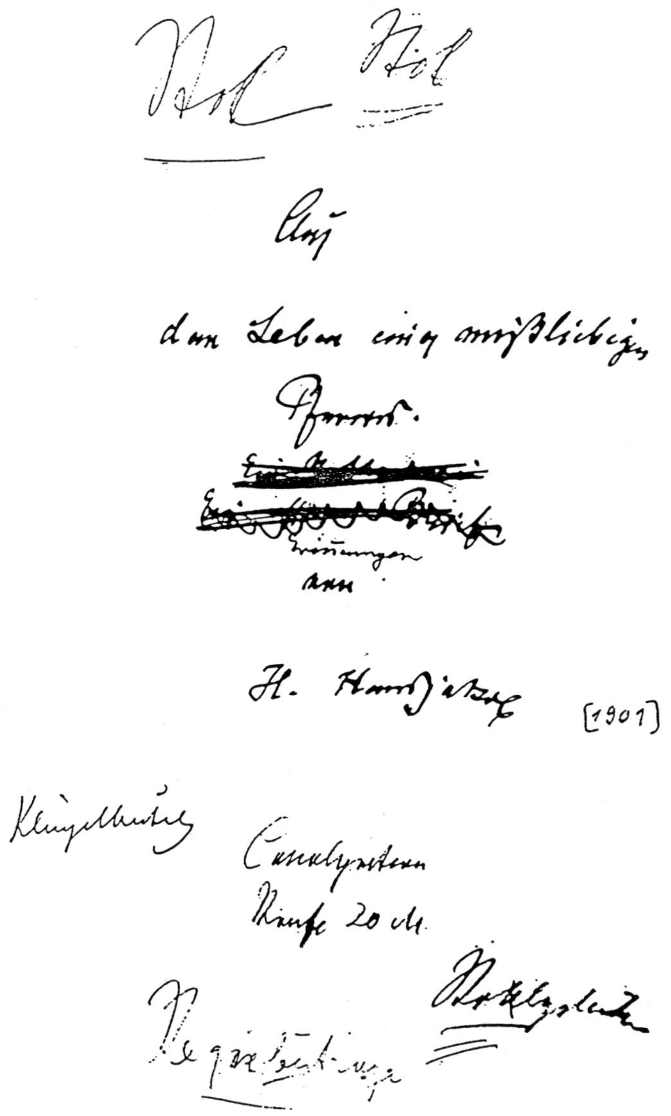

Aus

dem Leben eines mißliebigen

Pfarrers.

~~Ein Notschrei~~

Erinnerungen

von

H. Hansjakob [1901]

Abb. 316: *Titelblatt zu der von Hansjakob geplanten Broschüre "Aus dem Leben eines mißliebigen Pfarrers. Ein Notschrei". Das letztere wurde von Hansjakob oder seinem Privatsekretär A. Trunz gestrichen, ist aber noch lesbar. Das Original ging im Zweiten Weltkrieg verloren. Zur Erläuterung vgl. den Text links.- Hansjakob-Archiv Haslach*

Damit waren die Differenzen mit dem Erzbischöflichen Ordinariat jedoch nicht beendet. Erneute schwerwiegende Auseinandersetzungen mit der Kirchenbehörde entstanden, als Papst Pius X. am 1. September 1910 den Antimodernisteneid anordnete.[26] In der 2. Auflage seiner Landtagserinnerungen "In der Residenz", die 1911 erschien, nahm Hansjakob kritisch zum Antimodernisteneid Stellung. Er nannte ihn einen "unnötigen und gezwungenen Eid",[27] der die Gewissen vieler Priester belaste.[28] Unter Berufung auf den Apostel Paulus zog Hansjakob sogar die päpstliche Unfehlbarkeit in Zweifel und meinte, man dürfe auch päpstliche Erlasse prüfen und kritisieren.[29] Als das Ordinariat von Hansjakob verlangte, er solle die 2. Auflage von "In der Residenz" zurückziehen,[30] reagierte er sehr erregt.

"Machen Sie eventuell den großen Geistern im Ordinariat klar", schrieb er am 18.2.1911 an Richard Reinhard, "daß ich laut Vertrag alle Auflagen dem Bonz [31] verkauft habe und ihn nicht zwingen kann, nicht zu drucken, so viel er will. Ebensowenig können die Ordinariatsleute ihn zwingen, auch nur ein Exemplar nicht zu verkaufen ... Die brutalen Herren sollen überhaupt froh sein, wenn die Sache nicht in die Öffentlichkeit kommt, sonst sind sie schnell blamiert. Und wenn ich keine Ruhe bekomme, so kommt's zum offenen Bruch; denn ich lasse mir nicht das Geringste mehr bieten." In einem Nachsatz zu diesem Brief heißt es dann noch: "Dies habe ich gestern abend geschrieben und hatte dann wegen der Geschichte eine so schlechte Nacht, daß ich am liebsten meinen Austritt aus dem römischen Zuchthaus nähme, will aber nicht zuvorkommen."[32]
Hansjakob selbst wollte den Antimodernisteneid auf keinen Fall leisten und bat deshalb Geheimrat Dr. Heinrich Schüle, den Direktor der Heil- und Pflegeanstalt Illenau bei Achern, um ein nervenärztliches Gutachten. Dr. Schüle bestätigte mit Datum vom 14.12.1910: "Unter die folgenschwersten Schädlichkeiten ist für Herrn Stadtpfarrer nach seiner derzeitigen geistigen Constitution die Ableistung eines Eides zu stellen."[33] Das Ordinariat akzeptierte, Hansjakob brauchte den Eid nicht zu schwören.

1912 erneuerte Hansjakob seine Kritik am Antimodernisteneid in seinem Buch "Allerseelentage" und verteidigte die Gewissensfreiheit gegenüber dem kirchlichen Autoritätsanspruch. "Weil das Gewissen die Stimme Gottes im Menschen ist, galt Gewissenszwang allzeit für eine geistige Folter."[34] Acht Jahrzehnte später nennt Eugen Drewermann den Antimodernisteneid "geistig monströs" und sieht in ihm "ein hermetisches Getto ohne den geringsten Fluchtraum".[35]

Freiburg 18·II·911

Lieber Freund!

Wollen Sie eventuell dem geistlichen Herrn im Ordinariat klar, daß ich laut Vertrag alle Auflagen dem Benz verkauft habe u. ich ihn nicht zwingen kann, nicht zu drucken, so viel er will. Ebenso wenig könnte die Ordinariatsbehörde ihn zwingen, auch nur ein Exemplar nicht zu verkaufen.

Das, was ich in m. Zuschrift an das Ordinariat versprochen, halte ich, obwohl Benz dabei einen Wunsch von mir erfüllt; den

das zweitemal hätt ich ihn
nicht.
Die brutalen Herren sollen
überhaupt froh sein, wenn
die Sache nicht in die
Öffentlichkeit kommt, sonst
sind sie schnell blamiert.
Und wenn ich keine Ruhe
bekomme, so komme zum
offenen Brief, den ich
bei sämtlichen Arbeiterz.
lasse mir nicht das
Geringste mehr bieten.

Es reut mich jetzt schon genug, daß ich auf das brutale Schreiben des Schmitt so zahm geantwortet habe lediglich aus Rücksicht auf meine kranken Nerven.

Mit Gruß u. Dank
Ihr Hans [illegible]

Das hab ich gestern Abend geschrieben u. hatte dann wegen der Geschichte eine so schlechte Nacht, daß ich am liebsten meinen Austritt aus dem römischen Zirkel nähme, will aber nicht zurücktreten. Hätten Sie doch den Helden nicht abgezogen. Hinter allem steckt nur der Schmitt u.

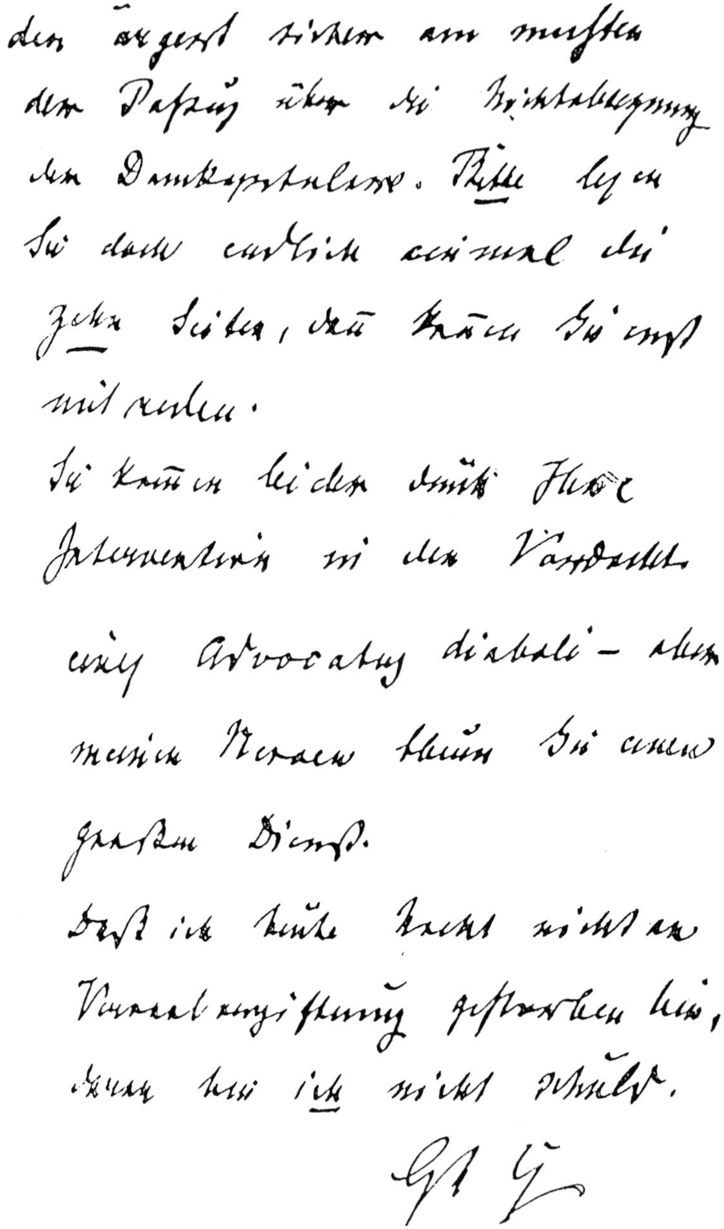

den ärgert sicher am meisten
der Passus über die Nichtablegung
der Domkapitulare. Bitte lesen
Sie doch endlich einmal die
zehn Seiten, dann können Sie erst
mitreden.
Sie können leider damit Ihre
Intervention in der Vandalsache
eines Advocatus diaboli – aber
meinen Nerven thun Sie einen
großen Dienst.
Daß ich heute Nacht nicht an
Veronalvergiftung gestorben bin,
daran bin ich nicht schuld.

Gst Hj

Abb. 317: *Brief Hansjakobs an seinen Freund, den bad. Staatsminister Richard Reinhard v. 18. Febr. 1911.- Vgl. Kat. Nr. 155.- Hansjakob-Archiv Haslach*

Der Direktor
der
Großh. Heil- u. Pflege-Anstalt
Illenau.

Illenau, den 14/December 1910

Ärztliches Zeugniß.

Der Unterzeichnete bezeugt hiermit der Wahrheit gemäß, daß Hr Stadtpfarrer Dr Hansjakob in Freiburg 1894 einen außerordentlichen Depressionszustand mit Zwangsvorstellungen, Angstgefühlen und suicidalen Bedrängnissen durchgemacht hatte. Auch nach der Erholung ist ein schwer [illegible] Zustand geblieben mit Erhaltung der obengenannten klinischen Symptome, der sich stets durch leichten körperliche und namentlich geistige (gemüthliche) Anlässe zu erneuten Verstimmungen, oft mit depressiven Krisen und mit langwierigen Schlaflosigkeit steigert. Ganz besonders

Abb. 318 *(auf dieser und der folgenden Seite): Ärztliches Gutachten des Direktors der Heil- und Pflegeanstalt Illenau bei Achern, Dr. H. Schüle, v. 14.12.1910.- Zur Erläuterung vgl. Text S. 510 sowie Kat. Nr. 41b.- EA Freiburg: Fasz. Antimodernisteneid*

sind die Zwangsvorstellungen mit ihren Folgezuständen, sowie peinlichsten Angstgefühlen, persistent geblieben, und konnte nur durch sorgliche körperliche und geistige Diätetik, durch unablässige Vorsicht und Vermeidung gemüthlicher Erregungen in erträglichen Schranken gehalten werden. Aus diesem Umstande, neben einer fast dauernden ärztlichen Fürsorge, ist es zuzuschreiben, daß Hr Stadtpfarrer früher von schwereren Recidiven verschont geblieben ist.

Unter die folgeschwersten Schädlichkeiten ist für Hrn Stadtpfarrer nach seiner derzeitigen geistigen Constitution die Ablegung eines Eides zu stellen. Die mit diesem Akt nothwendig verbundene Gemüthsbewegung würde mit Sicherheit bei ihm neuerliche Zwangsvorstellungen herbeiführen, deren schädigende Wirkungen für die Gesundheit, u. für noch Weiteres, ebenso gewiß wären. Es muß

deshalb ärztlicherseits bestimmtestens ausgesprochen werden, daß Hr Stadtpfarrer Dr Hansjakob psychisch nicht im Stande ist, einen Eid – sei es in welcher Form und welchen Inhalts – abzulegen.

GR. BAD. HEIL- & PFLEGEANSTALT ILLENAU

Geheimerath Dr H Schüle,
Director.

Hansjakobs Kritik am Antimodernisteneid und dem autokratischen Verhalten der katholischen Kirche, die er in "Allerseelentage" äußerte, löste eine heftige Pressekampagne aus. Im Zentrumsblatt "Badischer Beobachter" wurde Hansjakob in acht aufeinanderfolgenden Leitartikeln scharf angegriffen.[36] Der anonyme Verfasser dieser Artikel, in dem man den Pfarrer und Zentrumsführer Theodor Wacker vermutete,[37] ließ darin einem jahrelang aufgespeicherten Haß gegen Hansjakob frei die Zügel schießen. Wie sehr die Angriffe des "Badischen Beobachters" Hansjakob zutiefst trafen, wird in den Briefen an seinen Freund Richard Reinhard deutlich: "Mir geht es schlecht, habe Depressionen, zum Verzweifeln. Aber es ist ein alter Satz: 'Wer die Wahrheit und die Gerechtigkeit und die Freiheit liebt, wird unglücklich sein' ", schrieb Hansjakob am 2.10.1912 an Reinhard.[38]

In seinem Tagebuch "Allerlei Leute und allerlei Gedanken" nahm Hansjakob zu der Artikelserie im "Badischen Beobachter" ausführlich Stellung.[39] Sie stelle eine "gemeine und boshafte Hetz- und Schmähschrift" dar.[40] Sie sei "von Anfang bis zum Ende eine ununterbrochene Reihe von dummen und lächerlichen Vorwürfen und gemeinen und niederträchtigen Verleumdungen, Ehrabschneidungen, Kränkungen, Verdächtigungen und Entstellungen".[41] Erst als Hansjakob 1913 in den Ruhestand trat und sich in Haslach seinen Alterssitz bauen ließ, fühlte er sich endlich frei. Deshalb gab er auch seinem neu erbauten Landhaus den Namen "Freihof". Hier gab es keine Bevormundungen der kirchlichen Obrigkeiten mehr. Ihn erfülle, so schrieb er an den badischen Dichter Heinrich Vierordt, seit er im "Freihof" wohne, die freudige Genugtuung, "nicht mehr im Dienste der römischen Hierarchie zu sein, da ich in meinem ganzen Leben nie das Zeug hatte, ein Knecht zu sein".[42]

Heinrich Hansjakob als "Ökologe"

Heinrich Hansjakob spürte bereits Ende des 19. Jahrhunderts die Gefahren, die den Menschen und ihrer Umwelt durch die Überbewertung der Technik und des industriellen Fortschritts erwachsen. Er besaß bereits ein waches Umweltbewußtsein - und das zu einer Zeit, in der man die Begriffe Ökologie und Umweltschutz noch gar nicht kannte. Unermüdlich hat sich Hansjakob in seinen Büchern gegen die Vernichtung der Natur und Umwelt gewandt.

Schon Ende des 19. Jahrhunderts sah Hansjakob den Wald gefährdet. Für ihn bedeuteten die Wälder des Schwarzwaldes ein wichtiges Stück Heimat. Er litt darunter, wie diese Heimat sich durch eine verkehrte Forstpolitik

Abb. 319: *Waldblick. Illustration von Curt Liebich.- Vgl. Kat. Nr. 159*

und durch ökonomische Einseitigkeit immer mehr veränderte. Er kritisierte vor allem, daß die ursprüngliche Bewaldung des Schwarzwaldes mit artenreichen Laubwäldern, mit Buchen und Eichen, in 600 Meter Höhe immer mehr verschwand, daß stattdessen die Fichten und Tannen überall angesiedelt wurden - auch auf freiliegenden Bergrücken. Hansjakob hat vergeblich gemahnt: "Im Frühjahr machen die Buchen rings um sich lichten, smaragdnen Schein, und im Herbst vergolden sie mit ihren sterbenden Blättern Berg und Tal. Aber die Poesie schwindet auf dem Schwarzwald mehr und mehr; denn die neuzeitige herz- und gemütlose Forstwirtschaft lehrt: 'Fort mit den Buchen! Sie tragen zu wenig. Fichten und Tannen her! Sie geben bald Nutzholz' ".[43]

Früher habe es in den Wäldern des Schwarzwaldes unendliche Mengen insektenfressender Vögel gegeben, die dort ihre Lieder gesungen hätten. "Aber seitdem wurden die Bauern belehrt, die hohlen Bäume auszugießen mit Lehm und die lebendigen Dornhage um die Äcker zu entfernen. So haben viele Singvögel keinen Schutz und keine Stätte mehr für Nest und Brut. In der Natur wird's von Jahr zu Jahr stiller und öder, der Gesang fehlt, das Ungeziefer aber nimmt Überhand zum Schaden der Landwirtschaft, besonders der Obstbaumzucht und des Weinbaus." [44]

Die Gefährdung des Waldes bedeutete für Hansjakob auch eine Gefahr für den Menschen. Prophetisch schaute er bereits 1902 in die Zukunft und warnte: "Wenn's so fortgeht bei uns, so kann man bald den Schwarzwald in Kahlwald umtaufen."[45] Als ob er das Waldsterben unserer Tage vorausgeahnt hätte, schrieb Hansjakob 1913: “Waldespracht in den Tannen- und Buchenwäldern ringsum ..., auf den Halden leuchten die Matten wie Smaragd. Und doch kann ich nicht jauchzen, wenn ich hinabsehe in diese Naturpracht ... Denn wir leben bereits in einer verstümmelten Natur und haben für das Verlorene nichts Gleichwertiges einzusetzen. Viel hat der Mensch geleistet, erobert hat er das Land und das Wasser, und schon schickt er sich an, die Luft zu beherrschen. Aber er ist ein grausamer Kämpfer, seine Unterwerfung der Natur bedeutet Vernichtung, der Lauf seines Siegeswagens verödet die Fluren und Wälder, und der Friede, den er der Natur aufzwingt, ist der Friede des Kirchhofs.” [46]

Die Gefährdung der Umwelt sah Hansjakob vor allem in der Verschmutzung der Flüsse und Bäche. An den Ufern der Flüsse und Bäche lägen Städte und Dörfer, die all ihren Schmutz in ihr Wasser leiteten.[47] “Die Bauern jammern, weil das Giftwasser ihre Wiesen schädigt, die Städteleute, welche im Sommer baden wollen, finden in der Kinzig giftige Jauche, die Fische sterben.”[48] Zwischen Wolfach und Hausach habe er, so schreibt Hansjakob, das Bett der Kinzig völlig trocken vorgefunden. “Nur Kieselsteine und Felsenbrocken und tote Fische lagen in ihm. Die liebe Industrie braucht ja alles Wasser, verschlingt Flüsse und Bäche in ihren Kanälen und schändet die Landschaft nicht bloß durch ihre Schlote, sondern auch durch ihren Wasserraub.”[49]

Die Zerstörung der Natur, die sich bereits um die Jahrhundertwende anbahnte, erfüllte Hansjakob mit großer Sorge. Er ahnte den Katastrophencharakter unserer modernen Zeit voraus: Industrialisierung bis ins letzte Dorf, Raubbau an der Natur, Zerstörung der Landschaft, vor allem auch die Entwicklung des Verkehrswesens durch die Übermacht des Automobils. Schon Hansjakob wetterte gegen den Verkehrslärm, gegen das “Automobil-Ungetüm”, dessen vom Geschwindigkeitsrausch erfaßte Fahrer “vom Benzingestank umweht, über die Straßen rasen ... Die Empörung aber, die im Volke um sich greift über die Unglücksfälle, welche die Automobilprotzen anrichten ... ” sei groß. [50]

Abb. 320: *Das Automobil und seine negativen Folgen. Illustration v. C. Liebich.- Vgl. Kat. Nr. 156*

Immer wieder prangerte Hansjakob die riesigen eisernen Brücken an, welche die Kinzigtallandschaft zerreißen und "wie häßliche schwarze Riesenmoloche" die Flußtäler "verschänden". [51]

Aber nicht nur die Umweltverschmutzung wurde von Hansjakob gebrandmarkt, auch gegen die Verfälschung der Lebensmittel zog er zu Felde: "Überall begegnet man den Segnungen oder richtiger den Verschlechterungen und Fälschungen ... : gefälschten Wein und gefälschtes Bier, künstliche Butter ... " [52] Ironisch stellte er fest: "O, wie ehrlich war die gute, alte Zeit in Punkte der Verfälschung der Nahrungsmittel. Sie verwechselte höchstens hie und da einen Geißbock mit einem Schafsbock, während man heute der Menschheit Gift wie Zuckerbrot vorsetzt". [53]

Hansjakob als "Pazifist"

Mit rückhaltloser Offenheit hat Heinrich Hansjakob stets den Militarismus und die Kriegstreiberei seiner Zeit abgelehnt und bekämpft: Zeitlebens war er ein überzeugter Pazifist und scharfer Kritiker des preußisch-deutschen Militarismus.[54] 1901 vermerkte er in seinem Tagebuch "Stille Stunden", der Militarismus blühe momentan wie noch nie, seitdem die Welt bestehe.[55] Selbst die alten Römer seien Zwerge an Militärmacht im Vergleich zum deutschen Militarismus.[56] Dieser verlange als eine "Institution des Zwanges und der Rücksichtslosigkeit" von jedem Unteroffizier den "Kadavergehorsam".[57] Der Militarismus sei der Blutegel, welcher dem Volkskörper das Blut abzapfe, damit es ihm nicht zu wohl werde.[58] Wenn es nach ihm ginge, so meinte Hansjakob, so müßten die "Volksvertreter", welche fort und fort dem Militarismus neue Millionen und immer mehr Soldaten zuführten und so ihre Liebe zum Kriegsgott bekundeten, an allen Sonn- und Feiertagen eine Pickelhaube tragen. Selbst die "militärfrommen Zentrumspfarrer" würde er von dieser "Auszeichnung" nicht ausnehmen.[59] Der Militarismus und Marinismus des Reiches, den der "Hurra-Patriotismus" im Volk und Parlament großgezogen habe, ruiniere in allen deutschen Landen die Finanzen.[60] Am liebsten am ganzen Militarismus, diesem "Moloch", so schrieb Hansjakob 1899 spöttisch, sei ihm die Militärmusik.[61]

Der preußisch-deutsche Staat seiner Zeit, in dem Militarismus und Kaserne eine große Rolle spielten, war es nach Hansjakobs Meinung nicht wert, daß man sich für ihn begeistere. Es werde in Deutschland noch so weit kommen, daß jedes Knäblein bei der Taufe statt des "weißen Kleides" eine preußische Pickelhaube überreicht bekomme mit den Worten : "Nimm hin diese Pickelhaube und betrage dich so in deinem ganzen Lebenswandel, daß du ein guter Soldat und treuer Untertan wirst im Deutschen Reich preußischer Nation!"[62] Hinter diesen ironisch-sarkastischen Worten steckt harte Kritik an der Militarisierung der deutschen Gesellschaft, seitdem Preußen die Vormachtstellung in Deutschland errungen hatte.

Abb. 321: *Haslacher Buben i. J. 1849 mit ihren "Hekkerhüten" als Zeichen revolutionärer und freiheitlicher Gesinnung. Zeichnung von C. Liebich*

Für die Preußen hatte Hansjakob wahrlich nicht viel übrig. Seine Abneigung gegenüber allem Preußischen ging bis in seine Jugendzeit zurück, als preußische Soldaten den zwölfjährigen Heinrich Hansjakob beim Einmarsch in seine Vaterstadt Haslach 1849 zwangen, seinen "Heckerhut" abzunehmen.[63] Für Hansjakob waren die Preußen "zuviel Herrenmenschen",[64] sie seien überheblich, nach oben demütig, nach unten rücksichtslos.[65] Seit Preußen die Führung in Deutschland übernommen habe, nähmen der Untertanengeist und die Servilität immer mehr zu. Knechtselige, Servile, Wedler, Manteldreher und Byzantiner gebe es in Deutschland nun in Hülle und Fülle, "aber das Byzanz dieser Leute liegt jetzt nicht mehr am Bosporus, sondern an der Spree ... "[66] Mutige Worte aus dem Munde eines katholischen Geistlichen, der sich selbst "religiös und politisch als Ketzer",[67] als Schriftsteller mit einer "scharfen demokratischen Zunge"[68] sah und der wegen seiner politischen Überzeugung zweimal im Gefängnis saß. Es gehörte im Kaiserreich von 1871 schon sehr viel Zivilcourage dazu, sich so entschieden gegen Militarismus und Preußentum auszusprechen.

Besonders mißtrauisch beobachtete Hansjakob die ständige Aufrüstung des wilhelminischen Deutschlands.[69] Bereits 1894 plädierte er für "allgemeine Abrüstung und allgemeinen Völkerfrieden".[70] Die schnelle Vergrößerung der deutschen Kriegsflotte wurde von ihm kritisiert. Die

"Marine-Schwärmerei" in Deutschland werde immer mehr Kriegsschiffe hervorbringen, schrieb er am 3. Juni 1903. Militarismus und Marinismus würden das meiste Geld fressen.[71] Noch am Vorabend des Ersten Weltkrieges, am 5. Juni 1914, prangerte er die "ewige Rüsterei des Staates"[72] an. Selbst im schönen Lande Baden würden die Kasernen und Garnisonen ständig vermehrt.[73] Anstatt über Abrüstung ernsthaft miteinander zu verhandeln, überböten sich die europäischen Staaten gegenseitig in Kriegsrüstungen und machten dem Volk Angst vor Kriegsgefahr. Dabei gehe Deutschland mit diesen Rüstungen fast stets voran und schneide sich immer tiefer ins eigene Fleisch. Es sei für das Deutsche Reich ein zweifelhafter Ruhm, die größte und bestorganisierte Militärmacht der Welt zu sein.[74] Wenn es so fortgehe mit den Opfern und Vorbereitungen für den "Kriegsmoloch", dann werde man jedem Kind männlichen Geschlechts, das zur Taufe getragen werde, den preußischen Adler auf die Stirn drükken.[75]

1913 sprach Hansjakob offen vom "Rüstungswahnsinn" und fragte sich: "Kann dieses uferlose Rüstungswettrennen noch lange weitergehen?"[76] Damals war es 5 Minuten vor 12! Hansjakob war sehr pessimistisch. Er glaube nicht, meinte er in seinem Buch "Stille Stunden", daß die Völker Europas ihre Fürsten und Regierungen zur Abrüstung zwingen könnten.[77] Hansjakobs Forderung nach Abrüstung stand im krassen Gegensatz zur politischen Wirklichkeit. Die ehrgeizigen Flottenpläne des Großadmirals Tirpitz, die in den Vorkriegsjahren 60 Prozent des Rüstungsetats verschlangen, die ständige Vergrößerung des Landheeres, die Wilhelm II. und seine Gehilfen vorantrieben, um die imperialistischen Pläne von Deutschlands "Platz an der Sonne" zu verwirklichen, eskalierten schließlich im Ersten Weltkrieg.

Heinrich Hansjakob wurde damals wegen seiner politischen Anschauungen heftig angegriffen. Seine antimilitaristischen Äußerungen wurden als landesverräterisch bezeichnet. Seine ständigen Forderungen nach Abrüstung wurden belächelt. Man warf ihm revolutionäre Gesinnung und politische und religiöse Unzuverlässigkeit vor.[78]

Immer wieder setzte sich Hansjakob in seinem umfangreichen Werk mit dem Krieg auseinander. Für ihn war der Krieg "ein Höllenspiel",[79] die größte Geisel der Menschheit.[80] Hinter dem Krieg sah er, nicht zu Unrecht, die Interessen der Rüstungsindustrie. So seien Gold und Geld die Seele des Krieges.[81] In Kriegszeiten habe das gemeine Volk die größten Opfer an Gut und Blut zu bringen.[82] Es würde sich für die oberen Zehntausend auf den Schlachtfeldern totschießen lassen.[83] Es sei eine Dummheit zu glauben, fürs Vaterland zu kämpfen, in Wirklichkeit entstünden die meisten Kriege aus den ehrgeizigen Interessen der Fürsten und Regierungen.[84] Gerade die Monarchen seien es, welche Kriege oft frevelhaft und aus Eigennutz begännen, ohne zu bedenken, daß in ihnen ihre Untertanen Tod, Elend und Siechtum fänden.[85] Ja: "Könige vergießen mit Wonne das Blut der Proletarier!" [86] Während man einen Mörder mit Recht hinrichte, würde man den Fürsten und Generälen, die Millionen von Menschen auf den Schlachtfeldern opferten, in Geschichtsbüchern und Denkmälern ein ehrendes Andenken bewahren.[87]

In der wilhelminischen und nationalliberalen Ära waren solche pazifistischen und antimonarchischen Äußerungen eines katholischen Pfarrers, die zudem noch mit spitzer Feder geschrieben waren und manchmal den Hauch des Sozialrevolutionären an sich hatten, ungewöhnlich. Kein Wunder, daß Hansjakobs Überlegungen bei seinen katholischen und evangelischen Amtsbrüdern wenig Verständnis fanden und mit Argwohn gelesen wurden.

Hansjakob ahnte das kommende Unheil, das mit dem Ersten Weltkrieg heraufzog. 1913 warnte er vor einer möglichen "Kriegsbarbarei" zu Land und zu Wasser. "Wenn es so fortgeht, so bildet Europa ein einziges befestigtes Kriegslager, und wenn dann der Krieg ... einmal losbricht mit diesen Millionen und abermals Millionen von Menschen, die aufeinander gehetzt werden, wird es ein einziger Kirchhof werden ... " [88] Wie recht hatte doch Hansjakob. Furchtbare Gesamtbilanz des Ersten Weltkrieges: 10 Millionen Tote und 20 Millionen Verwundete.

In seinem letzten Werk, das 1916 kurz vor Hansjakobs Tod erschien und den parabolischen Titel "Zwiegespräche über den Weltkrieg, gehalten mit den Fischen auf dem Meeresgrund" trägt, betont er noch einmal, daß er "kein Freund des Militarismus" sei und daß er stets die Meinung vertreten habe, die Völker sollten "im friedlichen Wettbewerb" zusammenarbeiten. Man sei angesichts dieses furchtbaren Krieges versucht zu glauben, die Menschheit habe den Verstand verloren.[89] Wenn es nach ihm ginge, so hob Hansjakob hervor, so dürfe es "keinen einzigen zum Totschießen seines Mitmenschen organisierten Soldaten auf Erden geben."[90] Und er zitierte den englischen Juristen Jeremy Bentham (1748-1832), der gesagt hatte: "Krieg ist Unheil in größtem Maßstab."[91] Auch in seinem letzten Werk kommt Hansjakobs Abscheu vor dem Moloch Krieg zum Ausdruck und wird seine pazifistische Grundhaltung sichtbar.

Zwiegespräche über den Weltkrieg

gehalten
mit Fischen auf
dem Meeresgrund

von
Heinrich Hansjakob

Preis 35 Pfennig

26.–35. Tausend

Verlag von Adolf Bonz & Comp. in Stuttgart. 1916

Abb. 322: *Zwiegespräche über den Weltkrieg, Hansjakobs letztes Werk (1916).- Vgl. Kat. Nr. 161*

Mit großer Offenheit, oft mit brutaler Direktheit, aber stets mit integrer Geradheit hat Hansjakob zeit seines Lebens den Militarismus und die Kriegstreiberei seiner Zeit abgelehnt und bekämpft. Insofern ist dieser streitbare Schriftsteller und Pfarrer nicht nur einer "der angesehensten Wortführer im Streitgespräch seiner Epoche",[92] sondern auch einer der entschiedensten Pazifisten deutscher Sprache in seiner Zeit. M.H.

Als Kirchenkritiker, als Ökologe und als Pazifist war Hansjakob seiner Zeit voraus; was zugleich heißt, daß er quer zu ihr lag. Dies hat ihn freilich nicht beirrt, im Gegenteil; der Widerspruch war seine Lust, sogar so sehr, daß er sich selber widersprach; eine Lust, die aber auch zur Last werden konnte, nämlich dann, wenn er sich damit nur Nachteile einhandelte. (Immerhin ging er für seine Überzeugung zweimal ins Gefängnis.) Mag er auch oft falscher Meinung gewesen sein: daß er überhaupt eine hatte, und daß er sie sagte und für sie kämpfte, war damals nichts Selbstverständliches und ist es auch heute nicht. Und dies zumindest ist, zum guten Schluß, noch etwas, was die Heutigen von Hansjakob lernen können.

"In meiner Knabenzeit sprach jung und alt von ihm, und er war thalauf thalab ein berühmter und gerühmter Mann. Heute wissen die Jungen nichts mehr von ihm, und die Alten müssen erst wieder an ihn erinnert werden"[93] - so schrieb Hansjakob über einen "Originalmenschen" aus seiner Kinzigtäler Heimat. Und also beschrieb er ihn, weil er sonst vergessen worden wäre "wie schon Hunderttausende vor ihm in den Bergen des Kinzigthals. Und das hat er nicht verdient"[94] - Hansjakob noch weniger. J.W.

ANMERKUNGEN

1 Vgl. Kurt Klein, Der Hansjakobweg, 2 Bände, Kehl 1981 und 1985.

1a Hansjakob, Aus meiner Studienzeit. Erinnerungen, 6. Aufl., Stuttgart 1913, S. 263 f.

2 Ebd., S. 191; vgl. auch S. 252.

3 Hansjakob, In der Karthause. Tagebuchblätter, 5. Aufl., Stuttgart 1903, S. 225.

4 Hansjakob, Aus dem Leben eines treuen Hausgenossen, Stuttgart o. J., S. 136; vgl. auch S. 117 - 119.

5 Ebd., S. 137.

6 Hansjakob, Im Paradies. Tagebuchblätter, 3. Aufl., Ohlau o. J., S. 228.

7 Diesbezügliche Gerüchte gab und gibt es schon immer, auch ein gewisses Augurenlächeln derer, die den Autor näher kannten. Die Wahrscheinlichkeit verdichtete sich aber nahezu zur Sicherheit, als im September 1980 ein umfangreicher Schriftwechsel zugänglich wurde, den Anton Trunz, Hansjakobs langjähriger Privatsekretär, dem Erzbischöflichen Archiv in Freiburg vermacht und mit einer Sperrfrist von 30 Jahren versehen hatte. Die Briefe beweisen, daß Hansjakob viele Jahre lang enorme Beträge an eine entfernte Nichte zahlte, die nach ihren eigenen Worten "ein junges Ding von 16 Jahren war, als Vetter in mein Leben trat" (Brief ohne Datum), und die ihn mit Hinweisen auf einen nie genannten, aber offenbar nur zu gut bekannten Sachverhalt regelrecht erpreßte. Wahrscheinlich war Hansjakob der Vater ihrer beiden Söhne, wohl auch noch weiterer Kinder. Neuerdings wurden der Schriftwechsel und andere Belege zusammenfassend ausgewertet (Thomas Lehner, Heinrich Hansjakobs wunde Stelle. Materialien zum Privatleben eines Schwarzwälder Heimatdenkmals. In: Allmende 18/19 [1987], S. 194 - 209).

8 Hansjakob, Studienzeit, S. 135.

9 Vgl. ebd., S. 299f.

10 Hansjakob, In der Karthause, S. 308f.; vgl. inges. S. 304 - 309.

11 Hansjakob, Allerlei Leute und allerlei Gedanken. Tagebuchblätter, Stuttgart 1913, S. 365.

12 Hansjakob, Studienzeit, S. 261.

13 Ebd., S. 193.

14 Hansjakob, Bauernblut. Erzählungen aus dem Schwarzwald, 5. Aufl., Ohlau o. J., S. 55.

15 Hansjakob, Aus meiner Jugendzeit, 16. Aufl., Haslach 1986, S. 263; vgl. ders., Im Paradies, 6. Aufl., Haslach 1981, S. 241; ders., Stille Stunden, 2. Aufl., Stuttgart 1904, S. 321.

16 Hansjakob, Aus dem Leben eines Vielgeliebten, Stuttgart 1909, S. 148.

17 Hansjakob, Feierabend, Stuttgart 1918, S. 11.

18 Hansjakob, Dürre Blätter, 1. Reihe, 7. Aufl., Stuttgart 1912, S. 54.

19 Hansjakob, Erinnerungen einer alten Schwarzwälderin , 13. Aufl., Haslach 1981, S. 194.

20 Hansjakob, Feierabend, a.a.O., S. 25.

21 Hansjakob, Allerseelentage, 2. Aufl., Stuttgart 1912, S. 404.

22 Hansjakob, Aus dem Leben eines Vielgeliebten, a. a. O., S. 145.

23 Hansjakobs Brief an Reinhard v. 28.5.1901, Hansjakob-Archiv Haslach.

24 Vgl. Manfred Hildenbrand, Heinrich Hansjakob und Richard Reinhard. Eine Freundschaft im Spiegel von Hansjakobs Briefen. In: Badische Heimat 72 (1992), S. 92/93; ders., "Der Freiheit und dem Frieden" - Über Heinrich Hansjakobs politisches Denken. In: Manfred Hildenbrand/Werner Scheurer (Hrsg.), Heinrich Hansjakob, Festschrift zum 150. Geburtstag, Haslach 1987, S. 93ff.

25 Eine Abschrift des als Fragment überlieferten Manuskripts befindet sich im Hansjakob - Archiv in Haslach und im Stadtarchiv in Freiburg.

26 Der von Papst Pius X. angeordnete Antimodernisteneid, den alle katholischen Geistlichen leisten sollten, richtete sich gegen die um 1900 in der katholischen Kirche und besonders unter den katholischen Theologen aufgetretenen Bestrebungen, Glauben und Religion mehr an das moderne Denken anzugleichen (Reformkatholizismus).

27 Hansjakob, In der Residenz, 5. Aufl., Freiburg 1967, S. 285.

28 Ebd., S. 286/87.

29 Ebd., S. 289.

30 Schreiben von Erzbischof Nörber an Hansjakob v. 9.2.1911, Erzbischöfliches Archiv Freiburg.

31 Die 2. Auflage von "In der Residenz" erschien wie alle anderen Bücher Hansjakobs - mit Ausnahme der Predigten - seit 1897 im Bonz-Verlag Stuttgart.

32 Hansjakob-Archiv Haslach. Ähnliches schrieb Hansjakob am 11.2.1911 an seinen Verleger Alfred Bonz: "Am liebsten würde ich der Gesellschaft alles hinwerfen und aus dem Zuchthaus austreten." Hansjakob-Archiv Haslach.

33 Erzbischöfliches Archiv Freiburg. 1894 suchte Heinrich Hansjakob für drei Monate freiwillig die Heil- und Pflegeanstalt Illenau auf, wo er seine Depressionen und ständigen Schlafstörungen von dem Direktor der Anstalt, Geheimrat Dr. Heinrich Schüle, behandeln ließ. Vgl. darüber Hansjakobs Illenauer Tagebuch "Aus kranken Tagen", Neuausgabe 1992, Acheron-Verlag Achern.

34 Hansjakob, Allerseelentage, a. a. O., S. 405ff., besonders S. 407.

35 Eugen Drewermann, Kleriker - Psychogramm eines Ideals, München 1989, S. 205f.

36 Badischer Beobachter, Karlsruhe, Hauptorgan der badischen Zentrumspresse, Nr. 220 v. 29.8.1912; Nr. 221 v. 30.8.1912; Nr. 222 v. 31.8.1912; Nr. 223 v. 1.9.1912; Nr. 224 v. 2.9.1912; Nr. 225 v. 3.9.1912; Nr. 226 v. 4.9.1912. Dazu der Artikel "Was man draußen denkt", Badischer Beobachter, Nr. 230 v. 8.9.1912. Siehe auch "Hansjakob und der Zentrumsführer Wacker". In: Der Volksfreund v. 17.1.1900 sowie "Hansjakob und der Badische Beobachter". In: Lahrer Zeitung v. 23.8.1930.

37 Oswald Floeck, Heinrich Hansjakob, Karlsruhe/Leipzig 1921, S. 392. Daß der Verfasser dieser Artikel Theodor Wacker sei, vermutete bereits Heinrich Hansjakob; vgl. sein Buch "Allerlei Leute und allerlei Gedanken", Stuttgart 1913, S. 93, 119. Theodor Wakker (1845 - 1921) war Pfarrer in Zähringen bei Freiburg, damals noch ein selbständiger Ort. Er war von 1888 bis 1918 Vorsitzender der badischen Zentrumspartei.

38 Hansjakob-Archiv Haslach. Kurz darauf schickte Hansjakob an Reinhard seine Visitenkarte und vermerkte hinter seinem Beruf: Pfarrer an St. Martin "und römisch-katholischer Kuli", Hansjakob-Archiv Haslach. Vor allem der Führer der christlich-sozialen Partei Österreichs, Prälat Josef Scheicher, verteidigte in seinem Buch "Arme Brüder. Ein Stück Zeit- und Kirchengeschichte", Stuttgart 1913, S. 110ff. Hansjakob gegenüber den Angriffen des Badischen Beobachters und der übrigen Zentrumspresse.

39 Hansjakob, Allerlei Leute und allerlei Gedanken, a. a. O., S. 100 - 123.

40 Ebd., S. 100.

41 Ebd., S. 107.

42 Hansjakobs Brief an Vierordt v. 8.1.1915, zit. bei Floeck, a. a. O., S. 459; vgl. auch Hansjakob, Feierabend, a. a. O., S. 20 sowie Hansjakobs Brief an Reinhard v. 9.11.1913, Hansjakob-Archiv Haslach.

43 Hansjakob, Abendläuten, 3. Aufl., Stuttgart 1900, S. 80/81.

44 Hansjakob, Schneeballen, 3. Reihe, 9. Aufl., Freiburg 1969, S. 327.

45 Hansjakob, Verlassene Wege, 5. Aufl., Stuttgart 1904, S. 54.

46 Hansjakob, Feierabend, Stuttgart 1918, S. 33, 51.

47 Hansjakob, Im Paradies, 6. Aufl., Haslach 1981, S. 215.

48 Ebd., S. 211.

49 Hansjakob, Verlassene Wege, a. a. O., S. 412.

50 Hansjakob, Stille Stunden, 2. Aufl., Stuttgart 1904, S. 220/221.

51 Ebd., S. 239.

52 Hansjakob, In der Karthause, 2. Aufl., Stuttgart 1901, S. 296.

53 Hansjakob, Aus meiner Jugendzeit, 16. Aufl., Haslach 1986, S. 114.

54 Joseph Schofer, Mit der alten Fahne in die neue Zeit, Freiburg 1926, S. 17.

55 Hansjakob, Stille Stunden, a. a. O., S. 65; Hansjakob, Allerlei Leute und allerlei Gedanken, Stuttgart 1913, S. 240.

56 Hansjakob, Abendläuten, 3. Aufl., Stuttgart 1900, S. 271.

57 Hansjakob, Aus dem Leben eines Vielgeliebten, Stuttgart 1909, S. 133.

58 Hansjakob, Sommerfahrten, 3. Aufl., Stuttgart 1904, S. 53.

59 Hansjakob, Stille Stunden, a. a. O., S. 237.

60 Hansjakob, In der Residenz, 5. Aufl., Freiburg 1967, S. 377/78.

61 Hansjakob, Erzbauern, 11. Aufl., Haslach 1985, S. 56.

62 Hansjakob, Stille Stunden, a. a. O., S. 290, 234ff.; vgl. auch Hansjakob, Verlassene Wege, 5. Aufl., Stuttgart 1905, S. 91/92.

63 Hansjakob, Aus meiner Jugendzeit, 16. Aufl., Haslach 1986, S. 275/276; Hansjakob, Waldleute, 11. Aufl., Haslach 1984, S. 170; Hansjakob, Im Paradies, a. a. O., S. 243.

64 Hansjakob, Zwiegespräche über den Weltkrieg, gehalten mit den Fischen auf dem Meeresgrund, Stuttgart 1916, S. 38.

65 Hansjakob, In der Karthause, a. a. O., S. 305.

66 Hansjakob, Im Gefängnis, 3. Aufl., Stuttgart 1907, S. 67; vgl. auch Hansjakob, Bauernblut, 14. Aufl., Haslach 1974, S. 231; Hansjakob, Dürre Blätter, 2. Reihe, Volksausgabe, Stuttgart 1911, S. 275; Hansjakob, Stille Stunden, a. a. O., S. 317.

67 Hansjakob, Dürre Blätter, 2. Reihe, a. a. O., S. 298.

68 Hansjakob, Aus dem Leben eines Vielgeliebten, a. a. O., S. 10.

69 Vgl. Fritz Fischer, Griff nach der Weltmacht, 2. Aufl., Königstein/Ts. 1979, S. 14ff.; Hans-Ulrich Wehler, Das Deutsche Kaiserreich, Göttingen 1973, S. 164.

70 Hansjakob, Aus kranken Tagen, 3. Aufl., Heidelberg 1901, S. 49.

71 Hansjakob, Sommerfahrten, a. a. O., S. 52/53.

72 Hansjakob, Feierabend, Stuttgart 1918, S. 226.

73 Hansjakob, Stille Stunden, a. a. O., S. 236.

74 Hansjakob, Allerlei Leute und allerlei Gedanken, a. a. O., S. 241.

75 Hansjakob, Im Paradies, a. a. O., S. 80.

76 Hansjakob, Allerlei Leute und allerlei Gedanken, a. a. O., S. 242/243.

77 Hansjakob, Stille Stunden, a. a. O., S. 235.

78 Besonders die Zentrumspresse, vor allem der "Badische Beobachter" und die "Germania", griffen Hansjakob in den Vorkriegsjahren scharf an.

79 Hansjakob, Sommerfahrten, a. a. O., S. 431; vgl. auch S. 425.

80 Hansjakob, Feierabend, a. a. O., S. 246.

81 Hansjakob, Aus dem Leben eines Vielgeliebten, a. a. O., S. 42.

82 Hansjakob, Abendläuten, a. a. O., S. 282.

83 Hansjakob, Im Paradies, a. a. O., S. 137.

84 Hansjakob, Letzte Fahrten, Stuttgart 1902, S. 294.

85 Hansjakob, In der Karthause, a. a. O., S. 81.

86 Hansjakob, Aus dem Leben eines Vielgeliebten, a. a. O., S. 7, 40, 102.

87 Hansjakob, Erzbauern, a. a. O., S. 192.

88 Hansjakob, Allerlei Leute und allerlei Gedanken, a. a. O., S. 244.

89 Hansjakob, Zwiegespräche über den Weltkrieg, a. a. O., S. 10/11; vgl. auch Briefe Hansjakobs an den Maler Hans Thoma v. 11. 6.1915 und 16.6.1915, zit. in : Heinrich Finke, Hansjakob und seine Anfänge als Historiker, Freiburg 1938, S. 70, 73/74.

90 Hansjakob, Zwiegespräche über den Weltkrieg, a. a. O., S. 38.

91 Ebd., S. 12.

92 Otto B. Roegele, Hansjakob als Wortführer im Zeitgespräch. In: Hansjakob-Jahrbuch II, 1969, S. 40.

93 Hansjakob, Bauernblut. Erzählungen aus dem Schwarzwald, 5. Aufl., Ohlau o. J., S. 54.

94 Ebd., S. 55.

150 Hansjakob und der Winzerverein von Hagnau a.B.

150 a Statuten des Winzervereins zu Hagnau [a]/Bodensee, festgestellt durch die Generalversammlung **vom 21. Februar 1882.** Handschriftlich; "von 91 Rebleuten als Mitglieder unterzeichnet", darunter auch Hansjakob als Vorstand (Nr. 1); Unterschriftenliste später bis Nr. 125 ergänzt; den Statuten vorangestellt ist eine handschriftliche historische Einführung "Zur Geschichte des Winzervereins" (2 S.); eine spätere Fassung der Statuten aus d. J. 1889 ist - ebenfalls in handschriftlicher Form - angeschlossen; es folgen 67 leere Blätter; sämtliche Blätter schlicht zusammengebunden mit der Aufschrift: "Statuten des Winzervereins und Mitglieder desselben zu Hagnau [a]/Bo. 1882"; Format: ca. 33 cm x 21,5 cm.
(Winzerverein Hagnau a. B.) Abb. 323 u. 324

Statuten des Winzervereins zu Hagnau a/Bodensee.

Festgestellt durch die Generalversammlung vom 21. Februar 1882.

I. Gründung u. Zweck des Vereins.

§1.

Die Unterzeichneten bilden einen Winzerverein unter der Firma: „Winzerverein Hagnau am Bodensee" eine Genossenschaft. Der Verein hat seinen Sitz zu Hagnau.

§2.

Der Verein hat folgende Zwecke:

a. Den Weinbau im Allgemeinen in hiesiger Gemarkung zu heben und zu fördern.

b. Ganz besonders aber feine und natürliche Weine herzustellen, und dadurch das Produkt der Arbeit seiner Mitglieder höher zu verwerthen.

c. Im Herbst den Preis der Weine nicht zu Spottpreisen herabsinken zu lassen, ohne dieselben selbst zu übernehmen, so wie in jeder Herbstzeit von solchen Mitgliedern, welche ihr Produkt nicht absetzen können.

d. Vorkommenden falls auch ganze Rebgüter oder einzelne Grundstücke anzukaufen, statt dieselben unter ihrem Werth in die Hände fremder Speculanten kommen zu lassen. Die gekauften Güter werden dann, entweder unter günstigen Bedingungen an die Mitglieder versteigert, oder in Selbstbetrieb genommen. In letzter Hinsicht wird zunächst auf Anlegung einer Rebschule u. einer Rebsorten-Station das Augenmerk gerichtet.

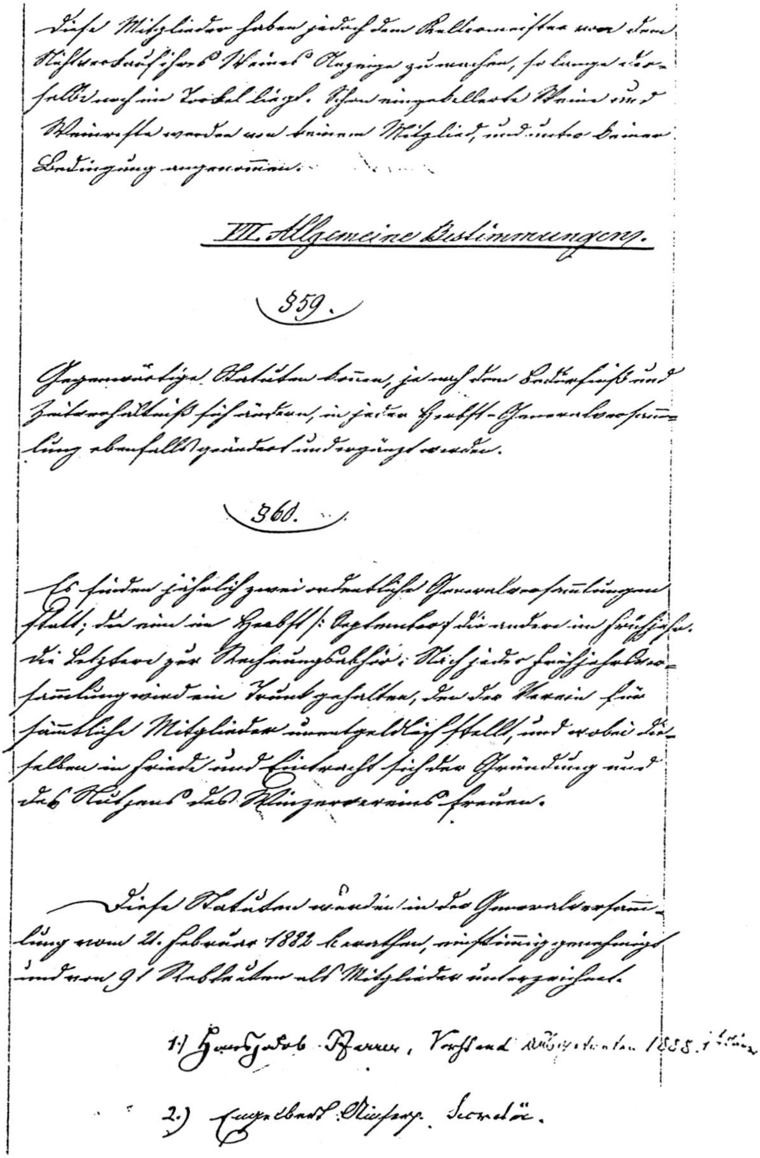
Diese Mitglieder haben jedoch dem Kellermeister [illegible] dem Aufsichtsrath ihres Weines Anzeige zu machen, so lange derselbe noch im Keller liegt. Schon eingekellerte Weine und Weinmoste werden von keinem Mitglied, und unter keiner Bedingung angenommen.

VII. Allgemeine Bestimmungen.

§ 59.

Gegenwärtige Statuten können, je nach dem Bedürfniß und Zeitverhältniß [illegible], in jeder Großh.-Generalversammlung [illegible] geändert und ergänzt werden.

§ 60.

Es finden jährlich zwei ordentliche Generalversammlungen statt; die eine im [illegible] September, die andere im Frühjahr. Die letztere zur Rechnungsabhör. Nach jeder Frühjahrsversammlung wird ein Trunk gehalten, den der Verein für sämtliche Mitglieder unentgeldlich stellt, und wobei dieselben in Friede und Eintracht sich der Gründung und des Nutzens des Winzervereins freuen.

Diese Statuten wurden in der Generalversammlung vom 21. Februar 1882 berathen, einstimmig genehmigt und von 91 Rebleuten als Mitglieder unterzeichnet.

1.) Hansjakob Pfarrer, Vorstand [illegible] 1888 [illegible]

2.) Engelbert Kiefer, Secretär.

Abb. 323: *Zwei Seiten aus den handschriftlichen Statuten des Winzervereins Hagnau a.B. aus d. J. 1882, unterzeichnet u.a. von Hansjakob als Vorstand.- Vgl. Kat. Nr. 150a.- Winzerverein Hagnau a.B.*

Zur Geschichte des Winzervereins

Im Herbst 1881, da nach zwei Frostjahren, zum erstenmal wieder ein ziemlicher Herbst geworden war, drückten die Weinhändler die Preise sehr herunter. Sie boten für den weißen Wein 10 bis 12 ₰ u. für den rothen 18–20 ₰ per Liter. Niemand kaufte bei die Rebleute, als die Trotteln liefen, gedrängt waren, um den obigen Spottpreis loszuschlagen. In dieser allgemeinen Bedrängniß ließ der hiesige Pfarrer Dr Hansjakob die Bürger am 20ten October durch Ausschellen zu einer Versammlung in die Wirthschaft des Joh. Zeller einladen. Die allermeisten Rebleute kamen und nahmen einstimmig und mit vieler Freude den Vorschlag des Pfarrers auf, der dahin ging, einen „Winzerverein" sofort zu gründen, den Wein nicht unter 15 resp. 25 ₰ herabgeben zu lassen, aber ihn selbst vom Verein zu übernehmen. Wer also seinen Wein nicht zu obigen Preisen verkaufen könne, solle ihn dem Verein abliefern, welcher gesammtverbindlich Geld aufnimmt u. den eigentlichen Weine baar ausbezahlt. Am gleichen Abend wurde ein vollziehender Ausschuß gewählt, der aus folgenden Männern bestund: Pfarrer Hansjakob, Bürgermeister Keller, die Gemeinderäthe Josef Kugel, Benedict Langenstein, Engelbert Krieger u. der Bürger Anton Krieger. Dieser Ausschuß trat am folgenden Tag schon in Funktion u. übernahm bis zu Ende des Herbstes über 500 Hektoliter Wein in den Keller des Math. Brunner u. in den „Löwenkeller". Dieser Wein wurde grossentheils im Herbst u. gleich nachher zu höheren Preisen verkauft. Der Hauptzweck aber ward dadurch erreicht, daß die Preise vom Verein gehalten wurden, so daß dadurch der Gemeinde mindestens ein Gewinn von 12,000 M. erwachsen ist.

Der Gedanke, den Winzerverein bleibend zu constituiren u. zu erweitern, fand deßhalb allgemeinen Beifall;

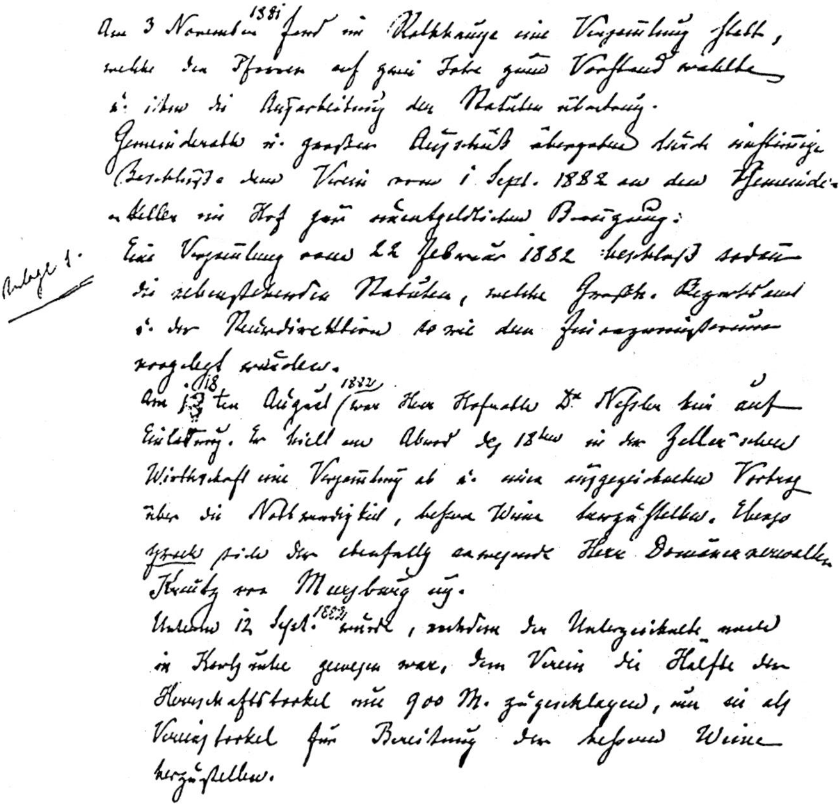
Am 3 November 1881 fand im Rathhause eine Versammlung statt,
welche den Pfarrer auf zwei Jahre zum Vorstand wählte
u. ihm die Ausarbeitung der Statuten übertrug.
Gemeinderath u. großer Ausschuß übergaben durch einstimmige
Beschlüsse dem Verein vom 1. Sept. 1882 an den Gemeinde-
keller im Hof zur unentgeltlichen Benützung.
Anlage 1.
Eine Versammlung vom 22 Februar 1882 beschloß sodann
die nebenstehenden Statuten, welche Großh. Bezirksamt
u. der Steuerdirektion sowie dem Finanzministerium
vorgelegt wurden.
Am 18ten August 1882 war Herr Hofrath Dr. Neßler hier auf
Einladung. Er hielt am Abend des 18ten in der Zeller'schen
Wirthschaft eine Versammlung ab u. einen ausgezeichneten Vortrag
über die Nothwendigkeit, bessere Weine herzustellen. Ebenso
sprach sich der ebenfalls anwesende Herr Domänenverwalter
Krautz von Meersburg aus.
Unterm 12 Sept. 1882 wurde, nachdem der Unterzeichnete nach
in Karlsruhe gewesen war, dem Verein die Hälfte der
Herrschaftstorkel um 900 M. zugeschlagen, um sie als
Vereinstorkel für Bereitung der bessern Weine
herzustellen.

Abb. 324: *Den Statuten des Winzervereins Hagnau vorangestellte Skizze "Zur Geschichte des Winzervereins", geschrieben von Hansjakob.- Vgl. Kat. Nr. 150a.- Winzerverein Hagnau a.B.*

150 b **Inserat-Rechnung** vom Comtoir **des Schwarzwälder Boten, ausgestellt** in Oberndorf **am 10. Mai 1882 für den Winzerverein Hagnau a.B., am 14. Mai 1882 von Hansjakob** als Vorstand handschriftlich **bestätigt;** enthalten in einem Sammelband mit Anweisungen und Rechnungen des Winzervereins Hagnau (bzw. für ihn) aus den Jahren 1881 und 1882.
(Winzerverein Hagnau a.B.) Abb. 326

150 c **Widmungsblatt des Winzervereins Hagnau a.B. für seinen Gründer Heinrich Hansjakob** aus Anlaß des 25jährigen Jubiläums des Vereins, datiert auf den 12. November 1906 (bzw. 29. Mai 1907); mit einer kolorierten Darstellung, ausgeführt von Prof. Curt Liebich: Auf der oberen Hälfte des Blattes ist - in einem verzierten Rahmenwerk - eine durchs Rebgelände ziehende Prozession vor dem Hintergrund von Hagnau und der Bodenseelandschaft abgebildet; auf der unteren Hälfte (links) bearbeitet ein Winzer seinen Weinstock, dessen sich nach oben windende Rebzweige ein Portrait Hansjakobs einrahmen; rechts davon die Widmungsschrift mit Initiale; der Prozessionszug bewegt sich - aus dem Rahmen heraustretend - auf das Portrait zu, wobei das vorderste Mädchen ein Geschenk (vermutlich eben das vorliegende Widmungsblatt) in seinen Händen hält. Format: 47 cm x 35 cm.
(Augustinermuseum Freiburg: H 25/24) Abb. 325

150 d **Trink-Pokal, dem Winzerverein Hagnau a.B. gestiftet von Heinrich Hansjakob,** mit der eingravierten Widmung: "Dem Winzerverein Hagnau zum Andenken von seinem Gründer Pfarrer Hansjakob. Zum 25jährigen Jubiläum 1881-1906". Jugendstil-Ornamentik; Material: Silber; Größe: 30 cm (Höhe) x 11,9 cm (Durchmesser oben und unten).
(Winzerverein Hagnau a.B.) Abb. 327

Als Hansjakob am 1. Dezember 1869 seine Pfarrstelle in Hagnau antrat, übernahm er damit gleichzeitig ein Stück Rebland, dessen Bewirtschaftung in seinen Händen lag. Hansjakob fand einen solchen Gefallen am Weinbau, daß er noch zusätzlich ein weiteres Rebstück käuflich erstand. So war er einerseits persönlich dem Weinbau verbunden, kannte aber andererseits nicht zuletzt aus eigener Anschauung und Erfahrung die wirtschaftlichen Probleme, die sich in jener Zeit den Winzern stellten. So ist es letztlich kein Zufall, wenn die Gründung des Winzervereins von Hagnau, und damit gleichzeitig der ersten badischen Winzergenossenschaft überhaupt, auf seine Initiative zurückgeht.

Abb. 325: *Von Prof. Curt Liebich gestaltetes Widmungsblatt des Winzervereins Hagnau für seinen Gründer Heinrich Hansjakob.- Beschreibung s. links: Kat. Nr. 150c.- Augustinermuseum Freiburg: H 25/24. Aufnahme: H. W. Schmidt*

Erstmalig können in unserer Ausstellung die 1882 in Kraft getretenen Statuten des Winzervereins von Hagnau außerhalb der Grenzen des Bodenseeortes gezeigt werden. Diesen Statuten ist eine knappe historische Skizze vorangestellt, die von Hansjakob eigenhändig niedergeschrieben wurde. Darin erfahren wir u.a. folgendes über die Vorgeschichte der Gründung des Winzervereins und über die Gründung selber: “Im Herbst 1881, da nach zwei Frostjahren zum erstenmal wieder ein ziemlicher Herbst gewonnen worden war, drückten die Weinhändler die Preise sehr herunter ... In dieser allgemeinen Bedrängniß ließ der hiesige Pfarrer Dr. Hansjakob die Bürger am 20ten October durch Ausschellen zu einer Versammlung in die Wirthschaft des Joh. Zeller einladen. Die allermeisten Rebleute kamen und nahmen einstimmig und mit vieler Freude den Vorschlag des Pfarrers auf, der dahin ging, einen ’Winzerverein’ sofort zu gründen ... Am gleichen Abend wurde einstweilen ein vollziehender Ausschuß gewählt ... Dieser Ausschuß trat am folgenden Tag schon in Function ... Der Hauptzweck aber ward dadurch erreicht, daß die Preise vom Verein gehalten wurden, so daß dadurch der Gemeinde mindestens ein Gewinn von 12.000 M. erwachsen ist. Der Gedanke, den Winzerverein bleibend zu constituiren u. zu erweitern, fand deshalb allgemeinen Anklang. Am 3. November 1881 fand im Rathhause eine Versammlung statt, welche den Pfarrer auf zwei Jahre zum Vorstand wählte u. ihm die Ausarbeitung der Statuten übertrug ... Eine Versammlung vom 22. Februar 1882 beschloß sodann die nebenstehenden Statuten ... ”

Unter dem § 2 der Statuten werden die Ziele des Vereins definiert: “Der Verein hat folgende Zwecke:

a. den Weinbau im Allgemeinen in hiesiger Gemarkung zu heben und zu fördern.

b. Ganz besonders aber feine und naturechte Weine herzustellen, und dadurch das Produkt der Arbeit seiner Mitglieder höher zu verwerthen.

c. Im Herbst den Preis der Weine nicht zu Spottpreisen herabsinken zu lassen, eher dieselben selbst zu übernehmen, sowie in jeder Herbstzeit von solchen Mitgliedern, welche ihr Produkt nicht absetzen können.

d. Vorkommenden Falls auch ganze Rebgüter oder einzelne Gebäude anzukaufen, statt dieselben unter ihrem Werth in die Hände fremder Speculanten kommen zu lassen. Die gekauften Güter werden dann, entweder unter günstigen Bedingungen an die Mitglieder versteigert, oder in Selbstbetrieb genommen. In letzter Hinsicht wird zunächst auf Anlegung einer Rebschule u. einer Rebprobe-Station das Augenmerk gerichtet.”

Trotz anfänglicher Schwierigkeiten konnte sich der neu gegründete Verein behaupten, ja mehr noch: er fand bald Nachahmer, natürlich vor allem im Bodenseeraum. So war die von Hansjakob initiierte Gründung des Winzervereins Hagnau von großer Bedeutung für die Entwicklung des Weinbaus in ganz Baden und wirkt sich bis heute aus. Auch jetzt noch orientieren sich die badischen Winzergenossenschaften - wenngleich in einer der Zeit angepaßten Form - letztlich an Grundsätzen, wie sie bereits für Hansjakob und die Gründungsmitglieder des Winzervereins Hagnau bestimmend waren.

Hand in Hand mit dem organisierten Zusammenschluß der Hagnauer Winzer ging auch eine bessere Vermarktung ihrer Produkte, wie die hier gezeigte und von Hansjakob als Vorstand bestätigte Rechnung des "Schwarzwälder Boten" belegt. So war also ein erfolgreicher Weg eingeschlagen, der in die Gegenwart hineinführt: auch heute noch existiert der Winzerverein und verkauft nach wie vor einen vorzüglichen Wein.

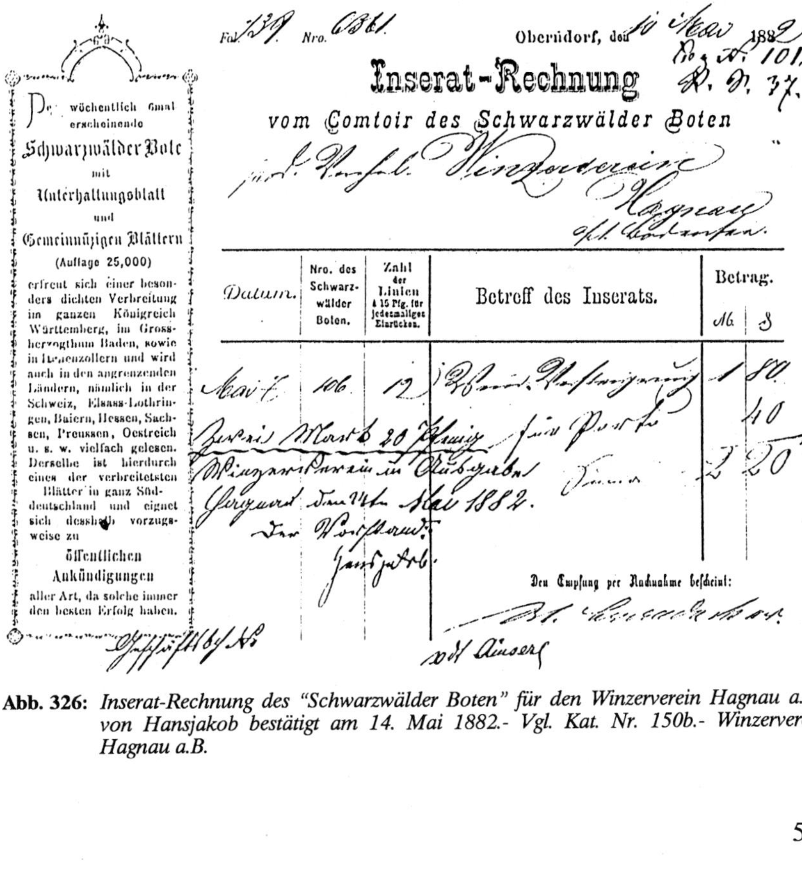
Der wöchentlich 6mal erscheinende Schwarzwälder Bote mit Unterhaltungsblatt und Gemeinnützigen Blättern (Auflage 25,000) erfreut sich einer besonders dichten Verbreitung im ganzen Königreich Württemberg, im Grossherzogthum Baden, sowie in Hohenzollern und wird auch in den angrenzenden Ländern, nämlich in der Schweiz, Elsass-Lothringen, Baiern, Hessen, Sachsen, Preussen, Oestreich u. s. w. vielfach gelesen. Derselbe ist hierdurch eines der verbreitetsten Blätter in ganz Süddeutschland und eignet sich desshalb vorzugsweise zu öffentlichen Ankündigungen aller Art, da solche immer den besten Erfolg haben.

Fol. 139 Nro. 6361 Oberndorf, den 10 Mai 1882

Inserat-Rechnung

vom Comtoir des Schwarzwälder Boten

Datum.	Nro. des Schwarzwälder Boten.	Zahl der Linien à 15 Pfg. für jedesmaliges Einrücken.	Betreff des Inserats.	Betrag. ℳ	₰
Mai 7	106	12		1	80
					40
				2	20

Hagnau den 14ten Mai 1882.

Der Vorstand:

Hansjakob

Den Empfang per Nachnahme bescheinigt:

Abb. 326: *Inserat-Rechnung des "Schwarzwälder Boten" für den Winzerverein Hagnau a.B., von Hansjakob bestätigt am 14. Mai 1882.- Vgl. Kat. Nr. 150b.- Winzerverein Hagnau a.B.*

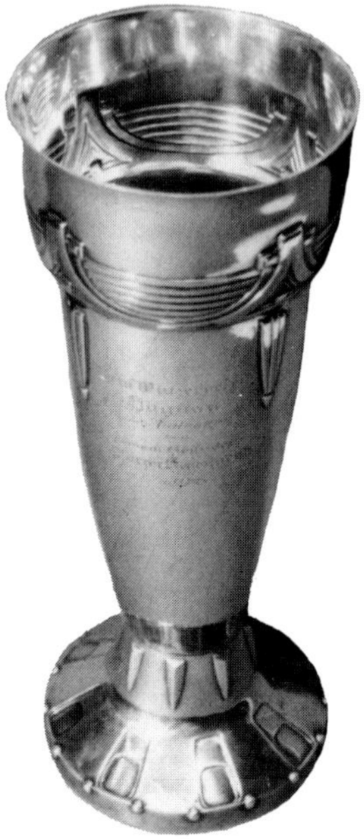

Abb. 327: *Dem Winzerverein Hagnau von Hansjakob gestifteter Trink-Pokal. - Vgl. Kat. Nr. 150d.- Winzerverein Hagnau a.B. Aufnahme: H. Heid*

Hansjakob verließ Hagnau 1884, um Pfarrer von St. Martin in Freiburg zu werden, aber er vertrat weiterhin die Interessen des Hagnauer Winzervereins als dessen Vorstand, bis er 1889 diese Funktion aufgab. Die Verbundenheit zwischen dem Winzerverein und seinem Gründer bzw. ehemaligen Vorstand blieb jedoch bestehen. Dies beweisen das oben gezeigte Widmungsblatt und der ausgestellt Pokal, die sich der Verein und Hansjakob aus Anlaß des 25jährigen Jubiläums 1906 gegenseitig schenkten (zu den bisherigen Ausführungen vgl. auch Bruno Götz, 100 Jahre Winzergenossenschaften in Baden, zitiert in : Heinrich Hansjakob - der Winzerpfarrer vom Bodensee, Mitteilungsblatt Baden 4/87, S. 2f.).

Das Widmungsblatt des Winzervereins Hagnau für seinen Gründer Hansjakob gewinnt nicht zuletzt durch die von Prof. Curt Liebich angefertigte Zeichnung an Wert. Liebich hatte sich vor allem als Illustrator zahlreicher Werke Hansjakobs einen Namen gemacht; für Entwurf und Ausführung des Widmungsblattes hätte also kein geeigneterer Künstler gefunden werden können. Liebichs Zeichnung umfaßt ein bislang kaum bekanntes Portrait von Hansjakob; es schmückt den Einband des vorliegenden Katalogs. Die Widmungsschrift selbst hat den folgenden Wortlaut: "Der Winzerverein Hagnau am Bodensee widmet aus Anlaß der Feier seines 25jährigen Bestehens seinem Gründer Dr. Heinrich Hansjakob, Stadtpfarrer an St. Martin in Freiburg i.Br., dieses Blatt als ein Zeichen dauernder dankbarer Gesinnung. Hagnau, 12. Nov. 1906 (29. Mai 1907). Der Vorstand".

Der von Hansjakob dem Winzerverein gestiftete Pokal wird nach Auskunft der Geschäftsleitung (Herr Gutemann) seit seiner Schenkung als Trinkpokal benutzt, freilich nur bei einem ganz bestimmten Anlaß: Im Anschluß an die jährliche Generalversammlung findet ein allgemeiner Winzertrunk statt, zu dem alle Winzerinnen und Winzer mit ihren Angehörigen eingeladen sind. Durch die Stiftung des Pokals wurde dieser Winzertrunk begründet. Hansjakob verband mit seinem Geschenk eine Auflage: der Pokal sollte jeweils mit dem besten Wein gefüllt werden und seine Runde durch die gesamte Winzerschaft machen. Mit dem Winzertrunk wollte der Gründer des Vereins das Gemeinschaftsgefühl der Mitglieder untereinander stärken und eine Versöhnung unter eventuell verfeindeten Parteien herbeiführen. Interessant ist dabei, daß nach dem ausdrücklichen Wunsche des Stifters auch die Frauen in den Winzertrunk einbezogen werden sollten: ihre Aufgabe sollte nicht allein die Arbeit sein, sondern zumindest einmal im Jahr sollten sie mitfeiern dürfen. So stellt der Winzertrunk gleichzeitig ein Gegenbeispiel zu den nicht gerade frauenfreundlichen Äußerungen Hansjakobs dar, wie sie - unter Hinweis auf die Widersprüchlichkeit in Hansjakobs Person - im einführenden Aufsatz zum vorliegenden Kapitel zitiert werden. H.H.

151 Schreiben des Freiburger Oberbürgermeisters Dr. Winterer an Hansjakob vom 28. Mai 1913 betr. d. Benennung einer Straße nach dem Adressaten.

(Augustinermuseum Freiburg: o. Sign.) Abb. 328; vgl. auch Abb. 313

Am 28. Mai hatte der Freiburger Stadtrat beschlossen, einem Straßenzug der Stadt Hansjakobs Namen zu geben. Noch am selben Tage benachrichtigte Oberbürgermeister Dr. Winterer Hansjakob mit dem hier gezeigten Schreiben von der Entscheidung des Stadtrats. Dr. Winterer schließt seinen Brief mit den Worten: "Ich freue mich, der Übermittler dieses Beschlusses sein zu dürfen, der dazu beitragen soll, den Namen unseres populärsten badischen Volksschriftstellers in der Stadt seiner jahrzehntelangen Wirksamkeit stets lebendig zu erhalten und der Nachwelt zu überliefern. Mit dem Ausdruck der vollkommensten Hochschätzung verbleibe ich Euer Hochwürden stets ergebener Dr. Winterer, Oberbürgermeister".

Dr. Winterers Wunsch hat sich bis heute erfüllt, denn der betreffende Straßenzug trägt noch immer Hansjakobs Namen. Auch in zahlreichen anderen Orten sind Straßen nach Hansjakob benannt, so etwa in Haslach, Rastatt-Niederbühl, Durmersheim oder in Philippsburg. H.H.

152 Brief von Dr. Robert Woerner an Hansjakob (Freiburg, 25.3.1914), masch., 2 S.
(Erzbischöfliches Archiv Freiburg: Nachlaß Trunz) Abb. 315

Der Absender, Sohn von Hermine Franz und wahrscheinlich auch von Hansjakob, fordert nachdrücklich weitere Zahlungen. "Ich wage diese Bitte um so eher, als ich bestimmt weiss, dass meine Mutter wohlbegründete Ansprüche auf Ihre Hilfe hat. Ueber die Tatsachen, die ja weiter zurückliegen, aber auf das Leben meiner Mutter einwirkten, möchte ich mit Rücksicht auf Sie hinweggehen."

Der Oberbürgermeister
der
Stadt Freiburg im Breisgau.

Freiburg, 28. Mai 1913.

Euer Hochwürden

beehre ich mich hierdurch die ergebenste Mitteilung zu machen, daß der Stadtrat in seiner heutigen Sit= zung dem Straßenzug, welcher vom Gasthaus zum Schiff in der Richtung nach Kirchzarten und in der Richtung gegen die zur Dreisambrücke gegenüber der Kartaus für später geplanten anderen Straßen führt, den Name „ Hansjakobstraße " beigelegt hat.

An

Seine Hochwürden
Herrn Stadtpfarrer
Dr. Heinrich Hansjakob

H i e r.

Abb. 328: *Schreiben des Freiburger Oberbürgermeisters Dr. Winterer an Hansjakob betr. d. Benennung einer Straße nach dem Namen des Adressaten.- Vgl. Kat. Nr. 151.- Augustinermuseum Freiburg*

Robert Woerner hat mit seinem Brief (der deutlich schärfere Töne anschlägt, als sie in dieser Sache sonst üblich waren, und in dem es um finanzielle Forderungen wegen einer vermutlichen Vaterschaft Hansjakobs geht) offenbar nicht nur den gewünschten Erfolg gehabt, sondern auch den Adressaten in eine schwere Krise gestürzt. Am 15.4.1914 schrieb Marie Franz, Hermines Schwester, an den Kooperator Trunz: "Vetter [gemeint ist Hansjakob] erklärte, er nimmt sich den Tod, wenn Robert ihn jetzt nicht in Ruhe lässt, er [lässt] die Staatsanwaltschaft rufen wegen Erpressung. Ich für meinen Teil muss sagen, alles hat seine Grenzen. Wenn Vetter sich etwas antäte und wir diejenigen!" (Erzbischöfliches Archiv Freiburg: Nachlaß Trunz).
Dieser Vorgang zeigt Hansjakob im Widerspruch zwischen dem, was er sagte und dem, was er tat; und er zeigt zugleich, daß Hansjakob heute nicht uneingeschränkt zum Vorbild taugt (vgl. dazu auch den einführenden Aufsatz im Katalog). J.W.

153 **Kaffeetasse mit Unterteller,** nach mündlicher Überlieferung **aus dem Haushalt Hansjakobs.** Am Boden von Tasse und Teller: "M S 08".
(Fam. Eckart-Lutz Weber, Rastatt)
Der jetzige Besitzer erhielt diese Garnitur von einer Verwandten Hansjakobs. In welcher Weise sie in deren Besitz gelangte, kann heute nicht mehr festgestellt werden.
Hansjakob läßt in seinem Buch "Schneeballen" (3. Reihe, 8./9. Aufl. 1924, S. 220) den Hagnauer Sakristan sagen, Kaffeekonsum sei schädlich. Gleich ob nun Hansjakob die hier gezeigte Garnitur einst selbst benutzte oder aber ob er sie seiner Verwandten noch zu Lebzeiten schenkte - in beiden Fällen würde ein derartiges Verhalten im Gegensatz zu der oben wiedergegebenen Äußerung stehen und somit - einmal mehr - auf das Widersprüchliche an Hansjakobs Person hinweisen. H.H.

154 **Dampfschiff auf dem Bodensee.** Illustration von Curt Liebich, in: Heinrich Hansjakob, Schneeballen, 3. Reihe, 7./8. Aufl., Stuttgart: Bonz, 1924, S. 220.
(Hist. Bibl. Rastatt: Inv.Nr. 92 / 86) Abb. 329
Auf derselben Seite zitiert Hansjakob seinen Hagnauer Sakristan, der den "Dampf" - neben dem Kaffee - für eine der schädlichsten Neuerungen des 19. Jahrhunderts hält, denn dieser habe die Arbeitskraft des Menschen verdrängt. Dabei stand die Dampfkraft, wie jeder weiß, erst am Anfang ei-

ner Entwicklung, deren Folgen - einschließlich der Probleme des Arbeitsplatzverlustes - noch nicht abzusehen sind. So ist Hansjakob mit seiner diesbezüglichen kritischen Haltung, wie er sie mit den Worten des Sakristans zum Ausdruck bringt, auch heute noch aktuell - wir müssen hinzufügen: leider; denn die "Rationalisierung" vernichtet immer noch unsere Arbeitsplätze. J.W.

Abb. 329: *Dampfschiff auf dem Bodensee. Illustration von C. Liebich.- Vgl. Kat. Nr. 154*

155 **Brief Hansjakobs an** seinen Freund, den badischen Staatsminister **Richard Reinhard, vom 18.2.1911.** Absendeort: Freiburg.

(Hansjakob-Archiv Haslach) Abb. 317

In diesem Brief schildert Hansjakob seine Auseinandersetzungen mit dem Erzbischöflichen Ordinariat in Freiburg, das von ihm verlangt hatte, er solle die 2. Auflage seines Buches "In der Residenz" (Bonz-Verlag Stuttgart 1911) zurückziehen. Hansjakob hatte in dieser Neuauflage seiner Landtagserinnerungen kritisch zum Antimodernisteneid Stellung genommen und die Unfehlbarkeit des Papstes angezweifelt (vgl. dazu Manfred Hildenbrand, Heinrich Hansjakob und Richard Reinhard. Eine Freundschaft im Spiegel von Hansjakobs Briefen. In : Badische Heimat 72 [1992], S. 85 - 105). M.H.

156 **Das Automobil und seine negativen Folgen.** Illustration von Curt Liebich, in : Heinrich Hansjakob, Stille Stunden. Tagebuchblätter, 3. Aufl., Stuttgart: Bonz, 1904, S. 220. Abb. 320
(Hist. Bibl. Rastatt: P 628, 8 ; Geschenk d. Verf. 1908)
Bereits früh erkannte Hansjakob die Gefahren, die unserer Umwelt durch die hemmungslose Expansion von Technik und Industrie erwachsen. Er schimpfte schon zu Beginn unseres Jahrhunderts gegen die "Automobilprotzen", gegen die "Automobilraserei", und sein Illustrator, Professor Curt Liebich, mußte zu diesen kritischen Bemerkungen, die wir in seinem Buch "Stille Stunden" nachlesen können, die hier gezeigte Illustration fertigen. M.H.

Abb. 330: *Zerstörung der Landschaft durch Brückenbau. Zeichnung von C. Liebich.- Vgl. Kat. Nr. 157*

157 **Zerstörung der Landschaft durch Brückenbau.** Illustration von Curt Liebich, in: Heinrich Hansjakob, Stille Stunden. Tagebuchblätter, 3. Aufl., Stuttgart: Bonz, 1904, S. 239.
(Hist. Bibl. Rastatt: P 628, 8; Geschenk d. Verf. 1908. 2. Ex.: Bad. Landesbibliothek Karlsruhe: O 51 A 208) Abb. s. oben
Immer wieder prangerte Hansjakob die riesigen eisernen Brücken an, welche die Kinzigtallandschaft zerrissen und "wie häßliche schwarze Riesenmoloche" die Flußtäler "verschänden". Die Illustration stammt von Professor Curt Liebich und ist in dem Buch "Stille Stunden" enthalten. M.H.

158 **Die Industrialisierung und ihre Folgen für Mensch und Natur.** Illustration von Curt Liebich, in: Heinrich Hansjakob, In der Karthause. Tagebuchblätter, 5. Aufl., Stuttgart: Bonz, 1903, S. 166.
(Hist. Bibl. Rastatt: P 628, 1; Geschenk d. Verfassers 1908) Abb. 331
Hansjakob ahnte den Katastrophencharakter unserer modernen Zeit voraus: Industrialisierung bis ins letzte Dorf, Raubbau an der Natur. "Heutzu-

tage", so schrieb er in seinem Buch "In der Karthause" (2. Aufl., Stuttgart 1910, S. 71), "ist die Seele der Gesellschaft der Fabrikschlot, und ganze Wälder dieser Wahrzeichen des 19. Jahrhunderts verunzieren Stadt und Land." Die Illustration zu dieser Thematik wurde wiederum von Curt Liebich ausgeführt. M.H.

Abb. 331: *Die Industrialisierung und ihre Folgen für Mensch und Natur. Ill. v. C. Liebich.- Vgl. Kat. Nr. 158*

159 **Waldblick.** Illustration von Curt Liebich, in : Heinrich Hansjakob, Stille Stunden. Tagebuchblätter, 3. Aufl., Stuttgart: Bonz, 1904, S. 196.

(Hist. Bibl. Rastatt: P 628, 8; Geschenk des Verf. 1908) Abb. 319

"Da stehen in einem lichten Föhrenwald die herrlichsten Juniperus-Bäumchen in ihrem lichten Grün und in ihrer schlanken, eigenartig abgerundeten Gestalt, die echten Cypressen des Schwarzwaldes" - so schreibt Hansjakob in seinen Tagebuchblättern "Stille Stunden" (3. Aufl., S. 195), und Curt Liebich gab diesen Worten in der hier gezeigten Zeichnung einen bildhaften Ausdruck.

Hansjakob war aber weit davon entfernt, den heimatlichen Schwarzwald zu glorifizieren; im Gegenteil: er kritisierte sowohl dessen einseitig auf Profit gerichtete Bewirtschaftung als auch die Entwicklungen, die ihn in einen "Kahlwald" zu verwandeln drohten und inzwischen leider vielfach auch tatsächlich verwandelt haben. Daß es soweit käme, hat damals außer Hansjakob kaum einer vorausgesehen oder geglaubt. J.W.

160 **L. Fischer** (Bearb.), **Katalog der Vögel Badens.** Systematische Zusammenstellung sämmtlicher bis jetzt im Grossherzogthum Baden beobachteten Vögel, Karlsruhe: Braun, 1897.

(Hist. Bibl. Rastatt: N 585)

In dem 1897 erschienenen "Katalog der Vögel Badens" werden u. a. der Wanderfalke als weniger seltener Nistvogel, der Fischadler als weniger seltener Zugvogel, Steinkauz und Schleiereule als ziemlich häufige Stand- und Nistvögel, der Wiedehopf als ziemlich häufiger Nistvogel oder der Rotrückenwürger (= Neuntöter) als häufiger Nistvogel, der zahlenmäßig gar noch im Zunehmen begriffen sei, aufgeführt. Der Vogelfreund wird erschrecken, wenn er diese statistischen Angaben mit dem Bestand von heute vergleicht, und einmal mehr wird er hier an den dramatischen Rückgang unserer heimischen Vogelwelt erinnert. Daß diese - sowohl zahlen- als auch artenmäßige - Dezimierung letztlich durch das Eingreifen des Menschen in die Landschaft und Natur verursacht wurde (und leider immer noch wird) ist hinlänglich bekannt.

Die hier angesprochene Entwicklung setzte freilich offensichtlich bereits zu Lebzeiten Hansjakobs ein: Ein aufmerksamer Beobachter der Natur mußte schon damals einen Rückgang der Vögel feststellen, und gerade Hansjakob, der bekennt, "die Natur [habe] von [seinen] Kindestagen an stets [sein] Herz gehabt und [habe] es in [seinen] alten Tagen noch" (Studienzeit, 6. Aufl. 1913, S. 115), war ein solcher Mann, der mit wachsamem und kritischem Auge, aber auch voller Sorge verfolgte, was in der Natur vor sich ging: "Wer älter ist, weiß, welch' unendliche Menge von insektenfressenden Vögeln noch vor dreißig und vierzig Jahren im Schwarzwald ihre Lieder sangen. Aber seitdem wurden die Bauern belehrt, die ho[h]len Bäume auszugießen mit Lehm und die lebendigen Dornhage um die Äkker zu entfernen. So haben viele Singvögel keinen Schutz und keine Stätte mehr für Nest und Brut. In der Natur wird's von Jahr zu Jahr stiller und öder, der Gesang fehlt, das Ungeziefer aber nimmt überhand zum Schaden der Landwirtschaft, besonders der Obstbaumzucht und des Weinbaus" (Schneeballen, 3. Reihe, Volksausg. 1911, S. 296). Wenn wir nicht genau wüßten, daß diese Sätze aus dem Munde Hansjakobs schon 1893 erstmals abgedruckt wurden: wir könnten meinen, sie seien auf unsere heutige Situation bezogen. H.H.

161 **Heinrich Hansjakob, Zwiegespräche über den Weltkrieg,** gehalten mit Fischen auf dem Meeresgrund, 26.-35. Tausend, Stuttgart: Bonz, 1916.
(Heimatmuseum im Storchenturm, Zell a. H.) Abb. 322

Hansjakobs letztes Werk "Zwiegespräche über den Weltkrieg, gehalten mit den Fischen auf dem Meeresgrund" erschien 1916. In ihm geißelt er die Schrecken des modernen Vernichtungskrieges und wird seine pazifistische Grundhaltung deutlich sichtbar. M.H.

REGISTER ZU DEN WERKEN HEINRICH HANSJAKOBS

(Die Ziffern beziehen sich jeweils auf die Seitenzahlen der vorliegenden Publikation)

BILDNACHWEIS

(Die Ziffern beziehen sich, soweit nicht anders vermerkt, auf die Abbildungsnummern)

Freiburg i. Br.

Augustinermuseum: Abb. 5, 22, 25, 26, 129, 325, 328

Erzbischöfliches Archiv: Abb. 39, 40, 72, 73, 83, 94, 95, 108, 121, 122, 125, 130, 139, 188, 199, 236, 237, 238, 268, 315, 318

Schillinger-Verlag: Abb. 158, 160, 161, 164, 167, 172, 173, 180; Schlußvignette S. 290

Gutach i. Schw.

Schwarzwälder Freilichtmuseum "Vogtsbauernhof": Abb. 162, 175, 176, 177

Hagnau a. B.

Winzerverein: Abb. 323, 324, 326, 327

Haslach i. K.

Hansjakob-Archiv: Abb. 4, 9, 15, 18, 19, 20, 24, 27, 28, 30, 31, 33, 37, 47, 58, 71, 91, 112, 123, 126, 127, 128, 131, 140, 141, 151, 157, 165, 168, 170, 179, 198, 316, 317; Zierleisten S. 79 u. S. 255; Schlußvignetten S. 104 u. S. 234

Hansjakob-Museum: Abb. 23, 32, 110, 135

Schwarzwälder Trachtenmuseum: Abb. 155

Hausach

Kurt Klein: Abb. 144, 145, 146, 147, 149, 150, 152, 153

Karlsruhe

Badische Landesbibliothek: Abb. 7, 8, 84, 88, 196

Generallandesarchiv (jeweils Vorlage und Aufnahme): Abb. 2, 12, 13, 81, 82, 85, 86, 87, 89, 90, 93, 96, 98, 99, 101, 102, 103, 107, 109, 117, 118, 124, 193, 226, 227, 261; Schlußvignette S. 192

Landesbildstelle Baden: Abb. 159, 163, 178

Philippsburg

Maria Fieser: Abb. 67, 77, 78

Dr. Rudolf Futterer: Abb. 70, 75

Heimatmuseum: Abb. 69

Rastatt

Michael Feik: Abb. 195, 200, 203, 204, 208a, 216, 225, 245, 249, 251, 264, 274, 283

Historische Bibliothek der Stadt Rastatt im Ludwig-Wilhelm-Gymnasium: Abb. 1a/b, 3, 6, 10, 11, 14, 16, 17, 21, 29, 34, 35, 36, 38, 41, 42, 43, 45, 46, 48, 49, 50, 51, 52, 54, 54a, 55, 56, 57, 59, 60, 61, 62, 63, 64, 65, 66, 68, 74, 76, 79, 80, 92, 97, 100, 104, 105, 106, 111, 113, 114, 115, 119, 120, 133, 134, 136, 137, 138, 142, 143, 148, 154, 156, 166, 169, 171, 174, 181, 182, 183, 185, 186, 187, 190, 192, 194, 206, 215, 218, 220, 222, 232, 233, 234, 252, 254, 272, 273, 277, 280, 286, 287, 288, 289, 293, 294, 295, 296, 297, 298, 299, 300, 301, 304, 307, 309, 313, 314, 319, 320, 321, 329, 330, 331 sowie Titelportrait; Zierleisten S. 17, S. 59, S. 105, S. 139, S. 193, S. 235, S. 291, S. 449 u. S. 501; Schlußvignetten S. 58, S. 78, S. 138, S. 254, S. 500 u. S. 546

Andreas Jachnik: Abb. 197, 201, 205, 207, 208b, 209, 211, 212, 214, 247, 248, 255, 258, 266, 267, 276, 281, 282, 284, 311; Schlußvignette S. 448

Emmy Kirchhoff: Abb. 242

Schülerverbindung "Markomannia": Abb. 259, 263

Schülerverbindung "Teutonia": Abb. 231, 262, 269

Stadtarchiv: Abb. 184, 189, 191, 202, 210, 213, 217, 219, 221, 223, 224, 228, 229, 230, 235, 239, 240, 241, 243, 244, 250, 253, 260, 270, 271, 272, 275, 278, 279, 285, 290, 291, 302, 303, 305, 306, 308, 310, 312

Anita Wagenbrenner: Abb. 257, 265, 292

Eckart-Lutz Weber: Abb. 44

Rainer Wollenschneider: Abb. 246, 256

Zell a. H.

Heimatmuseum im Storchenturm: Abb. 53, 116, 132, 322

Als Zierleisten und Schlußvignetten wurden in der Regel von Prof. Curt Liebich gestaltete Zeichnungen aus älteren Hansjakob-Ausgaben verwendet. Die Stadt Rastatt dankt Herrn Ministerialdirigent Werner Liebich (Taunusstein) für seine entsprechende Zustimmung sowie für seine Erlaubnis zur Verwendung weiterer Liebich-Zeichnungen.

Das ebenfalls von Prof. Curt Liebich gefertigte Portrait auf der vorderen Umschlagseite ist Bestandteil eines Widmungsblattes des Winzervereins Hagnau für Hansjakob. Das Widmungsblatt befindet sich heute im Besitz des Augustinermuseums Freiburg.

Die Zeichnungen auf den Seiten 449, 451 und 500 wurden von Jürgen Pfeifer (Rastatt) ausgeführt.

VERZEICHNIS DER LEIHGEBER

Freiburg i. Br.

Augustinermuseum

Burschenschaft "Teutonia"

Erzbischöfliches Archiv

Gutach i. Schw.

Schwarzwälder Freilichtmuseum "Vogtsbauernhof"

Hagnau a. B.

Ganser, Waltraud

Winzerverein

Haslach i. K.

Hansjakob-Archiv

Hansjakob-Museum

Hildenbrand, Manfred

Narrenzunft

Schwarzwälder Trachtenmuseum

Hausach

Freie Narrenzunft

Karlsruhe

Badische Landesbibliothek

Generallandesarchiv

Stamm, Dr. Gerhard

Philippsburg

Fieser, Maria

Futterer, Dr. Rudolf
Heimatmuseum
Zimmermann, Ekkehard
Rastatt
Boos, Trude
Feik, Michael
Hansjakob-Schule
Jachnik, Andreas
Kirchhoff, Emmy
Schülerverbindung "Markomannia"
Schülerverbindung "Teutonia"
Stadtarchiv
Wagenbrenner, Anita
Weber, Eckart-Lutz
Wehrgeschichtliches Museum
Wollenschneider, Rainer
Ziegler, Klaus-Rainer
Wolfach
Freie Narrenzunft
Zell a. H.
Heimatmuseum im Storchenturm
Narrenzunft

ABKÜRZUNGEN

a. B.: am Bodensee
AdLWG: Akten des Ludwig-Wilhelm-Gymnasiums Rastatt; in der Verwaltung des Stadtarchivs Rastatt
a. H.: am Harmersbach
BB: Bauernblut, Haslach 1974
BLB Karlsruhe: Badische Landesbibliothek Karlsruhe
EA Freiburg: Erzbischöfliches Archiv Freiburg
EB: Erzbauern, Haslach 1985
FDA: Freiburger Diözesan-Archiv
FS: Heinrich Hansjakob. Festschrift zum 150. Geburtstag, Haslach i. K. 1987
GF: P. Haegele / H. Richter, Geräteführer. Schwarzwälder Freilichtmuseum "Vogtsbauernhof", 2. Aufl., Offenburg/Gutach 1990
GLA Karlsruhe: Generallandesarchiv Karlsruhe
Großh.: Großherzoglich
H.H.: Hans Heid
Hist. Bibl. Rastatt: Historische Bibliothek der Stadt Rastatt im Ludwig-Wilhelm-Gymnasium
i. B(r).: im Breisgau
i. K.: im Kinzigtal

JZ: Aus meiner Jugendzeit, Haslach 1986
J.W.: Johannes Werner
LThK: Lexikon für Theologie und Kirche
M.H.: Manfred Hildenbrand
N.F.: Neue Folge
P: Im Paradies, Haslach 1981
SFLM: Schwarzwälder Freilichtmuseum "Vogtsbauernhof", Gutach
WK: Wilde Kirschen, Haslach 1983
WL: Waldleute, Haslach 1984

WEITERE PUBLIKATIONEN DER HISTORISCHEN BIBLIOTHEK DER STADT RASTATT IM LUDWIG-WILHELM-GYMNASIUM

Ausstellungskataloge

Die Musikalien der Historischen Lehrerbibliothek des Ludwig-Wilhelm-Gymnasiums in Rastatt. Rastatt 1988. 112 S.
kt. DM 9,-

Martin Gerbert (1720-1793). Fürstabt von St. Blasien. Rastatt 1989. 138 S.
kt. DM 9,-

Deutsche Rechtsgeschichte (1500-1800) im Spiegel der Bestände der Historischen Bibliothek der Stadt Rastatt. Rastatt 1991. 448 S.
kt. DM 25,-; gb. DM 48,-

Von der Astronomie zur Alchemie. Bedeutende naturwissenschaftliche Bestände des 16. und frühen 17. Jahrhunderts in der Historischen Bibliothek der Stadt Rastatt im Ludwig-Wilhelm-Gymnasium. Rastatt 1991. 273 S.
kt. DM 35,-; gb. DM 48,-

Wegweiser

Hans Heid: Geschichte der Historischen Bibliothek der Stadt Rastatt im Ludwig-Wilhelm-Gymnasium. Rastatt 1991. 281 S.
kt. DM 22,-; gb. DM 38,-

Vortragsreihe

Nr. 1: Felix Heinzer: Aus Handschriften und Inkunabeln der Historischen Lehrerbibliothek des Ludwig-Wilhelm-Gymnasiums. Rastatt 1989. 72 S. kt. DM 8,-

Nr. 2: Alfons Deissler: Der Umbruch in der katholischen Theologie des 18. Jahrhunderts. Rastatt 1990. 44 S. kt. DM 3,50

Nr. 3: Alexander Hollerbach: Die Juridica in der Historischen Bibliothek der Stadt Rastatt im Ludwig-Wilhelm-Gymnasium. Rastatt 1992. 55 S. kt. DM 8,-

Nr. 4: Wilfried Sühl-Strohmenger: Die Historische Bibliothek der Stadt Rastatt: ihr Stellenwert unter den deutschen, insbesondere den baden-württembergischen Gymnasialbibliotheken. Rastatt 1991. 54 S. kt. DM 6,-

Nr. 5: Jost Weyer: Ärzte, Gelehrte und Alchemisten. Autoren chemischer Werke im 16. Jahrhundert (erscheint voraussichtlich im Sommer1993). kt. ca. DM 8,-

Nr. 6: Johannes Werner: Geschichte und Geschichten. Heinrich Hansjakob auf Spurensuche (erscheint voraussichtlich im Sommer 1993). kt. ca. DM 8,-

---

Die angeführten Publikationen sind erhältlich bei der:
Verwaltung der Historischen Bibliothek der Stadt Rastatt im Ludwig-Wilhelm-Gymnasium, Lyceumstr. 11, 76437 Rastatt